丛书主编 吴松弟　丛书副主编 戴鞍钢

Modern Economic Geography of China
Vol. 4

中国近代经济地理 第四卷
西南近代经济地理

本卷主编　杨伟兵
杨伟兵　张永帅　马琦　著

华东师范大学出版社
全国百佳图书出版单位

图书在版编目（CIP）数据

中国近代经济地理.第4卷,西南近代经济地理/吴松弟主编;杨伟兵本卷主编. —上海:华东师范大学出版社,2015.6
ISBN 978-7-5675-3723-1

Ⅰ.①中… Ⅱ.①吴… ②杨… Ⅲ.①经济地理－中国－近代②经济地理－西南地区－近代 Ⅳ.①F129.9

中国版本图书馆CIP数据核字(2015)第134455号

审图号 GS(2015)2165号

中国近代经济地理

第四卷 西南近代经济地理

丛书主编	吴松弟	副主编	戴鞍钢
本卷主编	杨伟兵		
本卷作者	杨伟兵	张永帅	马 琦
策划编辑	王 焰		
项目编辑	陈庆生		
审读编辑	方学毅		
责任校对	时东明		
版式设计	高 山		
封面设计	储 平		

出版发行 华东师范大学出版社
社　　址 上海市中山北路3663号 邮编 200062
网　　址 www.ecnupress.com.cn
电　　话 021-60821666 行政传真 021-62572105
客服电话 021-62865537 门市(邮购)电话 021-62869887
门市地址 上海市中山北路3663号华东师范大学校内先锋路口
网　　店 http://hdsdcbs.tmall.com

印 刷 者 上海中华商务联合印刷有限公司
开　　本 787×1092 16开
印　　张 38.25
字　　数 760千字
版　　次 2015年10月第1版
印　　次 2015年10月第1次
书　　号 ISBN 978-7-5675-3723-1/F·331
定　　价 135.00元

出版人 王 焰

(如发现本版图书有印订质量问题,请寄回本社市场部调换或电话021-62865537联系)

本书为
国家出版基金资助项目
"十二五"国家重点图书出版规划项目
上海文化发展基金会图书出版专项基金资助项目

《中国近代经济地理》总序

吴松弟

描述中国在近代(1840—1949年)所发生的从传统经济向近代经济变迁的空间过程及其形成的经济地理格局,是本书的基本任务。这一百余年,虽然是中国备受帝国主义列强欺凌的时期,却又是中国通过学习西方逐步走上现代化道路,从而告别数千年封建王朝的全新的历史时期。1949年10月1日中华人民共和国成立,中国的现代化进入新的阶段。

近20年来,中国历史地理学和中国近代经济史研究都取得了较大的进步,然而对近代经济变迁的空间进程及其形成的经济地理格局的研究,却仍处于近乎空白的状态。本书的写作,旨在填补这一空白,以便学术界从空间的角度理解近代中国的经济变迁,并增进对近代政治、文化及其区域差异的认识。由于1949年10月1日以后的新阶段建立在以前的旧时期的基础上,对中国近代经济地理展开比较全面的研究,也有助于政府机关、学术界和企业认识并理解古老而广袤的中国大地上发生的数千年未有的巨变在经济方面的表现,并在学术探讨的基础上达到一定程度的经世致用。

全书共分成9卷,除第一卷为《绪论和全国概况》之外,其他8卷都是分区域的论述。区域各卷在内容上大致可分成两大板块:一个板块是各区域近代经济变迁的背景、空间过程和内容,将探讨经济变迁空间展开的动力、过程和主要表现;另一个板块是各区域近代经济地理的简略面貌,将探讨产业部门的地理分布、区域经济的特点,以及影响区域经济发展的主要因素。

在个人分头研究的基础上,尽量吸收各学科的研究成果与方法,将一部从空间的角度反映全国和各区域经济变迁的概貌以及影响变迁的地理因素的著作,奉献给大家,是我们的初衷。然而,由于中国近代经济变迁的复杂性和明显的区域经济差异,以及长期以来在这些方面研究的不足,加之我们自身水平的原因,本书在深度、广度和理论建树方面都有许多不足之处。我们真诚地欢迎各方面的批评,在广泛吸纳批评意见的基础上,推进中国近代经济地理的研究。

目 录

绪 论 /1
  一、关于近代西南的经济 /1
  二、近代西南经济地理研究 /4
  三、本卷的研写 /7

四 川 篇

第一章 自然地理与经济开发基础 /14
  第一节 地理环境与自然经济 /14
    一、地理环境 /14
    二、自然经济 /16
  第二节 近代前夕的经济格局 /19
    一、城乡经济与市场 /19
    二、对外贸易与商路 /24

第二章 农业地理 /29
  第一节 人口与耕地 /29
    一、农业人口分布 /29
    二、耕地分布 /33
  第二节 种植业 /38
    一、水稻 /39
    二、麦类 /41
    三、玉米 /42
    四、其他粮食作物 /43
    五、经济作物 /45
  第三节 林牧业 /53
    一、天然林与材木业 /53
    二、经济林木 /55

三、畜牧业 / 58

第三章　工矿业地理 / 64

　第一节　手工业 / 64

　　一、造纸业 / 65

　　二、纺织业 / 67

　　三、制糖业 / 77

　　四、井盐业 / 79

　第二节　机器工业 / 83

　　一、机器局及早期近代工业 / 84

　　二、抗战前夕机器工业 / 87

　　三、抗战期间的工业 / 91

　第三节　矿业 / 96

　　一、煤矿 / 97

　　二、铁矿 / 100

　　三、金矿 / 102

　　四、其他矿产 / 104

第四章　商业与贸易 / 105

　第一节　商业组织 / 105

　第二节　城乡市场与商品流通 / 111

　第三节　省际贸易 / 139

　第四节　对外贸易 / 145

　　一、出口 / 146

　　二、进口 / 150

第五章　金融业 / 157

　第一节　票号 / 157

　第二节　钱庄 / 161

　第三节　银行 / 165

　第四节　其他机构 / 173

　　一、典当 / 173

　　二、保险、信托 / 175

　　三、储蓄会、银公司、证券交易所 / 177

第六章　交通运输业 /179
　　第一节　陆路交通运输 /179
　　第二节　水路交通运输 /189
　　第三节　航空线路与运输 /200
第七章　邮政电讯业 /203
　　第一节　邮政 /203
　　第二节　电报电话 /207
　　　　一、电报 /207
　　　　二、电话 /209

云 南 篇

第一章　自然环境与历史开发基础 /215
　　第一节　区位、民族与政区 /215
　　　　一、云南的区位特征 /215
　　　　二、近代云南的民族分布特征 /216
　　　　三、近代云南的行政区划 /217
　　第二节　自然地理与资源条件 /221
　　　　一、地貌特征 /221
　　　　二、气候特征 /222
　　　　三、河流与水文特征 /223
　　　　四、土壤类型与土地资源 /223
　　　　五、生物与矿产资源 /224
　　第三节　近代前夕的云南经济 /225
　　　　一、部门经济发展概况 /225
　　　　二、经济发展的地区不平衡 /235
　　　　三、近代前夕云南经济发展水平估计 /237
　　第四节　近代云南经济的发展脉络 /237
第二章　近代农业地理 /240
　　第一节　人口、土地与水利事业 /240
　　　　一、人口的变迁与农业人口 /240
　　　　二、田亩数字与农业发展水平 /242
　　　　三、水利兴修与农业的发展 /243

第二节 主要粮食作物及其农业地理特征 /248

第三节 主要经济作物的种植及其农业地理特征 /253

　　一、主要经济作物及其分布 /253

　　二、特种经济作物——鸦片种植的兴衰 /254

　　三、区域特色经济作物——茶叶的分布及其重心变化 /259

　　四、兴盛一时的蚕桑业 /264

　　五、难见起色的植棉业 /265

第四节 区域特征 /266

　　一、发展水平总体落后 /266

　　二、种植结构相对单一 /267

　　三、商品化程度低 /268

第三章 近代工业地理 /269

第一节 手工业 /269

　　一、传统行业的延续与变化 /269

　　二、新行业的出现与发展 /274

第二节 机器工业 /275

　　一、军事工业 /275

　　二、矿冶工业 /277

　　三、机械制造业 /279

　　四、电力工业 /282

　　五、化学工业 /283

　　六、纺织工业 /283

　　七、食品加工工业 /285

第三节 区域特征 /287

　　一、主体为手工业 /287

　　二、矿业地位独特 /288

　　三、空间不均衡性明显 /289

第四章 近代交通和邮电 /291

第一节 陆路交通 /291

　　一、驿路 /291

　　二、铁路 /294

　　三、公路 /296

第二节　内河航运 /299

　　一、湖运 /299

　　二、河运 /300

第三节　航空 /302

第四节　邮电 /303

　　一、邮政 /303

　　二、电话 /305

　　三、电报 /306

第五章　近代商业、贸易和金融 /307

第一节　口岸与商路 /307

　　一、口岸的渐次开放 /307

　　二、口岸开放与商路的重构 /311

第二节　国内贸易 /314

　　一、云南与四川的贸易 /314

　　二、云南与贵州、两湖及江西的贸易 /315

　　三、云南与两广、上海、江浙之间的贸易 /317

　　四、云南与康、藏之间的贸易 /318

第三节　国际贸易 /319

　　一、变动趋势 /319

　　二、贸易对象 /329

　　三、商品结构 /333

　　四、口岸开放、对外贸易与近代云南经济现代化 /340

第四节　金融业 /347

　　一、典当 /347

　　二、票号和钱庄 /347

　　三、银行 /348

第六章　城乡市场 /353

第一节　乡村集市 /353

第二节　地区中转市场 /354

第三节　以昆明为中心的全省统一市场的形成及其发展 /356

第七章　总结 /358
　第一节　近代云南在西南和全国的经济地位 /358
　第二节　近代云南经济发展的时空特点 /359
　　一、明显的阶段性 /359
　　二、强烈的地域性 /361
　　三、发展水平的空间不平衡性突出 /362
　第三节　近代云南经济发展的影响因素 /363
　　一、口岸与交通条件 /363
　　二、地理环境与历史基础 /365
　　三、国内外形势与时局变化 /366

贵 州 篇

第一章　自然与历史开发基础 /369
　第一节　自然地理与资源条件 /369
　　一、地理环境 /369
　　二、自然资源 /370
　第二节　近代前夕的贵州经济 /371
　　一、人口与农林业 /371
　　二、矿业、手工业与家庭副业 /375
　　三、交通贸易 /381
　　四、城镇与区域经济 /384
　第三节　近代以前贵州经济的发展程度与地理特征 /388
第二章　近代农业地理 /389
　第一节　人口、土地与水利事业 /389
　　一、近代贵州人口数量、区域分布及职业结构 /389
　　二、近代贵州耕地数量变化及地域分布 /393
　　三、近代贵州水利事业 /395
　第二节　主要粮食作物 /397
　　一、清末贵州的粮食作物 /397
　　二、民国时期贵州的粮食作物 /398
　　三、民国时期贵州粮食作物的地域分布 /402
　第三节　主要经济作物 /404
　　一、鸦片种植 /404

二、烟草与棉花种植 /407

　第四节　森林分布及其林产品 /408

　　一、森林分布及其演变 /409

　　二、主要林产品 /410

　第五节　近代贵州农业发展的基本特征及区域差异 /415

第三章　近代工矿业地理 /418

　第一节　近代贵州工矿业发展进程及阶段性特征 /418

　　一、清末贵州工矿业发展 /418

　　二、抗战之前贵州工业发展 /420

　　三、抗战时期贵州工业发展 /424

　第二节　近代贵州手工业 /426

　第三节　近代贵州机器工业 /435

　第四节　近代贵州矿业 /442

　　一、煤铁矿 /443

　　二、水银矿 /447

　　三、锑矿 /449

　　四、铜铅锌矿 /450

　第五节　近代贵州工矿业发展的时空特征 /451

第四章　近代交通和邮电 /453

　第一节　陆路交通 /453

　　一、驿道交通 /453

　　二、公路建设 /454

　　三、公路运输 /457

　第二节　水路、铁路与航空交通 /459

　第三节　邮电 /460

　第四节　近代贵州交通与邮电发展的区域特征 /464

第五章　近代商业、贸易和金融 /465

　第一节　口岸与商路 /465

　第二节　国内贸易 /468

　第三节　国际贸易 /473

　　一、国际贸易发展过程 /473

　　二、大宗进口商品 /482

　　三、大宗出口商品 /484

　第四节　金融业 /489

第六章　城乡市场 /492
　第一节　经济中心 /492
　　一、全省经济中心贵阳 /492
　　二、黔西商品集散地安顺 /493
　　三、黔北首富遵义 /496
　第二节　城乡经济 /497
　　一、黔南重镇都匀 /497
　　二、黔东门户镇远 /497
　　三、黔中开阳县 /498
　　四、黔西南安南县 /499
　第三节　市场网络与结构 /500

西　藏　篇

第一章　地理环境与自然经济条件 /505
　第一节　历史沿革与地理环境 /505
　第二节　自然经济条件 /507

第二章　农牧业 /512
　第一节　人口、耕地与农业区 /512
　第二节　农业生产 /516
　第三节　畜牧业 /520
　第四节　庄园 /523

第三章　工矿业 /529
　第一节　手工业 /529
　第二节　矿业 /534

第四章　商业贸易 /539
　第一节　城市商业 /539
　第二节　省际交通与贸易 /543
　第三节　对外贸易 /549

图表总目 /557

全卷参考征引文献目录 /562

后记 /576

全卷索引词 /577

绪　论

一、关于近代西南的经济

本卷所展现的西南区域,是今天我国重庆市、四川省、云南省、贵州省和西藏自治区所辖及其周边部分地区的地理范围。尽管在明代永乐年间始设立贵州布政使司,使之与四川、云南被纳为"内地十八省",但无论是从传统认知和社会经济发展来看,滇黔两省的不少地区仍被归入"边地"、"生苗"或"化外"之域,更不要说地理位置更为边远和政治、社会形势更加复杂的西藏地区。历史上的四川地区(含今重庆市)虽然拥有"天府"的美誉,其经济发展水平甚至不逊于长江中下游地区,但主要还是限于传统农业经济发达的四川盆地,今四川省所辖的康属、雅属及盆地其他周边地区发展仍为不足,社会经济滞后。这种状况,无疑显露了西南地区历史发展的不均衡性,内部差异极大。所以,在进入近代历史的进程上,西南各省区的情况有着完全不同的情形,各地经济产业的发展及分布格局也相应呈现出较为复杂的局面。

毋庸置疑,近代时期的西南同我国其他绝大多数地区一样,也进入了一个大变革的时代,差不多也在百年的历史中发生了诸多面向的转变。中国的近代化经济变化历程是在鸦片战争以后,以五口通商和洋务运动发端逐渐拉开序幕的。依口岸贸易对腹地区域经济的拉动影响而论,云南在1889年、四川在1891年、西藏在1894年分别正式开放了蒙自、重庆和亚东口岸,西南地区被前所未有地拉入了全球市场圈,对处于边陲的西南地区经济发展产生了重大影响。林满红认为,随着口岸贸易的发展,无论是在空间上的展开还是出口结构的转变上等诸多方面,"如将全国对分为核心区与边陲区,也有边陲地区显著发展的现象",她以辛亥革命前四川省出口成长快于核心省份的很多口岸为例,指出:"主要原因在于这些地区(按指位于边陲的东北、台湾及四川)具有较为有利的出口结构,边际土地得以大幅度利用,新技术引进相对较多,贸易长期成长,且呈现出超。"[①]以物产和商品来看,鸦片、矿产、生丝、畜产等对西南地区与其他省区贸易、对外贸易的贡献巨大,资源的丰富性无疑极大支持了口岸贸易的快速发展,但除个别经济部门尝试或成功利用新的生产设备和技术外,不得不说的是西南地区的大多数经济行业仍以传统的生产手段为主,尽管不能严格地称之为再生产效率的加强,但辛亥革命前的诸多西南贸易

---

① 林满红:《口岸贸易与中国内部的区间关系:1860—1930年代之经验》,见于复旦大学历史地理研究中心主编《港口—腹地和中国现代化进程》,齐鲁书社,2005年。

和市场上的"繁荣"景象几乎都得益于本地优势经济生产部门的扩大或对地力、物力的最大化利用;换句话说,这些兴盛源于清代中期以来西南地区人口、耕地和粮食等农业经济发展模式和工商矿业引导的经济增长机会。[①] 所以,在近代时期的西南,能够见到四川农副产品、云南矿产等所带来的区域经济及贸易上的兴旺不绝。进入民国时期以后,西南的特殊性已不仅仅是"边陲效应"的释放,即使在各地军阀割据时代,服务于军事比拼上的畸形经济也有或多或少受到新技术和新政的刺激;而更为主要的是抗战时期内迁带来的全方位开发,西南的传统手工业等经济在经历晚清口岸贸易经济触动后,至此迎来了一个极大的发展变革机会。如果说之前的工业化尚属早期,那么抗战时期西南工业完全有机会可以迈入现代化行列,并依据这一机会甚至可以在全国占据领先地位。翁文灏曾在1940年时言:"抗战后我国经济重心,已渐移置于西南、西北各省区,而西南尤有重要发展。这正是国内外集中人力财力发展内地经济建设事业的良好机会。"[②]然而,战时经济的大国防、大工业建设虽然极大改观了西南地区交通等基础设施,但除去一些重工业建设、能源开发和工业中心城市崛起外,广大乡村经济仍发展不足,传统手工业的萎缩并不以新式工业的普遍建立为替代,受地理环境、交通区位、历史和现实开发的差异影响,城乡之间、地区之间、民族之间的经济差别更为扩大,尤其以农业经济的发展最为不平衡。这一现象时至新中国成立后较长时间内也同样存在,需要反思。当然,西南地区在晚清口岸贸易经济和抗战战时经济带动下,经济和社会显然也有着不俗的发展和进步,这同样不容置疑。

那么,如何评价近代西南经济?在看待一系列显示着发展的绚丽的"硬数据"的同时,需要对数据背后的"软事实"作更多、更恰当的把握。

首先,需要指出的是近代经济与近代时期的经济是有着区别的两个概念,本卷呈现的是近代时期的西南经济格局情况,所描述的并不代表西南经济的近代化(亦可称为现代化)状况,那将是一个更为复杂的研究课题;同时,本卷也未就近代化成分多寡、水平高低作分析,只不过展示了部分近代化经济的流变和发展情况。所以,从这个角度上看,近代时期的西南经济比以往任何一个历史时期都有了很大的发展和进步,人口、耕地、粮食等作物产量、畜牧业生产、传统手工业和近代机器工业、矿业、商业贸易,以及通讯、金融、交通、城市等建设都比以往有了极大的增长和发展。这些表现,不仅在数据上得到充分体现,而且在中外世人的观感、调查和研究中均有表述,甚至不乏溢美之词。

其次,需要从比较的角度予以分析。这种比较或许应以三个方面来论:一是区域发展上的比较,这里面包括西南与其他省区、西南各省区之间和西南各省区内

[①] 两种模式见于李中清:《明清时期中国西南的经济发展和人口增长》,《清史论丛》第5辑,中华书局,1984年。
[②] 翁文灏:《西南经济建设之前瞻》,《西南实业通讯》1940年第2卷第3期。

部。明白无误的是,正如前述林满红的分析,近代时期的西南在口岸贸易经济上以"边陲效应"略胜于核心区域,抑或是以四川为代表的西南传统经济发展也同样在近代迸发出增长态势(事实上我们无法回避掉四川等传统农业经济自清代中叶以来的快速发展局面),而云南、贵州和西藏的经济发展也进入了一个快速时期,至少在一些资源型产业领域,各省区都孕育出或多或少但已成规模的商品生产和流通贸易情况,同时也形成了一批以往没有过或未达到过的集人口、交通、商贸、金融、工业等于一体的非行政型中心经济城市,不输国内其他省区。一是仍需从经济的近代化成分来作比较,新技术和新工业乃至新式生产关系等自然成为衡量地区经济发展的主要指标之一。民国时期胡秋原称:"中国经济建设之目的,是发展中国的实业,发展民族的工业,使农业手工业的中国变化为工业的中国。"尽管在他并不认为发展农业是建设中国经济的首要,但此言点出了近代化所强调的工业化之必要和重要性。① 西南手工业在近代的确逐渐在向工业之实业迈进,城乡间传统的手工业作坊越来越多地使用机械,土法和新式生产并重,而矿产机械开采、化工冶炼和电力的开发利用,汽车、火车、轮船等新式交通的投入等,在晚清以降的四川、云南和贵州等地均有不少的显现,有的甚至还在全国属首创。这些实业于西南无疑是具有革新意义的,成为近代(现代)工业在西南发生和发展的标志。所以,虽然这些实业并未彻底改变近代西南的经济面貌,但应予以近代工业等成就为主要代表之一的西南近代经济积极肯定和评价。再一是广大社会阶层和更大地域范围内,人民百姓的经济社会生活变化上的比较,尤其是对于一个传统农业成分很大的西南而言。张肖梅称:"中国为一大农业国家,工业之发展,不得不受农业之限制。如果落后之农村经济,不能改善,则工业品生产,更无从获得广大之市场,试观我国战前若干种工业制品,竟发生生产过剩之恐慌,其基本原因,即由于农村经济衰颓之故。是以中国工业之前途,有赖于农业之发展,绝无疑义。"②近代时期的西南农村经济在保持较高的粮食和农副产品产出时,也受限于人口和土地压力愈发走向边际效益的临界,土地经济制度和社会生产关系在不少地区出现发展上的瓶颈,一些地区农村经济在应对专业化生产遇到的市场销路停滞、金融败落和自然灾害破坏等时困难重重,破产和逃亡现象频发,更不用说不少地区还存在着落后的农奴制,边区民族地区情势尤烈。近代化并未完全给西南地区带来彻底的改变。

最后,需要全面总结和分析近代时期西南经济发展或开发的模式,不同形式的经济增长带来的经济变化是有差异的,而这些不同模式恰恰又能作为评论地区经济发展是否得当的关键。近代时期各个阶段西南地区存在着不一致的发展途径,在晚清民国时期西南各省区都保持有传统的经济发展结构和模式,人口、耕地和粮

---

① 胡秋原:《谈西南经济建设》,《西南实业通讯》1940年第2卷第3期。
② 张肖梅:《对开发西南实业应有之认识》,《中国工商界月刊》1945年第2卷第5期。

食产量增长是为主要,同时亦有资源性等开发及其带来的商业发展情形,其中不乏在全国有着较大影响的经济产业并孕育出庞大的市场网络,可以四川大农业为代表。这种传统的发展模式,虽然在近代并非封闭和独立生发,但作为基础对口岸贸易经济和民国时期大后方建设有着坚实的支撑。所以传统经济对近代西南地区的发展起到至关重要的作用。口岸贸易经济对近代西南同样意义重大,而且其对于西南经济的改观作用十分明显,正是口岸贸易在更大层面上打通了西南的交通和物流,使一些传统经济产业更为快速走向集约化生产,并借此带动了口岸各类型的腹地市场在地域上的重组和区域经济结构的调整,晚清时期开始的四川盆地区域市场格局,云南口岸贸易带来的锡业等产销变化,西藏边贸口岸对藏区农牧产品及内地商贸的影响,等等,都对西南各区域经济产生新的催生作用和形成新的分布格局。口岸贸易经济不仅使偏于内陆腹地和边疆民族地区的经济进入了全球市场圈,还强有力地促进了西南与长江中下游地区、西南地区内部区域之间的经济联系。从这个角度上讲,尽管起步较晚,但口岸贸易带来的经济变化和发展,确保了西南不为"近代"所遗弃,虽然这种经济增长模式是列强侵略所逼迫的;而且外洋商品的纷入和外国资本主义对生产原材料的掠夺等,不仅对西南地区乡村经济的冲击明显,甚至还在边疆民族地区涉及领土安危问题。抗战战时经济在工业、交通等方面对近代西南经济起到极大的建设作用,西南地区许多实业一举跃为全国领先地位,在基础建设和部分重工业方面无疑成就更大、影响深远,这种特殊发展途径的局限性也十分明显。总之,近代时期的西南经济发展正如这一地区复杂的自然、历史和社会环境,需要对各个时段和各个区域的情况作出具体的评价。

二、 近代西南经济地理研究

在晚清西南边疆危机和抗战大后方建设等重大事件背景下,西南地区在近代时期得到了前所未有的重视,官员、学者、社会人士和政府、科研机构或组织等,从边疆乃至中国存亡的高度,对西南诸多地区作了各类调查和研究工作。如果说受地理、历史和文化影响,在近代之前,西南地区长期被认作传统中国方舆"一点四方"结构的外围系列,缺少深入的了解;那么到了近代,西南地区同西北一道,已广为世人所瞩目。对西南的介绍和研究的确也在近代时期出现一个高潮,并以民国三四十年代的著述为代表,产生了一批至今仍有重要影响的成果。可以说,在晚清民国时期传统中国社会中心区位的"西南观念"已经转向到了务实"西南研究",为世人了解西南、认识西南和开发西南提供了丰富信息。这一"务实"主要体现在调查和研究者们能够更多地深入至西南各地,对自然资源、经济文化和社会历史等作了实地踏查工作,不少成果具有较高的学术和现实价值,经世致用作用尽显。

晚清民国初年,西南各省政府、商会和外国机构、人士等编制或撰写了大量有关西南财政、经济、物产、商业、贸易、交通等内容的文献,如光绪甲辰年(1904)四川官报书局编印的《四川全省出产行销货物表》,①光绪三十二年(1906)四川省劝业道组织并编写的全省、成都等商业和劝业调查统计表,②宣统二年(1910)云南省清理财政局编印的《云南清理财政局调查全省财政说明书初稿》,③以及日本大正年间在华开展的东亚同文会省别调查、经济调查和地图编绘,旧海关贸易统计和领事商务报告及其调查,法国里昂商会对中国西南的调查及测绘等,均成为了解和研究西南经济的宝贵资料。

  民国时期则是开展西南经济调查和研究的一个重要时期,其中以民国三四十年代中国国民经济研究所张肖梅主编的《西南经济资料丛书》之《四川经济参考资料》、《贵州经济》、《云南经济》最为系统和全面,其对部门经济的揽括和经济指标的统计及分析均体现出较高水平,可谓集大成者。④ 而在同一时代,诸如行政院农村复兴委员会编的《云南省农村调查》、吕登平的《四川农村经济》等,对西南农村经济和社会作了县份案例或较为全面的农村经济调查研究。⑤ 在民国二十至三十年代政府公署或地方志编纂部门亦开展了多项经济调查和资料的整理工作,如对云南牧业、对外贸易和对康藏、川康地情等的调查或经济统计。此时期任乃强对西康的调研成绩斐然,与民国三十年代末至四十年代初期政府、科研机构等组织的西康、康藏地区地质、地理、矿产和经济等调查一道,产生了一批针对西康地区的重要研究资料和著作。1936年由民生公司经济研究室甘祠森编的《最近四十五年来四川省进出口贸易统计》册⑥,对重庆、万县两个口岸海关登记的进出口贸易和港口货船进出数量等作了详细统计,是研究近代四川口岸贸易经济十分重要的资料。⑦ 民国四十年代,有关西南经济地理专门性文献集中面世,如张印堂的《滇西经济地理》、丁道谦的《贵州经济地理》、蒋君章的《西南经济地理》等,⑧这些著述以各级区域内部门经济为框架,对各地经济作了梳理和分析,其中以蒋君章的《西南经济地理》内容最为充实和全面。在自然资源、地理环境、社会经济和民族文化调查等方面,民国时期云南省立昆华民众教育馆出版的《云南史地辑要》丛书汇集了一批学者对云南气候、地形、农村、矿产等的调查及研究成果。此外,正中书局于1943年出版的《战时西南经济问题》,1946年周立三等编的《四川经济地图集说明及统计》,1947年郑励俭编写的《四川新地志》,以及同在民国四十年代由经济部中央地质调查所、

---

① 四川官报书局编印的《四川全省出产行销货物表》,光绪甲辰年(1904)编印,藏于台北中研院傅斯年图书馆。
② 如1906年四川省劝业道署编印的《四川成都第一次商业工会调查表》、1910年四川省劝业道署编印的《四川第四次劝业统计表》,等等。
③ 云南清理财政局编:《云南清理财政局调查全省财政说明书初稿》,宣统庚戌年(1910)仲冬月排印本。
④ 张肖梅主编:《四川经济参考资料》(中国国民经济研究所,1939年)、《贵州经济》(中国国民经济研究所,1939年)、《云南经济》(中国国民经济研究所,1942年)。
⑤ 行政院农村复兴委员会:《云南省农村调查》,商务印书馆,1935年;吕登平:《四川农村经济》,商务印书馆,1936年等。
⑥ 甘祠森编:《最近四十五年来四川省进出口贸易统计》,民生实业公司经济研究室1936年编印。
⑦ 如由新亚细亚学会印行的任乃强著《西康图经》、《西康省建设丛刊》关于该地区地质、药材、森林、社会经济等的系列调查报告,等等。
⑧ 张印堂:《滇西经济地理》,国立云南大学西南文化研究室1943年印行,该著属时国立云南大学西南文化研究室编印的影响较大的《西南研究丛书》之一;丁道谦:《贵州经济地理》,商务印书馆,1946年;蒋君章:《西南经济地理》,1947年。

国立北平研究院地质学研究所合编的《中国矿业纪要》等,均具有较高的参考和研究价值。①

而民国时期所出的各类相涉著述和刊载于报刊文引等上的西南经济文献不胜枚举。据不完全统计,清末至民国时期以"西南"一级政区范畴为单位的经济类(含交通)论著数量达71种,占到总数125种的56.8%,显示出这一时期对西南经济及其建设的关注度极高。②

新中国成立后初期不仅继承了民国以来注重实地调查的传统,还在专题的深入研究上有着广泛的深入,其代表是20世纪五六十年代因民族识别和西南资源开发、经济建设需要,由国家民委、中国科学院组织完成的《少数民族社会历史调查资料丛刊》和中国科学院经济、地理学工作者调研完成的西南自然资源、经济地理系列。如有关西南地区少数民族社会历史调查资料中大量涉及产业、生产与经济交往等,绝大多数反映了地区民族传统以来的经济发展情况,内容翔实;经济地理领域里的已面世的代表性成果主要有赵松乔的《川滇农牧交错地区农牧业地理调查资料》(科学出版社,1959年),孙敬之主编的《西南地区经济地理》(科学出版社,1960年)、程鸿等的《川西滇北地区农业地理》(科学出版社,1966年)等,以上系列著述已为当今学界所倚重。进入20世纪八九十年代,有关近代西南经济地理方面的研究并无专门性著述,但在一些论著中部分学者却作出了卓越的研究成绩,极大促进了学术界对西南历史经济地理等的深入研究。李中清在其论文《明清时期中国西南的经济发展和人口增长》中,不仅考察和总结了传统帝国时代云贵两省农业、矿业和商业发展情况,还提出了云贵地区存在着的农业经济传统发展和工商业经济增长机会模式。③ 王笛的《跨出封闭的世界——长江上游区域社会研究(1644—1911)》一书,全面总结了清代以四川为主的长江上游地区作为我国一传统经济巨区经济和社会的演进情况,书中对晚清时期四川地区人口、耕地、产业、贸易、商业、城镇和市场等情况均进行了仔细梳理。④ 在《四川历史农业地理》一书中,郭声波对清代中叶至民国时期四川地区农业部门诸多经济要素的流变情况作了严密考证,并积极总结和评价了包括近代在内历史以来四川农业的发展特点,用力极深。⑤ 近些年朱圣钟、张保见、何一民等人对清代四川凉山地区、民国青藏高原的经济地理和清代以降西藏城市与经济发展作了认真研究,填补了这些边区历史经济地理和城市史上的研究空白,对西南区域历史和地理的研究发展

---

① 《战时西南经济问题》,正中书局,1943年;周立三等编的《四川经济地图集说明及统计》,中国地理研究所1946年编印;郑励俭:《四川新地志》,1947年;经济部中央地质调查所、国立北平研究院地质学研究所:《中国矿业纪要》,1941年。
② 参见张轲风:《民国时期西南大区区划演进研究》附录1《清末至民国时期125种论著反映的西南空间范围统计表》,人民出版社,2012年,第312—325页。
③ James Lee. *Food Supply and Population Growth in Southwest China, 1250-1850*. Journal of Asian Studies 4; 711-79. 李中清:《明清时期中国西南的经济发展和人口增长》,《清史论丛》第5辑,中华书局,1984年。
④ 王笛:《跨出封闭的世界——长江上游区域社会研究(1644—1911)》,中华书局,1993年,第108页。
⑤ 郭声波:《四川历史农业地理》,四川人民出版社,1993年。

作出了贡献。① 此外,在西南市场研究方面,专门研究成果有陈家泽的《清末四川区域市场研究(1891—1911)》、王福明的《近代云南区域市场研究(1875—1911)》、刘云明的《清代云南市场研究》、肖良武的《云贵区域市场研究(1889—1945)》等。② 而马汝珩、马大正及成崇德等人分别主编的《清代边疆开发研究》《清代边疆开发》,对西南各省区农业、手工业、矿业、商业和城市等经济亦有论述和总结。③ 李珪主编的《云南近代经济史》、李振纲、史继忠、范同寿主编的《贵州六百年经济史》、彭通湖主编的《四川近代经济史》、陈崇凯的《西藏地方经济史》等则对西南各省区近代经济变迁作了较为全面的梳理和总结。④ 当然,还有在近代工业研究方面,张学君、张莉红的《四川近代工业史》、陈征平的《云南早期工业化进程研究(1840—1949)》等亦是代表性成果。⑤

需要指出的是,20世纪八十年代以来有关学者对近代重大历史事件于西南的意义作出了有益思考和探索,对研究近代西南社会和经济变化有促进作用。在近代化历程与地方命运上的思考主要是潘先林提出的"边疆地区各民族的社会近代化有着'特殊内涵'"。先前,王笛在其《跨出封闭的世界:长江上游区域社会研究(1644—1911)》对中国近代化的历史进程作了类型划分,即沿海型、中部型和内陆型(或称腹地型),并就内陆型的长江上游区域近代化模式作了探讨。尽管此类冲击与反应模型下的划分易落入先验模式,但从口岸贸易及其腹地经济变化关系研究角度看,此类思考无疑对于身处我国内陆腹地和边疆地区的西南而言,考察其近代多向性经济变化驱动力有着积极意义。⑥

总之,就研究现状来看,近代西南经济以往的专门和相关讨论成果众多,但具体到经济地理以部门经济及其要素逐一呈现和总结的全面性研究还极少,需要就此作出尝试和努力。

二、本卷的研写

按照丛书编写要求及体例,本卷由杨伟兵主编并负责四川、西藏两篇和绪论的研写工作,云南、贵州两篇则分别由张永帅和马琦负责完成。

---

① 朱圣钟:《历史时期凉山彝族地区经济开发与环境变迁》,重庆出版社,2007年;张保见:《民国时期青藏高原经济地理研究》,四川大学出版社,2011年。何一民等:《世界屋脊上的城市:西藏城市发展与社会变迁(17世纪中叶至20世纪中叶)》,社会科学文献出版社,2014年。
② 陈家泽:《清末四川区域市场研究(1891—1911)》,王福明:《近代云南区域市场研究(1875—1911)》,见彭泽益主编:《中国社会经济变迁》,中国财政经济出版社,1990年;刘云明:《清代云南市场研究》,云南大学出版社,1996年,肖良武:《云贵区域市场研究(1889—1945)》,中国时代经济出版社,2007年。
③ 马汝珩、马大正主编:《清代边疆开发研究》,中国社会科学出版社,1990年。马汝珩、成崇德主编:《清代边疆开发》(上册),山西人民出版社,1998年。
④ 李珪主编:《云南近代经济史》,云南民族出版社,1995年;李振纲、史继忠、范同寿主编:《贵州六百年经济史》,贵州人民出版社,1998年;彭通湖主编:《四川近代经济史》,西南财经大学出版社,2000年;陈崇凯:《西藏地方经济史》,甘肃人民出版社,2008年。
⑤ 张学君、张莉红:《四川近代工业史》,四川人民出版社,1990年;陈征平:《云南早期工业化进程研究:1840—1949》,民族出版社,2002年。
⑥ 参见杨伟兵:《近代化进程与区域历史地理研究:以中国西南为中心》,载复旦大学历史地理研究中心编:《港口—腹地和中国现代化进程》,齐鲁书社,2005年。

本卷以近代时期西南各省区部门经济为纲,主要呈现各省区农业、工业、矿业、商业、贸易、交通、金融、邮电等在近代的分布和变化情况,受研究资料和水平所限,个别部门经济情况未必能一一而足,但在各省区有影响或主要的产业等地理分布及流变基本得以展现。本卷的目标是对近代时期西南地区经济分布、变化状况作出梳理和总结,从这个角度上看,预期目标基本达到。当然,本卷内容自有不足,虽然各篇作者在文中均或多或少地对近代经济地理格局及区域特征作了分析和总结,但这方面的工作仍需要深入研究方能得出更为准确的判断和评述。比如,作为地理单元上的一大区域,西南内部各省区之间的经济互动关系怎样?又是如何面对近代多种经济变化带来的反应?或者可以说"西南"能否有着与全国其他区域大区不一样而自身同质性较高的特征,而可以归结出"西南经济区"这么一个概念?或者这一设想的命题本身就不存在?显然,目前我们的探讨工作较为有限,所以本卷暂不能就近代西南经济地理作出一个全面的总结,仅于绪论中提出一些思考。

但是,就四个省区区域经济在近代时期的发展所体现出的一些共通性问题,可以作初步讨论:

1. 自然和地理环境于近代西南经济的发展,既是最大的不利,也是最具优势的资源。除去西藏高原特殊以外,其他西南省区在近代交通建设上均有着很大发展,新式铁路(如滇越铁路)、公路和汽车运输、内河航运和汽轮等在近代发挥着重要作用,很大程度上突破了西南地区在历史长河中依循山谷、河谷等自然地形形成的北南向"通途"出入格局,发展和改观了传统的纵向分布的山峦所带来的东西向"阻隔"局面,川江航道的疏通及通航能力的提升,以及四川、云南和贵州等地公路和汽车运输在此发挥了主要作用,使得西南地区交通网络更为均衡和立体。地处西南边疆的区位优势在近代时期也很明显,多个贸易口岸支持了西南地区大宗商品的外销和进口销售,尤其是云南、西藏两省区无疑处于内陆边疆通商贸易的前沿,对云贵高原、青藏高原及西南腹地市场的形成起到关键作用。同时,西南地区矿产、农林、畜牧等资源的丰富度极大,成为近代时期西南地区重要的经济产业,在抗战期间有力地支持了战时经济。从近代历史的发展来看,西南地区建设交通和商贸口岸仍是地区经济发展的必要环节,特别是在云南、西藏、川西地区。此外,自然资源的开发利用,需要保护和开发统筹考虑,以增强可持续力。清代中叶以来,西南山地开发已经进入到了一个森林植被衰耗、矿产趋向枯竭的阶段,生态恶化明显。如果说条件相对较好的盆坝、河谷等在人口增长下多为城镇所占,那么山地的经济开发和建设更需谋求一个科学和长远的发展之路,以改变人进林退、人来山倒的传统发展困境。

2. 市场和流通开放的积极作用。市场开放的作用。在口岸开放后,西南一些地区的经济表现出强烈的外向型特点,对区域经济在近代的成长起到直接作用。如地处内陆边疆的云南省,随着蒙自、思茅、腾越等口岸的开放,一举成为内陆开放的前沿,其锡矿、畜产、土特等货物为大宗的外向型经济发展在省内多个地区表现无遗,经济发展变化的情况明显有别于重庆开关前的四川及内陆贵州、陕西、山西等省份;而重庆和万县两个口岸在晚清民国时期的相继开放,直接的效应是促进了川江航运的快速发展,一改川内借道云南或北出经汉水等入武汉的传统通商格局,也带动上下川南、川东及邻省山地的经济发生变化。口岸开放不仅连通了国际市场,事实上也极大改善和加强了西南地区与长江中下游、东南沿海地区的经济联系。流通领域是市场开放及地区经济发展重要的一环,近代西南地区各类商帮分布较广,运输和行销的区域范围广大,对于推动各地间商贸经济和促进产销大有裨益,民间资本在各地商帮及商贸活动中也较为活跃。当然,对外通商于近代西南的重大意义,应给予很高评价,包括新式事物的出现和应用在内,虽然不完全由对外通商所促成,但以口岸贸易为代表之一的西南近代经济发展,无疑给深处内陆腹地和边疆的西南带来深刻影响。

3. 地区发展模式和地区间、行业间发展不平衡的问题。近代西南省区之间、各省区内部之间的经济发展极不平衡,这在各篇对部门经济的空间分布论述中多有体现。经济发展上的不平衡,既是近代之前历史发展延续下来的格局使然,也与近代时期一些产业布局不合理有关,比如在西南地区出现的工业中心,除去依交通便利设立外,不少属于矿产资源型城镇。这些城镇对周边区域经济的聚集效益并不见之长久,随着资源败落或工矿业经营不济,对地区原本脆弱的经济结构和生态环境带来的危害性更甚,加剧了地区贫困。工矿业对于西南有着重要意义,不仅为国内外市场提供了大量工矿产品,也是西南地区人口、技术、资本导入和增加工商业经济比重的重要途径,但在近代工、农、商业之间的差别仍然极大,尤其是工农业之间。

除以上外,近代西南地区密集经历边疆危机、军阀割据、抗战内迁等诸多重大历史事件,对以外向型、工业化、城市化为先导的经济近代化的持续发展不利,非经济因素对市场经济的干预性极强。

综而言之,本卷的工作亦是一个开始,开展西南地区近代经济地理研究,不仅对于了解和把握西南经济发展脉络及线索有帮助,也是深刻理解我国国情和为当前西南经济等建设提供历史经验和总结教训的必要工作,值得深入。

1911年四川省地图(据复旦大学CHGIS)

四川篇

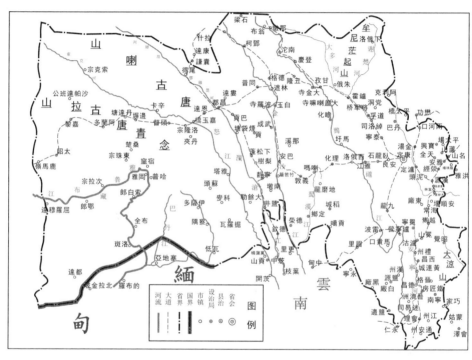

1939年西康省地图(据1939年申报馆《中国分省新图》改绘)

四川的红色盆地,是中国一个饶有兴趣与最丰盛的地理区域,这里有温和的气候,富于生产的土壤,多量的天然资源和精力充足的人民。在中国,四川是被人热心称赞艳美的一个省份,据说凡国内所能生产的物品在这里都能生产,每个旅行家从四川回来的时候总带着一本关于四川的记事,叙述着四川的繁昌和光荣,四川甚至被称为中华的乐园。①

——G. B. Gressey,1947.

汉土十八省中,以扬子江干流为纽带,无论是在占地面积(二十一万八千四百八十平方华里)或人口(六千八百七十二万四千八百九十一人)方面,还是在民族的强健和物产的富饶方面,最具优势者当推古代巴蜀,即现今的四川省。此地真可谓大清帝国之第一宝库。②

——中野孤山,1913.

游览过成都和北京的人都说成都比北京更漂亮。这里给人印象最深刻的是马路宽阔:多数可能有12到15米宽,放得进去好几条我们时常描述到的其他城市里的那种小街小巷子。石板砌成的路面养护完好,商业街区热闹非凡,商铺,尤其是经营丝绸的店铺干净、整洁,甚至还说得上有些雅致。衙门不计其数,这些官府(也和别的省会城市的官府一样)绿树成荫,环境优美。成都正是由于融合了商业、工业以及行政管理而更显活跃与繁荣。③

——法国里昂商会,1898.

该就是有城墙的城市江北厅,也就是上游人都会的江北郊区。城市位于扬子江左岸,紧靠从西北方向汇入的支流嘉陵江河口。重庆的姊妹城就坐落在支流与大江汇合而形成的高高的砂岩半岛上——也是一处长长的繁忙的郊区。这三个城镇合在一起,是我迄今为止在中国见到的印象最深刻的城镇景观……

我久久地站在河水切割成的一个岩石平台(这样的平台有许多)上观看忙碌的苦力队伍为庞大的帆船队装货卸货,帆船上满载着东部、北部和西部的各种物产。④

——Archibald John Little,1888.

---

① (美)葛勒石(G. B. Gressey):《中国区域地理》,谌亚达译,正中书局,1947年,第162页。
② (日)中野孤山:《出游动机》,载氏著《横跨中国大陆——游蜀杂俎》,郭举昆译,中华书局,2007年。
③ (法)*La Mission Lyonnaise: D'exploration commerciale en chine*,1895-1897. 引自法国里昂商会1898年编著,里沃执笔,徐枫等译注:《晚清余晖下的西南一隅——法国里昂商会中国西南考察纪实(1895—1897)》,云南美术出版社,2008年,第146页。
④ (英)阿奇博尔德·约翰·立德(Archibald John Little):《扁舟过三峡》,黄立思译,云南人民出版社,2001年,第107页。

第一章 自然地理与经济开发基础

第一节 地理环境与自然经济

一、地理环境[①]

四川省[②]地处我国西南,位于长江上游地区。在清代中叶时期,其境东据夔门,接湖北宜昌府巴东县界;西连茂州,接甘肃西宁府界;南阻滇黔,接云南武定府元谋县界;北控汉中,接陕西汉中府宁羌州界;东南至贵州大定府毕节县界;西南由打箭炉出接西藏界;东北至陕西兴安府安康县界;西北至甘肃阶州文县界。辖有12府、6直隶厅、8直隶州。[③] 清末,为加强对川边地区的控制,于光绪三十二年(1906)设川滇边务大臣,驻巴塘,管辖打箭炉以西至金沙江一带区域。[④] 含川滇边务大臣辖区在内,至宣统三年(1911)四川及川边地区设有15府、4直隶厅、9直隶州、144厅州县,另在川边设委员治地12处。[⑤] 民国初年在原川滇边务大臣辖区等地设川边特别区(后改称西康特别行政区)。1939年西康省正式设立。至民国末年含西康省辖区在内,四川及川边地区辖有189县、2市、7设治局及1管理局(北碚管理局)。1939年重庆市改置为院辖市,以今渝中区、沙坪坝区等为城区。[⑥]

无论是从地貌结构,还是地貌组合来看,四川地区都是较为复杂多样的,按一般自然地理特征可划分为地貌环境迥然不同的东西两大部分,东部为四川盆地,西部属青藏高原,二者大致以阿坝、甘孜、凉山三地区东界为分界线。四川盆地内部海拔高度在250—700米左右,四周环绕着海拔1000—3000米的山地或高原,北在大巴山地与甘陕交界,东南和南部以娄山为主干的褶皱山地与湘黔交界,西抵青藏高原的东缘。

四川盆地面积26万余平方公里,占四川全省土地的46%左右,是我国中亚热带一个独特而完整的自然地理区,也是东部季风区域最大的内陆盆地,亦是我国纬度最低、海拔最低、开发最早、物产最富饶的一大盆地,享有"天府之国"美誉。[⑦] 其

---

① 除特别注明外,本小节主要参阅孙敬之主编《西南地区经济地理》四川省部分,《中国科学院中华地理志经济地理丛书》之六,科学出版社,1960年。
② 近代及今四川地区行政区划变动较大,本文除特别注明外,近代四川省范围含西康和今重庆市。
③ 嘉庆《重修大清一统志》卷三八三《四川统部》。
④ 《锡良、绰哈布奏设川滇边务大臣折》(光绪三十二年六月)、《军机处遵旨交部议复锡良等奏设川滇边务大臣请以赵尔丰充任》(光绪三十二年六月),见《清末川滇边务档案史料》(上册),中华书局,1989年,第90—91页。章伯锋编:《清代各地将军都统大臣等年表(1796—1911)》,中华书局,1965年,第200页。蒲家荣:《四川政区沿革与治地今释》,四川人民出版社,1986年,第422页。
⑤ 傅林祥等:《中国行政区划通史·清代卷》,复旦大学出版社,2007年,第437页。
⑥ 傅林祥等:《中国行政区划通史·中华民国卷》,复旦大学出版社,2013年,第221—244页。
⑦ 中国科学院《中国自然地理》编委会:《中国自然地理·总论》,科学出版社,1985年,第286页。

范围界限大致在广元、雅安、叙永、奉节四点连线所构成的菱形范围之内。① 盆地内部地势北高南低,长江流经南部,纳盆地中北部诸水。在盆地内部地形可分为三部分:达县、合川、隆昌、宜宾以东为川东平行岭谷区;其西至剑阁、金堂、乐山间为方山丘陵区;再西则是成都平原区,也称作川西平原。川西平原,海拔在450—750米之间,面积约8000平方公里,是西南地区最大的平原,它以成都为中心,包括北部的涪江平原、中部成都附近的岷江和沱江平原、南部的青衣江和大渡河平原,其中以岷江、沱江平原为最大。② 成都平原有史以来即是四川农业经济之中心,以都江堰灌溉渠系为核心的水利系统是其重要保障。

四川盆地丘陵大致位于盆地中部,面积约有10.58万平方公里,占全省总面积18.64%,四川可谓我国丘陵面积最大的一个省份。盆地丘陵集中分布在海拔200—750米的长江以北,龙泉山以东至华蓥山之间。③ 盆地丘陵区南有长江横贯,北有岷江、沱江、嘉陵江及其支流涪江、渠江等穿流,河流多呈树枝状分布。东部平行岭谷区,地表褶皱紧密,北东走向多条山脉与河流依次平行排列,谷地宽而缓,海拔在300—500米,低山丘陵间分布有局部平原即"坝子",也是农业精华所在。④ 总体上看,四川盆地丘陵区面积大、热水条件好、土壤母质含的植物有效养分丰富,是发展农业的重要区域之一。⑤

四川西部高原主要分布在甘孜、石渠、色达、阿坝、红原、若尔盖及理塘、稻城等一带,面积约7万平方公里,⑥ 与东部盆地(包括周围山地)面积相当,处于青藏高原的东南部,大部分地面海拔在3000米以上,金沙江、雅砻江、大渡河等河流深切,峡谷密布,但河谷地带分布有狭窄的冲积平原,成为高原地区耕作活动的主要区域。

四川气候由于地形复杂而有很大差异。盆地因四周环山,气候具有冬暖、春旱、夏热、秋雨等特点,全年无霜期较长。盆地内部年降水量在900—1100毫米左右,自东南向西北地区递减;全年降雨量约一半集中于夏季,夏雨较多,而降水量和雨日秋季均比春季为多,春季蒸发量大,这种情况在盆地北部地区尤为明显,对夏收作物有较大影响。当然,相对于我国其他地区,四川盆地内部各地年降水量及夏半年主要作物生长季节的雨量相对变率小,总体上看盆地作物收成较为稳定。盆地周围山地气候状况在年雨量上与盆地内部不相上下,但年均温及极端低、高温均与盆地内部地区有较大差别。大巴山区年均气温在16—17℃左右,比盆地内部低1—2℃,一月平均2—3℃,八月在25℃左右。西部高原地势高耸,气温整体为寒冷,但因地势起伏大,峡谷多,谷地和山岭气温相差悬殊,除西昌地区外,多数地区寒冷期长,无霜期短,高原山岭地带大部分耕地种植耐寒作物,一年一熟。此外,由

---

① 西南师范学院地理系四川地理研究室编:《四川地理》,1982年,第56页。
② 中国科学院《中国自然地理》编委会:《中国自然地理·总论》,科学出版社,1985年,第289页。
③ 西南师范学院地理系四川地理研究室编:《四川地理》,1982年,第63页。
④ 中国科学院《中国自然地理》编委会:《中国自然地理·总论》,科学出版社,1985年,第291页。
⑤ 西南师范学院地理系四川地理研究室编:《四川地理》,1982年,第63页。
⑥ 西南师范学院地理系四川地理研究室编:《四川地理》,1982年,第68页。

于高原雨量多集中于春末至夏季,高度较低山地和峡谷地带夏雨对地区交通有不利影响。气象灾害中以旱涝为大,也是四川省主要的自然灾害,盆地区尤为明显,对农业丰歉影响极大,主要是雨不适时,分布不均,年际变化大,常造成农田水分供求失调,所以旱涝,特别是干旱不仅出现频繁,且危害面极大。①

盆地内河流众多,长江在南部横贯,自西向东纳雅砻江、岷江(于乐山纳大渡河)、沱江、嘉陵江(于合川纳涪江、渠江)。据统计,四川共有大小河流1300余条,流域面积在10万平方公里以上的就有5条,1万—10万平方公里的则多至17条,而长度在500公里以上的多达27条。②四川河流径流总的来说是比较丰富的,年际变化和年内季节变化与华北、华中或云贵等地区相比,变率不算大,属相对稳定者,故于航运、灌溉、水电等开发有着积极意义,但多数河流暗礁和浅滩较多,历史上通航能力受到限制,旧时长江"在夔州以下的峡流中便于航行,可以航行汽船,水涨时并能通航至嘉定,但是其他地方只能航行平底木船和竹筏"。③整体上川内长江主要支流"在这盆地范围内都能通航,虽则在许多滩险地方,行驶十分费力"④,"铁路又未建筑,运河开凿更是不可能的,一切河道也都是急流滩险。大部分运输都依靠人力,小船航行急流时须用人力拉纤或推动,非常吃力。陆上道路崎岖不平,在运输时只得使用小车或全仗两个肩膀,一担一担挑着走"。⑤

历史上四川主要经济中心位于盆地内,四周又有高山与外部阻隔,在传统生产力较低时代对外交通较为困难,"这样和外界隔绝,就孤立性成为人文地理上一个明显的特征了"⑥,形成相对封闭的世界,"长江上游既是中国地理上的封闭地带,亦是中国经济和文化上的独特区域"。⑦

二、自 然 经 济

四川号称"天府之国",物产资源丰富。20世纪四十年代美国地理学家葛勒石(G. B. Gressey)曾称赞道:"四川的红色盆地,是中国一个饶有兴趣与最丰盛的地理区域,这里有温和的气候,富于生产的土壤,多量的天然资源和精力充足的人民。在中国,四川是被人热心称赞艳羡的一个省份,据说凡国内所能生产的物品在这里都能生产,每个旅行家从四川回来的时候总带着一本关于四川的记事,叙述着四川的繁昌和光荣,四川甚至被称为中华的乐园。"⑧尽管这种繁昌和光荣,并非在历史上各个时代都能始终如一,四川内部各地情形也有差异,"盖蜀地方数千里,多产金银、茶叶、煤炭、蚕丝之类,然随

---

① 西南师范学院地理系四川地理研究室编:《四川地理》,1982年,第142页。
② 西南师范学院地理系四川地理研究室编:《四川地理》,1982年,第154页。
③ (美)葛勒石(G. B. Gressey):《中国区域地理》,谌亚达译,正中书局,1947年,第171页。
④ (美)葛勒石(G. B. Gressey):《中国区域地理》,谌亚达译,正中书局,1947年,第163页。
⑤ (美)葛勒石(G. B. Gressey):《中国区域地理》,谌亚达译,正中书局,1947年,第170—171页。
⑥ (美)葛勒石(G. B. Gressey):《中国区域地理》,谌亚达译,正中书局,1947年,第163页。
⑦ 王笛:《跨出封闭的世界——长江上游区域社会研究(1644—1911)》,导言,中华书局,1993年。
⑧ (美)葛勒石(G..B. Gressey):《中国区域地理》,谌亚达译,正中书局,1947年,第162页。

地气盛衰,所出亦不能无古今之异"①,但巴蜀地大物博和土地肥美在史籍中是常见的。四川地区以其独特地理环境和自然条件,孕育着良好的自然经济。

四川盆地土水热资源都较为丰富,利于作物生长和生产。紫色土是四川盆地重要的农业土壤,其次为冲积土和黄壤。紫色土分布在广大丘陵地区,其特点是矿质养分丰富,酸碱适中,宜于各种作物生长。冲积土主要集中在成都平原地区,也是水稻土分布区域最广的地区,土质肥沃深厚,生产性能高。黄壤多分布在低山地带,肥力低,农业生产性能差。盆地气候利于农作,年可二熟到三熟。② 盆地北缘大巴山区部分山地分布有棕色森林土和灰化棕色森林土,其南侧山麓地带为酸性黄壤,土层薄,有机质含量低。四川西部高原在海拔 2500 米以下为山地褐色土,2500—3500 米以针叶树为主的林下以山地灰化棕壤为主,3500 米以上的针叶林、灌丛分布区为山地灰化土和山地泥炭灰化土,更高则是山地草甸土;高原南部低海拔山地分布有较多的红壤、山地棕壤等③。

据 1913 年 E. H. Wilson 的调查,四川盆地与康藏山地植物带有着如此的自然经济分布情况(表 1-1)。

表 1-1 四川盆地与康藏山地植物带分布(据 E. H. Wilson, 1913)

地带	高度※	自然经济	自然植被	其他
暖温带	2000 英尺以下	稻米为主要夏季作物,冬季小麦、柏松、桐油、竹类、棕榈、橘、植物油脂、白蜡树		高度耕作,稠密的人口
温带	5000 英尺以下	茶树栽植,盛行栽植稻米、玉蜀黍、甜薯	雨林,常绿带,主要是槲树、樟树、冬青树、单型类、羊齿类	4000 英尺稻米极限
冷温带	10 000 英尺以下	小麦、玉蜀黍、马铃薯主要作物、漆树、核桃树	落叶树、灌木、山踯躅类、松柏树的混合带	8500 英尺玉蜀黍的耕作极限,以上为森林
副高山带	15 000 英尺以下	小麦、大麦主要作物	伟大的针叶林,针枞属植物的大本营,许多山踯躅属	落叶松树木地带,分布有藏人
高山带	16 000 英尺以下	接近 15 000 英尺大黄及其他药用植物,12 000 英尺为小麦、大麦耕作极限	覆盖短草的草场,荒地或沼泽地上敷覆着灌木丛林等	荒原与草原,游牧藏人时常抵达的处所

---

① (日)竹添进一郎:《栈云峡雨日记》,张明杰整理,中华书局,2007 年,第 57 页。
② 刘巽浩、牟正国等主编:《中国耕作制度》,农业出版社,1993 年,第 441 页。
③ 马溶之:《中国土壤的地理分布规律》,《土壤学报》,科学出版社,1957 年。

续 表

地带	高度※	自然经济	自然植被	其他
冰河带	17 000 英尺以下	16 500 英尺植物极限	软草	高山砂漠,堆石
万年雪	25 000 英尺以下	17 000 英尺为雪线		

※ E. H. Wilson 调查的高度以宜昌长江河面为基准。
(资料来源:(美)葛勒石(G. B. Gressey):《中国区域地理》,谌亚达译,正中书局,1947年,第173页。)

四川地处亚热带,气候温暖湿润,降水充沛,土壤和地形丰富多样,植被的地带性组合和垂直带谱都较为复杂,可供人们驯化的植物种类特别多,大多具有改良和推广的自然条件,而历史上众多民族和人口交融与流动,各种经济文化互相影响,从而使四川种植业特别发达,农作物品种极为丰富。在水稻品种方面,糯稻种植历史久远,在近代的播种面积通常要占籼粳稻的1/10;早、中晚稻,晚熟粳亚种香稻,籼稻,双季稻,旱稻(陆稻)等种植也相对较多。① 近代时期四川稻米出产量大,川东"稻米多产之县,当推江津、綦江、忠县等处,除自给外,尚有余力供给渝、万。江北、巴县产米亦丰",川南如宜宾、江安、长宁、南溪、泸县、合江各县,"皆为有名产米区域",上川南如夹江、大邑、洪雅、彭山、眉山、青神各县"所产,质佳量丰,上以供成都,下以供给犍、乐",川西"为大水田区域,产米之多为全川冠,俗有'汉州鞋子金都牌,要吃白米新都来'之谚"。② 麦类、芋薯类、高粱、玉米等粮食作物亦有广泛种植。近代以来四川盆地出产大量粮食、油料、纺织和制糖原料以及多种农林副产,西部高原有面积广大的森林和牧场。据20世纪五十年代的调查统计,四川稻谷、甘薯、油菜籽产量均已居全国各省区第一位,玉米、苎麻、蚕丝、甘蔗、茶叶、柑橘、桐油、药材等产品在全国也占有重要地位,木材蓄积量仅小于黑龙江。此外,生猪、黄牛、水牛饲养数量均冠于我国其他地区。③

四川还是我国地下资源种类繁多和储量丰富的地区之一,其中以石油、天然气、井盐、铁、煤、金、铜、铅、锌、石棉、云母等为重要,多数在历史上就有过开发利用,其中尤以井盐的开采规模和影响最大,直到民国时期盐业生产仍被看作是四川地区最大的工业之一,"盐是盆地中最著名的富源,制盐业也就是四川最大工业之一,产额年达三十万吨,四川的产盐除供给本省人民食用外,还能输出至贵州、湖北和云南等省"。④

---

① 郭声波:《四川历史农业地理》,四川人民出版社,1993年,第137、153—156页。
② 郑励俭:《四川新地志》,1947年,第78页。
③ 孙敬之主编:《西南地区经济地理》,《中国科学院中华地理志经济地理丛书》之六,科学出版社,1960年,第18页。
④ (美)葛勒石(G. B. Gressey):《中国区域地理》,谌亚达译,正中书局,1947年,第169页。

丰富的资源和物产，使得四川自然经济历来为人们所瞩目，近代外人甚至认为，"汉土十八省中，以扬子江干流为纽带，无论是在占地面积（二十一万八千四百八十平方华里）或人口（六千八百七十二万四千八百九十一人）方面，还是在民族的强健和物产的富饶方面，最具优势者当推古代巴蜀，即现今的四川省。此地真可谓大清帝国之第一宝库"。①

经康雍复垦、乾嘉续垦，至清代中期以后四川地区土地利用率提升很大，全川自然和农业经济发展成绩巨大。嘉庆二十五年（1825）四川全省人口达2356.5万人，是乾隆四十一年（1776）的1.4倍左右②；至19世纪前期全省耕地面积达9500万亩③。一般认为，清代中叶开始四川农业经济恢复并迅速发展，在技术层面上主要得益于以下几个因素：

第一，大批移民的迁入和人口孳生，直接促成康雍、乾嘉两个时期的垦殖运动；

第二，旱地高产作物的引种和至清中期在旱地、山地（主要是乾嘉续垦）的推广种植；

第三，中小型农田水利工程技术普及化和山地水田（梯田）的广泛营造；

第四，农艺作物品种的丰富化和经济作物、林木的培植，如高产粮食作物的种植，甘蔗、烟草、苎麻、蚕丝、茶叶等经济作物的生产等，为农村经济发展注入了新的力量；

第五，耕作方式走向集约化，农业多样化经营趋势增强，自然经济商品化和专业化生产的出现。

近代以后，尽管受到外来商品和资本冲击，但四川自然经济依赖于其丰富的资源条件，仍有着深厚积累，至20世纪四十年代全川土地利用已为密集，"从土地利用的特性和剧烈性看来，在国内各地区域中，本盆地实占有非常的地位。其他各处再没有这样丰富的出产，土地的利用，在现在一般情形下，可以说是近于绝对的限度了"。④

第二节　近代前夕的经济格局

一、城乡经济与市场

光绪十七年（1891）重庆开埠，是四川经济史上的一件大事，也是直接开展对外贸易的开端，标志着列强从沿海地区公开侵入中国腹地⑤。尽管在此之前，外国资

---

① （日）中野孤山：《出游动机》，载氏著《横跨中国大陆——游蜀杂俎》，郭举昆译，中华书局，2007年。
② 曹树基：《中国人口史》第5卷，表7-24《乾隆四十一年至1953年四川分府人口》，复旦大学出版社，2001年，第324—325页。
③ 此为郭声波修正后的嘉庆末年数据，见郭声波：《四川历史农业地理》，表10《清嘉庆末四川耕地数》，四川人民出版社，1993年，第118—119页。
④ （美）葛勒石（G..B. Gressey）：《中国区域地理》，谌亚达译，正中书局，1947年，第165—166页。
⑤ 彭通湖主编：《四川近代经济史》，西南财经大学出版社，2000年，第174页。

本对四川的经济侵略和影响间接或局部地存在着,但从总体上看,重庆开埠前的四川经济仍保持着完好的传统经济结构,自然经济在整个社会经济中仍占有统治地位,历史上形成的乡村经济和市场格局依然存在。

经康乾嘉三朝的恢复和发展,至清代中期,四川的传统农业、手工业和商业均达到一定水平,部分经济指标在全国占有重要地位。

四川作为全国重要粮仓的地位和作用,在清代前中期就已得到诸多体现。据测算,清前期四川粮食总产量在20亿—46亿斤之间,中期达到60亿—100亿斤之间①。雍正四年(1726)至嘉庆十一年(1806)间四川粮食外运接济的省区明确记载有调拨量者,就有十六个之多,外运粮食总计达9 518 480石②。清代成都平原的粮食亩产量和东南农业发达地区相比毫不逊色,"今之苏松镇江等处,上地一亩收谷不过三、四石,蜀地有一亩收至六、七石者,……故往日川东之米尝转售于它省"。③以夔关在雍正八年(1730)至乾隆二十三年(1759)间年均征收米谷税约2.36万银两,按该关每石二分的税则计算,则年均经夔关中转的米谷数量就达1181万斤左右,数量庞大。④ 总体上看,鸦片战争前四川农业的单位面积产量大体处于全国中上水平,主要农业区在大多数年份的粮食产量都能自给有余,为粮食产品的商品化提供了条件⑤。当然,清前中期四川农业发展的成绩主要依靠扩大耕地面积和提高复种指数来实现,农村生产力水平仍较为落后,农业技术和生产组织发展停滞,农业抵御自然灾害的能力有限,不利的农村生产和经济关系制约也相当明显;此外,人口增长过快和地区发展不平衡等问题,也对四川经济的发展产生深刻影响。⑥

清代中后期,四川城乡手工业发展十分活跃,手工业生产的规模有明显的扩大,内部分工细密,出现了一批手工业生产集中的专门区域和城镇。纺织、制糖、井盐等手工业生产兴盛,形成多个生产集中区域。川丝产量最多分布在川北和川西,在保宁、顺庆、潼川、成都、绵州等五府的46个州县中,产丝者多达35个州县,此外还有雅州府、眉州、嘉定府及资州等重要丝产区⑦。此外,棉纺手工业也较为发达,夹江县"女功亦收布帛之利,男耕妇织,视他邑为较劳"。⑧ 崇庆州"女功以纺绩为务,东北多绩麻,西南多纺棉,机杼之声达于四境,故州中棉布、麻布及脚带遍全蜀焉"。⑨ 泸县"旧时,十乡机房所造之土机窄布,运销云贵两省,久已成为大宗"。⑩ 巴

---

① 王笛:《跨出封闭的世界——长江上游区域社会研究(1644—1911)》,中华书局,1993年,第108页。
② 王纲:《清代四川史》,据《清代四川粮食外运统计表》统计,成都科技大学出版社,1991年,第575—577页。
③ 吴焘:《游蜀日记》,见《小方壶斋舆地丛钞》第7帙。
④ 参见廖声丰:《清代常关与区域经济研究》,表3-4《清代夔关米税银表》,人民出版社,2010年,第108—109页。
⑤ 彭通湖主编:《四川近代经济史》,西南财经大学出版社,2000年,第10页。
⑥ 彭通湖主编:《四川近代经济史》,西南财经大学出版社,2000年,第10—12页。
⑦ 彭泽益:《中国近代手工业史资料》第2卷,三联书店,1957年,第89页。
⑧ 嘉庆《夹江县志》卷二,方舆志,风俗。
⑨ 光绪《崇庆州志》卷二,风俗。
⑩ 民国《泸县志》卷三,食货志,工业。

县"乡镇间小工业,四十年前纺花手摇车家皆有之,每过农村,轧轧之声,不绝于耳"。① 制糖业方面,"川省产蔗之地甚多,而以蔗制糖者,则惟中江、金堂、乐至、简州、资阳、资州、内江、隆昌、荣昌、富顺、泸州等处","尤以资州、内江、隆昌、简州出品为丰富"。② 四川井盐业生产历史悠久,清代产量不断攀升。嘉庆十七年(1812)全省盐井数达 9626 眼,产量 32 351 万斤;咸同年间在"川盐济楚"的刺激下,四川井盐销售额净增 1.2 亿斤;十九世纪七十年代更是达到行销盐引 99 670 张、产量近 8 亿斤的高峰。③ 犍乐、富荣产盐区为清中期以后四川主要井盐集中地,川东、川北盐场也有不同程度发展。根据同治年间富顺自流井等的史料,井盐生产技术和分工细密程度已具有相当高的水平④。许多产盐地区民众以盐为生,射洪"县东南沿江,盐井千余,旧时卤泉不竭,民颇资以为利"⑤,蓬溪县"煮盐易粟,贸迁以日"⑥。除上述行业外,四川金属矿冶业、煤炭业、造纸业等在清代中后期也有不同程度发展。

清代中后期四川城乡手工业,仍以家庭手工业为主要,在麻、棉、丝织等业中占有重要地位;手工作坊和手工工场则较多分布于矿业(含井盐)、丝织、制糖等行业中。

重庆开埠之前,四川城乡经济在自然经济和传统产业的持续发展下,支撑起了较为活跃的商品经济,不仅各项出产丰富和产量有规模,而且已形成一定的专业性生产和行销区域,内部市场发育良好。根据光绪三十年(1904)官报书局编印的《四川全省出产行销货物表》所登记情况来看,十九世纪后期至二十世纪初,川内自然经济和传统产业出产和行销体系已稳定成熟。兹以成都县域为例,可见一斑(见表1-2)。

表 1-2　20 世纪初年成都县的出产行销情况

出产货物名色	价　值	畅滞情形	出　产　大　宗
蚕丝、菜油、土药、湖绉、巴缎、锦缎、宁绸、摹本、绸缎、线丝、笺纸、顾(?)潮金、香货、金箔、烧酒、老酒、绢扇、栏杆、皮货、织绒、竹器、藤器、椒器	绸缎、栏杆视丝价之低昂以判贵贱,余价亦高下不一	蚕丝、菜油、牛羊皮及栏杆、绸缎均畅销	栏杆、绸缎为大宗,土药、菜油次之

① 民国《巴县志》卷十二,工业。
② 周询:《蜀海丛谈》卷一,制度类上。
③ 彭通湖主编:《四川近代经济史》,西南财经大学出版社,2000 年,第 90 页。
④ 同治《富顺县志》卷三十,盐政志,吴鼎立《自流井风物名实论》。
⑤ 光绪《射洪县志》卷五,食货志,物产,附盐井。
⑥ 道光《蓬溪县志》卷十五,风俗。

续　表

出产货物名色	价值	畅滞情形	出产大宗
布疋、云土、普茶、纸张、药材、疋头、干菜、绍酒、瓷器、叶菸、绵烟、郫烟、岚炭、杠炭、木柴、夏布、红白糖、洋油、洋广杂货、山漆、苏杭绸缎、黄白腊	普茶每筒值二两余，岚炭每包一两余，木柴每挑四钱余，洋油每箱四两余，余价低昂无定	布疋、疋头、柴炭、糖烟、茶纸为人生日用之资，省垣人户繁多，销行自畅，其余洋广杂货、药材、干菜次之	布疋、疋头、普茶、毛茶、岚炭、木柴、红白糖

出产行销前无今有	前畅今滞	货物聚集处	贩运往来处	商贩荟萃地	绕越之径	必由之路扼要之地	州县现设秤称
猪毛、洋油	未详	蚕丝聚集于簇桥及东门内，土药在牛市口	丝来自川北及嘉定一带，布疋、洋油、洋广杂货由重庆转运而至，药材、皮货由雅泸松宁各地方运来；省至所产之绸缎、栏杆、线绦各货则行销滇黔两省者为多	省城、牛市口、簇桥	未详	—	省城及各乡场俱设公议银秤并百货行称，所抽钱文多作地方公用

（资料来源：光绪甲辰年(1904)官报书局编印：《四川全省出产行销货物表》，表1《成都府属成都县》。台湾中研院傅斯年图书馆馆藏本。）

城乡经济活跃直接带动区域市场的兴盛，重庆开埠前四川乡村市场数量在乾嘉时期有着1％的年递增率，嘉庆时期盆地内各州县乡村市场数量约达3300个[①]。又据郑维宽的分区统计，嘉庆时期川西平原地区的乡村市场数量为443个、川北浅丘地区为860个、川东山地地区为781个、川南微褶地区为562个，以

---

① 王高凌：《乾嘉时期四川的场市、场市网及其功能》，载《清史研究集》第3辑，四川人民出版社，1984年；郑维宽：《清代民国时期四川城乡市场研究》附表1《嘉庆光绪民国时期四川各州县场市数量》，西南师范大学1998年硕士学位论文。

上地区市场密度分别为1.94、1.48、1.64、1.68。① 川西平原区的市场密度为第一位,这是因为该区域在传统时期全省人口密度最高和农业经济中心所决定了的,该地区农产商品化和手工业相应发达;川东和川南地区市场数量和密度处于较高位,则与这些地区清中叶农业拓殖、山地经济和沿江、沿边沟通等区位优势有关。双流县簇桥场与华阳县兴场毗邻,市房有654间,彭家场有街巷13道、市房有1800多间,市场规模庞大。② 射洪县太和镇"系水陆要冲,商贾云集,为下川北进省大道。……今人民仍前辐辏,隐然为治南一重镇焉。"③民国《郫县志》记载了该县清代时期"县市"分小市、大市,小市"乡农晨集,所售者有米、有麦、有菽、有糖",大市则在城中,"其市则米为大宗,菜子及油次之,麦又次之","趁集日,县境商贾咸至,他县如成都、新都之商亦至,交易之金或数十万或万或数千"。④ 广安"乾嘉中,土绵不济,岁仰湖北转运,城中花行特盛,乡市亦贩卖于万县,利至巨万"。⑤ 乐山一县"旧凡四十八场",多系道光以前各时期设置并沿用⑥。合江县市滨临赤水河,船运业发达,"往昔闭关之世,鄂棉盛销蜀中,荆楚巨商立行储棉,运销黔境"。⑦

重庆开埠前川内以货品主要集散、转运而形成了多个市场中心,在区域内外和省际贸易方面起到重要作用。合川"田多膏腴,易于播种,擅鱼米之利,恃舟楫之安,四方商旅愿出其涂"。⑧ 夔州"为入峡首郡,重以榷关","犹为大埠";万县"途兼水陆,控引成渝,舟车辐辏,为东蜀都会,百物充牣,利赖四周","向来以米、棉、桐油三者为大,装行于滇、楚"⑨;云阳县嘉道年间"商务尝大蕃盛,父老言西关外老街皆贾区,多湘、汉人,故城内外多两湖会馆,并有岳、常、澧、衡、永、保诸府分馆,其业则棉花为多云"。⑩ 前文述及川粮外运兴盛,重庆也因此成为清代前中期粮食商运中心,"换船总运之所","米客之汇于渝者,觅朋托友自为侪类,颇称便利",而其商业贸易遍及川、滇、黔、秦、楚、吴、越、闽、豫、两广和藏卫之地,"水牵云转,万里贸迁"。⑪

根据施坚雅关于市场和城市的划分,商品贸易须依赖于一定的经济区域,他把基本以四川地区为主的长江上游划分为我国帝制晚期一独立经济巨区,拥有1个中心都市、1个区域都市、6个区域城市、21个地区城市、87个地方城镇、292个市

---

① 郑维宽:《清代民国时期四川城乡市场研究》表1-1《嘉庆时四川各地形区市场数量及密度》,西南师范大学1998年硕士学位论文,第7页。
② 民国《双流县志》卷一,城池,市镇附。
③ 光绪《射洪县志》卷二,舆地志,场镇。
④ 民国《郫县志》卷一,市镇。
⑤ 光绪《广安州新志》卷十二,土产志。
⑥ 民国《乐山县志》卷一,方舆志,市镇。
⑦ 民国《合江县志》卷二,食货,物产。
⑧ 嘉庆《四川通志》卷六十一,舆地志,风俗,重庆府。
⑨ 同治《增修万县志》卷十三,地理志,物产。
⑩ 民国《云阳县志》卷十三,礼俗中,商。
⑪ 乾隆《巴县志》卷三,赋税。

镇;在全国3277个各类城镇中,长江上游地区总计占有408个,为12.5%,尤其是中下级城镇的密度四川地区超过了许多其他地区。① 相对于中心地理论市场模式城市等级结构1∶3∶9∶27的比例,四川地方城市数量偏高,即县域场镇数目大,这一方面与清代四川地方行政设置中县级政区数量多有关②,另一方面则与传统以来地方和自然经济活跃不无关系。王笛研究认为,晚近时期四川经济中心区体系是:最高层次经济中心是成都和重庆城;泸州、叙州、嘉定、万县、顺庆、广元城6个区域城市;地区城市有19个,分别是绥定、三汇、广安、涪州、合州、荣昌、合江、保宁、绵州、潼川、遂宁、汉州、灌县、简州、内江、邛州、夔州、彭水、雅州等城。③ 从川内城镇与市场腹地结构来讲,清代中后期成都和重庆两个中心城市的市场区,大致可以广元—遂宁—内江—宜宾一线为界。以成都为中心,形成邛州、眉州、简州、汉州、灌县和雅安、乐山、资州、三台、绵州、茂县等两个内外市场圈;以重庆为中心,形成其附近州县(包括重庆府辖区、合州、涪州、泸州、顺庆、绥定、遂宁、阆中等地)的市场内圈和嘉陵江流域、川东、川南綦江流域、长江重庆以上部分河段的市场外圈。④ 这种城市和市场格局的形成,正是清代四川城乡经济与市场不断发展的结果,反映了近代前夕四川经济地理的基本格局。

二、对外贸易与商路

重庆开埠之前,四川对外贸易已有一定发展。以往洋货入川,或由粤海关经湖南郴州、常德转龙潭、龚滩出涪州上达重庆,水陆兼程,须历时两三月;或由持子口单从汉口运至重庆。不仅交通不便,耗时费力,而且厘税偏高。⑤ 1876年《中英烟台条约》开放宜昌等处为通商口岸,借助长江通道,四川等西南腹地商品进出口被极大拉动。根据《中国海关十年报告》、《英国驻华各口领事商务报告》、《通商海关华洋贸易总册》等档案统计,1875—1890年间重庆进出口货值持续攀升,洋货进口值由1875年的156 000海关两增至1890年的4 815 932海关两;出口货值由1879年的240 795海关两增至1890年的2 036 911海关两,显示了宜昌通商口岸开辟对四川进出口贸易的促进作用。⑥

进口洋货中,以棉纺织品为大宗,除外来资本市场掠夺外,"四川依赖东部各省供应棉花,但现在印度棉纱和棉花每斤的零售价格并没有多大差异,这就是四川输入印度棉纱大大增加的理由"⑦。重庆进口洋货统计表明,在1889、1890两年度棉

---

① G. W. Skinner, *Cities and the Hierarchy of Local Systems*, in *The City in Late Imperial China*, pp. 282-283, P298, Stanford: Stanford University Press, 1977.
② 白璧玲:《清代四川盆地城镇体系之建立》,《白沙历史地理学报》2007年10月第4期。
③ 王笛:《跨出封闭的世界——长江上游区域社会研究(1644—1911)》,中华书局,1993年,第220页。
④ 参阅隗瀛涛:《近代重庆城市史》,四川大学出版社,1991年;王笛:《跨出封闭的世界——长江上游区域社会研究(1644—1911)》,中华书局,1993年;白璧玲:《清代四川盆地城镇体系之建立》,《白沙历史地理学报》2007年10月第4期。
⑤ 彭道湖主编:《四川近代经济史》,西南财经大学出版社,2000年,第108、109页。
⑥ 周勇、刘景修:《近代重庆经济与社会发展(1876—1949)》,四川大学出版社,1987年,第501—504页。
⑦ Trade Reports,1890,宜昌 pp. 65-66. 引自姚贤镐编:《中国近代对外贸易史资料》第3册,中华书局,1962年,第1364页。

货类进口数量总计达 1 358 282 匹,种类有原色布、白色布、丁字布、粗斜纹布、印花布及附料,另有英国和印度产棉纱 100 666 担(1890 年);其次是毛纺织品,主要有斜纹呢、哗呢、日纱、俄国呢、意大利呢、大企呢等绒呢货,两年总计进口 90 182 匹;其余进口洋货以干杂货、煤油和铁丝、水银等金属类等为多。棉纱等纺织品进口对四川农村相应传统产业有一定冲击。1890 年重庆出口土货以土特产工业原料为大宗,如废丝、绵羊毛、白蜡、生丝等,总计价值为 2 036 911 两,其中生丝出口价值为 907 112 两,居首位。①

四川出产大宗生丝等,作为工业原料或部分加工产品,在重庆开埠前出口贸易中占有重要地位,被认为是一项"有利的生意"。根据十九世纪八十年代外国人所作的商业调查报告,在 1883 年前后"由重庆向东每年输出生丝——黄丝和白丝——约达 17 500 担;如果每盎司价值为 1 钱,则每担值 160 两,全部输出值 2 800 000 两;四川成都、嘉定和重庆以及贵州遵义府的织机,销纳重庆输出的生丝各为 1 090 000、290 000、85 000 和 15 000 两,合计 1 480 000 两。因此,从重庆输出的生丝和丝织品总值达 4 280 000 两"。② 1885—1886 年四川省"大量生丝和乱丝头输往上海,以便转运欧洲。1886 年重庆生丝贸易是一项有利的生意。丝出产于成都北面至西北面绵州附近,而经由长江支流运往重庆。离重庆时,每驮(两包,约 80 斤)缴纳厘金 2 两 8 钱,然后凭子口单运往上海。1886 年绵州丝和乱丝头输出总值为 1 000 000 两"。③

重庆开埠前,大致以宜昌开关为始的 1877—1890 年间,是四川对外贸易的第一高潮,尚有如下特点④:一是因交通不便、关口经转多、厘金繁琐和受川内自然经济的抵制,这一时期的进出口贸易数量和价值仍处于低位,甚至在 1889 年重庆开埠前夕洋货进口出现负增长,总值跌至 272.4 万海关两左右;二是按有统计年份对比计算,1879、1885—1889 年进口总值累计为 17 936 052 海关两,出口是 9 031 354 海关两,进出口总值比例约为 2∶1,进口洋货对四川传统自然经济的冲击仍属有限,这与 1891 年重庆开埠通商后进口货物与价值增长迅猛和远超出口的格局和情形不同;三是整体上对外贸易规模、层次和流通不济,与四川资源丰富和市场空间大地位不符。也正因为如此,到了十九世纪后期,列强加紧了对长江上游地区的侵入,以重庆开埠通商打开这一腹地市场为首要目标。

在重庆开埠和近代川江航运业兴起之前,四川地区对外交通依赖于历史上长

---

① 周勇、刘景修:《近代重庆经济与社会发展(1876—1949)》,四川大学出版社,1987 年,第 92—95 页。
② Commercial Reports,1883,PartⅡ,重庆,p70. 引自姚贤镐编:《中国近代对外贸易史资料》第 3 册,中华书局,1962 年,第 1495 页。
③ Commercial Reports,1885-86,四川,pp4-5. 引自姚贤镐编:《中国近代对外贸易史资料》第 3 册,中华书局,1962 年,第 1495 页。
④ 以下数据见周勇、刘景修:《近代重庆经济与社会发展(1876—1949)》,四川大学出版社,1987 年,第 501—504 页;彭通湖主编:《四川近代经济史》,西南财经大学出版社,2000 年,第 109 页。宜昌关约开在 1877 年 4 月。

期发展形成的几个主要通道,多数官商兼用①:川陕通道(剑阁道为主的川陕驿道、官道;含水运在内的嘉陵故道;经米仓道的川陕中线;经洋渠道的川陕东线等)、川滇通道(经邛州、雅州、清溪、越巂、建昌、会川至云南元谋的川滇西线;经五尺道、石门关入滇东北肩负京铜、川盐等运输的川滇中线;经泸州、叙永下南道入乌蒙承担大量川盐和黔铅运输的川滇东线;金沙江通云南滇铜运输水道等)、川鄂通道(主要以峡路为主,即依托长江航运三峡的"东水道",是西南铜铅、米粮、木材外运的"黄金水道")、川黔通道(以川黔大道为主要,由重庆出发经綦江水陆兼程入贵州遵义境;经乌江入贵州的黔江道和经赤水河入黔川盐运销的仁岸运道)、川青川甘通道(主要有各经白水关、青塘岭、西山道等通川西北入青甘地区的数条大路)、川康川藏通道等。各通道除"大路"外,还存在着许多"小路",不少系商旅往来频繁形成的。

至近代以前,四川对外通道仍发挥重要作用,尤其是承担川产、滇黔地区矿产运输的川滇、川黔和川鄂通道,大宗商品多由此进出。相比而言,川陕通道等因全国经济中心东移南下,地位下降明显。当然,北向通道在近代四川省际商贸贩运方面仍发挥一定作用,如顺庆府的岳池县出产的灯草,"运销陕甘、湖北",其销路是"运陕甘,以广元为扼要"。保宁府阆中县有"陕酒"、"甘肃药材",广元县则成为陕甘货物转运的要地,"棉荍、药材自陕甘运至中坝分销各属,中坝所产各货则运往陕甘一带销售"。处于四川沟通中原、长江水道和川东北与陕西交通要地的夔州、绥定等府与北方货物交流密切,如万县及绥定就成为川内、下江同陕甘物流的重要集散地和通道,忠州所属之梁山县境内所产"大表纸及丝由万县聚集,运销下江。小表纸由绥定聚集,运销陕甘。土药由迴龙场聚集,销下江"。大宁县"北方外来货物,均自巫山舟运入境"。达县的柏树场、堡子岭等地是蚕丝等货物重要的集散地,分销河南等省。东乡县毛毡、花椒、羊皮由陕西运入。太平县烧酒主要来自陕西,"茶叶运销陕西,桐油、山药、梧子运销绥定,丝销重合,土药销河南,木耳销汉口。行销之货除烧酒来自陕西,余自开、万转运而来"。大竹县的麻布外销的主要地点是陕西省。城口厅"茶叶运销陕甘,土药销河南、湖北,其余俱运销附近各地及陕西",而该厅的纱布"悉自陕西兴安及万县、重庆转运而来";由于毗邻陕西,沟通便利,故该厅"各土货悉由水路直入陕境,并无扼要"。以初步统计可知,即使在19世纪末期,四川之丝品、麻布、土药、纸张、茶叶、灯草等仍通过传统商路行销陕甘等地区,陕甘等地的烧酒、花椒、毛皮、药材、纱布等也借助传统商路,行销四川东北、北部地区各县。②

盆地内部商路和交通则多以水路为主,以成渝两地联系为主形成南、北、水

---

① 蓝勇:《四川古代交通路线史》,西南师范大学出版社,1989年,第7—258页。
② 以上引文均出自《四川全省出产行销货物表》各县条目内容,恕不一一出注。见光绪甲辰年(1904)官报书局编印:《四川全省出产行销货物表》,台湾中研院傅斯年图书馆馆藏本。

三条大道,其中成渝大道为南道,经资州沟通成渝线路;北道是经绵州为通衢的,随着川南、川东南清中后期经济发展和地位上升,地位下降;还有依托川江水系沟通成渝两地区的水道。受自然地理、河川密布和历史发展影响,清代四川地方城市普遍处于交通线上,沿江分布的重要城镇较多,如长江沿岸涪州—万县、嘉陵江沿岸的保宁府—顺庆府、涪江沿岸的潼川府—遂宁、沱江沿岸的简州—内江、岷江沿岸的嘉定府—叙州府;而其他分布于浅丘地带的城镇,也多就有水运和商品流通的便利①。这都为地方城市发挥交通便利优势,开展商业贸易,提供了优良条件。

当然,受生产力发展局限,近代以前四川交通工具仍比较落后的情况下,"四川受着不适当的运输的束缚,比起它受着其他单纯的束缚恐怕更要厉害些。农矿产和其他商业都需要一种非常的人数去运搬推动,现在的交通方法,实在是迟缓而无效用。这固然是国内各地的共同情形,而以四川为尤甚。驮兽使用极少,驴骡马车尚属未知"。②河川水系尽管发达,但正如前文所述险滩和旧式木船等,使航运效益长期维持在较低水平。

总之,重庆开埠前,四川地区以其独特的地理区位和丰富的自然资源,经历史长期发展,以成都平原为代表的传统农业,获得了极大发展并形成深厚物资基础。人口、耕地和粮食在清中期以后的增长,极大促进了全川城乡经济和市场的繁荣,并成为清代全国经济巨区之一,拥有着相对庞大的城镇和市镇体系,中下级市场体系和乡村市场密度均在全国处于较高水平。这充分表明近代前夕的四川,在自然资源利用、商品经济开发和市场网络形成方面,都具有稳定、持续和明显的成效,是传统中国经济发展的代表性区域之一。但受人口增长过快和传统产业生产技术进步迟缓,以及晚近时期同全国其他地区一样普遍存在着的生产关系束缚和政治败落的影响,四川整体经济仍处于较强的自然经济体系框架内,发展不足。

在清中期以后,四川经济除保持基本农业区发展以外,最大的变化是盆地周围,尤其是川南、川东等地区山地农业及农副业的开发成效明显,以重庆为中心的中心城市地位上升明显。这种经济格局上的变化,在商品经济趋势加强和中长途区域贸易带动下,使四川沿江地区的区位和航运优势凸显,客观上为近代重庆开埠通商创造了一定条件。

受清后期外来资本侵入影响,尽管在重庆开埠前对外贸易水平处于低位,但四川仍以其丰富的出产在进出口贸易中占得一定优势,不过这种优势在内部自然经

---

① 白璧玲:《清代四川盆地城镇体系之建立》,《白沙历史地理学报》2007年10月第4期。
② (美)葛勒石(G. B. Gressey):《中国区域地理》,谌亚达译,正中书局,1947年,第170页。

济体系下,越来越受到外来商品的冲击与压力,宜昌开关对川内经济的影响,仅是一个简单的开始。面对长江流域这一最大的腹地和经济市场,觊觎已久的列强开始以开埠通商和打通黄金水道长江航运为首要目标,这将为传统的四川经济带来深刻变化。

第二章　农业地理

第一节　人口与耕地

对清中叶至清末四川人口的研究,学术界多以嘉庆《四川通志》所载嘉庆十七年(1812)、嘉庆二十五年(1820)《重修一统志》之记载为基础,并以宣统年间诸如民政部户数表册、四川分县数据,以及1953年调查统计等为参照来讨论①。李世平、侯杨方等则对各类册载数据进行了比较和修正,统计分析了宣统至民国时期四川人口发展情况②。尽管学术界对1812年嘉庆《四川通志》卷六十五《户口》所载数量有着不同的理解,但对清代四川册载丁口数在乾隆五十一年(1786)至咸丰元年(1851)间由8 884 667增至44 751 964丁口③,在宣统年间全省人口达到4300万口以上规模并无太大争议。清代中后期人口快速增长,至抗战前的1936年,四川人口数量达到5393万人以上(含西康)④,使四川农业地理在晚近时期发生了重大变化,这种变化不仅直接体现于耕地面积和垦殖范围的迅速扩大,也同样"促使多年陈陈相因的封建社会经济结构开始发生重大转变"⑤。

一、农业人口分布

1918年北京政府农商部统计、1933年的中国农村资料调查、1933年以后南京国民政府调查、1938年张肖梅的《四川经济参考资料》(据省建设厅调查统计汇编)和金陵大学完成的《中国土地利用》等均有四川全省农户调查(见表2-1)⑥。

表2-1　抗战前四川农业人口调查

调查统计者	时间	农业户数	农业人口
农商部	1918年	3 068 000	30 040 000
中国农村资料	1933年	4 975 252	26 617 598

---

① 如王笛:《跨出封闭的世界——长江上游区域社会研究(1644—1911)》,中华书局,1993年;李世平、程贤敏主编:《近代四川人口》,成都出版社,1993年;曹树基:《中国人口史》第5卷,复旦大学出版社,2001年;等等。
② 李世平:《四川人口史》,四川大学出版社,1987年;李世平、程贤敏主编:《近代四川人口》,成都出版社,1993年;侯杨方:《中国人口史》第6卷,复旦大学出版社,2001年。
③ 梁方仲编著:《中国历代户口、田地、田赋统计》,甲表82《清乾隆(后期)、嘉庆、道光、咸丰四朝各直省丁口数》,上海人民出版社,1980年,第262页。
④ 侯杨方:《中国人口史》第6卷,复旦大学出版社,2001年,第203页。
⑤ 郭声波:《四川历史农业地理》,四川人民出版社,1993年,第514页。
⑥ 张肖梅编著:《四川经济参考资料》,中国国民经济研究所1939年发行,第B12页。需要说明的是,金陵大学卜凯主编《中国土地利用》(金陵大学农学院农业经济系1941年出版)一书并未编有张肖梅所指具体到各县的"四川户口总数农户数及人口密度"数据资料,或有另见,此今应予说明。

续 表

调查统计者	时 间	农业户数	农业人口
南京国民政府调查	1933年以后	—	25 871 301
省建设厅调查统计	1937年	6 397 162	34 225 854
金陵大学《中国土地利用》调查	1937年	4 975 000	26 616 250

说明：南京国民政府调查和《中国土地利用》所载原无人口数，今据张肖梅统计5.35口/农户计算补入。不含西康省。

（资料来源：张肖梅编著：《四川经济参考资料》，中国国民经济研究所1939年发行，第b12—b22页。）

表2-1中有关四川农业人口的调查除《中国土地利用》与南京国民政府调查统计几近一致外，出入都比较大，难以借此得出民国各年四川农业人口数量。四川省建设厅1936—1937年间的统计，是目前见到的近代时期最为全面的全省各县域农户调查数据。"无论从当时调查的农民人口的平均比例来看，还是从各县农民人口百分比看，都表明了四川是一个农民人口占绝大多数的省份"，"可以认为四川省建设厅的调查统计资料更为客观、准确地反映了三十年代四川农民人口规模的状况。"[①]目前所见省建设厅的调查具体到各县均有农户数统计，亦可借此了解抗战前夕四川各自然地貌区域农业人口的分布情况（见表2-2）。

表2-2 1937年四川农业人口分布

农 业 区	农 户 数	农民人口数	占全省农民人口数比例(%)
盆西平原区	1 008 833	4 824 380	14.11
盆地丘陵区	4 059 064	22 738 103	66.48
盆周山地区	1 192 518	6 067 047	17.74
川西南山地区	89 059	416 413	1.22
川西北高山高原区	36 518	156 559	0.46
总　　计	6 385 992	34 202 502	

说明：本表数据为各县累加，不含西康。分区标准依据石承苍等《四川省自然地理环境与农业分区》（四川科技出版社，2013年）。盆西平原区以今成都、绵阳、乐山地区为主，盆地丘陵区以盆北低山深丘、盆东（含今重庆）平行岭谷、盆南丘陵地区为主，盆周山地以盆周北部中低山、盆周南部中低山深丘、盆周西部中低山为主，川西南山地主要包括今凉山及雅安西部地区，川西北高山高原区包括今阿坝、甘孜等地区（表中仅涉及该区邻盆周山地的区域）。缺仁寿、彭山、雷波、泸县、古宋、酉阳、彭水、黔江、万县、忠县、南部、中江、广汉、广元、盐源、昭觉、宁南、盐边等县调查数据。

（资料来源：1937年四川省建设厅农户及农民人口调查统计，见张肖梅编著：《四川经济参考资料》，中国国民经济研究所1939年发行，第b12—b17页。）

作为人口大省和农业大省，晚近时期四川农户数处于全国前列，1918、1933年

---

① 李世平、程贤敏主编：《近代四川人口》，成都出版社，1993年，第190页。

的调查(见前述)显示全省农户数位居全国第三、四位。1937年上述农业人口数量占全省人口数 52 963 269 人(不含西康)①的65%左右,因缺载情况实际上这个比例应更高②。根据现今四川省农业分区面积范围来看,表2-2中的盆西平原区土地面积为26 344.6平方公里,占全省面积的5.42%;盆地丘陵区为90 858平方公里,占全省18.68%。两区域构成四川盆地主体,1937年农业人口比重占全省之80.59%,是四川传统农业基本经济区,也是近代四川农业最为主要的分布区。其中,农业人口占到全省比例前十位的县有:简阳(占2.34%,802 375人)、安岳(2.29%、784 297人)、涪陵(2.08%、713 000人)、富顺(2.07%、700 653人)、三台(2.03%、696 254人)、蓬溪(1.98%、676 647人)、巴县(1.95%、667 473人)、江津(1.95%、667 385人)、资中(1.89%、646 673人)、遂宁(1.89%、645 639人)③,全部分布于盆地丘陵区。川西、川南和川北等中低山区及部分今渝东北、渝东中低山地区等盆周山地区,在多县农户数缺载的情形下,1937年农业人口也占到全省之17.74%,是晚近时期四川山地农业发展的主要区域。当然,这里的农户及农业是大农业概念,包含了在农村从事种植、林、牧和渔业活动的人户统计。

1934年9月西康地区造报各县村数户口人数显示,西康地区村数合计1318个、共70 400户、238 307口④,这一人口数是次年2月公署造报各县人口统计数710 380口的1/3强⑤。1934年村数户口数能否代表农业人口情况? 根据西康地区其他档案和调查资料记载的情况看,当地村户也有数量不少的牲畜统计,故至少应能反映半农半牧或从事其他相近生产活动的村落户口情况。当然,1935年公署造报户口数自认为有估算的成分,不尽准确,实际上根据人口史界的研究,至1936年西康地区人口数已经达到968 187人⑥。据1934年9月西康财务统筹处、行政专员公署的统计,时西康地区村户最多的是泸定县(6124户、97村、23 772口),其余村户数较多者依次为察雅(今属西藏,5076户、42村、19 719口)、康定(4940户、50村、19 377口)、巴安(今巴塘,4316户、207村、12 754口)、德格(4132户、16村、12 632口)等。⑦

张肖梅对农业人口在全省人口中的比例估算明显有误(或为笔误,居然是"占四川全人口百分之五"),在对比20世纪二三十年代各类调查统计数据后还认为,

---

① 系1936年全省人口数,见侯杨方:《中国人口史》第6卷,复旦大学出版社,2001年,第203页。
② 根据民国政府主计处统计局《统计月报》资料,1931年四川全省农户共有4 975 252户,约占全省总户数的68.5%,农业人口为273 638 886人,约占全省总人口的57%。这一比例明显偏低,不符合实际。可参见国民政府主计处统计局:《统计月报》,1932年第101、102期合刊本等。
③ 张肖梅编著:《四川经济参考资料》,中国国民经济研究所1939年发行,第b12—b17页。
④ 《1934年9月西康财务统筹处、西康行政专员公署造报各县村数人口数统计表》,见四川省档案馆、四川民族研究所合编:《近代康区档案资料选编》,四川大学出版社,1990年,第183—184页。
⑤ 《1935年2月西康行政专员公署造报各县人口概况统计表》,见四川省档案馆、四川民族研究所合编:《近代康区档案资料选编》,四川大学出版社,1990年,第184—185页。
⑥ 侯杨方:《中国人口史》第6卷,复旦大学出版社,2001年,第203页。
⑦ 《1934年9月西康财务统筹处、西康行政专员公署造报各县村数人口数统计表》,见四川省档案馆、四川民族研究所合编:《近代康区档案资料选编》,四川大学出版社,1990年,第183—184页。

全川农业人口"惟有日趋减少之趋势","其减少情形,虽精确之比较统计表足以说明,但可据下几种旁证":缺少壮农(兵、匪挤占)、工业和城市人口激增、灾荒战乱衰耗、死亡率增高和农村生育率下降。[①] 不过,李世平等人通过对1936—1937年建设厅农户调查和1941—1943年成都平原九县人口普查资料的比较分析,认为四川农业人口一直有增无减,不存在下降的局面,"尽管民国38年间四川城市人口的绝对数量和增长速度都很显著,但四川仍然是一个农村人口和农民人口占绝对多数的省份。动荡的社会政治环境,落后的社会经济条件,限制了农业人口向其他行业和城市的转移。这也可能是促成30年代到40年代末四川农业(民)人口比例上升的重要原因之一。"[②] 对此可能的启迪是,不能脱离近代时期四川人口基数及数量不断增加的基本事实,同时要结合历史环境分析四川农村(业)人口与城市、非农业人口的构成及关系。近代时期城市化、工业化,如果不如张肖梅等所言在促使农业人口减少,而是李世平等所认为的农业人口转移受限,这对于讨论和评判近代因素对四川社会经济的作用是有着很大影响的,尽管人口仅是一方面。

就城市人口来讲,据曹树基估测,清代乾隆四十一年(1776)四川省城市人口为177.7万,占全省总人口1681.1万的7%;至光绪十九年(1893)全省城市人口为281.3万,仍占全省总人口4018万的7%。但同时,他也指出从清代中叶至清末,"中国城市化水平不仅没有提高,反而有所下降。城市人口的增长速度不及乡村,是中国城市化水平长期处于较低水平的原因之一"。[③] 民国时期受抗战内迁和大后方建设影响,四川城市人口增长迅速。李世平等人认为,从近代统计学的角度看,清代唯一较可信的成都城区人口统计数,是宣统年间四川省进行的两次省会户口调查,1909年全市人口数为323 972人,1911年为327 185人。成都城市人口在1933—1943年代维持在35万—49万人之间,各年亦有变动;至1949年约为60万人。1824—1911年间,重庆城市人口增长了1.5倍,户数从17 850户增至41 628户。据推算,1911—1927年间重庆城市人口净增24.5%,年均递增速度为1.4%。1927—1937年重庆城市人口从208 294人增至453 427人,年均递增速度为8.1%,高于同期成都4.6%的年均递增率。至1949年,重庆城市人口达到100万以上。研究认为,近代四川城市人口增长速度可观,主要原因是在晚近时期,四川地区商业、贸易、金融业的繁荣和发展,抗战全国政治、经济、文化中心的迁入,使得城市结构和功能发生较大变化,城市化水平提高。不过,尽管近代四川人口城市化加速明显,但这种增长大多是非城市人口的自然增长形态,受落后的社会经济条件制约,仍停留于低水平上的发展和变化,1949年时四川城市人口的比例不到4%。[④]

---

① 张肖梅编著:《四川经济参考资料》,中国国民经济研究所1939年发行,第b22、b23—b27页。
② 李世平、程贤敏主编:《近代四川人口》,成都出版社,1993年,第191页。
③ 曹树基:《中国人口史》第5卷《清时期》,复旦大学出版社,2001年,第828—830页。
④ 参阅李世平、程贤敏主编:《近代四川人口》,成都出版社,1993年,第195—254页。

二、耕地分布

清代册载四川耕地数量及分布,比较全面的要属嘉庆《四川通志》的记载,王笛、郭声波等人均对此作了细致研究。其中,郭声波不仅在修订嘉庆十七年(1812)册载耕地数的基础上考虑了对边区和土司等缺载地区的耕地估算,而且将之与嘉庆《重修一统志》等所载黄册总数等作了比较,得出嘉庆末四川耕地数在 95 万余顷的重要结论。① 这一耕地数可视为四川在清代前中期经历康雍垦殖和乾嘉续垦后农业垦殖方面取得的最大成绩。此后,四川耕地数仍在持续增长,"四川耕地从 1820 年(嘉庆二十五年)的 95 万顷到 1937 年的 155 万顷,再到 1985 年的 171 万顷,反映了这样一个事实:近代以来,四川农地垦殖仍以年均 4‰ 和 2‰ 的速度增长着,它使四川农业开发乘着康、雍、乾、嘉垦殖高潮的余波不断上升到历史最高顶峰,因此说近代四川农地垦殖是一次'空前的拓殖',并不是过分的。"② 严中平在考察中国近代经济发展时,以 1873 年为基准(耕地面积指数为 100),认为 1893、1913 和 1933 年四川耕地面积指数分别是 102、104 和 110,表明垦殖仍是持续增长。他也指出 1929—1933 年间四川耕地面积达到 155 万顷的规模。③ 当然,需要指出的是卜凯在 1930 年代的调查认为,1937 年单单四川水稻区耕地面积就已达 123 230 平方公里(约合 185 万顷)④,这一数字已经超过建国初期全省耕地面积 1953 年的 105 万顷、1952 年的 112 万顷和 1957 年的约 115 万顷,明显被高估。⑤

在 1937 年全川耕地面积达到 155 万顷的局面下,其耕地类型及分布的情况,可借助 1936 年出版的吕平登《四川农村经济》和 1939 年四川省政府编的《四川概况》等相涉资料来作讨论。《四川农村经济》记载了 1932—1933 年四川水旱田地总亩数高达 96 282 000 亩,其中水田为 42 232 000 亩,旱田为 54 050 000 亩,分别约占全省田亩数的 44% 和 56%。⑥ 尽管田亩数值得商榷,但水田所占比例已经接近郭声波对 1937 年全川水田比重的分析(不含西康、成都市和重庆市,十八个行政督察区水田比重均值约 41.4%)。⑦ 1937 年全川水田分布比重较大的行政区主要有第一、四、七、五、三、十、十五行政督察区,集中于盆地平原区和丘陵区(见表 2 - 3)。其中大致属于盆地平原区的第一、第四、第五行政督察区水田比重分别高达 70.9%、60.1% 和 56.4%,盆地丘陵区的第七、第三、第十和第十五行政督察区水田比重也均在 50% 以上。

---

① 郭声波:《四川历史农业地理》,四川人民出版社,1993 年,第 117—119 页。
② 郭声波:《四川历史农业地理》,四川人民出版社,1993 年,第 136 页。
③ 严中平:《中国近代经济史统计资料选辑》,中国社会科学出版社,2012 年,第 238、237 页。
④ (美)卜凯:《中国土地利用》,第 5 表《八大农区土地总面积及耕地面积》,金陵大学农学院农业经济系 1941 年发行,第 198 页。
⑤ 建国初期耕地面积数字,参见孙敬之主编:《西南地区经济地理》,《中国科学院中华地理志经济地理丛书》之六,科学出版社,1960 年,第 19 页。
⑥ 吕登平:《四川农村经济》,商务印书馆,1936 年,第 80 页。
⑦ 据郭声波:《四川历史农业地理》,表 12《民国二十六年四川耕地数》计算,四川人民出版社,1993 年,第 135 页。

表 2-3 1937 年四川省各区耕地数量及水田比重分布

行政督察区	今大致区域	耕地(万顷)	水田比重%
第一区	成都市辖郊区县	4.092	70.9
第二区	资阳、内江地区	12.354	32.2
第三区	重庆市西郊区县	9.571	55.2
第四区	眉山地区	3.375	60.1
第五区	乐山地区	4.318	56.4
第六区	宜宾地区	4.805	42.2
第七区	泸州地区	4.688	60.1
第八区	渝东南、涪陵地区	9.212	38.6
第九区	万县地区	9.626	26.6
第十区	广安东部及重庆长寿、垫江、梁山等	8.442	54.0
第十一区	南充地区及岳池等	7.385	35.3
第十二区	遂宁地区	9.372	31.8
第十三区	绵阳地区	4.215	42.9
第十四区	广元地区	7.662	33.3
第十五区	达县地区	7.983	51.0
第十六区	阿坝地区	0.885	0.1
第十七区	雅安地区	1.562	30.0
第十八区	西昌地区	3.512	24.0
总　　计		113.059	

(资料来源：据郭声波《四川历史农业地理》，表 12《民国二十六年四川耕地数》，四川人民出版社，1993 年。)

水田分布的这一格局也接近解放初期的调查：

水田主要分布于四川盆地内部平原和丘陵地，由于各地水源、地形、土壤的不同，水田的地区分布有很大差别，大致说来，水田比率与垦殖指数的高低是一致的。成都平原灌溉渠道交错，水田占耕地面积 80%—90%，其中平原中心有些县份耕地几乎全部为水田；盆地南部乐山、宜宾、泸州、江津、合川地区，塘堰灌溉发达，水田比率也达到 60%—70%。沱、涪、嘉陵江中游的内江、遂宁、南充一带，水田比率低，是本省棉花、甘蔗、甘薯(红苕)等旱地作物主要产区。[①]

盆地平原区和丘陵区水田的发达与良好的水利灌溉有关。成都平原及其东部

[①] 孙敬之主编：《西南地区经济地理》，《中国科学院中华地理志经济地理丛书》之六，科学出版社，1960 年，第 19 页。

和东南部丘陵主要以岷江都江堰水利系统和沱江水系水利系统为主,丘陵地带还广泛依靠冬季蓄水和引渠工程灌溉,多数渠堰都能与一定的水系相连接。除都江堰水利系统及旧时兴修的工程以外,1930—1940年代还兴修了许多农田水利工程,全省新兴修大小渠塘有130个以上,并在江津、眉山、金堂等十多个县计划兴建数十个水利工程,在已建者中以三台县郑泽堰、眉山县醴泉渠、洪雅县花溪渠、遂宁县南北坝、绵竹县官宋硼三堰,①绵阳县袁公堰和龙西渠、乐山县楠木堰、雅安县太平场和草坝、华阳县沙河堡高地等为中大型灌溉工程。② 在山地,大量分布着梯田,"仍能和一个复杂的灌溉水系相连络,我们所得到的印象是极小的黑点和条带。这稻田在灌溉以后,在日光下映着,就好像破镜碎片似的。一切作物都被供以适当的水量,所以干燥的高田和潮湿的低田的分布情形大不相同"。③

四川省建设厅对1938年四川(不含西康)各县耕地面积有过统计汇报,因部分县份数据有缺失,总数上也与之前1937年统计的155万顷有一定回落,各县当年实际耕地数字难以明确,故本处仅就数量比重及分布情况作一分析。④ 统计资料计算显示,1938年耕地面积占全省比重较高的前20个县份依次为巴中(5.64%)、涪陵(4.77%)、城口(3.14%)、简阳(3.06%)、石柱(2.45%)、荣县(2.14%)、梁山(2.10%)、广安(2.04%)、昭化(2.03%)、蓬安(2.00%)、万县(1.96%)、犍为(1.74%)、长宁(1.66%)、巫溪(1.62%)、资阳(1.60%)、南充(1.56%)、会理(1.56%)、遂宁(1.51%)、巴县(1.49%)、三台(1.40%)。其中,盆地丘陵区占有13席,盆周山地区占有6席,川西南山地占1席,而盆地平原区无一席之位。虽然建设厅统计数据未必准确,但耕地数量分布比重仍能说明在1930年代盆地丘陵区为全省耕地最为集中的区域,与前文所述农业人口分布集中区域一致。可以说,近代时期盆地丘陵区成为四川最大的垦殖区域,而且从垦殖发展趋势上看,已经全面地拓展至盆周山地区并逐步向边远地区深入(涪陵、城口、石柱、巫溪、犍为处于盆周山地区,会理为川西南山地区)。当然,并不是说成都等盆地平原区垦殖不济,只不过已非近代垦殖拓展的主要区域罢了。

近代四川垦殖的情形,在诸多调查和游记中均有描述,尤以盆地丘陵及盆周山地区域的垦殖为充分。1896年法国里昂商会在经过川西平原时这样记述道:

> 越往成都方向走,经过的平原越发令我愉悦地想起江苏以及浙江省那些茂密、婆娑的树木来。芥菜、蚕豆、芝麻、鸦片、甘蔗、小麦等庄稼把这一方水土装扮成巨大的花园,没有一个角落被闲置荒芜。

在川西峨眉等山地:

---

① 蒋君章:《西南经济地理》,商务印书馆,1946年,第25页。
② 民国四川省政府编:《四川省概况》,四川省政府1939年出版,第三篇《经济概况》,第27页。
③ (美)葛勒石(G..B. Gressey):《中国区域地理》,谌亚达译,正中书局,1947年,第166页。
④ 《四川建设统计提要》,见民国四川省政府编:《四川省概况》,四川省政府1939年出版,第三篇《经济概况》,第1—3页。

尽管山地崎岖不平,但当地人却想方设法开山夷地,种植庄稼,在我们看来人根本无法上得去的山坡竟也种满了玉米、白蜡,……①

1913年日人中野孤山在游记中感慨道：

四川：丘陵山腰,开垦充分,均化为良圃沃土。坚硬贫瘠的土地变为殖土,稻禾穰穰,一片丰收的景象。此乃蜀人务农的象征。水牛拉犁耕田,老幼攀岩耕耘,这就是自古以来的教化,神农教之存在。②

1931年农学家董时进自三峡入川,在其调查报告中这样写道：

沿岸所见,有倾斜不下七八十度之山地,概经开垦,石岩之上,凡有一勺泥沙,亦无虚置。土岸田畔之垂直面上,亦少未种植者。由渝至蓉,所经山坡,远望一似荒秃,及接近,始知其由脚至顶,无一非耕地。龙泉驿山坡可谓高而急,然半山之上,犹不乏水田；山顶之上,不乏旱田。无旷土之理想,川省内地可谓已完全达到。③

十余年之后,Gressey以地理学家的视角亦这样评述四川盆地：

凡斜坡在三十度以内,自山腹至山顶都完全造成梯田。只是四十五度以上的山坡地方,农事经营才感困难,但是有的地方甚至连峻峭的丘陵上也被利用,所以在山坡平均六十度的地方偶然也可发现梯田。其他像华南等处高出二十度的山顶丘陵,通常不便利用的。而四川盆地则否。

岷江平原乃是世界中一个最美丽的乐园,几乎每一寸的土地都被高度开拓了。土壤耕作也都达到了顶点。在中国,甚至在世界上,没有这样一个面积相等的更膏腴更庶富的人口稠密的农区吧。④

垦殖活动在川西北高原高山区,也有较大发展。在川西北,如茂县可耕之地"较理蕃、汶川为优",尽管"山多斜坡",也"农垦尤甚"。⑤ 松潘等地青稞"宜种山原,各番寨地广种之,官仓储粮以此为最"。⑥ 小金川沿河一带"地土倾斜缓慢,其他耕种地均有六七十度以上倾斜"。⑦

川西南山地地区的西康,根据1939年《西康概况》所载和郭声波的统计,1937年西康行政督察区耕地面积达到0.5万顷。⑧ 但据20世纪四十年代初《西康省各

---

① (法) *La Mission Lyonnaise: D'exploration commerciale en chine*,1895 - 1897. 引自法国里昂商会1898年编著,里沃执笔,徐枫等译注：《晚清余晖下的西南一隅——法国里昂商会中国西南考察纪实(1895—1897)》,云南美术出版社,2008年,第82、110页。
② (日) 中野孤山：《横跨中国大陆——游蜀杂俎》,郭举昆译,中华书局,2007年,第75—76页。
③ 董时进：《考察四川农业及乡村经济情形报告》,见冯和法：《中国农村经济资料》,台北华世出版社,1978年。
④ (美) 葛勒石(G..B. Gressey)：《中国区域地理》,谌亚达译,正中书局,1947年,第166、167页。
⑤ 民国边政委员会：《川康边政资料辑要》,茂县概况,地势,1940年。
⑥ 民国《松潘县志》卷八,物产,谷属。
⑦ 民国边政设计委员会：《川康边政资料辑要》,懋功概况,地势,1940年。
⑧ 《西康概况》,见民国四川省政府编：《四川省概况》,四川省政府1939年出版；郭声波：《四川历史农业地理》,表12《民国二十六年四川耕地数》,四川人民出版社,1993年,第135页。

县统计调查表》(仅列有16县,有耕地数15县)统计各县耕地面积却高达57 098.2平方公里,约合21.41万顷,几乎占1937年全川耕地面积155万顷的13.8%(表2-4),这个数量显然偏高。虽然西康宜农土地数量远不及四川东部地区,所辖县份中半数又被藏军占领,但其地域广阔,且1936年该地区人口数已达96万以上,故1937年耕地面积为0.5万顷或又有所偏低。虽然由于地域自然和经济社会复杂,民国时期西康地区耕地完整和确切数字难以获得,20世纪四十年代初《西康省各县统计调查表》的记载又有误,但西康地区在民国政府垦务推广等政策重视下,垦殖理应也取得了长足进展。

表2-4 《西康省各县统计调查表》所载耕地数

县　份	耕地面积(平方华里)	耕地面积(亩)
康定	189	70 875
巴安	305	114 375
德格	4283	1 606 125
白玉	57	21 375
理化	7651	2 869 125
稻城	950	356 250
邓柯	12 000	4 500 000
泸定	1730	648 750
九龙	11 700	4 387 500
石渠	—	—
瞻化	12 500	4 687 500
道孚	77.2	28 950
雅江	4840	1 815 000
甘孜	558	209 250
炉霍	258	96 750
总计	57 098.2	21 411 825

(资料来源:《西康省各县统计调查表》,见四川省档案馆、四川民族研究所合编:《近代康区档案资料选编》,四川大学出版社,1990年,第134—139页。)

当然,由于近代战乱、自然灾害等在四川发生频繁,有些时期土地的抛荒现象也是比较明显的。1921年以前,川西汉州"田荒十之九,完全无人种田","金堂、绵竹、什邡、德阳等县荒田十之六七","川北通、南、巴等十余县农民逃亡,几全荒废;川南黔江、忠县、酆都、峨眉等以土匪扰乱,荒田十之三四"。[①]

[①] 吕登平:《四川农村经济》,商务印书馆,1936年,第82页。

总体上看,20世纪三十年代中后期四川地区垦殖已经达到了历史上的一个顶峰,其中又以盆地丘陵区和盆周山地区垦殖规模为大。不过,在看到近代农业人口和耕地庞大规模的同时,也应注意到由于宜农土地的有限和受社会生产关系等因素的制约,四川地区人地矛盾关系的紧张仍为突出。光绪二十六年(1900)前后,"蜀中人浮于地,而井研尤患人满。无田之家居大半,田价之贵,他州县无与并比者"。[①] 1923年眉山"人浮于地,无田者居大半"[②]。大竹等地"(道光时)竹邑地暖而厚,民力而勤,尺寸之畦,野无旷土,人工既尽,遂至丰年",到1928年前后"今昔情形相较,尚不大远"。[③] 此类情形在地方志中记述较多,兹不一一列举。

第二节 种植业

经过清代时期农业的长足发展,进入近代的四川在农作物的种植及其品种结构方面有了显著的变化,1937—1942年间全川主要农作物结构及播种面积比例情况如下(表2-5)。

表2-5 近代四川主要农作物结构及比例

农作物	播种面积(%)	年产量(%)
水稻	34.3	42.7
小麦	11.3	10
大麦	8	5.2
豌豆	5.9	3.1
玉米	5.7	4.6
红薯	4.7	13.2
蚕豆	3.7	2.6
高粱	3	2.1
大豆	2.1	1.2
马铃薯	1.5	0.9
粟	0.9	0.5
粮食作物合计	81.1	86.1
油菜	7.2	2.7
罂粟	4	0.1
草棉	2.4	0.2
花生	1.6	0.9

---

① 光绪《井研志》卷八,食货四,土产。
② 民国《眉山县志》卷三,食货志,土产。
③ 民国《大竹县志》卷十三,实业志,农业。

续 表

农 作 物	播种面积(%)	年产量(%)
烟草	1.3	0.5
芝麻	0.9	0.2
甘蔗	0.3	8.9
苎麻	0.1	0.1
其他	1.1	0.3
经济作物合计	18.9	13.9

(资料来源：据郭声波《四川历史农业地理》，图30《近代四川主要农作物构成示意图》改制，四川人民出版社，1993年，第512页。)

与以往时期不同的是，清代中后期以降，四川粮食作物中玉米、红薯、马铃薯等种植比例和产量比重增高，取代了黍、粟和芜菁等的地位。而在经济作物中，草棉、罂粟、烟草等的种植比例上升，草棉取代了木棉的地位。[①]《四川农村经济》称四川农田生产，"穀物中，以稻为最多，粮产以玉米(包穀)为大宗，其他非粮食产品之蔗、菸、棉亦占大量，民十前后二十年间，以出口及销量激增，此项产量亦大增，如川西之金堂、汉州、彭县、什邡、郫县，菸叶产量之增进，资、内蔗糖之增进，均有显著事实"。[②]

一、水　　稻

近代四川拥有庞大的水田数量，成为水稻种植的主要区域。作为主要的粮食作物，水稻种植在近代四川已普遍且有不少丰产区。1947年《四川新地志》记载了1940年代四川水稻产区及产销情况：

> 川东稻米多产之县，当推江津、綦江、忠县等处，除自给外，尚有余力供给渝、万。江北、巴县产米亦丰，但以重庆需要之大，距自给之域尚远。川南如宜宾、江安、长宁、南溪、泸县、合江各县，皆为有名产米区域，亦渝、万之米供给地。上南川如夹江、大邑、洪雅、彭山、眉山、青神各县所产，质佳量丰，上以供给成都，下以供给犍、乐。川西为大水田区域，产米之多为全川冠，俗有"汉州鞋子金都牌，要吃白米新都来"之谚。平原各县所产之米，除自给外，北部者大多集于赵家渡，沿沱江下销渝、万；南部者，沿岷江而下，或止于牛华溪米市，以补犍、乐盐场之不足，或经叙府而转销渝、万。[③]

---

① 郭声波：《四川历史农业地理》，四川人民出版社，1993年，第511页。
② 吕登平：《四川农村经济》，商务印书馆，1936年，第115页。
③ 郑励俭：《四川新地志》，1947年，第78页。

据1922年农商部《农商统计表》,在1914—1918年间四川省水稻播种面积平均约在48.84万顷左右,年均总产量14 948万担①。1931年水稻种植面积为45.847万顷,产量为14 537.58万担(系籼粳、糯合计)②。1934—1938年间水稻种植面积和产量情况最多的年份分别是1934年74.572万顷、1935年16 925.8万担(见表2-6)。主计处统计的1934—1938年间的播种面积和产量,尤其是播种面积,远远超过《四川农村经济》记载的1931年水平。郭声波在比较民国时期四川耕地数后,评价民国时期四川水稻生产时认为:"1933年的播种面积,据刘大中等人估计,也高达69.8万顷。……笔者相信,这些偏高的估计数(按指民国《四川省概况》等资料记载的1938、1939年水稻总产达到24 000万担、17 200万担等情形),可能更接近于实际。"③如此看来,主计处的统计数可能较为符合当时四川水稻生产实际。

表2-6 1934—1938年四川水稻播种面积与产量

类别	播种面积(万顷)					产量(万担)				
	1934年	1935年	1936年	1937年	1938年	1934年	1935年	1936年	1937年	1938年
籼粳稻	39.292	38.349	35.997	27.676	33.785	14 655.9	15 612.9	11 940.2	7866.3	15 583.2
糯 稻	35.28	36.13	31.39	23.66	30.04	1224.2	1312.9	993.1	667.6	1255.7
合 计	74.572	74.479	67.387	51.336	63.825	15 880.1	16 925.8	12 933.3	8533.9	16 838.9

(资料来源:民国政府主计处统计局编:《中华民国统计提要》,表14《各省主要夏季作物估计》,1940年。)

根据《四川农情报告》估算,1939—1943年四川各县稻米播种面积占夏季作物播种面积的平均比例,位于盆地平原区的温江水稻播种面积占得的比例高达95%,为全省最高,该区域占比超过60%的依次有:郫县(91%)、新都(91%)、成都(84%)、双流(84%)、新繁(81%)、崇庆(75%)、崇宁(72%)、灌县(65%)、新津(63%)、彭县(62%)、大邑(62%)、夹江(60%),保证了成都平原水稻生产的核心地位。盆地丘陵区的永川占比为65%,是该区域水稻播种面积占夏季作物播种面积比例最高的县份,其余占比超过60%的县份有:纳溪(64%)、岳池(64%)、大足(61%)、璧山(61%)、眉山(61%),这5县外其他川东丘陵区和川北丘陵区各县在该区域水稻播种面积占比也普遍达到50%左右,是丘陵区水稻播种集中的区域;不过今遂宁、南充、广元等地区各县占比多数在20%—40%间。盆周山地区以犍为播种面积占比为最高,达到66%;该区域中,川南和今渝东南部分山地县水稻播种面

---

① 《农商统计表》,民国农商部,1922年。
② 吕登平:《四川农村经济》,商务印书馆,1936年,第242页。
③ 郭声波:《四川历史农业地理》,四川人民出版社,1993年,第157页。

积占比也较高。① 1939—1943 年四川水稻播种面积占夏季作物播种面积比例的上述分布格局,切合全省自然和经济开发条件。由于统计资料缺乏,尚不能对川西南山地区的水稻播种面积数作出分析,但据战时西康省产米有 300 多万担的情形来看,近代以降该区域水稻种植也有了长足拓展②。另一处于川西南山地区域的凉山地区,1937 年水田占耕地比例达到 24%(见表 2-3),水稻种植主要集中于安宁河谷和会理等地,民国时期安宁河谷还被称为"谷仓",据统计清末凉山地区农田水利工程有 118 个,其中不乏灌田数千亩者。③

与历史以往时期相比,近代四川水稻种植在巩固盆地平原和丘陵区主要分布地位的基础上,已经完成了在盆周山地的拓展并向中高山地全面推进,而川西南山地地区水土条件较好的河谷、低地也有一定规模的种植和产出。

二、麦 类

近代四川粮食作物中小麦播种面积仅次于水稻,在水稻种植发达的盆地平原和丘陵区,小麦是最为主要的冬季种植的粮食作物。据王笛的计算,清末四川小麦栽种面积为 7.272 万顷,产量为 536.3 万担,④占粮食作物栽种面积的 10.9%,但收益较差,单产不到 98 斤,产量仅占粮食作物产量的 5.4%。⑤ 这一评价并不高。据吕登平《四川农村经济》,1931 年四川小麦播种面积为 18.473 万顷,产量 2646.3 万担。⑥ 1936—1940 年四川小麦播种面积和产量的情况见表 2-7,五年间以 1938 年的播种和产量为最,分别达到 19.502 万顷和 4943.8 万担。

表 2-7 1936—1940 年四川小麦播种面积与产量

类别	播种面积(万顷)					产量(万担)				
	1936 年	1937 年	1938 年	1939 年	1940 年	1936 年	1937 年	1938 年	1939 年	1940 年
小麦	16.221	17.820	19.502	17.917	17.716	3839.5	2860.2	4943.8	4187.4	3957.2

(资料来源:《战时西南经济问题》,正中书局,1943 年,第 11、8 页。)

据《四川农情报告》对 1939—1943 年各县小麦平均产量的统计,这一时期全川小麦平均总产量为 2491.25 万担⑦。该农情报告有较为全面的各县产量统计数字(无播种面积数),故可借此对当时各县产量在全省的占比及其分布格局作出分析。依据该资料,1939—1943 年五年间,单县小麦平均产量占全省平均总产量比例最高的是彭水县(3.52%),其余居于前 20 位的依次为射洪(2.44%)、秀山(2.37%)、

---

① 据《四川农情报告》,见周立三等:《四川经济地图集说明及统计》,表 14,中国地理研究所 1946 年编。
② 蒋君章:《西南经济地理》,商务印书馆,1946 年,第 42 页。
③ 朱圣钟:《历史时期凉山彝族地区经济开发与环境变迁》,重庆出版社,2007 年,第 101—108、120 页。
④ 王笛:《跨出封闭的世界——长江上游区域社会研究(1644—1911)》,中华书局,1993 年,第 107 页。
⑤ 王笛:《跨出封闭的世界——长江上游区域社会研究(1644—1911)》,中华书局,1993 年,第 106 页。
⑥ 吕登平:《四川农村经济》,商务印书馆,1936 年,第 244 页。
⑦ 据《四川农情报告》,见周立三等:《四川经济地图集说明及统计》,表 16,中国地理研究所 1946 年编。

剑阁(2.16%)、三台(1.97%)、涪陵(1.96%)、绵阳(1.89%)、南部(1.89%)、屏山(1.89%)、遂宁(1.86%)、巴中(1.85%)、长寿(1.80%)、南充(1.68%)、简阳(1.47%)、南江(1.45%)、昭化(1.40%)、资中(1.37%)、梁山(1.35%)、万县(1.26%)、合江(1.25%)等。从这一资料上述的计算来看,当时四川小麦主要产县大多数分布于盆地北部、东部丘陵地带和盆周东部、东南山地地带。该资料也显示,成都平原的产量居前10位的县份小麦产量平均占比为0.98%,属于中等水平。这一产量占比格局同战前1935年蒋君章的《西南经济地理》所认为产区仍以成都平原为主大不相同。① 郭声波研究表明,冬小麦自南宋至清末一直在四川盆地保持着旱地粮食作物中的首要位置,而水利条件较好的成都平原还广泛实行稻麦两熟制,因此冬小麦的种植规模是可观的。② 从上述产量占比分布格局看,近代时期四川小麦种植和主产区已经不单以成都平原区域为主了。

民国时期西康等川西南山地区以宁属为产麦中心,年产量在50万担左右,种植主要分布在海拔2200米以下的高山地带。

四川青稞等麦类则以康属地区的出产为大宗,是当地主要粮食作物之一,"泸定青稞之生产中心"。③ 大麦等种植则在小麦圈之外,但至民国时期"而渐向南去,渐失其重要性"④,不过1931年的统计表明大麦播种面积仍达到8.263万顷、产量1176.10万担⑤。1930年代中期产量则曾高达2922.3万担⑥。根据《四川农情报告》统计,1939—1943年间四川省大麦平均总产量在1127.01万担左右,其中又以沱江、涪江丘陵区和盆周东部山地、成都平原部分及其周边县地为主要产区⑦。新中国成立前后,大麦主要用于度春荒和饲料、酿酒等用,单产低,在盆地东部山地和川西南凉山、西昌等地区产量也较多。⑧

三、玉　米

玉米在四川地区的广泛种植,是在清代乾嘉续垦之后,其在山地的普遍栽种使之取代了以往黍、粟的地位。根据吕登平《四川农村经济》,1931年全省玉米播种面积为12.751万顷,产量为2219.46万担。⑨ 1934—1938年间玉米播种面积和产量情况见表2-8。1941年全省玉米播种面积为11.424万顷,产量2573.9万担。⑩ 从播种面积上看,1930—1940年代初全省数量总体上在增加,产量上虽然受气候、

---

① 蒋君章:《西南经济地理》,商务印书馆,1946年,第49页。
② 郭声波:《四川历史农业地理》,四川人民出版社,1993年,第165页。
③ 蒋君章:《西南经济地理》,商务印书馆,1946年,第52页。
④ 蒋君章:《西南经济地理》,商务印书馆,1946年,第56页。
⑤ 吕登平:《四川农村经济》,商务印书馆,1936年,第244页。
⑥ 蒋君章:《西南经济地理》,商务印书馆,1946年,第56页。
⑦ 据《四川农情报告》,见周立三等:《四川经济地图集说明及统计》,表16,中国地理研究所1946年编。
⑧ 孙敬之主编:《西南地区经济地理》,《中国科学院中华地理志经济地理丛书》之六,科学出版社,1960年,第33页。
⑨ 吕登平:《四川农村经济》,商务印书馆,1936年,第242页。
⑩ 蒋君章:《西南经济地理》,商务印书馆,1946年,第53页。

灾害等影响有不同程度的年际波动,但仍维持着较大规模的数量。1939—1943年间,根据《四川农情报告》,全省玉米平均总产量为2147.38万担。[①]

表2-8　1934—1938年四川玉米播种面积与产量

类别	播种面积(万顷)					产量(万担)				
	1934年	1935年	1936年	1937年	1938年	1934年	1935年	1936年	1937年	1938年
玉米	9.186	9.753	9.956	11.821	10.628	2471	2700.3	2022	3171.3	3125.8

(资料来源:民国政府主计处统计局编:《中华民国统计提要》,表14《各省主要夏季作物估计》,1940年。)

仍以1939—1943年《四川农情报告》的统计来分析此五年间全省各县平均产量在全省总产量中的占比情况。全省玉米产量前20位的县份主要集中于盆周山地区,多达一半,分别为酉阳(产量占全省总产4.84%,为全省最高)、屏山(3.33%)、涪陵(3.1%)、彭水(2.78%)、酆都(2.34%)、石柱(2.13%)、南江(2.07%)、秀山(1.83%)、万源(1.83%)、古蔺(1.48%),前四县也排在全省前4位。这表明盆周山地区域为1939—1943年间四川省玉米的主要产区,且以今渝东南地区为突出。盆地丘陵区占有6县,长寿(2.49%)、三台(2.43%)、邻水(1.94%)、剑阁(1.48%)、南部(1.45%)、射洪(1.44%),其中从地形上讲,长寿、邻水和剑阁等县山地分布不在少数。盆地平原区占有4县,邛崃(2.2%)、安县(1.7%)、绵阳(1.55%)、峨眉(1.43%)。川西北高山高原区以茂县占比最高(1.1%)。[②]民国时期川西南山地区玉米种植和产量以宁属地区为主,康属地区以丹巴县等地出产为丰。[③]

玉米是四川主要的夏季粮食作物之一,是旱地农作物的代表,自清代中后期以降在盆周山地、盆地丘陵和部分平原普及种植,逐步进入川西北和川西南山地区并至民国时期已较大面积种植于宁属、康属地区水田之上的山腰地带。

四、其他粮食作物

近代时期红薯(甘薯)、马铃薯等薯类,蚕豆、豌豆等豆类,以及高粱等粮食作物在四川也有较多的种植和产出量。

根据地方志资料,清代乾嘉续垦时期红薯在四川盆地及周边许多县份已有种植,道光以后在川中普遍得以种植。郭声波研究称:"道光十八年川中大灾之后,红薯亦得在盆地迅速推广,除了反映在该年及以后成书的方志中普遍载有红薯而外,

---

① 据《四川农情报告》,见周立三等:《四川经济地图集说明及统计》,表16,中国地理研究所1946年编。
② 据《四川农情报告》,见周立三等:《四川经济地图集说明及统计》,表16,中国地理研究所1946年编。
③ 蒋君章:《西南经济地理》,商务印书馆,1946年,第53页。

还反映哪些记载都突出了种植规模之大、济生作用之重,与以往的记载不同。"①光绪年间井研县"其杂粮充食,甘薯尤伙,其种贱易植,野人垦掘荒坡、峻坡。遍种之以担量,有收至数百担者,贫户倚为半岁之粮,岁视此为丰歉。此物丰,虽歉岁不为害。"②民国时期南充县"(红薯)或者以当粮,或切碎和米作饭,县属西北农民广种者收百十担,可供半载食,除稻、麦外,此为大宗。"③遂宁县"(甘薯)近年地密人稠,谷食不足,一日三餐多赖此物。"④1930 年代,在提倡垦荒的背景下,红薯种植面积和产量都大为增加。⑤ 1931 年四川省红薯种植面积为 5.963 万顷、产出 5991.477 万担,产量居全国第一。⑥ 1934—1938 年间各年种植面积依次是 6.060 万顷、6.009 万顷、6.563 万顷、9.553 万顷和 7.752 万顷,相应年份产量依次为 4611.7 万担、4143.1 万担、4604.2 万担、8527.2 万担、7117.8 万担。⑦ 1938—1943 年全省甘薯平均总产量为 5009.63 万担⑧,其中 1938 年种植面积达到 12.883 万顷,为 1945 年以前时期之最⑨。以 1938—1943 年各县产量规模来看,盆地丘陵区占据高产县数最多,南充、射洪、遂宁、三台、南部、蓬溪、乐至、资中、简阳等县平均产量均在 100 万担以上。⑩ 可以说盆地丘陵区为民国时期四川红薯的主产区。

据吕登平《四川农村经济》,1931 年全省马铃薯种植面积为 0.12 万顷,产量为 66.456 万担。⑪ 据四川省政府统计处编印的《四川省统计提要》,除去 1938 年全省种植面积仅为 0.081 万顷和产出仅是 28.5 万担外(该年数字低得离奇),1939—1945 年间年平均种植面积为 0.82 万顷、平均年产 289 万担,其中以 1945 年种植面积和产量为最高(1.051 万顷和 370.7 万担)。⑫ 至新中国成立初期,马铃薯以川东、川北山地及川西南凉山、西昌等地产量为多,在川西、川北阿坝和甘孜高寒农业地带种植面积也很大。⑬ 马铃薯对川西南、川西、川西北等高寒山地种植业的发展起到重要作用。

豆类粮食作物以豌豆和蚕豆为主要。1931 年全省豌豆种植面积为 3.943 万顷,产量为 594.477 万担。⑭ 1936 年豌豆产量为 1748.9 万担,蚕豆产量是 1454.5 万担。⑮ 1938—1945 年间豌豆种植面积最高和产量最大的年份分别是 1939 年的 10.309 万顷、1938 年的 1585.4 万担;蚕豆种植面积最高和产量最大的年份均在

---

① 郭声波:《四川历史农业地理》,四川人民出版社,1993 年,第 172 页。
② 光绪《井研志》卷八,食货四,土产。
③ 民国《南充县志》卷十一,土物志,植物。
④ 民国《遂宁县志》卷八,物产。
⑤ 蒋君章:《西南经济地理》,商务印书馆,1946 年,第 54 页。
⑥ 吕登平:《四川农村经济》,商务印书馆,1936 年,第 243 页。
⑦ 民国政府主计处统计局编:《中华民国统计提要》,表 14《各省主要夏季作物估计》,1940 年。
⑧ 据《四川农情报告》,见周立三:《四川经济地图说明及统计》,表 16,中国地理研究所 1946 年编。
⑨ 《四川省统计提要》,四川省政府统计处编印,1945 年辑,第 27 页。
⑩ 据《四川农情报告》,见周立三:《四川经济地图说明及统计》,表 16,中国地理研究所 1946 年编。
⑪ 吕登平:《四川农村经济》,商务印书馆,1936 年,第 243 页。
⑫ 《四川省统计提要》,四川省政府统计处编印,1945 年辑,第 27 页。
⑬ 孙敬之主编:《西南地区经济地理》,《中国科学院中华地理志经济地理丛书》之六,科学出版社,1960 年,第 32 页。
⑭ 吕登平:《四川农村经济》,商务印书馆,1936 年,第 243 页。
⑮ 蒋君章:《西南经济地理》,商务印书馆,1946 年,第 56 页。

1939年,分别为9.217万顷和1177.2万担。① 以1939—1943年年均情况看,豌豆产量较高的县份主要分布于今南充、遂宁、巴中、渝东南和渝东地区,部分边远山地县也有较高产出;蚕豆以今内江、泸州和渝东南等地县份出产为多。② 豌豆、蚕豆在四川冬季粮食作物中播种面积仅次于小麦,豌豆的种植面积和产量均高于蚕豆。

高粱在1931年全省的种植面积为5.544万顷,产量816.923万担。③ 1938—1945年全省年均播种面积为4.508万顷。④ 1939—1943年全省年均产量为812.86万担,其中以隆昌、剑阁、西充、遂宁、合江、巴中、三台、泸县、南部、射洪等县份年均产量为高,今内江、自贡和泸州一线的县份产出普遍较高,是此期高粱的主要产区。⑤

五、经 济 作 物

近代四川拥有丰富的经济作物资源,经济作物的种植面积和产量在全国占有重要地位。1931年油菜播种面积和产量均居全国第一,花生、甘蔗、棉花等播种面积及产量也均列全国前十位。⑥

1. 油菜

作为四川地区与大小麦、豌豆、蚕豆同为最主要的冬季粮食作物,油菜在清代乾嘉时期就已在成都平原成为一种重要的经济作物,获得大面积种植,与大麻、小麦和蚕豆等"小春"作物地位相当。道光以后,油菜进一步在盆地丘陵和盆周山地地区获得推广,播种面积迅速扩大并最终在与芝麻、花生等竞争中确立了油料作物"霸主"的地位。⑦ 进入民国时期,四川省油菜产量在全国居于首要位置,即便是在部分年份产量减少的情况下,"其全国首要之地位,仍屹然不移"。⑧ 1931年全省播种面积为4.6万顷,产量456.763万担。⑨ 1934—1938年全省油菜播种面积和产量情况见表2-9,其中以1936年的种植和产量为大,分别达到12.545万顷和1487.7万担。1939—1945年间全省油菜年平均播种面积为8万顷,年均产量为705.2万担,此期播面和产量均以1941年的12.558万顷、1092.8万担为多。⑩ 但在1940年代全省油菜年产量出现下降趋势,1942年以后年产均未超过700万担,1945年跌

---

① 《四川省统计提要》,四川省政府统计处编印,1945年辑,第25页。
② 据《四川农情报告》,见周立三等:《四川经济地图集说明及统计》,表16,中国地理研究所1946年编。
③ 吕登平:《四川农村经济》,商务印书馆,1936年,第242页。
④ 《四川省统计提要》,四川省政府统计处编印,1945年辑,第27页。
⑤ 据《四川农情报告》,见周立三等:《四川经济地图集说明及统计》,表16,中国地理研究所1946年编。
⑥ 吕登平:《四川农村经济》,商务印书馆,1936年,第243页。
⑦ 郭声波:《四川历史农业地理》,四川人民出版社,1993年,第189—190页。
⑧ 蒋君章:《西南经济地理》,商务印书馆,1946年,第62页。
⑨ 吕登平:《四川农村经济》,商务印书馆,1936年,第242页。
⑩ 《四川省统计提要》,四川省政府统计处编印,1945年辑,第25、27页。

至477.7万担,1949年更是降至309.9万担。① 新中国成立初期的调查表明,由于油菜大部分是稻田区的冬季作物,因此油菜多分布于盆地平原区和丘陵区等水稻种植区域,1957年成都平原的播种比率高,产量也较多,单产亦最高。②

表2-9　1934—1938年四川油菜播种面积与产量

类别	播种面积(万顷)					产量(万担)				
	1934年	1935年	1936年	1937年	1938年	1934年	1935年	1936年	1937年	1938年
油菜	11.131	11.651	12.545	10.361	9.382	1369.1	1363.3	1487.7	780.3	1062.6

(资料来源:民国政府主计处统计局编:《中华民国统计提要》,表13《各省主要冬季作物估计》,1940年。)

2. 花生

蒋君章的《西南经济地理》认为,1930年代西南地区种植花生虽然普遍,但其重要性远不如江淮之地。③ 在四川油料作物中的地位远不如油菜。1931年四川省花生播种面积为1.044万顷,居全国第四,产量185.241万担,为全国第八。④ 1934—1938年四川省花生年平均播种面积为2.33万顷、产量567.42万担,其中以1937年播种2.518万顷和1938年产出622.9万担为最高。⑤ 1940年代播面和产量与30年代相比均出现明显下降现象。⑥ 从官方资料上看,30年代四川花生播种和产出都是一个高峰,珀金斯对这一时段的播种面积的估算数则更高(1931—1937年平均播面为3.16万顷,与1914—1918年持平)⑦。根据花生的习性及四川农业自然条件,花生种植和出产以沱江、嘉陵江流域以及川南宜宾、泸州一带为较多,主要分布于土壤相对贫瘠的坡旱地带,与玉米等间作。⑧

晚清民国时期的地方志也记载盆地一些丘陵和山地多种植花生的情形。1925年彭山县"落花生,有大小二种,大者自外来,仅十余年。县境三十年前产出最多,今少矣"。⑨ 而1921年前后,温江落花生"邑西北江干沙地多种之"⑩。金堂"山地、河坝地皆产之,亦为出产之一大宗。昔日食之不尽,用以榨为油,较芥油微逊。今因价稍昂,鲜有用以榨油者,仅供人食品"。⑪ 1920年代末,中江县志记载"落花生,数十年前吾邑产地最广,所出最繁,今仅十之一二而已。前此取油出售,岁在十余

---

① 《四川省统计提要》,四川省政府统计处编印,1945年辑,第27页。郭声波:《四川历史农业地理》,四川人民出版社,1993年,第190页。
② 孙敬之主编:《西南地区经济地理》,《中国科学院中华地理志经济地理丛书》之六,科学出版社,1960年,第40页。
③ 蒋君章:《西南经济地理》,商务印书馆,1946年,第58页。
④ 吕登宇:《四川农村经济》,商务印书馆,1936年,第243页。
⑤ 民国政府主计处统计局编:《中华民国统计提要》,表14《各省主要夏季作物估计》,1940年。
⑥ 《四川省统计提要》,四川省政府统计处编印,1945年辑,第25、27页。
⑦ (美)珀金斯:《中国农业的发展(1368—1968年)》,表附3-14《花生面积资料》,上海译文出版社,1984年,第349页。
⑧ 孙敬之主编:《西南地区经济地理》,《中国科学院中华地理志经济地理丛书》之六,科学出版社,1960年,第40页。
⑨ 民国《重修彭山县志》卷三,食货篇,物产。
⑩ 民国《温江县志》卷十一,物产,植物。
⑪ 民国《金堂县续志》卷一,疆域志,物产。

万以上"。① 遂宁"洋花生每岁能出三百万石,除本邑供用外,出境约十成之三"。② 南充"沿江各坝皆产之"③,等等。

3. 甘蔗

研究表明,四川甘蔗早在清代乾嘉时期就已在潼川府、资州、绵州、简州等传统产区出现生产的集约化趋势,而种植区域在盆地已经较以往有了较大范围的拓展,嘉定、龙安和徐州等府也有较多培植。晚清时期,重庆等府还出产上等的甘蔗来制取糖,甘蔗种植沿川江沿岸发展,出产的砂糖甚至远销甘肃和新疆等地。④《四川新地志》也称1940年前后:

> 四川蔗田分集为数区,曰沱江流域、渠江流域、岷江流域、长江沿岸及叙南区是。就中以沱江流域为最盛,试沿成渝公里过境,满山遍野无非蔗田,四川之主要甘蔗区域也。⑤

民国时期甘蔗在四川盆地种植已为普遍,形成以简阳、资阳、内江、富顺、泸县等沱江流域为中心的最大产区。⑥ 沱江流域蔗田种植面积"占全省蔗田面积约有70%到80%以上,内江一县之蔗田面积占全川蔗田面积约有30%至35%以上,资中约有15%至30%有强"。这也使得沱江流域制糖业和糖产在全川占有重要地位。⑦ 1931年四川省甘蔗种植面积为0.567万顷,居全国第三位,产量是507.548万担,列全国第四位。⑧ 根据民国四川省政府统计处的资料,1938—1945年全省甘蔗年均种植为1.061万顷,年均产量1813.5万担,其中以1940年种植1.49万顷和1938年出产4125.8万担为最盛。⑨ 这一均值看似偏高,但这一时期正是民国时期四川甘蔗的生产高峰。据1941年对四川蔗糖产销的调查,"四川旧省区154县市,其中产蔗者126县,占总县数81%。据四川农业改进所调查,廿七年(按1938年)蔗田面积140余万市亩,产蔗2100余万公担,廿八年蔗田面积120余万市亩,产蔗850余万公担,廿九年蔗田面积140余万亩,产蔗1100余万公担"。⑩ 抗战前四川地区战乱频繁,蔗农负担的税捐苛重,而抗战期间产量有所回升,之后很快受战后外糖大量输入的影响,生产又出现下降的情形,故整体上看民国时期四川甘蔗的出产高峰期应正是抗战期间。⑪ 不过省政府统计处1938年产量的统计高达4000万担以上,不仅远甚于民国其他年份,而且已经逼近1957年全省总产4600万担的规

---

① 民国《中江县志》卷二,舆地二,物产。
② 民国《遂宁县志》卷八,物产,货类。
③ 民国《南充县志》卷十一,物产志,农业。
④ 郭声波:《四川历史农业地理》,四川人民出版社,1993年,第194页。
⑤ 郑励俭:《四川新地志》,1947年,第83页。
⑥ 蒋君章:《西南经济地理》,商务印书馆,1946年,第95页。
⑦ 民国中国银行重庆分行孙祖瑞等:《川康黔区特产贸易概况》,见重庆市档案馆整理同名资料载于《档案史料与研究》2002年第4期。
⑧ 吕登平:《四川农村经济》,商务印书馆,1936年,第243页。
⑨ 《四川省统计提要》,四川省政府统计处编印,1945年辑,第25、27页。
⑩ 钟崇敏:《四川蔗糖产销调查》,中国农民银行经济研究处1941年印行本,第5页。
⑪ 参阅孙敬之主编:《西南地区经济地理》,《中国科学院中华地理志经济地理丛书》之六,科学出版社,1960年,第38—39页。

模,这可能是有误的。

对于甘蔗的种植和生产情况,作为近代四川甘蔗出产主要县份之一的富顺,光绪《富顺县乡土志》对包括品种在内的记载较为详细,该志称:"蔗,种不一,有洋线蔗、芦蔗、木蔗、红蔗、蓝蔗,木蔗最贵,榨其汁熬为糖。……运销于重庆、万县、涪州及楚省诸处。……(冰糖)为富邑出口大宗。"①该县至民国时期则"县境产蔗多,在上游沿河两岸,上东、下北两路及荣溪之仙滩、沿滩等处,每年产出总额约计三万斤有奇"。② 其他地区民国方志也有对甘蔗的丰富记载,眉山"糖业,自清光绪初,始由简州移入蔗种,姜家渡以下沿江渐有糖房"。③《南充县志》称在1929年前后"甘蔗,有红、白二种。红蔗供生食,附郭各坝产之较多。白蔗除供生食外,又为榨糖原料,土门场、唐村、郭村二坝多有糖厂"。④ 名山县虽称境内种植少,但仍言"蔗,漉汁制糖,吾川土产也"。⑤ 民国二十年代中期后,云阳"白蔗制糖,西北地近万县者近产颇繁"⑥,德阳"邑东南北河坝一带,蔗林一望皆是,熬糖者不下数百处,货者想望于道,亦出境物产之一宗也"。⑦ 从上述记述中也可看出,制糖业的兴盛也促进了甘蔗在四川各地的种植。

4. 棉花

至清代道光时期,四川棉业已有长足发展,植棉活动遍及整个盆地。进入近代时期,因棉业易受市场尤其是舶来品冲击和气候变化等影响,种植和产量波动变化较大。

1931年全省植棉面积为3.933万顷,产量达65.981万担,均列全国第六位。⑧ 据省政府统计处统计数字计算,1938—1945年间年均种植面积为2.999万顷、年均产量约为32.913万担,其中1940年份种植3.965万顷、1938年产量44.9万担分别为多。⑨ 但这些数字总体上较为偏低。以《四川新地志》载1937年主要产棉县份种植面积和产量来看,四川主要产棉区是涪江流域的遂宁、射洪、三台、中江、盐亭,五县棉田占全省54%,产量占全省55%,为全省植棉和产棉的核心地带;此外,沱江流域的简阳、富顺、荣县、威远,岷江流域的仁寿和嘉陵江流域的南部,以及仪陇、巴中等县也是重要的产棉区。总体上看,以盆地中部丘陵地区为主。⑩ 作为产棉大县的遂宁,"涪江两岸,地势平坦,土质肥沃,滨江上游之土宜棉","乡坝宜棉花之地皆广种而丰收,(1929年前后)每年运贩出境已达二三百万斤"。⑪

---

① 光绪《富顺县乡土志》,物产篇,植物制造。
② 民国《富顺县志》卷五,食货,物产。
③ 民国《眉山县志》卷三,食货志,土产。
④ 民国《南充县志》卷十一,物产志,农业。
⑤ 民国《名山县新志》卷四,物产,植物。
⑥ 民国《云阳县志》卷十三,礼俗中,农。
⑦ 民国《德阳县志》卷四,建设志,物产。
⑧ 吕登平:《四川农村经济》,商务印书馆,1936年,第243页。
⑨《四川省统计提要》,四川省政府统计处编印,1945年辑,第25、27页。
⑩ 郑励俭:《四川新地志》,1947年,第109页。
⑪ 民国《遂宁县志》卷七,实业,卷八,物产。

5. 其他

烟草、药材、大麻、苎麻等经济作物,以四川的自然资源条件也有较多的种植和产出,此处择其主要方面予以论述。

解放初期调查表明,四川烟叶以晒烟为绝大多数,占产量的95%以上,成都平原晒烟产量占全省1/3以上,且品质好,为当时全国著名的商品晒烟产区。[1] 这与清代乾嘉时期盆西地区晒烟种植达到鼎盛阶段有着密切关系,可谓积累深厚,当时川内郫县产"干丝烟"为最佳,郫烟、绵竹烟、什邡烟、新都烟等均为上品。全川在乾嘉之际不仅出产优质烟草,而且种植面积和产量都有很大扩展,盆地中部丘陵、川南和岷江上游等地区也有为数不少的种植和产出。[2]

晚近时期机器工业带动卷烟兴起,更使四川烟草产销两旺,甚至大批量行销外省,如1921年前后金堂县"本邑最称特产者,尤莫如烟草","凡绣川河两岸,每年春夏,无不遍种烟草,行销他省为数至巨。近日陈氏更创立卷烟庄,外商争先购买,大有供不敌求之势"。[3] 据吕登平的《四川农村经济》,1931年四川省烟草种植面积为0.411万顷,产量72.705万担,均列全国第一。[4] 至1935年种植面积和产量显著增长,种植面积达3万顷,产量高达280万担,分别约占全国的25%和26%,行销陕甘、云贵、湖北等地,雪茄等还远销新疆、中亚一带。[5] 根据1939年四川农业改进所《四川烟叶调查》,1939年什邡以35.809万担的产量为绝对第一,新都(10.982万担)、郫县(9.549万担)、绵竹(8.952万担)、金堂(7.161万担)、温江(4.774万担)、德阳(4.178万担)、崇庆(3.581万担)、灌县(2.984万担)列其后,九县总产约占该年全省总产130.6万担的62%,保证了成都平原烟草主产区的绝对地位。[6] 抗战以后提倡粮食种植,烟草种植和产量均逐渐下降,至1949年总产量跌至百万担以下。其中,晒烟播面仅为0.22万顷,总产38.9万担,仅比1939年什邡一县稍高;烤烟播面为0.08万顷,总产3万担左右。[7]

虽然历经反复,但近代四川地区罂粟种植也十分严重,对粮食种植和土地生态等产生冲击。四川在咸同时期仅作办理洋药"厘金若干两",但至光绪末年"普遍种吸,烟患乃炽。于是省设烟厘总局,分局、分卡普设全川矣"。后虽经禁种,但至民国初年军阀借筹军饷,"听民种植","于是种吸复盛"。[8] 同治初涪陵等地从外地引种,"不三年,罂粟遍野,甚至种及田亩,稻麦乃逐渐歉收"。[9] 光绪末广安州志记载,

---

[1] 孙敬之主编:《西南地区经济地理》,《中国科学院中华地理志经济地理丛书》之六,科学出版社,1960年,第40页。
[2] 郭声波:《四川历史农业地理》,四川人民出版社,1993年,第194页。
[3] 民国《金堂县续志》卷一,疆域志,物产。
[4] 吕登平:《四川农村经济》,商务印书馆,1936年,第243页。
[5] 郑励俭:《四川新地志》,1947年,第101页。
[6] 各县产量数据采自1939年四川农业改进所《四川烟叶调查》(见周立三等:《四川经济地图集说明及统计》,表32《烟叶产量》,中国地理研究所1946年编),1939年全省总产数采自《四川省统计提要》(四川省政府统计处编印,1945年辑,第27页)。
[7] 郭声波:《四川历史农业地理》,四川人民出版社,1993年,第213页。
[8] 民国《长寿县志》卷三,食货,田赋,附各杂税。
[9] 民国《涪州志》卷七,风土志,习俗。

"咸丰末州始种植（罂粟），今遍乡皆是，遂为州出产大宗"，"远方来州购买，成捆成箱，利市三倍"。① 万源等地至 1932 年前后，罂粟"今则无地不有"。②

据《渝报》载《中法新汇报》"重庆开埠情形"资料，1897 年左右核查的四川鸦片烟出口总价值为 165.397 万两，占各类土产出口总价值近 37.7%，高居首位。③ 而在 1892—1901 年间，年经重庆海关出口的四川土产鸦片数量最多达到 1.283 万担（1898 年）。1891 年海关贸易调查报告显示，川东地区鸦片种植十分普遍。涪州"分为 130 个场，是一个有名的鸦片产区。本地鸦片常年产量估计约 6000 担"。酆都"全县共计 48 场，鸦片常年产量约 3000 担"。万县"有 55 个场，鸦片常年产量估计为 2200 担"。东乡县"分为 53 个场"，"常年产量 3600 担"。开县"是一个不甚大的县，包括 48 个场，但也是一个著名的鸦片产地。常年产量估计为 3600 担"。奉节也有 48 个场，"年产鸦片大的 2300 担"。④ 1908 年根据重庆海关税务司 Macallum"在一份十分慎重编制的报告中"的计算（"他的数字是很审慎的，并且如果数字有错的话，必定是在低估事实上面"），川省鸦片年产量为 17.5 万担，鸦片输出量为 5.5 万担，本省消费量为 12 万，栽种面积为 7 万顷。⑤ 可见近代时期四川罂粟种植和出产规模之大。

表 2-10　　1892—1901 年重庆关出口四川土产鸦片数量　　（单位：担）

年　度	1892	1893	1894	1895	1896	1897	1898	1899	1900	1901
土产鸦片	2494	2513	5280	10 791	7025	9392	6075	12 827	7170	12 266

（资料来源：《重庆海关 1892—1901 年十年调查报告》，见鲁子健：《清代四川财政史料》下册，四川省社会科学出版社，1988 年，第 533 页。）

四川是我国重要的药材产区，近代时期产区分布较广，形成若干主要集散地。1920 年左右，受国内外市场需求刺激，全川年销价值就已达到千万元。⑥ 民国时期川西地区以灌县为药材主要贸易中心，川西北高原山地出产的药材多集中于此交易；川南以宜宾为主要贸易中心；川西南山地区则以雅安为贸易中心，西康等地区药材以之为集散；川北以江油县中坝为集散地；川中嘉陵江两岸以合川为交易中心；万县则是川东地区各县药材的集散中心；各贸易中心最终又以重庆为全川药材最大集散中心而行销国内外。其中，又以川西地区的出产为多，1930 年代初期产量占到全省的 1/3。⑦ 1931—1933 年三年平均全省出口价值在万元以上的药材有 46 种，其中以当归出口值为最高（154.965 万元），其余出口值居前 10 位的依次为

---

① 光绪《广安州新志》卷十三，货殖志。
② 民国《万源县志》卷三，食货门，实业，农业。
③ 《渝报》光绪二十四年正月下旬，见鲁子健：《清代四川财政史料》下册，四川省社会科学出版社，1988 年，第 529—530 页。
④ 《重庆海关 1891 年调查报告》，见鲁子健：《清代四川财政史料》下册，四川省社会科学出版社，1988 年，第 607—610 页。
⑤ 《重庆海关 1901—1910 年十年调查报告》，见鲁子健：《清代四川财政史料》下册，四川省社会科学出版社，1988 年，第 604 页。
⑥ 吕登平：《四川农村经济》，商务印书馆，1936 年，第 313 页。
⑦ 郑励俭：《四川新地志》，1947 年，第 130—131 页。

党参(38.827万元)、川芎(38.318万元)、白芍(28.593万元)、黄蘗(27.701万元)、贝母(26.061万元)、天麻(22.356万元)、大黄(21.2元万)、麦冬(21.12万元)、半夏(21.02万元)。① 根据1933年中国西部科学院的调查,全川有74种生药有出产和价格记录,其中以松潘等地出产的麝香单价为最贵,达3万元。成都平原的灌县和嘉定、川西的雅州、川南的宜宾和叙府、川东的合川和重庆等为主要出产和交易地。② 1938年顾学裘完成了对西康地区的药材和产销调查(表2-11),计有39种(含部分野生动物制品药;亦有产于西藏者,但运至康定转销),产量不俗,国内外市场均有销售。③

表2-11 1938年调查的西康地区药材年产销情况

药材类别	产地	产量(斤)	运销地区
麝香	全康皆产,德、邓、巴、理、瞻为最	1530	专销沪港粤滇美德英日法俄等
虫草	全康均产,理、白、德、昌最多	30 000	专销渝汉源粤港浙等
贝母	全康均产,德、昌、邓、石最多	40 000	专销渝汉源粤港浙等
知母	全康均产,里树、格吉为最	60 000	专销东北各区,惟营山为巨
秦艽	全康均产,理、稻、甘、道为最	50 000	专销渝沪港粤滇并国外等地
羌活	全康均产,孔、玉、九龙、道为最	40 000	专销国内
大黄	全康均产,孔、玉、九龙为最	210 000	专销国内
木香	全康均产,木桠为最	100 000	国内均销,最近十年销场骤减
麻黄	全康均产,九、道、丹为最	23 112	国内均销,销场不旺
赤芍	全康均产,九、道、丹为最	32 113	国内均销,销场不旺
土茯苓	产九龙各地,别县稀少	5000	销川鄂各地
枸杞	专产于石、白一带,别区其少	100	销川鄂粤港各地
花椒	九龙最多,泸、坭次之	12 000	专销四川,次运华南
藏黄连	专产于波密地带,别地不产	500	专销沪港粤各地
土当归	专产于泸定一带	21 000	专销沪港粤各地
藏青果	转产于拉萨之西	13 000	全国均销
藏红花	专产于藏印,有真伪之别	3000	全国均销
鹿茸	全康均产,种类有别	1500	专销川闽赣桂等地
鹿角	昌、德、理、甘、石、白为最	25 000	专销赣粤渝沪港各地
鹿筋	昌、德、理、甘、石、白为最	500	专销渝蓉汉沪赣各地
鹿尾	昌、德、理、甘、石、白为最	100	专销渝蓉汉沪赣各地

---

① 郑励俭:《四川新地志》,1947年,第131页。
② 重庆市北碚区图书馆藏:《川产生药调查》,1933年四川重庆西部科学院编印。
③ 《西康省药材调查报告书》(1938年),见中国藏学研究中心、中国第二历史档案馆合编:《民国时期西藏及藏区经济开发建设档案选编》,中国藏学出版社,2005年,第413—415页。

续表

药材类别	产　　地	产量(斤)	运　销　地　区
鹿冲	昌、德、理、甘、石、白为最	200	专销渝蓉汉沪赣各地
鹿胎膏	昌、德、理、甘、石、白为最	200	专销渝蓉汉沪赣各地
鹿心血	昌、德、理、甘、石、白为最	100	专销渝蓉汉沪赣各地
虎骨	九、丹、道、瞻均产	50	专销渝蓉汉沪赣各地
豹骨	昌、德、白、石、瞻均产	1300	专销渝蓉汉沪赣各地
猴骨	产于雅、丹、九各地	600	专销川鄂粤各地
狼骨	专产于昌、德、邓、白、石各地	800	专销川鄂粤各地
牛黄	全康均产,其物极宝贵	5	专销川鄂粤各地
熊胆	全康均产,产金胆为佳品	23	专销川鄂粤各地
藏阿魏	产西藏拉萨及扎什伦布	500	专销川鄂粤各地
黑白香	产西藏拉萨及扎什伦布	700	专销川鄂粤各地
白藏蔻	产西藏拉萨及扎什伦布	600	专销川鄂粤各地
藏葡萄	产西藏拉萨及扎什伦布	4000	专销川鄂粤各地
藏枣子	产西藏拉萨及扎什伦布	1000	专销川鄂粤各地
藏奶桃	产西藏拉萨及扎什伦布	50	专销川鄂粤各地
茜草	理、瞻两区为最	3112	专销全康染毛织品用
防风	产泸定	1000	销川康各地
黄芩	产泸定	1000	销川康各地

(资料来源:《西康省药材调查报告书》(1938年),见中国藏学研究中心、中国第二历史档案馆合编:《民国时期西藏及藏区经济开发建设档案选编》,中国藏学出版社,2005年,第413—415页。)

近代四川药材以野生者居多,但在川北丘陵和川西平原农业发达地区,药材作为农家副业也多为人工培植,比如绵阳的麦冬、中江的白芍、中坝的天雄、灌县和崇宁的川芎等均在地方药材出产中占有重要地位。

大麻、苎麻等麻类植物是四川传统的手工业纺织原料,历史上分别在盆西和盆东主要种植。根据1940年代的资料显示,四川是我国主要产麻省份之一,"而其夏布出品之精,在全国为第一,在全省土产及农家经济中占特殊重要位置"。[①] 1931年全省大麻种植面积为0.256万顷,总产量45.164万担,分列全国第二和第一位。[②] 据周立三等的统计,含表2-12中主要产县在内,1939年35个县苎麻总产为5.509万担左右,而温江、郫县、崇宁、崇庆、灌县、双流六县大麻总产为4181担,[③]

---

① 郑励俭:《四川新地志》,1947年,第118页。
② 《四川省统计提要》,四川省政府统计处编印,1945年辑,第25、27页。
③ 周立三等:《四川经济地图集说明及统计》,中国地理研究所1946年编,第74页。

六县大麻种植面积有10万亩以上。① 1949年四川苎麻种植面积达到0.14万顷。②

表2-12 民国时期四川省苎麻种类及出产分布

分类	产地	品质
青麻	绥麻：达县、渠县、大竹、蓬安、巴中及渠河一带 涪麻：涪陵、长寿、酆都、忠县、彭水一带	较为粗硬，多制粗夏布；每年可收四次。涪麻品质稍逊。
白麻（片麻、丝麻）	家麻：荣昌、隆昌、内江，三地亦为夏布出产中心 山麻：珙县、高县、筠连、江安、叙永；江津、合江、江北各县；邻水、南川、綦江、荣威一带 川西温江、灌县、郫县、崇庆也产白麻，供中江制布用	色白，柔韧细净，粗细夏布均可作，每年收获三次。以家麻品质最优，是细夏布主要原料。

（资料来源：郑励俭：《四川新地志》，1947年，第118—119页。）

第三节 林牧业

四川地区森林资源丰富，历史以来便是我国木材和经济林木多产的地区之一，同时也因牲畜种类多和川西山高原分布有较大面积的天然草场，畜牧业在经济中也占有重要地位。近代时期四川经济林产、养畜业方面也有长足发展，在全国占有重要地位。

一、天然林与材木业

清代后期至民国时期，西南地区平坝、浅丘地带的原始林木已基本无存，次生林数量也保存不多，在一些人口密集的城镇和矿区周边林木损耗十分严重。1935年四川森林覆盖率在34%左右。③ 1929—1938年十年间国民政府资源委员会及中国科学社、中国西部科学院、四川建设厅、中央农业实验所、中央研究院、动物植物研究所、西南经济建设研究所等机构，分别对西南地区天然林资源作了初步调查，1939年始由西南经济建设研究所将各方资料进行汇总、整理，形成报告。该报告资料显示，时西南地区共有129个天然林区；其中川康地区天然林涉及7个流域，总计有108个林区，约占西南林区总数的84%，天然林总面积为42.74万顷，占西南天然林面积总数的87.6%左右（当时调查并未涉及到云南、贵州的怒江、盘江、赤水河等一些流域，故川康所占比重极大），具体分布如下：

岷江流域：19个林区，分布于理番、松潘茂县、汶川等地，材积149.94万株；

---

① 四川省农业改进所1941年编印：《四川大麻调查》，第11页。
② 孙敬之主编：《西南地区经济地理》，《中国科学院中华地理志经济地理丛书》之六，科学出版社，1960年，第41页。
③ 蓝勇：《历史时期西南经济开发与生态变迁》，云南教育出版社，1992年，第63、64页。

青衣江流域：16个林区，分布于天全、宝兴等地，材积约4148.97万株；

大渡河流域：22个林区，分布于九龙、越嶲、汉源、泸定、峨边、丹巴，材积约135.9万株；

金沙江流域：10个林区，分布于理化、德格、雷波、马边等地；

雅砻江流域：30个林区，分布于木里、康定、盐源、冕宁、盐边、会理、西昌等地；

渠河流域：10个林区，分布于万源、通江、南江、巴平等地，材积约196.1万株（部分）；

白水河流域：1个林区，松潘，材积153.82万株。①

上述在材积数量方面的调查估计，或有不确之处，如青衣江流域成材株数高达4千多万株，远甚于下文东亚同文会968万株的估算，不过总体上仍能反映四川地区森林保有量较大的情况。

1939年国民政府在川西地区设立"岷江林管区"和"青衣江、雅砻江、大渡河流域国有林管理处"，此外还设置了其他一些规模不大的林业机构，这些机构实际上也开展了部分林木采伐活动，但后来均被撤销。1940年的统计表明，时四川全省林业技术人员仅51名。故总体上看，民国政府对四川林业的开发仍是不足。② 当然，由于城乡薪炭、建筑和工业原料等所需，近代时期四川森林采伐等活动依然存在，森林面积整体上呈下降趋势。不过在全国讲来，四川森林覆盖和保有量仍是较多的省份之一。至1950年代四川森林面积约为150万顷，森林覆盖率为18%，森林保有面积仅略小于黑龙江及内蒙古地区；蓄积量约为7.4亿立方米，仅次于黑龙江，仍是我国森林资源最为丰富的省份之一。③

清后期至民国时期四川森林面积和覆盖率呈现下降趋势，主要因素是这一时期人口和农垦在山地的增长，而工业和城市兴起对薪炭、建筑和工业原料等木材的需求大量增多，致使山林采伐量增大。据林鸿荣研究，民国时期每年由附近县份供应成都的各种木炭就多达1000万斤，而冶炼、化工等产业所需的薪炭数量也十分庞大，如安县秀水场炼铁作坊年消耗木炭就在120万斤左右。④

根据日本东亚同文会的调查资料，就林木保有量和材木用途来看，清末至民国三十年代左右，四川林区以大渡河流域、青衣江流域、岷江流域等川西地区为主要：⑤

大渡河流域林区：本林区森林面积广阔，越嶲、汉源两地的松、杉类林木资源丰富，峨边出产的木材是上等的铁道枕木用材。峨边森林区又可分为盐井溪、杨村

---

① 李德毅：《西南天然林之开发及其途径》，《西南实业通讯》1940年第1卷第3期。
② 中国科学院西部地区南水北调综合考察队、林业土壤研究所编：《川西滇北地区的森林》，科学出版社，1966年，第18页。
③ 孙敬之主编：《西南地区经济地理》，《中国科学院中华地理志经济地理丛书》之六，科学出版社，1960年，第44页。
④ 林鸿荣：《历史时期四川森林的变迁（续）》，《农业考古》1986年第1期。
⑤ 以下林区及灌县材木业情况出自：（日）东亚同文会编：《新修支那别省全志》第2卷《四川省下》，支那别省志刊行会，1941年，第149—158页。

三叉河、沙坪三个林区,共出产5种针叶林木、11种阔叶林木。冷杉、铁杉、吊杉等针叶林木,是建筑、人造丝及造纸等原料,阔叶林木中除七角槭、丁木等外和杉木均是枕木和家具理想的用材原料。时调查估算,峨边林区林木蓄积量可达1.71亿立方市尺。民国四十年代峨边沙坪已成为采伐中心,由中国木业公司经营①。

青衣江流域林区:本区林木资源也很丰富,运输更为便利,林木调查估计约在968万株左右,以黑县沟及冰水河、漩口沟、喇嘛河、蜂子河及茶合河林区为多。

岷江流域林区:本区以松潘、埋番、汶川等高海拔地区林木资源为丰富,主要有云杉、冷杉、铁杉、胡桃、白杨、桦木等类。理番县木材约有126.8万多株。岷江林区在民国四十年代时被指"该区私营公司甚多,破坏最烈,应首先注意"②,可知木材开采已有一定规模。

清末至民国二三十年代,灌县是四川省材木业重要的经营中心和集散地之一,历来木商云集。1920—1922年间金融业在此也以林木产销为重要投资领域,获利巨大。1933年经泰和银行改组的松泰公司便是专门的林业公司,其后陆续成立了人和、松茂、利川、信诚等木材公司,对川西北等地区木材开采和运销起到积极作用。

除以上主要林区外,大巴山地区的通江县林区以胡桃、栗、梨及银耳等林产出品为主,国民政府在此林区对胡桃木等国防用料作过调查,应有一定开发。

此外,从木植税记载中也能见到清末时期四川其他地区的材木业情况:

> 川省灌县、天全、平武等属,内多深林密箐,素产木材。木商入山砍伐,结扎成筏,顺流贩至成都、重庆等处售卖。以前未设厘税,成、华属惟值科场年分,令木商供给场中料。嗣因书役烦扰,光绪二十二年始禀准罢免木商供给,改为每年纳银三千四百两,以一千两缴解厘金局,余二千四百两分作成、化两县办差之用。继而平武、巫山各州县亦相继仿办。据三十四年之报告,木税收入,以合江、巫山为最多,而泸州、洪雅等属次之。③

二、经济林木

1. 茶叶

作为四川历史悠久的经济林木之一,茶叶生产一直是主要的农业经济活动,但至近代尤其是民国时期三四十年代,茶叶生产总体上低迷,茶园的专业化生产逐渐沦落为副业形式。光绪二十四年(1898)四川布政司、盐茶道《议覆请缓设茶务学堂

---

① 蒋君章:《西南经济地理》,商务印书馆,1946年,第134页。
② 蒋君章:《西南经济地理》,商务印书馆,1946年,第133页。
③ 《川省各州县地方杂款考》,见《清末民国财政史料辑刊》第19册《四川财政考》,北京图书馆出版社,2007年。

文》中称:"川茶情形,向销本省,与他省兼销外洋不同。"其原因之一便是:"茶山多已耕垦,老树渐稀,新株不茂。近今十数年,往往异常雪冻,数年之功摧于一旦。"又指,尽管川省岁引茶额达到十三万三百四十五引,边茶贸易额所占分量较大,"行于藏卫及松潘番地边岸者即十之八九,腹地州县不过一二",但"尚赖两湖、江、皖、闽、滇茶捆贩接济。此树不丰于本省者一。"①光绪末年巴县茶帮禀报称:"蜀川为长江上游之区,巴南为川东产茶最盛之所,南川产茶曾经西人考较,其质良,其性纯,其味浓,其色鲜明而清香,不亚于湘、豫各省之茶质。惜乎蜀处边隅,而于农业树艺一端,毫未讲求精致,园户不知种植,茶商不知焙制,重属茶业渐有江河日下之势。"②据研究,在民国时期四川产茶县份有90余个,占总县数的3/4,不过有专业茶园分布的县份仅有30余个,专业茶户数9万余。③

1920年代川茶年产曾达到过49万担,而抗战前一般年份产量在20万担左右。抗战时期受限于外销通道阻塞,产量有所下降,种植荒废,1944年仅产10万担,其后各年大致维持于这一水平。④ 当然,有些县份产茶也曾极盛过,筠连县在民国初至1936年间,"最高量尝达七千担","为川省南路茶的重要产区之一,产量虽不及其他地区,然品质尚佳,故其销售区域远达陕、滇、贵西南诸省"。⑤ 1943年产茶在1000担以上的县份有28个,其中灌县(20 000担)、大邑(10 000担)、安县(8000担)、峨眉(7000担)居前列,马边、犍为、万县、邛崃各县均在5000担左右,北川、平武在3000担,筠连、城口、屏山和名山在3000担左右。⑥

在成都平原以北的茂汶、松潘和二郎山以西地区本身也产茶,与内地茶引行销川边地区,即"边茶",但历史上受制于"以茶治边"的政策,加之农垦等影响,茶叶种植鲜有大的发展。不过在1950年阿坝地区市场销茶量也达到过1.19万担以上,其中不少来自边茶。⑦

2. 桐油

近代四川桐油产量居全国首位,是四川重要土产出口商品之一。桐油在近代四川已是名产,产销两旺。秀山出产的"秀油",咸丰以后便是"最名","载销湘、汉、淮、泲之间,而汉口其都会也","汉口秀油百斤,率值银六七两有奇,同治时至十三四两,益千载一时也",光绪年间"秀油发货二十余万金,白油亦不下七八万金"。⑧同治年间万县"多山,故民多种桐,取其子为油,盛行荆、鄂"。⑨巫溪等地在光绪年

---

① 《巴县档案抄件》(光财3,茶67,页4—6),见鲁子健:《清代四川财政史料》下册,四川省社会科学出版社,1988年,第342页。
② 《巴县档案抄件》(光财3,茶58,页1),见鲁子健:《清代四川财政史料》下册,四川省社会科学出版社,1988年,第360—361页。
③ 郭声波:《四川历史农业地理》,四川人民出版社,1993年,第274、275页。
④ 孙敬之主编:《西南地区经济地理》,《中国科学院中华地理志经济地理丛书》之六,科学出版社,1960年,第36页。
⑤ 民国《续修筠连县志》卷一,舆地志,茶。
⑥ 吴仁润:《四川茶叶问题》,《四川经济季刊》1943年第1辑第4期。
⑦ 孙敬之主编:《西南地区经济地理》,《中国科学院中华地理志经济地理丛书》之六,科学出版社,1960年,第42页。
⑧ 光绪《秀山县志》卷十二,货殖志。
⑨ 同治《增修万县志》卷十三,地理志,物产。

间"桐油,四面山乡皆产,场灶每年需用数十万斤"。① 酆都、云阳、南充等地1920、1930年代山地植桐也十分普遍,成为山农的主要收入之一。② 吕登平《四川农村经济》称:"清代桐油除土用外,并无出口,洋人发明桐油可作油漆后,始于汉口设行收买,清季始运销出川,民国后始大盛。"③抗战前四川桐油年均产量70多万担,年输出量在40万—50万担左右,产量和输出量均约占全国的1/3。1939年四川桐油产量高达约110万担,为解放前产量最高纪录,但抗战以后受销路影响,产量逐年下降。④

近代四川桐油的主要产区主要集中于长江、乌江和嘉陵江沿江各县,1938年作为最大的桐油集散中心重庆市场的桐油来源情况可以说明(表2-13)。1940年代中期,巫山至邻水等下川东地区为四川桐油的最主要产区,云阳、奉节、忠县、酆都、邻水、长寿、秀山、涪陵、梁山、石柱等县桐油年产量都达到万担以上,而嘉陵江地带县份年均出产则基本都在万担以下。⑤

表2-13　1938年重庆市场桐油输入来源

来　源　地	输入数量(万担)	占总输入量(%)
长江上游	15	42.9
长江下游	2.5	7.1
嘉陵江流域	12	34.3
乌江流域	5	14.3
其　他	0.5	1.4
总　计	35	100

(资料来源:周立三等:《四川经济地图集说明及统计》,中国地理研究所1946年编,第74页。)

据四川省建设厅调查,保守估算在1930年四川桐油种植面积已是全国第一,为0.275万顷。而至1930年代中期左右,全川植桐达到3000万株以上(尚未含雅安、合江、井研、江油等地统计),出口桐油60万担。⑥ 根据郭声波的测算,以1939年年产桐油110万担峰值来计,当年植桐面积当在2万顷以上。⑦

3. 漆树

四川是我国主要的生漆产区,解放初期其产量仅次于贵州、湖北居第三位。抗战前四川生漆最高年产曾达到1.4万担以上,而在1946年因洋漆输入减少,产量

---

① 光绪《大宁县志》卷一,地理,物产。
② 见民国《重修酆都县志》卷九,食货志,物产、民国《云阳县志》卷十三,礼俗中,农、民国《南充县志》卷十一,物产志,林业。
③ 吕登平:《四川农村经济》,商务印书馆,1936年,第296页。
④ 孙敬之主编:《西南地区经济地理》,《中国科学院中华地理志经济地理丛书》之六,科学出版社,1960年,第46页。
⑤ 郑励俭:《四川新地志》,1947年,第124—125页。
⑥ 中国国民经济研究所编辑:《四川省之桐油》,商务印书馆,1937年,第11—13页。
⑦ 郭声波:《四川历史农业地理》,四川人民出版社,1993年,第295页。

上升到 1.5 万担左右,但之后递减,1950 年产量降至 0.5 万担。① 据蒋君章《西南经济地理》,1927 年全川出口生漆 4.25 万担,其中经重庆出口 0.715 万担,经万县出口 0.24 万担;进入 1940 年代经重庆出口达到 1.2 万担。② 四川漆树有大小漆之分,小漆树为人工培植,近代时期以川北广元、巴中和南川县和渝东南彭水、黔江、秀山等县分布为主,而黔江县在抗战期间人工、天然漆林年均总产量在七八百斤左右。③

除上述经济林产外,油茶、白蜡、柑橘及桑木等经济林木在近代四川地区也有着较大范围的培植和产出量,种桑、桑蚕等活动的兴盛极大支撑了晚近时期四川发达的丝织业(见后文手工业)。从分布区域上看,近代四川经济林木的种植多分布于盆地平原区外的丘陵、山地地区,其中以盆地山地区最为集中,恰恰也是四川宜林区域,林副品出产丰富。

三、畜 牧 业

蒋君章《西南经济地理》认为,西南地区畜牧业受自然条件影响较大,"故西南畜牧大部分发展于家畜情形之下,以畜牧为主要富源者惟西康之康属耳"。④ 当然,这并不代表近代西南、四川畜牧业的全部实际情况。比如民国时期四川西北部地区"本区经济生活以牧畜为主,土人莫不畜有大宗牛羊,家产每以牲畜头数计算,定居农业者极少。"⑤ 松潘县在 1924 年前后每年出产的羊皮多达 30 多万张、羊毛 200 多万斤。⑥ 根据民国中央农业试验所报告,四川水牛和猪的产量长期占全国第一位,羊居第二位。松潘、理番、茂县、汶川、懋功、雷波、马边、屏山的绵羊、山羊、犁牛、犏牛、西昌的马,酉阳、秀山、彭水、黔江的山羊,通江、南江、广元、巴中的黄牛,荣昌、隆昌的白猪,涪陵、营山、綦江的水牛等,均在全国著称。⑦

按照养畜方式的不同,畜牧业狭义上大体可分为牧业(畜牧)和养畜业(家畜)两大类,前者主要在川西高原依赖于天然牧场,后者则以定居式农业之副业为主来经营(含半农半牧)。四川地区按自然条件和农村经济情况,在解放初期大致形成这样的农牧分区格局:自北向南南坪、刷经寺、绰斯甲、康定、九龙、盐源一线以西地区为高原牧区,这一高原牧区牧业主要限于若尔盖、阿坝、色达、德格、石渠等北部各县地;中南部各县牧区面积虽然分布也较大,但农耕仍是当地居民的主要生产活动形式;南坪—盐源一线以东地区为四川主要农耕区,养畜业为畜牧业之主要且

---

① 孙敬之主编:《西南地区经济地理》,《中国科学院中华地理志经济地理丛书》之六,科学出版社,1960 年,第 42 页。
② 蒋君章:《西南经济地理》,商务印书馆,1946 年,第 67—68 页。
③ 蒋君章:《西南经济地理》,商务印书馆,1946 年,第 67—68 页。
④ 蒋君章:《西南经济地理》,商务印书馆,1946 年,第 139 页。
⑤ 郑励俭:《四川新地志》,1947 年,第 384 页。
⑥ 民国《松潘县志》卷八,物产,土货类。
⑦ 中国畜牧兽医学会编:《中国近代畜牧兽医史料集》,农业出版社,1992 年,第 430—431 页。

是农村副业之一。① 由于晚近时期川西南山地农耕拓殖，在上述中南部地区农耕、半农半牧的分布是比较明显的，也就是说解放初期川西地区纯牧区基本限于若尔盖至石渠等北部区域，农牧分界线当以此为准来划分。根据1950年代赵松乔等对川滇交错地带的调查（包括了西康省宁属和康属，今甘孜、阿坝大部分地区），当地牧业传统上主要分为半游牧（即冬春定居、夏秋游牧，居民以稀疏的藏民为主，几乎是纯粹的牧业，已脱离逐水草而居的游牧生活阶段，牲畜以牦牛和犏牛占绝对优势，绵羊和马次之，其他牲畜较少）、定居游牧（即定居不定牧，依托于定居聚居地，居民还从事农副业，冬春在聚居地附近放牧，夏秋仅专门牧户随牲畜上山放牧，牲畜组合类似于半游牧类型）、定居定牧（在半农半牧地区和农业区的高山地带，主要在定居场所附近早出晚归地进行放牧，部分地区存在着人畜共室的情形，牲畜以绵羊、黄牛或山羊、马、猪组合为主，前者为多）、舍饲（分布与农业区和半农半牧地区，牧场狭小，牲畜以舍饲为主，部分地区有短期放牧）等类型。②

表 2-14　1950 年代川西地区牧业类型分布

牧业类型	放牧方式	主要牲畜	分布区域
半游牧	高山放牧，冬春定居、夏秋游牧；木里地区冬春季在木制的平房附近矮山一带放牧，夏秋牧场在高山，为半游牧型的变型	牦牛、犏牛、绵羊、马	阿坝地区过去由土官指定放牧区域，甘孜由数个或数百个牧户组成的"牛厂"牧区
定居游牧	定居不定牧，冬春在定居地附近放牧，夏秋由专门牧户上山放牧	同上	少量牧业地区和半农半牧地区
定居定牧	主要在定居场所附近早出晚归地进行放牧；阿坝、甘孜地区牦牛、犏牛和黄牛有远处游牧的情形	以绵羊、黄牛组合为多，另有山羊、马、猪组合；部分有牦牛、犏牛和黄牛等	在半农半牧地区和农业区的高山地带
舍饲	部分地区短期放牧	黄牛、马类、绵羊、猪等	农业地区和半农半牧地区

（资料来源：赵松乔等：《川滇农牧交错地区农牧业地理调查资料》，科学出版社，1959年，第35—36页。）

民国二十年代末至三十年代初期，四川省年力畜约有300万头，肉畜则高达4500万头，共约值18 000万元（表2-15），在全省农业经济中占有重要位置。而据

---

① 孙敬之主编：《西南地区经济地理》，《中国科学院中华地理志经济地理丛书》之六，科学出版社，1960年，第43页；赵松乔等：《川滇农牧交错地区农牧业地理调查资料》，科学出版社，1959年。
② 赵松乔等：《川滇农牧交错地区农牧业地理调查资料》，科学出版社，1959年，第35—36页。

统计,在1928—1932年间,四川省牛的出产以营山、广安、岳池、昭化、广元、通江、南江、巴中、建昌、天全、名山等地为多,川西北多产羊,川东南蓄养猪为多;而畜牧产品的输出,五年间年平均在500万两以上。① 据中央农业实验所的估算,1941年四川全省有水牛183.6万头、黄牛88.8万头、马11.4万匹、骡5.5万头、驴3.8万头、山羊164.4只、绵羊2.3万只、猪854万头。又据西康省政府估计,1937年该省有水牛2.3万头、黄牛(含牦牛、犏牛)63.9万头、马12.8万匹、骡2.1万头、驴15.5万头、山羊21.1万只、绵羊55.6万只。② 而据《四川农情报告》,1940—1942年年均四川省拥有的水牛、黄牛数量则分别高达342.76万头和241.9万头,猪1602.6万头、羊520.7万头、马51.5万匹、骡18.9万头和驴9.6万头。③ 这与中央农业实验所的估算有较大出入。不过,根据张肖梅《四川经济参考资料》等对20世纪三四十年代四川省牲畜数量的估算,在四十年代初期年均水牛数量当在200万头以上。至1949年含西康在内,四川地区各重要牲畜饲养量情况是:猪1027.48万头、牛544.94万头、羊396.67万只、马属牲畜30.56万头、兔31.78万只、禽2838.93万只。④

表2-15 1928—1932年四川省主要畜产价值情况

畜类	数量(万头,年均)	价值(万元,年均)
水牛	224.7	6741.12
黄牛	112.5	2250.18
马	18.7	561.87
骡	11.3	330.74
驴	3.7	172.63
羊	342.9	1685.78
猪	1205.8	6025.39

	年输出价值(万两)				
	1928年	1929年	1930年	1931年	1932年
猪鬃	181.36	197.6	221.21	201.9	169.5
羊皮	188.28	233.84	266.69	246.97	127.89
牛皮	68.58	64.3	39.34	58	26.58
野兔及兔皮	78.1	12.24	2.97	3.17	

(资料来源:吕登平:《四川农村经济》,商务印书馆,1936年,第336—337页。)

① 吕登平:《四川农村经济》,商务印书馆,1936年,第335页。
② 蒋君章:《西南经济地理》,商务印书馆,1946年,第139—140页。
③ 周立三等:《四川经济地图集说明及统计》,中国地理研究所1946年,表37—39,第90—95页。
④ 四川省畜牧局编:《四川省畜禽疫病志》,附4《历年畜牧业生产情况统计表》,1992年。

从产区分布上看,四川农耕区几乎都是养蓄业的主要分布区,川西高原分布有大面积天然草场,是牦牛、绵羊等的主要产区。水牛、黄牛则以成都平原、川北丘陵和山地、川南丘陵地区出产为主,而川东地区则是猪的蓄养主要分布地区。此外,成都平原及周边地区养兔业也比较发达,在一些县份甚至成为农户的主要副业,如金堂、德阳等在民国时期养兔成为乡村妇女的主要副业,还是出境货物的大宗之一。①

表2-16　民国时期四川省畜产主要分布与集散

牲畜	主要产区	牲畜及副产集散
牛	成都、乐山、泸县、重庆、万县、川北地区、松潘草地、西康（康属牦牛、犏牛,宁属汉区水牛、夷区黄牛,雅属黄牛）	成都中心:简阳、乐至、资阳、新都、新繁、什邡、广汉等地牛只皮张 乐山中心:新津、邛崃、彭山、蒲江等地皮张毛衣 泸县中心:沱江流域、长江南岸及赤水河流域、永宁河流域牛只皮张 重庆中心:上川东各地牛只皮张 万县中心:下川东各地牛只皮张
羊	川东地区、川西高原	万县、涪陵、梁山产优质白皮,以万县为集散 武胜、合川、江北、荣昌、仁寿、内江、简阳、安岳、遂宁等地产黑皮为优质 成都、华阳、双流、温江、金堂、新都等地产黄皮为优质,以成都集散 资阳、资中产花麻皮为优质 西康、松潘及丹巴一带为羊毛主产区,全川羊毛出口以重庆为集散中心
猪	川内农耕区、川东南	重庆为猪鬃集散中心 叙、泸、渝、涪、万、合江、顺庆、绥定、成都、简州、荣昌、隆昌等为重要猪鬃出产地 隆、荣、成、叙、泸县、合江、广安白鬃为优质 万县、巫山、奉节、成都、简阳、灌县黑鬃为优质

(资料来源:蒋君章:《西南经济地理》,商务印书馆,1946年,第140—149页;吕登平:《四川农村经济》,商务印书馆,1936年,第335页。)

川西南和川西北山地、高原区是四川天然牧场的主要分布区,川西北以松潘、丹巴一带和川青交界地区牧业为主,近代时期在四川畜牧业中以羊、牛及其副产出产为地区对外输出之大宗。西康省的畜牧业因地形、气候和农牧关系的因素要复杂得多,种类和畜产丰富。宁属各县产马,多为建昌马,山羊、猪也

---

① 见民国《金堂县续志》卷一,疆域志,物产;民国《德阳县志》卷一,风俗志。

以宁属出产为多。① 据民国时期调查统计,康属各县畜牧业以马、骡、牛、羊等数量为多②。

调查显示,近代时期西康地区牧场"悉为天然草原,绝无以人工经营牧场从事牧草栽培者"。"牧民之视牧场界限,一若内地农民之视农田,不得有侵犯情事。如越界放牧,不特牲畜悉被没收,且须亲往致歉,否则必引起械斗。至其组织,常数户或百户集居,由当地头人、村长层层节制,因袭古代之酋长制度。"就其牧场的分布,则是"宁、雅两属则利用荒山荒地,自由放牧。康属则据地放牧,自成区界。"③

《西康视察报告》记述了1929年对康区畜牧业的调查情况,称:

> 康定草原牧场,十倍于可耕地面,地概高寒,适于牲畜健康,而草茂水甜,又远甚于新疆、蒙古等处。且地近内省与大城,牛羊皮毛、乳酪、良马之属,销售最便,此本国最佳之牧场也。现全县营畜牧者,约占全民十分之四。④

石渠县系西康省最大畜牧区,其牧场面积占到全县土地面积九成以上(表2-17),在1934年该县呈报牲税实征数达到797万元之多⑤。1947年编的《西康通志稿·财赋志》称"全康三十余县,牛厂极多,牲畜甚繁",牲税"据前清宦游西康者私人统计,在宣统三年时年收藏洋约三十余万元,约合法币十五万元之谱。至民国六年,川边财政厅统计,全康二十七县共收牲税藏洋十三万四千零五元"。至1939年牲税征收总额为1.8万元以上,1940年则增至5万元,1941年有猛增至10万余元。⑥ 此外,在1920、1930年代川、康地区还是我国羊毛等产毛重要地区之一,年生产量达到500万斤;西康一带的毛和松潘毛,集中于重庆转销至上海。⑦ 可见西康地区畜牧业在民国时期仍有着较大的发展。

表2-17 西康省康属牧场分布情况

县份	占全县面积比例(约数)	牧场描述情况
康定	50%—60%	木雅乡、踏泥坝、黄巴石等地最甚
泸定	10%以内	仅岚州有少数绵羊放牧
丹巴	10%—20%	丹东为最大牧场

① 中国畜牧兽医学会编:《中国近代畜牧兽医史料集》,农业出版社,1992年,第431—432页。
② 参见《西康各县牧畜统计表》,见四川省档案馆、四川民族研究所合编:《近代康区档案资料选编》,四川大学出版社,1990年,第140页。
③ 《西康畜牧业概况》,引自1947年编《西康通志稿·农牧篇》,见四川省档案馆、四川民族研究所合编:《近代康区档案资料选编》,四川大学出版社,1990年,第131页。
④ 《西康视察报告》,见任乃强:《民国川边游踪之〈西康札记〉》,中国藏学出版社,2010年。
⑤ 《西康省各县牲税征额统计表》(民国二十三年),见四川省档案馆、四川民族研究所合编:《近代康区档案资料选编》,四川大学出版社,1990年,第142页。
⑥ 《西康牲税》,见四川省档案馆、四川民族研究所合编:《近代康区档案资料选编》,四川大学出版社,1990年,第140—141页。
⑦ 中国畜牧兽医学会编:《中国近代畜牧兽医史料集》,农业出版社,1992年,第105、106页。

续 表

县份	占全县面积比例（约数）	牧场描述情况
道孚	30%—40%	鱼科及革西区为纯牧地
炉霍	50%—60%	罗科马为最大牧场,热马岗、绛达、棒达亦多
甘孜	30%—40%	大塘坝一带为全县最大牧场
邓柯	60%—70%	下杂科、林葱等地分布有广大牧场
石渠	90%强	纯为牧场县
德格	70%	竹箐、玉隆、杂科等乡特多
白玉	50%—60%	上中下三昌泰为最大之牧场
瞻化	40%—50%	古络、通宵各有大牧场
雅江	40%—50%	崇西土司部落为最大牧场,马乡次之
理化	80%	毛丫土司辖地最大,为农土司次之
巴安	30%—40%	与白玉接壤处甚多
得荣	40%—50%	奔都、古学各村多牧场
定乡	30%—40%	北部多牧场
稻城	30%—40%	东南部有大牧场
义敦	80%—90%	
乾宁	60%	

（资料来源：《西康畜牧业概况》，引自1947年编《西康通志稿·农牧篇》，见四川省档案馆、四川民族研究所合编：《近代康区档案资料选编》，四川大学出版社，1990年，第132页。）

不过，由于近代时期农耕经济在川西南山地的拓展，在传统养蓄生产方式下，西康宁属等地区畜牧业在农业经济中的比例和影响并未有大的提升，甚至还出现逐渐下降的情形，农耕经济在这些地区仍然占据主要地位。[①] 这种情形在康属地区也较为普遍，调查显示道孚县"牧场面积约占全面积十分之六，而牧业并不发达。汉民及五区康民，概以农业为主业，唯鱼科与格西麻为纯粹牧业区域"。康定县虽然草原广布，但"唯畜牧事业，非常幼稚，除放畜吃草外，不知其他"。丹巴县"重农轻牧，虽有草原。全县唯丹东有牛厂200户，余皆农民。无专营畜产者，唯亦颇重家畜"。[②]

[①] 可参见朱圣钟对凉山等地区畜牧业在农业经济中的比重估算，见氏著《历史时期凉山彝族地区经济开发与环境变迁》，重庆出版社，2007年，第138—139页。
[②] 《西康视察报告》，见任乃强：《民国川边游踪之〈西康札记〉》，中国藏学出版社，2010年。

第三章 工矿业地理

第一节 手工业

明清时期是我国传统手工业最为发达的时期之一,长江上游地区的四川也进入了一个最为发展的阶段。王笛研究认为,四川地区传统手工业的发展在清代经历了三个阶段:从战时破坏到恢复、相对稳定的繁荣、长期的停滞状态。他还指出,近代工业品进入以后,四川地区传统手工业的命运大致有三种情形:衰落、维持原状和一定程度上有所发展。① 周立三等人调查认为,近代四川工业在抗战之前"所有工业每多属农村或家庭手工业,供销多限于本地,规模甚小"。② 近代时期机器工业和外来工业品大量引入,对四川地区传统手工业必然形成影响,有些时期的冲击是非常大的,但这并不妨碍传统手工业在四川城乡和国民经济中的重要地位。

19世纪中期以后,随着四川商品经济的进一步发展,"手工工场在更大范围内产生。一些传统手工业,如井盐、缫丝、造纸、制糖、皮革等手工业已进入较高发展阶段,为机器工业的产生奠定了坚实的基础"。③ 在机器工业和外洋输入的大量机器工业品面前,"中国手工业并未根本的消减;反之,中国手工业依然占了国民经济上的重要位置"。④ 作为一个传统农业大省,四川地区手工业在近代仍有其强大的生命力和影响力,在川内城乡乃至国内外市场均有较为突出的地位。解放初期的调查也表明,四川地区传统手工业在地区经济生产中仍占有重要位置,尤其是在一些具有优势的传统手工业部门。不过,正如纺织手工业较为兴盛的大竹县1928年前后的情形一样,近代时期四川传统手工业也遭遇着诸多的困难或变革压力,艰难地生存和发展着:

> 竹邑输入物品,首推棉织布匹,于是改用铁机、脚踏机,仿制洋布、斜纹脚布等,以免利权外溢。输出以夏布为大宗,于是改良绩织,拟造成细致蚊帐、衣料,以图销场畅旺。经此仿造,改良织棉之工风行一时,机声轧轧,达于四境。夏布仍有抽头恶习,近复规定公约,加宽头面,免令因货物滞销影响工业。其他一切制造,当物质进化时代,株守高曾规矩均属不宜,前美利、协两丝厂仿制出口细丝,以欧战失利停业。何家沟土磁改良,

---

① 王笛:《跨出封闭的世界——长江上游区域社会研究(1644—1911)》,中华书局,1993年,第296—297、343—344页。
② 周立三等:《四川经济地图集说明及统计》,中国地理研究所1946年编,第30页。
③ 彭通湖主编:《四川近代经济史》,西南财经大学出版社,2000年,第233页。
④ 高叔康:《中国的手工业》,商务印书馆,1940年,第23页。

已出试验成品,亦不久停办。今后尚宜继续研究,勿废前功。北乡纸厂照夹江制法,改良尚不大难。劝工局除织造外,所有藤工、竹细工日有进步,鰕须联帐尤为特色,本此心理,不难多所发明。至缝纫织袜之用机器,制革设厂之仿新法,私家亦有为之者,趁此人心响慕,诚得教育、实业两局依照教育会提案,在县属开办职业学校,以广陶育,吾县工业之发达,其庶几拭目可俟矣。①

一、造 纸 业

明清时期四川造纸业就已十分兴旺,"遍销鄂、豫、陕、甘诸省,历为出口商品之大宗"。② 光绪六年(1880)彭县以山竹为原料,出产"化连"、"土连"等纸张,"充用甚广"。③ 光绪末年广安等地"多蓬户捣竹以制纸为业,光洁精美,色目不一,远近采买皆集戴市。商贾岁贩,上通陕、汉,下达湘、鄂"。④ 民国初年绵竹出产的纸张品种多达12种之多,且"行销本省及云、贵、陕、甘、湖广等处。其价贵贱不一,一厂出入钱大率以万计。其力作男妇,一厂约用百余人。总共西北造纸处大约百余厂,贫民利赖借以生活者无算"。⑤ 若以此,绵竹一县造纸出入钱就在百万之多。盛产造纸原料竹木的合江县在1924年前后,"为纸料设厂制纸无虑数十百家,种类亦多,统曰生料,分销内江、永川、江津各县,年售价额十余万两,邑中工业以兹为最(每年制纸四十余万捆,每捆售银四钱,约银十六万两零)"。⑥ 正如新中国成立初期的调查所言,四川纸业:

> 历史也很久,明清以来,所产土纸遍销湖北、河南、陕西、甘肃诸省。目前手工造纸业仍很盛,以夹江、梁平、广安、铜梁、大足、大竹、纳溪等县为多,应用的原料主要是稻草和竹,近年全省土纸产量占到全省纸产量将近一半,产品多为文化用纸和卫生纸。⑦

根据万县口岸出口贸易统计报告,1917—1935年间出口的土纸张数量和价值情况见表3-1,统计显示这十九年间经万县口岸年均出口土纸张约77 246担、价值624 401关平两。郑励俭《四川新地志》则称1935年四川省输出土纸总价值达到150万元,且即便至1940年代还认为"迄今川中纸张纯系土法制造"。⑧

---

① 民国《大竹县志》卷十二,物产志,制造之属。
② 郑励俭:《四川新地志》,1947年,第145页。
③ 光绪《重修彭县志》卷三,民事门,物产志。
④ 宣统《广安州新志》卷十二,土产志。
⑤ 民国《绵竹县志》卷九,实业志,工业。
⑥ 民国《合江县志》卷二,食货,物产。
⑦ 孙敬之主编:《西南地区经济地理》,《中国科学院中华地理志经济地理丛书》之六,科学出版社,1960年,第62页。
⑧ 郑励俭:《四川新地志》,1947年,第145页。

表 3-1　1917—1935 年万县口岸土纸出口数量价值

（数量：担；价值：关平两）

年份	数量	价值	年份	数量	价值
1917	7 039	40 251	1927	65 661	597 512
1918	44 047	245 782	1928	101 465	943 629
1919	41 048	219 546	1929	60 293	1 025 220
1920	18 861	129 764	1930	97 859	978 590
1921	31 038	287 722	1931	122 699	809 813
1922	49 922	504 656	1932	92 938	581 982
1923	59 249	314 612	1933	131 570	1 077 568
1924	82 404	495 961	1934	126 710	1 014 743
1925	124 386	938 193	1935	115 945	908 528
1926	93 645	749 555	累计	1 467 679	11 863 627
			年均（约）	77 246	624 401

（资料来源：甘祠森：《最近四十五年来四川省进出口贸易统计》，第七表《最近十九年来万县大宗出口土货数量与价值统计》，民生实业公司经济研究室 1936 年。）

总体上看，近代川省传统造纸业的发展也有过较大的波动，晚清以降受机器工业和外洋纸张的冲击，传统纸制品在质量和数量上并不占多大优势，"质既不精，量复日减"，出现土厂曾一度相继倒闭的情形。不过进入抗战时期，因洋货输入受阻，土纸生产又一度复兴。1940 年代根据建设厅的调查，全省造纸产量达到过 200 万吨、总产值 770 万元的规模。[1]

近代四川传统造纸厂家和产量、价值等难有细致的调查，各县或多或少都有大小不等的生产厂家和产出，正如前述彭县和绵竹，情况不一。以造纸所需原料竹、木材、稻草、甘蔗渣、棉秆、桑皮等主产区域以及建设厅的调查，1940 年代大致形成 6 大主产区、21 个重要产县的分布格局，基本上以盆地平原和丘陵区、川东和川南低山坡地地区为主，具体分布情况如下：

夹江主产区：有洪雅、峨眉、乐山等重要产县；

绵竹主产区：有什邡、安县等重要产县；

广安主产区：有合川等重要产县；

铜梁、璧山主产区：两县为重要产县；

梁山主产区：大竹、达县、开江等为主产县；

叙南主产区：包括屏山、长宁、兴文、叙永、江安等重要产县。

其中，又以夹江、广安两个主产区为盛，而夹江造纸历史悠久，纸品质量为最

---

[1] 郑励俭：《四川新地志》，1947 年，第 145 页。

佳,年产量也大,甚至年产价值可高达 200 万元。① 当然,传统制纸在技术上并不占优势,民国时期各地均出现需要改良或引入机器制造的情况。金堂县旧纸厂"以稻壳、竹篾制纸,但碾工不精,甚形粗率,惟零星货店购用之"。② 南充县在 1929 年前后尽管邑内纸厂出品巨大,但也称"惟所出之纸粗劣,现在改良"。③ 土纸生产在不少地方还多为农村副业,投入也有限。

1905 年重庆南岸创办富川制纸公司,专造洋纸和火柴盒用纸,"资本达十万两"。④ 1925 年在乐山创建的嘉乐纸厂,原本依据土法生产新闻纸等,专供川省报馆用,但产量十分有限,每日仅产半吨,但抗战期间经改良并投入机器制造,产能增至日产 3 吨。抗战期间宜宾、重庆等地也相继建立了一些现代纸厂。⑤

二、纺 织 业

麻、棉、丝业等生产在近代四川传统手工业和农村经济中占有重要地位,促进了相应纺织业的发展。民国三四十年代,"西南纱业之发展,虽系最近之事实,但织布业则颇悠久之历史,其发达仍以四川为首。川省之成都、重庆两地,旧为织布业之中心"。⑥ 虽然西南产棉有一定的规模,织布业在工业部门中占有重要位置,"但西南五省在抗战以前,并没有新式的纺纱厂"。⑦ 当时"夏布织造,分漂白、绩麻、织布、精制,完全为手工,但以制法精粗,亦有优劣之别。绩麻织布多为妇女手工业,过去颇成风气。……小作坊亦有,但绝无大规模之制作,产地以隆昌、荣昌、中江、内江为主"。⑧ "四川夏布之制造,并无规模宏大、组织完密之正式工厂,仅由家庭、机房、漂房、染房、印花房及浆房等分工合作。"⑨ 这种生产情形仍保留至新中国成立初期,四川麻纺织工业"多为手工性质,在渠江、沱江、涪江流域苎麻产区,夏布的生产非常普遍,而以隆昌、荣昌、内江、江津、中江为生产中心"。⑩

表 3-2　1930 年代末至 1940 年代四川传统织布厂、户、机情形

类别	产　地	厂(个)	织机(台)	年产量(匹)	其　他
织布	成都及附郭一带	—	3000—3500	—	机户 1000 余家
	重庆、江北及其附郭一带	1300	4000	—	—

---

① 郑励俭:《四川新地志》,1947 年,第 145—146 页。
② 民国《金堂县续志》卷五,实业志,工业。
③ 民国《南充县志》卷十一,物产志,工厂。
④ 《东方杂志》第 3 卷第 8 号,实业。引自隗瀛涛、周勇:《重庆开埠史》,重庆出版社,1997 年,第 114 页。
⑤ 郑励俭:《四川新地志》,1947 年,第 147 页;孙敬之主编:《西南地区经济地理》,《中国科学院中华地理志经济地理丛书》之六,科学出版社,1960 年,第 62 页。
⑥ 蒋君章:《西南经济地理》,商务印书馆,1946 年,第 75 页。
⑦ 蒋君章:《西南经济地理》,商务印书馆,1946 年,第 76 页。
⑧ 吕登平:《四川农村经济》,商务印书馆,1936 年,第 322 页。
⑨ 张肖梅编著:《四川经济参考资料》,中国国民经济研究所 1939 年发行,第 T94 页。
⑩ 孙敬之主编:《西南地区经济地理》,《中国科学院中华地理志经济地理丛书》之六,科学出版社,1960 年,第 62 页。

续表

类别	产地	厂(个)	织机(台)	年产量(匹)	其他
织布	郫都	1	—	8000	民生工厂
	安县	2	—	5030	民生工厂
	简阳	2	—	1900	民生工厂
	蓬溪	1	—	1800	民生工厂
	遂宁	1	—	1600	民生工厂
	邻水	1	—	1500	民生工厂
	铜梁	1	—	1400	民生工厂
	江津	1	—	1380	民生工厂
	广安	1	—	1250	民生工厂
	西充	1	—	1220	民生工厂

类别	县份	织麻人户(家)	从业工人(人)	机房数量(家)	产量
夏布	隆昌(人户、工人系1934年数)	20 000	34 000	700	每年合计印花4500匹
	荣昌	8000	12 000	260	—
	内江	3000	4600	120	—
	中江	2000	3800	130	—

说明：含1940年代四川省政府推广的"民生工厂"在内(按：布有民生工厂数量并不表示该县仅有此厂数)，资料显示表中厂况均被认为是"机户"，织机甚少，故可视为传统手工业范畴。

(资料来源：张肖梅编著：《四川经济参考资料》，中国国民经济研究所1939年发行，第T98—101页；蒋君章：《西南经济地理》，商务印书馆，1946年，第76—77页。)

1. 夏布

历史上四川是我国苎麻重要产区，"蜀青麻布"早在唐代就已行销长安等地。[①] 民国初期四川夏布的生产进入一个快速发展时期，1918年出口数量为40多担，1922年猛增至12 000担，1924年又增至14 000担。[②] 1922—1932年四川省夏布出口数量和价值情况见表3—3。但至1930年代产量和出口等出现大幅度下降趋势。从1891—1935年重庆和万县关出口的夏布数量上看，1920年代是夏布出口的一个高峰期，1931年开始出口大幅度下降，这与四川的出口趋势是一致的(表3—4)。这表明传统夏布市场在这一时期出现变化。以隆昌县为例，1929—1933年五年间夏布年均产37.4万匹、值108.2万元，但在1930年代开始"近年以制法不改良，税

---

① 郭声波：《四川历史农业地理》，四川人民出版社，1993年，第220页。
② 张肖梅编著：《四川经济参考资料》，中国国民经济研究所1939年发行，第T94页。

捐苛繁",产量大减,1932 年出口价值"仅六十万两",比以往高峰时"减十倍,隆昌夏布业年来且濒破产"。也是在 1929—1933 年五年间,隆昌县歇业夏布商号累计多达 14 家,而新开总计仅 6 家。① 对于夏布业在 1931 年以后出现的衰落局面,主要由三个方面的因素造成:其一,传统生产技术不济,主要表现为手工为主,制法不良,织机生产也较为散漫,难以保证良好的效率和品质;其二,市场需求越来越小,一方面是受其他纺织品和外来品的冲击,另一方面则是国际市场尤其是原本需求量较大的朝鲜、日本,出现了服饰革新和技术仿制,减少了对中国出产的需求;其三是苛捐繁重,除去统捐、关税等大头外,"仍有抽头恶习"②,且变化无常,严重影响了四川夏布的产销。③ 夏布业是四川传统纺织手工业的代表之一,在近代四川农村经济生活中的表现很大程度上反映了传统手工业的发展困境。

表 3-3　1922—1932 年四川夏布出口数量价值

（数量:担;价值:关平两）

年　份	数　量	价　值	年　份	数　量	价　值
1922	12 048	3 904 979	1928	10 542	4 391 240
1923	10 978	3 569 063	1929	11 594	4 594 550
1924	14 014	5 310 492	1930	14 073	5 542 377
1925	9861	4 130 232	1931	8289	3 194 514
1926	11 200	4 799 440	1932	1548	584 101
1927	14 666	6 049 339			

（资料来源:吕登平:《四川农村经济》,商务印书馆,1936 年,第 325—326 页。）

表 3-4　1891—1935 年重庆、万县口岸夏布出口数量价值汇总

（数量:担;价值:关平两）

年　份	数　量	价　值	年　份	数　量	价　值
1891—1911 （重庆关累计）	24 379	1 862 381	1917	4810	717 787
1912	5269	562 398	1918	5383	818 648
1913	4277	60 382	1919	7808	1 591 834
1914	5834	884 398	1920	9739	2 046 844
1915	6386	783 495	1921	12 978	693 157
1916	7030	1 065 552	1922	13 211	3 984 318

---

① 吕登平:《四川农村经济》,商务印书馆,1936 年,第 324—325 页。
② 民国《大竹县志》卷十二,物产志,制造之属。
③ 张肖梅编著:《四川经济参考资料》,中国国民经济研究所 1939 年发行,第 T110 页。

续 表

年份	数量	价值	年份	数量	价值
1923	12 225	3 617 061	1930	14 242	5 569 293
1924	15 376	5 374 856	1931	8501	3 216 654
1925	10 804	4 192 051	1932	1548	584 101
1926	12 006	4 839 744	1933	574	184 308
1927	14 848	6 073 323	1934	1103	183 257
1928	10 778	4 425 189	1935	634(万县关缺)	105 328
1929	11 759	4 621 130			

（资料来源：甘祠森：《最近四十五年来四川省进出口贸易统计》，第六表《最近四十五年来重庆大宗出口土货数量与价值统计》、第七表《最近十九年来万县大宗出口土货数量与价值统计》，民生实业公司经济研究室1936年。）

2. 棉纺

棉花的种植和产量在近代四川有着较大的规模，吕登平的《四川农村经济》、蒋君章的《西南经济地理》等资料显示，在1930年代中期左右，全川大约有40多个重要产县区，以遂宁、乐至、简阳、射洪、中江、蓬溪、金堂、仁寿等县产量为多；进入1940年代则又以遂宁、射洪、仁寿、三台等县的种植面积为大，四县播面在有些年份甚至占到全省一半。① 棉花种植的普遍促进了晚近以来四川棉纺业的不断发展。

事实上，棉纺业在四川近代传统手工业和农村经济生产中也保持着重要地位，城乡间生产较为普遍。光绪年间，崇庆州"女功以纺绩为务，东北多绩麻，西南多纺棉，机杼之声达于四境，故州中棉布、麻布及脚带遍全蜀焉"。② 至民国期间"织工以棉布独多，有粗、细纱大小三二分，岁所成约近四万匹，值银约六七万元"。③ 而中江"吾邑棉布，织靡专工，多出于贫民，农隙时藉织以弥补诛求耳。家有机二，每三日可出布四，商人购成垄庄，运贩各处，岁不下数十万匹，此则洋纱织庄也。若土布之最精者，则莫若胖镇、广福镇两处，宽与洋纱布同，而长过六丈，则胜之，近十年设劝工局扩张织工，创各色花布，又渐行于境内外矣"。④ 1939年左右巴县"乡镇间亦小工业，四十年前纺花手摇车家皆有之，每过农村，轧轧之声不绝于耳"。⑤ 在一些不产棉花的县份，传统纺织业也因市场对布匹的需求而保持着一定的发展，光绪年间岳池县"地不产木棉，而昼纺夜绩，出布颇多，运贩他境"⑥，太平县"民多织布者，惟

---

① 吕登平：《四川农村经济》，商务印书馆，1936年，第304页；蒋君章：《西南经济地理》，商务印书馆，1946年，第70页。
② 光绪《崇庆州志》卷二，风俗。
③ 民国《崇庆县志》卷十，食货。
④ 民国《中江县志》卷二，舆地二，物产。
⑤ 民国《巴县志》卷十二，工业。
⑥ 光绪《岳池县志》卷七，风俗。

地不产棉,七乡虽有不多,资陕、楚运棉来境"。① 1933 年前后,灌县"邑不产棉,皆自外输入,近多购机织布者,有土布、花布、手巾等"。②

从工艺技术上看,尽管棉布生产在许多地方均以机器取代手织,且有引入铁机等的记载和描述,但木机甚至手工等传统生产方式仍占有很高的比例。1930 年代初叙永县"以人工手织布为大宗,……(军兴以后)于是乃造木机编织土布,逐渐增进,现在机房已逾二百家以上,艺徒达数千人之众",1930—1931 年间添置的机头数达到 800 架(表 3-5)。③ 即便如此,在 1933 年左右,叙永县在棉质土布成品可产 6000 匹的情况下,仍是"自用不足,即仰给于机房所织或璧山运来者"。④ "成都自丝织不振后,乃群趋于织布一途,合城乡计盖有数千家。其组织公司规模略大者,则采彰、新华、翕华以及太平场之贫民艺养工厂而已。民生工厂近属慈惠堂有铁机二十部,采彰等各有铁机十余部,余则俱用木机。所惜者本地产棉无多,纱皆外至,故挽利权也无几。"⑤1939 年前后巴县"织布,购国外及沪、汉厂纱,以人力用旧式木机织之,除乡人服用外,多数运销滇、黔"。⑥

表 3-5 民国时期叙永县城厢机织概况

机器	产品	每机一架每日成匹	各年织机添设数量(架)						
			1917—1918	1919—1921	1922—1923	1924—1925	1926—1927	1928—1929	1930—1931
木机	重土小布	2 匹	50	120	250	300	580	760	800
铁机	花纹宽布	1 匹	0	0	0	0	24	15	15

(资料来源:民国《叙永县志》卷六,交通篇,工业。)

从海关贸易量上看,近代四川棉纺织品的出口数量较低,在重庆、万县海关贸易报告中甚至未像其他大宗出口土产那样予以专列统计,即便在少有的几次棉纺织品出口统计中,数量也较少。1913 年重庆出口棉纺织品价值分别为 344 海关两,1920 年重庆、万县出口棉纺织品价值分别为 305 海关两和 4515 海关两,两关出口总值在当年全国棉纺织品出口值比例极低,约为 0.02%。⑦ 但出口情况并不表示四川棉纺织业生产缺乏规模,实际上川省内部市场的需求仍是较大,上述史料所反

---

① 光绪《太平县志》卷三,食货志,物产。
② 民国《灌县志》卷七,物产表,成品。
③ 民国《叙永县志》卷六,交通篇,工业。
④ 民国《叙永县志》卷七,实业篇,纺织。
⑤ 民国《华阳县志》卷三,建置,工业。
⑥ 民国《巴县志》卷十一,农桑。
⑦ 方显廷:《中国之棉纺织业》,附录表 17《中国棉纺织品之原出口值按来源地之分配》,商务印书馆,2011 年(按 1934 年国立编译馆本)。

映的城乡纺织活动可以说明,纺织生产在各地仍维持着一定的规模,而正是因需用量仍大,不少地方的原料甚至须从外省购入。

蒋君章认为抗战前西南地区并无多少新式纺织厂,就其原因主要是原料"品质不佳,不宜于机器纺纱,而外埠机纱,输入甚便,价格反廉,品质反佳,故旧有手工纺纱业,日渐衰落,而新式工厂,无从建立",抗战期间方在新式纺纱生产方面有较为明显的改观。[①] 其中,也包含了对传统手工纺棉的工艺改造,大力推广木机纺织,尤其是长江下游机厂的迁入,对四川棉纺织业工艺改造影响较大。抗战期间,七七式、业精式、三一式木质纺纱机的推广和内迁厂家的带动,至1942年全川年产纱量达到6.7万多包;以新式木机取代手工纺纱生产,还在四川40个主要产棉县推广,产量大幅提高,使四川成为西南纺织中心。[②]

表3-6　1940年代中期四川各地棉布产量情况

县　地	产量(匹)	县　地	产量(匹)	县　地	产量(匹)
江　北	307 647	遂　宁	12 040	广　元	2000
巴县南岸	214 556	宜　宾	11 300	荣　昌	1240
北　碚	92 000	内　江	8960	铜　梁	1200
涪　陵	85 200	岳　池	7000	安　县	1180
重　庆	78 902	永　川	6800	高　县	1000
万　县	52 200	垫　江	5800	南　充	950
江　津	51 050	酉　阳	5600	邻　水	600
成　都	38 000	三　台	4120	开　江	500
射　洪	24 800	广　安	3000	大　竹	400
璧　山	23 080	自贡市	2900	华　阳	280
蓬　溪	20 100	金　堂	2100	简　阳	240
合　川	13 000	资　中	2000	总　计	1 081 745

(资料来源:周立三等:《四川经济地图集说明及统计》,表50《各种纺织品产量之统计》,中国地理研究所1946年编。)

3. 丝织

四川蚕桑业历史悠久,在历史上曾出现过几次高峰,直至近代蚕丝的生产仍然兴盛。1891年重庆关出口土货生丝就有1.32万担、值70.2万关平两,1909年出口担数达到清末之峰值3.11万多担;在1912年则以出口1.28万担,创造了清末

[①] 蒋君章:《西南经济地理》,商务印书馆,1946年,第75页。
[②] 蒋君章:《西南经济地理》,商务印书馆,1946年,第75—76页。

出口价值最高记录395.6万关平两。①1925年全川产茧达70万担以上,生丝产量达7万担(为新中国成立前历史最高记录),丝绸的出口量占当时全省出口物资总价值的40%。②蒋君章《西南经济地理》认为,民国时期四川是我国第四大产丝省份和三大蚕丝主要产区之一。③

晚近时期四川各地植桑养蚕和蚕丝业均有着兴旺的景象,同治年间"顺、潼诸州县,(蚕桑)家以为业,而眉州亦多。成属之利不在蚕,然饲者亦十室而四"。④晚清设劝业道,尤重蚕事,华阳县"于是,蚕桑学社、缫丝工厂逐渐设置,虽不逮嘉定、潼川诸郡,然捆输海上,亦农产之大宗也",直至民国二十年代,"吾县簇桥每新丝熟时,乡人鬻茧及商贩贸丝者麇集,官为榷税,岁额常数万金"。⑤新都县"清光绪末年,风气渐开,种桑之家到处多有"。⑥而长寿县在清末办桑育蚕,"数年之间,四野桑株一望葱茏,力求新法,改良蚕如桂圆、大元、幼习等种,均购自国外,茧丝优美,质量逾恒"。⑦富顺县"旧时所种均系牛皮桑",光绪末引种嘉定桑,"县民竞植,多者至万余株"。⑧宣统年间峨眉县"开办蚕桑茶业传习所以来,于校场公地,集股栽桑二千余株,社会为之勃兴。平畴旷野,弥望青葱,蚕桑大有起色"。⑨民国时期金堂县"(蚕业)附城各区最多,东山各场次之",尔后"中昆河干,桑株发达,饲蚕亦多,悉听乡农之自为。其由官力提倡者曰蚕桑局,种有湖桑千株"。⑩南充县在1921年"扩充桑苗圃,并创林苗圃",其后"林苗圃仍鲜成效,惟桑苗年产十余万株,四乡桑植由是大盛"。⑪光绪时"井研丝在成都市称上品,织户争购,取名曰东路丝,以别异于嘉、眉、潼、绵等郡,……岁入丝价,殆数十万金,农民资以为生计甚众"。⑫绵阳"产丝较邻封各县甚属著名,在清光绪年间如昭、广、剑、梓、江、彰、石、平以及潼属之丝运输外洋,均由绵地归总,统名之曰绵丝"。⑬合川丝帮众多,历嘉道、咸同不衰,光绪末及民国初年创办多个丝厂,出产的扬返丝、直缫丝等年产均达50多箱,而复缫丝则达500多箱,"土丝分普通销售与出口销售。普通销售,此谓土丝即销本县、渝城、成都等处,机织家是也,年约三百余箱,每箱约售洋四百余元,计共售洋十余万元;出口销者称过盆,又名原装,即将土丝另行捻造、括造、荷造而输于上海是也,年余五百箱,每箱约售洋五百余元,计

---

① 甘祠森:《最近四十五年来四川省进出口贸易统计》,第六表《最近四十五年来重庆大宗出口土货数量与价值统计》,民生实业公司经济研究室1936年。
② 孙敬之主编:《西南地区经济地理》,《中国科学院中华地理志经济地理丛书》之六,科学出版社,1960年,第37页。
③ 蒋君章:《西南经济地理》,商务印书馆,1940年,第80页。
④ 同治《新繁县志》卷三,地舆志,风俗。
⑤ 民国《华阳县志》卷三十四,物产,虫。
⑥ 民国《新都县志》第1编,舆地,物产。
⑦ 民国《长寿县志》卷四,风土,农桑。
⑧ 民国《富顺县志》卷五,食货,物产。
⑨ 民国《峨眉县续志》卷三,食货志,物产。
⑩ 民国《金堂县续志》卷五,实业志,农业。
⑪ 民国《南充县志》卷十一,物产志,林业。
⑫ 光绪《井研志》卷八,食货,土产。
⑬ 民国《绵阳县志》卷三,食货志,物产。

共售洋二十余万元"。① 泸县"本县织丝向来有名,以绫绸为大宗,运销成都及湖南、江西、广东等省。"② 四川被认为是"像江苏和广东一样",在1879—1926年期间,属于蚕茧产量"可能翻了番的地区"。③ 可以说在清末民初时期,川丝生产急剧扩展,成为我国蚕丝生产大省之一,但四川生丝以工场或家庭生产的手缫丝及再缫丝居多,主要技术仍以传统手法为主,不似沿海地区以机器缫丝出口为主,四川地区机缫丝在1925年才开始成为一种重要的出口物资。也就是说,四川生丝在"19世纪末20世纪初急剧地扩展,但这一发展的动力同中国的中部和南部地区都不一样"。④

但是,至1931年后,受日丝竞争、销路不畅和育蚕等工艺技术影响,川丝生产出现全面下滑的情况,"川丝向用土法制造,二十年前改用机械,初为直缫式,后改再缫式,数经改良,始销欧美。至于本车丝厂,属于家庭工业者颇不少,约计手摇丝车二万部,惟所处只能供本省用。新式丝厂共有丝车六千二百五十余部,现其中九百九十二部已因丝销不畅而停工,犹以民国二十年倒闭者为多"。⑤ 据川丝整理委员会的调查估计,1937年川茧产量为47.8万担、产丝2.97万担(见表3－7),而各地丝厂的情形可见表3－8,其中1932年全川缫丝厂以重庆等川东地区居多,几占一半,重庆、南充是当时全川缫丝中心之一。⑥ 南充县密布的织造和缫丝厂,一县之地拥有26个丝厂、近3400部机织机,反映了该县在1929年前后是四川丝织业中心之一(表3－9),史称"邑中各厂,前清末年,经土商提倡,逐渐发达,以出口丝为大宗,销行沪上,次则各样布匹,仅销邻县"。⑦ 虽然抗战期间改良育蚕、产丝技术,川丝生产出现过复兴,但好景不长,至1949年全省年产茧仅10万担左右。⑧

表3－7　1934年川茧丝产量各类调查估算　　　　　　(单位:担)

数　字　来　源	蚕茧产量	蚕丝产量
英国驻川领事霍洗氏	220 000	40 000
日本农商务省技师明石弘氏	640 000	—
日本蚕丝业中央会	545 000	35 000
1934年申报年鉴修正前项数字	468 000	35 000
川丝整理委员会	478 000	29 700

① 民国《合川县志》卷二十三,商业。
② 民国《泸县志》卷三,食货志,工业。
③ (美)李明珠:《中国近代蚕丝业及外销(1842—1937)》,徐秀丽译,上海社会科学院出版社,1996年,第127页。
④ (美)李明珠:《中国近代蚕丝业及外销(1842—1937)》,徐秀丽译,上海社会科学院出版社,1996年,第128页。
⑤ 楼云林:《四川》,第2章,人文十五,工业,1941年铅印本;蒋君章:《西南经济地理》,商务印书馆,1946年,第80、84页。
⑥ 蒋君章:《西南经济地理》,商务印书馆,1946年,第83页。
⑦ 民国《南充县志》卷十一,物产志,工厂。
⑧ 孙敬之主编:《西南地区经济地理》,《中国科学院中华地理志经济地理丛书》之六,科学出版社,1960年,第37页。

续　表

川丝整理委员会调查估计详情		
产　区	蚕　茧	蚕　丝
三台区(绵梓射盐金成华属之)	123 000	9000
南充区(西蓬邻广属之)	57 000	3500
阆中区(仪苍南属之)	50 000	3000
乐山区(筠仁高属之)	80 000	5000
合川区(渠河、大河坝属之)	50 000	3600
万县区(两开梁云忠属之)	60 000	3600
重庆区(江巴永璧属之)	16 000	1000
其他区(长涪綦南属之)	35 000	1600

(资料来源：尹良莹：《四川蚕业改进史》，1947年。)

表 3-8　蒋君章《西南经济地理》载 1932 年四川丝厂概况

厂　址	丝　厂	车数(部)	生产情况
乐　山	华　兴	369	
	凤　翔	240	停工
筠　连	腾　川	160	停工
三　台	神　农	300	
南　充	德　合	500	
	同　德	498	
	六　合	444	
江　津	几　江	300	
重　庆	同　孚	336	
	谦吉祥	256	
	天　福	312	
	大　江	284	
	肇　新	256	
	同　泰	240	
	歠川	470	
	丽　华	266	
	大　有	414	
万　县	日　新	160	停工
	仪　象	126	停工

(资料来源：蒋君章：《西南经济地理》，商务印书馆，1946年，第82—83页。)

表3-9 1929年前后南充县丝织厂概况

织造厂类	铁机	木机	从业工徒(人)	出品
张星北	10		20余	纱罗绫绸
尹裕泰	10		20余	湖绉绸
罗燕如	10		20余	湖绉绸
荣禄	11		20余	湖绉绸
嘉陵织绸公司	40		60余	纱罗绸缎
平民厂(公有)		100余	300余	花布角巾
兴合		30余	30余	各种宽花布
五福	15		30余	各种宽花布

缫丝厂类	铁机	木车	从业工徒(人)	出品
义隆		200	300余	出口细丝
德合	220	280	500余	出口细丝
荣禄		40	60—70	出口细丝
美利		292	200余	出口细丝
协记		220	200	出口细丝
义记		60	80余	出口细丝
富有		120	100余	出口细丝
同升福		100	100余	出口细丝
文华		300	400余	出口细丝
永和		120	200余	出口细丝
六合		320	500余	出口细丝
同德		300	400余	出口细丝
聚星		40	70余	出口细丝
元昌		80	100余	出口细丝
庆和		40	60余	出口细丝
果山社		60	100余	出口细丝
树德		100	200	出口细丝
同德分厂	240		400	出口细丝
织造、缫丝厂合计	556	约2802		

注：表中丝织、缫丝厂基本上集中于该县城厢一带。
（资料来源：民国《南充县志》卷十一，物产志，工厂。）

作为传统主要的手工业之一，丝织业虽然在四川城乡经济中起到重要作用，但近代时期的发展并未持续繁荣，在织造、缫丝工场仍以手工、木车(机)生产为主，新式的机械丝厂在抗战前并不为多。据日本大正八年(1919)《支那の工业と原料》，在川丝兴盛的1908—1916年的九年间，重庆机械丝厂逐年累计增加总数为33家，尽管平均每年新增不到4家而已，但在川省重庆是时主要新式机械厂的分布地区；而重庆的新增机械缫丝厂还被认为主要采取了"意大利式"或"日本式"等新式工艺者，在其他地区则多是"土法＋某一外洋式"。①新式机械工艺引进和推广在当时成效并不明显。事实上四川地区所产的蚕丝以黄丝为主，特点是强度很大，主要用于工业和装潢，而不是用来织造高级丝绸，同白丝相比在国际市场上的竞争力不大，所以川丝大多以国内市场为主，推广近代机械化生产有限，即便到民国时期机器缫丝厂虽然增加不少，但在数量上仍然不及木制工厂多。②

三、制 糖 业

吕登平《四川农村经济》称："四川为吾国最大产糖的省份，产量约全国十分之六，其最大产区，以内江、资中、富顺、威远、简阳等县为第一，什邡、德阳、金堂、宜宾、犍为等县为第二。"③蒋君章《西南经济地理》亦言："西南各省的制糖业以四川为最发达，虽闽粤两省亦有所不逮。川省制糖业亦以沱江流域为中心，内江县则为沱江流域产糖最多者，内江年产额最高曾达六千四百万斤，最低亦达四千万斤。简阳、资中之产糖额次于内江，资阳又次之。"④作为重要的甘蔗种植省份之一的四川，在晚近时期制糖业一直兴盛，"川省产蔗之地甚多，而以蔗制糖者，则惟中江、金堂、乐至、简州、资阳、资州、内江、隆昌、荣昌、富顺、泸州等处。就中尤以资州、内江、隆昌、简州出品为丰富"，"且运输出境，行销鄂、湘、赣、苏、皖、豫、陕、甘、云、贵各省……外销之数量，倍行本省境内也"。⑤

1929—1933年五年间四川年平均输出糖量约为83万担，年均输出价值80.44万两。⑥1936年全川红糖和糖清总产量为251.49万担，其中内江、资中两县产量均高过60万担，简阳、富顺、资阳和渠县各县产量均达到10万担以上，六县总产占到该年全省总产量的2/3。⑦1940年全省红糖总产量达483.64万担，而内江、资中、简阳、富顺、宜宾、资阳、金堂七县白糖和桔糖产量总计分别达到79.03万担、63.44万担。⑧海关贸易报告还显示，川糖在1891—1916年经重庆关出口累计总量达12.65万担(年均0.49万担)、总价值59.36万关平两(年均2.28万关平两)、1917—1935年经重庆、万县两关出口累计总数量达144.28万担(年均7.59万担)、

---

① (日)安原美佐雄：《支那の工业と原料》，第1卷(上)，大正八年(1919)日本人实业协会编印，第1093—1095页。
② (美)李明珠：《中国近代蚕丝业及外销(1842—1937)》，徐秀丽译，上海社会科学院出版社，1996年，第127—128页。
③ 吕登平：《四川农村经济》，商务印书馆，1936年，第309页。
④ 蒋君章：《西南经济地理》，商务印书馆，1946年，第97页。
⑤ 周询：《蜀海丛谈》卷一，制度类上。
⑥ 吕登平：《四川农村经济》，商务印书馆，1936年，第311页。
⑦ 蒋君章：《西南经济地理》，商务印书馆，1946年，第97—99页。
⑧ 周立三等：《四川经济地图集说明及统计》，表27《蔗糖产量》，中国地理研究所1946年编。

总价值922.09万关平两(年均48.53万关平两)。① 可以说民国时期川糖生产仍具有很大的规模。

四川蔗糖生产以红糖、糖清(可提炼为白糖、桔糖等)、白糖、桔糖和冰糖为主要,传统上是以糖房和"漏棚"(提炼白糖及其副产品工场)为核心生产单位,直到民国三四十年代糖房等生产基本上仍停留于手工阶段。② 糖房生产工艺及流程情形大致如此:"川中种蔗制糖者,内江、资中、资阳最为有名,谓之漏棚。嘉、眉业此者,谓之槁房。……制法用屏山青石(按:制地为邛崃县)两个作槁,槁高四五尺,大称之。其形筩圆,顶上脚下皆有轴,如车轴然,车是横轴,槁是立转。两槁相并,有阴有阳,将蔗塞于中间,用牛拌牵拉之。牛牵阳动,阳转阴动,两槁争挤,蔗汁流尽,而蔗槁矣,故谓之槁房。其熬之之法,一灶七锅,一门入爨,由第一锅盎至第七锅而糖熬成。"③ 漏棚则在糖房工序完成后,以陶制漏釜乘糖清,下开小孔,摇动釜体以滤沙颗粒糖状,冷却后成白糖等品。④ 近代四川糖房和漏棚数量,以南溪等四县在1908—1935年间制糖作坊来看(表3-10),并非制糖中心的南溪县在清末拥有的糖户总数就达到530户之多,而作为制糖中心之一的内江县在民国二十年代中期左右,年均设有786户漏棚作坊,若加上糖房则数量更大,县域内传统制糖手工业十分兴盛。此外,民国初期,金堂县"糖户之设,约需工匠二十余人,牛十余只,专制红糖,每年秋冬开槁",⑤ 以其120户计,则工匠在2400人以上或投入牛千只以上,这在传统农村经济生产中也非小量。

表3-10 南溪、内江、江津、金堂等县糖户数量　　　　(单位:户)

	糖　　房							漏　棚
	1908年	1920年	1924年	1933年	1934年	1935年	1940年代中期	1908年
南溪	158							372
金堂		120余						
江津			20					
内江				793	783	783	790余	
简阳							400余	
资中							300余	

(资料来源:民国《南溪县志》卷二,财赋;民国《金堂县续志》卷五,实业志,工业;民国《江津县志》卷十二,事业志,农业附农产制造;张肖梅编著:《四川经济参考资料》,中国国民经济研究所1939年发行,第B89页;蒋君章:《西南经济地理》,商务印书馆,1946年,第99页。)

---

① 甘柌森:《最近四十五年来四川省进出口贸易统计》、第六表《最近四十五年来重庆大宗出口土货数量与价值统计》、第七表《最近十九年来万县大宗出口土货数量与价值统计》,民生实业公司经济研究室1936年。
② 张肖梅编著:《四川经济参考资料》,中国国民经济研究所1939年发行,第B87页;蒋君章:《西南经济地理》,商务印书馆,1946年,第99页。
③ 民国《邛崃县志》卷二,方物志。
④ 张肖梅编著:《四川经济参考资料》,中国国民经济研究所1939年发行,第B87—88页。
⑤ 民国《金堂县续志》卷五,实业志,工业。

近代四川制糖业在生产工艺上主要受限于工业效率低、糖房产量有限,以及压榨能力不足、提炼工艺不精①和资本、税捐等影响,发展上有一定的局限,如漏棚生产"须预计买各农民甘蔗若干,熬成糖清,漏成白糖,故资本较大,向惟资、内最多。民国初年(按:金堂县)由淮镇至五凤溪约十余家,近因百物腾贵,强半歇业,存者不过一二"。② 1940 年代在内江投入了规模较大的新式工厂—六厂和华农糖厂(以产精糖和白糖为主),冠生园重庆糖厂则利用土塘作精加工,手摇式离心制糖机也在川内得到一定推广,对于四川制糖业的发展起到推动作用。③

四、井 盐 业

早在清初,四川地区就已形成了涵盖二十一个产盐州县的五大产盐区:北川射(洪)蓬(溪)、南(部)阆(中)、川南嘉(定)犍(为)、富(顺)荣(县)、川东云阳。而富荣厂在咸同年间进入鼎盛时期,拥有盐、火井 3000—5000 眼、煎锅 20 000 余口、年产 20 万—30 万吨,产额占全川总额一半以上。④ 道光三十年(1850)四川各盐产区报课井总数达到 2023 个,蓬溪、资州、绵州、乐至、井研等地占绝对多数,⑤但这仅仅是官府批准的报名纳课井数,而据《清盐法志》卷 253《四川十》载"该省各盐厂内有案可稽者,井八千八百二十一,灶七百六十六座半,锅五千三百一十一口",这还未包括私盐产井。光绪末年"四川出口之货,以盐醝为大宗,岁输之数,以盐厘为巨款"。⑥ 可见川盐生产的规模在清代极大。民国时期犍为县大宗出产,"以盐业为首屈一指。其产量之富,在四川盐场中仅逊于富、荣两县",该县直接、间接依赖于盐业生产者,"为数不下四五万人,就中以劳工占最多数"。⑦ 蒋君章《西南经济地理》称,川康产盐量居全国第四位,四川盐场面积占全省四分之一,以之生活从业人数在 20 万以上。⑧ 而据研究,1920 年代四川有 28 个盐场,灶户达 1.15 万多户;至 1930 年前后,四川盐业中仅井、灶、笕各业所用的工人就达 54 万,若将与盐业相关的行业雇工计算上,人数达到 100 万左右。⑨ 1933 年经重庆关出口川盐约达 44.53 万担、值 121.45 万关平两,均为该口岸海关贸易报告登记年份中最高值。⑩ 直至解放初期四川地区仍是我国内地主要的食盐产区。

民国时期四川盐场按盐区和地理空间分布来分,以富顺、荣县所属的自贡产区为最主要。1936 年四川盐区产盐共计 743.52 万担,列全国第 4 位,其中富荣场产

---

① 蒋君章:《西南经济地理》,商务印书馆,1946 年,第 100 页。
② 民国《金堂县续志》卷五,实业志,工业。
③ 蒋君章:《西南经济地理》,商务印书馆,1946 年,第 100 页。
④ 张学君、冉光荣:《明清四川井盐史稿》,四川人民出版社,1984 年,第 87—89 页。
⑤ 鲁子健:《清代四川财政史料》下册,《四川各盐产区报课井、锅、灶数统计》,四川省社会科学出版社,1988 年,第 3 页。
⑥ 黄英:《筹蜀篇》,光绪辛丑年(1901)本。
⑦ 民国《犍为县志》卷十一,经济志,盐业。
⑧ 蒋君章:《西南经济地理》,商务印书馆,1946 年,第 152 页。
⑨ 李华:《近代四川盐业生产关系的特点》,《盐业史研究》2011 年第 2 期。
⑩ 甘util森:《最近四十五年来四川省进出口贸易统计》,第六表《最近四十五年来重庆大宗出口土货数量与价值统计》,民生实业公司经济研究室 1936 年。

盐量就占全省总产的48%左右,为356.6万担。[①] 1937年自贡盐区产额可占到全省产额的47%左右,是最大的盐产区,其他主要产区分布于岷江下游(又可称为川康区)、川北与嘉陵江沿岸、川东地区(见表3－11)。1943年四川盐区共有25场,分布于29个县,形成川康(辖12场:自流井、贡井、犍为、乐山、井仁、资中、大足、彭水、忠县、筠连、江安和西康境属的盐源)、川东(辖5场:云阳、大宁、奉节、开县、万县等)、川北(辖20场:南阆、射洪、三台、乐至、蓬溪、河边、绵阳、西充、盐亭、简阳等)三大盐区,年产盐约850万担,据大后方各省区第一,其中仍以川康区的自流井、贡井两场产量最大,约占全川总额的60%。[②]

表3－11　1937年左右四川省盐场、井眼、产量分布

产　　区	井　场	井数(眼)	1937年产量(担)
岷江下游产区	犍为	1859	733 196
	乐山	2507	525 163
	井仁	977	128 713
小计		5343	1 387 072
自贡产区	富荣东场	384	2 051 476
	富荣西场	149	1 227 397
小计		533	3 278 873
川北与嘉陵产区	资中	489	42 902
	简阳	200	57 657
	南阆	14 002	335 932
	乐至	28 388	191 389
	三台	2967	183 855
	射洪	9707	330 431
	绵阳	1007	123 352
	蓬溪	11 700	189 691
	河边	11 791	185 891
	西充	850	61 570
	盐亭	1143	62 425
小计		82 244	1 765 095
川东产区	云阳	29	322 173
	大宁	1	106 497

① 国民政府财政部盐务总局王达赓主编《中国盐政实录》第2辑上,《全国盐斤产销税收统计图表》(1936年),见陈廷湘等主编:《民国珍稀文献丛书·中国盐政实录》第1册,巴蜀书社,2012年,第21—26页。
② 交通银行总管理处:《四川之盐业》(1944年9月),重庆市档案馆选编,见《档案史料与研究》1998年第1期。

续 表

产　区	井　场	井数(眼)	1937 年产量(担)
川东产区	彭水	7	39 023
	开县	2	51 772
	奉节	1	53 531
	大足	53	3 721
	忠县	13	11 793
小计		106	588 510
四区总计		88 226	7 019 550

说明：本表产区结合蒋君章氏产区划分和 1940 年川省盐区情况，将川北与嘉陵统为一区。井数除富荣二场、犍为场外，均为 1938 年第一季时期丁户填报。本表未取邓关场产量(219 担)[①]。

(资料来源：蒋君章：《西南经济地理》，商务印书馆，1946 年，第 153—158 页。)

作为传统产业之一，晚清时期四川汲卤产盐在工艺流程上大抵如 1876 年外人记述一样，基本以人工、畜力等土法出盐。1876 年日人竹添进一郎的记录(内江至隆昌境内)：

> 路右多盐井，皆深二三百丈，广不过尺。汲井之方，巨竹穿节，接数竿为一长筒，底施兽皮，以深插水，水排皮上，涌填筒中，便引出之。皮乃塞底，而水不漏。有一大筬系筒，袅袅不绝，远接于车，以绕车轮。牛挽车转，筒则冉冉出井，牛又逆行，放筒下井。盖牛之行有顺逆，而筒之出井缓，其放之也急，以轻重不同也。筒已出井，有槽承水，以笕注锅中，煮之为盐。[②]

民国二三十年代盐务实录也称，汲卤之法，"川区系以水车推汲，其发动力多用牲畜，间有用人工者，惟富荣场盐……产量较丰，多已采用机器。又制盐燃料，……川区大半均用柴炭，惟富荣场多用天然井火，其火力较强，制成之盐，水分较少"。四川盐产为井水煎盐，"审察地面，视有咸沙，凿井取卤，煎炼成盐"。其中富荣、犍为、乐山、井仁、盐源、资中、云阳、射洪、蓬溪、河边、西充、盐亭等场为直煎式产盐，大宁、开县、彭水、奉节、忠县、大足、南阆、三台、乐至、绵阳、简阳等场为淋煎式产盐，即"系用井水泼于土或灰上，晒干后淋水沥卤而煎"。[③] 民国政府财政部盐务总局组织编纂的《中国盐政实录》，对四川井盐生产各工艺流程均有丰富、细致的记

---

① 据《中国盐政实录》称邓关场于 1937 年封禁。王达庤主编《中国盐政实录》第 2 辑下，四川。见陈廷湘等主编：《民国珍稀文献丛书·中国盐政实录》第 2 册，巴蜀书社，2012 年，第 11 页。
② (日)竹添进一郎：《栈云峡雨日记》，张明杰整理，中华书局，2007 年，第 61 页。
③ 国民政府财政部盐务总局王达庤主编：《中国盐政实录》第 2 辑上，总叙，制法。见陈廷湘等主编：《民国珍稀文献丛书·中国盐政实录》第 1 册，巴蜀书社，2012 年，第 58 页。

述,同样表明传统土法形制的汲卤、输卤、煎盐等生产形式在各工场占绝大多数。

但是在一些主产区,这些工艺和流程因井产密集,分工更为细化,组织也更为全面和庞杂;而在诸如掘井、汲卤和熬煮燃料的开发利用等关键环节上,技术突破最大。以富荣场为代表,四川井盐生产在一些主产区具有相当高的技术水准,体现了四川传统手工工场生产发展的最高水平。清代中期以后,四川盐业生产各类技术更趋完善,生产流程和组织严密、细致。据研究,清代后期四川井盐凿井工艺已相当完善,出现了凿井、打捞、治井的整套完善的工具群系。凿井工序有细密的分工,开凿了一批深井。在道光以后,自流井盐区盐井深度突破公里大关,"钻达含黑卤和天然气最为丰富的嘉陵江石炭岩层,使高产黑卤深井代替了低产黄卤浅井,天然气火灶代替了炭灶"。① 而荣富盐厂 200—300 丈深井已广为开凿,火井的开发和利用也进入了一个新的阶段,一些井能烧锅 400—700 多口,极大提高了产量。② 1902 年富荣场首次尝试使用蒸汽机车推汲盐井,1912 年开始出现机车汲卤,两年后得以推广,由于效益显著,还催生了专门从事机推的厂家合丰、正谊、阜隆等的出现。③

汲卤蒸汽机车等新式机器的出现,标志着四川井盐生产从近代手工业工场开始迈进近代机器工业生产时代。④ 这些技术上的进步也带动其他生产环节的跟进,分工、产销、资本、组织等一系列体系得以整合和发展。在富荣等盐业主产区,由于规模大,生产和分工组织极为严密,达到了传统工场手工业组织的很高的层次。同治《富顺县志》卷三十《盐政志》载有吴鼎立《自流井风物名实论》,详细介绍了该县盐井分布及其生产组织情况,言"厂上有董事","总理井之公件,宣上令,通下情者,其名谓之挡首";灶上则设有"理事"即掌柜,"分理外事及接待宾客,其名谓之外场";一厂之内则设有"拥侩"即经纪人,再有灶头、山匠、管事,等等。⑤ 故井盐业生产成为四川历史上最具特色的工业之一,在民国初期机器工业推广之前,手工业工场生产和组织已经达到相当高的水平。

当然,四川井盐在近代的生产也遇到不少问题,在主产区燃料配给、五金购置、交通运输和筹资等环节促使产量增大的同时,矛盾也凸显出来。⑥ 而其他一些传统产盐区还出现资源性盐卤匮乏的问题,如射洪县"东南沿江,盐井千余,旧时卤泉不竭,民颇资以为利",但在光绪年间就出现了"自古井口以上,井老水枯,坍废者大半,灶民虚赔国课,疲于征输。惟瞿家河、金山场、洋溪镇、青冈坝开凿帮井甚多,然

---

① 李华:《近代四川盐业生产关系的特点》,《盐业史研究》2011 年第 2 期。
② 彭泽益:《自贡盐业发展及井灶经营的特点》,见自贡市档案馆等合编:《自贡盐业契约档案选辑(1732—1949)》,中国社会科学出版社,1985 年,第 9 页。
③ 吴天颖、冉光荣:《四川盐业契约文书初步研究》,见自贡市档案馆等合编:《自贡盐业契约档案选辑(1732—1949)》,中国社会科学出版社,1985 年,第 178 页。另据张学君、张莉红所著《四川近代工业史》认为:1894 年自贡盐场就已研制蒸汽采卤机车,并于 1895 年试用于盐井采动,"是四川近代大机器工业发生的重要标志"。(四川人民出版社,1990 年,第 172 页)。
④ 张学君、冉光荣:《明清四川井盐史稿》前言,四川人民出版社,1984 年,前言第 1 页。
⑤ 吴鼎立《自流井风物名实论》,见同治《富顺县志》卷三十,盐政志。
⑥ 蒋君章:《西南经济地理》,商务印书馆,1946 年,第 160—161 页。

不过五六载,咸源即减"。①

除了上述造纸、纺织、制糖、井盐等主要生产外,近代四川手工生产还在皮革、皮毛、酿酒、食品、榨油、染色布艺、建筑材料,以及毛纺、矿业等行业里表现活跃,无论是以农村副业还是专业生产模式进行,都具有广泛的生存和发展空间。晚清以降,随着国内外市场开放的加大和外洋商品、机器生产的竞争加剧,四川手工业同样面临着转型压力。有研究认为,四川近代机器工业产生于19世纪九十年代,最先发生于原有的手工业工场;在20世纪初兴办了一些新式企业也有向新式机器工业转变的情形。但总体上看,这些新式机器工业仅限于井盐、纺织、航运、电灯等行业,并不具有普遍性。② 新式机器工业较为强势和普遍进入传统手工业领域,在抗战时期方有明显的表现。

此外,四川近代手工业在区域上的空间分布,有三个特点是比较明显的:一是各手工业行业生产的密集区与原料出产地(区)的分布具有较大的一致性,当然手工工场的中心也集中于川内水运等交通要冲之地,以保证产销的便捷。这很大程度上是继承了清代中期以降依赖于丰富的资源开发和繁荣的四川农业经济所形成的物产与城乡市场分布格局。另一特点则是近代时期传统手工业生产有逐渐向城厢和都会集中的趋势,尤其是在纺织行业,比如前文所列的民国二三十年代叙永、南充两县城厢一带便是县域内纺织业工场最为密集的地带。这是专业化生产发展的必然,重庆等都会的工场也较为密集。第三,川南、下川东地区近代手工业发展最具突出性,长江、嘉陵江、涪江等沿岸区域的手工业经济的活跃程度和商品集散方面,明显高过川西岷江下游和川北地区,这在纺织业、盐业及其生产技术改良和进步等方面均有体现。

第二节 机器工业

四川近代机器工业的发展大致可分为三个阶段:20世纪以前,作为近代工业的主要代表,机器生产型的企业在四川主要集中于军火、火柴、纺织、食品加工等少数行业,机器工厂的数量和规模均为有限;进入20世纪初至抗战前夕,受国内外市场需求的刺激,四川城乡间在民族资本、官僚资本等投入下,传统手工工场的改良和新式企业的兴办一度蔚然成风,使得近代工业在数量和行业上都获得了较大增长,不过在外来资本、工业品竞争和时局变幻面前,仍受限于资本和体量的弱小,发展不足;抗战时期则是四川近代机器工业获得迅猛发展的阶段,不仅工业数量快速增多,大机器生产、产业规模和分布密度上也远甚于以往,与其他内地一道为战时经济作出了贡献,"自工厂设立之年份分析,成立于战前者仅占二十分之一,成立于

---

① 光绪《射洪县志》卷五,食货志,物产附盐井。
② 张学君、张莉红:《四川近代工业史》,四川人民出版社,1990年,第190—191页。

战争开始以后者占二十分之十九。尤以二十七年以后至三十一年止,新设立之工厂逐年增加"。①

一、机器局及早期近代工业

作为四川地区洋务运动兴办实业的代表,四川机器局于1877年在成都南郊正式设厂兴建,前后十余个工厂均建于成都南郊和东门外,以制造水轮发电机及各种机器和枪支、军火配件等为主。作为新式工厂,四川机器局及下属各厂均能使用机器制造和按近代工业组织生产,先后持续兴办三十年,因军工属性,并未对近代四川机器工业的推广起到主要作用,但作为洋务运动在四川兴办的规模最大的工业机构,其水轮发电机的制造在国内仍属首创,并在工厂建设、人才培养和技术引进等方面,对近代四川机器工业有着推动作用,具有开先河的历史地位。值得一提的是,1903年机器局在扩建的同时,还从国外引进了发电机设备,次年试行发电,安装电灯2000多盏,为成都使用电灯之始。②

据《四川机器总局档案》,1899年机器局年内修理、续成各类机器292种,生产装药机器4部、水龙24座,各种机件735种,制造各类枪支6582杆、药弹174.096万颗、洋火药5402斤。至1905年四川机器总局下已设7所13厂(表3-12),全局工匠杂役在千人以上,规模相当可观。1907年机器局还成功试制日本新式速射山炮,并有成批生产。③民国《华阳县志》称:"白药厂,在高板桥侧,清光绪三十年锡良开办,购置外国机器,雇佣外国技师,专造各种弹药,成品尚精,军实攸赖,民国仍之。"④可以之窥见当时机器局的生产情形。

表3-12 1905年四川机器局所、厂设置情况

所	设置、生产时间	厂	设置、生产时间
文案所	1896年已设	模样厂	1896年已设
支发所	1896年已设	机器前厂	1896年已设
收发所	1896年已设	机器后厂	1896年已设
采买所	1896年已设	修整洋枪厂	1896年已设
营造所	1896年已设	后膛洋枪厂	1896年已设
监工所	1896年已设	铜帽厂	1896年已设
洋火药所	1896年已设	熟铁厂	1896年已设
		生铁厂	1896年已设

---

① 《四川省统计提要》,四川省政府统计处编印,1945年辑,第30页。
② 参阅张学君、张莉红:《四川近代工业史》,四川人民出版社,1990年,第71—99页。
③ 据《四川机器总局档案》,引自张学君、张莉红:《四川近代工业史》,四川人民出版社,1990年,第92—94页。
④ 民国《华阳县志》卷三,建置,工业。

续 表

所	设置、生产时间	厂	设置、生产时间
		弹壳厂	1896年已设
		抬枪厂	1897年设
		前膛洋枪厂	1897年设
		新厂	1905年设,专造枪炮
		白药厂	1905年设,专造火药

（资料来源：据《四川机器总局档案》，引自张学君、张莉红：《四川近代工业史》，四川人民出版社，1990年，第92页。）

清末时期，除了军工外，四川官办其他机器工业也在一些地方得以兴办。1904年劝业道周善培在成都东城外惠昌火柴厂，"专造红头火柴，岁可售千箱左右，纯为官办"，一直至1924年易名为培根火柴厂，"并呈部注册。适红头火柴已奉部文禁用，乃复改造黑头，出品甚良，略可抵制外货"；同时，又在附近设有星火火柴厂。① 1909年四川当局还在成都南门外建有官办四川实业机械厂（1932年改为造枪厂），专造民间小工业所需机械，也"颇著成效"。② 而在清末民初时期，民间资本兴办的电灯、织布、机械、电镀、印刷、火柴等近代工业，在成都、重庆等地也多有分布（表3-13、14）。1909—1913年间，作为四川近代工业发展最为显著的产业之一，火柴业在重庆的生产和销售保守统计达到270万斤。③ 据1928年的统计，时全国有184家火柴厂，四川拥有13家，厂数居全国第五位。④

表3-13　宣统《成都通览》所载清末成都新式机器工厂

厂　名	行　业	兴办者	其　他
机器制造局	军工	官办	
造币蜀厂	铸造	官办	
白药厂	军工	官办	
机器新厂	军工	官办	
劝工总局	制造	官办	
制革官厂	皮革	官办	
火柴官厂	火柴	官办	
肥皂官厂	化工	官办	

① 民国《华阳县志》卷三,建置,工业。
② 民国《华阳县志》卷三,建置,工业。
③ 王笛:《跨出封闭的世界——长江上游区域社会研究(1644—1911)》,中华书局,1993年,第335页。
④ 工业经济研究所编印:《工业经济参考资料》1944年12月第8号,见重庆市档案馆:《战时我国火柴工业及火柴专卖之概况》,《档案史料与研究》1994年第3期。

续 表

厂　名	行　业	兴办者	其　他
官报印刷厂	印刷	官办	
学务所印刷厂	印刷	官办	
电灯公司	电灯	商办	
攻木公司	—	商办	
造纸公司	造纸	商办	
曹达工厂		商办	
因利利织布厂	纺织	民办	樊孔周氏创办
天成工厂	机械	民办	吴爵五氏独立创办
电镀工厂	化工	民办	邹新台氏集资兴办
文伦书局	印刷	民办	

（资料来源：宣统《成都通览》，成都之机器工业各局厂。）

表3-14　清末民初四川兴办的火柴业

厂名、名号	厂址	创办时间	兴办者	备　注
森昌	重庆	1890年	商办	
聚昌	重庆	1890年	商办	与森昌正厂为同一商人兴办
同德立	重庆	1900年	商办	与森昌正厂为同一商人兴办
五六厂	重庆	20世纪初	商办	与森昌正厂为同一商人兴办
立德燧	重庆	1900年	商办	
丰裕	重庆	1902年	商办	
信诚	广安	1901年	—	
溥利	泸州	1902年	—	
森昌号泸州分厂	泸州	1901年	商办	系重庆森昌分厂
利济	泸州	1912年		
森昌号嘉定分厂	乐山	1901年	商办	系重庆森昌分厂
惠昌	成都	1904年	官办	
协义	乐山	1913年	商民集资	

说明：表中成都惠昌厂创办年份民国《华阳县志》所载为1904年，《四川近代工业史》为1907年。
（资料来源：张学君、张莉红：《四川近代工业史》，四川人民出版社，1990年，第135—140页。）

在其他行业，巴县"至机械缫丝，县以界石乡蜀眉厂为首创，其厂机设置、煮茧、施工及成丝后裹束、装潢，一切略仿日本，然不数年辍业。继起者，先后十数家，以民国十一二年为极盛"。[①] 1910年泸县创办金星玻璃厂，"规模甚大"，由县人刘子

---

① 民国《巴县志》卷十二，工业，缫丝工业。

修兴办。1926年该县又集股成立光华玻璃厂,"出品甚佳,能推销至邻县及省会"。① 乐山在清末至1920年代,先后兴办嘉祥、新凤翔、荣记、丰记等丝厂,大规模采用新式铁丝车,荣、丰两厂发展至1930年代,"每年制成出口熟货约重四十万两,运销于英、法、缅甸瓦城一带云"。②

1901—1911年间四川省共设立各类公司70家(不含农业公司)、各类近代企业114家;其中,企业厂家数量按行业分别是:棉织19家、缫丝丝织23家、造纸7家、卷烟3家、制药2家、印刷10家、制单1家、化工7家、玻璃7家、自来水1家、火柴13家、服装1家、制造9家、电灯1家、瓷器1家、建筑材料1家、其他5家。从设立时间上看,1906、1909年两个年份为厂家创立高峰,分别为22家和20家。③ 纺织业是这一时期企业创立最多的行业,棉织和缫丝丝织厂企业总计为42家,占各类企业总数的36.8%左右。从新设工厂地理分布上看,重庆、成都、乐山和泸州成为主要集中区,长江和岷江下游沿岸形成此期新式工业聚集分布带。尤其是重庆,至1911年累计开办了53家新式工厂④,占全省半壁江山。当然,正如前文所述,在19世纪末期,四川其他一些丝纺、井盐等传统手工业生产中心地区,如南充、自贡等,通过技术改良或引入、制造新式机器,也迈入了近代机器工业行列。

二、抗战前夕机器工业

1910年代以后至抗战前夕,是四川军阀混战、割据和终于1934年统一于国民政府管辖时期,尽管政局和社会动荡不断,但在国内外市场需求刺激和各势力竞争之下,四川近代工业仍有着一定的发展,表现为近代机器生产型工厂、企业数量较之前有大量增加,涉及的行业也比以往丰富,地域上的分布也较广。但这一时期的局限也是明显的,近代工业民族资本受限于政局、战局影响和官僚资本垄断性挤压、掠夺,发展不足。

抗战前四川工厂数量具体有多少,恐难作出精确的统计。学术界主要依赖于1937年国民政府经济部公布的1932—1937年间全国工厂统计登记数,以及1942年《经济建设季刊》上发表的西南实业协会编《四川工厂调查录》等来作计算,但这两种资料存在的最大问题是对四川工厂登记统计遗漏较多,致使学界和社会对此期四川工业发展情况评价要低得多。笔者所见,张学君等人《四川近代工业史》对战前四川28个行业部门的企业统计表,应是目前最具全面性和细致性的资料(尽管成都等地建厂年份仍有较多缺失,以致统计结果中成都工厂数量过低),兹据该书资料制成表3-15。

---

① 民国《泸县志》卷三,食货志,工业。
② 民国《乐山县志》卷七,经制志,物产附工厂。
③ 参见王笛:《跨出封闭的世界——长江上游区域社会研究(1644—1911)》,表5-15、16,中华书局,1993年,第342页。王笛制表中造纸厂数重复列出和计算,故企业总数仍为141家,今改之。
④ 周勇主编:《重庆:一个内陆城市的崛起》,重庆出版社,1997年,第131页。

表 3-15 抗战前夕(1912—1938年)四川工厂分布

分布地	纺织	火柴	食品酒精	造纸	自来水制冰	印刷	化工焦油电池电焊	玻璃	陶瓷建材木材家具	机械翻砂	制革	电力	总计
重庆	32		8		4	9	7	3	10	20	17	4	114
成都		2				16		3		16	1	1	39
乐山	15	3	1	3			2	1	2	3	3	1	34
宜宾	7												7
万县	2	1				1	1				4	1	10
南充	4									1	1		6
渠县		1											1
三台	1												1
江津	1												1
江北	5	2	1			1	1	1	7	7			25
巴县	1		1						1				3
眉山	1												1
合川	5	4										3	12
大足	1												1
叙永			1										1
泸县		1	1							2	1	1	6
合江	2	1	1							3			7
广安	2										1		3
邻水	1												1
西充	1												1
广汉	3												3
遂宁	1	1											2
涪陵	1	2								1			4
资中	1	1							1			1	4
梁山	1												1
璧山	9												9
荣昌	3								1			1	5
内江	7											1	8
简阳	3												3
德阳	1												1
绵竹												1	1
安县	1												1

续 表

分布地	纺织	火柴	食品酒精	造纸	自来水制冰	印刷	化工焦油电池电焊	玻璃	陶瓷建材木材家具	机械翻砂	制革	电力	总计
忠县	1												1
铜梁	2								1	1			4
开县	2												2
高县	2												2
崇庆	1												1
富顺	1									1	5		7
岳池	1												1
射洪	1												1
井研										3			3
荥经										5			5
邛江	1												1
蓬安	1												1
灌县	1												1
云阳	1												1
鄞都	2											1	3
洪雅	1								1				2
广元		1											1
永川		1											1
彭县							1					1	2
彭山						1							1
犍为								5					5
威远									1				1
荣县												1	1
金堂												1	1
安县												1	1
长寿												1	1
汉中											1		1
松、理									1				1
茂县									2				2
汶川									3				3
川西北									2				2
总计	130	21	14	3	4	27	12	14	32	64	34	21	376

说明：本表据资料出处所载第六章各表资料汇总制成。无建厂年份、无厂址登记者和矿厂、盐业均未收录。

（资料来源：张学君、张莉红：《四川近代工业史》，第6章，四川人民出版社，1990年。）

表 3-15 显示,1912—1938 年间四川兴建工厂数量为 376 家(未含矿业、盐业),其中以纺织行业为最多,为 130 家,约占总数的 34.6%,而重庆(含南岸、北碚)建有 114 家,为此期建厂最多的地区,约占总数的 30.3%。重庆新建工厂数除火柴、印刷和玻璃行业上稍逊于其他地区外,在其他行业均处于数量上领先位置,是民国初年至抗战前四川省近代工业发展最多的城市。张学君等《四川近代工业史》统计还认为,抗战以前含矿业、盐业在内,四川省共建有 715 家近代工厂,1918—1937 年间建厂总数为 583 家,占抗战前建厂总数的 81.5%。这均反映了民国初年至抗战前四川工业发展要远甚于之前时期,这一时期依然是四川近代工业发展的主要时期之一。成都、乐山是近代工厂分布较多的地区之一,但数量上远远不及重庆之地位。与清末时期相比,此期近代工业在地域分布上明显扩大,纺织、火柴、电力、制革、机械等厂在更多的县份创办。电力工业在县份上的分布表现抢眼,1912—1938 年间全省有 21 家(不含兴建年份和厂址未登记者)。长寿县在民国初年"拟借头洞水力,安置发电厂",但直至 1935 年方创办起恒星电厂,"营业三年,一切设施耗款仅三万有奇,而城河街开发电灯已达一千余盏之众"。① 华阳县"励济水力工厂,分设二处,一在石羊镇吉庆团,一在平章团",集资 3 万元,"先设制碱及水力发电二部,其余若炼钢铁、造机器,凡关于日用轻而易举者,逐渐推行"。依靠电机,极大促进了生产能力和效率,1933 年乐山县创立龙兴电机绸厂,"有电机八台,发动力一部",以致"每年可出货二千匹,销行成、嘉、叙、渝各地,出品绸绉缎葛"。②

此外,以往集中于成都、重庆的火柴业则在这一时期在更多的县地兴办,合川成为新发展的火柴生产中心之一,有 4 个厂家建立。这一时期四川近代工业在丝织、棉纺等纺织行业仍有着较大发展,厂家达到 130 家(见表 3-15),是建厂数量最多的行业,以重庆为建厂最多的地区,乐山、璧山、内江、宜宾、合川、江北等地次之。据《四川工厂调查录》资料,1919—1937 年间开办的缫丝厂共 21 家,资本额上万元的有 13 家(另有 5 家资产未作登记,3 家在万元以下),其中规模最大是位于重庆的四川丝业公司第一制丝厂,建于 1937 年,系官办,拥有工人 1304 名,年产1200担。③

据彭通湖等人研究,1937 年前四川以工厂名义出现的企业有 541 家,其中资本在万元以上,工人在 30 人以上的工厂有 352 家,资本总额估计约在 1000 万元以上。④ 与其他地区同期情况相比,四川工厂的数量和资本等均处于低位。以国民政府经济部 1931 年 11 月开始的对全国工厂统计登记来看,至 1937 年全国共有符合工厂登记法的工厂(具备蒸汽动力,资本在万元以上,有工人 30 人以上者)3935 个、

---

① 民国《长寿县志》卷十一,工商及邮电,工业。
② 民国《乐山县志》卷七,经制志,物产附工厂。
③ 西南实业协会编:《四川工厂调查录》,《经济建设季刊》1942 年第 1 卷第 3 期。
④ 彭通湖主编:《四川近代经济史》,西南财经大学出版社,2000 年,第 264 页。

工业总资本37 785余万元,①则其时四川352个工厂占全国总数的8.95%左右(陈真《中国近代工业史资料》中《民国21—26年工厂登记统计》四川工厂数仅为115个,按表3-15资料出处显示,仅缫丝一个行业资产过万就有26家,全数行业过万资产的工厂数远超过115个,故今以彭通湖等人研究统计数为准),虽然这个厂数略高于江苏省,但资本总额仅是江苏省的1/4左右。可见抗战前四川工厂数量较多,但工业资产等规模总体上是比较小的,有评价认为,"这些西部工厂大多是一些手工业工厂,故其在全国工业资本中所占的比例,当比其工厂数在全国所占的比例更为弱小"。②

需要指出的是,尽管晚清至抗战之前四川机器工业从无到有,并在一些行业获得积极发展,多数工厂已更多地采用机器设备以代替手工操作,但在利用蒸汽动力和大机器生产方面仍然有很大的不足,技术装备水平较低。按照近代机器工业的标准(蒸汽动力和大机器生产、近代企业组织经营模式等),战前四川工业实质上还存于手工生产向机器工业过渡的阶段。研究表明,战前机器生产在四川各行业工厂中的比重分别是:印刷业82%、面粉业56%、玻璃业46%、缫丝和丝织36%、煤矿业31%、造纸业18%、棉织业17%、五金机械和翻砂业14%、火柴13%。其中,因难以区分蒸汽动力机车和手工操作机械,故印刷业高达82%并不一定反映实际情况。③

三、抗战期间的工业

抗战时期我国工业具有这样的特征:"民族工业的发扬"、"国防工业的统筹"、"民生工业的开展"、"乡村工业的推广"、"工业合作的创制"、"自备工业的扩展"(指交通运输、市政、教育仪器等的配套性工业)、"专卖工业的养成"、"赈济工业的试办"(指筑路、水利、农垦、土木工程的以工代赈)、"工业干部的训练"(指专业技术人才培养和训练)。④ 这些特征均有明显的战时经济生产和组织性质,也是抗战期间四川工业获得迅猛发展的因素之一。抗战期间四川工业的大发展,正是这些战时经济建设和工业内迁促成的。

1935年10月,国民政府作出了将战时国家的最后根据地定于西南四川的决策。⑤ 早在1931年"九一八"事变和1932年上海"一·二八"抗战后,国民政府就已着手策划军事工业内迁事宜,并于1932—1933年间将济南兵工厂迁至重庆,1937—1938年间是兵工企业内迁西南、四川的高峰期,至1940年初大规模的军工企业内迁基本完成。内迁四川的主要兵工厂有14家,分布情况是(新厂名):重庆

---

① 陈真:《中国近代工业史资料》第4辑,三联书店,1961年,第97页。
② 唐润明主编:《抗战时期大后方经济开发文献资料选编》,《序论》,重庆出版社,2012年,第30页。
③ 张学君、张莉红:《四川近代工业史》,四川人民出版社,1990年,第297页。
④ 吴承洛:《中国战时工业概观》,《中央银行经济汇报》1942年第5卷第4期。
⑤ 唐润明:《试论蒋介石与四川抗日根据地的策定》,《历史档案》1994年第4期。

8家(四川第一、二、三、十、十一、二十一、二十五、三十、五十兵工厂)、巴县1家(第二兵工厂)、綦江1家(第二十一厂綦江分厂)、万县1家(第二十七兵工厂)、泸县1家(第二十三兵工厂)、广元1家(西北制造厂分厂)、南川1家(空军第二飞机制造厂)。[①]

民营工业的内迁从1938年8月以后正式开始,至1940年底基本完成,主要集中于抗战前期。据统计,此期经国民政府协助内迁的民营厂矿共有448家,以上海和武汉为最大迁出地,迁入四川的厂矿为254家,占54.7%。[②] 又据表3-16所统计的230家民营厂矿,内迁四川工厂以机器、五金行业居多,占45.7%左右;迁入重庆者最多,约占84%,重庆是抗战内迁工业最为集中的地区,与前述兵工厂的迁入一样,占绝对多数地位。与表3-15战前四川各行业工厂数相比,内迁者以机器、五金和化工、文化印刷业为多,极大充实了战前这几类行业工厂数,同时巩固了重庆工业中心的地位。

表3-16 内迁四川民营厂矿分布

内迁厂址	厂矿数量								
	机器五金	电器电池	化工玻璃	纺织	食品烟草	文化印刷	煤矿	其他	总计
重庆	81	18	31	17	8	29	1	8	193
江北	8								8
巴县	1								1
万县	2								2
成都			1						1
宜宾			2						2
铜梁			2						2
乐山					1				1
犍为	1								1
川东							2		2
川西				2			1		3
被兼并和厂址不明	12					2			14
总计	105	18	36	19	9	31	4	8	230

(资料来源:孙果达:《民族工业大迁徙——抗日战争时期民营工厂的内迁》,中国文史出版社,1991年,第209—227页。)

[①] 彭通湖主编:《四川近代经济史》,西南财经大学出版社,2000年,第394、395页。
[②] 参阅孙果达:《民族工业大迁徙——抗日战争时期民营工厂的内迁》,中国文史出版社,1991年;张学君、张莉红:《四川近代工业史》,四川人民出版社,1990年;彭通湖主编:《四川近代经济史》,西南财经大学出版社,2000年。厂家数字据张学君、张莉红:《四川近代工业史》,四川人民出版社,1990年,第414页。

至1942年全省符合工厂法的厂矿已达1654个,占国统区各省区工厂数的44%;总资本数额达到11.3亿元①,约占国统区工厂总资本额的52.3%;从业工人数为108 205人,占国统区工人总数的44.77%;动力设备马力匹数达到6.22万匹,占国统区总匹数的43.2%左右。② 可以说,四川工业发生了天翻地覆的变化,成为全国工业中心。至1943年底统计的四川、西康两省工厂数分别为2011个和12个,两省厂数合计约占国统区工厂总数的44.7%,四川省仍是战时工业最为集中的地区。其中,又以化学工业厂数为最多,达475个(四川471个、西康4个),其余厂数较多的行业是纺织工业(297个,其中西康2个)、饮食品工业(四川221个)和文化工业(四川169个),见表3-17。

表3-17 1943年四川、西康两省各行业工厂数量

	总计	水电	冶炼	金属品	机器	电器	土石品	化学	木材建筑	饮食品	纺织	服饰	文化	杂项
四川	2011	29	79	82	46	72	58	471	25	221	295	59	169	23
西康	12	2	2	—	—	—	—	4	—	—	2	—	—	—
全国	4524	123	180	162	849	115	58	1082	61	450	908	163	243	30

(资料来源:李紫翔:《我国战时工业生产之发展趋势》,《四川经济季刊》,1944年第1卷第3期。)

作为国民政府大中型厂矿和重工业经济主要筹谋部门,资源委员会(原名国防设计委员会)对抗战期间经办厂矿有过登记统计,现据其资料制成表3-18,可以从中了解抗战期间在四川、西康地区建立的重要厂矿分布情况。抗战期间资源委员会登记四川、西康建立的重要厂矿总数有45家。其中时重庆、巴县、北碚等今重庆市境内有17家,约占37.8%,这进一步说明重庆地区是抗战时期四川和国统区最大工业中心所在地。行业上看,化学工业、电力工业和冶炼工业建立的工厂数为35家,占总数77.8%左右;而酒精厂数量有10家,与军需有直接关系③。就生产能力上看,这些工厂年产情况不一,整体上在投产早期产量增长迅速,如资渝炼钢厂下属大华铸造厂1941年度仅产出16吨钢锭,1942年度至9月底完成1334吨。动力油料厂生产汽、柴、润滑油在1941年度总计完成29.78万加仑,1942年度至9月底总计约完成10.53万加仑。犍为焦油厂1942年度至9月底产出汽、柴、润滑油总计约1.53万加仑,沥青和半焦6195吨,均比1941年度有着天翻地覆般的迅猛增长(1941年度同类产量分别为0.2万加仑和493.9吨)。④

---

① 需要说明的是,战时因通货膨胀等价值变动关系,资本额的增加并不一定适合于用来反映工业真实状况。
② 陈真:《中国近代工业史资料》第4辑,三联书店,1961年,第96页。
③ 据中央工业试验所的调查,在1941年底全川共有80家酒精工厂,分布为:资内地区28家、成都地区24家、重庆地区12家、泸州地区11家和乐山地区5家。资内等地区酒精厂分布多与蔗糖出产量大有直接关系。参见重庆市档案馆徐建明选编:《抗战时期四川酒精工业史料选辑》(1941—1942年),《档案史料与研究》1997年第2期。
④ 重庆市档案馆选编:《资源委员会钢铁及液体燃料事业概况》(1947年),见《档案史料与研究》2001年第1期。

表 3-18 1945 年资源委员会登记经办的川康两省重要厂矿

行　　业	厂矿(公司)名	成立时间	地址	备　　注
冶炼工业 (6 家)	资渝钢铁厂	1944 年	巴县	
	资蜀钢铁厂	1944 年	巴县	
	威远钢铁厂	1941 年	威远	
	电化冶炼厂	1941 年	綦江	
	钢铁厂迁建委员会	1938 年	巴县	辖制造、煤矿、铁矿厂等
	中国兴业公司	1939 年	重庆	
机械工业 (2 家)	宜宾机器厂	1944 年	宜宾	原中央机器厂
	四川机械厂	1942 年	成都	
电器工业 (2 家)	中央无线电器材厂	1938 年	重庆	
	中央电瓷制造厂	1937 年	宜宾	
化学工业 (19 家)	动力油料厂	1939 年	重庆	
	巴县炼油厂	1940 年	巴县	
	犍为焦油厂	1940 年	犍为	
	北碚焦油厂	1940 年	北碚	
	重庆酒精厂	1943 年	重庆	
	北泉酒精厂	1941 年	北碚	
	四川酒精厂	1938 年	内江	
	内江酒精厂	1944 年	内江	
	资中酒精厂	1939 年	资中	
	简阳酒精厂	1942 年	简阳	
	泸县酒精厂	1940 年	泸县	
	纳溪酒精厂	1942 年	纳溪	
	广汉酒精厂	1942 年	广汉	
	益门动力酒精厂	—	会理	西康
	中国联合炼糖公司	—	内江	
	重庆耐火材料厂	1941 年	重庆	
	天原电化厂股份有限公司	1939 年	重庆	
	乐山木材干馏厂	—	乐山	
	四川氮气公司	1942 年	重庆	
煤矿业 (4 家)	建川煤矿公司	1941 年	重庆	
	威远煤矿公司	1940 年	威远	
	嘉阳煤矿公司	1929 年	犍为	
	四川矿业公司	1941 年	成都	

续 表

行　　业	厂矿(公司)名	成立时间	地址	备　　注
金矿业 （1家）	西康金矿局	1944年	康定	西康
其他矿业 （1家）	川康铜铅锌矿务局	1944年	成都	
电力工业 （10家）	万县电厂	1938年	万县	
	龙溪河水力发电厂	1937年	长寿	1937年7月24日成立
	泸县电厂	1941年	泸县	
	自流井电厂	1940年	自贡	
	岷江电厂	1939年	犍为	
	宜宾电厂	1941年	宜宾	
	西昌电厂	1941年	西昌	西康
	都江电厂	—	灌县	
	巴县工业区电力厂	—	巴县	
	富源水力发电公司	—	北碚	

（资料来源：资源委员会：《资源委员会经办事业一览表》，《资源委员会公报》1945年第9卷第2期。）

　　1943年国民政府经济部统计处分析认为战时后方工业，一是重工业发展迅速，比重大，厂数约占工厂总数的35%，资本占到全部工厂总额的一半，改变了过去中国工业整体偏弱的情形；二是工业区位发生变化，四川作为抗战中枢，厂数、工业资本和动力设备等方面均为第一，成为新的工业中心；三是国营（公营）资本不仅为工业经办最大者，是重工业和基础工业的垄断者，同时主要集中于化工、冶炼等基础工业领域，轻工业则是民营资本占据优势。这些特点在抗战四川工业发展中也有明显体现。在重点工业领域，四川共计有27家电厂，资本7000余万元，发电容量2.3万千瓦，发电4900余万度，但民营者要强于公营；四川钢铁冶炼行业居大后方首位，公营者占据优势；机器和制造行业四川厂数、资本也是最多，公营资本仍具优势，而蒸汽机和内燃机的比重增进明显。轻工业中，纺纱厂以民营居多，四川厂数和资本均为第一。[①]

　　上述情况表明，抗战时期是四川机器等近代工业发展最为迅猛的阶段，真正意义上使四川工业走上了近代化道路，而重庆则是四川近代工业的中心。但是，由于

[①] 国民政府经济部统计处：《后方工业概况统计》，1943年印行，见唐润明主编：《抗战时期大后方经济开发文献资料选编》，重庆出版社，2012年，第532—543页。

抗战四川工业的发展具有浓烈的战时经济色彩,"此种建设大都系迫于时势需要,利在速成,未必尽合经济条件。将来设战事停止,运输通畅,生产恢复常态,则战时称盛之事业,势必因工本过高而不易支持长久"。①翁文灏在1943年的忧虑无疑也点明了四川工业需要解决的难题。事实上在抗战后期,四川工业已出现萎缩趋势,厂家数量增长速度放缓,工厂开工不足,原料和市场均相当不济,而倍受官僚资本垄断和侵吞影响的民营工业表现更为突出。②

当然,抗战期间四川近代工业获得快速发展,除了内迁和战时经济建设因素外,也离不开四川在近代早期含手工业在内的经济基础积累,甚至与历史以来这一地区优越的自然和资源条件、传统农业经济大区地位有着紧密关系。这里可借翁文灏在1938年《开发内地》一文中的论述予以验证:

> 我们的内地,资源甚为丰富,假如各界能够合作,努力开发这些资源,实在可以作为我们抗战建国的基础。拿四川一省来说,岷江、沱江之间,便是一个很明显的经济区域。在这个区域里,不但农产品甚为发达,就是主要的工矿业,如煤、盐、丝、纸及糖,都已有相当基础。如能发展电力,利用本区域的丰富资源,别种工业,也可有相当的发展。又如以重庆为中心的嘉陵江流域,过去为川省的工商业中心,工业方面,如染织工业、制革工业、玻瓷工业、火柴工业、面粉工业、肥皂工业,都有若干工厂设立;矿业方面,如江合、天府、燧川等煤矿,都有若干生产能力;输出货物,如桐油、猪鬃、丝、羊皮、药材、夏布、烟叶等等,每年均在百万元以上。抗战以后,从沿海铁路线移来的工厂,在100家以上。所以这个区域,将来一定是一个工业中心,不但轻工业在这儿可以发展,就是重工业因为重庆附近煤铁及石油等均有蕴藏的缘故,也可在这儿树立基础。③

第三节 矿业

四川煤铁金等矿产资源丰富,开采历史久远。至光绪年间,有论四川矿产云:"查四川五金并产,实为奥区。蜀道铜山著于史策,而产金产铜之处较银铁锡更多。河滨水渚逐处皆可淘金,以此谋生者不下千万辈。"④不过清代在关于国家货币等银铜矿产的开发方面,四川远不及邻省的云贵。晚清滇铜衰败,部分四川官宦及士人曾一度拟议川铜事业,"奏为云南矿务产铜不旺,拟请开办川矿","臣愚以为亟宜开

---

① 翁文灏:《经济部的战时工业建设》,《资源委员会公报》1943年第5卷第2期,见唐润明主编:《抗战时期大后方经济开发文献资料选编》,重庆出版社,2012年,第455页。
② 参阅张学君、张莉红:《四川近代工业史》,四川人民出版社,1990年,第467—475页。
③ 翁文灏:《开发内地》,《西南导报》1938年第2卷第2、3期合刊本。
④ 《移咨通饬》(光绪十六年八月奉准),周维纶辑:《蜀都矿务备览》,光绪二十一年(1895)京都城南爱莲寄庐藏板。

采川矿,以佐滇厂"等,并重点筹划在川西地区兴矿,①甚至还由矿学家宋仔凤草绘《四川矿山舆图》4幅(《四川建南雅州府属天全芦山交界之大穴头山》、《四川建南宁远府属冕宁县之麻哈母鸡沟产金等处》、《四川懋功崇化彰古屯巴底巴旺山水全图》、《飞水崖草鞋渡矿山全图》)等,以及制定了拟办矿务的厂规、厂法、章程等一系列揭要。② 但光绪年间兴矿一事在四川地方主要官员看来,并不赞成,"再川省各处铜矿,现犹开挖未停,但以矿苗渐枯,所买课铜不足供宝川局之鼓铸"③,还指出川矿弊端有四,"借端骗诈、易滋事端、矿产不真、矿师难得",故认为四川兴矿"既无得人,又未得法,故未收成效"。④

当然,晚清时期四川铁、煤等矿产的开采活动在各地依然是普遍的。大竹县罗家沟"产青铁,矿厚约尺余,自清光绪初至今,开采不竭"。⑤ 大宁县煤炭"产东、西两溪者,附场最近,专为煮盐之用,岁值巨万","其西南乡亦多产煤处,陆运舟载,供城乡炊灶之用。"⑥光绪三十三年(1907)江津县石龙峡开铁矿,"可出铁十数万斤"。⑦ 长寿县"邑东、西、南山皆产煤矿,而西山尤旺",宣统时期省劝业道委员至该县收煤铁税。⑧ 据1904年官报书局编印的《四川全省出产行销货物表》,以煤炭为出产大宗的州具有14个,以川南和川东地区为主;以铁为出产大宗的县是2个,即川东的南川和万县;而彭山县的硝和硫磺出产、行销较多,又称大足县年产5万余斤铁。⑨ 清末民初,中野孤山在其《游蜀杂俎》中称四川煤、盐及各种矿物资源丰富,但"没有得到充分开发",他初步统计以煤炭为"当地主要物产"的有乐山、犍为、长宁、兴文、南川、合州、大宁、开县、渠县等9州县地,又称奉节县年产额煤1万吨以上,大宁和开县各5万吨。⑩ 晚清至民国时期四川煤铁矿产业在西南地区占有重要地位,远甚于其他矿产的开发(盐业本节不敷列)。

一、煤　　矿

民国时期四川矿业在工业生产带动下,得到长足开发,尤其是作为能源产业的煤炭生产。1939年黄汲清认为:"所以煤,尤其是烟煤,已成为工业上决不可少的原料。无疑,在西南各省,尤其是在四川,在云南,在贵州,水力的储藏量是很大的,水力自然可以代替蒸汽锅炉,不过我们要知道大规模的水力发电需要巨大的款子和长时间的准备,况且究竟电力没有煤炭来得活动,所以最近讲来,至少在最近的

---

① 《方芨塘给谏原折》(光绪十九年二月奉),周维纶辑:《蜀都矿务备览》,光绪二十一年(1895)京都城南爱莲寄庐藏板。
② 见周维纶辑:《蜀都矿务备览》,光绪二十一年(1895)京都城南爱莲寄庐藏板。
③ 《四川总督刘折奏附片》(光绪十九年年六月),周维纶辑:《蜀都矿务备览》,光绪二十一年(1895)京都城南爱莲寄庐藏板。
④ 《建昌道张蔼卿观察致龚方伯书》,周维纶辑:《蜀都矿务备览》,光绪二十一年(1895)京都城南爱莲寄庐藏板。
⑤ 民国《大竹县志》卷十二,物产志,矿之属。
⑥ 光绪《大宁县志》卷一,地理,物产。
⑦ 民国《江津县志》卷十二,实业志,矿业。
⑧ 民国《长寿县志》卷三,食货,田赋附各杂税。
⑨ 光绪甲辰年(1904)官报书局编印:《四川全省出产行销货物表》,台湾中研院傅斯年图书馆藏本。
⑩ (日)中野孤山:《出游动机》,载氏著《横跨中国大陆——游蜀杂俎》,郭举昆译,中华书局,2007年,第193—203页。

四分之一世纪里面,西南的水力恐难十分发达,就是说,工业上能力的供给,大部还是要靠煤炭;此外冶金工业仍旧要用煤来炼焦的。"他还指出四川地区主要煤田有:江东煤田(川东开县、万县、酆都、忠县、云阳等县)、嘉陵江煤田(巴县、江津、江北、长寿、合川、璧山及重庆东部等县地)、永川隆昌煤田(永川、隆昌、荣昌等县)、南川煤田、威远煤田(威远、荣县),以及岷江上下游地区煤田等,"四川的烟煤田自以嘉陵江、岷江下游和南川三个区域为最重要,三个区域的煤一部分都能炼焦,就交通的便利来说,嘉陵江煤田算是第一,岷江下游煤田次之"。①

据反映1935—1940年间全国矿业情况的第六次《中国矿业纪要》,四川"沿嘉陵江、沱江、綦江及长江诸流域之煤田,均开采甚盛,昔年产约二百万吨,尚堪自给",西康"以盐源之火烧堡及会理白果湾二区产量较多,因限于销量,历年产量无大增进,近宁属及雅属铜铁冶炼事业,已从事探勘开发,则煤业当可随之发展也"。但川省煤的产量约占西南地区总产量的80%以上,1939年全川烟煤产量约为246万吨、无烟煤9万吨,总计255万多吨。西康地区1935年烟煤产量6000吨、无烟煤产量1.8万吨,至1939年仅分别增长为6500吨和2万吨,总计2.65万吨。② 1939年川康两省共计有9家较大煤矿公司和20个其他产矿区、煤矿出产煤炭(见表3-19),其中较大煤矿公司以嘉陵江流域最为集中,占有7家,年总计产54.65万吨,占四川省年产总量的21.4%以上。嘉陵江、岷江和沱江流域为川康两省产煤最多的区域,约占两省总产量的68%。焦炭则集中在北川铁路沿线(窄轨)和南川万盛等地,约计年产量2.88万吨,其中天府、三才生、中兴等矿厂,日可产焦60吨。③ 据调查,1938年左右四川省专门从事煤矿生产的工人达到3.59万人左右,西康省约500人,在西南地区为最多。④ 四川县份产煤情况以江北、犍为等县为盛,以1937年前后犍为县的情形可窥一斑:

> 四川产炭之区,以川南为第一,而吾犍尤为川南之冠,盖犍炭之矿苗既旺,且厚为五层炭,此外惟乐、屏两县有之。产量既丰,故炭业为犍人多数之生活所倚赖。……全境每岁约产炭百余万挑,值银约四十余万元,除大宗供给盐场外,余尽销行上下游,上销成都,下销重庆,横销至内江。成都销兵工厂、造币厂及用户,叙、泸、重、内江售糖酒各户。近因省垣兵、币两厂停顿,彭县、泸州各地新开炭厂,销路因之大为梗滞,颇呈衰败之象。⑤

---

① 黄汲清:《西南煤田之分布与工业中心》,《新经济》1939年第1卷第7期,见唐润明主编:《抗战时期大后方经济开发文献资料选编》,重庆出版社,2012年。
② 《中国矿业纪要》,第11页及第7表《中国西南区煤产吨数表》,经济部中央地质调查所、国立北平研究院地质学研究所1941年印行本。
③ 《中国矿业纪要》,第13表《中国西南区重要焦炭产区产量约计表》,经济部中央地质调查所、国立北平研究院地质学研究所1941年印行本。
④ 《中国矿业纪要》,经济部中央地质调查所、国立北平研究院地质学研究所1941年印行本,第28—30页。
⑤ 民国《犍为县志》卷十一,经济志,炭业。

表 3-19 1939 年川康两省煤矿及产量分布　　　（单位：吨）

煤企、产区	产 县	产 量	煤企、产区	产 量
嘉陵江流域		572 485	沱江流域	518 200
天府煤矿公司	江北	71 485	威远荣县区	426 000
富源煤矿公司	璧山	150 000	荣昌隆昌区	40 000
三才生煤矿公司	江北	40 000	富顺泸县区	37 200
江合煤矿公司	江北	18 000	绵竹什邡区	15 000
裕蜀煤矿公司	铜梁	15 000		
燧川煤矿公司	璧山	12 000	綦江流域	165 000
全济煤矿公司	合川	6000	万盛场东林公司	15 000
其他煤矿		260 000	其他煤矿	150 000
岷江流域		548 274	川东区	290 000
嘉阳煤矿公司	犍为	19 274	叙永珙县区	165 000
张沟黄丹区	犍为屏山	180 000	川北区	50 000
磨子场罗城镇区	犍为	63 000	其他产煤区	83 200
石麟场许家沟区	犍为乐山	160 000	西康省	26 500
石板溪区	犍为	30 000	会理白果湾	1500
铜河区	乐山	13 500	盐源火烧堡	20 000
彭灌区		67 500	天全雅安荥经汉源等	4000
大邑邛崃崇庆区		15 000	其他	1000

（资料来源：《中国矿业纪要》，第 8.11 表，经济部中央地质调查所、国立北平研究院地质学研究所 1941 年印行本。）

抗战期间，四川煤矿以江巴、犍屏、荣威、南綦、彭灌、永隆等产区为盛。其中，江巴煤区在合川、重庆之间，铺有北川铁路专运煤矿，有北川、合江和天府等主要煤矿公司，主要供应重庆工业用煤。犍为、屏山煤区以嘉阳公司为主生产，主要供应成都、乐山、犍为等地所需。南川、綦江煤区附近有大型铁矿，该区煤铁经营为四川重要工业燃料、原料产出地之一。荣昌、威远煤区在砚台坝建有新式矿厂，年可产煤五、六万吨，加上其他煤矿产出，年可出煤十万吨以上，主要供应内江、自贡等地。[①] 据经济部统计处《后方重要工矿产品统计》，1942 年四川省 58 个县（地）煤矿总产约 254 万吨，以县为统计单位全省共有大小 760 家煤矿厂，平均每县（地）分布有约 13 个煤厂，年产煤约 4.38 万吨。其中年产量最大的地区为重庆产区，该区

---

① 蒋君章：《西南经济地理》，商务印书馆，1946 年，第 171—174 页。

（产县有邻水、巴县、江北、璧山、合川、铜梁、永川、江津、南岸、合江）总产量为100万吨左右，同时也是煤厂分布最多的地区，拥有160个煤厂。县份中，全省以江北县产量51.46万吨为最多，分布有20个煤厂；处于渠江产区的达县虽然分布有47个煤厂列全省第一，但该县煤矿总产量仅为1万余吨；威远县则拥有45个煤厂，厂数列全省第二，年总产量为18.77万吨；犍为县厂数44个列第三，年总产量在全省仅次于江北，为29.82万吨。①

二、铁　矿

川康地区铁矿资源丰富，民国时期第六次矿业纪要调查显示，以綦江铁矿、彭水贾角山、涪陵矿山、威远连界场、冕宁泸沽、会理毛姑坝、道孚菜子沟等储藏量为丰。② 有的矿场开采时间较早，威远连界场早在乾隆年间就已设置炼铁厂，光绪间采掘最盛，尽管在民国时期开始衰微，但在1932年仍能产铁矿石1万—1.2万吨左右，生产铁板3200吨。江北三圣乡铁矿，年产生铁1000吨左右，大量供应三峡苏钢厂。冕宁泸沽矿山，年产生铁约720吨，拥有泸沽、冕山、松林等冶炼所。会理毛姑坝铁矿在宣统年间就已开采，矿质优良，仅露天矿山储量估算有774万吨；小官河赤铁矿在民国二三十年代拥有协鑫、华南两家制铁工场，每日总计产铁最高可达3吨，年产额约450吨。③ 但川康铁矿厂基本上都采用土法开采和冶炼，1940年前后，"若以土铁产量估计，平均以每三吨矿砂产铁一吨计之，则四川年产铁矿约70 000吨，云南约18 000吨，西康约5700吨，广西约10 000吨"。政府为谋钢铁自给，"重要铁矿均划为国营，如四川之綦江、彭水涪陵及云南易门等铁矿，已先后成立綦江铁矿筹备处及易门铁矿局，从事开采。前者近日可产矿砂三百吨，后者计划日产矿砂百吨，彭水涪陵近由民营钢铁厂租探，将为本区三重要铁矿产区，矿砂产量可望大增矣"。④ 在1940年国民政府"建设四川具体计划"中也称："川省铁矿，以綦江、涪陵、古蔺、广元四处储量较丰，此外如威远、江北、云阳、奉节等处所产者，只能供土法炼铁之用。綦江铁矿，已经由经济部与军政部协同开采，每日出砂三百吨。涪陵铁矿，业已划定矿区，筹备经营，经济部并应先后资助各家新式钢铁厂，并促进土法炼铁事业，在最近之将来，川省新法及土法钢铁总产量，每年可达十五万吨。"⑤

1935年四川省主要铁矿厂总计出产土铁1.38万吨，其中涪陵、江北、广元、铜梁、古蔺、云阳、荣昌、永川等产区总计产量为1万吨，綦江东溪、赶水、小鱼沱等处共出产3500吨；西康省土铁总产量4000吨，集中于冕宁泸沽、会理毛姑坝、荥经和

---

① 周立三等：《四川经济地图集说明及统计》，表44《煤产量及煤厂之统计》（1942年），中国地理研究所1946年编。
② 《中国矿业纪要》，经济部中央地质调查所、国立北平研究院地质学研究所1941年印行本，第35—36页。
③ （日）东亚同文会编：《新修支那别省全志》第2卷《四川省下》，支那别省全志刊行会，1941年，第283—288页。
④ 《中国矿业纪要》，经济部中央地质调查所、国立北平研究院地质学研究所1941年印行本，第37页。
⑤ 重庆市档案馆选编：《建设四川具体计划——矿产部分》（1940年），《档案史料与研究》2002年第1期。

天全县一带。1939年四川省土铁总产约达2.3万吨,位居西南区首位,上述各产区产量均比1939前各年有较大增长,且"近年经政府督促增产,闻四川土铁已由每年二万余吨增至三万五千吨以上"。西康省在1939年土铁总产为4900吨,与1935年相比,荥经、天全产区产量增加,但冕宁等产区有小幅下降。① 据第七次矿业纪要调查统计,1942年四川各县产铁量累计总数达12.8万吨,全省有220个炼铁厂,其中产量最大的县份是綦江县为5万吨以上,分布有19个炼铁厂。②

据第六次矿业调查,在以往全川仅威远连界场采用新式炼炉,而重庆电力炼铁钢厂虽然筹办较早,但直至1937年方完工产钢。表3-20为1935—1939年间四川主要钢铁厂情况,部分钢铁厂炼炉在1939年时尚在建设中,不过全川钢铁厂在第六次矿业调查中新式炼铁、炼钢炉有了一定数量的增加。此期川东重庆地区为全川钢铁冶炼中心,江北、重庆、綦江、永川、荣昌、大足、合川、涪陵等总计厂数19家。

表3-20 1935—1939年间第六次矿业纪要统计四川主要钢铁厂

厂址 (厂数)	厂　　名	经办者	炼炉设备	产量(吨/日)	
				钢	铁
重庆(3)	迁建委员会钢铁厂	国营	100吨炼铁炉1座 20吨炼铁炉1座 30吨马丁炼钢炉3座	75—225	120
	重庆电力炼钢厂	国营	3吨电气炼钢炉1座 4吨电气炼钢炉1座	30	
	渝鑫钢铁厂	商办	1吨电气炼钢炉2座 10吨马丁炼钢炉2座 矽铁炉1座	30	
江北(6)	中国兴业公司钢铁部渝厂	商办	30吨炼铁炉1座 1吨电气炼钢炉1座	4	30
	协和炼铁厂	商办	15吨炼铁炉1座		15
	蜀江铁厂	商办	3吨炼铁炉1座 2吨炼铁炉1座		5
	矿冶研究所试验炼铁厂	矿冶研究所	5吨炼铁炉1座		5
	人和炼铁厂	商办	5吨炼铁炉2座		10
	清平炼铁厂	商办	5吨炼铁炉1座		5

---

① 《中国矿业纪要》,第18表《中国西南区土铁产量约计表》,经济部中央地质调查所、国立北平研究院地质学研究所1941年印行本。
② 周立三等:《四川经济地图集说明及统计》,表45《铁产量及炼铁厂之统计》(1942年),中国地理研究所1946年编。

续 表

厂址(厂数)	厂 名	经办者	炼炉设备	产量(吨/日) 钢	产量(吨/日) 铁
綦江(2)	綦江纯铁炼厂	国营	10—15吨炼铁炉1座		10—15
	谦虞公司	商办	15吨小炼铁炉5座		7.5
永川(4)	永川铁厂	商办	5吨炼铁炉1座		5
	上川钢铁公司	商办	5吨炼铁炉1座		5
	成贤煤铁公司	商办	2吨炼铁炉1座		2
	永和实业公司	商办	5吨炼铁炉1座		5
涪陵(1)	中国兴业公司钢铁部涪陵厂	商办	15吨炼铁炉1座		15
威远(1)	新威矿冶公司	商办	15吨炼铁炉1座		15
荣昌(1)	荣昌铁厂	商办	5吨炼铁炉1座		5
大足(1)	福昌炼铁厂	商办	5吨炼铁炉1座		5
合川(1)	大昌铁厂	商办	5吨炼铁炉1座		5

(资料来源:《中国矿业纪要》,第19表《中国西南区之钢铁事业及生产能力表》,经济部中央地质调查所、国立北平研究院地质学研究所1941年印行本。)

三、金 矿

民国时期调查认为,川康地区"为我国重要产金区。西康省东部花岗岩及变质岩分布甚广,脉金甚富,尚鲜开采;沙金则沿金沙江、雅砻江及大渡河等流域,皆有产出,瞻化、道孚、泰宁、炉霍、盐源等县产金甚著"。[1] 光绪年间筹办川西矿务,在《蜀都矿务备览》中的《四川矿山舆图》就在天全、芦山、冕宁等地标有产金点18处之多。[2] 而冕宁麻哈金矿在光绪年间就已由宁远矿务局管理,曾购买新式机炉,"每年产金,盛时七八千两,衰时一二千两"。[3] 光绪二十三年(1897)四川总督鹿传霖奏请在冕宁麻哈等地开金矿,"议官商合办,由成绵道土厘项下拨银十五万两,招商集股十五万,共卅万两",[4] 至二十五年(1899)虽然认为矿质甚佳,但或有"弊混",以致"采取之金仅二百二十余两"。[5] 其他地方,如光绪年间雷波"金沙江一带产沙金,里人间有淘采者,炼之皆赤"。[6] 民国期间有称,黄金在安县"向为出产大宗"。[7] 1938

---

[1] 《中国矿业纪要》,经济部中央地质调查所、国立北平研究院地质学研究所1941年印行本,第42页。
[2] 周维纶辑:《蜀都矿务备览》,光绪二十一年(1895)京都城南爱莲寄庐藏板。
[3] 王国辅:《四川实业司调查矿务报告》,见鲁子健:《清代四川财政史料》下册,四川省社会科学出版社,1988年,第384页。
[4] 《清朝续文献通考》卷四十五,征榷考十七,坑冶。
[5] 《清朝续文献通考》卷三百八十七,实业十,矿产。
[6] 光绪《雷波厅志》卷三十三,物产志。
[7] 民国《安县志》卷二十六,食货门,矿类。

年资源委员会与西康省政府合组西康金矿局,从事探采,"四川松潘,久以产金著称,除民营金矿外,近由采金局之松潘区采金局处探采。南部、南溪两地,近亦由该局成立采金处试办"。① 1930年代末国民政府拟定开发四川金矿计划,拟分国营、省营,分途推进。国营金矿开采范围包括松潘县漳腊、懋功县境大小金川流域、大渡河流域、南部等嘉陵江上游、南溪和泸定等长江上游地区,分设松潘、南部、南溪、懋功、大渡河五区采金处开采,隶属于经济部采金局,每年可产金4万两。省营金矿规划设立10个采金处,对屏山至巴县长江流域、峨边至乐山岷江流域、涪江流域、昭化至合川嘉陵江流域等地金矿进行开采。② 这些地区也是四川主要的金矿分布区域。

民国第六次矿业纪要认为,"本区(按:指西南区)金矿历由人民散漫采取,除广西上林省营金矿,采用新法外,概为土法,且作辍无常",故产量较小。1935年西康省总计约产金9720两,其中理化产区出产5000两为最多,瞻化麦科产区以2000两随其后。至1939年,全康年产总计升至1.932万两,仍以理化产区出产5000两为名,但瞻化麦科、鱼科二凯、道孚等产区增量较大,分别产出3000两、3000两和1200两;另外,新设立的西康金矿局也以出产1464两列该省各产区产量第4位。四川省1935年金矿总产量约计为2.01万两,其中以涪江流域1万两为最多产区,金沙江及嘉陵江流域产4000两居其次,松济潼腊(位于川西北)国华金厂以3000两居各产区产量第3位。1939年嘉陵江上游产区、涪江流域产区均以出产1.5万金并列全川各产区产量第1位,全省总产达到3.95万两。③

根据东亚同文会的调查,川康两省金矿实际开采的情况是:④

漳腊金矿区:位于松潘,民国初年附近居民就已开采。1917年屯军与当地曾有过共同开采金矿的活动。1935年四川省政府成立采金公司,每日可得4、5两乃至10余两金。

靖化金矿区:靖化县大金川流域,1912年由绰凯、裕华组成的二凯金矿就有开采活动,1918年川边镇、屯办均对该区采金活动进行着管理。1937年四川省政府对大金川支流二凯河流域俄热等地作过金矿调查。色取河流域的采矿权则由普益金矿公司获得。

盐源金矿区:位于盐源县境,有龙达、漥裹等产地。1916年龙达产金总量曾达到1万两。漥裹产地在清末时曾设有金矿局,聚集有2万多人采办金矿,但至民国后发生较大衰败现象。

其他金矿区:冕宁、松潘、理番、茂县、懋功、平武、屏山、马边、雷波及岷江、沱

---

① 《中国矿业纪要》,第25表《中国西南区金矿产量约计表》,经济部中央地质调查所、国立北平研究院地质学研究所1941年印行本。
② 重庆市档案馆选编:《建设四川具体计划——矿产部分》(1940年),《档案史料与研究》2002年第1期。
③ 《中国矿业纪要》,经济部中央地质调查所、国立北平研究院地质学研究所1941年印行本,第42页。
④ 据(日)东亚同文会编:《新修支那别省全志》第2卷《四川省下》,支那别省全志刊行会,1941年,第277—279页。

江、嘉陵江等沿岸均有金矿出产。

四、其他矿产

　　近代川康地区铜矿以彭县、会理、越嶲、荥经等县为主要,雷波、马边、峨边、屏山等县也有一定分布。四川省属彭县铜矿,早在宋元时期就有开采记录,民国以后省政府投入新式矿炉,产出粗铜、精铜等。1930年由福源矿业公司主要经营。1933年彭县铜矿曾停办,至1936年重新探采。据第六次矿业纪要资料,彭县铜矿集中于大宝山一带,以黄铜矿为主,1939年产铜40吨。西康则以宁属和雅属地区铜矿为多,会理通安铜矿在清代开采就已兴盛,但民国后呈衰落状,1936年该矿产铜仅15吨,1937、1938年又降至年产4吨的水平。西康铜矿在1938年由川康铜业管理处开发,并收购废铜等来冶炼,1939年全康产铜仅140吨。整体上看,近代时期四川铜业较为不振,1936年四川输入铜为70吨,自身产出又不足,难以满足省内各业所需。[①]

　　民国以前川康地区铅锌等矿在一些县地有过开采记录,会理一带铅锌矿等蕴藏较多。会理白果湾铅厂在光绪二十年(1894)前"迄今试办年余,业已采解白铅三十万斤,似有成效"。[②] 西康会理天宝山炼锌厂在1930年代中期年产量为50吨左右,1939年降至40吨。[③] 川省铅、银等矿开采,不及邻省的云贵和西康省,至1940年左右四川铅、银、锌等矿仍被认为是"往往共生,自会理划归西康后,仅雷波、峨边等县,有零星发现,仍须详细探勘"。划定有雷波、理番、峨边、灌县等铅锌矿产区。[④]

[①] 参阅《中国矿业纪要》,经济部中央地质调查所、国立北平研究院地质学研究所1941年印行本;(日)东亚同文会编:《新修支那别省全志》第2卷《四川省下》,支那别省全志刊行会,1941年等。

[②] 《东华续录》,光绪119,引自鲁子健:《清代四川财政史料》下册,四川省社会科学出版社,1988年,第395页。

[③] 《中国矿业纪要》,第28表《中国西南区铅锌矿产量表》,经济部中央地质调查所、国立北平研究院地质学研究所1941年印行本。

[④] 重庆市档案馆选编:《建设四川具体计划——矿产部分》(1940年),《档案史料与研究》2002年第1期。

第四章 商业与贸易

第一节 商业组织

　　清代中叶以降,四川人口、农业经济持续增长,城乡商品经济繁荣,商业流通和商品市场日益活跃,牙行、商帮、会馆等在商业活动中扮演着重要角色,至清末在劝业新政鼓励和对外贸易发展带动下,近代商业组织在各地得以建立,且事业空前发展。王笛研究认为,"20 世纪初清政府实行新政,大力提倡发展工商业,长江上游商业贸易的发展达到空前的阶段,商业组织出现了变化,如具有近代意义的商业公司的出现,……商业活动也逐渐向近代化演变",从而使四川商业的发展达到一个新的阶段。[①]

　　作为传统的商业交易组织,牙行仍在近代时期四川城乡商业活动中充当着重要角色,其牙帖额设、募领等数量是反映商业活动的重要指标之一。嘉庆年间巴县"为泉货薮,商贾丛集,行帖一百五十有余,十倍他邑"。[②] 光绪九年(1883)"渝城额设牙帖一百四十余张,礼、工两房分理,各半征课,当帖悉归礼房"。而户部咨文称"查四川省各行牙当额设七百六十九张,前因该省咨报开除者甚多,恐有隐匿之弊",经核查仍有 585 张。十一年(1885)时"查川省现在承领牙帖开设之店铺,仅四百一十五张"。[③] 按照清末时期的调查,四川"牙行之种类数目,开设时有无限制。牙行之种类,就各地出产与商业之情形,约可分为十五种",尚有其他"无以行名者","其有行数目多寡全无限制,但能领有部帖,即当然许其开设"。[④] 这些牙行、牙帖仅是"呈官立案"的官牙者,正如清末商业调查所言"且领帖设行之意,原欲统全境之商业于一地,工费少而得利多,无待分设数行也。然有资本丰裕别设分店者,但不得以行名"。[⑤] 私设的无帖牙行等数量当不在少数。可见即便是至清末牙行组织有所式微的情形下,四川传统商行仍在城乡商业和经济活动中发挥着积极作用。

　　各地商帮,在四川的活动也十分活跃,尤其是在一些水陆交通要衢。咸同年间大宁县"商贾半属客籍","盐务畅销,利市倍蓰,不知善藏,群习于侈",[⑥] 绵阳"水陆四通,百物辐辏,行商坐贾视他郡为多,而每岁春夏之交麦冬上市,新丝出缫,远近

---

① 王笛:《跨出封闭的世界——长江上游区域社会研究(1644—1911)》,中华书局,1993 年,第 264 页。
② 嘉庆《巴县志》卷三,赋役志,课税。
③ 《巴县档案抄件》,光财 3,牙当 64、15、14,见鲁子健:《清代四川财政史料》下册,四川省社会科学出版社,1988 年,第 709—710 页。
④ 四川调查局:《调查川省商业习惯第二次报告书》,见鲁子健:《清代四川财政史料》下册,四川省社会科学出版社,1988 年,第 706 页。
⑤ 四川调查局:《调查川省商业习惯第二次报告书》,见鲁子健:《清代四川财政史料》下册,四川省社会科学出版社,1988 年,第 706 页。
⑥ 光绪《大宁县志》卷一,地理,风俗。

商贾云集,倍形殷富"。① 川黔边区的合江县先市、白沙等地"并为邑中商业较繁之地。往昔闭关之世,鄂棉盛销蜀中,荆楚巨商立行储棉,运销黔境。清光绪中,黔省烟坭畅销,荆、沪、楚商复设庄古蔺,专事收揽,转输搬运以此为中枢。维时川中盐务官运商销,邑商甘裕、丰永、吴德、怀昌设分店于兹,而黔边仁岸四号之盐亦由此道输入。水陆交通至为繁盛,里闾殷阜,产物丰盈,羡余之粟由此输出年约十分之五"。② 民国时称宣汉"清道咸时,以麻为大宗,故江西麻帮万寿宫麻市,今犹可考"。③ 光绪年间崇庆"商贾旧多江、浙、闽、广、山、陕各省人为之,今土人务农之外,大者贩油、麻杂货,由船运至叙、泸、重及湖广一带售卖,转贩百货归家,多获重利"。④ 南充则至光绪末年时居街市者"土著与侨寓各半,至丝与红花上市,则闽、粤、吴、秦各省大商携重资云集郡城,仰食者甚众"。⑤ 而合川一县就有盐、米、糖、油、布等数十个商帮。⑥ 民国时期偏远于川西北的松潘县,"商帮有草地帮、西客帮、河南帮、陕帮、渝帮之别",尚有资本较小的"米面帮、森林帮"等,"各帮字号以丰盛、合本、立生、义合生、杜盛兴开岸最早,聚盛、源裕、国祥、协盛全次之,老号二三百年,余皆百、数十年不等"。⑦ 各地商帮也有或依靠行会,或存于会馆公所,从事商业活动。如建于清康熙年间的重庆"八省会馆",由江西、江南、湖广、浙江、福建、广东、山西、陕西等在重庆从事省际贸易的各省商人群体成立,在保护、调解和促进商业贸易活动方面起到重要作用,咸同年间其事业达到鼎盛,⑧故至光绪末年时人称"查重庆一埠,实八省商人所开基"。⑨ 据蓝勇研究,在清代四川108个县分布有1400个移民会馆,不少会馆便是由同籍商人和地主捐资共建。尽管移民会馆在从事经济、商业活动的职能方面不如行业会馆为主要,但一些经济实力较强的移民会馆也拥有不少商业铺面等,从事粮、油、药材等运销活动。⑩

清末民国时期,四川地区具有近代意义上的商业公司在各地纷现,使各地区商业发展进入了一个新的阶段。这些商业公司多采取集股、股份有限等形式,以商办为主并有官商合办类型,各地还建立组织更为规范的商会及同业公会进行管理,均促进了四川商业在近代的发展。1901年时,重庆设有12家同业公会性质的公所,八省公所、买帮公所、行帮公所经营棉花买卖,同庆公所经营棉纱,河南公所经营杂货,盐帮、纸帮、酒帮、糖帮、书帮、绸帮、扣帮公所则分别经营各自名类商品。⑪ 1904

---

① 同治《直隶绵州志》卷十九,风俗。
② 民国《合江县志》卷二,食货,物产。
③ 民国《重修宣汉县志》卷五,职业志,商业。
④ 光绪《崇庆州志》卷二,风俗。
⑤ 民国《南充县志》卷七,掌故志,风俗。
⑥ 民国《重修合川县志》卷二十二,商业。
⑦ 民国《松潘县志》卷三,实业。
⑧ 窦季良:《同乡组织之研究》,中正书局,1946年,第32、76页。
⑨ 《四川官报》,乙巳年(1905)第1册,公牍,第8页。
⑩ 蓝勇:《西南历史文化地理》,西南师范大学出版社,1997年,第54页;蓝勇:《清代西南的移民会馆》,《中国史研究》1996年第4期。
⑪ 中国海关总税务司:《海关十年报告(1892—1901)》,1904年,第172页。

年重庆设立总商会,总商会取代了之前"八省会馆(公所)"行业组织功能,不仅在商界继续保持着强大影响力,还积极参与了多项市政、慈善和生产建设活动。① 1907年川省在成都设立资本和规模均较大的丝业保商公司,"以保商为义务",不久在重庆、潼川等地也相继成立了丝业保商公所、分所,旨在促进交易和规范市场。② 1909年成都"自商务局成立,直至沈总办又岚时代,商界始放一线光明,至本年周总办孝怀时代,商界遂大开生面矣",此之重要原因是成立了一批工商业公司。③ 作为官府推动商业发展的主要机构,商务局在清末举办了许多重要活动,如工商劝业会、商品展览会、赛会等,据《四川官报》资料,1906—1911年间成都共举办有6次"商业劝工会",对于推动川省工商业发展起到积极作用。④ 华阳县"自清季设商会,又组合公司以营商业场及锦华馆,而外来之货益多"。⑤ 而在民国时期西昌县"各商同业各有公会",1936年有13家行业公会,涉及绸布、国药、土布、生熟皮、纺丝、杉板等行业;1942年则"健全之商业同业公会"有14家,下领各业商户等达400多个,尚有商业公司若干。⑥ 据民国《巴县志》记载,至抗战前夕巴县商业公会数量达到39个,商户有4086多家,其中不乏进出口行业者(见表4-1),而抗战期间重庆商会及商户数量更甚(见表4-2)。至1941年四川商会、同业公会数量分别为131个和1640个,在西南地区处于绝对多数,而抗战期间又以重庆商业组织数量为盛(见表4-2)。至1942年底重庆商会所属同业公会多达120多个行业,总计约有1.5万多家商户,全年工商业的营业总额为20亿元。不过,整体上看除个别官商合办外(如前述丝业保商公司等),抗战前四川地区商号、商业公司普遍资本规模不大。以工商业重镇重庆为例,至1937年商号资本在2000元以上者,仅有700多家;在重庆商业经济中占重要地位的布匹和盐业,1931—1934年布匹业150户商家中,大型商户仅有4家,小型商户多达120多家,而盐业在1936年时最大商户资本也仅有20万元。抗战期间尽管重庆商业主要行业资本总额大多超过千万元,总量较大,但平均每个公司、商号的资本额普遍低于10万元,仍以中小型规模为主。⑦

表4-1　民国《巴县志》载1939年前后商业情况

行业公会	公会地址	商户数	行　销　情　况
银行业	模范市场	13	
钱业	陕西街	14	

---

① 窦季良:《同乡组织之研究》,中正书局,1946年,第76—79页。
② 巴县档案《丝业保商公司章程》、《重庆丝业保商公所报告》等,见自王笛:《跨出封闭的世界——长江上游区域社会研究(1644—1911)》,中华书局,1993年,第264—265页。
③ 宣统《成都通览》,成都之商办各公司。
④ 《四川官报》丙午(1906)第3册,新闻;丁未年(1907)第7册,新闻;周询:《蜀海丛谈》卷一等。
⑤ 民国《华阳县志》卷五,礼俗,工商业。
⑥ 民国《西昌县志》卷二,产业志,商业。
⑦ 周天豹等主编:《抗日战争时期西南经济发展概述》,西南师范大学出版社,1988年,第251—254页。

续表

行业公会	公会地址	商户数	行销情况
盐业	曹家巷	120	
棉纱业	白象街	72	全年消额多至十万包以上,计其总值恒占重庆关进口货第一位
匹头绸缎业	白象街	200	渝市富商巨贾多为业
	—	—	光绪戊戌后十数年间为最盛,(近年)匹头进口激增
颜料业	育婴堂巷	23	皆舶来品
苏货业	后祠坡	130	实则苏广货少,洋货多,(近年)进口亦有上增之势
干菜业	白象街	88	
川产丝	模范市场	23	川丝织品有成都、嘉定、顺庆之别
织品业	—	—	铁机者
五金杂货业	后祠坡	68	舶来品多,国货少,漏卮之一,为巨数者也
药材业	羊子坝	174	四川产药,(近年)出口锐减
新药业	三忠祠	42	即西药
山货业	东华观	120	牛羊皮、羊毛、猪鬃之属,皆山货也,为出口货大宗
糖业	朝天门半天街	30	资内蔗糖,质胜洋糖,贩鬻及于省外,洋糖亦售渝市,数量不多
丝业	镫笼巷	16	渝市丝厂者无不亏折,合全业额年亏折之数当不下四五百万
纸张印刷业	打铁街	62	川省制纸,夹江为最,广安铜梁等处次之,今其消场舶来品占多
书业	陕西街	34	铅、石印书盛行。沪上大书坊如商务、中华等渝市皆有分店
银楼业	小梁子	13	业此者多浙人
胶皮业	马王庙	24	
米粮业	米亭子	18	有采购于邻省者
换钱业	鱼市街	80	
熟药业	—	320	
煤业	文华街	480	
布业	较场	290	此土布也,与前匹头业别
油业	鱼市街	94	此油业桐油不在,桐油旧隶山货,今别立公会,方在组织中。渝市业桐油者,闻为十余家,出口数量不及万县

续表

行业公会	公会地址	商户数	行销情况
旅栈业	东华观	800	
服装业	至诚巷	117	
袜业	公园路	156	
油漆业	米花街	94	油漆今多用舶来品
运输业	寅学	50	
屠业	桂花街	25	
制革业	商业场	36	
瓷器业	中营街	44	
中西餐业	—	112	
皮货业	新丰街	14	
鞋帽业	模范市场	68	
煤油业	鱼市街	22	以美孚、亚细亚两家销场为盛,后起者殊难与竞争
总计	39个公会	4086	

(资料来源:民国《巴县志》卷十三,商业。)

表4-2 抗战时期四川、重庆商业组织情况

	四川(含重庆)		重庆
	商会数(个)	同业公会数(个)	同业公会数(个)
1939年			39
至1940年1月底	131	1640	69(1940年)
1943年			116
抗战结束前夕			160

重庆主要行业商业公司商号数及资本			
行业名称	公司商号数(个)	总资本额(万元)	统计时间
棉花业	304	4000	1942年
布匹业	1362	7000	1944年春
米粮业	1323	700	1943年10月
糖果业	231	1460	1941年底
酿酒业	700	1070	1944年9月
纸烟业	72	1600	1943年4月
制革业	438	2000	1944年春
五金业	356	5000	1944年底

(资料来源:《陪都工商年鉴》,引自周天豹等主编:《抗日战争时期西南经济发展概述》,西南师范大学出版社,1988年,第253页。)

除了省内牙行、商会等商业组织外,近代对外贸易的兴起也在四川地区催生了一批专营进出口贸易的商号。据商务调查报告,1896—1897年间四川洋布进口贸易全部由31家商号经营,其中重庆27家、成都3家和嘉定1家。它们均在上海设有代理,"这27家从上海输入洋货的商号,大部分除了在重庆设有货栈以外,还设有很大的布匹绸缎庄,但是它们对购买的数量少于一匹的任何顾客,概不交易……雇有大批店员,同时通行一种店员分红制;至少有60%以上的雇员都有点钱入伙,并得到一份利润"。①

西康地区的传统商帮则主要有汉商和康藏商两种,此外喇嘛寺和驮帮也从事着商业活动,清末民初在重视川边建设的背景下,康藏地区商业贸易活动兴盛,商帮在就场贸易和转运贸易中具有举足轻重的地位(表4-3)。民国时期调查称,"康人贸易较大者,首推喇嘛商,资本浩大,惟其范围仅限于康藏间之贸易……康人贸易无直达内地者,汉商贸易均操于川陕商之手,分各种商帮,总号设于康定,关外各地城市,遍设分号,派伙友分赴各村堡收买土产,再运往康定总号出口";而在西康药材市场方面,各地商帮更是趋之若鹜,纷纷设立各自药行和建立购销网络,"药材方面,在康定有陕西商人设立之云发药材行、四川商人设立之大兴药材行,为药材中规模较大者,其营业大抵为内地药栈,或交易所性质。其他渝帮商人,亦有数家专营收买西康出产之各种药材。但麝香之交易,另成一帮,在沪、汉各洋商行家,都于康定设立麝香字号,专收买麝香运销国外。尚有所谓香金帮者,全系陕西、山西商人经营,专收赤金、麝香二物为贸易之中心,资本充实,规模宏大"。②

表4-3 近代西康地区的商帮

| 汉 商 ||||||
| 进 口 商 || 出 口 商 || 草 地 商 ||
商品	商帮情况	商品	商帮情况	商帮	经营情况
茶叶	以雅安、荥经、邛崃、名山、天全商帮为主,资本多、规模大	沙金	陕西帮居多	居肆商	居繁盛市邑、交通要冲与康藏人交易
布	旧以陕西帮为多,邛崃帮后来居上	药材	川帮,规模大	坝冲商	下乡同藏人收货
府货	陕西帮、川商,运销成都丝绸和布匹	麝香	山西帮		
油酒	汉源帮为主,肉、水果、烟也以汉源帮为主	牲皮	陕西帮		
杂货	成都帮、川北帮				

① Roport of the Mission to China of the Blackburn Chamber of Commerce, 1896-97, pp240-244. 引自姚贤镐编:《中国近代对外贸易史资料》第3册,中华书局,1962年,第1549页。
② 《西康省药材调查报告书》(1938年),见中国藏学研究中心、中国第二历史档案馆合编:《民国时期西藏及藏区经济开发建设档案选编》,中国藏学出版社,2005年,第411页。

续 表

康 藏 商		
"康巴娃"		"藏巴娃"
按地域划分	按家族或庙宇划分	
甘孜、德格、理塘娃等,经营茶叶、杂货、土产等	分南北路,各以家族或庙宇资产为本经营,经销范围西至拉萨,东到康定,运销牛马和枪械等	藏人来康,从事茶叶、杂货等贸易,资本和规模较大
喇 嘛 寺		
喇嘛寺大都从事有农商活动,是较为特殊的商业机构。以茶叶、布匹及康人所需日用品等经营为主,运茶至藏区。		
驮 帮		
以牛马代客运销各类物资,各县局皆有		

(资料来源:《西康通志稿·工商志》。)

第二节 城乡市场与商品流通

　　清中叶以降,四川地区城乡经济持续增长,商品经济空前繁荣,以四川地区为主的长江上游已经是一独立经济巨区,拥有 1 个中心都市、1 个区域都市、6 个区域城市、21 个地区城市、87 个地方城镇、292 个市镇。在全国 3277 个各类城镇中,长江上游地区总计占有 408 个,为 12.5%,尤其是中下级城镇的密度,四川地区超过了我国许多其他地区。[①] 研究认为,相对于中心地理论市场模式的城市等级结构 1∶3∶9∶27 比例,四川地方城市数量偏高,即具域场镇数目较大,这一方面与清代四川地方行政设置中县级政区数量偏多有关[②],另一方面则与四川地区传统以来城乡商品经济的活跃不无关系。1891 年开埠以后,重庆经济中心地位显著上升,以其为枢纽在长江上游地区形成了一个具有世界市场的商品流通网络,外部市场需求刺激了四川传统城乡产业发展,带动了工商业经济的继续发展,四川区域市场以往相对封闭的自然经济体系逐渐走向"半开放型市场"。[③] 尽管在外来资本和商品冲击下,近代四川区域市场和商品流通格局发生了一定变化,部分传统产业商品市场萎缩,生产遭受较大打击,但全省在商品输出和内部工商业发展方面比近代之前要更进一步,城乡市场在传统时期的繁荣依然得以延续和发展。

　　在城市方面,清末四川地区最大的变化莫过于重庆的崛起,"在 19 世纪九十年

[①] G. W. Skinner, *Cities and the Hierarchy of Local Systems*, in *The City in Late Imperial China*, pp. 282 - 283, P298. Stanford: Stanford University Press, 1977.
[②] 白璧玲:《清代四川盆地城镇体系之建立》,《白沙历史地理学报》2007 年 10 月第 4 期。
[③] 陈家泽:《清末四川区域市场研究(1891—1911)》,见彭泽益主编:《中国社会经济变迁》,中国财政经济出版社,1990 年。

代,成都和重庆这两个地区大都会的相对经济中心地位,正处于过渡阶段。19世纪早期,成都已明确地成为中心都会,而重庆只不过是个地区都会;到19世纪二十年代为止,这两个城市的作用却明确地颠倒过来了。甚至在19世纪九十年代,重庆已成为地区内外贸易的主要中心,从这个意义上说,整个地区可以被看作重庆的最大腹地"。① 19世纪末,西人商务调查报告称成都、嘉定等地在上海设有进出口贸易代理一事,"对于重庆作为四川省贸易的主要市场及分销中心的地位,并无重大影响。重庆这样的地位,由于它的特别优越的地理位置,是永远不会受到严重的威胁的。每年在一定的季节里,商人从偏僻和辽远的城镇如成都、保宁府、潼川府、遂宁府、嘉定府、叙州府、绵州、合州及其他重要地方,有的由陆路,有的由水路来到重庆,运来他们的土产——鸦片、药材、生丝等等,并运回洋货"。② 在20世纪初年游历于四川的中野孤山眼里,重庆"是四川省东南部的一个繁华都市","根据中日《马关条约》,于明治三十一年(1898)成为彻底开放的通商口岸。不过在此之前,约有二十年的时间,只是有限制地开放。东至鱼腹,西通楚道,北达汉中,南靠夜郎,成为蜀地之关口、四川之重镇。而且还是整个西部中国的商业中心","重庆的确拥有水陆之便,四通八达,是一个前途无量的港口城市。当地的物产有麦、豆、米、杂粮、糖、烟草、生丝、麻、巴缎、蜀锦、鸦片、蔬菜、果实、药材、铁、石煤、盐、西藏产羊毛、山羊毛、猪毛等"。③

  重庆在近代的崛起,得益于长江航道和沿江口岸的开通,也是清中叶以降川东、川南等地区工商业迅速发展的必然,无论是在1891年后的对外贸易,还是民国时期的经济建设中,重庆都成为川中商业贸易之首要地,全川商品以此地为最大集散,也是商品入川最主要中转站,这无疑促进了重庆商业市场的繁荣。相对于重庆等川东、川南地区城市经济和商贸地位的上升,像成都、汉源、绵阳、遂宁、三台、广元等明清时期商贸较为繁盛的川西、川中北地区城市,近代时期地位均有所下降,而合川、南充、达川、内江、资中、自贡、万县、奉节、宜宾、泸州等城市,清末民国时期商贸地位上升均较为突出。④

  在乡村市场方面,据研究,光绪年间四川盆地及边缘乡村市场已达到4300个左右,其中川东和川南地区乡村市场数量与清代中叶相比是稳中有增,占全川40%左右的比重。至民国时期,尽管川东和川南的乡村市场数量达到1885个,占全川乡村市场总数的近40%左右,数量不及川西平原地区,但在市场密度、市场单位半径内人口及场均人口数量上,全川以川南和川东地区增长为

---

① (美)施坚雅:《城市与地方体系层级》,见氏主编:《中华帝国晚期的城市》,叶光庭等译,中华书局,2000年,第343—344页。
② Roport of the Mission to China of the Blackburn Chamber of Commerce, 1896-97, pp240-244. 引自姚贤镐编:《中国近代对外贸易史资料》第3册,中华书局,1962年,第1549页。
③ (日)中野孤山:《横跨中国大陆——游蜀杂俎》,郭举昆译,中华书局,2007年,第212页。
④ 参阅黎小龙等:《交通贸易与西南开发》,西南师范大学出版社,1994年。

甚。① 全川各州县在晚清时期的商品流通和市场行销情况,可详见表4-4。光绪三十年(1904)官报书局编印的《四川全省出产行销货物表》,对清末时期四川各州厅县城乡商品流通和市场情况作了较为详细的记录,可极大地弥补先行研究中鲜少对川内区域物产及其行销情况作出全面、细致复原的缺陷,以往涉及的货物多以相对零碎的实录、志乘等资料作描述,其行销情况亦以粗线条的交通、物流聚散来展开,并未具体呈现全省物产详细状况和传统市场行销范围。此外,受资料分布和区域开发程度影响,以往的研究偏重于大宗商贸活动和主要经济中心区域,如粮食、茶叶、桐油及川西、川西北对藏区的边贸,川东、川南等经长江水道的行销等,而对与北方陕甘等地区进行的货物传统行销情况探讨不多,客观上对全川传统商品经济及对外贸易的全面把握有所制约。

表4-4　清末四川各地出产及市场行销情况

州厅县	出产货物(土产)	行销货物(外来)	集散与贩运情况
成都附属			
成都县	蚕丝、菜油、土药、湖绉、巴缎、锦缎、宁绸、摹本、绸缎、线丝、笺纸、顾(?)潮金、香货、金箔、烧酒、老酒、绢扇、栏杆、皮货、织绒、竹器、藤器、椒器。蚕丝、菜油、牛羊皮、栏杆、绸缎均畅销。栏杆、绸缎为大宗,土药、菜油次之。	布疋、云土、普茶、纸张、药材、疋头、干菜、绍酒、瓷器、叶菸、绵烟、郫烟、岚炭、杠炭、木柴、夏布、红白糖、洋油、洋广杂货、山漆、苏杭绸缎、黄白腊。布疋、疋头、柴炭、糖烟、茶纸为人生日用之资,省垣人户繁多,销行自畅,其余洋广杂货、药材、干菜次之。布疋、疋头、普茶、毛茶、岚炭、木柴、红白糖为大宗。	省城、牛市口、簇桥为商贩荟萃地。蚕丝聚集于簇桥及东门内,土药在牛市口。丝来自川北及嘉定一带,布疋、洋油、洋广杂货由重庆转运而至,药材、皮货由雅泸松宁各地方运来;省至所产之绸缎、栏杆、线绦各货则行销滇黔两省者为多。
华阳县	花生油、通草花、牛羊皮、卤漆货。	棉花、桐油、渝酒、粗细毛茶、铜铁锡器、蓝靛。	—
双流县	火麻、菜油、草帽、猪。火麻、菜油、猪只为出产大宗。火麻岁产三万,菜油十余万斤,草帽五千顶,猪约售银三四万两。	布疋、土药、烧酒、绸缎、杂货、疋头、纸张、药材、干菜、红白糖、棉线、蚕丝。蚕丝、布疋、土药、棉线为行销大宗。蚕丝岁约销二万两,布二万匹,疋头、干菜销银八九千两,烧酒、糖、线次之。	簇桥场、彭家场为商贩荟萃地。货物聚集于县城彭家桥、簇桥,运销嘉定、犍为各地。

---

① 郑维宽:《清代民国时期四川城乡市场研究》,西南师范大学1998年硕士学位论文。

续表

州厅县	出产货物(土产)	行销货物(外来)	集散与贩运情况
	成都府属		
温江县	蚕丝、菜油、叶菸、酱油、黄麻、麻索,均极畅销。以菜油、黄麻为出产大宗。	棉花、棉纱、绸缎、疋头、毛茶、海菜、钱纸、土药、药材。棉纱、疋头、钱纸、毛茶、土药颇畅销,余俱疲滞。	麻、油行在县城西关外,叶菸在郫县大宇庙犀浦出售,酱油作房城乡俱有,丝则随场零售。
新繁县	茧子、茧绸、菜油、烧酒、布匹。菜油、烧酒、布匹为大宗,茧绸岁产五六百匹,菜油万车,叶菸千余担,布约万匹,烧酒三四千担,茧子稍滞。	土药、药材、干菜、疋头、钱纸、纸张、红白糖、绸缎杂货、铜铁锡。土药、钱纸为行销大宗,土药岁销七十三万两,钱纸万驮,干菜、红白糖、药材、绸缎杂货次之,余稍疲滞。	茧子市在城内湖广馆,叶菸市在陕西馆,烧酒市在四城门内外及清流河、吞龙桥、清白江各场,布市在真武宫。
金堂县	红糖、叶菸、油枯、菜油。出产以红糖为最,岁产千桶,叶菸三四千捆,油枯三十万斤,菜油数千支。	清油、布疋、纸张、广花。清油、广花日渐畅销。	赵家渡为货物集散地,上自成属,下达资简,淮口镇、赵家渡为商路要地。
新都县	土药、叶菸、牛皮、牛膠、牛油、菜油、木材、茧子、布疋。叶菸、菜油、布疋为大宗,土药岁销五百担,叶菸五千担,牛皮一千余张,牛膠、牛油各八九千斤,菜油三千担,布八九千匹,余销滞。	烧酒、钱纸、干菜、药材、疋头、纸张、红白糖、绸缎杂货、铜铁锡。干菜、疋头为行销大宗。	土药聚集泰兴场,叶菸行销叙州属,菜油成都县属。县城、唐家寺、泰兴场、永兴场等为主要商贩荟萃、往来地。
郫 县	摺菸、索菸、菜油、白麻。摺菸、索菸为出产大宗。	棉花、棉纱、洋货、疋头。	摺菸、索菸行销于重庆、泸州、叙府、邛州、雅安、松潘等处,菜油省城,白麻重庆一带。水路至由三倒堰、花园场赶往赵家渡,至新津、彭眉,陆路往双流、新津、大邑、温江、灌县及邛州。菜油在县城荟萃。
灌 县	药材、蓝靛、菜油、茶叶、木筏、岚炭。川芎、泽泻、木筏、蓝靛、茶叶为出产大宗。	麝香、鹿茸、虫草、贝母、羊毛、羊皮、土药、药材、蜂蜜、布疋、溜牛□。药材为行销大宗。	货物聚集在县城及石羊场,运销省城与重庆。县城、石羊场为商贩荟萃地。松、茂、大小金川货物运至县城成装出口。

续 表

州厅县	出产货物(土产)	行销货物(外来)	集散与贩运情况
		成都府属	
彭　县	土药、叶菸、蓝靛、牛皮、牛胶、牛油、烧酒、老酒、菜油、木材、布疋、茧子。土药、叶菸、蓝靛、烧酒、菜油为大宗，土药岁产千担，叶菸万担，蓝靛八千担，牛皮千张，牛胶牛油各二万斤，烧酒四万担，老酒五千坛，菜油八千担，布三万匹，木材售银约万两，茧子稍滞。	干菜、药材、疋头、钱纸、纸张、红白糖、绸缎杂货、铜铁锡。干菜、疋头、钱纸为大宗。干菜、钱纸岁销银二万两，疋头四万两，杂货、糖、药材各物次之。	土药聚集永定场，余均在县城北门外，叶菸行销嘉定，菜油省城。
崇宁县	大菸、叶菸、土药、清油、石灰、柴炭、蓝靛、茶麻、草帽、坛罐。大菸、叶菸、土药、石灰为大宗。大菸、叶菸岁各销二十万斤，土药四万两，清油十万斤，石灰六十万斤，余则所销甚微。	洋布、绸缎、杂货、干菜、疋头、纸、煤。洋布为行销大宗，岁销约五百余匹。	大菸、叶菸聚集安德铺而行销于万、合、邛，土药由各乡场聚集行销本境，清油行销省城，石灰由桂花场运销本境及郫县。煤炭由彭县运销本境。
简　州	冰糖、土药、棉花、红花。冰糖和土药为出产大宗。冰糖岁产五十万斤，土药前三年(按1904年时载)亦五十万斤，近日只二三成。棉花原产八九万斤，近只二三成。红花栽者日少。	疋头、铁、纸、油枯、干菜、药材、绸缎、清油、铜、锡。疋头、铁、纸、油枯为大宗。干菜、疋头岁各销银四五千两，铜铁锡及纸各八九千两，油枯岁销百万余斤，稍逊。	土药在州城，冰糖在石桥，棉花在州北各场聚集，州城、石桥、龙泉寺为商贩荟萃地，有陆路、水路运销。
崇庆州	芎藭(川芎)、泽泻等药材，火麻、麻皮、线布、白布、菜油、油枯。火麻、布、菜油为大宗。白芷、白布、油枯甚畅行，余均疲滞。	洋纱、洋货、棉花、疋头。洋纱为行销大宗，岁约销二三十万斤，余滞。	土产运销下河，洋纱杂货由江口运销本境。州城、元通场为商贩荟萃地。水陆路运销。
新津县	叶菸、菜油、红糖、烧酒、白布、茧子、木柴、火麻。叶菸为大宗，岁产千余捆，菜油、红糖二十万斤，烧酒三十万斤，白布一万余匹，余不成庄。	疋头、木料、棉花、干菜、药材、白蜡、纸、洋货。疋头为行销大宗。木料、棉花岁各销银一万余两，余只二三千两不等。	货物聚集在县城，行销于附近各属。县城为商贩荟萃地。

续表

州厅县	出产货物(土产)	行销货物(外来)	集散与贩运情况
成都府属			
汉州	兔皮、条粉、菜油、油枯、布疋、火酒。兔皮、条粉、菜油、布疋为出产大宗,兔皮岁产五十余担,条粉五千担,菜油七千担,油枯一万二千担,布疋二万担,火酒六百余担。	干菜、钱纸、药材、绸缎杂货、疋头、颜色纸张、白糖、铜铁锡。干菜、疋头为大宗。钱纸岁销六千余捆,干菜销银二万两,绸缎杂货一万余两,余均滞。	兔皮行销陕西,条粉销本属,菜油销本省,油枯销金堂、什邡,布疋销灌县、省城。州城、连山场等为商贩荟萃地。
什邡县	叶菸、土药、红糖、菜油、布疋、茧子、蓝靛。叶菸、土药、蓝靛、菜油为大宗,叶菸岁产十四五万担,土药百担,菜油五千担,红糖十万余斤,布万匹,蓝靛四千担,茧子销银千余两。	干菜、钱纸、药材、绸缎杂货、疋头、颜色纸张、白糖、铜铁锡。疋头为大宗,岁约销银二万余两,绸缎杂货八千余两,余疲滞。	叶菸销川东,土药销本城,蓝靛销潼川,菜油销成、绵。
绵州属			
直隶州	水丝、火丝、绸子、纸、麦冬、药材、清油、布、牛皮、大麯、酒、糖、铁、菸。丝岁约八十余万两,麦冬三十余万斤,以此二件为大宗。	洋纱、疋头、杂货、绸缎、棉菸、药材、毡毛货。洋纱为行销大宗,岁约销州属及五属有二三百万斤。	各属出产均聚集各城,惟州城视各县城稍多。丝自州县各属运至上海行销,牛皮自松潘运至重庆行销。货物出进水陆以合川为扼要,陕甘货物进口陆路以广元三磊坝为扼要。
安县	茶叶、石炭、梣子、叶菸、生漆、乌药。茶叶、石炭甚畅,茶叶岁约一二千包。	洋纱、疋头、杂货、绸缎、棉菸、药材、毡毛货。	石炭、花炭自所产地方运至州城销售,茶叶运至松潘一带销售,乌药运至彰明并附子种用。
绵竹县	大麯酒、烧酒、纸张、摺菸、石炭、花炭。酒、纸、炭最畅,摺菸次之。酒岁约产二万余挑,纸产最富,除供本省需要外,行销邻省。	洋纱、疋头、杂货、绸缎、棉菸、药材、毡毛货。	摺菸运销省城并零销本境外县,花炭、石炭运销什邡、罗江一带。
德阳县	黄糖、土药。糖岁约产三四千桶,每桶重五百斤。	洋纱、疋头、杂货、绸缎、棉菸、药材、毡毛货。	黄糖运销邻境及川北一带。

续表

州厅县	出产货物（土产）	行销货物（外来）	集散与贩运情况
绵州属			
梓潼县	水丝、蓝靛、土药。蓝靛畅，水丝、土药次之。蓝靛、土药岁约四五百挑。	洋纱、疋头、杂货、绸缎、棉絮、药材、毡毛货。	蓝靛运销陕甘，土药运销川东一带。
罗江县	麦、榖、杂粮。	各项略有，均不成庄。	—
龙安府属			
平武县	药材、蜂蜜、木耳、茶叶、黄丝、木筏、山磁、牛皮。以茶叶为大宗，木耳、药材次之。	洋布、绸缎、棉花、大小布、纸张、糖、花线、棉纱。布为行销大宗大小布岁销二万匹，黄白纸一百余担，糖五百担。	输出各货物自县属各场运至江油县之中坝成庄，转运到保宁府及甘肃省之文县碧口分销；输入各货悉由中坝场转运而来。
江油县	药材、蓝靛、土药、木耳。蓝靛、土药为大宗，蓝靛岁产百余万斤，土药七八十万两。	洋布、绸缎、棉花、大小布、纸张、糖、花线、棉纱。布岁销六万匹，棉花、棉纱各五千斤。	输出各货由县属各场运销太和镇及成属，重庆并梓潼县属之重华场；输入各货由重庆、合州、成都，绵州等地贩运而来。
石泉县	药材、蜂蜜。所产无多。	油、布、菸，销数甚微。	以江油中坝场为转运地。
彰明县	附子、蓝靛、菜油、叶菸、桐油、土药。附子、蓝靛为大宗，附子岁产二千余桶，每桶重五百斤；蓝靛一百八十万斤；菜油一千五百担。	洋布、绸缎、棉花、大小布、纸张、糖、花线、棉纱。布岁销二三万匹。	—
茂州属			
直隶州	麝香、贝母、虫草、花椒、山磁、黄菸、青菸、毡子、蜂蜜、杂药。黄菸、煋为大宗。	布疋、茶叶、菜油，布疋为大宗。	自松潘由州过灌县或自小东路赴绵州彰明成庄发卖。
汶川县	灰磁、木筏。	布疋、茶叶、菜油。	商贩以灌县为荟萃地。
松潘厅	大黄、甘松、贝母、甘草药材等，甘松为出产大宗，岁产约十万斤。	茶叶、布疋、毛绸、花线、麻绳、铁器、糖、土药、羊毛皮、羊只、毡子、骡马牛等。出关以茶叶为大宗，岁销六七千票，进关以羔皮、羊毛为大宗。	—

续　表

州厅县	出产货物(土产)	行销货物(外来)	集散与贩运情况
茂州属			
理番厅	羊皮、大黄、虫草、贝母、蚕丝、花椒、煤炭、药材、花椒为出产大宗。	广布、土布、黄荅、草荅、蜡虫、疋头。布疋为行销大宗。	由南至北者运至雅州，由北至南者运至宁远，中所坝、大树堡、安顺场为商贩荟萃地。
懋功厅	大黄、羌活、麝香、虫草、贝母等药材、牛羊皮。麝香、虫草、贝母为大宗。	布疋、毛茶、纸张、叶菸。	货物聚集于懋功屯之新街，运销于灌县、邛州。新街为商贩荟萃地。
嘉定府属			
乐山县	煤炭、白蜡、丝绸、纱帕、土药、榕子、白炭、叶菸、毛茶、猪毛、灯草、老酒、绍酒、包谷绍酒。蚕丝、大绸、白蜡、煤炭为大宗。	菜油、木料、斑竹、云土、纸张、棉花、洋纱、海菜、红白糖、药材、烧酒、干笋、漆、麻、绸缎、布、洋广杂货、洋油。菜油、木料、斑竹、洋纱、布疋为大宗。	货物散聚于各乡场，白蜡城内设有公司经理运销重庆，丝绸上及省垣，下达泸渝，均有庄口分销。煤炭商荟萃于铜河、福禄、太平等场，木竹商在斑竹湾，蜡绸商在郡城。
峨眉县	白蜡、白丝、干笋、毛茶、峨参、黄连、毛铁、烧酒、煤炭、杉木。白蜡、白丝为大宗。	纸、麻、蜡虫、云土、棉花、棉纱、绸缎、布疋、药材、海菜、生漆、洋广杂货、洋油、白沙烧酒。蜡虫、菜油为大宗。	蜡、丝、笋、茶均聚集于城内，煤炭在袁沟、龙池，烧酒在南路各场，毛铁在大围场，峨参在峨山，除供本境需用外，上销省垣，下及叙泸渝各地。纸来自夹江，油、麻来成属，云土、蜡虫来宁远，其余各货自郡城转运而来。
洪雅县	白蜡、黄白丝、杉木、黄连、毛铁、笋子、天麻、高阳纸、印纸、铁锅、土药。杉木为大宗。	棉花、洋纱、绸缎、海菜、菜油、蜡虫、红白糖、白沙烧酒、洋广杂货、洋纱、蜡虫为行销大宗。	丝、蜡、笋、木、锅铁运销嘉郡及省垣，黄连、天麻则由重庆转销外省。输入各货悉由嘉郡转运而来，白沙烧酒由江津运来。
夹江县	纸张、大小贡川、白蜡、白丝、毛茶、煤炭、杉木。纸张、白蜡、白丝为大宗。	菜油、麻、蜡虫、云土、棉花、洋纱、药材、漆、白沙烧酒、磺、绸缎杂货、菜油、蜡虫、棉花、洋纱为行销大宗。	菜油、麻来自成属，云土、蜡虫来自宁远，其余各货来自嘉郡。纸市在城内北正街及南安场，蜡、丝均在县城聚集。

续 表

州厅县	出产货物(土产)	行销货物(外来)	集散与贩运情况
嘉定府属			
犍为县	煤炭、巴豆、红糖、烧酒、白蜡、蚕丝、丝头、蜡虫、猪毛、茶叶、叶菸、土药、白炭、黄白薑。煤炭、白蜡、茶叶、黄白薑为出产大宗。煤岁产七百万挑,巴豆六百包,糖六七千桶,酒十余万斤,白蜡四万余柄,丝二千余把,丝头二百余包,蜡虫一百余挑,猪毛五六十包,叶菸四五千担,黄白薑六七千挑。	菜油、葫豆、麻、云土、棉花、洋纱、云南蜡虫、药材、绸缎杂货、海菜、洋广定头、烧纸、漆。菜油、葫豆、麻、云土、洋纱、烧纸为大宗。油岁销五六千缸,豆八千余石,麻二千余捆,花千余包,纱二千余柄,云土五六百挑,蜡虫二千余挑,烧纸万余捆,漆百余桶。	煤销本境外,上行省垣,下泸叙,巴豆销重庆,丝头、黄白薑由重庆出口。菜油与麻由成属运至,绸缎杂货由省垣、郡城,漆由贵州,余均由叙府运来。
荣 县	煤炭、蓝靛、棉花、毛铁、条铁、草纸、蚕茧、细丝、红糖、土药、茶叶、桐油、清油、土布、烧酒、竹索、牛皮、硝、柏油、土窑器。煤为大宗,酒、铁、靛、窑器次之。	广花、洋纱、叶菸、纸张、麻、毛茶、药材、绸缎、杂货、白糖、冰糖、磁器、大南竹、洋油、漆。麻、洋纱、大南竹为大宗。	—
威远县	挂面、条粉、煤炭、蓝靛、棉花、毛铁、条铁、草纸、蚕茧、细丝、红糖、土药、茶叶、桐油、清油、土布、烧酒、竹索、牛皮、硝、柏油、土窑器。煤炭、糖为出产大宗。	广花、洋纱、叶菸、纸张、麻、毛茶、药材、绸缎、杂货、白糖、冰糖、磁器、洋油、漆。草纸为行销大宗。	煤炭运销自贡两井,糖销内江。由省运货回县或由东道在高石场取道资州,抑由镇西场取道荣县赴嘉郡。
雅州府属			
雅安县	茶叶、黄连、笋子、蓝靛、木料。茶叶为出产大宗。	中布、土药、烧酒、叶菸、清油、大黄、牛膝、羌活、独活、红白糖、木香。中布为行销大宗。	茶叶运至炉城转销西藏,蓝靛、笋子运销渝泸,木料运至嘉定。
天全州	茶叶、笋子、蓝靛、硵、牛膝、木瓢、木料。茶叶为大宗。	烧酒、清油。无行销大宗。	茶叶运至炉城转销西藏,余均由水路运至嘉定聚集分销各地。
名山县	茶叶、蓝靛、土药、丝、白蜡、油枯。茶叶为大宗。	洋布、广布、土布、叶菸、白沙酒。广、土布各岁销数百挑,白沙酒数万斤,以之为大宗。	茶叶运至炉城转销西藏。

续 表

州厅县	出产货物（土产）	行销货物（外来）	集散与贩运情况
雅州府属			
荥经县	粗茶、铜铅、铁锅、笋子、黑炭、木瓢、纸张。粗茶为大宗，额引二万三千三百一十四张，每张配茶五包。铜课一千七百七十余斤，铅课二千一百余斤。	—	茶叶运至炉城转销西藏。铜铅运全省垣销售，但前畅今滞。
芦山县	—	—	—
清溪县	铁、大黄、蚕丝、核桃、牛羊、铁锅、花椒、茶叶。蚕丝、茶叶为大宗。铁岁约产六千余揹，花椒亦畅，茶叶次之。	广布、洋布、绸缎、洋缎。广布为大宗。	富林场等为商贩荟萃之地。
打箭炉	狐等动物皮、牛羊皮、羊毛、鹿茸、麝香、虫草、贝母、硼砂、知母、大黄、沙狐皮。皮张、羊毛、鹿茸为大宗，皮张、药材最畅。	中布、洋布、棉花、叶菸、哈达、绸缎、丝线、棉线。布、洋布、叶菸、棉花、棉线俱畅行。以邛、天、雅、荥、名五属茶引为大宗。	关外由西藏察木多、理塘、瞻对、德忒、霍耳、章谷等各土司夷地来，关内由成都、重庆、嘉定、雅州各属来。
宁远府属			
西昌县	杉板、白蜡、蚕丝、土药、茯苓等药材、花椒、牛羊皮、骡马牛羊、煤炭。以杉板、白蜡、土药、马羊为大宗。	广布、棉纱、绸缎、杂货。广布、棉纱为大宗。	羊皮、香羊皮在郡城外聚集。郡城、礼州、德昌为商贩荟萃地。
盐源县	杉板、金矿、铜矿、土药、茯苓等药材、花椒、马羊。土药甚畅，为大宗。	广布、土布、洋布、缅布、绸缎、洋缎。广布、土布为大宗。	白盐井为商贩荟萃地。西通会理、云南，东至郡城。
会理州	铜、铅、蜡虫、白蜡、杉板、土药、蚕丝、药材、冰糖、白糖、硝、磺、牛羊、煤炭。蜡虫、白蜡、窝铅、土药为大宗。	云土、广布、春茶、棉纱、洋布、丝绵、绸缎、洋缎。云土、广布、棉纱为大宗。	州城为商贩荟萃。上通郡城、省垣，下达叙府、东川，右由武定通滇省，左由大姚通大理。
冕宁县	蚕丝、白蜡、蜡虫、土药、贝母等药材、大麻、杉板、花椒、牛羊。蚕丝、蜡虫、土药、花椒为大宗。	广布、洋布、棉纱、绸缎、茶叶、洋缎。广布为大宗。	货物在县城及泸沽聚集，蜡虫运销嘉定，蚕丝运销云南。
越巂厅	—	—	—

续 表

州厅县	出产货物（土产）	行销货物（外来）	集散与贩运情况
眉州属			
直隶州	白花布、洋纱布、叶菸、黄糖、石膏、土红、清油、土药、蚕茧。黄糖、叶菸为大宗。	棉花、洋纱、茶叶。棉花为大宗。	白花布、石膏行销夹江、峨眉、马边、名山各地，洋纱由嘉定运来。水路上游以太和镇，下游以张家坎为要。陆路上游以焦观塘，下游以张爷庙为要。
丹棱县	黄白丝、白蜡、木柴、土药。黄白丝、白蜡为大宗。	洋纱、黄白糖、菜油、蜡虫、烧酒、绸缎、洋广杂货。以菜油为大宗。	出产各物大半行销洪雅各处，黄白丝贩往省垣销售，白蜡贩往嘉定销售。
彭山县	皮硝、木柴、烧酒、土布、茧子、土药。皮硝为大宗。	硫磺、棉花、洋纱、黄白糖、纸张。硫磺、洋纱为大宗。	皮硝行销渝泸，土布渐行销崇庆州。硫磺自贵州来，由委员销售，商人转运至成绵龙邛分销，纱绵、黄白糖均由嘉定运来。
青神县	洋纱布、白花布、叶菸、木柴、清油、蚕丝、土药、白蜡、蚕茧、黄糖、毛茶。蚕丝、叶菸、木柴为大宗。	广布、洋纱、洋布、柏油、蜡虫、烧酒、夹江纸张。广花、洋纱为大宗。	布疋、叶菸行销夹江、峨眉、井研、马边、名山者悉由县境西南运入。广花、洋纱由嘉定运来者，由汉阳场而入。汉阳场为商贩荟萃地。水路上游以本州，下游以嘉定为要；陆路上游以鸿化堰，下游以刘家场为要。
邛州属			
直隶州	茶叶、纸张、木柴、木料、蚕丝、蔗糖。茶叶、纸张、木料为大宗。	广布、洋布、洋纱、叶菸、清油、药材、洋缎、洋油、棉花。布疋、洋纱、清油为大宗。	茶在高家场聚集，运销打箭炉，纸在平落坝倒座庙聚集，运销成都府属；木料新津有厂。州城、平落坝、牟场为商贩荟萃地。
蒲江县	茶叶、蓝靛、蚕丝、白蜡、杠炭。茶叶、杠炭为大宗，蓝靛次之。茶叶岁产约十余万斤，草茶三四十万斤，蓝靛五六十万斤，杠炭三十余万斤。	广布、土布、洋布、烧酒。广布、土布、烧酒为大宗。	县城、寿安镇为商贩荟萃地。

续 表

州厅县	出产货物（土产）	行销货物（外来）	集散与贩运情况
邛州属			
大邑县	茶叶、岚炭、土布、粗纸。岚炭为大宗，岁产三百万斤；茶叶岁产三十万斤；粗纸一二万斤。	—	茶叶运销松潘，岚炭温、崇及省城，粗纸在附近州县。
顺庆府属			
南充县	绸绫、丝、桐油、清油、棉花、丝棉、牛羊皮、红花。丝为大宗，岁产约五六百包，绸绫次之。	洋纱、洋布、毛货、绸缎、洋广杂货。洋纱为大宗。	丝自府属各地并南部、阆中亦运来销售，除省垣购办外，上海外洋亦咸来采办。绸绫专销省垣，洋广各货悉由重庆转运来。丝、牛皮行外洋者由水路下行以合州为扼要；羊皮、绸绫运销省垣者，以赵家镇为扼要。
西充县	丝绸、丝绵、桐油、棉花。丝最畅。	洋纱、洋布、毛货、绸缎、洋广杂货。	—
蓬　州	丝、土药、沙金、棉花。	洋纱、洋布、毛货、绸缎、洋广杂货。	—
营山县	丝、棉花。	洋纱、洋布、毛货、绸缎、洋广杂货。	—
仪陇县	丝、棉花。	洋纱、洋布、毛货、绸缎、洋广杂货。	—
广安州	小布、纸张、土药、棉花。小布为大宗，岁产四五千匹。	洋纱、洋布、毛货、绸缎、洋广杂货。	布自本州运往邻境销售。
邻水县	茶、铁、布、土药、生麻布。麻布为大宗。	洋纱、洋布、毛货、绸缎、洋广杂货。	—
岳池县	布、丝、棉花、灯草、土药。灯草为大宗。	洋纱、洋布、毛货、绸缎、洋广杂货。	灯草运销陕甘、湖北，陕甘者以广元为扼要，湖北以合州为扼要。
潼川府属			
三台县	细丝、棉花、土布、桐油、清油、药材。以细丝、土布为大宗。	洋纱、洋布、皮货、毡货、洋广杂货、海菜、绸缎、烧酒、土药、菸、糖。洋纱、叶菸为大宗，叶菸岁销约三百余挑，土货百余挑。	丝自府属各县及绵属运销省城及上海，洋广各货由重庆运转来。下行各货以合州为扼要，上行各货以赵家渡为扼要。

续　表

州厅县	出产货物（土产）	行销货物（外来）	集散与贩运情况
潼川府属			
射洪县	丝、布、棉花。细丝、土布为大宗，丝最畅。	洋纱、洋布、皮货、毡货、洋广杂货、海菜、绸缎、烧酒、土药、荭、糖。洋纱畅销，为人宗，余均疲滞。	各货由府城及邻县分运来城销售。
盐亭县	丝为大宗。	洋纱、洋布、皮货、毡货、洋广杂货、海菜、绸缎、烧酒、土药、荭、糖。	各货由府城及邻县分运来城销售。
中江县	绸子、夏布、烧酒、挂面、白芍。烧酒、挂面为大宗。	—	—
遂宁县	布、药材、棉花、烧酒。布为大宗。	—	本地为潼绵各属聚集货物之地，且河为商贩荟萃地。以合州为出入扼要。
蓬溪县	棉花。	—	—
乐至县	藕粉。	—	—
安岳县	藕粉为大宗，岁产约五六十挑。	—	—
保宁府属			
阆中县	丝、张棉、花素绸、半夏麹、棉花、土药、桐油、牛皮、木耳、香菌、糖、铁。丝为大宗。	洋纱、棉荭、叶荭、摺荭、绸缎、陕酒、毛货、洋广杂货、毡货、甘肃药材、洋布。洋纱为大宗，最畅。	丝、牛皮自所属运销省垣、上海等处，余多零售本境及顺潼所属各州县。洋广各货由汉口、绸缎由省垣分运来。进出口各货水路以合州，陆路以金堂县赵家渡为扼要。
苍溪县	丝、木耳、香菌。	—	—
南部县	药材、蓝靛、丝、棉花、白蜡、土药、桐油、木耳、香菌、糖、铁。以白蜡为大宗，岁产约值银二十余万两。	—	—
广元县	药材、土药、棉花、土漆、杠炭、木耳、银耳、香菌、桐油、铁、大麹酒。	棉荭岁约销六七千箱，为行销大宗。	棉荭、药材自陕甘运至中坝分销各属，中坝所产各货运往陕甘一带销售。

续　表

州厅县	出产货物(土产)	行销货物(外来)	集散与贩运情况
保宁府属			
昭化县	木耳、银耳、沙金、土药、香菌。	—	—
巴　州	丝、绸子、木耳、木料。木耳、木料为大宗。	—	巴、通、南三县木料由水路运销重庆一带，土药由三汇成庄运销湖北。
通江县	白蜡、木料、土药、木耳、木料、土药为大宗，木耳、白蜡次之。	—	—
南江县	木耳、木料、香菌。木耳、木料为大宗。	—	—
剑　州	丝、绸子、香菌、木耳。	—	火丝运至新都、双流销售者最多。
叙州府属			
宜宾县	丝、糖、桐油、菜油、榨油、花油、煤炭、黄白薑、羊皮、猪毛、巴豆、白蜡、茶叶、酒、冬菜、牙菜、荫头、仙茅。黄白丝、白糖、白蜡、灯草、凉席为大宗。	春茶、云土、棉花、宣威肘、广布、麻布、土药、菜油、药材、洋油、草纸、牛皮、磁器、蓝靛、渝酒、叶菸、冬笋、纸张、绸缎、洋纱、铜锡、海菜、生漆、泉烟。云土、洋纱为大宗。	云南所产各货贩运来郡，水路必经老鸦滩，陆路必经横江，洋广各货由渝泸转运来必经李庄、南广。城外走马街、栈房街、合江门正街为商贩荟萃地。
庆符县	蚕丝、土药、毛茶、煤炭、杠炭、石灰、烧酒、菜油、花油、茶油、桐油、苎麻、巴豆、木料、猪毛、叶菸、蔗糖、花生。花生为大宗，土药、油、糖各货次之。	布疋、棉花、水烟、火硝、洋油、药材、纸张、海菜、绸缎、洋广杂货。布疋为大宗。	县城、南广为商贩荟萃地。南门外有河道上通罗星渡，下达大江，来往货物均由此河转达。
富顺县	糖、漏水、煤炭、牛羊皮、猪毛。糖为大宗，与煤炭为最畅。	菜油、桐油、洋油、叶菸、棉菸、洋纱、棉花、筒竹、药材、海菜、纸张、磁器、绸缎、洋广杂货。	糖由各场聚集分销川东、湖北各处。菜油由金堂，桐油由川东忠酆万涪，竹筒由永宁、长宁、筠连及贵州仁怀等处运来销售。富厂为商贩荟萃地。

续 表

州厅县	出产货物(土产)	行销货物(外来)	集散与贩运情况
叙州府属			
南溪县	糖、菜油、花生油、花生、烧酒、芽菜、冬菜、煤炭、叶菸、黄麻、糖、花生为大宗。	茶叶、洋纱、广花、土药、泉烟、磁器、绸缎、洋广杂货、药材、纸张、草纸、海菜、蓝靛、洋油、白蜡、铁器。洋纱、广花、土药为大宗。	货物、商贩以李庄镇为聚集处,糖运销泸渝一带。
长宁县	草纸、煤炭、石灰、烧酒、茶油、菜油、桐油、蓝靛、冬笋、楠竹、木料、杠炭、巴豆、薏苡、土药、猪毛、水糖、蚕丝、麻。巴豆为大宗,草纸、石灰、煤炭、楠竹、木料、冬笋次之。	布疋、棉纱、火硝、毛茶、白糖、砂糖、海菜、洋油、水烟、药材、绸缎、纸张、洋广杂货、红糖。布疋为大宗。	安宁桥为商贩荟萃地。
高 县	蚕丝、毛茶、水纸、草纸、土药、煤炭、杠炭、石灰、烧酒、菜油、花油、茶油、桐油、蓝靛、苎麻、木料、巴豆、薏苡、猪毛、茧头。蚕丝为大宗,毛茶、水纸次之。	布疋、棉纱、火硝、毛茶、白糖、砂糖、海菜、洋油、水烟、药材、绸缎、纸张、洋广杂货、红糖。布疋、红糖、白糖为行销大宗。	县城、黄水口为商贩荟萃地。
筠连县	—	—	—
珙 县	草纸、煤炭、石灰、烧酒、珙石、菜油、桐油、火硝、冬笋、蚕丝、叶菸、硫磺、苎麻、杠炭、土药、楠竹、木料。煤炭为大宗。	毛茶、棉花、丝烟、纸张、药材、洋油、海菜、绸缎、洋货。丝烟为大宗。	输入各货均由叙府贩运至龙湾转运来县销售,城外有小路上通云南镇雄,下达叙府。
兴文县	草纸、煤炭、石灰、烧酒、常酒、窖酒、菜油、桐油、蓝靛、火硝、冬笋、叶菸、杠炭、楠竹、木料。草纸、煤炭、蓝靛、楠竹、木料为大宗。	毛茶、棉花、丝烟、纸张、药材、洋油、海菜、绸缎、洋货。	梅岭为商贩往来处。
隆昌县	夏布、棉布、烧酒、豆豉、挂面、水糖、羊皮、煤炭、土药。夏布为大宗。	苎麻、春茶、洋纱、广花、蓝靛、菜油、桐油、叶菸、水烟、药材、纸张、绸缎、草纸、磁器、洋油、洋广杂货。苎麻、洋纱为大宗。	夏布有山西、河南商贩在县购办,运至永川松溉下船到渝转运该省各地销售,其陕西一帮则取道合州运回本省分销。县城及盘龙场界市场为夏布客商荟萃地。迎福街、石燕桥、福济场分为至省城、重庆和泸州扼要。

续 表

州厅县	出产货物(土产)	行销货物(外来)	集散与贩运情况
叙州府属			
屏山县	土药、茶叶、杠炭、叶菸、烟炭、煤炭、烧酒、桐油、菜油、楂油、生铁、红白糖、草纸、细纸。煤炭为大宗。	棉花、洋纱、布疋、绸缎、丝烟、药材、海菜、洋货。丝烟最畅。	—
马边厅	—	—	—
雷波厅	—	—	—
叙永厅	石灰、土药、干笋、竹荪、竹篾、梧子、茶叶、烟油、茶油、桐油、火纸、草纸、石炭、杠炭、滑石、蓝靛、烧酒、漆器、猪毛、竹木、土药、梧子、草纸为大宗。	广花、布疋、绸缎、菜油、药材、纸张、海菜、棉烟、郫烟、红白水糖、洋油、洋广杂货。	—
永宁县	石炭、土药、猪毛、梧子、竹篾、竹荪、粗茶、烟油、茶油、桐油、漆器、草纸、滑石。并无大宗，以猪毛、梧子、竹篾、草纸较多。	广布、布疋、菜油、绸缎、药材、纸张、烧酒、洋油、贵州漆、洋广杂货。广布、布疋、菜油为大宗。	本县为川黔往来大道，行销各货除药材由贵州贩运而来，余均由泸州分水陆两道经纳溪境运入。纳溪县属江门为水路扼要，本县属摩坭、赤水为入黔陆路扼要。
泸州属			
直隶州	土药、湖绉、桂圆、冰糖、猪毛、煤炭、土布、铁锅、篦子、橘子。湖绉为大宗。	春茶、洋纱、洋布、洋广杂货、棉花、绸缎、药材、蚕丝、菜油、桐油、叶菸、棉菸、磁器、纸张、竹木。洋纱、洋布、棉花、蚕丝、洋广杂货、菜油、桐油为行销大宗。	湖绉运销滇黔各地。洋广杂货由重庆转运来，蚕丝自重庆、叙府来。附城大小河街为商贩荟萃地。下游水路以龙溪太安场草鞋沱为要，上游以澄溪口蓝田坝为要；进省陆路以石洞镇福集场为要。
纳溪县	土药、黄白糖、草纸、竹篾、条木、木板。以草纸为出产大宗。	棉花、布疋、春茶、菜油、洋油、煤炭、纸张、药材、疋头、洋广杂货。棉花为大宗。	纸出大河，糖出小河，竹木两河均出。
江安县	黄白糖、花生油、桐油、烧酒、叶菸、煤炭、石灰、冬笋、花生、青矾、白矾、红矾、硫磺、火硝、草纸、土红、竹木、竹黄。黄白糖、草纸、竹木为大宗。	春茶、棉花、绸缎、杂货、药材、洋油、纸张、海菜、土药、蓝靛、棉烟、生漆、泉烟。棉花、土药为大宗。	竹木聚集北门外。春茶、药材、生漆由云南路贩运而来。

续 表

州厅县	出产货物（土产）	行销货物（外来）	集散与贩运情况
泸州属			
合江县	条木、竹子、土药、茶叶、盐锅、蓝靛、草纸、竹篾、烧酒、菜油、桐油、青果、佛手、棉布、棕。条木、竹子、土药为大宗。	叶菸、大菸、贵州漆、贵州铁、茶、洋纱、棉花、绸缎、杂货、药材、洋油、纸张、海菜、土药、蓝靛、棉烟、生漆、泉烟、煤炭。洋纱、棉花为行销大宗，叶菸、大菸、煤炭次之。	货物聚集于县城内外和白沙场。县城内外、白沙场、王家场、先市场为商贩荟萃地。竹篾、棕、土药三项系鄂商来县购运，由渝至汉；竹木则分运渝合自流井等处销售。
资州属			
直隶州	糖、冬菜、煤、糖食、烧酒、蚕茧、细丝、土药、清油、桐油、土布、牛羊皮、牛膠、酱油、挂面。糖、牛膠、羊皮为山产大宗。白糖、桔糖、漏糖岁约各产六七百万斤，红糖则八九百万斤，牛膠二十余万斤，羊皮七八万张。	洋纱、棉花、叶菸、水烟、铁锅、洋油、茶叶、药材、绸缎、杂货、磁器、纸张。棉花、洋纱为大宗，叶菸、草纸次之。洋纱岁约销四五千包，棉花六七千包，叶菸七八百担，草纸三四十万捆。	出产红糖聚集于球溪河，其余俱在城内。州城、球溪河为商贩荟萃地。白、桔糖上运至赵家渡，下运至川东、湖北。其余由省来则出金带铺，由渝来则由银山镇。州属货物上运资阳，下运内江，俱由水路。
仁寿县	蚕丝、柚油、棉花、布疋、蓝靛、土药、红糖、清油。蚕丝、布疋为大宗。	洋纱、叶菸、火麻、茶叶、草纸。洋纱为大宗。	土货均由各场买卖，丝与布由籍田铺运销省城、雅、嘉；行销之火麻、叶菸则由江口陆路运入，洋纱、草纸自嘉定贩来者由赵家场入境，由资州贩来者由北斗镇入境。
资阳县	土药、蔗糖、棉线、橘子、棉花、膏粱、烧酒、葛布、脸帕。土药、蔗糖、烧酒为出产大宗。	广花、洋纱、洋油、洋布、叶菸、泉烟、草纸。洋纱、草纸为行销大宗，极为畅销。	—
井研县	蚕丝、蚕茧、白蜡、柚油、绵绸、桐油、甘蔗、棉花、丝、蜡、柚油为大宗。	麻、茶、铁、炭、糖、土布、茶油、蜡虫、棉花、叶菸、药材、洋纱、纸张。麻、铁、炭、油为行销大宗。	货物经由永兴场运销省城。蜡由分水岭宝兴场运销嘉定。行销各物则由西北一带陆路运入。
内江县	白糖、冰糖、桔糖、漏水、糖食、烧酒、麻布、牛羊皮、猪毛、线毯、冬菜。以白糖、桔糖、烧酒为大宗。	茶叶、洋纱、棉花、清油、桐油、叶菸、棉烟、磁器、草纸、纸张、药材、洋油、蓝靛、绸缎、杂货、土药。以洋纱为大宗，棉花次之。冬菜从前可销二十万斤，近只销数万斤。	糖在县城内外及茂市镇，酒在椑木镇，麻布在田家场聚集，各商贩一以此为荟萃地。

续 表

州厅县	出产货物(土产)	行销货物(外来)	集散与贩运情况
重庆府属			
江北厅	大笺、土药、煤炭。大笺作房五家,岁约产八九十号、百余号不等,每号可装四箱土药,约千担。	洋纱、疋头、棉花、绸缎、药材、海菜、洋广杂货。	城内有大笺作房二家,乡间三家。土药在洛碛成庄。
巴 县	土药、火柴、渝酒、大笺、铅粉、黄丹、银硃、玻璃、绫子、绵绸、毛毡、线毯、织绒、牛羊皮、牛膠、猪毛、布疋、毛纸、毛手巾、煤炭。土药、火柴为大宗。	洋纱、疋头、棉花、绸缎、药材、海菜、洋广杂货。洋纱、疋头为大宗,颇畅,药材各货次之。	渝城为商贩、货物荟萃地。货物贩运往来于贵州、云南、成都、湖南、湖北、山东、广东、上海、陕甘、外洋。廻龙石、江北厅属香国寺、唐家沱为扼要。
江津县	烧酒、枳壳、橘柑、麻布、蓝靛、土碗、盐锅、煤炭、芽菜、大头菜。烧酒、枳壳、橘柑为大宗。	煤炭、大菸、叶菸、糖、棉花、洋纱、桐油、绸缎、洋布、洋油。煤炭、棉花、洋纱为大宗。	白沙场、江口、油溪场、李布场为货物聚集地。出产销本省及外省,行销各货则由外地运来。白沙场、李布场为陆路,江口为水路扼要。
长寿县	青黄篾席,岁出产五万余捆。	—	运销沙市、汉口地方。
永川县	烧酒、条粉、草纸。共有酒房五百余家,条粉岁产约万余挑,草纸万挑,以秋冬为最畅。	—	条粉在乡场,草纸在纸厂,均运往自流井及邻境销售。
荣昌县	土药、烧酒、麻布、土磁、纸扇、蔗糖。烧酒、麻布为大宗,麻布岁产值银十万余两。	—	土药商贩除在本地零售外,均在永川贩运。
綦江县	毛铁、山茧。毛铁为大宗,岁产约三万余担,山茧三四千斤。	黄白糖,岁销值银约二万两。	毛铁运销泸州一带,山茧昔销河南、山西,近销上海,黄白糖由富顺、内江运集城外。
南川县	笋子、茶叶、毛铁、煤炭、草纸、黄连、梧子、硫磺、土药、桐油、漆。煤炭为大宗,笋子、茶、铁、土货次之。笋子岁产二三千包,茶叶千余包,煤炭二三万挑。	—	煤炭、硫磺均运销渝城。

续　表

州厅县	出产货物(土产)	行销货物(外来)	集散与贩运情况
重庆府属			
合　州	煤炭、摺蔊、橘子、故纸、蚕丝、烧酒、巴豆、油饼、陈皮、使君子。煤炭为大宗。	洋纱、木料、绸缎、白糖、蔗糖、郫烟、药材、菜油、桐油、洋油、牛羊皮、洋布、洋缎、山货、杂货。洋纱、木料、各油、郫烟、牛羊皮均畅销,洋纱、白糖、郫烟为大宗。	煤炭行销聚集遂、射、潼数府县,贩运往来上游以渠保遂三河为进口,下游重庆为出口。
涪　州	土药、梧子、蜂糖、桐油、杜仲、大黄、厚朴、枳壳、漆。土药、桐油、漆为大宗。	洋纱、疋头、棉花。洋纱、疋头为大宗。	州城为商贩荟萃地,羊角碛、冷门关、龟门关为扼要。
铜梁县	草纸、毛铁、土碗。纸岁产约万挑,铁三千余挑。	—	纸铁两厂在东西两山,所产除供本境外,俱销潼川一带。
大足县	毛铁、蓝靛、粽叶。铁岁出五万余斤,靛三四百挑。		铁在归化场鱼口坳,靛在中鳌场。铁运销附近州县,靛销安岳、遂宁等处。
璧山县	草纸、煤炭、毛铁、土布、绸缎。草纸为大宗。	—	草纸、煤炭、毛铁俱在县属东西两山。草纸运销潼川府属,土布运销贵州各地。
定远县	菜油、土药、棉花、布疋。土药为大宗。	煤炭、大蔊、叶蔊、糖、洋纱、洋油、洋布、绸缎。煤炭为大宗。	沿口镇为商贩荟萃地。水路以沿口,陆路以兴隆场为扼要。布疋贩往广元、郫县,外来之货煤炭贩自合州,糖自内江,蔊自金什郫,纱绸等货均由渝合转运而来。
夔州府属			
奉节县	煤炭、桐油、土药。煤炭岁产约值一万两,桐油三四万两,土药六七万两。	糖、酒、叶蔊、纸张、杂货、棉花、洋纱、布疋、海菜、土药。糖、叶蔊为大宗。糖、蔊岁约值十余万两。	桐油、煤炭在小东门外聚集,运销外属,糖、药运自上游,纱、棉运自下游。县城外夔关最为扼要。
巫山县	土药,岁产约值钱十万钏。	棉花、布疋、磁器、海菜、糖、酒、土药、叶蔊、杂货。花布稍多,糖、蔊畅销。	土药在大昌聚集,转运出境。大昌为商贩荟萃地。南行以夔关,北行以湖北核桃园为扼要。

续 表

州厅县	出产货物(土产)	行销货物(外来)	集散与贩运情况
夔州府属			
大宁县	煤炭、黄连、党参、土药。煤炭、黄连、党参为大宗。	漆、油、药材、杂货、布、酒、土货。漆、油为行销大宗,岁约值银七八千两,药材、土货八九千两。	党参、黄连以汉口为聚集处所,运销下江,土药自开垫陆运北方,外来货物均自巫山舟入境。煤炭商贩荟萃于猫儿滩,土货商贩荟萃于桃园子。
万 县	桐油、土药、红糖、蚕丝、毛铁、土花、土布、巴豆、川楝子、橘、蔗、条粉、藕粉、烧酒、叶菸、猪毛、牛羊皮。桐油、土药、丝、糖、铁为大宗。桐油岁值银三万余两,土药五万余两,糖一万二三千两,丝四万两,毛铁三万两。	棉花、布疋、疋头、杂货、纸张、药材、洋纱、洋油、菜油。纸张、棉花、洋纱为大宗。棉花岁销银二三十万两,布疋二三万,疋头十五六万两,药材十万两,黄表纸七八万两,洋纱四五十万两,洋油二万余两。	百货聚集于对河之南津街,惟土药以新开田、邓家坝、新场、柱头山聚集较多。南津街为商贩荟萃地。纸张、土药、牛羊皮均由梁大新开陆运来,糖酒菸茶药材由渝涪忠酆舟运来,洋纱洋油花布海菜磁器等物则来自宜昌、汉口。
云阳县	桐油、牛羊皮、毛铁、土药、桔子、黄花、木耳、漆油、川参。川参为大宗。	棉布、绸缎、海菜、洋油、洋纱、夏布。棉布、洋纱为大宗。	出产各物运销下河,外来各货半聚集于县城内外。各土货均由水道下运,惟土药及湖北贩来之绸缎各货多由新津口等处行走,可绕越夔关直达湖北。新津口、沙沱市、歧阳关、五龙关为扼要。
开 县	煤炭、土药、茶叶、毛铁、黄连、土布、黄柏、烧酒、菜油、桐油、叶菸、猪毛、牛羊皮。煤炭、土药、黄连为大宗。煤炭岁值银五万两,土药一百四十万,茶叶二三千两,毛铁四千余两,黄连六千两。	棉布、绸缎、海菜、洋油、洋纱、夏布。棉布、洋纱为大宗。	县城及临江寺为商贩荟萃地。网鹿溪、大垭口、三汇口为扼要。
绥定府属			
达 县	青麻、土药、毛铁、煤炭、蚕丝、牛皮、桔子、黄表纸。青麻、土药、蚕丝为大宗,牛皮、煤炭次之。青麻岁约产六十余万斤,土药七百余担,蚕丝三十五万余两,牛皮二千余张,毛铁值银二千余两,煤炭六七千两。	绸缎、洋纱、棉花、酒糖、洋广杂货。绸缎、洋纱、棉花、洋广杂货为大宗。	青麻在翠屏乡木头市聚集,行销渝城;土药在县城,牛皮在滩头街,蚕丝柏树场、堡子岭均聚集处,分销顺重各府及河南、湖北各省。

续 表

州厅县	出产货物（土产）	行销货物（外来）	集散与贩运情况
	绥定府属		
东乡县	土药、桐油、茶叶、黄连、厚朴、毛铁、煤炭、土布、火麻、菜油、烧酒、叶菸、茧子、猪毛、毛毡、牛羊皮。土药、桐油为大宗，土药岁产八九千担，桐油四五万今，茶叶三千余斤，黄连四千余斤，毛铁十七八万斤。	绸缎、洋纱、棉花、酒糖、洋广杂货。	土药、药材、牛羊皮由新梁万陆路贩来，糖酒菸由渝合广渠水路贩来，花布、洋纱、洋油由下江运来，毛毡、花椒、羊皮由陕西运来。
新宁县	土药、叶菸、桐油、茶叶、煤炭。土药为大宗，岁产约一千三四百担。	绸缎、洋纱、棉花、酒糖、洋广杂货。	土药聚集于普安场，由梁万贩往湖北。行销各货由渝城转贩而来。普安场为商贩荟萃地。
太平县	山药、木耳、梧子、桐油、茶叶、土药、蚕丝。桐油、土药为大宗。	棉花、布疋、洋纱、烧酒、红白糖、纸。棉化为行销大宗，洋纱次之。棉花、布疋各销银六千余两，烧酒、洋纱各二千两。	茶叶运销陕西，桐油、山药、梧子运销绥定，丝销重合，土药销河南，木耳销汉口。行销之货除烧酒来自陕西，余自开万转运而来。茶商聚于白羊庙。
大竹县	土药、麻布、黄纸、草纸、毛铁、煤炭、土碗。土药、麻布、黄纸为大宗。土药岁产千余担，麻布二十万匹，黄纸十八万余箱，草纸三万余捆。	棉花、布疋、洋纱、烧酒、红白糖、纸。棉花为行销大宗，洋纱次之。	土药运销湖北，麻布销本境及陕西，黄纸销外省，草纸销顺属。周家场为商贩荟萃地。
渠　县	土药、摺菸、煤炭、白芍、黄花、百合、沙参、冰糖、青麻、菜油、桐油、茶叶。土药、摺菸、煤炭、白芍、黄花为大宗。土药岁产约二千担上下，摺菸十万余斤，煤炭值银五万余两，白芍产二万多斤，黄花十万斤。	棉花、布疋、洋纱、烧酒、红白糖、纸。	棉花由万县陆路贩来，绸缎、洋货、杂货、磁器由重庆水路贩来。三汇场为商贩荟萃地。
城口厅	茶叶、土药、黄连、党参、漆、厚朴、杜仲、黄柏、花椒、漆、蜡。茶叶、土药为大宗。土药岁产约值银万余两，茶叶、黄连、党参、漆只数千两。	洋纱、布疋。	茶叶运销陕甘，土药销河南、湖北，其余俱运销附近各地及陕西。纱布悉自陕西兴安及万县、重庆转运而来。茶贩荟萃于鸡鸣寺、咸吉寺，土药贩荟萃于福兴场、修溪坝、平坝场。各土货悉由水路直入陕境。

续表

州厅县	出产货物(土产)	行销货物(外来)	集散与贩运情况
忠州属附石砫厅			
直隶州	土药、泡料纸、巴豆、青麻。土药为大宗,岁产一百五六十担,余各销银二三十两不等。	白糖、水糖、冰糖、烧酒、洋纱、布疋、绸缎。糖为大宗。	土药聚集于拔山寺。各糖运自资州属,销梁垫;烧酒运自江津,洋纱自重庆、万县,泡料纸运销云阳,巴豆销汉口。土药客商萃于拔山寺。大江即商贩必由之路,陆路以拔山寺为扼要。
酆都县	土药为大宗,岁产值银一百一二十万两不等。	洋纱、糖、酒、叶菸、药材、杂货、蓝靛、煤炭、绸缎、布疋、棉花、磁器、海菜。洋纱为大宗,岁销银五十余万两。	土药聚集于县城与高家镇,两地为各商贩荟萃地。
梁山县	大小表纸、草纸、土药、蚕丝。纸与土药为大宗,大表纸岁产约值银十五六万两,小表纸七八万两,草纸三千两,土药三十万两,蚕丝万两。	洋纱、糖、酒、叶菸、药材、杂货、煤炭、绸缎、布疋、棉花、磁器、海菜。棉花岁销约值银二三万两,洋纱三四万两,两者为大宗。	大表纸及丝由万县聚集,运销下江;小表纸由绥定聚集,运销陕甘;土药由廻龙场聚集,销下江。除土药由忠州运下水外,各货往均以万县为枢要。土药商贩在廻龙场,小表纸商在绥定,其余在万县为荟萃地。各货以万县、重庆为扼要,惟小表纸多由陆路运销西路,以广元为扼要。
垫江县	土药、灯草。土药为大宗,岁产约值银六十余万两,灯草三千两。	洋纱、糖、酒、叶菸、药材、杂货、煤炭、绸缎、布疋、棉花、磁器、海菜。洋纱为大宗,棉花次之。棉花岁销约值银二三万两,洋纱六七万两。	土药在新场聚集行销外省。新场为商贩荟萃地。
石砫厅	土药、白铅、厚朴、黄连。土药为大宗。	—	土药商贩陆路由湖北利川,水路由忠州运销两湖。
酉阳州属			
直隶州	朱砂、水银、桐油、茶油、桊油、皮油、桴子、漆、黄纸、蓝靛、土药。漆、黄纸、土药、桐油、茶油为大宗。	—	各货在龙镇,土药在濯河坝两河口聚集。龙镇为商贩荟萃地。以湖南常德、湖北汉口为贩运往来处。石堤为必由之路扼要。

续 表

州厅县	出产货物（土产）	行销货物（外来）	集散与贩运情况
		酉阳州属	
秀山县	蓝靛、桐油、草烟。草烟、桐油畅销，蓝靛疲滞。	—	石隄为商贩、货物荟萃地。以湖南辰州、常德，湖北汉口、宜昌为贩运往来地。
彭水县	青麻、桐油、梧子、漆。青麻岁产十余万斤；桐油二千元，每元重二百余斤；梧子万余斤，漆二万斤。	—	各货均由涪州成庄，运销湖北汉口。
黔江县	梧子、桐油、茱萸、漆。梧子岁产二万余斤，茱萸四千余斤，漆万余斤。	—	各货均由龙镇下船到湖南常德销售。

（资料来源：《四川全省出产行销货物表》，光绪甲辰年（1904）官报书局编印。）

  该表册的编制，其背景时人认为是"蜀称天府实物产之奥区，车轨、帆樯络绎辐辏，征榷之丰富为各行省冠。然覈其实岁收不过四十万，较之滇、黔、秦、陇且弗及，更何论于江、鄂、闽、浙各钜域"，川内各地对出产行销提倡不足。① 故对川内物产及行销状况作详细调查和登记，并分类制表，共计登记了 25 个府级单位 161 个县级单位（含直隶州亲辖）的物产与行销状况。以 1911 年四川省行政区划格局来看，府级单位仅缺康定、巴安、登科三府，② 不过表册在打箭炉厅条目里对三地的情况也有一定的介绍，而表册所记县域范围不仅覆盖全川 1911 年相应建置区域，③ 而且还对直隶州亲辖地的物产与行销情况作了登记。如此严格地按照行政区划编排和具体到县一级行政区划登记造册的事物统计，在历史文献中极为少见，全面性不言而喻。

  传统中国商品性农业的发展，首先会在各地产生一定数量的专业性集市，这些专业性集市实际上已承担起区域性商品集散和贸易的重要承接作用，一般而言，除了市场和出产能力外，交通和区位的便利程度也会对这些专业集市的辐射范围起影响作用。自表册中所反映的四川地区与陕甘等地货物行销状况，便是以毗邻陕甘的地区为多，基本集中于绥定、夔州等地区。尽管近代以降川省与陕甘等贸易并未占据主要，但历史上形成的区位经济关系，仍使川北等地区成为与北部邻省商贸的集中地。这一方面可以理解为 19 世纪末至 20 世纪初四川与陕甘等地商品贸易

---

① 《四川全省出产行销货物表》，陆钟岱《弁言》。
② 宣统三年（1911）改打箭炉直隶厅为康定府，增置巴安、登科二府。
③ 宣统三年（1911）全省有 133 散州、散厅、县。

有限,或者说在各自大区内不为主要,当然也与表册所统计以传统农村出产为主有关,未涉及四川传统出产大宗和晚清大量工业品的出产与行销;另一方面,近代时期随资本主义市场因素作用不断加强、重庆等口岸开放,以及长江航运能力提升,四川经济重心已东移南下至川东、川东南等沿江一线。相应的表册中也反映了川东长江以北地区对陕甘物流的转运和销售作用,要高于秦汉以来广元等地。商品贸易须依赖于一定的经济区域,施坚雅把长江上游划分为近代中国一独立的经济巨区,其中心便在重庆,[①]等等,也是造成以上局面的重要背景之一。当然,这并不是说传统商路和集散地的作用就已消失,它们对地方的商品经济仍有重要影响。比如陕西汉中府宁羌等地,经广元行销的货物品种及数量在晚清仍为主要,"木耳为土产一大宗,每岁由陆运至府城者不过二千包,由水运至四川者不过千余包,他如桃饼及药材等项,岁由水运至川,多则数百包,少或数十包不等。外销之数亦如斯。至外来诸货,则充斥境内,尤以四川之盐、湖北之布为大宗。盐自广元入境,水陆兼运。陆运至城,转销高寨子、胡家坝一带,岁约在千包以上。水运至阳平关,转销戴家坝、大安镇及府城一带,岁约在五千包以上"。[②]

对于川内的商贸情况,表册反映在盆地水陆要衢之地,多为各区域货物转运之中心,一些场市、市镇、津隘为四方商贸扼要之地,如金堂县赵家渡,"西距县城三十里,一名三江镇,盖毘、湔、雒三水总汇之区也。故上通德、绵、崇、郫,下达资、富、泸、渝。于陆则川北为过栈,成都为销场。于货则东北各道为来源,上下两游为去路。于人则简阳为盛,资内次之,附近各场又次之,本地则寥如晨星。居货亦杂,市面长二里有奇,门户洞达,坐而贾者千余家,待而沽者不胜计。河下船筏辐辏,状如梭织,其余往来负贩运送角逐之人络绎不绝,洵川西商场之较著者也"。[③] 而这些商贸和交通要冲也成为商帮聚集的重要地点,如渠县三汇镇"为川中商业巨埠之一,故三汇商会于光绪丁未成立。会员为青麻帮、干菜帮、酒帮、油帮、铁帮、疋头帮、药材帮、米粮帮、山货帮、木帮、水粮帮、色纸帮、棉花帮、炭帮、陈衣帮、大烟帮、船帮、色布帮、金银铜锡帮,凡十九帮所组织"等。[④] 其他如灌县石羊场、广元三磊坝、江油中坝、青神汉阳场、南溪李庄镇、江津白沙场、定远兴隆场、奉节夔关、云阳新津口、酉阳龙镇,以及合州、渝城等,不仅是本区域和跨区域货物集散、转运要冲,有的甚至还成为省际贸易货物的重要中转站或交通扼要之处。

民国时期四川城乡经济和市场获得了进一步发展,首先是崛起了一批工商业城市,不仅抗战期间重庆成为全国主要工商业中心,乐山、宜宾、泸州、万县等川江沿线城市也获得了迅速发展,成为沟通内外的重要商埠;而各地县域城镇则在劝

---

① G. W. Skinner, *Cities and the Hierarchy of Local Systems*, in *The City in Late Imperial China*, pp. 282 - 283. Stanford: Stanford University Press, 1977.
② 光绪《宁羌州乡土志》,商务。
③ 民国《金堂县续志》卷五,实业志,商业。
④ 民国《渠县志》卷四,实业志,实业团体。

商、劝工鼓励下，产业日兴，商业繁盛。其次，乡村市场进一步发展，区域内和区域间市场贸易发达。以乐山为例，"上通成都，下通渝夔，雅河通雅安、天全，铜河通峨边、金川，为水陆要冲，商埠之盛，甲于川南"。① "邑凡十乡"，旧有场市48个，至1934年左右"今盖五十有三"（见表4-5）②，"以油华溪、苏稽二场为最。油华溪以盐产繁盛，苏稽以绸织著名，而太平镇、炭矿河、二坎盐业次之，城中则以丝蜡为大宗出产品与外界交易焉"，③域内外商品交易极为活跃。再以达县为例，1933年全县共有96个场镇，4743家铺户。其中道光至宣统间新增场镇26个，占清代该县兴起总数的43％，而1912—1933年间新增8个场镇，平均约3年增1个场镇，频率高于清代该县每4年增1个场镇，渠县、乐山、灌县、南充场镇数量的发展也大致呈同一趋势。到1949年川康两地共有集镇7796个，商家数量估计在79.55万户以上，而四川工商户在200家以上的大集镇约占集镇总数的15.2％左右，200户以下、100户以上中等集镇约占31.7％左右，百户以下小集镇占53％左右。④ 这些集镇商贸活动是近代四川农村经济发展的重要组成，显示了清末民国时期四川省内城乡市场的进一步发展。

表4-5 民国时期乐山县场市情况

场　市	场期、住户	市　场　流　通
通江场	双日集，住户百余家。	商业以丝、蜡、油、绸为上宗，上达成都，地滨岷江，与牟子场对峙。
通镇场	单日集。	商业丝、蜡，上达雅州。
悦来场	双日集，居民约数十家。	商业丝、蜡、米，上达成都。
万顺场	双日集，居民约数十户。	出产以米、麦、菽、茧等为多，通夹江、苏稽、绵竹、峨眉。
沙嘴场 葛老场	两场相连，一、五、九日集，居民共三百余户。	出产以丝绸、茧巴、丝绠、棉纱、牛羊皮等为大宗，通夹江、洪雅、峨眉、峨边等处。
兴隆场	二、四、七、十日集，居民约四十余户。	上通峨眉。
左平场	三、六、九日集，居民约八十余户。	商业盐、席、草、猪，通九里、南天庙、酆都庙、王场、盐溪口、罗汉等各场。
雷　场	双日集，居民约五六十户。	—
镇子场	双日集，居民百余家。	商业灯草、米、席子，为乐、峨往来通衢。
苏稽场	三、七日集，约二百余户。	商业丝绸、米、布、洋纱，连沙嘴、葛老、通镇子、太平、水口等场，为乐、峨往来通衢。

---

① 民国《乐山县志》卷一，方舆志，沿革。
② 民国《乐山县志》卷一，方舆志，市镇。
③ 民国《乐山县志》卷一，方舆志，沿革。
④ 参阅四川省商业厅、四川省政协文史委合编，游时敏著：《四川近代贸易史料》，四川大学出版社，1990年，第84—86页及《四川省五县农村集市兴建年代统计表》。

续 表

场　市	场期、住户	市　场　流　通
水口场	双日集,居民约百三四十户。	通苏稽场及铜河一带。
罗汉场	一、三、五、八日集,居民约八十余户。	货殖布匹、黍、米、油、酒、柴薪等,上通盐溪口,下通水口场。
沙湾场	二、四、七、十日集,居民约百八十户。	商业酒为大宗,北通盐溪口、罗汉场等地,西北通峨邑九里场,西南通范店场,南通轸溪、福禄场,东渡铜河可通罗一溪、太平寺等,实观峨乡之重镇也(按:场在县属双峨乡)。
轸溪场	三、六、九集,居民约百四五十户。	通沙湾、五渡溪、葫芦场等地。
王场	居民约数十户。	上通鄨都庙、沙湾场,下通盐溪口、罗汉场。
盐溪口	二、四、七、十日集,约百余户。	—
葫芦场	一、四、七日集,居民约四五十户。	产金。
刘石溪	一、四、七日集。	—
范店场	一、五、八日集,铺户约百余家。	为通夷地孔道。
太平镇	一、三、六、九日集,居民约五六百户。	商业煤、盐为大宗,煤运成都牛华溪,盐运金口河、富林乡及铜河上游,舟舶往来不绝。
福龙场	一、五、八日集,居民约四五十户。	炭垣甚多。
谭坝场	三、六、九日集。	—
福禄场	二、五、八日集,居民约千余户。	商业煤矿为大宗,丝、茶次之。通犍为、峨眉、马边。
铜街场	四、七、十日集,住户约百余家。	—
五渡场	二、五、八日集,居民约百余户。	商业茶叶、蓝靛、干笋、木桶、黄连、金钢藤、土茯苓、包谷等,通老鸦溪、大堡城、铜街子、轸溪。
老鸦溪	—	与夷互市。
茨竹坪	三、六、九日集,居民约五十余家。	商业丝、茶、笋子等,为通屏、马大道。

(资料来源:民国《乐山县志》卷一,方舆志,市镇。)

在数量庞大的商品生产和贸易专业性集市基础上,依托于物产地域分布、地理

区位和交通条件,近代时期四川省内商品区域市场分布大致如下：[①]

粮食贸易市场：民国时期四川粮食需用量极大,1938年统计表明全川41个较大的粮食市场每年输入白米约620万担、小麦110万担、玉米30万担。1938—1940年间主要粮食市场依购销和集散情况可分为：输出市场(以温江、南溪、宜宾、合江、永川为主)、集散市场(以金堂赵家渡、简阳石桥、江油中坝、江津朱沱、射洪太和镇、渠县三汇等为要)、消费市场(成都、重庆、乐山、犍为、自贡、蓬溪、资中、内江、西充、三台为大)等类型。

食盐贸易市场：即晚清"计岸"行销区,民国时期承继之并不断有过调整,细分有川南盐场销区为綦计岸、涪计岸、涪万计岸、仁计岸、永计岸、滇计岸、万计岸、巫计岸、泸南计岸、府河六岸、渠河计岸、南河计岸、雅河计岸;[②]川南、川北盐场兼销区为江涪计岸、成华计岸。另有"票岸",以富顺、内江、资中、隆昌、荣昌、永川、威远、荣县、璧山、泸县、宜宾、纳溪等12县为行销区。

茶叶贸易市场：按行销路径和地区可分为南路边茶市场区(雅属、嘉定、叙府等地茶产集中于雅安,转运至康定,再行销西康、西藏等地区)、西路边茶市场区(川西、川西北之灌县、什邡、彭县、崇宁、名山、安县、茂县、北川、平武等县茶产由茶号运至松潘,销松潘、川西北草地和青海、甘肃一带)、腹茶市场区(灌县、什邡、彭县、崇宁产等西路茶,安县、平武、北川、汶川等产西北路茶,川南马边、高县、筠连所产之南路茶,在川内各地行销)。

川糖贸易市场：1941年调查显示内江市场为最大(内江、资中、资阳、简阳、富顺、隆昌、荣昌、威远等地糖产集中于内江县城、茂市镇、东兴镇,销往长江流域、嘉陵江流域及两湖、贵州和陕西等地),还有资中市场(资中、内江、资阳等地所产集中于球溪河、县城、太平镇,销往长江流域、嘉陵江流域、两湖、贵州、内江、简阳、安岳、遂宁、仁寿等地)、简阳市场(简阳、资中、资阳糖产)、金堂市场(金堂、资中、资阳、简阳、内江之糖产集中于赵家渡等地,销往中江及川北各县、成都等川西平原)、宜宾市场(宜宾、泸县所产,销往庆符、筠连、高县、兴文、珙县、乐山、长宁等地)、富顺市场(富顺所产,销往泸县、合江、江津、重庆、忠县、万县、两湖地区)、合江市场(内江、资中、富顺、泸县所产,销往本境及贵州赤水、习水等地)、江津市场(简阳、资阳、资中、内江所产,销往璧山、忠县、酆都、万县、涪陵、綦江、贵州桐梓等地)、重庆市场(简阳、资阳、资中、内江所产,销往长寿、涪陵、忠县、酆都、万县、石柱、云阳、奉节、

[①] 以下内容据四川省商业厅、四川省政协文史委合编,游时敏著：《四川近代贸易史料》,四川大学出版社,1990年；《四川全省出产行销货物表》,光绪甲辰年(1904)官报书局编印；《四川蔗糖产销调查表》,中国农民银行经济研究处1941年编印；交通银行总管理处：《四川之盐业》(1944年9月),重庆市档案馆选编,见《档案史料与研究》1998年第1期；民国中国银行重庆分行孙祖瑞等：《川康黔区特产贸易概况》,见重庆市档案馆整理同名资料载于《档案史料与研究》2002年第4期；王笛：《跨出封闭的世界——长江上游区域社会研究(1644—1911)》,中华书局,1993年等汇总。

[②] 川盐向分楚岸、边岸、计岸三类分销,前两者涉及省际,计岸为川省内部行销。楚岸：湖北为主,兼有湖南澧州等地；边岸：以贵州为主,兼有云南昭通、东川等地"滇岸"。民国时期边岸输往贵州者又分为：仁岸(合江出口)、綦岸(江津出口)、涪岸(涪陵出口)、永岸(叙永出口)、黔南岸(重庆出口)等销售通道。因滇黔盐价高于川省,为防川省轻税倾销滇黔,川南各岸实行保边计盐法,故川南如綦计岸等又称为"綦边保边计岸"。

合川、邻水、广安、岳池、蓬安、湖北宜昌、沙市、汉口等地)、涪陵市场(资中、内江、富顺、重庆、江津所出,销往黔江流域)、万县市场(资阳、资中、富顺、内江、重庆所出,销往云阳、奉节、巫山、巴中、开县、梁山、大宁、湖北巴东、施南、秭归、宜昌、沙市)、合川市场(内江、重庆所出,销往渠县、绥定、武胜、广元、陕西、甘肃等地)、成都市场(金堂、简阳、资阳、资中、内江所出,销往川西平原各地、嘉定、陕甘等地)。此外,川糖在湖北的宜昌和沙市也有市场分销中心,以内江和重庆所出糖产分销于两湖地区。

棉花、棉布贸易市场:棉花较为集中的交易市场有8个,分别是遂宁、荣县、盐亭、蓬溪、射洪、南部、简阳、金堂等县,其中以遂宁为最大棉市。棉花在上述县镇集中,运销成都、乐山、南充、重庆等地。清末重庆市场崛起,成为棉纺中心,川东、川中等地棉布也大量供给之,并行销云贵等地。川西北以松潘和杂谷脑为两个贸易中心市场,川内土布经此行销川西北及邻省地区。

生丝贸易市场:清末民初形成4大产销市场区,分别是川北市场区(以三台为主要市场,三台、南充、西充、阆中、盐亭等县生丝集散)、川南市场区(以乐山为主要市场,乐山、宜宾、洪雅等地生丝集散,并有转运至上海、印缅行销)、川东市场区(以重庆和合川为主要市场,川东生丝以之集散,重庆又为全川生丝外运之枢纽)、川西市场区(以成都郊区簇桥为最集中集散市场,川西和上川南各县生丝以之为集散地)。

夏布贸易市场:隆昌市场(运销泸县、宜宾、乐山及云贵等地)、荣昌市场(运销铜梁、大足、安岳、遂宁等地)、内江市场(运销资中、简阳、成都、金堂、什邡等地)、江津市场(以销往重庆为主)。内销以成都和重庆为主要消费市场。

纸张贸易市场:夹江为最大产销市场,行销成都、重庆、叙府、泸县、雅安、内江等地;梁山、铜梁、广安市场纸张主要销往重庆。

羊毛贸易市场:川西北羊毛以松潘为主要集聚市场中心,灌县次之;西康羊毛以康定为最大集聚市场;上述两市场羊毛主要运往重庆。

桐油贸易市场:全川以重庆和万县为最大市场中心。次级市场有:涪陵市场(乌江流域黔江、彭水、酉阳和秀山部分桐油集散地)、泸县市场(永宁河流域叙永、古蔺、古宋和江安桐油集散地,1937年前宜宾、乐山集中的部分桐油也由泸县市场转运重庆)、宜宾市场(乐山、筠连、高县、珙县、庆符、雷波、马边、屏山、犍为、南溪、江安等地桐油集散地)、乐山市场(乐山、峨眉、马边等地桐油集中,再转运宜宾和重庆)、南充市场(销往重庆,嘉陵江上游各县桐油集散地,苍溪桐油为最主要;阆中又为本市场第二集散中心)、射洪市场(以太和镇为集散中心,运往重庆,是涪江上游各县桐油汇集地)、合川市场(渠河流域及南充以下嘉陵江流域各县、太和镇以下涪江流域各县桐油以之集散,转运重庆)、万县市场(万县为桐油主要产地,集散、转运出口)。

猪鬃贸易市场:重庆为最大贸易市场中心,南充市场次之。货源来自本境、广元、营山、剑阁及青海、陕西、甘肃等地。其他市场有：成都市场（松潘、灌县、名山、雅安、广汉、绵阳、简阳、资阳等地猪鬃以之集散）、泸县市场（白鬃大都集中于泸县，云贵部分猪鬃也以此地为集散，运销上海）。

药材贸易市场：重庆市场（四川最大药材出口市场中心）、成都市场（川内重要贸易市场，内销和转运重庆）、灌县市场（川西北及青海部分地区药材集散中心，此处进出药材为西路货）、雅安市场（西康和西昌等川西南地区药材集散中心，西昌亦是川西南地区药材集散中心）、宜宾市场（川南及云贵部分地区药材集散中心，经此中心药材为南路货）、江油市场（以中坝为最大集散中心，川北地区药材及甘、陕南部分药材汇集于此外运）、万县市场（川东南和川东北地区药材，以及鄂西九县药材经此转运，为东路货）、合川市场（嘉陵江、涪江、渠江流域等川中地区药材集散中心）。康藏地区药材资源丰富，故处于交通要冲的康定亦是康藏药材贸易市场的一大集散地，以1938年在对西康药材调查所记述的情况看，"西康以康定为商业中心，各种进出口货物集散之地，大宗药材自各地运往康定再转运出口"。[①]

第三节 省际贸易

重庆在开埠前就已是"换船总运之所"，"米客之汇于渝者，觅朋托友自为籴粜，颇称便利"，而其商业贸易遍及川、滇、黔、秦、楚、吴、越、闽、豫、两广和藏卫之地，"水牵云转，万里贸迁"。[②] 四川地区物产丰富，地理区位优势明显，可南北连西南与中原，东西通长江与康藏，传统以来省际贸易活跃。近代时期，随着宜昌、重庆相继开关，四川商品依托长江水道以万县、重庆等为中心大量销往两湖和上海等外埠；以川中、川北诸河水道和各地陆路为通衢，与陕甘青等北方地区保持有贸易活动；以重庆、叙泸、康雅等为中心各货南下滇黔，西进康藏，形成一个以长江水道、北方商路和"南方边路"（指以川省为中心形成的通往滇黔、康藏等边区的传统商路通道）为主要连接的省际贸易网络。

前文《四川全省出产行销货物表》中不少地方登记有与陕甘及其他北方地区的商品物流信息，反映了清末时期四川与北方、西北等各省区之间的省际贸易关系。如汉州"兔皮行销陕西"。岳池县出产的灯草，"运销陕甘、湖北"，其销路是"运陕甘，以广元为扼要"。保宁府阆中县有"陕酒"、"甘肃药材"。广元县则承担起陕甘货物转运的要地，"棉苎、药材自陕甘运至中坝分销各属，中坝所产各货则运往陕甘一带销售"。隆昌县"夏布有山西、河南商贩在县购办，运至永川松溉下船，到渝转运该省各地销售，其陕西一帮则取道合州运回本省分销"。綦江县"毛铁运销泸州一带，山茧昔销河南、山西，近销上海，黄白糖由富顺、内江运集城外"。作为商贸中心城市的

[①] 《西康省药材调查报告书》(1938年)，见中国藏学研究中心、中国第二历史档案馆合编：《民国时期西藏及藏区经济开发建设档案选编》，中国藏学出版社，2005年，第4111页。
[②] 乾隆《巴县志》卷三，积贮、课税。

巴县、渝城,主要省际商贸就有与陕甘、山东等地区进行的贩运活动,"渝城为商贩、货物荟萃地。货物贩运往来于贵州、云南、成都、湖南、湖北、山东、广东、上海、陕甘、外洋。廻龙石、江北厅属香国寺、唐家沱为扼要"。处于四川沟通中原、长江水道和川东北与陕西交通要地的夔州、绥定等府与北方货物交流更为密切,如万县及绥定成为川内、下江同陕甘物流重要的集散地和通道,忠州所属之梁山县境内所产"大表纸及丝由万县聚集,运销下江。小表纸由绥定聚集,运销陕甘。土药由廻龙场聚集,销下江"。大宁县"北方外来货物,均自巫山舟运入境"。达县的柏树场、堡子岭等地是蚕丝等货物重要的集散地,分销河南等省。东乡县毛毡、花椒、羊皮由陕西运入。万源县"棉花,由湖北输入县境之大竹河,转运到绥,在昔极盛,称为湖花。自清光绪三十二年湖花断庄,现在完全由陕运入,俗称西花,多系茶商以茶交换"。①太平县烧酒主要来自陕西,"茶叶运销陕西,桐油、山药、榁子运销绥定,丝销重合,土药销河南,木耳销汉口。行销之货除烧酒来自陕西,余自开万转运而来"。大竹县麻布外销的主要地点是陕西省。城口厅"茶叶运销陕甘,土药销河南、湖北,其余俱运销附近各地及陕西",而该厅的纱布"悉自陕西兴安及万县、重庆转运而来";由于毗邻陕西,沟通便利,故该厅"各土货悉由水路直入陕境,并无扼要"。以表册统计可知,时四川之丝品、麻布、土药、纸张、茶叶、灯草等为行销陕甘等地的货物,陕甘等地的烧酒、花椒、毛皮、药材、纱布等也以四川东北、北部地区各县为行销区域。②而在与北方和康藏等地的贸易中,茶叶是大宗之一。光绪年间"打箭炉,不产茶,但系西藏总会,口外番民全资茶食,惟赖雅州府属之雅安、名山、荥经、天全、直隶邛州等五州县商人行运到炉,番民赴炉买运至藏行销"。③1949年前四川南路、西路边茶约销售10.5万担。④新中国成立前夕四川还与东北、华北乃至苏联等发生茶叶贸易(见表4-6)。

表4-6 1949年四川茶叶省际外销

茶叶种类	销区	销量(担)	贸易类别
花茶	东北地区	5000	省际贸易
高级香片	华北、西北地区	1000	省际贸易
毛尖素茶	甘、宁、青	3000	省际贸易
马茶及金茶	西藏、西康	5000	省际贸易
茯砖	内销	5000	省内贸易
黑砖	苏联	5000	国际贸易

(资料来源:成都市工商联1950年座谈会茶商谈话记录,引自四川省商业厅、四川省政协文史委合编,游时敏著:《四川近代贸易史料》,四川大学出版社,1990年,第34页。)

---

① 民国《万源县志》卷三,食货门,实业,商业。
② 除注明外,以上引文均出自《四川全省出产行销货物表》各县条目内容,恕不一一出注。
③ 光绪《雅州府志》卷五,茶政,该志系乾隆本之补刻本,此言应反映有光绪年间情形。
④ 四川省商业厅、四川省政协文史委合编,游时敏著:《四川近代贸易史料》,四川大学出版社,1990年,第34页。

当然,在川西、川西北、川南、川东南等地的各府州厅县,《四川全省出产行销货物表》中也对它们与邻境的康藏、滇黔、两湖等省际商品流通情况作了记录。如雅安县"茶叶运至炉城转销西藏",名山、荥经"茶叶运至炉城转销西藏",打箭炉"关外由西藏察木多、理塘、瞻对、德忒、霍耳、章谷……等各土司夷地来,关内由成都、重庆、嘉定、雅州各属来"。会理州"上通郡城、省垣,下达叙府、东川,右由武定通滇省,左由大姚通大理",冕宁县"蚕丝运销云南",宜宾县"云南所产各货贩运来郡,水路必经老鸦滩,陆路必经横江"。永宁县"本县为川黔往来大道,行销各货除药材由贵州贩运而来,余均由泸州分水陆两道经纳溪境运入。纳溪县属江门为水路扼要,本县属摩坭、赤水为入黔陆路扼要"。清同治年间便称"(万县)邑水陆商贩,向以米、棉、桐油三者为大,装行于滇、楚"。① 光绪间合江县"竹篾、棕、土药三项系鄂商来县购运,由渝至汉"。云阳县"出产各物运销下河,外来各货半聚集于县城内外。各土货均由水道下运,惟土药及湖北贩来之绸缎各货多由新津口等处行走,可绕越夔关直达湖北",秀山县"以湖南辰州、常德,湖北汉口、宜昌为贩运往来地",黔江县"各货均由龙镇下船到湖南常德销售",等等。② 民国时期酆都"榨菜,岁出约千吨,载至宜、汉、上海等处卖之"。③ 叙永县则依靠毗邻滇黔之便,与黔西北、黔西和滇东北各地开展商业贸易,川黔、川滇商业"显蒸蒸之势"。④

在云南蒙自开关前,云南矿产等便有经川省外运的记录。此类过境、转口贸易的商品流通有不少属于与川省进行的省际贸易。据研究⑤,近代云南个旧大锡,从滇东北出,抵四川永宁装卸货物,再顺永宁河入纳溪水,经纳溪县入长江水运通道。该路线从云南府出发需时20多天方抵滇川交界,由驮畜完成;自永宁河经纳溪水抵长江的水运需时19天⑥。事实上这一商路一直是明清时期四川出入云南、贵州最重要的官道,系滇铜黔铅外运的重要通道,从云南府到永宁设26站,永宁水路而下经4站进入长江水道,⑦一直得到了较好的修缮和维护,故至近代云锡兴盛时,云南个旧锡矿一度借此外运。云南商品经由四川外运的另一重要通道,也是从云南府出发,越滇东北抵横江老鸦滩关,再至叙州府入大江。云南府至横江路段用牲畜驮运,约需22天。⑧ 该路线开通历史悠久,自古就为川滇交通要道,秦为五尺道,汉为西南夷道,唐代为石门道,宋代始以豆沙关为水运起点,元代开始沿横江河谷设立水站到叙州,清代用于运盐,又称"盐井渡道",乾隆年间成为滇铜京运的动脉,每年滇铜转运入京达150多万斤。⑨ 1912年经云南蒙自、腾越和思茅

---

① 同治《增修万县志》卷十三,地理志,物产。
② 除注明外,以上引文均出自《四川全省出产行销货物表》各县条目内容,恕不一一出注。
③ 民国《重修酆都县志》卷九,食货志,物产。
④ 郑励俭:《四川新地志》,1947年,第373页。
⑤ 参见杨斌、杨伟兵:《近代云南个旧锡矿的运销(1884—1943)》,《历史地理》2008年第23辑。
⑥ Mengtzu Trade Report, for the Year 1889,《中国旧海关史料(1859—1948)》第15册第573页。
⑦ 蓝勇:《清代滇铜京运路线考释》,《历史研究》2006年第3期。
⑧ Mengtzu Trade Report, for the Year 1889,《中国旧海关史料(1859—1948)》第15册第573页。
⑨ 蓝勇:《清代滇铜京运路线考释》,《历史研究》2006年第3期。

三关出口的黄丝达 1317 担,四川为主要来源地。而在 1923 年云南三关进口依托传统商路销往四川的货值达到 276 万海关两以上;销往川省的货值分别占该年蒙自、腾越两关各省分配总值量的 23.97% 和 24.6%。① 可见,由于地理关系,四川一直是近代云南各关进出商品的主要来源地和行销地之一,两省转口和省际贸易关系紧密。

上海、汉口、宜昌是近代四川商品外销、外地及外洋商品进入的主要口岸,如上文所言川东、川东北部分地区便是直接与宜汉地区发生省际贸易,以及川中经由重庆、万县转口与汉沪发生省际和转口贸易较为普遍。自上海开埠,长江航道进入四川的机制棉纺织品、蚕丝数量较大,19 世纪九十年代棉纱输入约占年均四川贸易总值的 60%—70%。1887—1889 年间由宜昌转运入川的进口棉纱逐渐猛增,由 795 担上升至 6900 余担。1871 年经上海港销往国外的川丝就有 6000 包,而 1886 年仅绵州一地经重庆转输往上海的生丝出口值就达 100 万海关两。② 晚清时期经长江航运,川省茶叶、鸦片、药材以汉口等为汇集地,而以重庆为中枢,形成了两条连接宜昌、汉口、上海的贸易大通道:川南线(由重庆经宜宾,南下经筠连,通滇黔两省)、川西北线(由重庆经宜宾向北至乐山,一支沿岷江继续北上至灌县,通松潘等地;一支入青衣江至雅州,经打箭炉等西行入藏)。19 世纪九十年代由重庆输出的猪鬃,有近一半来自贵州省。1892—1901 年间每年经由重庆进出西藏的商品贸易额,以茶叶为主由内地输往西藏的货值达 125 万两,而由西藏输入的货值为 100 万两。川康、川藏及川西北等地的羊毛也多经由打箭炉和松潘到重庆,再转口上海港。重庆港还联通川内嘉陵江、渠江、涪江等诸流域地区,常年进出的船只不少于 2 万艘,运载约 50 万吨,③构筑起长江上游流域与中下游地区的市场网络。

尽管难有明确和全面的省际贸易货量及货值记载,但从近代时期四川地区出产销往外省的商品来看,大致有食盐、茶叶、糖、桐油、生丝与丝织品、棉花与棉纺品、麻与夏布、猪鬃、皮毛、药材、生漆、蜡、榨菜、矿产、各类山货等类,主要以长江流域、西南地区其他省区和西北地区为对口贸易区,可以表 4-7 粗略看之。实际上近代四川各地发生的省际贸易活动普遍存在,表 4-8 中以通航和通邮地区近 80 个县统计,民国时期其对口贸易的省别数量多达 22 个,还不含东北、沿海、沿边、北方等未详细者,物产涉及农产、药材、盐产、林产、畜产、机器制品、矿产等多个大类,这表明川省在晚清民国时期与全国其他地区的商品贸易活动活跃,市场范围广大。

---

① 杨伟兵:《云贵高原的土地利用与生态变迁(1659—1912)》,上海人民出版社,2008 年,第 115 页注释③。
② 戴鞍钢:《港口·城市·腹地——上海与长江流域经济关系的历史考察(1843—1913)》,复旦大学出版社,1998 年,第 182—183 页。
③ 戴鞍钢:《港口·城市·腹地——上海与长江流域经济关系的历史考察(1843—1913)》,复旦大学出版社,1998 年,第 200—205 页。

表 4-7 近代时期四川主要省际贸易对口省区及行销情况

商 品	对口省区	贸易情况	备 注
粮食	广西、江苏	1899年运济5千担。	嘉道以后川省人口剧增,传统出产大宗的米等粮食商品,在近代省际贸易中地位急降。
食盐	湖北、湖南、贵州、云南	光绪年间楚岸年销额8460万斤左右;咸丰初年边岸各引折盐8100万—8200万斤左右。	楚岸:湖北为主,兼有湖南澧州等地;边岸:以贵州为主,兼有云南昭通、东川等地"滇岸"。民国时期边岸输往贵州者又分为:仁岸(合江出口)、綦岸(江津出口)、涪岸(涪陵出口)、永岸(叙永出口)、黔南岸(重庆出口)等销售通道。
茶叶	东北、华北、西北、康藏	见表4-6。	
桐油	上海、武汉转销各地内销	1937年前秀山油、白桐油等内销油,每年销往上海、武汉达七八万担。	以往四川桐油多运至汉口集中,1929年始有大宗直运至上海。
棉布、棉花	贵州、云南、康藏、陕西、湖北、新疆	1911年璧山棉布经纳溪销往云贵约60万—70万匹。	川省棉布行销贵州、云南、康藏等,棉花自陕西、湖北、新疆运来行销。
麻、夏布	江苏、广东、山东、湖北、上海、山西、河南等	荣县、隆昌等年产20万匹,其中粗细夏布除外销朝鲜外,还由上海内销山东、广东、南京等地,山西、河南、山东商帮在两县设庄收买。光绪初年青麻为南京、内广、汉阳等商帮营贸运销。	
生丝、丝织	贵州、云南、康藏、西北等	光绪间贵州山丝由四川转销。民国时期南充丝绸40%—50%销往西北,10%销往康藏,20%销往云南。川北绸60%由成都转销西北,40%销往重庆、泸州并由两地转销云贵。	川北绸:西充、南部、盐亭及南充附近乡村出产。
蜡	湖北、河南、广东	光绪时白蜡外销最旺。	
生漆	陕西、广东等	每年输出数千桶。	清末民初洋行开始在四川收购。

续 表

商品	对口省区	贸易情况	备 注
矿产	云南、湖南、陕西、甘肃、湖北、安徽等	锡、铜等多由云南运销四川,四川秀山锑销往湖南,彭山硝销往陕甘鄂皖。	
糖	两湖、贵州、陕甘、山西、新疆	1933年川糖外销1450万斤,抗战期间川糖主要运销西北。	抗战前主要以两湖和贵州为行销地,1940年宜沙受交通阻隔,川糖以拓展西北市场为主。
猪鬃、皮毛	广东、江苏、陕西、山西、湖北、上海等	咸丰时外广帮在川收购白猪鬃,运销国外,每年输出数百担。光绪初皮毛为山陕、南京、后广帮、汉阳帮、内外广帮等收购,后川产黄牛皮等始销汉口、上海等地。	羊皮主要由洋行营销。
药材	广东、湖北、江浙、陕西	咸丰时内外广帮办运五棓子等,每年运出数百担,至光绪中期汉阳帮运销汉口、江浙一带。	

(资料来源:参阅《四川全省出产行销货物表》,光绪甲辰年(1904)官报书局编印;民国中国银行重庆分行孙祖瑞等:《川康黔区特产贸易概况》,见重庆市档案馆整理同名资料载于《档案史料与研究》2002年第4期;中国国民经济研究所编辑:《四川省之桐油》,商务印书馆,1937年;王笛:《跨出封闭的世界——长江上游区域社会研究(1644—1911)》,中华书局,1993年;四川省商业厅、四川省政协文史委合编、游时敏著:《四川近代贸易史料》,四川大学出版社,1990年等。)

表4-8 四川航运和通邮地区各流域发生的省际贸易情况

流域范围	发生省际贸易县数	对口省区数	对 口 省 区
金沙江流域	8	2	云南、上海
叙渝段长江流域	16	14	湖南、湖北、贵州、云南、上海、北平、陕西、山西、河南、山东、广东、广西、浙江、江苏
岷江流域	14	13	贵州、陕西、河北、上海、广东、山东、河南、北平、天津、湖北、直隶、浙江、江苏
沱江流域	9	8	陕西、贵州、云南、甘肃、河南、上海、湖北、湖南
嘉陵江沿岸	8	12	陕西、上海、湖南、湖北、河南、浙江、福建、甘肃、山东、广东、云南、贵州
涪江流域	10	8	上海、湖北、湖南、陕西、甘肃、新疆、青海、广东
渠江流域	10	8	上海、湖北、湖南、陕西、甘肃、江苏、安徽、浙江
乌江流域	4	4	上海、湖南、湖北、贵州

说明:长江重庆至宜昌段原资料无载,故缺;西康地区按相涉流域计入,川省与之贸易不计为省际贸易;对口省区统计仅取有明确省份记载者,香港不计入。
(资料来源:邓少琴等主编:《四川省内河航运史志资料》(江河部分),四川交通厅地方交通史志编纂委员会1984年编印本。)

当然,近代海关的设立及其对子口税的控制,对以往经营长途、省际贸易的常关业务冲击巨大。清末四川地区设有的常关有夔州关、成都关、宁远关、雅安关等共7个,①以往"凡过夔关土货如棉花、布匹等项专赴常关完税,犹为收数大宗",但重庆开关后,夔关税收大幅下降,"赴夔关完税之货,被洋商侵占。光绪十四、十五年,夔关征银尚在八九万两上下,十七年即减收五万两,至二十七年仅征银一万五千两"。与此同时,重庆关子口税"光绪十七年征六万六千余两,二十七年增收至十六万四千两,至三十一年增收二十二万两之多"。② 即便至1926年重庆关征收的子口税仍有5.6万两左右。③ 子口税是海关在内地商业中心城市和通商大道要冲点上设立的通关税,可反映国内贸易情况,其在清末崛起和取代常关之势,是海关蚕食常关权力的主要体现之一,也是近代国内长途和省际贸易流通体系的一大变化。④

第四节 对外贸易

以光绪十七年(1891)重庆开埠为标志,四川对外贸易在近代的兴起,是长江上游地区经济发展史上的一件大事,对近现代四川社会经济产生重大影响。

在重庆开关前,洋货入川,或由粤海关经湖南至龚滩出涪州,上达重庆,水陆兼程;或由持子口单从汉口运至重庆。1877年宜昌开关,借助长江通道,四川等西南腹地商品进出口增长迅速。根据《中国海关十年报告》、《英国驻华各口领事商务报告》、《通商海关华洋贸易总册》等档案统计,1875—1890年间重庆进出口货值持续攀升,洋货进口值由1875年的15.6万海关两增至1890年的481.6万海关两;出口货值由1879年的24万海关两增至1890年的203.7万海关两,显示了宜昌通商口岸开辟对四川进出口贸易的促进作用。⑤ 在重庆开关前夕,川省进口洋货以纺织品为大宗,在1889年、1890年两年度经重庆进口的棉货类数量总计达135.8万匹,其中1890年度英国和印度产棉纱就有10万担左右;其次是毛纺织品,两年总计进口9万多匹。1890年重庆出口土货以土特产工业原料为大宗,如废丝、绵羊毛、白蜡、生丝等,总计价值约为203.7万两,其中生丝出口价值为90.7万两,居首位。⑥

生丝出口在重庆开埠前的四川对外贸易中占有重要地位,被认为是一项"有利的生意"。根据19世纪八十年代外人所作的商业调查报告,在1883年前后"由重

---

① (日)滨下武志:《中国近代经济史研究:清末海关财政与通商口岸市场圈》,高淑娟等译,江苏人民出版社,2006年,第397页注释①。
② 引文为光绪三十二年十一月初二日四川总督锡良折,引自廖声丰:《清代常关与区域经济研究》,人民出版社,2010年,第273页。
③ 甘柯森:《最近四十五年来四川省进出口贸易统计》,第十表《最近四十五年来重庆海关税收分类统计》,民生实业公司经济研究室1936年。
④ 引文为光绪三十二年十一月初二日四川总督锡良折,引自廖声丰:《清代常关与区域经济研究》,人民出版社,2010年,第273页。
⑤ 周勇、刘景修:《近代重庆经济与社会发展(1876—1949)》,四川大学出版社,1987年,第501—504页。
⑥ 周勇、刘景修:《近代重庆经济与社会发展(1876—1949)》,四川大学出版社,1987年,第92—95页。

庆向东每年输出生丝——黄丝和白丝——约达17 500担;如果每益司价值为1钱,则每担值160两,全部输出值2 800 000两;四川成都、嘉定和重庆以及贵州遵义府的织机,销纳重庆输出的生丝各为1 090 000、290 000、85 000和15 000两,合计1 480 000两。因此,从重庆输出的生丝和丝织品总值达4 280 000两"。① 1885—1886年四川省"大量生丝和乱丝头输往上海,以便转运欧洲。1886年重庆生丝贸易是一项有利的生意。丝出产于成都北面至西北面绵州附近,而经由长江支流运往重庆。离重庆时,每驮(两包,约80斤)缴纳厘金2两8钱,然后凭子口单运往上海。1886年绵州丝和乱丝头输出总值为1 000 000两"。② 根据民国时期海关贸易报告册统计比较,1912—1940年间"川丝历年出口在全国蚕丝输出量中之地位,除去民元与二十四年外,概占全国输出量百分之十以上,最多时期(民七)曾达百分之三十一。川丝出口在全国蚕丝对外贸易中之重要性,可见一斑"。③

重庆开关后至抗战前夕(1891—1935)的四十多年间(近代四川第二个口岸万县,于1902年《中英续议通商行船条约》议定增开,1917年重庆关在万县设立分关,正式辟为通商口岸④),是四川对外贸易的大发展时期。1891年四川对外贸易进出口货值约为285万关平两,至1935年达到5960多万关平两,增长20多倍;而在1930年则达到此阶段最高峰值,约为10 668万关平两。⑤ 抗战期间,西南地区对外贸易地位上升,但受长江通道的阻隔影响,据1937—1940年统计,历年重庆关进出口总货值远低于蒙自、梧州和腾越关,最高年份的1940年仅为4850.9千法元。⑥

重庆开关后至抗战期间,四川对外贸易情况分述如下:

一、出　口

重庆、万县是长江上游地区出口货物集散地,"川省位居长江上游之航路终点,故整个川省及长江上游各支流的流域面积除少数商品外,向皆以渝万为集散地,再向沪汉输出"。民国时期粤汉铁路通车,渝万货物"可不经上海,由汉口转粤港","是为川省货物运输路线之一转变",抗战期间川省货物则改走陆路,经广西、云南出口。⑦ 土产山货、工业需原材料、初级加工品等土货是出口货物的大宗,重庆开埠,"始立税关,以川东道兼任关监督。自是以来,外侨日集,国际间始有直接贸

---

① Commercial Reports,1883,Part Ⅱ,重庆,p70. 引自姚贤镐编:《中国近代对外贸易史资料》第3册,中华书局,1962年,第1495页。
② Commercial Reports,1885-86,四川,pp4-5. 引自姚贤镐编:《中国近代对外贸易史资料》第3册,中华书局,1962年,第1495页。
③ 钟崇敏、朱寿仁编:《四川蚕丝产销调查报告》,中国农民银行经济研究处1944年印行,第17页。
④ 周勇主编:《重庆:一个内陆城市的崛起》,重庆出版社,1997年,第44页。
⑤ 甘likelihood森:《最近四十五年来四川省进出口贸易统计》,第一表《最近四十五年来四川省进出口货值总数统计》,民生实业公司经济研究室1936年。
⑥ 周天豹等主编:《抗日战争时期西南经济发展概述》,表9-9:1937—1940年西南各埠进出口情况,西南师范大学出版社,1988年,第295页。
⑦ 蒋君章:《西南经济地理》,商务印书馆,1946年,第356—357页。

易。……盖土货出口恒为生货或半生货,至于熟货则舍粗陋常物而外,往往而绝"。①

各地出口的土货基本可以合江县的情形为例,"自重庆开埠通商,羊皮、牛革、猪鬃、桐油、棕丝之属,盛销海外,区民蓄羊日伙,与鸡、犬侪比。亦种桐树畴隙山隅,与橡、栎、樟、柏、楠、竹杂植,蔚为大宗"。②生丝、猪鬃、牛羊皮、桐油、白蜡、烟草、药材、糖、夏布、山货,以及鸦片等,均是清末民初四川主要出口货物。

作为特殊性商品的鸦片,由于近代四川是鸦片种植大省,鸦片基本上以输出为主,进口鲜少。据1878年宜昌关报告显示,四川鸦片出口7万担左右。③但1879年据汉口关估计,四川土产鸦片仅4.5万担,占全国总产量的46%,④而出口量则被估为13万担左右(此数与产量相比明显被高估,但亦显示时川省鸦片出口量是比较大的)。⑤这些估算数字显然在产、出方面不尽对应。而有研究认为,从1860—1900年间,四川鸦片的产量由数千担增至二十万担,出口量也由二千担增至十余万担,其中"自1879年起即为全国鸦片产量最多,出口最多的一省"。⑥这与之后时期海关贸易十年报告(1892—1901)重庆关鸦片出口量累计才7万多担比,也明显偏高。由于估算和统计口径上的偏差,重庆开关前四川鸦片出口数量仍难得到明确数字,目前仍以重庆海关十年报告记载为准,1892—1901年间重庆关出口的四川土产鸦片累计达到7.58万担以上,年均出口7千多担(见表2-9),⑦其中1897年左右核查的四川鸦片出口总价值为165.397万两,占各类土产出口总价值近37.7%,高居各类土货出口值之首位。⑧1901—1911年四川鸦片在重庆关仍有较大量的出口记录,1904—1909年各年出口量均在8000担以上,其中1908年达到1.3万多担为最高值年份;汉口关则在1907—1911年间有年均出口192担左右的记录。⑨

根据海关税务司班思德《最近百年中国对外贸易史》的总结和重庆、万县两关的进出口统计情况,重庆开关至抗战前四川对外贸易发展可分为如下数个阶段:

1. 1891—1901年间出口贸易:这一阶段被认为是中国对外贸易迅速发展期,不仅"进口净值,约增一倍;出口总额,亦多三分之二","至于出口货物则实属踊跃,

---

① 民国《巴县志》卷十三,商业。
② 民国《合江县志》卷二,食货,物产。
③ British Parliamentary Papers: Embassy and Consular Commerical Report. Area Studies Series. Irish University Press, China: Vol. 24, p48.
④ 张淑芬:《近代四川盆地对外贸易与工商业变迁(1873—1919)》,台湾师范大学历史研究所1982年,第82页。
⑤ British Parliamentary Papers: Embassy and Consular Commerical Report. Area Studies Series. Irish University Press, China: Vol. 14, p48.
⑥ 张淑芬:《近代四川盆地对外贸易与工商业变迁(1873—1919)》,台湾师范大学历史研究所1982年,第31—34页。张氏虽然较为全面地梳理了川省鸦片产量和出口情况,但其出口数量包含有宜昌常关等口岸的统计,故其统计出口量较大,但此类大多流向长江流域等国内各地,转口贸易情况亦难理清,不宜算作是出口。
⑦ 《重庆海关1892—1901年十年调查报告》,见鲁子健:《清代四川财政史料》下册,四川省社会科学出版社,1988年,第533页。
⑧ 《渝报》光绪二十四年正月下旬,见鲁子健:《清代四川财政史料》下册,四川省社会科学出版社,1988年,第529—530页。
⑨ 参见张淑芬:《近代四川盆地对外贸易与工商业变迁(1873—1919)》,表2-8《1893—1911四川鸦片出口量》,台湾师范大学历史研究所1982年,第32页。

土产之内,如各项杂货,销售极健,而以原料品为最也"。① 这与此期内地开埠口岸增多和实行新的行轮章程(中外船只能更大自由地出入内河港口从事货运业)有很大关系,"洋货得有便利,可以运销内地,而中国土产,亦易于转输外洋,对于贸易之发展,实有莫大之助也"。② 1891 年重庆港进出外国船只为 607 艘,至 1899 年进出的国内外船只快速增加到 2909 艘,其中外国船只为 2004 艘,而 1895—1901 年间每年进出重庆港的船只均维持在 2000 艘以上。③ 以重庆关出口来看,1891 年出口各类土货货值为 138.97 万关平两,1901 年增至 911.5 万关平两,增长 6 倍以上。④ 此期重庆关四川出口土货以生丝、药材、猪鬃、白蜡等为大宗,生丝出口量从 1891 年约 1.32 万担、70 万关平两增至 1901 年的最高值约 1.9 万担、159 万关平两。药材是此期四川出口大宗土货之一,未列名药材 1891 年仅出口 17 万关平两左右,但至 1899 年达到十年里最高的约 67 万关平两;而五倍子在 1895 年出口担数达此期最高的 1.7 万担左右、值 23 万关平两(1897 年出口数为 1.4 万担、25 万关平两,为本期出口货值最高年份);大黄则在 1898 年以 9838 担、约 17 万关平两达到此期最高值;此期麝香出口以 1901 年出口值为 84 万关平两为最高。1891 年猪鬃出口仅 568 担、5133 关平两,至 1901 年则达到 8000 担以上,约值 16 万关平两。白蜡则以 1894 年的出口 99 万余关平两为最高出口货值数。此外,生牛皮、熟皮、羊皮、糖和木耳等山货也有较多的出口数量。⑤

2. 1902—1920 年间出口贸易:此时期近二十年四川省年出口贸易额大致维持在 1000 万至 2000 万关平两之间的水平,与前一阶段相比有着较大的增长,年均出口货值上升到千万关平两一级,只不过在民国初年的 1912—1914 年间有过短暂的回落。这一时期同时也是四川进口贸易的快速发展时期,年均洋、土货的进口货值在 1500 万—3000 万关平两左右。⑥ 此期重庆关出口大宗中,生丝外销势头不减,1918 年出口 3.67 万担为开关至 1935 年间最高数量年份,约值 257 万关平两。夏布、烟叶、火麻、牛油等出现规模性出口现象,而在 1917 年始开关统计的万县口岸,桐油、纸张、漆等均有一定规模的出口。这一阶段处于一战期间,全国农产品出口大增,"本期出口土货,突增最巨者,并非茶、丝二项,乃新兴商品,如大豆、豆油籽类及菜子油耳,而以民五至民八之间,最为畅旺",⑦但在四川,生丝等的出口仍为主要且势头强盛。同时,此阶段四川牛羊皮、猪鬃等的出口量处于近代此类商品出口

---

① 海关副税务司班思德编:《最近百年中国对外贸易史》,海关税务司署统计科译印 1933 年,第 219 页。
② 海关副税务司班思德编:《最近百年中国对外贸易史》,海关税务司署统计科译印 1933 年,第 234 页。
③ 甘祠森:《最近四十五年来四川省进出口贸易统计》,第八表《最近四十五年来重庆进出口船支吨位按国别百分比较统计》,民生实业公司经济研究室 1936 年。
④ 甘祠森:《最近四十五年来四川省进出口贸易统计》,第二表《最近四十五年来重庆进出口货值总数统计》,民生实业公司经济研究室 1936 年。
⑤ 甘祠森:《最近四十五年来四川省进出口贸易统计》,第六表《最近四十五年来重庆大宗出口土货数量与价值统计》,民生实业公司经济研究室 1936 年。
⑥ 甘祠森:《最近四十五年来四川省进出口贸易统计》,第一表《最近四十五年来四川省进出口货值总数统计》,民生实业公司经济研究室 1936 年。
⑦ 海关副税务司班思德编:《最近百年中国对外贸易史》,海关税务司署统计科译印 1933 年,第 247 页。

的较高水平,重庆关生牛皮每年出口大致均在 2 万担以上(仅 5 个年份低于此量),1919 年则达到 5 万担以上,为开关至 1935 年间最高数;同一年羊皮出口有 302 万张以上,也为开关以来最多(1919 年万县关出口羊皮 71 万多张,也是该关 1917—1923 年间最多年份);猪鬃的出口,重庆关在 1903—1920 年间年均都在 1 万担以上,尤以 1913、1914、1915 年三年为多,分别在 1.5 万担以上。① 畜产出口数量的增加,是此期四川对外贸易的一个特点,这实际上已使川省出口商品结构产生重要变化。

3. 1921 年至抗战前夕出口贸易:这一阶段四川出口贸易发生了重要变化,一方面在规模上,1923—1931 年间各类土货出口年均总值上升至 3000 万关平两水平(1930 年出口总值达到 4638 万关平两左右,为 1891—1935 年间出口值最高年份),出口的货物数量也远超以往时期②;另一方面是出口商品结构发生重要变化,传统生丝等大宗地位迅速下降,而桐油、烟叶、糖、漆、纸张等出口日增。

在 1932 年以前生丝一直占全川出口物资品种输出总值的第一位(鸦片除外),1932 年以后逐渐退居第三位,至 1936 年则降至第五位,③其出口数量在 1935 年已跌至 4799 担、值 55 万关平两左右。④ 不过,这一时期川丝出口在结构上有着变化,机缫黄丝几乎全部用于出口,并开始成为一种重要的出口商品,在 1925 年及之后的几年里,每年出口量在 1 万—1.8 万担之间,而以成都、嘉定为发达的川丝织造产品,也大量流向印度等非西方国外市场。⑤ 1923 年始重庆、万县两关桐油出口增长明显,重庆关从前一年的 1876 担、约 1.8 万关平两,迅速上升到 1923 年的 2.3 万担、43 万关平两左右,并持续高走,在 1924、1929、1930、1932、1933、1935 年六个年份出口均在 8 万担以上,年货值在 145 万—338 万关平两之间;桐油则以万县关的出口为盛,数量更大,在 1922—1935 年间,除 1926、1927 两年各在 17—19 万担左右外,其余年份均达到 20 万担以上,其中 1928、1930、1933 年三年各有 31 万担以上的出口量,而 1929 年出口 26.3 万担、值 632 万关平两为最高货值年份。1918 年始至 1935 年间,重庆关出口的烟叶数量也较大,除 1918、1921 年两年在 2.7 万—2.8 万担低于 3 万担水平外,其余年份每年出口均在 3.5 万担以上,其中 1931 年达到约 5.3 万担为最多出口数,货值 140 万关平两。糖的出口在此期比以往有所恢复,1933 年重庆关达到 25 万担为最多年份,货值 148 万关平两。重庆、万县两关生漆出口在 1931 年总计达到约 1.3 万担,为出口量最多,货值 96 万关平两左右。

---

① 参见甘祠森:《最近四十五年来四川省进出口贸易统计》,第六、七表,民生实业公司经济研究室 1936 年。
② 在 1931 年以后,四川出口贸易下滑,年均出口总值回落至 3000 万关平两以下,但仍维持在 2300 万关平两以上水平,1936 年又有所好转。"(民国)十六至十九年之间逐有增加,自二十年起即见减退,至廿三四年之际为最低,廿五年度大有好转"(见民国中国银行重庆分行孙祖瑞等:《川康黔区特产贸易概况》,见重庆市档案馆整理同名资料载于《档案史料与研究》2002 年第 4 期)。
③ 周天豹等主编:《抗日战争时期西南经济发展概述》,西南师范大学出版社,1988 年,第 283 页。
④ 参见甘祠森:《最近四十五年来四川省进出口贸易统计》,第六、七表,民生实业公司经济研究室 1936 年。
⑤ (美) 李明珠:《中国近代蚕丝业及外销(1842—1937)》,徐秀丽译,上海社会科学院出版社,1996 年,第 128 页。

1933年万县关出口纸张约13.2万担,货值108万关平两,为川省纸张出口数量和货值数最高年份。① 这一时期川省生丝出口的下降和纸、烟、桐油、漆的出口增加,与全国出口贸易变化的特点是一致的。②

4. 抗战期间出口情况:此期受战事和长江航运等通道阻隔影响,四川出口极为不便,大后方对外贸易主要依赖于广西和云南口岸。1937年经重庆关货物出口值仅占全国出口总值的0.02%,占后方的0.22%,落后于云南蒙自和广西梧州关。③ 此期以太平洋战争爆发为转折,川省传统出口土货在1941年后又渐有起色。1943年提炼代汽油实验成功,炼油业需求增大,均使桐油外销增加,价格亦上涨。生丝则在1941年后出口略有起色,1943年外销苏联500担、英美330担,而1943年度四川丝业公司制丝1800余担,其中60%用于出口。猪鬃在1938年以后年均出口1.5万担,1943年则运销苏联1.3万担、运美8000万担、输英1000担。④

二、进 口

在重庆开关前,四川洋货进口以汉口、宜昌两关持子口单形式输入。1875年持汉口子口单运至重庆的洋货为15.6万海关两,1877年以后汉口、宜昌关转入重庆的进口洋货货值增长迅速,1879年上升至266万海关两左右,至重庆开关前夕的1890年则进口洋货约值482万海关两。⑤

重庆开关后,四川进口商品主要来自两类:洋货和土货。洋货进口一种情形是直接从重庆、万县四川海关进口输入,另一种则包含有其他地区海关进口输入川省(Cross foreign imports from other Chinese Ports);土货为本国其他地区经重庆、万县等口岸输入。以重庆开关后的1891—1935年四十五年间四川进口货值统计来看,洋货进口货值在1891—1908年间每年均低于850万关平两,但从1909年始至1930年间,除民国初年几个年份和1923年外,其余各年进口货值均达到1000万关平两以上,但均未达到过1900万关平两(均含国内其他口岸进口货值)。1931—1935年间未含国内其他口岸输入洋货的进口货值维持在132万—218万关平两之间水平。也就是说,从进口货值统计所反映的川省近代进口贸易趋势,可分为两个阶段,即1909年之前规模较低,年进口货值不及千万关两,1909年之后大多数年份则升至1000万—1900万关平两间的进口水平。若以洋货、土货进口的货值总计数量来看,近代四川进口贸易则呈现三个阶段的发展态势:1891—1896年各年进口货值均低于800万关平两;1897—1920年间则各年进口货值均在1000万—

---

① 甘祠森:《最近四十五年来四川省进出口贸易统计》,第六、七表,民生实业公司经济研究室1936年。
② 参见海关副税务司班思德编:《最近百年中国对外贸易史》,海关税务司署统计科译印1933年,第252—253页。
③ 周天豹等主编:《抗日战争时期西南经济发展概述》,表9—7《1937—1942年西南对外贸易概况》(原文无表名,此处系今据表格内容命之),西南师范大学出版社,1988年,第292—193页间插页。
④ 民国中国银行重庆分行孙祖瑞:《川康黔区特产贸易概况》,见重庆市档案馆整理同名资料载于《档案史料与研究》2002年第4期。
⑤ 周勇、刘景修:《近代重庆经济与社会发展(1876—1949)》,四川大学出版社,1987年,第501—504页。

2 900万关平两之间;1921—1935年间则绝大多数年份进口货值在3000万关平两以上水平,其中有十个年份进口货值在4000万关平两以上。① 1937—1941年间四川进口洋货总值年均约在法币420万元左右,占全国进口总值的比重在0.25%—0.42%之间。② 近代四川进口贸易情况可按洋土货总计进口数量变化,分为以下几个阶段:

1. 1891—1896年间进口贸易:本阶段四川各年进口货值均低于800万关平两,但各类进口商品的数量增长较快。这一阶段重庆关进口商品以棉纱、棉布等为主,1891年进口英纱96担,印纱2.8万多担,1892年英、印纱进口分别增至618担和12.8万担左右,而国产华纱仅有300担。③ 1891年重庆关总计进口棉纱28 183担,货值56.13万关平两;1892年猛增至近13万担、359万关平两;至1896年则达到这一阶段棉纱进口量最大值,为17万担左右和货值408万关平两。棉布1891年进口15.3万匹、40.8万关平两,次年则增至约78万匹以上和188.5万关平两,之后各年进口量均在54万—74万匹之间,每年货值都高于130万关平两以上。棉纱、棉布成为此期川省最大的进口商品。"川省购办棉纱者,异常踊跃","川省土棉向取给于沿江各省,贩运至该地后,每斤零售价亦与洋棉纱相同,然洋棉纱不待再纺,即可织布,土棉则须纺而织,人工既费,成本亦增",④ 主要原因是洋纱、洋布等在质量和价格上占有较强的竞争力,且在税收上受子口税制的保护。⑤ 这一时期国内受日本纺织工业兴盛影响,"棉价遂趋昂贵,因而手织棉纱成本较重,益不足与洋纱竞争矣"。⑥

其他纺织品中,以绒货为进口大宗,1891年进口约1.7万匹、17.8万关平两,次年增至约5.7万匹、49万关平两(为此阶段该类商品最高值),而绒货也成为这一阶段进口货值仅次于棉织品的大宗货物。其他进口货物,五金矿石(主要是金属品)在1895年达到5215担;煤油在1893年进口量为该类货品此阶段最多的年份,为5.5万加仑;纸张也在此期有一定的进口,1894、1895年均输入1200担以上、年进口货值2.8万—2.9万关平两左右。原材料类的商品以棉花为进口大宗,1895年达到3.2万担、52万关平两左右的进口量。此期,海产品、药材(含人参、洋参)等的进口也较多,海产在1894年进口量约为4.5万担、36万关平两;药材1893年总计进口值约为25万关平两,而人参和洋参在1896年进口量约为3.3万斤、19.6万关平两。值得注意的是,在1896年重庆关进口货物中,电报电话电汽等材料以价

---

① 甘祠森:《最近四十五年来四川省进出口贸易统计》,第一表《最近四十五年来四川省进出口货值总数统计》,民生实业公司经济研究室1936年。
② 周天豹等主编:《抗日战争时期西南经济发展概述》,表9-2《1937—1942年3月西南各埠进口贸易概况》,西南师范大学出版社,1988年,第282—283页间插页。
③ 陈家泽:《清末四川区域市场研究(1891—1911)》,见彭泽益主编:《中国社会经济变迁》,中国财政经济出版社,1990年。
④ 彭泽益:《中国近代手工业史资料》,第2卷,三联书店,1957年,第209页。
⑤ 参见陈家泽:《清末四川区域市场研究(1891—1911)》,见彭泽益主编:《中国社会经济变迁》,中国财政经济出版社,1990年。
⑥ 海关副税务司班思德编:《最近百年中国对外贸易史》,海关税务司署统计科译印1933年,第228页。

值计,也有9478关平两的进口量。①

在这一阶段,四川进出口从货值数上看存在着一定的入超,1891年洋土货进口货值为147万关平两左右,而出口也在139万关平两左右,其余年份除了1895年进出口差额不大外,入超均约二三百万关两左右。②但此期受银价变化影响,洋货价格较高,故进口货值并未如实反映进口量,以全国情形来看,1892—1901年间"对外贸易发展迅速,进口净值约增一倍,出口总额亦多三分之二。考进口货值之激增,纯因银价惨跌,洋货价高之故,而其数量增加并无若是之巨。至于出口货物则实属踊跃"。③所以此阶段四川进出口贸易较为平衡。

2. 1897—1920年间进口贸易:这一阶段四川各年进口货值均在1000万—2900万关平两之间,显示出进口贸易的极大增长态势。棉织品进口仍处于强劲势头,尤其是棉布增加较大,这与全国进口情况较为一致,"进口货物,棉布激增最巨,在进口商品中,已居首席地位"。④ 1897—1920年间,除1912、1918、1920年三个年份重庆关棉布进口量低于40万匹外,其余年份均在50万匹以上。其中,1904年进口约103万匹和48万码以上;1905年则达到129万匹和32万码左右,为此期最多进口年份,货值总计约280万关平两;1917年仍有较高进口量,为122万匹和11.7万码以上。万县关在1917年仅有1491匹和29码的棉布进口量;1919年增至4541匹和5380码,总计货值3.2万关平两;1920年则进口4459匹和6503码。

此期棉纱进口数量也有较大增长,重庆关在1897年进口量从以往每年20万担以下升至23万担左右,次年则为22万担左右,之后至1920年间除1901、1918、1919、1920年四个年份在30万担以下外,其余各年进口均在30万担以上。其中,1903年以进口约45.5万担、值1624万关平两为本阶段最高货值年份,而1914年以进口46万担左右为此阶段最多货量年份。万县关1917年棉纱进口为1万多担、值30多万关平两,1918年则增至4.9万担、254万关平两左右。

尽管在1897—1899年间重庆关棉花进口仍有较高的数量,1898年达到约7.3万担,为1891—1935年该关四十五年间最高进口量年份,但进入20世纪后持续走低,多年不及3000担进口量水平,1912—1918年间各年进口不到千担,甚至在1918年仅进口4担。不过1919年起又有所恢复并连续数年保持万担以上的进口量,1919年为1.5万担左右,货值近50万关平两,1920年则进口1.6万担左右。万县关1918年棉花进口量仅为296担、9215关平两,但1919年增至5488担、约17万关平两,在1920年则高达1.8万担以上、约56万关平两。

---

① 甘祠森:《最近四十五年来四川省进出口贸易统计》,第四表《最近四十五年来重庆大宗进口货物数量与价值统计》,民生实业公司经济研究室1936年。
② 甘祠森:《最近四十五年来四川省进出口贸易统计》,第一表《最近四十五年来四川省进出口货值总数统计》,民生实业公司经济研究室1936年。
③ 海关副税务司班思德编:《最近百年中国对外贸易史》,海关税务司署统计科译印1933年,第219页。
④ 海关副税务司班思德编:《最近百年中国对外贸易史》,海关税务司署统计科译印1933年,第238页。

  这一时期绒货的进口除在20世纪初年保持着较高数量外,进入民国则出现进口量下降趋势,1904年绒货进口的匹、码数分别达到1.5万匹和15万码左右,之后开始下降,至1920年仅进口25匹、4414码。

  重庆关五金矿石的进口在1906、1914年分别达到3.2万担和4万担左右,为此阶段进口量最多的两个年份,其余年份则以1906年为分水岭,之前各年进口量大都在1千—2千担水平,之后除个别年份为3千多担外,都在4千担至万担水平。

  此期,煤油的进口量在19—20世纪之交有过较大增长,1897年重庆关进口量达到11万加仑以上,1900年增至23万加仑左右,之后至1907年间除1906年进口量大跌至3125加仑和1904年为2万加仑外,其余各年均在5万加仑以上。1908年始重庆关煤油进口各年上升至15万加仑以上水平,1915、1917、1918、1919、1920年则增至110万加仑以上,1919年为最高263万加仑、值77.7万关平两左右。万县关在1920年煤油也有83万加仑左右的进口量。

  重庆关纸张的进口在民国时始比以往有较大增长,1912年进口2508担,1913—1914年则上升至7千—8千担。染料、颜料等在1916年达到8886担,为最多进口年份。此期还开始出现机器及机器需用器具的进口记载,1898年重庆关进口货值为2710关两,之后反复无常,至1920年进口值为2.5万关两,1920年则达到11.8万关平两左右;万县关在1920年此项进口值也有约3.1万关平两。①

  这一阶段,四川进出口贸易从货值量上看,洋土货的进口量要远超于出口量,尤其是1897—1903年间各年进口量均在1100万关平两以上,而出口量最高年份仅为912万关平两左右,1903年出口量约达2095万关平两,出口仅为828万关平两,入超2.5倍以上。进入民国时期,进口总量较高的年份1914、1919、1920年货值分别约为2378万、2805万和2555万关平两,而对应年份的出口值分别为1387万、1994万和1434万关平两,其中1919年出口总值1994万关平两为重庆开关以来四川出口货值最高年份,该年也以4799万关平两的进出口贸易总值为近代至此时期的最高峰值。②

  3. 1921—1935年间进口贸易:这一时期绝大多数年份进口货值在3000万关平两以上水平,其中有十个年份进口货值在4000万关平两以上,规模远大于以往时期,是近代以来川省进口贸易的一个高峰。

  这一阶段棉纱的进口仍保持着较大规模数量,万县关在1920年后棉纱进口量大体稳定,进口最多的年份为10万担左右,而重庆关则保持着年进口三四十万担

---

① 甘祠森:《最近四十五年来四川省进出口贸易统计》,第六、七表,民生实业公司经济研究室1936年。
② 甘祠森:《最近四十五年来四川省进出口贸易统计》,第一表《最近四十五年来四川省进出口货值总数统计》,民生实业公司经济研究室1936年。

的规模,1922、1925、1926、1928、1930、1933、1935年七个年份均在40万担以上。其中,以1930年进口约48万担、2739万关平两为最高。棉布则在1929年创下了217万匹的重庆开关以来进口匹数的最高记录,而该年万县关也有25万匹以上的较高进口匹数(该关1932—1935年进口数量缺载)。

棉花的进口则有着较大波动,在1921—1923年间重庆、万县两关均有一定规模进口,尤其是重庆关,维持了1919年开始的进口恢复状态,1921年进口量达到近2万担;但两关在1924年以后进口量均出现急剧下滑现象,1927年两关总计进口仅600多担,进入1930年代两关进口量又有所提高,但仍难达到1920年代初期的水平。

绒货则在经历上一时期后半段进口低迷之后,于1920年代中期有较大恢复和增长,重庆关1926年进口匹数达到26万多匹,1928年则进一步增至34万多匹,为开关以来进口匹数最多的年份;万县关1926年进口匹数达到万匹以上,1927年则升至近3万匹左右。纸张的进口在1922—1931年间有过一个高峰,重庆关1922年进口数量为8575担、约12.3万关平两,1924年则上升至1万多担、14.8万关平两,该年至1931年各年进口除1926年为8千多担外,均在万担以上,1929—1931年三年均在1.5万担以上,其中1931年货值约28.9万关平两为最高价值年份。

煤油的进口量在这一阶段激增,表现抢眼。重庆关在1920年以后有3个年份进口量各达到800万加仑以上(1924、1925、1928年),4个年份进口量各在510万—650万加仑左右;万县关在1925年进口量也有169万加仑左右,1928、1930年也分别达到132万和161万加仑左右的进口量。电报电话材料及电汽材料在这一阶段进口大增,重庆关在1931年电报电话材料进口值升至近9万关平两,为本期该类商品的最高进口值;同年电汽材料进口值则高达约35万关平两,而在1933年则升至该类商品此阶段最高的83万多关平两。万县关在1931年也有6.6万关平两以上的电汽材料进口值,电报电话材料进口值则为2.3万关平两左右。此外,柴油、滑物油、水泥、纸烟等在此阶段也有一定的输入,但数量均不甚大。①

从进出口货值比较上看,这一阶段入超现象仍在上升,以重庆开埠以来进口和出口货值均最高的1931年来看,当年出口总值约为4638万关平两,进口约6030万关平两,入超1392万关平两。1931年入超则扩大到1962万关平两。② 据研究,1891年至抗战前四川进出口对外贸易总值的比例是6∶4,每年入超为1200万关

---

① 甘祠森:《最近四十五年来四川省进出口贸易统计》,第六、七表,民生实业公司经济研究室1936年。
② 甘祠森:《最近四十五年来四川省进出口贸易统计》,第一表《最近四十五年来四川省进出口货值总数统计》,民生实业公司经济研究室1936年。

平两左右。① 不过,万县口岸的进出口相对要平衡一些,虽然并非蒋君章所称的"四川贸易集中于万县与重庆,就贸易额言重庆在万县之上,就出入口之比较言,万县系出超口岸而重庆则为入超口岸"这么绝对,②但在 1917、1919、1923、1924 等年份,确实为出超,尤其是 1923 年进口仅为 430 万关平两,出口则高达 809 万关平两,但其他年份均为入超。1931 年进口总值约为 1016 万关平两、出口货值 698 万关平两,入超 318 万关两,为 1917—1931 年间进出口值最大差额,所以总体上进出口总值比较均衡。③

4. 抗战期间进口贸易:此期四川进口贸易较为艰难,以往主要依托的长江航道受阻,重庆、万县关进出口贸易量大为下降。1936 年全省洋土货进口总值约为 2105 万元,其中洋货仅为 240.7 万元;1937 年进口总值为 5834 万元左右,但土货进口值为 5508 万元,占总值的 94%以上。④ 以法币来计,1937—1941 年间重庆关进口货值依年次分别约为 326 万元、264 万元、108 万元、485 万元和 918 万元,波动较大,这与 1938 年、1941 年大后方对外贸易通道受战争影响不断变化有关。1937 年重庆关进口总值在西南七个商埠(重庆、梧州、南宁、龙州、蒙自、思茅、腾越)进口贸易中位列第三,少于蒙自的 916 万和梧州的约 767 万法币元。1938 年以后云南蒙自、腾越口岸进口大增,重庆进口贸易地位进一步下降。⑤

图 4-1 1891—1935 年四川省对外贸易历年总值变化

说明:1932—1935 年进口货值未计国内其他商埠转口输入数。
(数据来源:甘祠森:《最近四十五年来四川省进出口贸易统计》,第一表《最近四十五年来四川省进出口货值总数统计》,民生实业公司经济研究室 1936 年。)

---

① 参见四川省商业厅、四川省政协文史委合编,游时敏著:《四川近代贸易史料》,《1936—1941 年洋货与土货进口统计》表,四川大学出版社,1990 年,第 26 页。
② 蒋君章:《西南经济地理》,商务印书馆,1946 年,第 356 页。
③ 甘祠森:《最近四十五年来四川省进出口贸易统计》,第三表《最近十九年来万县进出口货值总数统计》,民生实业公司经济研究室 1936 年。
④ 四川省商业厅、四川省政协文史委合编,游时敏著:《四川近代贸易史料》,《1936—1941 年洋货与土货进口统计》表,四川大学出版社,1990 年,第 29 页。
⑤ 周天豹等主编:《抗日战争时期西南经济发展概述》,表 9-2《1937—1942 年 3 月西南各埠进口贸易概况》,西南师范大学出版社,1988 年,第 282—283 页间插页。

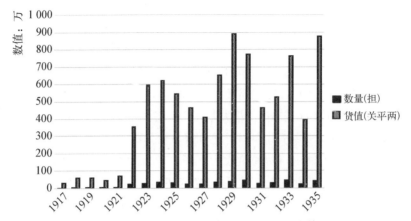

图 4-2 1917—1935 年四川省桐油出口贸易历年情况

（数据来源：甘祠森：《最近四十五年来四川省进出口贸易统计》，民生实业公司经济研究室 1936 年。）

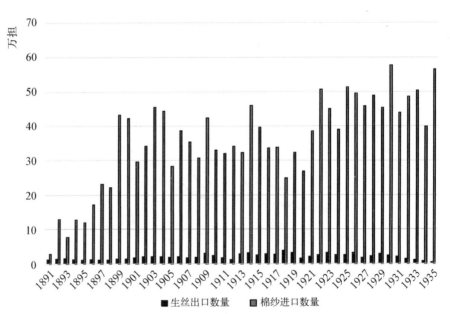

图 4-3 1891—1935 年四川省棉纱、生丝进出口数量比较

（数据来源：甘祠森：《最近四十五年来四川省进出口贸易统计》，民生实业公司经济研究室 1936 年。）

第五章　金融业

四川金融业的发展依赖于繁荣的商品经济,重庆开埠崛起并成为全省、长江上游乃至抗战时期大后方工商业中心,对全省金融业在近代的发展起到极大推动作用。对近代四川金融业的考察,本章着重于金融机构和组织的变迁方面,以之在各期、各地的分布及演变情况来呈现金融业发展状况。从金融组织变迁及分布上看,近代四川金融业的发展有着鲜明的时代特点,票号、钱庄、银行等行业基本上依次兴起,在相应的历史时期成为金融市场的主力,而最终于抗战时期主要由银行业在全川建立起涵盖城乡的庞大金融市场。金融业以川内主要城市为集中,在近代早期,成都和重庆是全川两大金融中心,随着开埠通商、抗战内迁和大后方以重庆为中心的建设实施,重庆、万县等长江上游沿岸城市金融地位快速上升,重庆相继确立为全川和大后方最大的金融中心。

第一节　票号

票号,即汇兑庄,又称作票庄,是以汇票形式来实现银两等货币兑换的金融组织,清代以山西票号为主要。早期票号的起源与四川有一定的关系,乾嘉年间在京津地区从事颜料生意的山西平遥人雷履泰,"因为颜料从四川来,重庆离天津过远,直接汇兑颇多不便。四川商业与汉口发生密切关系,雷氏往来于天津、重庆之间,以汉口为中心,沟通东西贸易,甚为便利,且汇票必须两地对兑,天津、汉口执其两端,为山西票庄发源地,颇近情理"。[①] 而由雷履泰创立的日升昌颜料铺,其在重庆的铺面则在道光十一年(1831)改为专营汇兑业务的票号,[②] 这应是专营金融业务的山西票号在四川地区建立的最早时间,票号也成为重庆开埠前四川最为主要的金融机构。

晚清民国时期川康地区累计设立过 48 家票号(见表 5-1),除去云南人在成、渝、叙及四川(具体地方不详)等地设立(总号在云南)的 4 家外,其余均为山西票号(不详开设者从号名上看此处且认作山西票号)。从地理分布上看,重庆有 23 家,成都 18 家,自流井、雅安、巴塘、理塘、康定、宜宾及四川各有 1 家。而据其他资料亦显示,1886 年重庆的山西票号有 13 家;[③]1891 年增至 16 家,总资本达到 197 万

---

① 陈其田:《山西票庄考略》,商务印书馆,1937 年,第 28 页。关于山西票号创立的人物及年代亦有多种说法,其中就有重庆起源说等,但似难得证。
② 参阅黄鉴晖:《山西票号史料》(增订本),山西经济出版社,2002 年,第 11—15 页。
③ 张淑芬:《近代四川盆地对外贸易与工商业变迁(1873—1919)》,台湾师范大学历史研究所 1982 年,第 97 页。

两以上。① 1894 年全川共有票号 27 家,其中成都也有 13 家。② 而又据张淑芬等人的研究,光绪末年在嘉定、万县和泸州还分别设有过 2、1 和 4 家山西票庄分号。③ 可见,四川地区办理汇兑事业类似"商业银行"性质的票号,以重庆和成都两城市为集中,是全省两大金融中心,其中又以重庆的地位更为主要,"北京、天津、上海、汉口和重庆,是票庄营业最繁盛的地方,这几个地方的票庄分号,自十六家起多至三十一家。广州只有九家,厦门五家,福州四家,这三个南方城市的分号,不如归化、张家口、营口、盛京、西安、沙市、长沙、成都等处之多,可见,山西票庄的势力范围在北方不在南,盛于东北、西北黄河及长江流域;南部相比较不太重要"。④ 除去主要商业城市设有票号外,四川其他地方较大的汇兑业务大抵如犍为县情形运作,"县属无大规模之票号,惟富商巨贾彼此来往,或出短期票以利济一时,但资周转而已",⑤ 或采取"托票号"的办法,"票号之营业,其先本以汇兑为主,故各地多设分号,其无分号之地方,则与他号连络,或间接与他号连络,故其声息相通,汇达之区域亦广。……至于商人方面,除有同业者自行划账抵销款项者外,大都亦托票号为多。若夫民间,则两地间之款项往来,尤非依赖票号而不可"。⑥

表 5-1 晚清民国时期川康地区票号分布

开设者	票号名称	设立地	始营年代	资本(万两)	归 宿 情 况
山西平遥帮(35 家)	日升昌分号	重庆	1831 年	3	1922 年总号改营钱庄业务
		成都	—	—	1922 年总号改营钱庄业务
	蔚泰厚分号	重庆	1826 年(总号)		1921 年总号歇业
		成都	1826 年(总号)		1921 年总号歇业
	蔚丰厚分号	重庆	1826 年(总号)		1916 年总号改组为蔚丰商业银行
		成都	1826 年(总号)		1916 年总号改组为蔚丰商业银行
	蔚盛长分号	重庆	1826 年(总号)	13.7	1916 年总号停业清理
		成都	1826 年(总号)		1916 年总号停业清理
	新泰厚分号	重庆	1826 年(总号)	12	1921 年总号歇业
		成都	1826 年(总号)	—	1921 年总号歇业

① (日)根岸佶:《清国商业综览》第 3 卷《支那商业地理》下,东亚同文会 1906 年,第 275 页。
② 《票号在四川的一些活动》,见《四川文史资料选辑》,第 32 辑。
③ 张淑芬:《近代四川盆地对外贸易与工商业变迁(1873—1919)》,台湾师范大学历史研究所 1982 年,第 97 页。
④ 陈其田:《山西票庄考略》,商务印书馆,1937 年,第 108—109 页。
⑤ 民国《犍为县志》卷十一,经济志,金融。
⑥ 东海:《记山西票号》,《银行周报》第 1 卷第 8 号,1917 年。转引自黄鉴晖:《山西票号史料》(增订本),山西经济出版社,2002 年,第 675 页。

续 表

开设者	票号名称	设立地	始营年代	资本（万两）	归宿情况
山西平遥帮（35家）	天成享分号	重庆	1826年（总号）	11	1918年总号改组为银号，1921年歇业
		成都	1826年（总号）	11	1918年总号改组为银号，1921年歇业
	协和信分号	重庆	咸丰初年（总号）	—	1901年总号改称协同信后歇业
	协同庆分号	重庆	1856年（总号）	13.7	1913年总号歇业
		成都	1856年（总号）	—	1913年总号歇业
	百川通分号	重庆	1860年（总号）	10.2	1918年总号歇业
		成都	1860年（总号）	—	1918年总号歇业
	乾盛亨分号	重庆	同治初年（总号）	13.7	1904年总号歇业
	谦吉升分号	重庆	同治初年（总号）	—	1884年总号歇业
		成都	同治初年（总号）	—	1884年总号歇业
	蔚长厚分号	重庆	1864年（总号）	16.8	—
		成都	1864年（总号）	16.8	
	云丰泰分号	成都	同治年间（总号）	—	1881年总号歇业
	松盛长分号	重庆	1879年（总号）	—	成立后不久总号歇业
		成都	1879年（总号）	—	成立后不久总号歇业
	汇源涌分号	成都	光绪初年（总号）	—	1885年总号歇业
	永泰庆分号	重庆	1892年（总号）	—	1900年总号歇业
		成都	1892年（总号）	—	1900年总号歇业
	宝丰隆分号	重庆	1901年（总号）	5	1921年总号歇业
		成都	1901年（总号）	5	1921年总号歇业
		自流井	1901年（总号）	—	1921年总号歇业
		雅安	1901年（总号）	—	1921年总号歇业
		理塘	1901年（总号）	—	1921年总号歇业
		巴塘	1901年（总号）	—	1921年总号歇业
		康定	1901年（总号）	—	1921年总号歇业

续 表

开设者	票号名称	设立地	始营年代	资本（万两）	归宿情况
山西祁县帮（7家）	大德通分号	重庆	1884年（总号）	—	1940年总号改组为银号
		成都	1884年（总号）	—	1940年总号改组为银号
	元丰玖分号	重庆	1859年（总号）	16.8	1893年总号歇业
	三晋源分号	重庆	同治初年（总号）	16.8	1934年总号歇业
	存义公分号	重庆	同治初年（总号）	10.2	1916年总号歇业
		成都	同治初年（总号）	—	1916年总号歇业
	大德恒分号	重庆	1881年（总号）	13.7	1940年总号改组为银号
云南帮（4家）	天顺祥	重庆	1872—1873年间（总号）	1	1916年总号歇业
		成都	1872—1873年间（总号）	1	1916年总号歇业
		宜宾	1872—1873年间（总号）	1	1916年总号歇业
	兴顺和分号	四川	—	—	
不详（2家）	晋昌升	重庆	1891年已有	16.8	—
	乾盛晋	重庆	1891年已有	13.7	—
总计48家					

说明：1. 重庆设立的票号资本（天顺祥除外）及大德通成都分号资料源自《票号在四川的一些活动》，见《四川文史资料选辑》，第32辑。2. 天顺祥票号始营年代、资本和兴顺和票号资料源自民国《新纂云南通志》卷一百四十四，商业考二。

（资料来源：黄鉴晖：《山西票号史料》（增订本），山西经济出版社，2002年，第638—670页；《票号在四川的一些活动》，见《四川文史资料选辑》，第32辑；民国《新纂云南通志》卷一百四十四，商业考二。）

四川地区票号，"实际上垄断了与各邻省的主要银行业务"，"每家票号都拥有10万—30万两银的资本，它们可在必要时携手，足以对抗乃至抑制与其竞争的庄号"，在广州、长沙、汉口、贵阳、南昌、北京、沙市、上海、天津、云南、芜湖等地都设有汇兑代办处。[①] 其业务主要包括票号汇兑（票汇、信汇、电汇等）、票款存放、代办捐献、发行票据等。1906年仅重庆日升昌一家汇兑公款就达到164.58万银两，1910年户部经重庆天顺祥、百川通、宝丰隆票号汇往云南、贵州的公款分别就有80万和

---

① Decennial Reports, 1891, Chungking. 转引自王笛：《跨出封闭的世界——长江上游区域社会研究（1644—1911）》，中华书局，1993年，第274页。

17.3万银两。① 尽管暂无四川地区票号从事外贸活动的资料记载,且在重庆开埠后的几年间川省外商尚忧虑于"重庆无银行可通,洋商携带银洋甚为可虞,因所乘民船及购运土货出口,均无保险之故",②但从上海、汉口等地山西票号的业务来看,四川地区外贸领域的金融业务也有经票号办理的情形,可以说票号在近代早期四川对外贸易业中也有发挥着作用,"至于商人同外埠的业务往来,多由富裕的山西票号占先,它的作用几乎与英国的银行同样重要。……如果白银能够安全地运出和运入四川,就会大大改进贸易的状况,由此可见,山西票号所带来的种种便利及对四川出售货物的长期信用,使外商与中国商人竞争时,会有很多困难"。③ "山西票号是大规模的银钱商,他们的资金有时也通过本地钱庄而流通市面。山西票号对这一部分营业,因为带有冒险性,是很谨慎从事的,所以他们很少有大的损失,即使受到损失,从来也不会惨重的。以我在中国30年的经验,我想不起一件山西票号失利的事。它们都是一个组织的成员,必要时彼此帮助。"④

光绪末年,清廷势弱,以依赖于官府支持的票号业发展不济,其经营业务的范围和办法已不能适应经济和社会的发展需求。而重庆开埠后川省对外贸易规模越来越大,金融业也随之发生着新的变化,从表5-1中可见,清季至1910、1920年代间,票号大多数歇业或改组,四川地区票号则在辛亥革命后退出历史舞台,1916年时重庆"革命以来,除天顺祥外皆已停业,票号实权暂移归于钱铺之手",成都在辛亥革命后票号曾先后关闭,"以致大量放款不能收回,见变乱稍定,力图复业",但仅有7家能够恢复开业,其余均在休业中。⑤

第二节　钱庄

四川省山西票号没落之时,正是钱庄兴起之际,重庆"民元时代,钱庄事业,即代替票号而起。因彼时银行事业尚未萌芽,而票帮各家,已停业殆尽,钱业遂应时势之需要,为全市商业之枢纽。故民国二三年间,最称发达,先后创设者,达五十余家,直接间接藉资糊口者,在六千人以上(以一家二十人,一人八口之家庭计),可谓极一时之盛"。⑥ 日人调查亦称四川省钱庄勃兴和扩展于山西票号没落时期,全盛时期重庆有五十余家,成都有三十余家。⑦ 但四川地区钱庄出现的时间,其至还可追溯至清代雍乾时期,当时自流井就有数家,而至光绪年间自流井

---

① 参阅黄鉴晖:《山西票号史料》(增订本),上部第2编《山西票号的组织与各项制度》,山西经济出版社,2002年;周勇主编:《重庆通史》第2卷《近代史》上,重庆出版社,2002年,第368—369页。
② 《渝报》光绪二十四年正月下旬,见鲁子健:《清代四川财政史料》下册,四川省社会科学出版社,1988年,第529页。
③ Commercial Reports,1869—1871,汉口,pp191—193. 引自姚贤镐编:《中国近代对外贸易史资料》第3册,中华书局,1962年,第1575页。
④ Commercial Reports,1883,Part Ⅲ,上海,p232. 引自姚贤镐编:《中国近代对外贸易史资料》第3册,中华书局,1962年,第1568页。
⑤ 黄鉴晖:《山西票号史料》(增订本),山西经济出版社,2002年,第541页。
⑥ 《工商特刊》创刊号,第67页,转引自黄鉴晖:《山西票号史料》(增订本),山西经济出版社,2002年,第541页。
⑦ (日)东亚同文会编:《新修支那省别全志》第2卷《四川省下》,支那省别全志刊行会,1941年,第542页。

钱庄数增为三十余家,直至民国以后在银行业的冲击下尚余十多家。① 万县也是川省钱庄事业起步较早之地,光绪初年出现的被认为是钱庄胚胎的"换钱铺"就有五六家,由少数人合资兴办,从事水陆客商及附近乡村民众的铜钱改银两的兑换业务。② 1895—1897 年间万县设立有利顺泰、协和炳、永泰益、裕泰源、同仁和、德顺仁、同兴荣、茂盛泰等家钱庄,主要业务除放款外,"兼营申、汉票"。③ 民国初年三峡航运、商贸繁盛,"钱业亦随之俱增",万县钱庄数量达到 13 家,之后曾在 1934 年达到最盛 40 多家。④ 涪陵钱庄业兴盛时也有 10 余家。乐山在 1925—1931 年左右是钱庄最盛时期,相继有人和、融通、德和、成都新怡丰分号等银庄设立。⑤

钱庄、钱铺在民国时期四川金融活动中发挥着重要作用,尤其是在银行业出现之前,不仅承担起以往票号所经营的中长途商贸所需的金融业务,亦以其更为灵活的业务办理和分布更广的便利性,在城乡经济活动中发挥积极作用,同时也代办对外贸易的金融业务。民国初年重庆同升年、同升福、和济、福利等钱庄,就已在上海、汉口等地委托川帮庄客代办收交业务,至 1935 年有 14 家钱庄在上海开设分庄,异地汇兑业务较为普遍。⑥ 在四川乡镇,以犍为县为例,民国年间"县属无巨大钱庄,繁华市镇仅有一种小资本钱铺,其营业专供兑换,如或通有济无什陌之数,亦可以短期借放"。其在乡村的经营灵活性要胜过以往在大城市的票号。⑦ 而在重庆开埠前的同治年间,四川从事进出口贸易的银钱业务曾经一度集中在汉口办理,但全省所销纳的洋货所需的六至八个月期汇票,则是由上海钱庄来承兑,至 1869 年川省银钱业务"已经转到上海的更集中和更富有的钱庄手中去了",可以说在银行业尚未兴起之前,钱庄也承担起四川进出口贸易活动的金融业务。⑧ 钱庄的兴起,也孕生了钱业公会,使其组织、业务等不断得以完善和加强。光绪末年泸州 20 多家钱庄成立钱业公会,以万益茂、利如泉、泰兴隆等八家为首,"钱业公会之一切事宜,大多取决于八家"。⑨ 宣统元年(1909)前后,成都钱帮便设立"分会","改良规则,市面以安",商务局总办周保臣"又组织立一钱业公司,存放均有定章"。⑩ 而民国时期万县、宜宾等地钱庄也曾设立过行业公会。⑪ 1939 年时重庆仍有 14 家钱庄设立有钱业公会。⑫

---

① (日)东亚同文会编:《新修支那别省全志》第 2 卷《四川省下》,支那别省全志刊行会,1941 年,第 546 页。
② (日)东亚同文会编:《新修支那别省全志》第 2 卷《四川省下》,支那别省全志刊行会,1941 年,第 545 页。
③ 张肖梅编著:《四川经济参考资料》,中国国民经济研究所 1939 年发行,第 D49 页。
④ (日)东亚同文会编:《新修支那别省全志》第 2 卷《四川省下》,支那别省全志刊行会,1941 年,第 545 页。
⑤ (日)东亚同文会编:《新修支那别省全志》第 2 卷《四川省下》,支那别省全志刊行会,1941 年,第 548 页。
⑥ 周勇主编:《重庆通史》第 2 卷《近代史》上,重庆出版社,2002 年,第 378 页。
⑦ 民国《犍为县志》卷十一,经政志,金融。
⑧ Commercial Reports, 1869,汉口,p78. 引自姚贤镐编:《中国近代对外贸易史资料》第 3 册,中华书局,1962 年,第 1577 页。
⑨ 张肖梅编著:《四川经济参考资料》,中国国民经济研究所 1939 年发行,第 D48 页。
⑩ 宣统《成都通览》,成都之钱业。
⑪ (日)东亚同文会编:《新修支那别省全志》第 2 卷《四川省下》,支那别省全志刊行会,1941 年,第 545、548 页。
⑫ 民国《巴县志》卷十三,商业。

近代四川钱庄在各地的发展情形有所不一,民国之前以成都和重庆钱庄业为盛,从劝业统计资料上看,成都钱庄数量虽不及重庆,但资本总额远超重庆钱庄,10万银两以上的较大钱庄有3个,而重庆各钱庄资本额均不高(见表5-2)。民国以后,重庆钱庄业的地位迅速上升,无论在数量或资本上都在全省占有绝对优势,成都钱庄业则次之(表5-3)。除上述两城市外,民国时期自流井、宜宾等地钱业也有一定地位,不过自流井钱庄已不及光绪年间的兴盛,从光绪末和民国初年的30多家逐渐减至1937年前后的10余家。宜宾则在民国初年有过10多家钱庄,金融市场地位重要,1926年还设有人和、长春、成益三大钱庄,资本雄厚,但至1932年受战乱影响均歇业,钱庄业陷入低谷。万县钱庄业在民国时期变化最为剧烈,初年受三峡轮船通航影响,商贸兴盛,钱庄达到13家,但在1918年、1919年倒闭者不少。尔后虽有所恢复,不过1926年桐油价格波动较大,金融大受影响,多数钱庄被迫歇业,一直到1934年前万县钱庄均处于较少数量。1934年万县钱庄数量又发生迅猛增长,有40多家,为最盛时期,但仅仅在一两年间却又倒闭十多家,至1937年仅余四五家而已。① 整体上看在民国三十年代后期,四川钱庄业的发展跌入低谷,全省至1937年左右仅有58家(表5-3总计及万县估为5家之总数),尽管在部分地区受经济环境改善有所恢复,如重庆在1937年钱庄数有22家,约占全省40%,②但总体上趋于没落,万县、成都等地的钱庄数量和资本均比以往有极大减少,究其原因,一方面是战乱等时局变动祸及金融,另一方面更为主要的原因是银行业兴起,分流了以往钱庄业务。

表5-2 清末重庆、成都两地钱庄

庄号	营业类别	资本(万两)	庄号	营业类别	资本(万两)
重庆(计28家,总资本23.85万两)					
至诚祥	帐庄	1	福茂荣	帐 庄	0.5
谦祥益	帐庄	1	瑞昌厚	帐 庄	0.4
信义复	银号	1.4	德利源	帐 庄	0.6
德厚昌	帐庄	1.1	德泰明	银钱号	0.1
裕源通	银号	1	协心和	帐 庄	1
集成亨	帐庄	1	长生号	银钱号	1
同升福	帐庄	0.45	德生祥	帐 庄	0.6
同泰丰	帐庄	1.2	聚成亨	帐 庄	1
协顺文	帐庄	1	协顺昌	银钱号	1.1

① (日)东亚同文会编:《新修支那省别全志》第2卷《四川省下》,支那省别全志刊行会,1941年,第544—548页。
② 另据张肖梅统计1937年全川钱庄有55家,重庆23家,约占42%;时全川钱庄总资本为322.6万元,重庆钱庄资本总额为200.6万元,约占全省之62%。见氏编著:《四川经济参考资料》,中国国民经济研究所1939年发行,第D46页。

续　表

庄号	营业类别	资本(万两)	庄号	营业类别	资本(万两)
重庆(计28家,总资本23.85万两)					
惠和号	帐庄	0.5	同茂昌	银钱号	0.7
谦泰恒	帐庄	1.2	协庆隆	帐庄	0.5
谦敬胜	—	1	永盛祥	帐庄	1.2
和丰号	—	0.5	源达长	帐庄	0.5
义厚生	帐庄	1.1	裕源长	帐庄	1.2
成都(计20家,总资本82.9万两)					
恒丰裕	银号	10	世德辉	帐庄	0.8
恒兴裕	银号	1	聚川元	银号	1
万亿源	银号	2	鼎新合	银号	4
德诚裕	帐庄	4.5	兴盛长	银号	4
永盛明	帐庄	3.5	金盛元	帐庄	17
四大亨	帐庄	3.2	义兴和	帐庄	12
天长厚	银号	4	恒丰彩	银钱号	1
宝丰厚	银号	4	永聚公	帐庄	2.4
裕川厚	银号	2	信立成	帐庄	4
长裕号	帐庄	0.5	同泰蔚	帐庄	2

(资料来源:《四川第四次劝业统计表》第36表,引见王笛:《跨出封闭的世界——长江上游区域社会研究(1644—1911)》,中华书局,1993年,第276—277页。)

表5-3　1937年前后四川省钱庄分布　　　　　　　(资本:万元)

重庆		成都		自流井		宜宾		涪陵		乐山		泸县	
庄号	资本	庄号	资本	庄号	资本	庄号	资本	庄号	资本	庄号	资本	庄号	资本
益民	10	惠川	3	同德昌	2	和益	2	同生福	—	成益	10	祥昌号	—
同心	10	汇通	6	汇通源	0.8	厚昌	1.2	计1家	—	计1家	10	计1家	—
同盛福	12	成益	18	聚丰	1	廉记	5						
和成	15	衡镒	7	顺济	0.3	群益	2						
信通和记	10	和成分庄	10	和益	0.6	计4家	10.2						
集义	5	金盛元	3	裕大	0.4								
和盛	10	宝丰分号	2	达记	1.8								

续 表

重庆		成都		自流井		宜宾		涪陵		乐山		泸县	
庄号	资本	庄号	资本	庄号	资本	庄号	资本	庄号	资本	庄号	资本	庄号	资本
同丰	5	中万利	0.8	绪康	2								
怡丰	10	和成	10	富昌美	0.1								
益康祥	6	福川	5	诚孚	1.1								
潞记	5	南通	2	永泽	2								
复兴义	16	和盛分庄	10	群益	1.9								
谦泰	5	计12家	76.8	计12家	14								
益友	5												
益丰	21												
和通	20												
厚记	5												
友康	5												
庄誉	5												
仁裕	5												
益源长	5												
永庆	5.4												
计22家	195.4												

说明：资料原载有万县钱庄情况，言仅余4、5家，但无庄号名称，本表不计入。
（资料来源：（日）东亚同文会编：《新修支那别省全志》第2卷《四川省下》，支那别省全志刊行会，1941年，第543—549页。）

第三节 银行

清末银行在各地的兴起，是近代四川金融业获得较大发展的重要表现。作为近代继票号、钱庄之后最为主要的金融机构，四川地区最早的银行业务主要由大清、濬川源两家官银行经营，后者1905年10月于重庆成立，系清末四川官办最大的地方银行，隶属于四川藩司。濬川源银行成立之初资本总额50万银两，官商筹集（官三商二，后改为全官资经办），主要从事公私款项的承汇和存放。[1] 该银行在成都（濬川源银行分成、渝两行）、万县、涪陵、富顺等省内各地及上海、北京、武

---

[1] 周勇主编：《重庆通史》第2卷《近代史》上，重庆出版社，2002年，第379页。

汉、宜昌、沙市等地均设有分行等机构，①其中1906年其在上海开设的分行，是上海最早开办的三家中资银行之一。②前者和中国通商银行为清末时期非四川地方创建的银行，在商业贸易、国库代理等方面发挥作用。1906年上海中国通商银行在重庆开设分行，经营鸦片抵押、购运钱款的汇兑；1909年大清银行在重庆设立分行，之后相继设立成都、自流井、五通桥分号，业务主要是代理国库和发行纸币等。③大清银行在地方开设的业务，对四川区域金融业的发展起到积极作用，如犍为县"清末五通桥始有国家大清银行之设立，出放期票，以应商场之需要，至借放须数至千两以上，金融顿行活泼。国体改变后，更名中国银行，营业如旧"。④此外，1909年四川还借川汉铁路公司生息款试办官营的殖业银行，而清末之际江津、泸州、富顺等地亦开设有地方银行，有些甚至还在外省设立分行，如宣统初年江津"邑人陈廷萃邀集巨资，就县城内组织晋丰储蓄兼殖业银行，于成、渝、申、汉设分行，经农工商部立案，颇著成效"。⑤至1912年，在成都、重庆、万县、泸州、富顺、巴县、华阳、江津、涪陵等地总计有11家地方银行（表5-4）。

表5-4 清末民元四川地区的银行分布

类　　别	银　行　名	开设地	银　行　名	开设地
本地银行（11家）	濬川源银行	重庆	宝丰农分号	泸州
	濬川源银行	成都	濬川源分行	富顺
	信立钱业有限公司	成都	保泰分银行	巴县
	四川银行	成都	濬川源分行	涪陵
	寰通银行	华阳	晋丰银行	江津
	濬川源分行	万县		
外来银行（5家）	大清银行分行	重庆	上海通商银行分行	重庆
	大清银行分号	成都		
	大清银行分号	自流井		
	大清银行分号	乐山五通桥		

（资料来源：王笛：《跨出封闭的世界——长江上游区域社会研究（1644—1911）》，中华书局，1993年，第279—280页；周勇主编：《重庆通史》第2卷《近代史》上，重庆出版社，2002年，第380—381页；民国《江津县志》卷十二，实业志，商业。）

---

① 周勇主编：《重庆通史》第2卷《近代史》上，重庆出版社，2002年，第380页。
② 其他两家中资银行为1897年成立的中国通商银行，1905年开设的大清户部银行分行（大清户部银行1908年改名为大清银行），四川濬川源银行上海分行于1906年2月开业。参见上海通志编纂委员会：《上海通志》第25卷《金融》，第3章《中资银行》，上海社会科学院出版社，2005年。
③ 周勇主编：《重庆通史》第2卷《近代史》上，重庆出版社，2002年，第380页。
④ 民国《犍为县志》卷十一，经济志，金融。
⑤ 民国《江津县志》卷十二，实业志，商业。

清亡后，大清和濬川源两大官办银行为新设银行所取代。民国年间四川地方银行则有过少数新设，不过因战乱和军阀敛财，多不稳定，昙花一现而已，如华川、四川、重庆官银号等。直至1934年才成立了有一定规模和相对稳定的"四川地方银行"，1935年更名为四川省银行总行，在抗战前下设有2个分行和9个办事处，总行设于重庆。①

1915年是重庆和四川金融业发展史上的一个重要年份，该年中国银行、殖边银行、交通银行均在重庆开设分行，同年民营的地方银行聚兴诚银行也在重庆开业，聚兴诚银行后来还发展为川帮银行中最具实力和信誉最高的全国性商业银行；而在之前的1913年铁道银行率先在渝设立办事处，江津晋丰银行也在重庆开设了分行。② 可以说，1915年前后重庆兴起了一股银行开业风潮，进一步巩固了重庆金融中心的地位。1919—1937年间亦是四川地区银行业获得较大发展的重要时期，先是在1919—1923年间大中、四川美丰、中和、富川储蓄、四川省银行、四川银行、四川官银号等相继在重庆、成都两地设立，之后因内乱影响银行数量有所减少，但至1930—1937年间再次掀起兴建高潮，重庆平民、川盐、川康殖业、重庆、新业、四川地方、四川建设、四川商业、北碚农村、江津农工、白流井裕尚、棠香农村、重庆少年、重庆市民、和成、四川省银行、金堂农民、垫江农村等18家地方银行纷纷成立，而此期上海江海银行、中央银行、中国农民银行、金城银行等也在重庆设立了分行或办事处，四川金融业勃兴。③ 根据民国银行调查统计，至1937年四川省历年开设的银行有33家，其中22家设于重庆，"经历年倒闭、改组，这一年实际上存在的还有18家，其中重庆12家，占66％。全川共有各种银行的总分支处130个，其中重庆和重庆银行的派出机构即为120个，占92.3％"。④ 现据东亚同文会的调查等资料制表5-5，从中可见，民国初年至抗战前夕四川银行业与清末时期相比，银行数量和分布均有较大发展，但成都金融地位下降明显，无论是川帮银行在本地的创立，还是中国银行等外来银行在川省的分支机构设置，均以在重庆开设为绝对主要。1934年重庆地方银行资本总额约有885万元，钱庄资本总额也有126.3万元；1936年重庆省内总行聚兴诚、美丰、川盐、重庆、四川省、四川建设等银行，有价证券投资额高达4100万以上。⑤ 银行业的兴盛，是近代重庆成为四川和长江上游腹地区域金融中心最具代表性的表现。

---

① 周勇主编：《重庆通史》第2卷《近代史》上，重庆出版社，2002年，第380页。
② （日）东亚同文会编：《新修支那别省全志》第2卷《四川省下》，支那别省全志刊行会，1941年，第549页；周勇主编：《重庆通史》第2卷《近代史》上，重庆出版社，2002年，第381页。
③ 参阅（日）东亚同文会编：《新修支那别省全志》第2卷《四川省下》，支那别省全志刊行会，1941年，第549页。少年、市民、和成三家银行参阅周勇主编：《重庆通史》第2卷《近代史》上，重庆出版社，2002年，第381页。
④ 见周勇主编：《重庆通史》第2卷《近代史》上，重庆出版社，2002年，第382—383页。
⑤ （日）东亚同文会编：《新修支那别省全志》第2卷《四川省下》，支那别省全志刊行会，1941年，第565页。

表 5-5　抗战前四川地区银行分布

类别	开设地	银行名	设立年份	资本/支店数	备注
地方银行	重庆	聚兴诚银行	1915	200万元/21家	
		人中银行	1919		1937年时已休业
		四川美丰银行	1922	300万元/15家	为中外合资
		中和银行	1922		1937年时已休业
		富川储蓄银行	1922		1937年时已休业
		四川银行	1923		1937年时已休业
		重庆平民银行	1928	50万元	1937年改组为川康平民商业银行
		川康殖业银行	1930		1937年改组为川康平民商业银行
		川盐银行	1930	200万元/11家	
		重庆市民银行①	1930		后发展为重庆商业银行
		四川商业银行	1932		1937年改组为川康平民商业银行
		四川建设银行	1934	100万元/2家	
		四川地方银行	1934		后发展为四川省银行
		新业银行	1934		1937年时已休业
		四川省银行总行	1935	200万元/17家	1935年由四川地方银行改名来设
		川康平民商业银行	1937	400万元/14家	川康殖业、重庆平民、四川商业合并
		少年银行	1932		
		重庆银行	1934	100万元/8家	
		和成银行	1937		
		华川银行	1912		旋即倒闭
		重庆官银号	1923		军阀敛财而设,旋即停办
	成都	四川省银行分行	1923		
		裕通银行	不详		1937年时已休业

① 东亚同文会调查称重庆市民银行后改名为重庆银行,但据中国人民银行重庆金融研究所《近代重庆金融市场调查表》,重庆市民银行后来发展为重庆商业银行(见周勇主编:《重庆通史》第2卷《近代史》上,重庆出版社,2002年,第381页)。今从市民银行改为商业银行。

续 表

类别	开设地	银行名	设立年份	资本/支店数	备 注
地方银行	成都	蜀信银行	不详		1937年时已休业
		西南商业储蓄银行	不详		1937年时已休业
	万县	万县市民银行	1930		1937年时已休业
	北碚	北碚农村银行	1931	4万元/3家	
	江津	江津县农工银行	1933	29.9万元/1家	
	金堂	金堂农民银行	1935	5.8万元	
	富顺	自流井裕商银行	1933	30万元	
	荣昌	棠香农村银行	1934	4.8万元/2家	
	垫江	垫江农村银行	1935	3.2万元	
外来银行	重庆	中国银行分行	1915	2500万元	
		中央银行分行	1935	2000万元	
		中国农民银行	1935	1000万元	
		交通银行分行	1915		
		江海银行分行	1934	100万元	
		殖边银行分行	1915		
		铁道银行办事处	1913		
		金城银行办事处	1926	1000万元	
	万县	中央银行分行	1935		

(资料来源·(日)东亚同文会编:《新修支那别省全志》第2卷《四川省下》,支那别省全志刊行会,1941年,第550—553、562页;民国《巴县志》卷十三,商业附重庆银行表;周勇主编:《重庆通史》第2卷《近代史》上,重庆出版社,2002年,第380—281页。)

以各银行在川省内的机构设置情况来看,近代银行业在四川各地建立的金融网络远胜于钱庄(表5-6),亦表明至抗战前四川金融网络建设获得较大发展,城乡金融活跃,尤其是中国银行的网点建设最为广泛,而当时四川包括松潘、康定等地在内计有45个县市地有银行开办票据交换业务。[①] 据1941年中央银行经济研究处资料,战前重庆拥有的总分支行数为28家,四川(不含重庆)有96家,分别占西南五省(川康滇黔桂)总分支行总数的15.5%和53%,总计四川地区占西南区的

---

① (日)东亚同文会编:《新修支那别省全志》第2卷《四川省下》,支那别省全志刊行会,1941年,第569—572页。

68%以上,处于绝对多数。① 银行数量的增加和金融业务不断扩大,四川各地亦成立起同业公会等组织以保障行业利益,重庆于1931年秋成立银行同业公会,至1937年左右会员有中国银行、聚兴诚银行、美丰银行、川盐银行、重庆银行、四川省银行、江海银行、四川建设银行、川康平民商业银行等9家,②1939年则增加到13家。③ 成都则在1934年5月正式成立银行同业公会,会员有中国银行、聚兴诚银行、川盐银行、重庆银行、四川省银行、美丰银行、川康平民商业银行等7家;宜宾同业公会则由银行和钱庄联合组成银行钱业联合公会,战前有中国银行、美丰银行和廉记、和益、群益、厚昌钱庄等6家会员;自贡银钱公会亦由自流井、贡井两地银行和钱庄联合组成,战前曾拥有6家银行和15家钱庄会员单位。④

表5-6 抗战前夕四川地区各银行总分支行分布情况

银 行	总行	分 行	支 行	办 事 处	汇兑领取点	全行员工数
聚兴诚银行	重庆	重庆、成都、万县		内江、泸县、新都、成都、重庆		374人
四川美丰银行	重庆	成都、万县	重庆	遂宁、宜宾、泸县、内江、绵阳、太和镇、三台、涪陵、乐山、射洪		168人
川盐银行	重庆	成都、富顺		内江、江北、江津、合川、合江、涪陵、乐山、泸县		120
重庆银行	重庆	成都		内江、新都、万县、重庆都邮街、三牌坊	富顺	116人
北碚农村银行	北碚			重庆、合川、广安		11人
自流井裕商银行	富顺					15人
江津县农工银行	江津			江津、白沙镇		21人
四川省银行	重庆	成都、重庆		遂宁、富顺、涪陵、泸县、南充、内江、绵阳、宜宾、达县、乐山、巴中	富顺、射洪、三台	190人

---

① 周天豹等主编:《抗日战争时期西南经济发展概述》,西南师范大学出版社,1988年,第100页。
② (日)东亚同文会编:《新修支那别省全志》第2卷《四川省下》,支那别省全志刊行会,1941年,第567页。
③ 民国《巴县志》卷十三,商业。
④ (日)东亚同文会编:《新修支那别省全志》第2卷《四川省下》,支那别省全志刊行会,1941年,第566—568页。

续 表

银行	总行	分行	支行	办事处	汇兑领取点	全行员工数
四川建设银行	重庆			重庆		62人
棠香农村银行	荣昌			荣昌大西路		10人
金堂农民银行	金堂					6人
垫江农村银行	垫江					7人
金城银行	上海	重庆				
中央银行	上海	重庆、万县				
江海银行	上海	重庆				
中国农民银行	上海	重庆	成都	广元、阆中、乐山、万县、泸县、宜宾、内江、资中、自流井、南充;另在重庆、永川、成都、雅安设有分理处		
中国银行	上海	重庆	成都	重庆、泸县、内江、宜宾、万县、涪陵、成都、乐山、资中、堆沟港、自流井	重庆、璧山、铜梁、大足、永川、荣昌、资中、隆昌、合江、江津、自流井、宜宾、綦江、长寿、五通桥、邻水、酆都、合川、富顺、南溪、江安、筠连、高县、万县、云阳、开县、梁山、奉节、绥定、忠县、涪陵、泸县、成都、乐山、峨眉	

(资料来源:(日)东亚同文会编:《新修支那别省全志》第2卷《四川省下》,支那别省全志刊行会,1941年,第555—563页。)

尽管在抗战前四川金融业有了较大发展,但至抗战前夕在全国的水平仍相对落后。据统计,1937年抗战全面爆发前全国共有银行总行164家,分支行1627家,其中55%的总行和22%的分支行集中于华东地区,西南五省(川康滇黔桂)的银行总行和分支行数,仅分别占全国的11%和10.4%。[①]

[①] 张舆九:《抗战以来四川之金融》,《四川经济季刊》1943年第1卷第1期。

抗战期间,在战时经济、内迁和大后方建设等刺激下,四川金融业在短期内得到快速发展,1938—1940年三年间,不仅沿海和长江中下游地区银行纷纷迁入四川,四川地方也新设一大批银行,重庆新设银行机构有45家,四川则新设176家之多。据中央银行经济研究处的统计,至1941年6月底,中央、中国、交通、中国农民四大银行在四川共设立183家总分支行处,约占西南地区设置总数的30%(见表5-7)。而在1939年9月,国民政府改组和强化了这四大银行联合办事处职能,即"四联总处"这一全国金融最高权力机构,其驻于重庆,中央信托、邮政储金汇业局也划归四联总处管辖。① 太平洋战争爆发后,西南地区银行仍不断增加,仅1943年1—6月半年时间内含昆明在内,重庆、成都、合川、泸州等地就新成立银行总行21家、分支行28家。② 多数银行均有着增资情况,1940—1942年间单单四川省行就增资约3800万元,1942年四川省发生增资的7家商业银行总计新增资本达7200万元。③ 四联总处的报告称"查我国对日战事发生以来,国内金融稳定,各省银行及商业银行业务大多蒸蒸日上,年终决算均有盈余"。其中尤以四川省银行1941年纯益为资本额的290%为高,是1940年的5倍。④ 不过,战时在国民政府实行对地方和商业银行金融管制的过程中,强化了四大行垄断地位,如1943年财政部在国统区设立银行监理制度,"加强管制全国银钱行庄业务",四川地区银行经营地域划分为重庆、内江、宜宾(兼管西康省宁属各县银行机构)、成都(兼管西康省雅属和康属各县银行机构)、万县(兼管湖北省鄂西各县)五大银行监理区域,设置监理官,管控商业银行的活动。⑤

表5-7　1941年四大银行在川渝康设总分支行处数量　(单位:家)

	重庆市	四川省	西康省	总计
中央银行	4	12	2	18
中国银行	2	13	1	16
交通银行	4	11	1	16
中国农民银行	5	6	1	12
总计	15	42	5	62

(资料来源:中央银行经济研究处1941年编:《卅年上半期国内经济概况》,引自周天豹等主编:《抗日战争时期西南经济发展概述》,西南师范大学出版社,1988年,第104页。)

① 康永仁:《重庆的银行》,《四川经济季刊》1944年第1卷第3期。
② 周天豹等主编:《抗日战争时期西南经济发展概述》,西南师范大学出版社,1988年,第104、103页。
③ 杨泽:《四川金融业之今昔》,《四川经济季刊》1944年第1卷第3期。
④《秘书处为1941年度省银行及商业银行经营情况的报告》(1942年8月20日),见重庆市档案馆、重庆人民银行金融研究所合编:《四联总处史料》(下册),档案出版社,1993年,第439页。
⑤《四联总处为转发银行监理官办公处组织规程等函》(1943年1月4日),《四联总处为转发银行监理官设置地点及管辖区域一览代电》(1943年1月12日),见重庆市档案馆、重庆人民银行金融研究所合编:《四联总处史料》(下册),档案出版社,1993年,第458—459、453页。

与战前(表5-6)相比,中央、中国和中国农民等银行在抗战期间于川渝设立的行处总数量更多,而五大监管区域基本涵盖了整个今四川和重庆地区。1942—1945年间四川地区银行总分支处数量可见表5-8,可以看出,四川在抗战时期银行业在数量快速增长的同时,其金融市场网络已在全省得到普遍建立,总分支处数量在1943—1945年三年里各年均在1000家上下。抗战时期以银行为代表的金融业在四川的迅速发展,极大促进了战时经济建设活动,被认为是与军需民用、政治中心西移一道,成为"战时工业之所以能在西南各省立足成长,其可资凭借之特殊经济环境"的三大因素之一。① 此外,战时汇丰、麦加利、花旗、东方汇理等外国银行在重庆等地也设行开办业务。②

表5-8　1942—1945年间历年川渝康银行数量分布　　(单位:家)

年度	总行	分行	支行	办事处	其他	总计
1942年	102	90	33	336	52	613
1943年	258	159	47	472	—	936
1944年	293	183	35	594	—	1105
1945年	276	177	37	574	—	1064

说明:1943、1944年重庆市数据缺。
(资料来源:《战时全国银行总分支行处分布》表1-4,见重庆市档案馆、重庆人民银行金融研究所合编:《四联总处史料》(下册),档案出版社,1993年,489—492页。)

光绪末年西康地区曾有山西商帮在雅安、理塘、巴塘、康定四地设立宝丰隆票号(见表5-1),但至民国建省前尚少钱庄、银行等钱业机构设立,"一般资金供给,全赖商业借贷及商业汇兑为之周转"。1937年始于雅安成立西康银行,由四川省政府拨资25万元兴办,经十年发展该行相继在成都、重庆、南京、涪陵、理化、天全、甘孜、巴安、盐井和西昌设立10个办事处,而中央银行、中国农民银行、四川省银行、重庆银行、川康平民商业银行也陆续在雅安设立分行或支行,雅安成为西康地区金融中心。西昌则设有四川省银行支行、西康银行和重庆银行办事处三家机构。③ 至1943年西康省分别设有总行3家、分行16家、支行12家、办事处30家,总分支行处银行数量共计61家,是该地区民国时期银行设置数量最多的年份。④

第四节　其他机构

一、典　当

作为传统的具有金融属性商业行业之一的典当业,在清末四川地区仍较活

---

① 张肖梅:《对开发西南实业应有之认识》,《中国工商界月刊》1945年第2卷第5期。
② 周天豹等主编:《抗日战争时期西南经济发展概述》,西南师范大学出版社,1988年,第101页。
③ 西康省财政厅编:《西康通志稿·财赋志》之《金融概况》《西康金融货币》,1947年。
④ 《战时全国银行总分支行处分布》表2,见重庆市档案馆、重庆人民银行金融研究所合编:《四联总处史料》(下册),档案出版社,1993年,第490页。

跃。光绪二十年(1894)四川布政使称"详查司档,该县(巴县)开设典当十三家,共应捐银二千六百两",二十一年(1895)重庆府又称"查得川省光绪二十年分照旧开设当铺一百六十七家,征税银八百三十五两,顶补当铺一家,征税银五两,总共一百六十八家,共应征税银八百四十两"。① 清末四川典当业多由陕西商帮开设经营,《四川财政录》记载四川省"分设典当之处,以成渝为最。光绪朝(巴县)县有荣盛、日升隆、永贞、大有数家,营业均陕人。其后川人踵为者,曰祥庆、曰谦泰"。② 犍为县"当铺,逊清时代城内及牛华溪两处有陕商二家,资本雄厚,除典当外,兼营借放,商场颇形活动"。③ 根据陕帮在四川经营当铺的帮谱记载,光绪三十二年(1906)年前陕西商人在四川开设有60余家当铺,其中重庆城区就有5家,即响水桥的隆德当、小什字的大有当、九尺坎的日升当、十八梯的永贞当、油市街的荣盛当。④ 陕帮在川典当业"组织严密,办事认真","以故每年皆有盈余",实力也较为雄厚。⑤ 据巴县档案记载,至1910年重庆当铺数量曾达到166家。⑥

民国时期四川典当行业机构主要分为两种,即"典当"和"代当"。"典当"资本一般都较为雄厚,集中于城市,多称作公质店。"代当"则多分布于农村乡镇,为城市公质店在乡村代办和开拓业务。⑦ 川帮典当于光绪末年兴起,因起初在资本、规模上不及陕帮行,故多以"公质店"名号开设与陕帮竞争业务,在辛亥革命之后全川公质店发展至数百家,而重庆在1920年代最盛时开设有17家并成立有典当业同业公会,陕帮则逐渐退出川省典当行业。公质店在各地建立的同时亦派生出"代当店"(又称代质店、代押店等),即"划子",为公质店代收转送物品等。⑧ 根据东亚同文会的调查,1930年代中期左右四川农村分布有400多家典当行铺,重庆、成都、宜宾、涪陵、万县、乐山等主要城市分布约有52家的典当商家,总资本超过百万元(未含重庆典当资本数,见表5-9)。其中,四川省以丹县义永当铺资本额为最大达15万元。⑨ 四川地区近代典当业,在光绪末以后受军阀战乱、割据等影响,以及钱庄、银行业发展的冲击,虽然在陕帮之后由川帮以商办形式成为典当主要经营者,并有一定的发展,但公质店等的数量到抗战期间减少较多,趋于衰败。

---

① 《巴县档案抄件》光财3,牙当5,见鲁子健:《清代四川财政史料》下册,四川省社会科学出版社,1988年,第715—716页。
② 民国《巴县志》卷四,赋役上,杂课。
③ 民国《犍为县志》卷十一,经济志,金融。
④ 贺华清:《重庆的当铺》,载于常梦渠等主编:《近代中国典当业》,中国文史出版社,1996年。
⑤ 张肖梅编著:《四川经济参考资料》,中国国民经济研究所,1939年,第D52页。
⑥ 引自王笛:《跨出封闭的世界——长江上游区域社会研究(1644—1911)》,中华书局,1993年,第278页。
⑦ (日)东亚同文会编:《新修支那省别全志》第2卷《四川省下》,支那省别全志刊行会,1941年,第576页。
⑧ 贺华清:《重庆的当铺》,载于常梦渠等主编:《近代中国典当业》,中国文史出版社,1996年。
⑨ (日)东亚同文会编:《新修支那省别全志》第2卷《四川省下》,支那省别全志刊行会,1941年,第575页。

表 5-9 1930 年代中期川渝地区主要城市典当数量分布

主要城市	典当总数（家）	总资本（万元）
重庆	17	—
成都	16	54
宜宾	7	4.9
涪陵	1	1
万县	8	24.4
乐山	3	20
总计	52	104.3

说明：东亚同文会调查无重庆典当数据，此表据前文内容补入 1920 年代典当数量，缺资本数字。
（资料来源：（日）东亚同文会编：《新修支那别省全志》第 2 卷《四川省下》，支那别省全志刊行会，1941 年，第 574—575 页。）

在经营上，以重庆市典当为例，17 家公质店分为独资、合伙两种组织形式，据在渝从事典当行业 18 年之久的贺华清回忆，他在 1929 年之前先后经营大同（后改名复兴）、永兴、隆庆等公质店，"1921 年以前，我和吴寿廷经营的江北大同公质店，年年赚钱、分利，招牌也很响亮"，于是拓展业务，1921 年下半年"我们筹集了股本 3 万元，租定原陕帮十八梯永贞当旧址（永贞当已结束），经营永兴公质店。在筹组就绪时，照例具呈巴县知事转省署立案，核发执照（后划归城防司令部管理），并请准县衙出告示保护"。永兴店 3 万元投资本，股东共 34 人，绝大多数是乡间地主，占 25 人，商人 6 人，其他 3 人。店员 28 人，另收有 25 名学徒做打杂活路。公质店投当物件包括生活资料、陈设装饰、生产工具等，当款多则千余元，少则几百元，其中以棉制品等生活资料投当件数最多，占到 90% 以上。但是，由于营私倾轧、资金周转不济和战事祸害等影响，重庆典当业至 1939 年抗战初期"所有公质店、代当点被迫停业，从此这个行业就在重庆消失了"。永兴店则于 1927 年倒闭，"其余几家情况相似，如永升于 1927 年，复兴于 1928 年，隆庆于 1929 年，永隆、永庆于 1930 年均因内部亏空，外部存户挤提存款，以致周转失灵，相继破产还债"，"余下的 11 家，维持到了 1939 年抗战初期。由于日寇滥炸重庆，大火延烧"，均关闭停业。①

二、保险、信托

重庆是近代四川地区最早开办保险公司的地方，由外商兴办，1891 年英商创办的太古、怡和洋行就兼营保险业务。1893 年英商在重庆创立的利川保险公司为第一家专门的保险公司，专保船运业务，随后又开设了火灾、人寿等几家保险公司，而重庆民间也开办了重庆探矿公司等。在清末时期重庆的保险公司以外商开设和

---

① 贺华清：《重庆的当铺》，载于常梦渠等主编：《近代中国典当业》，中国文史出版社，1996 年。

控制为主要。民国初年至抗战前,四川地区保险业得到发展,华商保险公司开办增多,外地保险公司也开始在四川设立代理机构或开设分公司。1913年上海华洋人寿保险公司在重庆开设分号,不久金星等保险公司成立,1926年以后保险机构逐渐增多。[①] 至1934年,四川省设有5处保险公司的代理机构,分别是设于重庆的中国银行代理的中国保险公司、马熏南代理的太平保险公司、郑帮一代理的永安寿险公司、蒋湘臣代理的天一保险公司及万县中国银行代理的中国保险公司。1935年,全国有华商保险总公司48家,而四川地区占1家,为聚兴诚银行开办的兴华保险公司,其业务在之后几年里发展迅速,在上海、汉口、长沙、南京等十多个城市设有分公司或代理处,成为四川最大的保险公司。[②] 根据《中国保险年鉴》社1936年的调查,当时四川省保险公司共有12家,以重庆为集中地(表5-10)。

表5-10 1936年四川省保险业公司分布

分布地	开设、代理者	公司名
重庆(4家)	中国银行	中国保险公司
	郑帮一	永安寿险公司
	美丰银行	天一保险公司
	聚兴诚银行	兴华保险公司
成都(1家)	聚兴诚银行	兴华保险公司
万县(3家)	中国银行	中国保险公司
	梁新明	中央信托局保险公司
	聚兴诚银行	兴华保险公司

(资料来源:沈雷春:《中国保险年鉴》1936年,中华人寿保险协进社。)

抗战初期是四川、重庆地区保险业发展的重要时期,上海、武汉等地保险公司内迁至重庆,保险机构急剧增长,"无论保险机构、从业人员、资金力量和分保关系,除上海外均大量集中于重庆。于是便形成了以重庆为中心,并由此而辐射到整个大后方的保险市场"。据中央银行所编《全国金融机构一览》统计,截至1945年底重庆市和四川省约有各类保险机构135家。其中,重庆市在抗战期间(至1944年11月)成立有35家保险公司或机构。[③] 据《中央银行月报》的部分统计,战时川康两省保险机构开设总计有41家(未含万县专区等),分布情况见表5-11。

---

① 周勇主编:《重庆通史》第2卷《近代史》上,重庆出版社,2002年,第383页。
② 参阅刘志英:《抗战时期大后方的保险业述论》,《西南大学学报》(社会科学版)2013年第6期;周勇主编:《重庆通史》第2卷《近代史》上,重庆出版社,2002年,第383页。
③ 刘志英:《抗战时期大后方的保险业述论》,《西南大学学报》(社会科学版)2013年第6期。

表 5-11　战时川康两省保险机构数量分布(部分)

分布地	保险公司总分机构(家)
成都	6
内江	10
自贡	9
宜宾	5
资中	3
涪陵	5
雅安	3

(资料来源:《中央银行月报》,1946年第1卷第1期,转引自周天豹等主编:《抗日战争时期西南经济发展概述》,西南师范大学出版社,1988年,第102页。)

信托业的起步时间则较晚,早期由拍卖行或部分银行改组、代办信托事业。1935年前重庆成立有1家信托公司,但在1935年解散,同年11月中央信托局于重庆、成都设立分局,并在万县开设办事处,业务涉及储蓄、信托、经理购买、保险和保管等,[1]信托业务开始全面涉及四川金融业各个领域和市场。至抗战期间川省主要信托机构设置情况还有:成都市3家(达中、大道、中孚信托公司)、内江1家、江津1家、涪陵1家,此外雅安有2家。[2]

三、储蓄会、银公司、证券交易所

四川地区开办最早的储蓄会是1920年代中法、万国储蓄会在重庆设立的分会,开设以后业绩兴旺,吸引了大量存款。1935年两会被国民政府关闭,之后中央信托局中央储蓄会设立,投资500万元兴办有奖储蓄,至1936年5月重庆、成都、万县3个中央储蓄会分会正式开设。四川地区中央国有储蓄会的成立,对于抵制外资敛财、稳定物价和活跃金融市场有着积极意义。[3]

银公司主要是实业投资领域的金融组织,民国时期随着各地产业的发展,专门从事于产业投资领域的金融机构应运而生。1937年3月,具有500万元资本,由四川省财政厅组织四川省银行等10家银行、16家钱庄和私人投资的四川兴业银公司于重庆成立,以川省企业等实业公司为主要投资对象,如先后投资于中国木业公司70万元,嘉陵纺织公司50万元,兴华实业公司20万元等,对四川工业发展融资等

---

[1] (日)东亚同文会编:《新修支那别省全志》第2卷《四川省下》,支那别省全志刊行会,1941年,第573页。
[2] 《中央银行月报》1946年第1卷第1期,转引自周天豹等主编:《抗日战争时期西南经济发展概述》,西南师范大学出版社,1988年,第102页。
[3] 参阅(日)东亚同文会编:《新修支那别省全志》第2卷《四川省下》,支那别省全志刊行会,1941年,第573页;张肖梅编著:《四川经济参考资料》,中国国民经济研究所,1939年,第D52页。

有着一定作用。①

证券交易为近代新式事物,1932年4月四川省财政厅与银钱业界商议,成立了重庆证券交易所,开始发行地方债券并兼营地方银行和公司股票。同年9月,重庆证券交易所开拍用于上海、重庆两地进出口贸易货款调动的申汇业务,而这一业务原主要由钱业公会经营。1933年2月重庆证券交易所成交的申汇总额达3023万两,成为交易所主要经营业务。1934年因国内政局不稳,加之申汇投机倒把严重,金融市场波动大,商界恐慌,重庆证券交易所被迫于1935年1月关闭。1935年10月重庆证券交易所再度开业,组建重庆证券交易所股份有限公司专营,先后有四川省银行、和成钱庄等50家挂牌经营。1938年上海沦陷,申汇交易停止,重庆证券交易所亦再度停业。② 近代证券交易业在四川地区的开设,因主要经营的业务为商业领域的申汇,对实业支持不大,且易受政局、申汇价格和市场震荡影响,发展极为不足。

---

① 参阅(日)东亚同文会编:《新修支那别省全志》第2卷《四川省下》,支那别省全志刊行会,1941年,第573页;张肖梅编著:《四川经济参考资料》,中国国民经济研究所,1939年,第D61页。
② 参阅周勇主编:《重庆通史》第2卷《近代史》上,重庆出版社,2002年,第388—389页。

第六章 交通运输业

第一节 陆路交通运输

近代四川地区陆路对外交通依赖于历史上长期发展形成的几个主要通道,多数官商兼用,部分水陆兼程:川陕通道(剑阁道为主的川陕驿道、官道;含水运在内的嘉陵故道;经米仓道的川陕中线;经洋渠道的川陕东线等)、川滇通道(经邛州、雅州、清溪、越嶲、建昌、会理至云南元谋的川滇西线;经五尺道、石门关入滇东北肩负京铜、川盐等运输的川滇中线;经泸州、叙永下南道入乌蒙承担大量川盐和黔铅运输的川滇东线;金沙江通云南滇铜运输水道等)、川鄂通道(主要以峡路为主,即依托长江航运通三峡的"东水道",是西南铜铅、米粮、木材外运的"黄金水道")、川黔通道(以川黔大道为主要,由重庆出发经綦江水陆兼程入贵州遵义境,经乌江入贵州的黔江道和经赤水河入黔川盐运销的仁岸运道)、川青川甘通道(主要有各经白水关、青塘岭、西山道等通川西北入青甘地区的数条大路)、川康川藏通道等。各通向除"大路"外,还存在着许多"小路",不少系商旅往来频繁形成的。① 近代重庆开埠和川江航运的崛起,使得全川经济和交通重心东移,对外交通以长江航道为主要,传统北边通陕甘等对外交通地位重要性下降。省内的陆路交通则以成都为中心,以官驿道等大道、干道和连接县乡的小路网络构成,其中又以连接成都和重庆的东大道(老大路)交通道路系统构成为盆地内部最主要的交通网络,此外连接成都至南充、渠县、大竹,最终抵万县的中大路(又称小川北路),成都经邛崃、雅安通康藏的西大路(川康川藏通道),成都经德阳、绵阳至广元及陕西的北大路(川陕通道),也是省内陆路交通的主要干线。而成都经灌县、茂县至松潘及青甘的川西北通道,经乐山、宜宾、叙永通滇黔,经川西南建昌、会川通云南;重庆经綦江入贵州,经合川、达县、万源、城口入陕西等陆路通道,亦是川内及联系周边省份陆路交通网络的重要组成。② 在晚清时期传统的驿道仍是川省内外交通主要依靠的线路和网络,不少亦是商旅重要的通道,至光绪年间四川省共置驿65处(含水驿):

成都府9驿:成都县驿、华阳县驿、新都县驿、汉州驿、简州龙泉驿、阳安驿、新津县驿、郫县驿、灌县驿。

资州直隶州3驿:州驿、资阳县驿、内江县驿。

---

① 蓝勇:《四川古代交通路线史》,西南师范大学出版社,1989年,第7—258页。
② 参阅蓝勇:《四川古代交通路线史》,西南师范大学出版社,1989年,第267—269页;王笛:《跨出封闭的世界——长江上游区域社会研究(1644—1911)》,中华书局,1993年,第46—49页;(日)东亚同文会编:《新修支那别省全志》第1卷《四川省上》,支那别省全志刊行会,1941年,第64—441页。

绵州直隶州 7 驿：州驿、新铺驿、金山驿、德阳县驿、魏城驿、梓潼县驿、上亭驿。

茂州直隶州 2 驿：汶川县映秀站、桃关站。

宁远府 2 驿：越嶲厅厅驿、河南站。

保宁府 9 驿：广元县驿、望云铺驿、神宣驿、昭化县驿、大木邮驿、剑州州驿、剑门驿、柳池沟驿、武连驿。

叙州府 9 驿：隆昌县驿、屏山县石角渡驿、蛮夷渡驿、沙沱渡驿、邓溪渡驿、叙永厅永宁驿、永宁县普市驿、赤水河驿、雷波厅溪落渡驿。

重庆府 6 驿：巴县朝天驿、白市驿、长寿县驿、永川县驿、荣昌县驿、璧山县来凤驿。

忠州直隶州 2 驿：梁山县驿、垫江县驿。

夔州府 4 驿：巫山县小桥驿、万县县驿、云阳县驿、奉节县驿。

邛州直隶州 1 驿：州驿。

泸州直隶州 3 驿：林坎驿、纳溪县驿、江门驿。

雅州府 8 驿：雅安县驿、名山县白站驿、荥经县驿、清溪县驿、泥头驿、沈邨驿、烹坝驿、打箭炉厅驿。

全省 65 个驿站总计配 711 匹马、368.5 马夫和站夫、326 杠夫，船只 7、水手 18 名、桡夫 12 名的额数。①

西康地区在赵尔巽经边之前，自成都至打箭炉设 11 站、计程 1020 里，打箭炉至里塘设 8 站、计程 685 里，里塘至巴塘设 6 站、计程 545 里，而巴塘至察木多有 14 站、1405 里（巴塘至江卡内地段计 4 站、440 里，江卡后入藏地）。② 至赵氏经边前西康设有 21 处塘铺，尔后于光绪三十二至三十四年间（1906—1908）在打箭炉至巴塘一线（康藏南路，即进藏大道）修造"尖宿之站"，分打箭炉—中渡、中渡—三坝、三坝—巴塘三段分别营建。③ 直至宣统三年三坝、定乡、稻城、得荣等县共设置台站 13 个，台站几乎遍设于康区主要交通沿线，"按赵氏经边，兵力所至，台站即随之而设，于光绪三十二年起至宣统三年止，设置台站几遍康境。时关外无邮政于公文递送，政令传达，全赖于此"。④

在汽车未投入运营前，四川地区陆路交通以人力或畜力和各种非机动运输工具等传统方式来运输。如据法国商务考察团的资料，在 19 世纪末雅安一带所见的贩茶西藏商队人力运输情况如下：

> 有一个商队大约有两百人，各个年龄层次的搬运夫背驮不同重量的

---

① 光绪《钦定大清会典事例》卷六百五十七，兵部，邮政，置驿。
② 光绪《西藏图考》卷三，西藏程站。
③ 刘月晴：《西康通志稿》，交通志，引自四川省档案馆、四川民族研究所合编：《近代康区档案资料选编》，四川大学出版社，1990 年，第 291—292 页。
④ 刘月晴：《西康通志稿》交通志，引自四川省档案馆、四川民族研究所合编：《近代康区档案资料选编》，四川大学出版社，1990 年，第 298 页。

茶叶,由专人武装护送。茶叶一律包裹成长圆柱形,每坨重15到25中国市斤(9到15千克)。我看见两三个搬运夫背上承载的茶叶竟有14坨之多。……包装成圆柱形的茶叶整齐地固定在木质框架里,框架底部有一"丁"字撑脚,有点类似法国换玻璃人背的那种框架。搬运夫把框架紧紧地贴在背上,步履艰难,……背负着如此沉重的担子,搬运夫们从雅州到打箭炉要走20天的路程(大约600里,也就是250公里),要从海拔2000米的地方向上攀登到海拔3000米的高原,而所有辛劳苦背负每100市斤茶叶换取的仅仅只有2500到3000个铜板,也就是十来个法郎。如此谋生手段,这样的职业算得上最累最苦了,因此搬运夫的死亡率奇高,许多人甚至还未走完路程就劳累至死。①

而在20世纪初年,外人所见称轿子和独轮车是成都市内外主要的交通工具,尽管所述未必准确,但基本能反映当时四川城乡间所使用的交通工具状况:

> 蜀都唯一的交通工具是轿子。
> 蜀都的车是独轮的,从后面推着往前走。搬运货物自不必说,也用来载人。路上一定有一条沟状的车道,车轴辗轧的声音传得很远,异常刺耳。东洋车(人力车)和马车,于光绪三十二年3月四川省劝工总会(劝工博览会)召开之际开始出现。当时,在蜀都南门外约有五十辆人力车和四辆马车往来于仙庵与蜀都之间约七八华里的路段。此乃蜀都人力车和马车之开端。②

清代后期出现的"麻乡约"轿行,则是四川地区民间最大的陆运组织,其中规模最大、业务最广和影响最大的是于道光二十二年(1842)成立于重庆的"麻乡约信轿行"的车驮脚行,以在各地间运送旅客、行李和中长途货物运输为主要业务,盛时拥有成百上千的挑夫,在西南官道驿路间从事运输。麻乡约信轿行在重庆设有总号,成都、贵阳、昆明、乐山设有分号,并在川内主要驿道沿线和滇黔川间重要交通枢纽各地设有分铺、中转站等,主要承担川、滇、黔等省民间和商家信件、客运、货运等,业务远及汉口、上海等地。该行经营历百年,信誉卓著,深得官、绅、商等界信赖,直到1945年方告歇业。③

四川地区公路开修则是在民国初年,不过进展极为缓慢。1914年成灌公路开建,"建筑里余而罢",是近代四川公路之肇始,"实川路之前导也",至1925年最终

---

① (法) *La Mission Lyonnaise: D'exploration commerciale en chine*, 1895-1897. 引自法国里昂商会1898年编著,里沃执笔,徐枫等译注:《晚清余晖下的西南一隅——法国里昂商会中国西南考察纪实(1895—1897)》,据杜克洛叙述,云南美术出版社,2008年,第116页。
② (日) 中野孤山:《横跨中国大陆——游蜀杂俎》,郭举昆译,中华书局,2007年,第108、111页。
③ 中国公路交通史编审委员会编:《中国古代道路交通史》,人民交通出版社,1990年,第601—602页。

告成,"路宽三丈五尺,长一百二十里,在(灌县)县境三十五里"。① 亦在1914年该公路开建时,官督民办的成灌汽车公司成立,在成都至灌县间经营长途汽车运输,②是四川最早成立的汽车运输公司。作为省内主干道的成渝公路修筑,则自1920年起时议时停,每每因军阀内乱和经费等问题而未能兴修,直到1926年元旦方在成都牛市口动工开筑成渝公路,但至1932年才完成成都到简阳段总长68公里的工程。1927年重庆至简阳段成渝公路开始分段修筑,至1933年修通,至此成渝公路才告竣工通车,"自渝至省二日而达(约十七小时),快车亦有一日者。上下车皆由公路局专管营业"。③ 除成渝公路外,1920年代起四川各地有过一段公路兴修高潮。1925年郫县建成干线公路22.5公里(系成灌路一段),至1936年乡村公路有32公里,可通温江等地。④ 遂宁县则在1928年时已建成160公里长的遂宁至简阳马路,并修筑35公里长的遂宁安居镇至安岳县城公路,以及与蓬溪县联合修筑45公里长的两县间公路。⑤ 1928年成都至绵阳公路完工,1930年成都至雅安公路通车,而简阳至渠县、四川南部及川黔线路等也有部分路段开始修筑公路。⑥ 1935年全长139公里的川黔公路通车,"自渝至贵阳,汽车约三日程"。⑦ 据统计,至1933年四川省内以成都为中心的干线公路已建成732.5公里,各地支线公路建成者已达2163公里。⑧

1938—1942年抗战初期是川康渝地区公路修筑的又一高潮,相继完成和部分兴筑隆昌经川南通云南霑益、乐山至西昌、綦江至荣洞通湖南、酉阳至龚滩、重庆至汉中,以及西昌、康定通印度(中印公路)、玉树等段公路,而四川省、重庆市境内原有的公路也得到一定保畅。⑨ 康省及周边公路建设也有较快发展,尽管地貌复杂,修筑艰巨,"乐西、西祥两路,为联络川、康、滇三省之要道,抗战以来最大之建设,人力、财力消耗不少,尤其是乐西路,西昌民工死亡最多,赔垫亦巨。两路宽度自三米至八米不等,坡度有达三十度者,路面多泥土石和成",⑩但仍最终完成,其他完工的还有越巂县经汉源至峨边县的乐(山)西(昌)公路区段计有120公里,与乐西公路在富林镇交汇的雅(安)富(林)公路长60公里。整体上看,抗战期间我国西南、西北地区,建成了以重庆为中心,南至缅越、西通印度、北达苏联的公路网,重庆亦成为我国西部和大后方的公路交通中心。⑪

---

① 民国《灌县志》卷二,营缮志,交通。
② 中国公路交通史编审委员会编:《中国公路运输史》第1册,人民交通出版社,1994年,第100页。
③ 民国《巴县志》卷十四,交通,道路。
④ 民国《郫县志》卷一,交通,公路。
⑤ 民国《遂宁县志》卷七,实业,交通。
⑥ 参阅周勇主编:《重庆通史》第2卷《近代史》上,重庆出版社,2002年,第416页;(日)东亚同文会编:《新修支那别省全志》第1卷《四川省上》,支那别省全志刊行会,1941年,第64—441页。
⑦ 民国《巴县志》卷十四,交通,道路。
⑧ 余晓峰:《论民国时期(1913—1939年)四川的公路建设》,《西南交通大学学报》(社会科学版)2006年第5期。
⑨ 周天豹等主编:《抗日战争时期西南经济发展概述》,西南师范大学出版社,1988年,第219—220页。
⑩ 民国《西昌县志》卷一,地理志,交通。
⑪ 中国公路交通史编审委员会编:《中国公路运输史》第1册,人民交通出版社,1994年,第236—237页。

在运输事业方面,1927年全国大多数省份均成立公路局或公路管理局、交通管理处等机构,统一办理公路修建及公路运输事业,至抗战前夕四川省亦已在建设厅主持下设立了公路修筑、运输、养护和管理等机构。1935年7月四川公路局成立,官办的公路运输在成都-重庆间投入车辆29辆运营。至1936年又新增了8条线路,总计有280辆车辆投入运营。商办的运输业虽然在1914年成灌公路上已有开办,但由于军阀势力分割,各军防区难以统一和协调经营,故发展极为受限,1931年后始有较大发展。以成渝公路为骨干,一些地区筑有支线并由地方汽车公司经营运输业务,如巴县境内成渝公路小龙坎就有至龙隐镇的龙隐支路,"由七星岗至龙隐镇别设巴县段汽车公司,日有汽车往还"。①1933年重庆市内普通汽车公有者有2辆,私车9辆,商有者64辆,总计拥有机动车75辆;1936年四川省公路局登记的全省商车数为348辆。②不过在城市客运方面,抗战前重庆等地发展较为艰难,1933年重庆市商营公共汽车公司集资5万元,投入5辆柴油车营运公共交通,但受配件、燃料及经营欠佳等影响,于1936年宣告歇业,后来省政府加入官股添购新车16辆恢复营业,还新辟线路,但仍难以维系。③

抗战期间四川地区公路运输业获得了快速发展。1937年9月西南各省公路联运委员会在长沙成立,统筹办理湖南、四川、贵州、云南公路干线客货联运业务,该年底委员会改称西南公路运输总管理处,直属于全国经济委员会。1938年1月交通部公路总管理处成立,改组西南公路运输总管理处为总管理局,驻地从长沙迁至贵阳,川黔、川湘和川东等四川地区公路运输、管理及工程改善等业务由其掌控。1940年1月,经营西南各公路客货运输和有关国际贸易运输业务的中国运输股份有限公司在重庆成立,股本经额达5000万元。此外,1939年在重庆成立的交通部驮运管理所(后改立为驿运总管理处),1941年设立于广元的川陕联运处,1942年于西昌成立的川滇西路运输局,1943年分别成立于雅安和黔江的川康公路管理局、川湘鄂区汽车联运处,以及1945年改立驻于成都的四川省公路管理局等一批公路运输管理组织和机构的成立,对推动四川地区公路交通运输事业的发展起到重要作用。④而以上与四川地区公路运输相涉的中央官办直属的公路运输机构,在1944年前后总计营运线路里程达9449公里,拥有汽车3333辆。⑤又据四川省公路管理局的统计,至1945年10月,四川省内共建成4200多公里的干线公路和2400多公里的支线公路,公路总里程达到6600多公里,总里程数是1933年的2倍多,尤以干线公路建设成就最大;1943年四川省客运约64.4万人,货运11.8万吨(见

---

① 民国《巴县志》卷十四,交通,道路。
② 据表2-2-7《民国22年16城市机动车种类数量表》、表2-2-4《民国26年前各省市商车发展概况表》,见中国公路交通史编审委员会编:《中国公路运输史》第1册,人民交通出版社,1994年,第157、145页。
③ 中国公路交通史编审委员会编:《中国公路运输史》第1册,人民交通出版社,1994年,第158页。
④ 中国公路交通史编审委员会编:《中国公路运输史》第1册,人民交通出版社,1994年,第227—235页;周天豹等主编:《抗日战争时期西南经济发展概述》,西南师范大学出版社,1988年,第216—217页。
⑤ 中国公路交通史编审委员会编:《中国公路运输史》第1册,人民交通出版社,1994年,第238—239页。

表 6-3）；截至 1945 年 6 月在川黔、川陕、川青和川滇公路上四川省投入的客运车辆为 116 辆，货运车辆 23 辆。① 至新中国成立时四川省拥有的商用车辆约有 2000 辆，②是 1936 年的 5 倍多。

表 6-1　近代四川主要陆路交通线

路　线	道路类型	里　程	主要途经	其　他
万县-宜昌南线	山路（部分兼水路）	水陆总长约 548 公里，以陆路为绝大多数，行 16 天	利川	万县-宜昌间尚有经巫山、巫山的水陆兼程的北线。
万县-巴东沿江路	山路（部分兼水路）	水陆总长约 312 公里	云阳、奉节、巫山	即万县-宜昌之北线段路。至巫山分有巫山-巫溪-安康水陆兼程线。
万县-成都	石板路，部分改建或平行筑有公路	675 公里	梁山、大竹、渠县、南充、蓬溪、金堂	又称东大石路、小川北路、中大路。
重庆-成都	石板路为主，以之为基础，1933 年建成成渝公路	600 公里	璧山、永川、荣昌、隆昌、内江、资中、资阳、简阳	川内最为重要交通干线，即东大路。又分重庆-合川-遂宁-乐至-简阳合东大路至成都的小路。
重庆-贵阳	山路，抗战前开通有川黔公路	重庆-綦江段约 193 公里	綦江、桐梓、遵义、息烽	
重庆-广元	铺石路、山路，部分兼水路	总长约 550 公里	合川、定远、南充、南部、阆中	为四川盆地东部南北重要交通线，广元出通陕甘，重庆出有东北经长寿、垫江至梁山通万县等陆路。
涪陵-贵阳	山路，水陆兼程	四川境内约水陆 408 公里	彭水、沿河、凤泉、开州	此路至彭水分至黔江、酉阳、秀山线路，即川湘公路一段。
纳溪-昆明	山路、铺石路，抗战前修建有公路		叙永、毕节、威宁、宣威、曲靖	又称川滇东大路，纳溪北上经泸县、隆昌连接成渝公路通成都、重庆。

① 抗战期间数据，采自《四川省统计提要》，四川省政府统计处编印，1945 年辑，第 74—77 页。
② 据《抗战胜利后部分省市商营汽车复业和发展数量表》，见中国公路交通史编审委员会编：《中国公路运输史》第 1 册，人民交通出版社，1994 年，第 416—417 页。

续 表

路 线	道路类型	里 程	主要途经	其 他
宜宾-昆明	山路、铺石路,兼有水路	宜宾至大关间约330公里	盐津、大关、昭通、东川	又称川滇西大路,历史上滇铜、川盐重要运输线路,有老鸦滩、豆沙关等川滇交通要冲。
会理-昆明	山路	总长约400公里	河口、姜驿、元谋、武定、富民	会理北上经西昌、越嶲至大渡河畔富林,北上至汉源西北通康定,东北通成都,富林东通乐山。 会理又东南出,山路通云南东川。
成都-沔县-西安	石板路、山路、栈道	成都至沔县约587公里	广汉、德阳、罗江、绵阳、梓潼、昭化、广元、宁羌、沔县、汉中	即历史上川陕通道主线的北大路。
重庆-安康	山路、部分水陆可行	东乡-万源-城口-陕西紫阳约190公里	合川、渠县、达县、宣汉、万源、城口、紫阳	城口、达县均可通万县,达县至渠县水陆均可通。渠县西入仪陇、南充通成都,南下广安、合川通重庆。
成都-松潘	山路,川西平原路段部分通公路	总长396公里	郫县、灌县、汶川、茂县	即沿岷江线,另成都至绵阳北上经彰明、江油、平武折西亦通松潘(此线绵阳至松潘369公里),均为川青、川甘通道。
成都-康定	砂砾路面(军道),抗战前成都-雅安段通公路	总长430公里	双流、新津、邛崃、名山、雅安、天全、泸定	即川康川藏主路。又雅安西南经荥经、汉源可西通泸定和南下西昌、会理,东出洪雅通乐山;康定经泸定、汉源至富林,东通峨眉达乐山;均为川西陆路系统。
垫江-南充	铺石路	总长约242公里	邻水、广安、岳池	是川中通往川东东西向重要陆路交通线之一。
射洪太和镇-绵阳	铺石路	总长120公里	射洪、三台	三台又分西入中江县,可通德阳、成都。

续 表

路 线	道路类型	里 程	主要途经	其 他
平武-昭化	山路、栈道	总长223公里	古城驿、青川、白水关	可通甘肃。
泸县-富顺	铺石路,水陆兼程	总长90公里	怀德镇、琵琶场	川南繁盛陆路通道之一。
泸县-永川	铺石路	总长90公里	小市、石马场、立石场	川南陆路交通系统之一。
隆昌、内江、资中-自流井-乐山	土路、铺石路	隆昌-自流井113公里,内江至自流井60公里,资中至自流井80公里;自流井至乐山155公里。	自流井经荣县抵乐山	为川南东西向主要陆路。

(资料来源:主要参阅(日)东亚同文会编:《新修支那别省全志》第1卷《四川省上》,支那别省全志刊行会,1941年。)

表6-2 抗战前四川地区建成的主要公路

公路名称	区 间	线路长	修建时间	备 注
干线(完成约3500公里)				
川黔公路	成都-简阳-资阳-资中-内江-隆昌-荣昌-永川-璧山-重庆-綦江-贵州松坎	646公里	1924—1935年	成渝公路于1933年完工。
川陕公路	成都-广汉-德阳-绵阳-广元县校场坝	413公里	1927—1935年	
川鄂公路	简阳-资阳-乐至-遂宁-蓬溪-南充-岳池-广安-渠县-大竹-梁山-万县;黔江-湖北咸丰	简阳-万县607公里,黔江-咸丰52公里	简阳-万县1927—1932年,黔江-咸丰1936年	资阳-万县间部分路段未完工。万县-利川段建设困难,后改黔江-咸丰线,黔江-咸丰公路为京(南京)川公路一段,又称川鄂南路。
川湘公路	綦江-南川-白马-彭水-黔江-酉阳-秀山-茶洞-湖南沅陵	904公里	1935—1937年	1938年大修。

续　表

公路名称	区　　间	线路长	修建时间	备　　注
干线（完成约3500公里）				
川康公路（部分）	成都-双流-新津-邛崃-名山-雅安	川康公路计划全长373公里	成雅段1930年通车	雅安-康定段未完工。
川青公路（部分）	绵阳-彰明-江油-平武-松潘-若尔盖索格藏寺入青海	川青公路计划全长512公里		仅完工绵阳-江油段。
川滇东公路（部分）	隆昌-泸州-纳溪-江门场-叙永-赤水河-威宁-昆明		1938年间隆昌-赤水河250公里完工通车	
川滇中公路（部分）	新津-彭山-眉山-夹江-犍为-屏山-宜宾-云南昭通-会泽-昆明	川滇中公路计划全长813公里		新津-犍为区间完成。
支　　线				
绵遂公路	绵阳-三台-射洪-遂宁	163公里		大致完工。
南南公路	南充-西充-南部	75公里		
新南公路（部分）	新都-金堂-中江-三台-盐亭-南部-仪陇-巴中	全线594公里		新都-南部间完成。
昭化公路	川陕干线-昭化	15公里		
广南公路（部分）	广元-苍溪-阆中-南部	全线150公里		南部-阆中间完成。
遂内公路（部分）	遂宁-安岳-内江	全线165公里		遂宁-安岳间完成。
遂璧公路	遂宁-潼南-铜梁-璧山	170公里		
岳内公路（部分）	岳池-武胜-合川-铜梁-大足-内江	全线171公里		合川-大足间完成。
渠巫公路（部分）	渠县-大竹-梁山-万县-云阳-奉节-巫溪-巫山	全线340公里		渠县-万县间完成。
泸威公路	泸县-富顺-邓井关-自流井-威远	160公里		大致完工。
成邛公路（部分）	成都-温江-崇庆-大邑-邛崃	全线100公里		部分完工。

续 表

公路名称	区 间	线路长	修建时间	备 注
支 线				
成茂公路（部分）	成都-郫县-灌县-汶川-茂县	全线206公里		成灌间1925年完工。
新崇公路	新都-新繁-彭县-崇宁竹瓦铺	54公里		
广北公路	广汉-什邡-绵竹-安县-北川	160公里		

（资料来源：主要参阅（日）东亚同文会编：《新修支那别省全志》第1卷《四川省上》，支那别省全志刊行会，1941年。）

表6-3 抗战期间（1942—1944年）四川省公路运量

年份	客运（人）	货运（吨）
1942	581 583	72 262
1943	644 116	118 387
1944	423 450	—

（资料来源：《四川省统计提要》，四川省政府统计处编印，1945年辑，第77页。）

尽管筹谋时间较久和蓝图远大，但四川地区通铁路在近代却是一件极其困难的事情。清末曾提出并着手准备川汉铁路的修建，但仅在湖北宜昌段动工开建，清亡后"二十来年，当局未遑顾及建设"。[1] 1928—1929年间修建完成的合川县戴家沟至江北县白庙子18公里长的北川铁路，是四川历史上的第一条铁路，用于煤炭等运输，系20磅轻便型的窄轨货运铁道，沿线设有8个货场停靠。该铁道资本50万元，拥有承重2吨货车40节车厢，7吨货车厢若干，75马力和120马力牵引机车各1辆、40马力机车2辆。[2] 抗战期间，西南地区铁路规划和建设出现一个高潮，其中与四川地区相涉的有叙昆铁路（叙府—昆明）、川湘铁路（重庆—长沙）、川黔铁路（成都—贵阳）、川陕铁路（成都—宁羌）、川鄂铁路（简阳—湖北）、川康铁路（成都—康定）、川青铁路（绵阳—青海）、宝成铁路（宝鸡—成都）、川甘铁路（昭化—碧口），以及成渝铁路等，但由于处于战时困难时期，资金和材料来源有限，仅个别路段修筑完成而已（见表6-4）。[3]

---

[1] 张肖梅编著：《四川经济参考资料》，中国国民经济研究所，1939年，第G1页。
[2]（日）东亚同文会编：《新修支那别省全志》第1卷《四川省上》，支那别省全志刊行会，1941年，第442页。
[3]（日）东亚同文会编：《新修支那别省全志》第1卷《四川省上》，支那别省全志刊行会，1941年，第444—448页；周天豹等主编：《抗日战争时期西南经济发展概述》，西南师范大学出版社，1988年，第232—233页。

表6-4　近代四川地区建成铁路分布

铁路线名	完成区段起讫点	开工时间	通车时间	里程及其他
北川铁路	合川-江北	1928年	1929年	18公里
川陕铁路	绵阳-宁羌		1942年建成	绵阳-宁羌段412公里建成
川鄂铁路	简阳-渠县、分水岭-万县			简渠段470公里、分水岭-万县45公里已建成
川康铁路	成都-雅安			成雅段173公里已完成
川青铁路	绵阳-江油			绵阳-江油段53公里已完成

（资料来源：（日）东亚同文会编：《新修支那别省全志》第1卷《四川省上》，支那别省全志刊行会，1941年，第442页；周天豹等主编：《抗日战争时期西南经济发展概述》，西南师范大学出版社，1988年，第232—233页。）

第二节　水路交通运输

四川地区河网密集，人小河流有1300余条，河道长在500公里以上者有10条，200—500公里的有17条，100—200公里61条，100公里以下有1200多条；河流中下游常水期水面宽度在100米以上的河流有43条；流域面积在10000平方公里以上的有22条，长江上游流域面积达55万平方公里，占四川省（含重庆）总面积的97%。①以长江为主干，乌江、嘉陵江、綦江、赤水河、沱江、岷江、雅砻江一级大支流及其渠江、涪江、大渡河等二级支流等河流，历史以来它们大多数均具备程度不等的通航能力，构成长江上游流域水系网络，可联动全域，是近代四川地区水运业发展良好的天然基础。近代川江通航能力提升，航运业日趋发达，带动了长江上游各流域航运交通的大发展，水运成为四川地区重要的交通运输方式之一，尤其是在川江干流沿线地区，甚至成为对外交通最主要的运输形式。

晚清至民国时期四川地区民船通航河道情况见表6-5，总计里程已有上万公里，长江干流是四川境内水运最为集中和繁忙的航道，重庆无疑是近代长江上游的最大航运中心，而万县、泸州（县）、宜宾、乐山、合川及金堂县赵家渡等则是区域航运的主要枢纽。在轮船尚未发展前，川江水运以木船为主，"外商购贩货物，恒雇木船运输而悬外国商旗为标识，俗称曰挂旗船"。②重庆开埠通商，出口的第一号船便是1891年英国太古洋行之挂旗木船，运载白蜡和黄丝出口，而同年入口的第一号船亦是木船，即英商立德洋行雇用的挂旗木船，运入洋油和海带等物品。③据海关

---

① 西南师范学院地理系四川地理研究室编：《四川地理》，1982年，第154、155页。
② 民国《巴县志》卷十四，交通，轮船。
③ 邓少琴：《近代川江航运简史》，重庆地方史资料组1982年编印本，第23页。

统计,1891年进出重庆港的美英商挂旗木船数量有607只,吨位总计达8.1万吨。直至20世纪初,因川江航道险阻,洋轮进出极为有限,绝大多数商运均须借助木船,1892—1908年十七年间平均每年进出重庆港的中外商船约有2341只、吨位7027吨。① 四川较大木船情况见表6-6,至抗战前其种类达33种,据不完全统计,各类船只总数在上万只以上,航行于长江及其主要支流上。川内民间经营的木船运输业与商业活动息息相关,港口、航运等在晚近时期极为兴盛。1888年Archibald John Little 这样描述重庆港口的帆船和运输景象:

表6-5 近代四川地区民船主要通航河道一览

河流	河段	节点、码头	公里数	船只及等级	备注
长江干流	金沙江雷波宁波桥-屏山新市镇段		360	小船	中须搬滩,通航条件较差。
	金沙江新市镇-屏山县城-宜宾段	新市镇-绥江-屏山-安边-宜宾	170	小船,屏山-宜宾间60公里可通较大木船。	蛮夷司(新市镇)以下至宜宾除汛期急流外均可通航无阻,以米、茶、药材、杂货运输为主。
	川江宜宾-重庆段	宜宾-南广-李庄-南溪-江安-大渡口-纳溪-蓝田坝-泸县-上白沙-合江-王场-中白沙-油溪-江津-綦江口-铜罐驿-鱼洞溪-重庆	463	大船、汽轮	
	川江重庆-宜昌段	重庆-长寿-涪陵-酆都-忠县-万县-云阳-奉节-巫山-巴东-秭归-新滩-平善坝-宜昌	913	大船、汽轮	万县-宜昌航段险峡急滩密布,光绪初年设救济、警备等用船分驻各滩,十六年(1890)以后有40余只红船分驻于30个沿江地点。

① 甘祠森:《最近四十五年来四川省进出口贸易统计》,第八表《最近四十五年来重庆进出口船支吨位按国别百分比较统计》,民生实业公司经济研究室1936年。

续 表

河流	河段	节点、码头	公里数	船只及等级	备 注
长江支流	横江	老鸦滩-安边场	175	民国调查行驶横江船约百只,分吃水1、1.56、2.45寸三等,可分别载1万—3万斤货物。	处川滇界,航道以盐津(老鸦滩)为起点,下行至安边场入金沙江至宜宾。1939年民德轮试航横江,上水5时,下水4时;普通民船上水2日,下水4时。
	南广水	珙县罗星渡-南广河口	150	高县趱滩以下至河口可行五六丈大船,洪水载重可达8万斤,枯水期载重减半;趱滩-沐滩可通三丈船。	南广河口至沐滩上水约13—14日;下水罗星渡至趱滩2日,趱滩至河口大水1日,小水2—3日。
	长宁河	梅桥场-安宁铺-江安	85	当地称"桥船",载重可达2万斤。	长宁县红桥铺至江安,下水2日,上水3日。
	永宁河	叙永-纳溪	148	洪水期12吨船可行驶全程;枯水期5吨船可行至江门,1吨者也勉强达永宁。	普通洪水期全程下水3—4日,上水9—12日。
	赤水河	赤水-合江	50	大船,洪水期可行30吨船。	光绪年间川盐运黔重要通道。1923年间贵州军阀周西成曾以小汽船划载鸦片。赤水以上贵州段可通至茅台(中须搬滩)。
	綦江	松坎-三溪-綦江县城-江口顺江场	215	綦江下游舢板船可载3万—5万斤,盖石以上至松坎行软板船,载1—3千斤。	松坎-三溪间须搬滩。綦江各支流亦有通航者。
	御临河(含大洪河,即东河,两河可通)	御临河:幺滩-五宝场 大洪河:长滩-四合场	130 56	小船	1940年统计御临河通船630多只。

续表

河流	河段	节点、码头	公里数	船只及等级	备注
长江支流	黎香溪	两汇口-蔺市（涪陵境内）	20	小船,当地称"双飞燕",载重200—800斤。	局段检槽行船。下水3时,上水约4时。民国时期行船有20多只,沿岸纸厂约200余家,亦以此航道出运,每年约数百载。
	葫芦溪（龙河、南宾河）	酆都县渗洞-两汇口（即双路镇）	38	小船,当地称"黄瓜船",载重1.3吨以下。	下水半日,上水1日。运煤至两汇口提驳入大江。
	小江	榨井坝-开县县城-双江镇	148	小船	榨井坝-开县段中须搬滩。小江支流亦有通航。
	瀼溪（梅溪河）	孙家岩-下滚子口（奉节县城东）	15	小船,当地称"铁船"(运铁),载重可至三千斤。	运煤至巫山月供20载,上销云阳、万县年约800载。
	黛溪（大溪河）	门坎滩-两河口（入江口）	13	小船	1931年间民间试航成功,抗战期间鄂西军运曾予利用。
	大宁河	檀木坪-猫儿滩-大宁厂-巫山	155	1941年调查,篷船载重1.4—2吨,划子0.6—1吨。	猫儿滩不能通航,须驳运。1941年调查:篷船260只行于大宁厂-巫山间,140只行于大宁厂-庙溪河间;划子200只行于檀木坪-大宁厂间。运煤盐为主。

以下亦是长江支流,因水系庞杂,为列表方便而单列

| 岷江 | 正流府河 | 锦江,成都-江口 | 125 | 小船 | |
| | | 江口-乐山-宜宾 | 284 | 乐山以下大船,以上小船。 | |

续　表

河流	河段	节点、码头	公里数	船只及等级	备　注
岷江	支流南江	西河怀远镇-江口 85 公里小船,南江平落坝-新津 65 公里小船,蒲江县城-永兴场 35 公里竹木筏。			
	支流大渡河	青衣江雅安-乐山 150 公里竹木筏"杷子",大渡河(铜河)沙湾-乐山 99 公里小船。			
	支流四望溪	王村场-金山-竹根滩	25	小船。洪水王村以下可行万斤炭船,金山以下可行 2 万—3 万斤炭船。	
	清水溪(马边河)	舟坝-河口	65	小船	
沱江	正流绵阳河	兴隆场-赵家渡	70	地方称"老鸦船"。富顺以上小船,以下大船。	赵家渡以上夏秋季通航。赵家渡为水陆交通枢纽,船只荟萃,设有船会,各地船帮来此营运。
	正流沱江	赵家渡-富顺-泸州	488		
	支流北河(绵竹河)	绵竹河:石桥滩-双江渡 55 公里小船;鸭子河:洞仙桥-复兴渡 35 公里小船,船称"抓窝船"。			夏秋季通航
	支流清白江	三邑桥-赵家渡	40	小船	
	支流毗河	二沱江-赵家渡	35		
	支流清流河	李家街-王爷庙	95		
	支流荣溪	金子述-李家湾 120 公里,中须搬滩;威远河老河街-牛角沱 90 公里,中须搬滩。		小船	
	支流胡市河	三溪镇-胡市 110 公里,九曲溪:嘉明镇-福集场 35 公里。		小船	

续 表

河流	河段	节点、码头	公里数	船只及等级	备 注
嘉陵江	正流嘉陵江	略阳-广元-昭化-阆中-南充-合川-重庆	1038	略阳-广元大船,平时载重2.2万斤;阆中以下大船基本无阻,中游最大船可载73吨。全江船只约有千只,往来南充-重庆间最多。	略阳以上至白水江镇小船,与甘肃通,民国以前水运兴旺,民国以后货运萧条,至1938年仅有船只6—7只。
	支流白龙江	碧口-昭化	140	小船	
	支流东河	苍旺坝-东河口	175	小船	
	支流涪江	何家坝-中坝-太和镇-合川	434	何家坝-中坝小船、小筏,中须搬滩;中坝-太和镇小船;太和镇以下大船。	涪江各支流有通航者。
	支流渠江			(1)巴河:南江县-巴中-河口215公里小船,南江-巴中段中须搬滩。(2)州河:前河了子口-宣汉135公里小船,上段有乱石险滩阻隔5公里;中河官渡场-普光寺-宣汉145公里小船;后河田家坝-长坝-普光寺123公里小船。宣汉-渠县三汇130公里小船,三汇-合川348公里大船。	巴河各支流有通航者。
	支流流江河	龙滩-渠县	45	小船,船名"内河船",最多可载万斤。	中须搬滩
乌江	正流乌江	思南-沿河-龚滩	250	小船	中须搬滩
	正流黔江	龚滩-羊角碛-涪陵	360	小船	龚滩-羊角碛中须搬滩。1938—1941年民生公司曾试航涪陵-彭水间河道。
	支流唐岩河	濯河坝-龚滩	150	小船	中须搬滩

(资料来源:张肖梅编著:《四川经济参考资料》,中国国民经济研究所,1939年,第H1-4页;邓少琴等主编:《四川省内河航运史志资料》(江河部分),四川交通厅地方交通史志编纂委员会1984年编印本;(日)东亚同文会编:《新修支那别省全志》第1卷《四川省上》,支那别省全志刊行会,1941年;四川省交通厅渠江航道管理处编:《渠江航道史志资料汇编》(内部本),1986年。)

表6-6 近代四川较大木船情况一览

船 名	载 重 量	船只数量(只)	航行河流区段
椿盐棒	1万—11万斤	4000	长江叙渝万、岷江嘉叙、沱江
南河船	5万—11万斤	500	长江泸万、沱江
黄瓜船	1万—6万斤	400	长江泸万、沱江
五板	1万—6万斤	300	长江泸万、沱江
三板	1万—6万斤	600	沱江、綦江、长江泸万
毛业秋	5万—11万斤	50	沱江
蔴秧	2万—6万斤	50	岷江、犍为清水溪托石炭运输
半头	2万—4万斤	5000	岷江成叙、长江叙渝
舶船	0.2万—0.8万斤	—	四川各江河,数量最多
挂子船	10余万斤	—	
麻雀尾	10万—30万斤	—	—
山麻秧	2万—12万斤	500	长江渝万
厚板	数千至4万斤	500	黔江、沱江
蛇船	数千至1万斤	500	黔江、沱江
辰驳子	1万—6万斤	500	长江万县-宜昌
小江船	4万斤	500	云阳小河、长江云阳-万县
扒離	4万斤	400	大洪江、长江
老鸦秋	1万—11万斤	700	涪江合渝石炭、盐、粮食等运输
安岳船	3万—7万斤	200	涪江合渝石炭、盐、粮食等运输
米头船	1万—2万斤	300	涪江合渝石炭、药材等运输
千担船	1万—2万斤	100	涪江合渝石炭、杂粮等运输
敞口	7万—17万斤	300	渠江、长江渝万石炭、粮食运输
倒栽椿	4万—5万斤	200	渠江、长江渝万粮食运输
黄豆卖	3万—10万斤	500	渠江、长江渝万粮食、薪、盐、石炭运输
巴河船	0.3万—0.5万斤	200	渠江粮食、薪、盐等运输
金银锭	0.3万—1万斤	300	渠江石油、粮食等运输
十八包	0.3万—2万斤	100	渠江粮食等运输
渠河老鸦秋	1万—2万斤	200	渠江石炭、米等运输
当归船	2万斤	300	嘉陵江碧口-重庆
毛板	2万—7万斤	400	嘉陵江
滚筒子	1万—2万斤	300	嘉陵江
舵笼子	3万—12万斤	500	嘉陵江、长江渝万
东河船	数千至1万斤	50	嘉陵江阆中-南充,亦时至重庆

(资料来源:(日)东亚同文会编:《新修支那别省全志》第1卷《四川省上》,支那别省全志刊行会,1941年。)

这就是有城墙的城市江北厅,也就是上游大都会的江北郊区。城市位于扬子江左岸,紧靠从西北方向汇入的支流嘉陵江河口。……

我久久地站在河水切割成的一个岩石平台(这样的平台有许多)上观看忙碌的苦力队伍为庞大的帆船队装货卸货,帆船上满载着东部、北部和西部的各种物产。一队队搬运工人,辛苦地背着未压实的棉花的白色巨大捆包,登上长长的梯级,十分引人注目,远看就像一大群蚂蚁背着自己的蛋一样。①

而如沱江流域金堂县的赵家渡,则组织有庞大的船帮和船会:

西距县城三十里,一名三江镇,盖毘、湔、雒三水总汇之区也。故上通德、绵、崇、郫,而下达资、富、泸、渝。……河下船筏辐辏,状如梭织,……航路运行,竹木筏外,惟恃船只。各船因行驶之地域无殊,或大小之形式同类,互相结合,别为一帮。帮凡十三(按疑是十二),由赵镇航行而上者曰北河帮、曰堰帮、曰沱帮,由赵镇航行而下者曰柳叶帮、曰淮镇帮、曰简阳帮、曰资阳帮、曰资中帮、曰内江帮、曰富泸帮、曰重庆帮、曰万县帮。②

1928年成立的赵家渡木船业航业公会,其前身便是赵镇船会,又称船帮王爷会。该航业公会由沱江帮(二江沱)、埝帮(郫县三道埝)、北河帮(赵家渡上游绵竹、汉州、德阳)、简阳帮、资阳帮、资中帮、内江帮、富泸帮、重庆帮九帮为会员,成立大会上设主席一人,委员四人,由水道团正主持,经营沱江流域及与之沟通各河流货运航线等。③ 水路中枢之一的泸县在民国时期"江中轮舶麇集,帆樯如织,百货出入,行旅往来,上通嘉叙,下达沪汉,交通之便固不在一县也"。④

即便在抗战期间,木船业仍在川江航运上发挥着重要作用。抗战初期,交通部航政局于1939—1940年两年间设置"管理员办事处","指定造船之地点,计有长江区之重庆、泸县、宜宾,嘉陵江区之南充、阆中、广元,涪江区之绵阳、太和镇,綦江区之綦江,乌江区之涪陵等十处,制造之木船,按照各江流至情形,分为60、48、30、24、18、12、6吨等级","两年完成木船388艘,共计7398吨"(见下),并称"交通部造船之计划,既首在川江方面,获告成功。乃推展范围,增强机构,以期普及"。⑤

1939—1940年交通部建造完成的木船数量:

长江航行区:96艘、1770吨,在重庆、泸县、宜宾三处制造;

嘉陵江航行区:157艘、2612吨,在南充、阆中、广元三处制造;

---

① (英)阿奇博尔德·约翰·立德:《扁舟过三峡》,黄立思译,云南人民出版社,2001年,第107页。
② 民国《金堂县续志》卷五,实业志,商业。
③ 邓少琴等主编:《四川省内河航运史志资料》(江河部分)第2辑,四川交通厅地方交通史志编纂委员会1984年编印本,第104页。
④ 民国《泸县志》卷二,交通志,水程。
⑤ 王洸:《中国水运志》,中华大典编印会,1966年,第299—301页。

涪江航行区：52艘、900吨，在绵阳、太和镇两处制造；

綦江航行区：57艘、456吨，在綦江制造；

乌江航行区：26艘、660吨，在涪陵制造。①

1940年成立于重庆的川江造船厂，截至1942年6月，共添造木船1386只，总吨位约2.4万多吨。②

1907年四川劝业道周善培在重庆商会议集股本20万两，创办川江轮船公司。③ 1909年川江轮船公司购进的"蜀通"轮进驻重庆港并开始在重庆和宜昌间营运，④ 这是川江航运史上的一件大事，标志着四川航运开始进入汽轮时代。⑤ 之后，中资的川路、瑞庆、四川瑞丰、利济、华川、利川等轮船公司相继成立，加上川江公司，累计投入10多艘轮船在重庆、宜昌、乐山等地经营商运（见表6-7）。1926年开始四川汽轮航运进入一个兴盛时期，是年后来在长江航运业上具有重要影响的民生轮船公司在合川成立，而该年宜昌至重庆航段出入汽轮吨位数总计达到40多万吨，是1919年的8倍多；1933年川江出入汽轮总数有1500艘，1935年升至2000艘，1936年则有2100多艘，是十年前的2倍多。⑥ 作为民国时期川江航运的巨擘，民生轮船公司在抗战前夕拥有48艘大小轮船，总吨位达1.9万多吨（缺民联、民勤、民俭三轮吨数），分别约占四川中外轮船公司船只总数的62%和总吨位的55%。⑦ 据统计，至1936年，重庆至宜昌航段中国轮船公司总货运量为8.67万吨，占此航段中外轮船公司货运总量的44.6%，几近一半；而在1936年前各年此类占比均低于36%，1928—1931年各年占比更是仅有6%—7%左右，这表明川江航运中国轮船公司实力整体上在1930年代以后逐渐增强。⑧ 抗战时期四川民营轮船公司仍发挥重要作用，民生公司至1943年拥有轮船数量增加到107艘，总吨位约4万吨。1938年11月至1942年底，仅在抗战物资运输方面民生公司就总计运送了17万吨兵工器材，军品辎重等26万吨，以及输送军队约200万人，为抗战作出了巨大贡献。⑨ 民生公司还积极在川内各河流开探新航线，如宜宾以上金沙江河段通轮是在1940年4月，即由民生公司运营的宜宾—安边客运航线，上行需4个小时，下行1个小时，隔日1班，"票价上水全川十二元，柏楼溪中程六元，下水八元。通轮以后，每日乘客约计百人以上。惟货运最初仅有少数谷米及杂粮等"。⑩

---

① 王洸：《中国水运志》，中华大典编印会，1966年，第300页。
② 周天豹等主编：《抗日战争时期西南经济发展概述》，西南师范大学出版社，1988年，第222页。
③ 民国《巴县志》卷十四，交通·轮船。
④ 聂宝璋、朱荫贵编：《中国近代航运史资料》第2辑(1895—1927)，下册，中国社会科学出版社，2002年，第923页。
⑤ 尽管在此之前1898年始就有利川号等外洋汽轮抵达过重庆，但并未正式开通商业营运，仍依靠挂旗船作货物运输。
⑥ （日）东亚同文会编：《新修支那省全志》第1卷《四川省上》，支那省全志刊行会，1941年，第594—595页；聂宝璋、朱荫贵编：《中国近代航运史资料》第2辑(1895—1927)，下册，中国社会科学出版社，2002年，第1267—1268页。
⑦ 张肖梅编著：《四川经济参考资料》，中国国民经济研究所，1939年，第H21—22页。
⑧ 朱荫贵：《中国近代轮船航运业研究》，中国社会科学出版社，2008年，第53—55页。
⑨ 周天豹等主编：《抗日战争时期西南经济发展概述》，西南师范大学出版社，1988年，第224—225页。
⑩ 邓少琴等主编：《四川省内河航运史志资料》(江河部分)第1辑，四川交通厅地方交通史志编纂委员会1984年编印本，第31页。

表 6-7 晚清民国时期四川创办的轮船公司一览

公司名称	创办年份	地址	轮船数量	备注
川江轮船公司	1907	重庆	4 艘	蜀通、蜀亨、蜀和、新蜀通号
华川轮船公司	1912		—	后分瑞庆、利川、庆安三个公司,利川司有利骏号,庆安司有庆安号小轮,瑞庆司见下。
瑞庆轮船公司	1912	重庆	2 艘	庆余、瑞余号
川路轮船公司	1913	宜昌	4 艘	大川、利川、巨川、济川号
吉庆公司	1919?	重庆	—	挂法旗
聚兴诚航业部	1919	重庆	1 艘 550 吨	1927 年改为中法合资
华法轮船公司	1921	重庆	3 艘	招商局托名开办
聚福洋行	1921	重庆	1 艘 1100 吨	1927 年一度改为中法合资
民生轮船公司	1926	合川	48 艘	抗战前夕轮船数
捷江公司	—	重庆	6 艘	中美合资
三北公司	—	—	2 艘	富阳、华阳号
遂宁公司	—	—	1 艘 88 吨	遂宁号
江津公司	—	—	1 艘 58 吨	江津号
天福公司	—	—	1 艘 81 吨	天福号
广庆公司	—	—	1 艘 13 吨	广庆号
兴华公司	—	—	1 艘 551 吨	江泳号
益州公司	—	—	1 艘 85 吨	益州号
江渝公司	—	—	1 艘 59 吨	江渝号
佛享公司	—	—	1 艘 47 吨	佛享号
附 从事川江航运外国轮船公司(1936 年左右)				
义华公司	—	—	1 艘 567 吨	永遊号,意大利
日清公司	—	—	5 艘 4004 吨	宣阳、云阳、长阳、嘉陵、涪陵号,日本
太古公司	—	—	6 艘 3417 吨	万通、万县、嘉定、金堂、秀山、绥定号,英国
怡和公司	—	—	2 艘 1811 吨	嘉和、庆和号,英国
亚细亚公司	—	—	3 艘 1462 吨	真光、滇光、渝光号,英国
聚福公司	—	—	2 艘 1768 吨	福源、福同号,法国

说明:川路轮船公司设于宜昌,但因主要经营川江航运而列入本表。

(资料来源:聂宝璋、朱荫贵编:《中国近代航运史资料》第 2 辑(1895—1927),下册,中国社会科学出版社,2002 年,第 1418—1428 页;(日)东亚同文会编:《新修支那省别全志》第 1 卷《四川省上》,支那省别全志刊行会,1941 年,第 594、600 页;周勇主编:《重庆通史》第 2 卷《近代史》上,重庆出版社,2002 年,第 403 页。)

新式轮船的出现和多家轮船公司的成立,促进了四川内河航运业的新发展,至抗战前除加大了长江干流和主要支流宜昌—重庆—宜宾—乐山、重庆—合川等线路的汽轮投入运营,提高客货运力外,还新辟了宜宾—南溪、泸县—石桥、泸县—邓井关、合江—赤水、武胜—合川—云门镇、重庆—遂宁、重庆—磁器口、重庆—木洞、重庆—涪陵、重庆—松溉、重庆—白沙、重庆—江津、重庆—合衍、重庆—温泉场、涪陵—酆都、涪陵—万县等汽轮客货航线。① 各地亦以汽轮出行为便利,如长寿县"地频大江,上达重庆,下迄涪陵,所辖河流虽只四十五里,而轮舟往来如织,至为扼要,能自订汽船及大小轮行驶,此第一交通利器也"。② 航线的延伸、新辟和通航能力的提升,也与近代以来对四川内河航道整治取得成效有着紧密关系。

近代川江航道的整治,可追溯至清道光年间夔州府对东阳滩的治理。道光五年(1825)开始捡除该滩乱石并逐年修补,历时数十年不断,至同治七年(1868)最终建成东阳滩溪口石隄(拦石坝),缓解了滩险和泥石流对航道的阻碍。光绪十四年(1888),便道宽5—6尺、全长120里夔州至巫山间的夔巫纤道修筑完成,次年全长75里的巫山至川楚交界(鳊鱼、清莲溪)川楚纤道工程亦接着开工修建。民国初年北洋政府、军防和川鄂两地民间都成立过修浚川江河道或险滩的办事机构,重点整治重庆至宜昌段航道险滩,取得过一些成绩。1929年7月川江航务管理处在重庆成立,民生公司总经理卢作孚任处长,之后又与重庆海关协议成立"崆岭打滩委员会"(1935年改组为"川江打滩委员会")等组织,除有针对性地开展具体航道治理外,亦对川江全线整治工程作筹划。③ 抗战以后国民政府加强了对四川内河航道的整治工作,改善了通航环境,大幅度地提高了内河通航能力,航线延伸和水运能力均有显著提升。抗战初期,后方水运交通成为"最感迫切需要,水运之改善,为当前急务"之事,国民政府着重开展了对川江叙渝段、金沙江、岷江、马边河、乌江等河流航道的调查、整理或试航等工作。1941年至新中国成立前,国民政府在川江叙渝段箭箕背、小南海、莲石滩等整治工程上的投入就达2亿多元④。1940年12月经济部工程处在金沙江蒙姑至宜宾500公里河段开始兴工整治,以期建立重庆—昆明水陆联运西南运输新通道;⑤同年9月岷江乐山至宜宾段主要险滩开始整治,至1941年4月航道增深12—78公分不等,到1942年4月"往年此时由犍为下驶之木船,载重量最大不过二十七八吨,今已增至四十六七吨,且触礁覆舟之事,已无所闻,行驶安稳,可以想见";马边河马庙溪至河口一段26公里多的河道,1941—1942年间进行除礁、疏浚、设绞和开辟纤道等,"该段水道经此整治后,险礁悉除,浅滩浚

---

① (日)东亚同文会编:《新修支那省别全志》第1卷《四川省上》,支那省别全志刊行会,1941年,第600页。
② 民国《重修长寿县志》卷一,地理部第一,交通。
③ 参阅朱茂林主编:《川江航道整治史》,中国文史出版社,1993年,第39—80页。
④ 朱茂林主编:《川江航道整治史》,中国文史出版社,1993年,第71页。
⑤ 邓少琴等主编:《四川省内河航运史志资料》(江河部分)第1辑,四川交通厅地方交通史志编纂委员会1984年编印本,第31页。

深,由3公寸增至7公寸,煤运已畅通无阻",嘉阳煤矿外运船只的载重量因此由原来的6—11吨,提高到了11—17吨。① 乌江整治工程则在1938年底由导淮委员会在涪陵设立乌江水道工程局开始实施,至1945年底思南至涪陵全段长360公里,破险滩73处,修凿纤道94处、长38公里,设绞关19座,不仅实现了战时川湘水陆联运的目的,也为乌江轮运业的发展奠定了基础。② 据水上警察局截至1945年6月底的不完全统计,四川各内河轮船通航线路里程总计为1112公里,木船通航线路里程达6493公里。轮船数量总计173艘,总吨位达454万多吨;帆船10 465只,其中吨位在12—24吨者有7504只,24吨以上者有2961只。③

川江航运在近代的发展,对四川经济社会影响深刻,于重庆则意义更为重大。近代开埠通商以后川江航运业进入了快速发展阶段,重庆—汉口—上海的长江航线成为长江上游和西南地区与中东部、海外商品贸易的主渠道,重庆口岸商品贸易功能和对腹地及向外辐射能力明显加强,使得城市的经济功能变得更加综合化。可以说以航运为主的交通运输业的发达,使重庆"日益扩大其辐射和影响作用,成为长江上游最重要的经济中心和多功能城市"。④

第三节 航空线路与运输

四川航空业始于1930年,当年上海—汉口—重庆航线由中国航空公司开通。1933年5月,成都—重庆—上海航线全线开航,其后又开辟了重庆—贵阳—昆明及西安经成都至昆明的陕滇航线。1938年后重庆—香港、重庆—嘉定两条航线开通。⑤ 1937—1938年间对大后方航空业有着重要影响的两家航空公司分别迁至西南,1938年1月欧亚航空公司(中德合资成立,后中资全面接管,1943年改组为中央航空公司,抗战期间总部西迁武汉、西安后再迁至昆明)在重庆设立航空部并开通西欧航线,而同时中国航空公司迁至重庆。⑥

至抗战时期四川地区航空线路主要有以下14条,其中国内航线10条(含渝港线),国际航线4条,以重庆为航空中心,构筑起大后方航空运输网络:

(1)沪蓉线(上海—重庆—成都):由中国航空公司经营,是该公司筹谋、经营较早的航线之一,连接南京、安庆、九江、汉口、沙市、宜昌、万县、重庆长江沿岸各城市,全程1981公里。1929年先于上海至汉口段开航,搭乘旅客和邮政物资,1930年顺延至重庆,1933年又至成都,全线开通。航线在1936年7月以后采用大型的

---

① 傅汝霖:《扬子江水利委员会整理后水道之经过》,见唐润明主编:《抗战时期大后方经济开发文献资料选编》,重庆出版社,2012年,第635—638页。
② 朱茂林主编:《川江航道整治史》,中国文史出版社,1993年,第70—71页。
③ 《四川省统计提要》,四川省政府统计处编印,1945年辑,第78,79页。
④ 朱荫贵:《中国近代轮船航运业研究》,中国社会科学出版社,2008年,第347页。
⑤ 〔日〕东亚同文会编:《新修支那别省全志》第1卷《四川省上》,支那别省全志刊行会,1941年,第614,615页。
⑥ 周勇主编:《重庆通史》第3卷《近代史》下,重庆出版社,2002年,第1100页。〔日〕东亚同文会编:《新修支那别省全志》第1卷《四川省上》,支那别省全志刊行会,1941年,第614页。

道格拉斯飞机,无需换机,大大缩减了旅行时间,上海至成都需时7小时,一周3个往返航班。该航线上海至成都航班,往返票价685元,在南京、九江、汉口、宜昌、重庆间设经停,上海至重庆航班往返575元,在沙市、万县经停。成渝间由上海至成都航班营运,单程90元。

(2) 渝昆线(重庆—贵阳—昆明):1935年5月由中国航空公司开设,全程755公里,经停贵阳,需时3个小时。1936年春曾发生过空难,一度停飞,9月复业。重庆至贵阳间一周2班,往返票价160元。

(3) 陕滇线(西安—成都—昆明):西安至成都段先由欧亚航空公司于1935年9月开通,次年陕滇线正式开航,全程1300公里。航线亦与沪蓉线对接,上海至昆明间可经成都中转。

(4) 渝嘉线(重庆—乐山):中国航空公司在1938年5月开通,经停泸州、宜宾,每周2班,需时2个小时许。

(5) 渝港线(重庆—香港):1939年12月由中国航空公司开设,经停贵阳、桂林、梧州,全程1307公里,需时5小时50分钟左右,每周3班。该航线至香港与美国泛美航空公司太平洋航线联航,可至世界多个地区。

(6) 渝兰线(重庆—宝鸡—兰州):1942年8月由中国航空公司开辟,两周1班,1945年初增至每周1班。

(7) 重庆至南郑线:1945年春中国航空公司开通。

(8) 重庆至新疆哈密线:中国航空公司开通。

(9) 重庆至赣州线:中国航空公司开通,不定期航班。

(10) 重庆至宁夏线(重庆—汉中—兰州—宁夏):由欧亚航空公司开辟。

(11) 重庆至莫斯科线(重庆—哈密—阿拉木图—莫斯科):1939年12月由中国航空公司、中苏航空公司联合开通,重庆至哈密线航飞由中国航空公司执行,哈密至阿拉木图、莫斯科由中苏航空公司执行。每月4个航班。

(12) 重庆至柏林线:1939年12月由欧亚、中苏开通中继联航。

(13) 重庆至仰光线:1939年10月正式通航,经停昆明、丁江,每周1班。

(14) 重庆至加尔各答线:香港沦陷后开通,中美联航,可至西亚和欧美各国。[①]

截至1945年,以西南和西北地区为主,中国、欧亚(中央)航空公司航线总长达2万多公里,而战前约为1.38万公里;修建军民两用机场18个,各类运输机77架。1940年以后,我国航空运输总量逐年上升,特别是在太平洋战争爆发后,西南地区

---

① 参阅(日)东亚同文会编:《新修支那别省全志》第1卷《四川省上》,支那别省全志刊行会,1941年,第615—618页;张肖梅编著:《四川经济参考资料》,中国国民经济研究所,1939年,第11页;《中国战时经济特辑续编》编委会:《中国战时经济特辑续编》之《战时之交通》,见唐润明主编:《抗战时期大后方经济开发文献资料选编》,重庆出版社,2012年,第632页;周勇主编:《重庆通史》第3卷《近代史》下,重庆出版社,2002年,第1101—1102页。

以重庆和昆明为中心的航空运输业肩负起了更大的运输量,到 1943 年当年总计飞行里程达 884 万公里,货运 1 万多吨,客运 3.6 万人。① 可以说,近代四川航空业在抗战时期大后方交通建设中占有重要位置,获得了快速发展,亦为抗战作出了贡献。

---

① 周天豹等主编:《抗日战争时期西南经济发展概述》,西南师范大学出版社,1988 年,第 226—227 页。

第七章　邮政电讯业

第一节　邮政

在近代邮政开设之前,四川地区官方公文、官物、官差等邮递仍以传统的驿铺体系传递为主,驿递以马等传送,铺递以夫兵走递。1895年以后,四川各地陆续开设近代邮政机构,[①]"光绪二十一年,依仿欧西成法,北京设邮政总局,各县设邮政分局"。[②] 因重庆商埠的重要性,全川最早的一等局便于1896年初设在重庆,"吾渝邮政设局始于清光绪二十二年初,称重庆一等局"。[③] 按照大清邮政系统的设置,大清邮政隶总税务司,其邮路以通商口岸为主要节点,连接区域各地,"其法系以通商口岸之总局为中点,由此直达各处省城,以作邮政大路。即于该路左近联络府县城镇,俾均归此大路,以便该界各处均与总局相连。……所有邮递事务,在各行省都会暨多数之府县各城,以及紧要村镇,一体均可通行",重庆作为长江上游地区通商大埠,自然成为川省邮政网络之中心节点。[④] 而省会成都邮政一等局则于1901年设立,"大清邮政总局,设小十字街口。创于光绪二十七年,开办者为英人钮满氏、汉阳人杨少荃氏"。[⑤] 其他一些地方邮政机构设立情况可见表7-1,在县、镇等局设置之前,多数地区开设有邮政代办所。

表7-1　晚清四川各地邮政局设置时间(不完全统计)

邮局名称	开设地	开设时间	其他情况
重庆一等局	重庆	1896	1924年改为东川邮政管理局
成都一等局	成都	1901	民国时期改为西川邮政管理局
宣汉二等局	宣汉	1902	
涪州分局	涪陵	1902	
泸县局	泸县	1903	
渠县分局	渠县	1903	后三汇镇亦设分局
顺庆分局	南充	1904	1898年秋设代办所,1909年改为二等局
简阳分局	简阳	1904年以后	

[①] 大清邮政官局正式成立于1896年,但邮政推广要早于此年。
[②] 民国《渠县志》卷一,地理志。
[③] 民国《巴县志》卷十四,交通·邮政。
[④]《大清邮政光绪三十年事务通报总论》,见中国历史第二档案馆等编:《中国旧海关史料》,第40卷,京华出版社,2001年。
[⑤] 宣统《成都通览》,成都之邮政。

续表

邮局名称	开设地	开设时间	其他情况
绵阳支局	绵阳	1908	1909年改升二等邮局
合江局	合江	1910	1904年设置邮务,1908年设代办所
眉山分局	眉山	1910	1906年设代办所
大堡支局	峨边	1910	
沙坪分局	峨边	1910	
赵镇支局	金堂	1910	后金堂县又设淮口镇支局
江津局	江津	1910	
犍为县城局	犍为	1910	
五通桥局	犍为	1910	
大竹二等局	大竹	1911	1902年设代办所
灌县局	灌县	光绪末年	

(资料来源：民国《巴县志》卷十四,交通,邮政；宣统《成都通览》成都之邮政，民国《南充县志》卷七,掌故志,邮政；民国《绵阳县志》卷二,建置志,邮电；民国《泸县志》卷二,交通志,邮政；民国《合江县志》卷一,舆地,交通；民国《渠县志》卷一,地理志；民国《大竹县志》卷二,建置志,邮电；民国《重修宣汉县志》卷二,营建志,邮电；民国《简阳县志》卷二,舆地篇,交通；民国《眉山县志》卷二,建置志,邮局；民国《灌县志》卷二,营缮志,交通；民国《峨边县志》卷二,建置志,局所；民国《犍为县志》卷十一,经济志,通信(据电报设置时间,言邮政、电报设置时间);民国《金堂县续志》卷一,疆域志,交通；民国《江津县志》卷一,地理志,交通；光绪《涪乘启新》卷二,政治门,邮政。)

光绪三十二年(1906)清廷改组部院,设立新的大清邮传部,据其在三十三年(1907)的第一次邮政统计(见表7-2)。① 时四川省在全国邮政区划里处中部区域段,其邮政网络由重庆邮界和成都、万县二副邮界构成(万县副邮界隶宜昌邮界)。四川地区邮政,总计设有21个邮政总分局、145个邮政代办所(其中重庆邮界设18个总分局、133个代办所),宜昌邮界之万县副邮界设有3个总分局、12个代办所;总计设有9个汇兑局(其中重庆邮界8个、万县副邮界1个);总计处理邮件约276万件,汇兑14.8万关平两银。1910年始大致实行一省一邮界,四川地区为重庆邮界。但晚清时期四川邮局"不能寄衣包、行李及银钱、背挑",且"信局所能通之处,只本省数十州县,又不若邮局之界之广也",所以民间仍依靠陈麻乡约等传统"大帮信局"办理邮寄,"大帮信局能寄,实可济邮局之不及,故民局不能废也"。②

① 《邮传部第一次邮政统计表》(光绪三十三年),据哈佛学院图书馆藏本。
② 宣统《成都通览》,成都之大帮信局。

表 7-2　1907 年四川邮政事业统计

邮　界	邮政局所数(个)		汇兑局数(个)		邮务情况		
	总分局	代办所	汇火局	旱汇局	信箱信柜信筒过件数	邮件数量	汇兑量(关平两)
重庆邮界(不含成都副邮界)	8	59	2	3	18 427	1 308 222	65 000
成都副邮界	10	74	1	2	38 076	1 122 414	69 000
万县副邮界(隶宜昌)	3	12	0	1	8270	329 302	14 000
小计	21	145	3	6	64 773	2 759 938	148 000

说明：汇火局，即甲种局，又称火汇局，设在通火车或轮船之处。旱汇局，即乙种局，设在不通火车或轮船之处。

(资料来源：《邮传部第一次邮政统计表》(光绪三十三年)，据哈佛学院图书馆藏本。)

民国建立，中华邮政取代大清邮政，之后四川省设东川邮政管理局驻重庆，西川邮政管理局驻成都，并于万县设一等邮政局。1936 年全省总计有 95 个二等邮局、86 个三等邮局、16 个邮政支局、1005 个代办处、1217 个信柜和邮站，数量远远多于清末时期，全川邮政网络基本建成。[①] 万源县在 1912 年改升邮寄代办所为邮务支局，次年升为三等局，1916 年又升为二等局。[②] 乐至县亦于 1912 年由邮政代办所升为二等邮局。[③] 1913 年，金堂县设县城支局，加上之前设立的赵镇、淮口镇二局，"一县之大，遂有三支局，而输送尤为便利"。[④] 同年，前清就已开办的郫县代办所、眉山分局均升为二等邮局；[⑤] 安县则新设邮局，并在之后于境内增置代办所 11 个。[⑥] 1917 年，合江县局升为二等局，县境内上白沙、先市场、王家场等主要乡场均设置代办所；[⑦]而遂宁县亦在该年前就设立了二等邮局；[⑧] 同年剑阁县城设立三等邮局，1919 年又升为二等邮局，"县属各场市大半皆设村镇信柜矣"。[⑨] 渠县"民国新建，改邮政局为邮务局，自总局以下多所更张，而邮务有时或较废弛，渠局则列入二等，隶东川邮务管理局，并于邮便之区设立邮寄代办所"。[⑩] 1918 年江津县白沙邮局设立。[⑪] 绵阳局至 1920 年时下辖 2 个三等支局：梓潼、剑阁，递统代办所设

---

① (日)东亚同文会编：《新修支那别省全志》第 1 卷《四川省上》，支那别省全志刊行会，1941 年，第 614、619—620 页。
② 民国《万源县志》卷二，营建门，官署附局所。
③ 民国《乐至县志又续》卷二，建置志，局所。
④ 民国《金堂县续志》卷一，疆域志，交通。
⑤ 民国《郫县志》卷一，交通；民国《眉山县志》卷二，建置志，邮局。
⑥ 民国《安县志》卷十六，建置门，邮政。
⑦ 民国《合江县志》卷一，舆地，交通。
⑧ 民国《遂宁县志》卷七，实业，交通。
⑨ 民国《剑阁县续志》卷二，建置。
⑩ 民国《渠县志》卷一，地理志。
⑪ 民国《江津县志》卷一，地理志，交通。

有11个,其中丰谷井代办所于1926年改升为三等邮局。① 1924年名山县开设三等邮局,下有新店场、百丈场代办所和永兴场、车岭镇、马鬃岭等信柜,"公私称便"。② 同年,筠连县三等甲级邮局于县城设立;③重庆局则改升为东川邮政管理局,巴县城内下设6个支局,乡镇"龙隐镇设二等局,白市驿、走马冈、北碚乡、木洞镇、广阳坝设三等局,其他代办所三十处,信柜亦三十余处,县境非极偏僻之乡镇,殆无不通邮政。邮政兴后,旧日民营信局今皆别改为运输行矣"。④ 泸县在抗战前已设为二等甲级邮局,隶属于东川邮政管理局,"辖代办所十三,信柜二十六,村站十九"。⑤ 而至抗战初期,德阳县于县城设有二等邮局1个,县境代办所有4个,邮政信柜2处;汉源县则拥有4个邮局,分别是县城、富林、泥头3个三等乙级局;⑥西昌则设有二等邮局1个,隶属于西川邮政管理。⑦

抗战前夕,四川省邮路已形成以重庆为中心的运输网络,干线里程达3.65万公里,支线约1.24万公里,其中水运邮路3900公里,汽车邮路1077公里,航空邮路成渝线304公里、渝万线260公里、万(县)宜(昌)线225公里、渝筑线362公里、成都至西安线620公里、重庆至昆明县680公里。主要邮路的情况如下:⑧

(1) 普通邮路(水陆):

成渝线:以汽车运输为主,二日内送达。营运范围还包括成都以北、嘉定上游及陕西、甘肃、青海、新疆等各省区域普通邮件。

渝筑线:以汽车运输为主,二、三日内送达重庆经停綦江、东溪、松坎、桐梓、遵义、息烽,至贵阳,又可由贵阳三日送至昆明,四日送至常德、桂林。滇、黔、湘、粤、桂及国外各种邮件以由此线。

渝万线:以水运为主,亦可至宜昌。重庆至万县一日内送达,万县再一日至宜昌。四川、湖北两省,重庆以东、汉口以西及湖南、河南西部各地邮件经由此线。

渝叙线:重庆至宜宾间以水运为主,四日内送达。该邮运水路宜宾至重庆沿途依次设邮情况是:宜宾邮政二等局、南广有邮寄处、南溪县设二等局、大渡口有邮寄处、纳溪县设邮寄处、蓝田坝有邮寄处、泸县设二等局、上白沙有邮寄处、合江县设二等局、中白沙设二等局、油溪有邮寄处、江津设二等局、江口有邮寄处、重庆为一等局,总计一等局1、二等局6、邮寄处7。⑨

渝合线:合川至重庆水运一日送达,嘉陵江、渠江、涪江流域各地邮件走本线。

---

① 民国《绵阳县志》卷二,建置志,邮电。
② 民国《名山县新志》卷九,交通,邮。
③ 民国《续修筠连县志》卷一,舆地志,交通。
④ 民国《巴县志》卷十四,交通,邮政。
⑤ 民国《泸县志》卷二,交通志,邮政。
⑥ 民国《汉源县志》,交通志,邮电。
⑦ 民国《西昌县志》卷一,地理志,交通。
⑧ (日)东亚同文会编:《新修支那省别全志》第1卷《四川省上》,支那省别全志刊行会,1941年,第614、620—622页。
⑨ 邓少琴等主编:《四川省内河航运史志资料》(江河部分)第1辑,四川交通厅地方交通史志编纂委员会1984年编印本,第81—83页。

(2) 航空邮路：

成渝线：当日可达，成都北行航空邮路可达南郑、西安、兰州。①

渝昆线：当日可达，亦由昆明航空邮路可抵仰光。

渝宜线：重庆至宜昌航空邮路。

渝桂线：重庆至桂林航空邮路，当日可达。粤、桂、湘等各地邮件可走此线。

渝嘉线：重庆至乐山航空邮路，泸县、宜宾、乐山等地邮件可走此线。

渝港线：不定期航空邮路，运送香港、上海及经由此两地国外邮件至重庆。

太平洋战争爆发后，1941年中国邮政总局由昆明迁至重庆，之后又开辟了重庆至加尔各答、重庆经哈密至阿拉木图等国际航空邮运线路。②

西康地区在建省初时，曾提出设邮局级1处，升代办所为邮局3处，新设代办所3处和信柜22个，同时增辟邮路6条，邮政事业已有所发展。③

第二节 电报电话

一、电　报

光绪十年(1884)成都始设电报局，④十二年(1886)重庆电报局创立，"初仅两线，上通成、泸，下达夔、万"。⑤中法战争之后电讯业建设加快，成都至打箭炉段进藏电线亦为先建。⑥二十二年(1896)四川省开办雅炉官电分局，遂改设川藏官电总局，主要负责川藏电报官营业，至光绪三十三年(1907)川藏官电局下设总局1(即川藏总局)、分局4(雅州、炉城、里塘、巴塘)、报房3(清溪、中渡、喇嘛了)，在成都至巴塘间架设裸线1000多公里，资产达5286两。⑦

至民国前夕，电报局在四川部分地区得以兴立，集中于自川东至叙泸沿江和叙府岷江至成都、成都至打箭炉交通线上，"四川已立电局之州县：成都、叙府、夔州、重庆、巫山、泸州、雅州、万县、叙永、梁山、中渡、巴塘、理塘、打箭炉"。⑧此外，上述所经地区或其他一些地方电线、电报事业亦有发展，如重庆至云南线路经江津县境段，"立电杆二十二根"。⑨名山县于1895年"东起治安场，西迄金鸡桥，凡七十三

---

① 据邮政档案，1939年5月3日欧亚航空邮机由兰州飞成都，"至南郑地方遭敌机扫射，邮件全数被焚"(重庆市档案馆编：郭心嵩1939年文《抗战两年来邮政大事记》，载于《档案史料与研究》2001年第1期)。
② 周天豹等主编：《抗日战争时期西南经济发展概述》，西南师范大学出版社，1988年，第229页。
③ 据西康省西川邮政管理局资料，见四川省档案馆、四川民族研究所合编：《近代康区档案资料选编》，四川大学出版社，1990年，第308页。
④ 宣统《成都通览》，成都之电报。
⑤ 民国《巴县志》卷十四，交通，电报。
⑥ 徐元基：《论晚清电讯业的近代化》，《上海社会科学院学术季刊》1987年第4期。
⑦ 《邮传部第一次电政统计表》(光绪三十三年下卷)，据哈佛学院图书馆藏本。
⑧ 宣统《成都通览》，成都之电报。
⑨ 民国《江津县志》卷一，地理志，交通。

里",均置有电线。① 眉山县电线为成都"小南路线","自治北龙安铺入境,径城达黄中坝,至鸿化山入青神境,通嘉定"。② 西昌至成都的线路在清末就得以架设。③ 自流井、富顺及犍为县亦建有电线,犍为县在开设邮政的同时开办电报,电报始于宣统二年(1910)"县城及五通桥均分别设局。其拍电分官、商电二种,……初为自流井单线,由嘉定修建至县城,复由五通桥连达附富顺"。④ 筠连县电报局曾在1905年就设置过,至1907年裁撤。⑤

民国初至抗战前,四川电报业得到快速发展。1913年交通部为统一全川电政,就重庆电政局设川藏电政管理局(1935年移驻成都)。时重庆线路设上、下东川及贵阳、合川等线,与长寿、涪陵、垫江、梁山、永川、内江、合川及贵阳等电局网路相连,"于是滇、黔、鄂、蜀往来各报皆由重庆局收转,重庆遂为吾国电局中之一等转报局"。⑥ 而在1912年犍为县原通自流井单线改为内江单线,次年续办电政并新设局,铺设至宜宾线。⑦ 灌县"民国创设成松电线,而灌介其间,有电报局",至1933年左右"今附设电话,推及于四乡十区,消息灵便"。⑧ 剑阁县于1914年设立电报局,管辖川陕线过境248里、1800根电杆;1920年添设剑阁至阆中电线,设局管理,建有130里线长、779根电杆。⑨ 渠江县于1919年在三汇镇置竿引线,次年延至县城并设电报局,至1924年线路"东通竹梁垫万,南通广安、合川、巴县,西通蓬安、南充,北通达县、阆中,官商称便云"。⑩ 万源县在1924年开设电报局,原为军用,至1932年左右"为军民通用,又设四赶路线电话"⑪等等。至战前,四川电报局辖区包括川省及西康地区,为全国21区之一,1935年6月调查显示,时设电报管理局1(重庆,含川藏局)、二等局1、四等局1、支局17和其他局所45,共计65个局所,亦是当时电报开通县地:

重庆(兼管理局)、成都、万县、宜宾、泸县、涪陵、云阳、綦江、奉节、梁山、垫江、忠县、内江、新津、长寿、巫溪、巫山、乐山、开县、南川、合川、铜梁、永宁、剑阁、广元、达县、隆昌、邻水、富顺、石砫、资中、遂宁、顺庆、江津、永川、荣昌、合江、三台、大竹、小桥驿、中坝、五通桥、巴中、自流井、茂县、渠县、开江、犍为、绵阳、阆中、简阳、灌县、酆都、璧山、南溪、荣县(以上为四川省)、越嶲、汉源、西昌、雅安、荥经、康定、会理、锦川桥(金泉场)(以上为西康省)。⑫

---

① 民国《名山县新志》卷九,交通,电。
② 民国《眉山县志》卷二,建置志,电线。
③ 民国《西昌县志》卷一,地理志,交通。
④ 民国《犍为县志》卷十一,经济志,通信。
⑤ 民国《续修筠连县志》卷一,舆地志,交通。
⑥ 民国《巴县志》卷十四,交通电报。
⑦ 民国《犍为县志》卷十一,经济志,通信。
⑧ 民国《灌县志》卷二,营缮志,交通。
⑨ 民国《剑阁县续志》卷二,建置。
⑩ 民国《渠县志》卷一,地理志。
⑪ 民国《万源县志》卷二,营建门,官署,局所附。
⑫ (日)东亚同文会编:《新修支那别省全志》第1卷《四川省上》,支那别省全志刊行会,1941年,第614、623—624页。

时四川、西康电信线路干线里程总计达 7023 公里,电线长 12 172.7 公里,设置电杆 104 433 根(表 7-3),而当时四川省大小无线电台约有 150 多台。①

表 7-3 截至 1935 年 6 月四川地区有线电报铺设情况

线 路	里程(公里)	电线长度(公里)	电杆数(根)
干 线	964.8	3042.7	9695
支 线	6058.2	9130.0	94 738
合 计	7023.0	12 172.7	104 433

(资料来源:(日)东亚同文会编:《新修支那别省全志》第 1 卷《四川省上》,支那别省全志刊行会,1941 年,第 624 页。)

抗日战争时期,以重庆为中心的西南地区电报线路建设亦有长足发展,1938—1942 年间新开放有线韦机电报线路有:重庆—万县、重庆—长沙、重庆—宜昌—沙市、重庆—衡阳(以上 1938 年开放)、重庆—桂林、重庆—南昌、重庆—洛阳、重庆—老河口(以上 1939 年开放)、重庆—巴东(1940 年开放)、重庆—合川(1941 年开放)、重庆歇台子—龙门浩、重庆—沅陵、重庆—黔江(1942 年开放)。国际无线线路方面,则形成重庆和成都两个国际电信据点,1938 年开放重庆—河内、重庆—香港、成都—西贡、重庆—马尼拉交通公司、重庆—莫斯科、成都—马尼拉交通公司、成都—万隆线,1941 年开放重庆分至马尼拉新闻公司、洛杉矶新闻公司、新加坡、旧金山交通公司线路,1942 年成都分至悉尼、德里、孟买、旧金山环球公司和重庆分至万隆、檀香山马凯公司、腊戍、加尔各答、曼德勒、旧金山马凯公司、密支那线路开放。②

四川省则形成无线电总台 1 处(设于成都,分设 3 个总机台和 1 个监察电台)和遍设于全省其他各地的分台 41 处;截至 1940—1945 年 6 月,全省普通电报达 49 万次,文字 3364 万字。③

二、电 话

近代四川电话开设起于军用,清末军用电话线路借电报线杆零星架设,民国以来各地陆续开办电话通讯事业,发展迅速。④ 1913 年重庆始有电话,"初由重庆警察厅购置二十五门磁石式交换机一部,附设厅内而分装于九区署,取便传达本市治安消息而已"。至 1929 年创办乡村电话,"其购置及经常费皆取征于粮户,管理处设城内建设局,三里分设交换所十处、分交换所九处……交换所、分交换所亦为总

---

① (日)东亚同文会编:《新修支那别省全志》第 1 卷《四川省上》,支那别省全志刊行会,1941 年,第 614、624 页。
② 重庆市档案馆编:《抗战五年来电信建设概况》(交通部长张嘉璈 1943 年文),《档案史料与研究》2001 年第 3 期。
③ 《四川省统计提要》,四川省政府统计处印,1945 年辑,第 74 页。
④ (日)东亚同文会编:《新修支那别省全志》第 1 卷《四川省上》,支那别省全志刊行会,1941 年,第 626 页;民国《新都县志》,政纪,交通。

机,门数多寡不等,再由总机分线通话邻近各乡镇"。1930年重庆市购办电式交换机700门,"设电话总所专司其事",次年设南岸过河线,南岸所添置50门电话总机,至1936年1月全市安装电话达1151部,"全市通话,市民便焉"。当时重庆还开办了至内江、成都、遵义、贵阳等地的成渝和川黔长途电话线路。① 1924年左右,筠连县"除龙塘外,各乡皆可与县城直通电话"。② 华阳县"无线电台、乡村电话亦逐渐推广"。③ 1925年成都电话局于新都县设分局,"是年冬改办新金汉军用电话。十六年推广乡村电话,计有弥牟镇、泰兴场、桂林场、马家场、军屯镇、河吞场数处"。④ 渠县则在1928年开办电话,"随令各场分购电话机,分竿别线遍设各场"。⑤ 长寿县"民国十九年由建设局筹办乡村电话,城内设总机,陆续遍设各镇乡,从此全县消息灵通"。⑥ 安县亦在1930年安设乡村电话,"始就冲要各场逐渐布置,每区设电务员一人,专司其事,消息益灵通矣",⑦"所需常款由地方自行担任,县府所设电话室照省府预算年支经费八百七十七元"。⑧ 德阳县在1939年前后,设有电话管理处,装设话机25部,"分设县府办公厅及各机关、各区署、各联保",并通绵竹、罗江、广汉、绵阳等邻县。⑨

民国时期四川地区乡村电话指的是省府与县府间、专署与县府间、县府与县府间、县府与乡镇间、乡镇之间的电话业,与市内电话、跨省长途电话及国际电话共同构成电话网络,故乡村电话的设置实际上反映了省内各地的电话业发展水平。至1945年6月,四川(不含重庆、西康)共架设乡村电话线长约4.65万公里,设置交换机486台,安装电话机3635部,除边区九个县份外,其余均可通电话。⑩ 其中,在乡村电话建设中以第三区(永川、巴县、江北、合川、綦江、大足、璧山、荣昌、铜梁)安装的电话机数量为459部和交换机数77台为最多,该区架设电话线路长3975公里;而第九区(万县、奉节、开县、忠县、巫山、巫溪、云阳、城口)则是架设电话线路最长的地区,为6130公里,该区设有292部电话和48台交换机。⑪

在市内电话方面,至抗战前夕,重庆最为发展,拥有1420部。⑫ 而至1943年重庆市内电话全部改为了自动式,机器及主要线路移装至地下,并增建设迁建区电话设备。成都市内电话亦得到扩容,西昌、宜宾等市内小电话局亦有兴办。⑬

长途电话方面,至抗战前夕,四川地区(含重庆、西康)已开设的主要长途电话

---

① 民国《巴县志》卷十四,交通,电话。
② 民国《续修筠连县志》卷一,舆地志,交通。
③ 民国《华阳县志》卷三,建置,驿铺,邮电附。
④ 民国《新都县志》,政纪,交通。
⑤ 民国《渠县志》卷一,地理志。
⑥ 民国《长寿县志》卷十一,工商及邮电,电政。
⑦ 民国《安县志》卷十六,建置门,电话。
⑧ 民国《安县续志》卷一,建置,电话。
⑨ 民国《德阳县志》卷四,建设志,交通。
⑩ 《四川省统计提要》,四川省政府统计处编印,1945年辑,第74页。
⑪ 《四川省统计提要》,四川省政府统计处编印,1945年辑,第82—83页。
⑫ (日)东亚同文会编:《新修支那别省全志》第1卷《四川省上》,支那别省全志刊行会,1941年,第627页。
⑬ 重庆市档案馆编:《抗战五年来电信建设概况》(交通部长张嘉璈1943年文),《档案史料与研究》2001年第3期。

线路有：①

成渝线：1935年9月完建，至1936年3月方投入民用。重庆经内江至成都，于内江设交换机，全长525公里。

川黔线：1935年完建，初为军用，至1936年8月方可民用。重庆经綦江、遵义至贵阳，于遵义设交换机。

成嘉线：1936年8月完建，9月投入民用。成都经夹江、峨眉至乐山，全长250余公里。

万开线：1936年9月开通，万县至开县。

川陕线：1935年6月开工修建，1936年10月成都至广元段完工，12月该区段开通营业。

抗战初期的1938年间，"当时除一面顾及前方军讯外，一面以重庆为通讯总枢纽，积极筹设西南、西北长途电话通讯网工程，使后方向鲜通讯设备之各区得以粗具联系干线数条"，其中便有重点建设的重庆经万县至巴东电话干线工程。1938年川康长途电话开设。② 1939年间完成川湘线重庆经彭水、黔江至湖南沅陵，重庆经宜宾至乐山，以及安康至奉节、奉节经恩施至黔江等电话线建设工程。1940年间"以完成西南北长途电话通讯网，补充重庆四周通讯设备为主"，完成的重要线路有重庆至长寿、重庆至贵阳两线加线建设，重庆迁建区通讯设备等亦完工。1942年内至11月止，完成成都至新津线及成都至康定部分线路建设，增设了泸县至曲靖线以加强重庆至昆明间电话联络。③

1938—1941年间，还开放了重庆分至永安、广州、昆明、上饶、香港、康定、兰州、西昌，成都分至昆明、贵阳、兰州、上饶、西昌、康定、南郑，以及西昌至康定等地间的无线电话电路。④

---

① （日）东亚同文会编：《新修支那省别全志》第1卷《四川省上》，支那省别全志刊行会，1941年，第626—627页。
② 民国《长寿县志》卷十一，工商及邮电，电政。
③ 重庆市档案馆编：《抗战五年来电信建设概况》（交通部长张嘉璈1943年文），《档案史料与研究》2001年第3期。
④ 重庆市档案馆编：《抗战五年来电信建设概况》（交通部长张嘉璈1943年文），《档案史料与研究》2001年第3期。

云南篇

第一章 自然环境与历史开发基础

第一节 区位、民族与政区

一、云南的区位特征

云南位于我国西南部,东与广西、贵州两省接壤,北边为四川和西藏,西南部与缅甸为邻,东南部与缅甸、老挝相接,是我国一个边疆省份。这样的一个地理位置,使云南的区位具有以下两个主要特征:

一是边远。云南"距离中华帝国的政治中心非常遥远,自从汉代部分地征服了这个地方,往往成为一个薄弱之处",①而地理位置的偏远是云南经济社会发展的一大制约因素,"云南为一边僻之省区,过去在政治、经济、文化诸方面,均不能与内地并肩前进,说者谓谓皆由于本省拥有若干特殊性之边疆区域所致,质言之,边疆区域足以阻碍本省之进步"。② 这种阻碍作用,主要体现一是:在过去落后的交通条件下,云南向内地的沟通极为不便,即便是到了清初,云南还是由于"道路险远,舟车不通,商贾罕至","市廛未集,百货未通",以至于"一粟一丝其价十倍于它省";③二是:尽管从元代以来就有越来越多的移民进入云南,但迟至近代,云南还是一个地广人稀的地方,云南"面积共一四六一四方英里,人口一一〇二〇五九一,每平方英里仅七五人。面积为本部十八省中次大之省,而人口则系十八省中次稀之省……则可知云南在中国实为广土寡民之省。此其现象,非由于云南之地瘠民贫,实缘于僻处边隅,而移民鲜少之故"。④

二是便于对外交往,对外交往与对外贸易源远流长。云南有4060公里的边界线,与缅甸、老挝、越南接界,是中国面向西南方向连接南亚、东南亚的重要节点,非常便于对外交往的发展,从而使云南的对外交往与对外贸易的历史非常悠久,张骞出使西域,在大夏国见蜀布、邛竹杖,"从东南身毒国,可数千里,得蜀贾人市",便充分说明了这一点。而且由于在资源条件、生产结构上存在的差异,使云南与东南亚、南亚国家的贸易往来有着较强的相互依赖。长期以来,缅甸通过云南进口大量的丝绸和生丝,云南对缅甸棉花有着广泛的需求,就是对这一依赖关系的具体反映。

---

① (美)卫三畏著,陈俱译:《中国总论》,上海古籍出版社,2005年,第126页。
② 陆崇仁:《告边疆行政人员》,林文勋主编《民国时期云南边疆开发方案汇编》,云南人民出版社,2013年,第5页。
③ 雍正《云南通志》卷二十九,艺文四。
④ 华企云:《云南问题》,上海大东书局,1931年,第1—3页。

二、近代云南的民族分布特征

20世纪40年代,葛勒石在论及云贵地区的民族时说:"在人种的组织上,西南高原算是我国最复杂的地理区域。大约只有一半人口属于真正的汉族,其余一半都是各种原始民族组成的。"由此可见,与现在的情形大致相同,云贵高原是一个民族复杂,少数民族数量众多的地区,而云南尤其如此。如此复杂的民族构成,简直就是一个人种的博物馆,"在世界中也许很少有这样一个复杂的人种居住地带,本区及其附近的山中,能供给我们以研究人种学最丰富的资料"。①

在云南这样一个民族复杂多样的地区,少数民族与汉族虽然存在着混居与杂居的现象,但还是有着较为明显的分布界线:一方面是,汉族主要住在平坝地区,少数民族则多为山居,汉族"大部分住在平原上,在交通方便的溪谷间。原先这里的居民,因新来汉族的进入而退住在山中了","在人口密度每平方里一千人的云南各处平原上,计土人占十分之一至五分之一,而山居中的人口密度仅合这数字百分之十,土人人数却占居民的三分之二"。② 另一方面是,汉族主要分布在中心地带,少数民族多居住在沿边一带,所谓"就地理的分配讲来,至逊清末季,滇省各地均有汉族居住,各县边隅虽间有其他种族,但为数极少,无足记述。但环居在滇边周围各地的种族,则种类复杂,在滇省人口上占重要地位,要略讲来可分为中(中甸)维(维西)沿边种族、腾(腾冲)保(保山)沿边种族、澜沧沿边种族、普思沿边种族、河(口)麻(麻栗坡)沿边种族等这五个边疆区域"。③

汉族与少数民族的这种分布特征,是与地里环境的优劣相联系的。一般说来,居住在坝区、平地及中心地带的汉族与居住在山区、沿边一带的少数民族的生产方式有一定的差别,汉族的经济发展水平往往要比少数民族的高。对此,张印堂关于云南西部"居民之分布及其生活状态"的调查就较好地说明了这一点:

> 云南西部居民生活状态,虽尽以务农为主,但显然可分为南北两区。分界线约在北纬二十四五度的地方,约当云县与龙陵一带。此线以北,可称之为终年农业民族。其地有冬作物,如蚕豆、豌豆、小麦、胡麻、菜子之类。线之南可称之为半年休闲半年耕作民族,冬作物极少,间或有之,亦仅限于较高之山上。此种现象,与居民之分布和人口之多寡,颇有密切关系。北纬二十四五度以南,多为夷族,低坝均系摆夷,人口稀少。山地居民较为复杂,要以山头、倮倮、本人、卡瓦为最多罗罗苗人次之。此外亦有少数之汉族。南部山地,人口稍多,故有种植冬作物之需要。在北纬二十四五度以北,坝子低地,尽为汉族所居(除大理凤仪一带之民家外)。山地

---

① (美)葛勒石(G. B. Gressey)著,谌亚达译,《中国区域地理》,正中书局,1947年,第222页。
② (美)葛勒石(G. B. Gressey)著,谌亚达译,《中国区域地理》,正中书局,1947年,第222—223页。
③ 郭垣:《云南省经济问题》,正中书局,1940年,第4页。

居民多为夷族,其中以罗罗、土家(汉化之罗罗)与苗族为最多,人口较密,需用颇多,故冬作物之种植,甚为普遍,用资补充夏季收获之不足。①

总之,汉族与少数民族的居住有着较为明显的空间界限,这是近代云南民族分布的主要特征;由于这种分布特征是与具体的环境特征联系在一起的,所以,民族的分布特征在一定程度上是对近代云南经济发展空间差异的反映。

三、近代云南的行政区划

经过雍正、乾隆两朝改土归流后,清政府对云南的行政区划进行了一定的调整,到道光年间(1821—1850)云南的行政区划是:内地区共设置 14 个流官知府,3 个直隶厅,4 个直隶州,66 个州县②。在边疆民族地区设置孟定和永宁 2 个土知府,北胜、富州、镇康、湾甸 4 个土知州,陇川、干崖、南甸、耿马等 5 个宣抚司,遮放、盏达 2 个宣抚司,潞江、芒市、猛卯 3 个安抚司,在车里设置宣慰司,以及纳楼、亏容、十二关 3 个副长官司,还有 15 个寨长和数以百计的土千总、土把总、土舍、土巡检、土头目等等。从而形成在内地区置流官,在边疆区行土官的土流并置,以流官为主的行政与地方管理体系。

民国年间,云南行政区划进行了一系列的调整,曾先后设置道、县、市、设置局等行政区。道有滇中道、蒙自道、普洱道、腾越道 4 个,均设置于 1912 年,于 1927 年废。滇中道驻地昆明县;蒙自道驻地蒙自县;普洱道初设置时名为滇南道,驻地普洱县(今宁洱);腾越道初置时名为滇西道,驻大理县(今下关),后改名腾越道,驻地腾冲县。各道所辖县的数量多有变化,约在十数县到数十县不等。至民国末年,云南全省共有 1 市、113 县、15 设置局。

1 市为昆明市。正式设置于 1928 年,划昆明县大小 27 村约 250 余方丈为市区,1935 年为行政院核准,治所即今昆明市,为云南省省会。

113 县分别为:

昆明县,1935 年 1 月,因与昆明市重名,曾改名谷昌县,并于 8 月迁治昆明东南官渡,1948 年 2 月恢复原名。

富民县,治所即今富民县驻地永定镇。

宜良县,治所即今宜良县驻地匡远镇。

呈贡县,治所即今呈贡县驻地龙城镇。

罗次县,已撤,治所即今禄丰县东北碧城镇。

禄丰县,治所即今禄丰县驻地金山镇。

易门县,治所即今易门县驻地龙泉镇。

---

① 张印堂:《滇西经济地理》,国立云南大学西南文化研究室 1943 年,第 20—21 页。
② 道光《云南志钞》卷一,地理志。

嵩明县,治所即今嵩明县驻地嵩阳镇。
晋宁县,治所在今晋宁县驻地昆阳镇东北晋城。
安宁县,治所在今安宁市驻地连然镇。
昆阳县,已撤,治所即今晋宁县驻地昆阳镇。
武定县,治所即今武定县驻地近城镇。
元谋县,治所即今元谋县驻地元马镇。
禄劝县,治所即今禄劝县驻地屏山镇。
曲靖县,治所在今曲靖市城区。
平彝县,现名富源县,治所即今富源县驻地中安镇。
宣威县,治所即今宣威市驻地榕城镇。
沾益县,治所即今沾益县驻地西平镇。
马龙县,治所即今马龙县驻地通泉镇。
陆良县,治所即今陆良县驻地中枢镇。
罗平县,治所即今罗平县驻地罗雄镇。
寻甸县,治所即今寻甸县驻地仁德镇。
巧家县,治所即今巧家县驻地新华镇。
会泽县,治所即今会泽县驻地钟屏镇。
昭通县,治所即今昭通市城区。
永善县,治所即今永善县驻地景新镇南莲峰。
绥江县,治所即今绥江县驻地中城镇。
鲁甸县,治所即今鲁甸县驻地文屏镇。
大关县,治所即今大关县驻地翠华镇。
盐津县,治所即今盐津县驻地盐井镇稍南老街。
澄江县,治所即今澄江县驻地凤麓镇。
玉溪县,治所即今玉溪市城区。
路南县,现名石林县,治所即今石林县驻地鹿阜镇。
江川县,治所即今江川县驻地大街镇东北江城。
镇雄县,治所即今镇雄县驻地乌峰镇。
彝良县,治所即今彝良县驻地角奎镇。
楚雄县,治所在今楚雄市城区。
广通县,已撤,治所即今禄丰县西广通镇。
双柏县,治所即今楚雄市南云龙镇。
牟定县,治所即今牟定县驻地共和镇。
盐兴县,已撤,治所即今禄丰县西北黑井镇。
蒙自县,治所即今蒙自县驻地文澜镇。

建水县,治所即今建水县驻地临安镇。
曲溪县,已撤,治所即今建水县北曲江镇。
通海县,治所即今通海县驻地秀山镇。
河西县,已撤,治所即今通海县驻地秀山镇西北河西镇。
峨山县,治所即今峨山县驻地双江镇。
石屏县,治所即今石屏县异龙镇。
开远县,治所在今开远市城区。
华宁县,治所即今华宁县驻地宁州镇。
个旧县,治所在今个旧市城区。
文山县,治所即今文山县驻地开化镇。
马关县,治所即今马关县驻地白马镇。
西畴县,治所即今西畴县驻地西洒镇。
广南县,治所即今广南县驻地莲城镇。
富宁县,治所即今富宁县驻地新华镇。
泸西县,治所即今泸西县驻地中枢镇。
弥勒县,治所即今弥勒县驻地弥阳镇。
师宗县,治所即今师宗县驻地丹凤镇。
丘北县,治所即今丘北县驻地锦屏镇。
思茅县,治所即今普洱市驻地思茅镇。
宁洱县,治所即今宁洱县驻地宁洱镇。
墨江县,治所即今墨江县驻地玖联镇。
双江县,为避瘴疠,冬春治今双江县驻地勐勐镇,夏秋移治今勐勐镇西营盘。
腾冲县,治所即今腾冲县驻地城关镇。
保山县,治所即今保山市驻地永昌镇。
永平县,治所即今永平县驻地老街镇。
镇康县,治所即今永德县驻地德当镇。
龙陵县,治所即今龙陵县驻地龙山镇。
大理县,治所即今大理市驻地下关镇北大理。
祥云县,治所即今祥云县驻地祥城镇。
洱源县,治所即今洱源县驻地玉湖镇。
凤仪县,已撤,治所即今大理市东凤仪镇。
邓川县,已撤,治所即今洱源县东南邓川镇。
宾川县,治所在今宾川县南州城。
云龙县,治所在今云龙县驻地石门镇南宝丰。
弥渡县,治所即今弥渡县驻地弥城镇。

丽江县,治所即今丽江市驻地大研镇。
兰坪县,治所即今兰坪县驻地金顶镇。
鹤庆县,治所即今鹤庆县驻地云鹤镇。
剑川县,治所即今剑川县驻地金华镇。
维西县,治所即今维西县驻地保和镇。
中甸县,现名香格里拉县,治所即今香格里拉县驻地建塘镇。
蒙化县,现名巍山县,治所即今巍山县驻地文华镇。
漾濞县,治所即今漾濞县驻地上街镇。
永胜县,治所即今永胜县驻地永北镇。
华坪县,治所即今华坪县驻地中心镇。
姚安县,治所即今姚安县驻地栋川镇。
盐丰县,已撤,治所即今大姚县西北石羊镇。
镇南县,现名南华县,治所即今南华县驻地龙川镇。
大姚县,治所即今大姚县驻地金碧镇。
佛海县,已撤,治所即今勐海县驻地象山镇。
顺宁县,现名凤庆县,治所即今凤庆县驻地凤山镇。
昌宁县,治所即今昌宁县驻地右甸镇。
云县,治所即今云县驻地爱华镇。
车里县,已撤,治所即今景洪市驻地允景洪镇。
南峤县,已撤,治所即今勐海县西勐遮街。
砚山县,治所即今砚山县驻地江那镇。
镇越县,现名勐腊县,治所先后为今勐腊县西南勐捧镇和县北易武。
刘顺县,已撤,治所即今思茅县西南官房。
江城县,治所即今江城县驻地勐烈镇。
金平县,治所即今金平县驻地金河镇。
屏边县,治所即今屏边县驻地玉屏镇。
景东县,治所即今景东县驻地锦屏镇。
景谷县,朱所即今景谷县驻地威远镇老街。
元江县,治所即今元江县驻地醴江镇。
新平县,治所即今新平县驻地桂山镇。
澜沧县,治所即今澜沧县东北谦六乡驻地糯。
镇沅县,治所即今镇沅县驻地恩乐镇。
永仁县,治所先后为今四川攀枝花市东南仁和镇、云南永仁县驻地永定镇。
缅宁县,现名临沧县,治所即今临沧县驻地凤翔镇。
潞西县,治所在芒市,即今潞西市驻地芒市镇。

15 设置局分别为：

泸水设置局，局所即今泸水县驻地鲁掌镇。

陇川设置局，夏秋二季局所驻今龙川县东北杉木笼，冬春二季驻今陇川县驻地章凤镇。

瑞丽设置局，夏秋两季局所驻今陇川县西北腊撒，冬春二季驻今瑞丽市驻地勐卯镇。

贡山设置局，局所驻今贡山县北丙中洛乡打拉。

龙武设置局，局所驻今石屏县西北龙武镇。

梁河设置局，局所驻今梁河县东南大场街。

宁蒗设置局，局所驻今宁蒗县驻地大兴镇。

澜沧设置局，局所驻今沧源县驻地勐董镇。

莲山设置局，局所驻今盈江县西新民镇。

盈江设置局，局所驻今盈江县驻地平原镇东旧城镇。

碧江设置局，局所驻今兰坪县西营盘镇。

福贡设置局，局所驻今福贡县驻地上帕镇。

德钦设置局，局所驻今德钦县驻地升平镇。

宁江设置局，局所驻今勐海县北勐往城子。

耿马设置局，局所驻今耿马县驻地耿马镇。①

谭其骧先生曾指出："一地放至于创建县治，大致即可以表示该地方开发已臻于成熟；而其设县以前所隶属之县，有大致即为开发此县东里所自来。"②以上云南各地市、县、局的设立及从一个侧面反映了各地开发程度的不同：昆明市的为云南省会所在，经济最为发达；其他各县的开发已比较成熟；各设置局的设立，是为了开发边疆，其地经济，从总体上看，是最落后的。所以，作为不同的政区通名，以上"市"、"县"、"局"的空间分布反映出从中心到边疆经济发展水平的差异。

第二节　自然地理与资源条件③

一、地　貌　特　征

云南位于我国西南，全省面积约43.6万平方公里，根据基本的自然地理特征可将其区划为具有高原热带性景观的滇南山间盆地亚区和具有山原亚热带性景观的云南高原亚区，以及以特殊的高山深谷为特征的横断山脉亚区。④

---

① 以上关于民国时期云南市、县、局的设置，据傅林祥、郑宝恒《中国行政区划通史·中华民国卷》（复旦大学出版社，2007年）删改。
② 谭其骧：《浙江省历代行政区域——兼论浙江各地区的开发过程》，《长水集》（上），人民出版社，2009年，第416—434页。
③ 除特别注明外，本小节主要参阅孙敬之主编：《西南地区经济地理》云南省部分，科学出版社，1960年。
④ 任美锷、杨纫章、包浩生编著：《中国自然地理纲要》，商务印书馆，1979年，第285、289页。

云南高原区位于点苍山和哀牢山以东,包括云南省的中部和东部,是一个比较完整的高原,大部分地面海拔在1400—2200米,北部较高,逐渐向南部降低,滇东南的南盘江、普梅河与盘龙江等谷地,降至1000米以下。横断山脉区大致包括哀牢山—点苍山以西地区,南北走向的高山与深谷平行排列,大致在保山、下关一线以北,山岭与河谷排列紧密,相对高差最大,河谷中没有宽阔的盆地,山顶上也没有较大的高原面。① "高山和深谷就是这里风景的特征。"②滇南山间盆地区东起富宁,西至芒市、盈江,包括西双版纳及河口等地,此区山岭海拔较低,大部分在1500米以下,只有少数山岭可到2000米以上,元江、怒江、龙川江谷地,海拔大都不到800米,至下游降至300—500米,元江下游的河口更降至84米,是云南海拔最低的地方。③

总的来说,全省以山地高原为主,山地占全省面积的84%,高原占10%,两者合计占94%,为数众多的称为"坝子"的山间盆地镶嵌在山地高原之中,约有1400多个,但只占全省面积的6%。与此同时,垂直变化是云南地貌景观最为引人注目的特点,咫尺之间由于地势起伏变化,海拔高低不同,自然条件也随之发生明显变化,俗话所说"山高一丈,大不一样"是其地貌环境垂直差异的真实写照。④

二、气候特征

云南位于北回归线两侧,属于亚热带和热带高原季风气候类型。受季风和地形的影响,云南气候呈现干湿季分明和气候地区差异大的特征。

全年当中,降水的绝大部分集中在5月至10月之间,10月至次年4月降水极少(参表1-1)。⑤当干季时,全省的云量和雨量都很少,日照强、气温高、湿度小;当雨季时,全省雨量均称丰沛。

表1-1 昆明、河口、腾冲各月平均降水量 （单位：毫米）

月份	1	2	3	4	5	6	7	8	9	10	11	12
昆明	4.0	27.7	18.6	31.8	115.9	203.2	255.7	277.5	169.3	76.4	37.2	13.3
河口	17.0	37.0	60.0	107.0	235.0	222.0	306.0	351.0	240.0	144.0	64.0	24.0
腾冲	30.1	32.2	42.2	65.7	126.2	241.6	322.9	276.4	153.1	165.9	36.8	17.5

说明：昆明系1928—1937年共计10年的平均数,河口、腾冲1928—1932年共计5年的平均数。(资料来源：万湘澄《云南对外贸易概观》,新云南丛书社,1946年,第47—48页。)

就降雨量而言,年降雨量以西部最多,达1500毫米以上,中东部次之,约800—

---

① 任美锷、杨纫章、包浩生编著：《中国自然地理纲要》,商务印书馆,1979年,第285页。
② (美)葛勒石(G. B. Gressey)著,谌亚达译,《中国区域地理》,正中书局,1947年,第221页。
③ 任美锷、杨纫章、包浩生编著：《中国自然地理纲要》,商务印书馆,1979年,第291页。
④ 张怀渝主编：《云南省经济地理》,新华出版社,1988年,第1—2页。
⑤ 万湘澄：《云南对外贸易概观》,新云南丛书社,1946年,第46页;王声跃主编：《云南地理》,云南民族出版社,2002年,第66页。

1000毫米,中部最少,在800毫米以下。以温度来说,西北部高山地区,为全省气候最冷的地区,年平均气温10℃上下,有3—7个月月平均气温低于冰点,霜期长,霜日多;中部高原气候温和,年平均气温在18—20℃之间,有"四季无寒暑"之谚;南部的河口、西双版纳、澜沧及德宏西南部,除一、二月平均气温低于18℃之外,全年平均气温在18℃以上;而本省各大河川如元江、澜沧江、把边江、怒江、金沙江的河谷地区,年均气温大多在21℃以上,最冷月平均气温大于15℃。除此之外,气候的垂直地带分异明显,气温随海拔的升高而降低,山体景观也随之发生变化。①

三、河流与水文特征

云南河流分为金沙江、西江、元江、澜沧江、怒江和伊洛瓦底江六大流域,分属于太平洋和印度洋两个水系。云南河流具有流量大,水位季节变化大,以及比降大、水流急的季风性河流的特征和高原山地河流的性质。除河流之外,云南还分布有共计30余个的高原湖泊,据不完全统计,湖泊水面积约1060平方公里,占全省总面积的0.28%,集水面积9000平方公里,占全省总面积的2.31%。②

云南水资源虽然丰富,但可直接利用的水资源数量不多。全省年产流量为2009亿立方米,占全国水资源总量的7.4%,相当于黄河流域的3倍。同时,过境水量1597亿立方米。两项合计,河川径流总水量达3600亿立方米。但水资源的直接利用率仅为4.5%,远低于全国16%的利用率。③

云南水资源虽然丰富,但水资源的时空分布却不均匀。时间上分布的不均,首先是受干湿季分明的气候影响,使河川径流年内分配很不均匀,雨季可达年径流量的70%以上,旱季仅占30%左右。其次则是河川径流的年际变化较大,变差系数(Cv)0.13—0.75,比我国东部地区高得多。尤其是南盘江、金沙江及红河之间的分水岭地带,变差系数更是超过0.5。空间上分布的不均主要表现是多年平均径流深度变幅很大,为100—2000毫米,高低悬殊达20倍。大致是北小南大,东小西大,谷坝小山区大。金沙江流域是省内产水最少的地区,80%的坝子均为径流深度低值区。人口集中、生产发达的区域恰恰是产水较少的地区,水资源和土地资源分布的不相适应问题相当普遍和突出,严重影响着水资源的充分利用。④

四、土壤类型与土地资源

云南土壤以红壤分布较广,蒙自、思茅、沧源一线以南以铁质红色砖红壤为主,以北以砖红壤化土壤为主。云南的土壤分布垂直差异也很大,在平原和盆地的底部

---

① 张怀渝主编:《云南省经济地理》,新华出版社,1988年,第4页。
② 王声跃主编:《云南地理》,云南民族出版社,2002年,第115、123页。
③ 张怀渝主编:《云南省经济地理》,新华出版社,1988年,第8页。
④ 张怀渝主编:《云南省经济地理》,新华出版社,1988年,第11页。

为红褐土、湖积土和河流冲击土。在海拔1000米以下的高原和山地地区为红褐土,1500米以下为砖红壤,1500以上为山地红壤、山地红棕壤、山地棕壤。在滇西横断山地和滇东北高山地区,除海拔3200米以下的土壤垂直分布和上述情况相似外,3200米以上为山地灰棕壤、山地灰化土和山地泥炭化土,4000—4200米为山地草甸土。

云南土地资源类型多样,土地资源结构十分复杂。按地貌类型划分,云南山、原、谷、盆皆有。而且山中有坝,原中有谷,组合各异,分布较散。其中,地面坡度一般小于8°的坝区,较为平坦,交通便利,开发利用较早,是全省种植业的主要分布地区。以热量为指标,全省土地可划分为北热带、南亚热带、中亚热带、北亚热带、暖温带、中温带以及寒温带7个热量带类型。其中,北热带主要分布于河口、景洪、勐腊、孟定、元江、怒江坝等地;南亚热带主要分布于红河州南部、普洱、临沧地区南部、德宏等地以及富宁、勐海和金沙江河谷的巧家、元谋、华坪等地;中亚热带大致分布于文山州中部、玉溪市、楚雄州、大理州南部、红河州北部、临沧北部、昭通北部以及金沙江河谷的永仁、宾川等地;北亚热带主要位于曲靖南部、昆明、楚雄北部、大理北部、保山北部和福贡、贡山、泸水等地;暖温带主要分布于曲靖北部、昭通海1900—2200米的地区以及丽江、迪庆、怒江等地海拔2000—2400米的地区;中温带位于昭通和东川海拔2000—2800米的地区和滇西北2400—3000的地区;寒温带主要位于滇西北海拔2800—4000米的山区和滇东北海拔2600—4000的山区。不同热量带的土地产出和土地利用状况存在较大差异。[①]

五、生物与矿产资源

云南生物资源丰富,素有"动物王国"、"植物王国"之称。由植物、动物和微生物构成的生物资源在云南拥有巨大数量的资源种类,其物种的多样性,无论是在国内还是在全世界都是十分罕见的。

其中,植物当中,全省有高等植物1.7万多种,占全国高等植物2.7万多种的一半以上;动物资源,云南省有脊椎动物1704种,占全国3099种的55%。[②] 全省森林面积占土地总面积的20.5%,主要分布在海拔3000—4000以下的山地,以丽江云岭山脉林区最大。各林区浩瀚广阔,树种很多,西北部高山地区多为云杉、冷杉、罗汉松、红桦、白桦等;中部及北部多为云南松、华山松、滇油杉、圆柏、杉木、滇赤杨、西南桦木、楠木等;西南部和东南部多原始的常绿阔叶林,包括柚木、紫檀、樟、楠、红木等珍贵树木。热带雨林中藤本植物也很丰富,在热带和亚热带次生林中,竹林的分布很普遍。

云南矿产资源种类繁多,以富于有色金属矿著名。在40余种矿产中,以锡、

---

① 王声跃主编:《云南地理》,云南民族出版社,2002年,第95—99页。
② 王声跃主编:《云南地理》,云南民族出版社,2002年,第181—182页。

铅、锌、铜、镍、褐煤、磷、岩盐等矿的储量为最多。其中,尤以个旧锡矿驰名国内外,矿层产于石灰岩与花岗岩接触带中,分砂矿和脉矿两种,品位较高,且因多分布于丘陵地表面,可露天开采,经济价值很大。铅锌矿分布甚广,大致从东向西可分为东部、中部、滇西边境三个矿带。铜矿是云南有色金属矿产中的优势矿种之一,蕴藏丰富,分布于全省很多地方,其中尤以东川铜矿最为出名,储量大,开采历史悠久。铁矿分布在全省许多县区,我国铁矿以贫矿为主,云南铁矿相对较富,全省保有富铁矿储量居全国第一。[1] 煤矿主要分布于东部,其中以褐煤为主,约占总数量的85%左右。磷矿主要分布在中部的晋宁、呈贡、澄江等地。非金属矿以岩盐比较重要,产于盐丰、盐兴、广通、普洱、兰坪、景谷等地。

总之,云南不仅生物资源多样,而且矿产资源也很丰富,因其有色金属矿产资源储量丰富、矿种齐全而向有"有色金属王国"之称,集中反映了云南自然资源的丰富。

第三节　近代前夕的云南经济

一、部门经济发展概况

(一)农业

自元代以来,尤其是明清以来移民数量的不断增长,云南耕地面积也随之增加。据李中清估计,1775年云南人口400多万,到1850年则增加到了1000万,[2]随着人口的增加,大批的荒地被开垦出来。据郭松义的研究,到1800年,云南新垦耕地面积在200万亩以上。[3] 人口的增加和垦荒的推进使云南耕地面积大为增多,1753年,云南省册载田地数7 541 517亩,[4]1820年云南册载田亩数增长到9 476 452亩,[5]后者比前者几乎多出200万亩。[6]

表1 2　1753—1820年间云南省在册耕地面积情况表　(单位:亩)

年 份	民 田	屯 田	总 额
1753	6 949 980	591 537	7 541 517
1766	8 336 351	917 351	9 253 702
1784	8 360 311		
1812			9 315 126
1820			9 476 452

(资料来源:李中清《中国西南边疆的社会经济:1250—1850》,人民出版社,2012年,第190页。)

---

[1] 王声跃主编:《云南地理》,云南民族出版社,2002年,第158页。
[2] (美)李中清著,林文勋、秦树才译:《中国西南边疆的社会经济:1250—1850》,人民出版社,2012年,第150—151页。
[3] 郭松义:《清初封建国垦荒政策分析》,载《清史论丛》第2辑,1980年,第134—135页。
[4] 张廷玉等:《清朝文献通考》卷四《田赋四》,浙江古籍出版社,2000年。
[5] 穆彰阿等:《嘉庆重修一统志》卷四七五,中华书局,1986年。
[6] 当然,数据的增加应该说与册载统计本身不无关系,但是作为一种趋势,耕地数量的增加确是可以肯定的。

一方面由于人口的增加对食物的需求日益增加,另一方面由于云南山多地少,因此,耕地面积的增加是山区开发日渐深入的结果。稻、麦是云南传统的主要粮食作物,随着耕地面积的增加,稻、麦等传统粮食作物的种植也得到扩展。正如《新纂云南通志》所说:云南"除高寒寡雨之山地外,均可辟为稻田",①水稻的种植在云南分布非常广泛,而且与复杂的自然地理环境相适应,在云南很早就形成了平坝河谷耕作和山区梯田耕作两种稻作类型。毫无疑问,云南水稻主要种植于坝区和平地区域,但是,梯田稻作农业以其作为人类活动与自然环境和谐的典范而最为引人注目,如嘉庆《临安府志·土司制》说:哈尼族聚居的山区"依山麓平旷处,开凿田园,层层相间,远望如画。至山势峻极,躐坎而登,有石梯蹬,名曰梯田。水源高者,通以略彴(涧槽),数里不绝"。梯田耕作实践大大突破水稻种植在地貌需求上的传统局限,有利于其向广大山区的推进。但是,水稻的种植毕竟对水、热、地貌等条件有一定的要求,因此,至清代,云南水稻的种植还是主要集中在相对温暖多雨、地势低缓、水利条件较好的滇中、滇东南。② 而与此不同的是,水源条件较差的高亢之地,陆稻即旱谷则广为种之,"种之山原,故曰山谷。味与水谷同,而粒较小,夷族多种之"。③ 麦类作物当中,小麦、大麦、燕麦在滇产中"为次于稻作之主要作物",④在云南各地几乎都有种植。但由于受自然条件以及耕作制度的影响,各地种植的面积大小和比重差异较大。麦最忌炎热久雨之气候,故相对集中于滇中、滇东等气候温和之地,在炎热的滇南则分布较少。⑤ 除此之外,荞麦因其抗旱耐瘠的特性,"滇荒寒原野及寡雨坡地山民多栽种之",⑥而呈日益普遍的发展趋势。⑦

在传统的稻麦作物种植增加的同时,更为引人注意的是美洲作物玉米、马铃薯进入云南后在清代的扩展。这些作物对土壤适应性强,对光热条件要求不高,所谓"玉蜀黍本为温、暖两带的农作物,但滇中荒凉高原,不适于麦作之地,而玉蜀黍均能产生",马铃薯"虽性适暖地,但寒冷之区亦能繁殖",⑧因此各地广为种植,从而出现取代传统山区作物的趋势。滇东北的巧家,玉米"除极寒之高地不宜种植,产量颇少外,凡寒温热各地段俱普遍种植,产量超过于稻",⑨昭通"种稻开垦之田尤未及包谷之广焉",⑩在滇中,玉米"用途与稻、麦同,为当地之主食品",⑪"滇西一带亦多种之",而在"泸西、宣威、平彝、沾益等处,田地较少,半属荒原,几于遍莳包谷,而一

---

① 牛鸿斌等点校:《新纂云南通志》卷六二,物产考五,云南人民出版社,2007年。
② 徐君峰:《清代云南粮食作物的地域分布》,《中国历史地理论丛》1995年第3辑。
③ 刘达式:《元江志稿》卷七,食货志,1922年铅印本。
④ 《新纂云南通志》卷六二,物产考五。
⑤ 参徐君峰:《清代云南粮食作物的地域分布》,《中国历史地理论丛》1995年第3辑。
⑥ 《新纂云南通志》卷六一,物产考四。
⑦ (美)李中清著,林文勋、秦树才译:《中国西南边疆的社会经济:1250—1850》,人民出版社,2012年,第192页。
⑧ 《新纂云南通志》卷六二,物产考五。
⑨ 汤祚等:《巧家县志》卷六,1942年铅印本。
⑩ 杨履乾:《昭通县志稿》卷五,1924铅印本。
⑪ 《新纂云南通志》卷六二,物产考五。

切生活无不需之"。① 顺宁府"山多田少,多种荞与玉麦,以此为食"。② 滇南麻栗坡地均属石岩大山,"气候太寒,只产玉麦,田最少,故人民多以种山地玉麦为食"。③ 昭通"芋之属昔产高山,近则坝子园圃内已有种之,磨粉及为菜品之用,凉山之上则恃以为常食",④ 滇东北一带所产"如鼠子洋芋、白花洋芋等,尤称名品,附近住民恃为常食"。⑤ 蒙自一带,乾隆《蒙自县志》说:"薯孩亦名山药,红白二种,倘甸人王琼至坝洒携归,教乡人栽种。不论地之肥饶,无往不宜,周邑遍植,价甚廉,岁欠即以为餐"。

尽管随着人口的增加和种植面积的扩展,耕地数量相应得到增长,但这种增长却不是直线的。1840年前,全省已编入册的耕地基本上保持在931万亩左右,加上边疆土司区域可耕地面积250万亩,合计共有耕地面积1181万亩左右,约占全省可耕地总面积的25%。由此可见,直到近代前夕,云南还是一个半开发地区,其丰富的自然资源还没能更多地转化为直接的经济资源。⑥

(二) 手工业

近代前夕,云南已发展起门类较为齐全的手工业,《新纂云南通志》将其分为纺织业、皮革业、冠帽业、建筑业、陶瓷业、五金业、造纸业、玉器琥珀业、骨角业、编织业、刺绣业、染色业、漆业、制烟丝业、爆竹业、珐琅及翠花业、食品业等17个类别。除此之外,近代以前,云南矿业开发和矿产业由于主要地不是运用机器进行生产,也还基本属于手工业的范畴。

纺织业是"男耕女织"式自然经济的主要构成部分之一。云南纺织业根据用料不同又可分为毛织品类、棉织品类、丝织品类、麻织品类和野生植物织品类几种。其中,棉织业最为重要,操此业者也最多,所谓"棉花纺织,妇工之一。全省各县妇女,咸习此业"。⑦ 云南出产之布所用原料既有棉花,也有属于木本植物一类的木棉和大树棉花,因而其布形式多样,名目繁多,像莎罗布、洱海红、棉布、梭布、宜良布、塘头布、挞绒等等,不一而足,凸显了云南由自然环境与民族文化多样而形成的布品种类的丰富多样。⑧

但凡"建都邑,成聚落,必有赖于木、石、泥工",⑨ 因而云南建筑业,不论木工、石工,还是泥工,"各县皆有,仅技能稍有高下"。⑩ 如木工一项,省会及附近各县,"多延新兴、江川、通海、河西、嶍峨人,以此各县操是业者较多,且有特长。迤西之坛

---

① 《新纂云南通志》卷六二,物产考五。
② 周宗洛:《顺宁府志》,光绪卅年刊本。
③ 邓昌麒:《新编麻栗坡地志资料》,复抄1947年稿本,转引自周琼、李梅:《清代中后期云南山区农业生态探析》,《学术研究》2009年第10期。
④ 杨履乾:《昭通县志稿》卷九。
⑤ 《新纂云南通志》卷六二,物产考五。
⑥ 李珪主编:《云南近代经济史》,云南民族出版社,1995年,第11页。
⑦ 《新纂云南通志》卷一四二,工业考。
⑧ 参陈征平:《云南工业史》,云南大学出版社,2007年,第307页。
⑨ 《新纂云南通志》卷一四二,工业考。
⑩ 《新纂云南通志》卷一四二,工业考。

庙、寺观,多剑川木工手造,马扎亦为剑川特产"。而泥工一项"惟附近省会各县,仍以江川、通海、河西等县人为多,迤西则以大理人为较有特长"。① 至于建筑用料,因建筑类型的不同,以及地理环境和民族文化的差异而不尽相同。大约城池建筑以砖石为主,当然也有土筑者;官廨、祠庙、楼亭等主要由木构筑而成;而桥则有木桥、石桥、铁索或藤索桥等。云南民居建筑,各地往往就地取材,有木筑者,有石构者,也有用竹子建造者,因用料的不同建筑形式也多所差异,从而形成了各具地域特色的居住文化。

陶瓷业、编织业等可统称为日用手工业品类。这些手工业品是人们日常所不可或缺的,因此,云南全省各县无不皆有。据《新纂云南通志》卷一四二《工业考》,云南陶瓷制品主要有砖瓦、酒瓮、酒罐、酒坛、瓦盆、瓦土锅、炊锅、花盆、饭碗、菜碗、碟子、盘子、茶壶、瓦缸及瓦寿头、宝顶等,"每年销数不少"。云南植物资源丰富,编织原料来源广泛、数量巨大,因此,其编织业向来较为发达。根据用料不同,大体说来,云南编织业可分为竹、藤、草三项。滇南一带盛产竹子,开化夷人白朴喇"性耐劳,耕余,擘竹为筐,入市易食"。② 元江夷人黑铺,"性巧慧,善作宫室,编竹为器,一切床、几、桌、凳,备极精巧,汉人莫能及"。③ 滇西威远厅夷人黑濮"知耕织,多作竹器入市交易"。产竹地方往往将竹子或竹制品销于全省其他各地,如滇中昆明一带产竹较少,但"人喜戴笠,出则必偕焉"。④ 以藤编织为日常生活器具,与全国其他各地相比,是很有特色的。如滇东南邱北县,"土产藤墩,沙人编藤为墩,可坐;藤席,亦沙人所织"。⑤ 而元江、景东、缅宁及西南沿边各土司境更是出产樟几、提篮、靠椅、箪席等多种藤制品。⑥ 草编制品则如草席、草鞋"各省各县皆有,而以石屏、宁州、宜良等县之蒲席为紧密滑润",草帽"大理南乡人以细麦秸仿河南草帽式编成,衬以绸里或布里,外加油布或漆布套,年出五六万顶,销行各县"。⑦

近代前夕,云南食品业的发展状况,《新纂云南通志》分为糕饼业、酱菜业、火腿业、乳扇业、腌鱼业、挂面业、索粉业、饵丝业、米线业、糖业、蜜饯业几类,但实际上除以上各类外,还有酿酒、制茶等。其中,较具云南地域特色者则有火腿、乳扇、饵丝、米线、制茶等数项。腌肉的制作在云南有较久的历史,发展到清代,较著名的有鹤庆、丽江等地,所谓"鹤庆腌腿佳者,味甜而鲜,与浙中金华腿相似","丽江有琵琶猪,将整猪去其头足大骨,四足折叠于腹内腌之,压令扁,如琵琶,其色甚异,其名甚奇。煮而食之,颇似杭州之加香肉"。⑧ 而宣威火腿到近代前夕已是远近闻名,有火

---

① 《新纂云南通志》卷一四二,工业考。
② 刘慰三:《滇南志略》卷四,光绪七年抄本。
③ 刘慰三:《滇南志略》卷六。
④ 刘慰三:《滇南志略》卷三。
⑤ 檀萃:《滇海虞衡志》卷五。
⑥ 《新纂云南通志》卷一四二,工业考。
⑦ 《新纂云南通志》卷一四二,工业考。
⑧ 吴大勋:《滇南闻见录》下卷,物部,乾隆四十七年刻本。

腿"此业以迤东之宣威,迤西之鹤庆为最著名"之说。① 云南不少地方养牛羊,牛羊乳是人们重要日常食物来源,但乳汁不易保存,为了解决这一问题云南人发明了不少的乳制食品,乳扇即其中之一。其制作流程是"牛产犊,乳之月余断其乳,而以豆浆易饲之,置于别牢。因取牝牛乳,日再次得十余碗,以小铛盛酸浆半碗,煎将沸,入乳汁半碗,酿有顷,其精渐结成质,余悉为水……揉其质成团,以二短箸轮卷而引长之,布于竹架上成张页。以次煎酿讫,遍布而晒干之……用膏炙食之"。② 云南大多数地方以米为主食,每日饮食除米饭外,早点往往以饵丝、米线等充之。饵丝、米线均以米粉制作而成,米线的制作方法是"磨稻米作粉,如制香法,用水挑润,以管注成线,煮之以代面食"。③ 饵丝则是将所选稻米用水泡一定时间后再予蒸熟,然后将其置于碓内舂,舂到一定程度再取出用手揉后改制成所需形状即成为饵块,将饵块切成丝状即饵丝。④ 云南茶叶以普洱茶名闻天下,清代时成为贡茶,加工和制造精益求精,别具一格,形成了各种花色品种,以鲜叶原料和采摘的时间不同,可分为毛尖、芽茶、小满茶、谷花茶四种,根据制作工艺的不同有紧团茶、女儿茶、金月天、疙瘩茶和茶膏等。⑤ 各品种茶叶的采摘和制作,道光《云南通志》卷七十云:"茶产六山,气味随土性而异,生于赤土或土中杂石者最佳,消食、散寒、解毒。于二月间采,蕊极细而白,谓之毛尖,以作贡,贡后方许民间贩卖。采而蒸之揉为团饼,其叶之少放而嫩者,名芽茶;采于三四月者,名小满茶;采于六七月者,名谷花茶;大而圆者,名紧团茶;小而圆者,名女儿茶;女儿茶为妇人所采,于雨前得之,即四两重团茶也。其入商贩之手,而外细内粗,名改造茶;将揉时,预择其内之劲黄而不卷者,名金月天;其固结而不解者,名疙搭茶,味极厚,难得。"

云南矿产资源丰富,开采历史悠久,清代是云南矿业发展的鼎盛时期,不仅规模空前,如滇铜,在乾隆年间(1736—1795)进入极盛期,年产铜1200万—1300万斤,每年运往京师的"京铜"达600万—700万斤,⑥而且矿种也得到了扩展,如铅矿、朱砂、硝磺等不但得到开发,数量也还不小,铅矿年产量每年约50余万斤,朱砂千余斤,硝磺10万余斤。⑦ 但是到近代前夕,云南矿业却已然走向了衰落,不仅产量下降,而且质量也不如从前。如东川府的汤丹厂、碌碌厂、大水沟厂在道光末年三厂铜额共计190万斤,而这一数量仅及乾隆年间的1/4。其余铜厂的产量也急剧下降,有的铜厂甚至关闭。⑧

由于云南矿藏丰富,即"滇省山多田少,民鲜恒产,惟地产五金,不但滇民以为

---

① 《新纂云南通志》卷一四二,工业考。
② 杨琼:《滇中琐记》,"乳扇",方国瑜主编《云南史料丛刊》第11卷,云南大学出版社,1999年。
③ 吴大勋:《滇南闻见录》下卷,物部。
④ 参陈征平:《云南工业史》,云南大学出版社,2007年,第347页。
⑤ 杨志玲:《近代云南茶叶经济研究》,人民出版社,2009年,第27页。
⑥ 李珪主编:《云南近代经济史》,云南民族出版社,1995年,第14页。
⑦ 参陈征平:《云南工业史》,云南大学出版社,2007年,第249—252页。
⑧ 李珪主编:《云南近代经济史》,云南民族出版社,1995年,第16页。

生计,即江、广、黔各省民人,亦多来滇开采"。① 因之,五金业向来较为发达。而较著名者有铜工、金银工、铁工三种。清人檀萃《滇海虞衡志》卷五说:"铜独盛于滇南,故铜器具为多,大者至于为铜屋,今太和宫铜瓦寺是也,其费铜不知几巨万。玉皇阁像皆铜铸,其费铜又不知几巨万。推之他处,铜瓦铜像又不知其几,金牛、铜牛皆以铜,大小神庙,大钟小磬,大小香炉,无不以铜……推之通省,又不知费几巨万。"清人吴大勋《滇南闻见录》则云:"滇省产铜,民间铜器最多,虽小户必有茶壶、水罐之类。"铜器使用在云南的普遍程度由此可见一斑。金银器具制造"此项工业,在昔仅有首饰铺,专造妇女之簪、环及各项饰品,间及酒杯等物","又有金箔铺,能造金箔、银箔,以金箔所用为广,庄严佛像及丹漆房屋器具者,均需用之","又有羊皮金,作妇女衣袖、裙、靴之饰品"。② 可以说,金银物器的制作其主要目的是满足各类装饰和宗教之用,至于日常生活器具,非达官贵人则鲜有用金银者。至于铁工,因"云南铁矿,各县多有,故铁工亦各县有之",铁制器物既有剑、刀等武器,也有犁、锄等农具,还有锅、铲等炊具,等等,品类多样。③ 除此之外,锡工也已有了一定的基础,主要产品为锡箔,用于祀神。

(三) 城乡市场

根据刘云明的研究,清代云南农村市场的主体是集市和市镇。④ 但按照方行的定义:墟集是以农民之间、农民和手工业者之间互通有无为主的贸易形式,尽管有流动商贩参与,乃至有少量坐商的店铺,它仍然应当属于墟集。市镇则是以商贾为媒介,以商贾贸易为主的场所,尽管市镇还包含有"日中为市"或"及辰而散"的墟集,它还是应当属于市镇。⑤ 尽管就全国而言,清代前期,市镇贸易和墟集贸易已成为农村市场的主体,但具体到云南,集市贸易显然是其农村市场最为主要的组成部分。

近代之前,云南的集市从市场的孕育和发育程度上看,可分为集会集市、常市和定期市三种类型。⑥

可归为集会集市者,一种为庙会,如大理的三月街"每岁三月十五日至二十日有月街,亦称观音街,始于唐永徽间,交易品有木材、药材、玉瓷、皮革、骡马等,汉、夷、藏、回,远近居民毕集,为全滇市集最大者";一种为一年一度的大型商品交易会,如丽江的骡马会,"每年三月、七月初间行之","每次赴会,公骡、母骡不下数千头,儿马、骟马不下数百头,购运出境者居十之七八"。⑦ 这种集市,虽然交易持续时间较长,规模也相对较大,但两次集会间隔的时间很长,在促进贸易发展中的作用

---

① 《清高宗实录》卷二○九,台湾华文书局,1964年。
② 《新纂云南通志》卷一四二,工业考。
③ 《新纂云南通志》卷一四二,工业考。
④ 刘云明:《清代云南市场研究》,云南大学出版社,1996年,第33页。
⑤ 方行:《清代前期农村市场的发展》,《历史研究》1987年第6期。
⑥ 刘云明:《清代云南市场研究》,第36页。
⑦ 《新纂云南通志》卷一四三,商业考一。

比较有限,是商品经济不发达的一种表现。

常市即常年开市,每日有集。这种集市只有在云南少数州县城市或较大城市才有,如丽江城西关"有集场一所,宽五、六亩,四面皆店铺,每日巳刻,男妇贸易者云集,薄暮始散"。①

定期市在云南有以十二地支属相命名者,如《滇南志略》就说:昆明各地"日中为市,率名曰街。以十二支所属分为各处စ期,如子日名鼠街,丑日名牛街之类。街期各处错杂,以便贸迁",建水龙街"在南庄铺,每逢辰日远近商民于此交易",②这种集市的重要特征便是"以地方配合日期",③街名即表明了开市的日期,这种集市也就当然地是以十二天为交易周期的集市了。除此之外,云南定期集市还有以旬为单位周期的,这其中又包括旬一日、旬二日、旬三日等不同周期形式。如河西有"七街、九街",即每逢七、逢九日赶集,为每旬一集者;呈贡"归化、安江二街皆五日一集",昆阳"中兴街以三、七日集","顺宁有新、旧城街,以一、六日为集期",这些街市则为每旬两集者;新兴"研和街,一、四、八日赶集","永善有大井坝、新旬子、墨石驿、黄葛场、井田乡、桧溪、双河口等街,均三日一集",此为每旬三集者。"永平市集有曲硐、老街、龙街、杉阳等街,多为六日一集,多销乔,云二井食盐","开化街场甚多,县城、江那、阿猛、者腊等地较盛,均六日一集","浪穹仅有小街,六日一集",可见间隔六日逢一集也是云南有些地方集周期的重要形式之一。④ 开市频率的高低反映出商品交易的频繁程度,从一个侧面说明了一地乡村经济的发展水平。正如施坚雅所指出的那样,"隔日集期通常只在人口密集、都市化或商业化较高的小面积地区内流行",⑤作为"滇中货物集散之中枢"的新兴"有县城街,单日赶集;北城街,双日赶集",但这种隔日集在近代之前的云南却并不多见。

近代之前的城市,首先是一个或大或小区域的政治中心,当然也往往是其经济中心。相对乡村而言,城市商业更为发达、贸易更为频繁,市场发育程度当然也更高,云南自然也不例外。历经数百年,至近代前夕,云南城市市场呈普遍发展的态势,并形成了从超省域性的到区域性的不同等级的商业中心城市构成的基本的城市市场体系。

鸦片战争前夕,昆明是云贵总督和云南巡抚的驻跸地,为云贵两省的政治中心。与此同时,正如李中清所说"不论过去还是现在,昆明都是西南的交通枢纽、经济中心"的那样,⑥鸦片战争前,昆明虽不能说是西南地区唯一的经济中心,但其经济辐射已远远超出云南省域所限则是可以肯定的。当时昆明城市商业已划分为丝

---

① 吴大勋:《滇南闻见录》下卷,物部。
② 祝宏等:《建水县志》卷一,市井,1933年重刊本。
③ 《新纂云南通志》卷一四三,商业考一。
④ 《新纂云南通志》卷一四三,商业考一。
⑤ (美)施坚雅著,史建云、徐秀丽译:《中国农村的市场和社会结构》,中国社会科学出版社,1998年,第19页。
⑥ (美)李中清著,林文勋、秦树才译:《中国西南边疆的社会经济:1250—1850》,第72页。

绸、棉纱、裘皮、茶庄、五金、皮革、瓷器、首饰、成衣、鞋帽、杂货、油蜡、纸笔、墨砚、铜锡、竹篾、木行、板材、砖瓦、药店、旅店、堆店、钱庄、当铺等40多种行业。① 这众多的商业吸引了为数不少的地域商帮,有京帮、广帮、川帮、赣帮、迤西帮、迤南帮和迤东帮等十多个。其中,除本省三迤商帮经营各种土特产品外,京帮主要经营的丝绸、裘皮及百货等,广帮主要经营的海鲜、五金及杂货等,川帮主要经营的黄丝、皮革等,赣帮主要经营的瓷器、棉布等,其货物主要来源于省外各地甚至国外;而从各处源源不断进入昆明的各色商品,除满足当地需求外,有相当部分分别由昆明发往川、黔、藏等省区,甚至有些还远销至国外。

元代以后,大理失去了作为云南政治中心的地位,但由于其处于滇缅大道和茶马古道交汇之地,凡川货西出缅甸,茶叶北上藏区,藏区药材杂货南下,缅甸棉花、宝石、珠玉北上中国等都必经此地,从而使其成为滇西地区最为重要的商品集散市场。大理城内店铺作坊林立,玉器的雕琢,大理石的解制以及缝纫、染织、皮革、金银首饰、笔墨文具、铜铁器的打制等等,已颇具规模,享誉省内外乃至周边国家。②

19世纪以来,滇越贸易得到发展,云南商人用马帮驮运大锡、铅锌、白银、茶叶、丝绸、杂货、布匹出口,回程则驮运越南大米以及法国呢绒、煤油、肥皂、杂货、海味、五金等经河口、屏边到蒙自,并以蒙自为中转站,再将各种洋杂货及大米运往昆明及其他各地销售。③ 随着滇越贸易的进一步发展,蒙自的商业中转地位日益突出,从而使蒙自早在其开关前就已成为滇南地区重要的商业中心城市。

昭通"地通川、黔、滇三省,滇货以洋货、匹头为最盛,川货以盐为最盛",为跨省贸易的重要集散中心,也是滇东地区重要的商业中心城市。其主要营业"城内以油盐、布帛、山货、皮革、洋纱、毛羽、铜杂、铁杂、竹器等为主"。④

但是,近代之前,云南统一的区域市场并未形成,各地区之间的经济往来比较有限。

（四）贸易与商路

近代之前的云南贸易发展情形,可从国内贸易和国际贸易两个方面来看。

根据已有的研究,省际贸易可分为带有专卖品性质的贸易和非专卖品贸易两类。⑤

作为铸币原料,铜是最为重要的专卖品贸易商品之一。清代,大量的滇铜运往京师,是为"京铜",每年竟达六七百万斤之多。滇铜除运往京师外,自乾隆三年(1738)四川来云南采买铜料开始,江苏、浙江、江西、湖南、湖北、福建、广东、广西、贵州、陕西等十省也均曾来采买。在1740—1811年间,以上11省来滇买铜共计

---

① 李珪主编：《云南近代经济史》,第18页。
② 陆韧：《云南对外交通史》,云南民族出版,1997年,第296页。
③ 李珪主编：《云南近代经济史》,第19页。
④ 《新纂云南通志》卷一四三,商业考一。
⑤ 参刘云明：《清代云南市场研究》,第84—108页。

274次,合92 171 838斤。① 可以说,铜是近代之前云南在国内长途贸易当中最为重要的商品。

食盐为日常生活必需品,也是重要的专卖品之一。近代之前,云南人所用食盐除本省所产之外,在部分地区也曾运销川盐、粤盐和沙盐。如"因滇盐不敷民食","雍正七年至乾隆三年,先后奏定昭通、东川、镇雄、宣威、沾益、平彝、南宁等府改食川盐","通共每年定拨运盐二百四十一万一千斤";②乾隆四年(1739),"题准由广东运盐百万斤至广西百色地方……饬令附近粤西之罗平州领用行销二十万斤,师宗州运销二十五万斤,广西府运销二十五万斤,弥勒州运销三十万斤","其开化、广南二府地方,每年买粤盐一百四十万斤,分运销售"。③乾隆三十一年(1766),"覆准滇省买运粤盐,岁额二百二十万斤"。④而"维西厅地方,夷民杂处,沿江居民向食四川巴塘所产沙盐"。⑤

除铜、盐之外,茶叶也是一种带有专卖性质的商品。云南是中国茶的故乡,而所产普洱茶在贸易上尤为重要。清代,普洱茶成为贡品,每年都有数量不少的茶叶运入京师,年解贡茶660担。除此之外,藏区则是滇茶重要销地。顺治十八年(1661),清政府同意了达赖喇嘛关于建立滇茶交易市场的请求,康熙四年(1665)批准在永胜州设茶马市,向买茶易马的商人征收税银,由官方登记番商姓名上报。⑥这样,滇藏茶马贸易形成定制。刘健《闻夜录》称:顺治十八年即滇藏开始茶马互市当年入藏普洱茶就有三万担。⑦雍正十三年(1735)清廷规定,云南商人贩茶,以七枚茶饼为一筒,征收税银一分,每100斤官府颁给一引,每年颁给云南省3000茶引,其中大部分是销藏茶。⑧

除上述专卖性质的商品外,布匹和鸦片是云南在国内长途贸易中比较重要的商品。而其最大的区别在于布匹是以输入为主的商品,而鸦片则是以输出为主的商品。

受气候等环境条件的制约,云南素不产棉,蚕桑业也不发达,正如雍正《云南通志》卷三十所言"今滇人不知蚕桑,尺帛寸缣仰给于江南,所织棉布亦不足供,惟商人是需",近代之前,由于本省所产不足,使得省外布匹借此大量进入云南市场,其重要者有汉阳布、沙市布,其次则为邻省四川、贵州所产之布。

嘉庆末年,就有关于云南种植鸦片的记载,"云南一属,种罂者漫山遍野,鸦片

---

① 刘云明:《清代云南市场研究》,第88页。
② 《新纂云南通志》卷一四七,盐务考一。
③ 《新纂云南通志》卷一四七,盐务考一。
④ 《新纂云南通志》卷一四七,盐务考一。
⑤ 《新纂云南通志》卷一四七,盐务考三。
⑥ 参吕昭义:《清代滇茶销藏考》,《思想战线》1993年第3期。
⑦ 魏谋城主编:《云南省茶叶进出口公司志》,云南人民出版社,1993年,第14页。
⑧ 《清会典事例》卷二四二,户部,杂赋,茶课,中华书局,1991年。

之出产,宗(总)亦必不下数千箱"。① 道光十八年(1838),御史郭柏荫上奏朝廷:"云南地方寥廓,深山邃谷之中,种植罂粟花,取浆熬烟,获利十倍于稻……其价廉于他省,近复贩运出境,以图重利",②可见近代前夕,云南鸦片已开始输出省外,尽管数量未必很大,但其意义却是不容小觑的。可以说,近代以前的种植和传播拉开了近代云南鸦片广泛种植和传播的序幕。

国际贸易方面,由于云南地处我国西南边疆,与东南亚、南亚多个国家接壤和相邻,因此,不仅贸易历史悠久,而且在云南经济社会发展中扮演了十分重要的角色。近代之前,云南主要的贸易对象首先是缅甸、越南、老挝等国,其次,柬埔寨、泰国、菲律宾、印度等国也很重要。

在近代以前,云南与邻近各国的贸易逐渐形成了国家主导下的朝贡贸易和互易有无的民间贸易两种主要形式。朝贡贸易方面,乾隆以后,安南、缅甸、南掌(老挝)、和暹罗(泰国)与清王朝保持相对稳定的朝贡贸易关系。但是,缅甸、南掌贡道经由云南③,而安南、暹罗贡道并不经过云南。④ 由于朝贡使团可以沿途采办货物进行贸易,因此,就朝贡贸易而言,云南的对外贸易就是滇缅、滇老贸易。雍正间,清廷规定南掌国五年一贡,乾隆八年(1743)又改为十年一贡;乾隆五十五年(1790)规定缅甸贡期十年一次。⑤ 尽管贡期的限制未必得到严格执行,但也不难看出滇缅、滇老之间因朝贡而产生的贸易往来并不频繁。同时由于受到朝贡贸易政治性的限制,贸易数量也是相当有限。正是由于受到以上朝贡贸易体制的约束,云南与上述诸国的贸易往来是以民间贸易为主展开的。

贸易规模方面,以对缅甸贸易为例,据亨利·玉尔的估计,1827年,缅甸从云南输入丝绸总值约为72 000英镑,1855年云南输入缅甸和内地假云南输入缅甸的商品总值约187 500英镑,其中丝绸为120 000英镑。⑥

至于贸易商品,滇缅之间,云南出口商品主要为钢、铁、锣锅、绸缎、毡、布、瓷器、烟、茶、黄丝、针线等;缅甸输入云南以及经云南转输内地的商品主要包括珀、玉、棉花、牙、角、言、鱼等。⑦ 滇老之间,茶叶、陶瓷器、铜锡器、丝绸、布匹等是云南对老贸易的重要商品;象牙、香料等物并非生活必需品则较多地输入云南。滇越之间,云南销往越南的货物主要有铁制农具、丝绸产品、瓷器、药材、牛、牛皮、麻布、铜器、纸张、蓝靛、神香、调料、广南鸭和其他生活用品;越南的杉木、海盐、大米等是输

---

① 来新夏:《林则徐年谱》,上海人民出版社,1981年,第478页。转引自秦和平《鸦片在西南地区的传播及其种植面积考订》,《中国农史》2002年第3期。
② 《清宣宗实录》卷三一六,台湾华文书局,1964年。
③ 《光绪大清会典事例》卷五〇二:"康熙元年议准,缅甸贡道由云南。"《清史稿》卷五二八;《属国·南掌》:"南掌国五年一贡,贡使由普洱府入。"
④ 《光绪大清会典事例》卷五一〇:"雍正二年议准:安南国贡使进京,广西巡抚给予堪合,由广西、湖南、湖北、江西、江南、山东、直隶水路行;回日由部照原堪合换给,仍由水路归国。"《光绪大清会典事例》卷五〇二:康熙六年议准"暹罗贡道由广东"。
⑤ 《光绪大清会典事例》卷五〇二。
⑥ Henry Yule, Sir; Colesworthey Grant; Linnaeus Tripe; Arthur Purves Phayre, Sir., *A narrative of the mission to the court of Ava in 1855*, pp. 148-149, p334.
⑦ 云南省历史研究所编:《〈清实录〉越南缅甸泰国老挝史料摘编》,云南人民出版社,1986年,第678页。

入云南的重要商品。

据李中清的梳理和归纳,在1250年至1850年间,中国西南部有六条主要道路。其中四条连通西南与中国的其他地区,另外两条连通缅甸和越南。它们分别是:经过西昌四川到成都的成都道;经过宜宾到川东的重庆道;经过贵阳到两湖的汉口道;经过广西到南宁的南宁道;晶晶宏治越南的越南道;经大理到缅甸的缅甸道。这每条的道路和不同的地区相连,都汇聚于同一个主要城市——昆明。① 这也就是说,以上六条道路既是西南地区与外部交通的主要线路,当然也是云南与外界商业来往的主要通道。这一论述和蒙自开关当年海关贸易报告关于自外入滇商路的叙述基本一致。② 以上道路,按照《新纂云南通志》的记述,又可统之为滇黔、滇桂、滇川、滇缅、滇越诸线。其中,滇黔线有沅江,滇桂线有右江,滇川线有长江和岷江,滇缅线有伊洛瓦底江,滇越线有红河,因而可以部分地利用水路。③ 但因受复杂的地形限制,也只是可以部分利用水路,而且往往是异常艰险的。尽管政府投入大量精力试图改变西南地区的交通状况,④但直至近代前夕,云南交通并没有出现根本性的改变。长期以来,由于交通的落后,大大制约了贸易的发展,从而使交通成为制约云南经济发展的一大障碍。

二、经济发展的地区不平衡

近代前夕,云南经济发展在空间上的不平衡是比较突出的,大致说来,主要体现在以下三个方面。

首先是东部与西部经济发展水平的差异。根据蓝勇的研究:云南地区清代城镇分布和人口与明代相比发生了很大的变化。从城市等级分布来看,以楚雄府为界,以东有冲县昆明、宜良、篙明州、寻甸州、平彝、呈贡、安宁州、南宁县、沾益州、马龙州、河阳、江川、路南州、阿迷州、宁州、广西州、弥勒17州县,但以西仅太和、越州、云南、剑川4州县。以楚雄府为界,以东有繁县昆明、宜良、晋宁州、呈贡、安宁州、寻甸州、平彝、思安、河阳、江川、新兴州、路南州、广西州、弥勒县、阿迷州、临安府治、宁州、蒙自等18州县,而以西仅太和、越州、元龙州、鹤庆州、保山、永平厅治、景东厅治7州县。从人口分布来看,云南府有人口942 689口,人口密度每平方公里78.55人,大大超过了大理府566 035口,人口密度每平方公里24.83人。同时与明相比,清代人口密度超过每平方公里10人以上的府有云南府、临安府、澄江府、曲靖府、开化府五府,而以西仅大理一府。这已表明明代云南政治中心东移后,到清代,云南的经济中心东移也已经成为定局。⑤ 从农业方面看,清代前期,作为云

---

① (美)李中清著,林文勋、秦树才译:《中国西南边疆的社会经济:1250—1850》,人民出版社,2012年,第72页。
② 蒙自海关贸易报告关于从外界进入云南交通的叙述,详见本篇第五章第一节。
③ 《新纂云南通志》卷五六,交通考一。
④ 参李中清著,林文勋、秦树才译:《中国西南边疆的社会经济:1250—1850》第三章之《政府对西南交通的投资》,第83—85页。
⑤ 蓝勇:《明清时期西南地区城镇分布的地理演变》,《中国历史地理论丛》1995年第1期。

南传统经济中心的滇中和大理地区,其耕地分别约占全省耕地亩数的32%和20%,①东部在农业上的优势已开始显现。手工业方面,鸦片战争前,云南、大理、澄江、永昌、临安、丽江、昭通等府,手工业比较发达,门类多,产品多,出现了手工作坊和手工行会,有较多的手工业产品提供市场进行交换,形成了初步的社会化生产,②但是,从产品种类、生产规模及社会化生产的程度看,以云南府为代表的东部地区显然要比以大理府为代表的西部地区略胜一筹。这也就是说,近代前夕,除了对外贸易的重心依然在西部地区外,③从总体上讲,云南经济的重心已经完成了从西部向东的转移,东部与西部经济发展水平的差异具体体现为东部高于西部。

其次是坝区与山区经济发展水平的差异。在云南,境内虽无大型平原,但俗称为"坝子"小型的河谷冲积平原和盆地却广泛分布,这些平坝四周往往被山地、丘陵所包围,而一块平坝及其四周山区构成了一个相对独立的地理单元。坝区与山区由于自然条件的差异,经济生产的不同,在这样的同一个地理单元内,坝区与山区经济发展水平的差异则是显而易见的。"耕作被限于高原上的平地,极少数的开阔山谷和偶然的山坡梯田。这类的耕地面积大都有限得很。但在云南省内却有宽达数十里的若干平原。无论哪里的平地都同中国各处一样,经营着集约的农业。事实上,有效的数字表示这里的农地利用,较之中国其他区域更加发达。山坡更重视土壤、倾斜度和水量等状况。有些地方梯田伸展到山顶上,但因河流深穿峡谷而使山坡灌溉困难"。④因而,坝区农业发展水平较山区为高。而且,绝大多数的城镇位于坝区,这里人口多、密度大,工商业相对发达,一个坝区往往就是一个或大或小的城镇中心地,周围山区为其主要的辐射范围,二者相互联系从而构成一个相对完整的小型经济区。

第三则是核心区与边缘区经济发展水平的差异。根据李中清的研究,如果将云南府与澄江府归为经济中心区,把东川、大理、蒙化三府归为次经济中心区,把楚雄、广南、开化、临安、曲靖和武定六府归为近边缘区,把广西、景东、丽江、普洱、腾越、顺宁、永北、永宁归为边缘区的话,从中心区到边缘区的人口密度是递减的,单位面积土地供养的人口数量也是递减的,并且这种状况呈日趋突出的趋势。1775年,云南最核心的两个府——云南府和澄江府,所拥有的人口是86.3万口,耕地面积为200多万亩,二者大致分别占全省的四分之一,但到了1825年,两府人口增长到了200多万,几乎占了全省在册人口的三分之一,然而其耕地面积却缩减为160万亩,不足全省耕地面积总数的六分之一。⑤这说明越是中心区其社会生产力相对越高,核心区与边缘区经济发展水平的差异由此可见一斑。

---

① 杨伟兵:《云贵高原的土地利用与生态变迁(1659—1912)》,上海人民出版社,2008年,第130页。
② 李珪主编:《云南近代经济史》,第14页。
③ 详参张永帅:《近代云南的开埠与口岸贸易研究(1889—1937)》第一章,复旦大学2011年博士论文。
④ (美)葛勒石(G. B. Gressey)著,湛亚达译:《中国区域地理》,第228页。
⑤ (美)李中清著,林文勋、秦树才译:《中国西南边疆的社会经济:1250—1850》,第151—152页,第199页。

三、近代前夕云南经济发展水平估计

根据施坚雅的估算,1843 年,云贵地区的人口密度是每平方公里 23 人,这一数字不仅远远低于全国(不包括东北和青藏)平均数字 103 人,而且也低于西北 38 人,是除东北和青藏地区外全国人口密度最低的地区;1843 年,云贵地区共有城市中心地 52 个,是除东北和青藏地区外城市中心地数量最少的地区;城市人口 44.5 万人,城市人口占总人口的 4%,城市人口占总人口的比重低于全国的 5.1%,也低于长江上游即四川的 4.1%,是除东北和青藏外全国城市化水平最低的地区;而各地域 1843 年时商业化与地区内贸易指数,长江下游为 6,东南沿海为 5,岭南为 4,西北为 3,华北、长江中游、上游为各为 2.5,云贵为 1;对外贸易指数长江下游和岭南各为 8,东南沿海为 6,长江中游为 5.5,西北为 5,华北为 4,长江上游为 3.5,云贵为 1.5,可见在商业化和贸易方面,云贵也是最为落后的地区之一。①

尽管以上估算是比较粗略的,但因是以同一标准衡量,大致可以反映出鸦片战争前夕我国除东北和青藏地区外各大区域的社会与经济发展水平。我们知道,在云贵地区内云南的经济发展水平是略高于贵州的,但依然可以说在鸦片战争前,云南是全国最为落后的省份之一。

第四节 近代云南经济的发展脉络

《思想战线》1980 年第 1 期发表朱应庚、董孟雄的《云南地方近代经济史分段问题初探》一文,认为云南地方近代经济史大体上可以分为以下五个阶段,即鸦片战争至中法战争(1840—1883)——云南地区封建经济初步解体和半殖民地半封建经济开始出现阶段;中法战争至护国运动(1884—1916)——云南地区半殖民地半封建经济的形成阶段;护国运动后至抗日战争爆发前夕(1917—1936)——云南地区经济半殖民地半封建性加深的阶段;抗日战争(1937—1945)——云南地区半殖民地半封建经济继续深化和出现了殖民地经济的阶段;抗战结束到云南地区解放(1945—1949)——云南地区半殖民地半封建经济的崩溃阶段。我们认为,近代经济史的研究不同于一般的近代史的研究,尽管经济的发展只是当时当地社会发展的一个组成部分,但是经济的运行与发展自有其内在的规律和内涵,这是对经济史进行分段的当然的立足点。以上朱应庚、董孟雄的文章从表面上看似乎遵循了这一点,以云南地方经济从封建经济到半殖民地半封建经济的演化、发展为线索对云南近代经济史进行了分段,但事实上正如作者本人所说的"我们主张以帝国主义和中华民族的矛盾、封建主义和人民大众的矛盾这一对近代中国社会的主要矛盾的发展、变化,作为中国近代经济史中分段的准则"那样,这种分段本质上还是以革命

---

① 参施坚雅著,王旭等译:《中国封建社会晚期城市研究——施坚雅模式》,吉林教育出版社,1991 年,第 58、74、79 页。

史的标准来说明经济史的线索与分期问题。

如何分期,以及以什么线索和标准进行分期是研究中国近代经济史的一个基本问题。20世纪八十年代以来,已有不少学者对此进行了探索,但大体上可归为是以资本主义的发展为线索还是以"经济现代化作为中国近代经济史视角"两种不同的观点。在此,我们赞同朱荫贵提出的"以市场经济的发展和演变"作为中国近代经济史研究的中心线索的看法。[1]因为从长时段的角度出发,以此为线索可以更清楚地发现"中国特色"的国情和特点,发现当今中国市场经济建设中出现的各种问题的深层次原因;而且由"从传统经济向市场经济的转变过程实即经济现代化或近代化的过程"这一层面来看,[2]"以市场经济的发展和演变"作为中国近代经济史研究的中心线索也就是将市场经济作为中国近代经济现代化的主要内容,以市场为切入点探讨和研究经济现代化这一问题。实际上,只要对中国近代经济变迁的诸多面相作一粗略的考察就不难发现,不论是工业化,还是外向化,其实质都是围绕着市场化而展开的。因此,正如吴承明指出的那样"现代化即市场经济",近代经济史即市场经济发展和演变的历史,也是一个实现现代化的艰难、曲折的过程。根据这一认识,我们认为近代云南经济的发展大致可以划分为以下四个阶段。

鸦片战争至蒙自开埠(1840—1889)为第一阶段。鸦片战争后,五口通商,东南沿海地区随着西方资本主义经济的登陆开始出现了一系列的经济变迁,尤其是受海外市场需求的影响,从农业到手工业,外向化的倾向日渐明显。而且开始出现一些近代工业。而随着第二次鸦片战争及其一系列不平等条约,在中国大地上,不仅东南沿海现代化的程度有所深化,而且在空间上开始推进到了内地。外来的先进生产力首先在东部沿海城市尤其是通商口岸登陆,然后逐渐向西像一把扇子一样逐渐在空间上扩展开来。但是,由于云南本省并未开放,而且是距离东部沿海最为遥远的地区之一,因此,直到蒙自开埠前,尽管也出现了以军事目的而开办的近代工业,但从整体上看,与鸦片战争之前相比,云南经济并未发生太大变化。

蒙自开埠到全面抗战爆发(1889—1937)为第二阶段。近代云南最早开放的是蒙自口岸,于1887年约定开放,实际于1889年设立海关开放。此后思茅和腾越相继开放,云南与世界市场的联系日益加强,云南对外贸易快速发展。受对外贸易的拉动,外向化、市场化、工业化、城市化都得到了不同程度的发展。各方面的发展在一定程度上改变了云南经济总体落后的面貌。

全面抗战时期(1937—1945)为第三阶段。随着全面抗战的爆发和东部大片国土的沦丧,云南开始成为大后方。1938年,国民政府迁到重庆,云南成为西南大后方仅次于四川的战略基地,政府开始将不少的厂矿企业迁到这里,并动用财政经

---

[1] 朱荫贵:《对近代中国经济史研究中心线索的再思考》,《社会科学》2010年第6期。
[2] 吴承明《中国的现代化:市场与社会》,三联书店,2001年,第26页。

力量大力发展云南。云南各界和政府一道,努力开发和建设云南经济,从而使这一时段从总体上看成为近代云南经济发展的最好时期。

抗战结束到云南解放(1945—1949)为第四阶段。抗战结束后,原来西迁云南的大量企业、学校等回迁原地,云南经济几乎恢复到原来的景象。在此后三年解放战争期间,云南地区和其他国民党统治区一样,经济危机、金融危机日益严重,逐渐地趋于经济崩溃的边缘。

第二章 近代农业地理

第一节 人口、土地与水利事业

一、人口的变迁与农业人口

近代云南人口由于受到战争、自然灾害和政局变化等多方面因素的影响,不仅数量变化较大,而且职业构成也不无变动。

道光二十年(1840)至咸丰五年(1855),云南境内共发生七次瘟疫,波及元江、楚雄、罗平、赵州、河阳、禄丰等地,①但是并没有造成太大的人口损失。嘉庆二十五年(1820)云南全省人口共计 1029.9 万,到道光三十年(1851)增长为 1267.5 万,②在 31 年间年增加了 237.6 万人口,年平均增长率为 6.7‰,增长还是比较快的。

1856 年爆发由杜文秀领导的回民起义,云南由此陷入长达 16 年的战争,而在战争期间鼠疫横行,战争和瘟疫的共同作用使云南人口在此期间大幅减少。同治十二年(1873)战争基本结束,云南巡抚岑毓英上奏说:"自军兴以来,各属久遭兵燹、饥馑、瘟疫,百姓死亡过半","现查各属百姓户口,被害稍轻者十存七八,或十存五六不等,其被害较重者十存二三。约计通省百姓户口,不过当年十分之五"。③尽管岑氏对战争中人口损失的议论因只是根据册载人口数量从而并不准确,④但战争与饥疫造成云南人口大量减少却是不争的事实,尤其是随着战争的扩大,人口急剧减少。回民起义前的 1851 年,云南合计有人口 1267.5 万,至 1865 年,战争虽然已持续将近十年,但因其直接战场主要局限于滇西和滇西南,⑤造成的人口损失相对有限,全省人口以年平均增长率 3.9‰的速度增加;⑥而在 1866 年开始主要战场发生一定程度的东移,战争几乎波及全省范围,全省人口也随之停下了增长的步伐,1872 年的人口数字 1123 万与 1865 年的 1337.9 万相比,人口减少达 214.9 万,其中尤以云南府人口损失最大,1872 年的人口数仅及 1865 年的 40%,减少达 113 万。⑦

回民起义结束后,云南人口开始恢复,根据曹树基的研究,1820—1850 年云南

---

① 李春龙主编:《云南史料选编》第 8 编,"清代灾害",云南民族出版社,1997 年,第 1079 页。
② 葛剑雄主编,曹树基著:《中国人口史》,第五卷,复旦大学出版社,2005 年,第 244、567 页。
③ 岑毓英:《裁止民兵厘谷请免积欠钱粮片》,岑春煊编《岑襄勤公(毓英)遗集》卷八,台北文海出版社,1976 年。
④ 葛剑雄主编,曹树基著:《中国人口史》,第五卷,第 555—556 页。
⑤ 谢本书:《云南近代史》,云南人民出版社,1993 年,第 37—48 页。
⑥ 葛剑雄主编,曹树基著:《中国人口史》,第五卷,第 566 页。
⑦ 1865 年和 1872 年人口数字据葛剑雄主编,曹树基著:《中国人口史》,第五卷"表 13-1 回民战争前后云南分府人口",但其却将人口减少数在该表和文中计为 241.6 万,疑有误。

省人口年均增长率为6.72‰,1851—1979年为-2.92‰,1880—1909年为4.86‰,①但是一直到1910年云南全省人口也才1346.8万,②只比1865年多8.9万。人口恢复的缓慢由此可见一斑。

1911年的云南人口,内务部户籍表册计为7 174 887人,这一数字竟然比在经过长达16年之久的回民战争后云南人口跌入最低谷的1872年还少了400余万,显然是很不合理的。对此,侯扬方指出,"由于大量少数民族的存在,清末与民国的历次人口普查统计数可能均偏低",③这也就是说以上数据应该有较大的遗漏的。据《云南行政纪实》,在1932年云南省户口调查的数据里,云南人口共有11 568 922人;④据张肖梅《云南经济》一书的统计,1934年云南共计有12 042 157人,户均5.04人;⑤1936年,云南人口共计11 944 133人。而根据侯扬方的研究,1911—1936年间,云南地区人口年平均增长率为-0.07‰,⑥据此回溯,1911年的云南人口大致在1200万左右。这也就是说,1911—1936年,云南人口基本上在1200万上下徘徊的同时,约略呈下降的趋势。

1937—1945年间,云南接纳了大批来自全国各地的难民,使一些地方的人口出现了较大的增长,如昆明"据25年(1936年)至28年(1939年)各年调查,25年之人口数为145 440人,26年为142 657人,并无若何变动。至27年,突增为205 896人,28年仍为196 962人,较前两年约增五分之二以上",⑦但是,在战争中云南也损失了不少的人口,抗战八年间,云南人口其实总体上还是减少了。据云南省民政厅的统计,1938年全省共有10 323 881人,1939年有10 354 671人,⑧而到1945年12月,统计全省共有9 108 094人,其中包括寄籍239 482人,⑨抗战八年云南人口减少近100万。

抗战结束之初,随着西迁企业、学校等单位返回原地,云南人口进一步减少,然后逐步恢复,到1949年,云南人口增长到1595万人,⑩为近代时期云南人口的最高值。

近代云南人口的职业构成情况鲜有较为详细的记载,1932年云南省民政厅作《云南省户口统计报告书》,"凡二十岁至四十九岁之男女人口,计为5 148 786人。其中农业为2 437 784人,占全数47.3%;工业709 397人,占全数13.8%;商业169 602人,占全数3.3%;公务为56 842,占全数1.1%;自由职业63 596人,占

---

① 葛剑雄主编,曹树基著:《中国人口史》,第五卷,第707页。
② 葛剑雄主编,曹树基著:《中国人口史》,第五卷,第567页。
③ 葛剑雄主编,侯扬方著:《中国人口史》,第六卷,第206页。
④ 云南省档案馆编:《近代云南人口史料(1909—1982)》第2辑,1987年,第54页。
⑤ 云南省档案馆编:《近代云南人口史料(1909—1982)》第2辑,第69页。
⑥ 葛剑雄主编,侯扬方著:《中国人口史》,第六卷,第206页。
⑦ 云南省档案馆编:《近代云南人口史料(1909—1982)》第2辑,第70页。
⑧ 云南省志编纂委员会:《续云南通志长编》(中册),1985年,第127—134、135—143页。
⑨ 云南省档案馆编:《近代云南人口史料(1909—1982)》第2辑,第124—125页。
⑩ 云南省人口普查办公室编:《云南省人口统计资料汇编》(1949—1988年),云南人民出版社,1990年。

全数1.1%;人事服务1 608 188人,占全数31.2%;无业者103 377人,占全数2%;失业者25 149人,占全数0.5%。"①1946年,昆明市、陆良县、江川县、昆明县、呈贡县、镇南县、宜良县、峨山县、漾濞县、晋宁县10县市共计748 246人,其中农业304 044人,占全部统计人口的40.6%。②以上两组数据虽然统计范围不同,职业划分也略有差异,但农业人口占所统计总人数的比重比较接近,这也就是说,近代的云南在青壮年这一年龄阶段中,占全省40%—50%的人口是农业人口。

正如时人所指出的那样,"云南僻居边陲,山势丛杂,河流多不能通航,南部仅法人兴修之滇越铁道线,全省公路网尚未完成,自昔交通险阻,故工商各业较外省逊色。全省居民,除城镇多有营工商业者外,其余大都从事农业",③农业人口不仅是全省人口的主体,而且所占比重较全国其他大多省份为高。据内政部人口局的统计,1947年湖北、山西、福建、台湾、辽宁、辽北、吉林、南京、上海、北平、青岛、汉口等地农业人口占总人口的比重为41.58%,其中以湖北最高,为57.38%。④毫无疑问,云南农业人口占全省总人口的比重应该是高于湖北的,而1942年的户人口普查资料也说明了这一点。1942年由云南省环湖户籍示范区实施委员会所作昆明市、昆明县、昆阳县、晋宁县人口普查表明,⑤以上四市县农业人口占总人口的比重为59.15%。⑥但以上所谓环湖示范区四市县为云南全省工商业最为发达的地区,农业人口所占比重应该比省内其他地区为低。1935年出版的《云南农村调查》据国民政府统计局和云南省民政厅调查统计数据计算,全省农户占总户口的70.96%。⑦总之,即使是保守估计,20世纪三四十年代,云南农业人口占总人口的比重也应该在60%以上。

二、田亩数字与农业发展水平

道光(1821—1850)末年,云南"各项田地共九万三千一百七十七顷九十亩,官庄田八百二十二顷二十一亩,夷田八百三十段","是为清季最高之田亩数字"。长达16年之久的回民起义,在造成人口锐减的同时,大量田地也因此而荒芜,即使在战乱平息十年之后,依然是"元气未复"。光绪十四年(1888)全省"荒芜田地一万九千六百七顷九十八亩零三分",实际耕地"六万九千八百五十四顷三十七亩七分六厘六毫零",比道光末减少23 000多顷。⑧

---

① 云南省档案馆编:《近代云南人口史料(1909—1982)》第2辑,第55页。
② 据《1946年1—3月户口统计报告表(本籍人口职业性别表)》、《1946年1—3月户口统计报告表(寄籍人口职业性别表)》计算,以上两表载云南省档案馆编:《近代云南人口史料(1909—1982)》第2辑,第134—137页。
③ 云南省志编纂委员会:《续云南通志长编》(下册),第244页。
④ 葛剑雄主编,侯扬方著:《中国人口史》,第六卷,第542—543页。
⑤ 调查具体实施过程参《续云南通志长编》(中册),户政三,第104—105页。
⑥ 葛剑雄主编,侯扬方著:《中国人口史》,第六卷,第540页。
⑦ 行政院农村复兴委员会:《云南农村调查》,商务印书馆,1935年,第12页。
⑧ 《新纂云南通志》卷一三八,农业考一。

进入民国以后,有关云南耕地面积的数字,张心一《中国农业概况估计》估计1932年前一段时期为27 125千亩;①上海《申报年鉴》统计,1934年,除缺四县外,云南耕地面积为25 009千亩;②云南省财政厅1929—1940年进行的耕地清丈,已清丈完成的107县(有19县、设治局未完成清丈)共有耕地28 373 929亩;③《中华年鉴》的统计,1946年云南耕地面积为26 215千亩。④ 以上数字,省财政厅的由于是经过各地丈量的,应该最为接近实际,但是最终的统计因双江、车里、金平、屏边4县和宁江、福贡等15设治局未完成清丈而使其耕地数没有包括在内。有论者指出:这些地方大都地广人稀,耕地亦有相当面积,如果加上这些地区的耕地面积,估计这一时期云南耕地面积约在3000万—3200万亩之间。⑤ 这一估计与国家统计局编《全国农业生产恢复时期基本统计资料》所载1949年云南耕地面积33 915千亩基本符合,应该说是比较合理的。综合以上统计数据,笔者认为,以3000万亩左右作为整个民国时期的云南耕地数大致是可以成立的。

耕地面积与土地总面积的比值在很大程度上反映出土地的利用和开发程度。以1932年为例,云南耕地面积共计27 125千亩,全省土地总面积598 259千亩,⑥则耕地面积只占全部土地面积的4.53%。这么低比值固然与云南地多崇山峻岭有不少地方不适宜于垦种有关,但更重要的原因是云南尚有大量的荒山荒地没有得到开垦。据1938年的估计,荒山荒地面积占全省各县土地平均数的89%,⑦这些荒山荒地虽说不全是宜垦地,但也反映出土地的开发程度还是非常低的。据1948年《中华年鉴》关于1946年"各省的耕地和农民"的统计,云南农民平均每人耕地为3.66亩,这一数字不仅低于全国大多数的省份,而且低于全国平均数达0.6亩之多。⑧ 这样就出现了一组矛盾,即一方面农民人均耕地低,而另一方面却有大量的荒山荒地没有得到开垦,这一矛盾的存在恰恰是农业生产力水平低下造成的结果。

三、水利兴修与农业的发展

云南地方所谓"跬步皆山,田少地多,忧旱喜潦,且并无积蓄,不通舟车,设一遇愆阳,即顿成荒岁",⑨故而水利的兴修对于云南农业的发展显得尤为重要。因此之故,云南地方政府和社会历来比较重视水利事业。

---

① 许道夫编:《中国近代农业生产及贸易统计资料》,上海人民出版社,1983年,第8页。
② 许道夫编:《中国近代农业生产及贸易统计资料》,第9页。
③ 云南省志编纂委员会:《续云南通志长编》(下册),第249页。
④ 许道夫编:《中国近代农业生产及贸易统计资料》,第9页。
⑤ 李珪主编:《云南近代经济史》,第246—247页。
⑥ 许道夫编:《中国近代农业生产及贸易统计资料》,第8—9页。
⑦ 李珪主编:《云南近代经济史》,第247页。
⑧ 许道夫编:《中国近代农业生产及贸易统计资料》,第10页。
⑨ 《新纂云南通志》卷一三九,农业考二。

清季虽是多事之秋,但在云南,各地在水利的维护与兴修方面还是做了不少工作,尤其是回民起义平定之后,由于战乱后恢复和发展生产的需要,各地纷纷疏浚、修整因战争而年久失修的各项水利设施,从而在全省范围内掀起了一场水利建设的小高潮。如在昆明县,海口"兵燹后,年久失修",以致"同治十年,大水泛滥",战乱结束不久,即同治十三年(1874)"巡抚岑毓英檄粮储道韩锦云、水利同知朱百梅等大修海口堤岸、闸坝、河道";松华坝"军兴后,墩台渗漏,堤岸坍塌,沿河壅淤太甚,近村田亩多致淹没",战争期间,即同治二年(1863),"绅士黄琮筹修,历经三次,未尽厥功",战争结束后,"光绪三年,粮储道崔尊彝督同水利同知魏锡经、委员陈勋、士绅张梦龄、张联森筹款重修墩台、闸坝、河道,阅四月而功竣,沿河田亩资灌溉焉"。① 再如,晋宁州分水石坝"兵燹后失修,光绪十一年,知州胡德镛请款修浚白沙、淤泥两河";② 姚州青蛉河堤"军兴后,河道壅塞","光绪六年,知州伍兰征集州民修浚";大姚县新坝"军兴后,堤岸坍塌,河道淤塞","光绪五年,知县姜瑞鸿、绅士李宝书筹款修浚";定远县庆丰闸、安乐闸"兵燹后失修","光绪七年,知县万邦治请款,率绅民损赀重修,并填筑石墩四座,石堤十余丈,建龙神庙于闸左";③ 沾益州天生坝"咸丰间,毁于兵","光绪三年,知府陈彝、知州江宝善率绅士李景贤、曹士麟、唐得胜、邓国柱等倡捐重修";寻甸州万井堤"军兴后,堤岸坍塌","光绪四年,知州吕调阳倡修,新开子河一道,长二里许,宽丈余,入牛栏江,以资灌溉,并设巡水二人,每年修浚";宣威州阿龙坝"兵燹后,闸坝淤塞,堤岸坍塌","光绪七年,署知县凌应梧、守备晏国安重经修筑";剑川州金龙河堤"军兴后失修,东、西两岸民田淹没无算。知州吴其桢禀请巡抚岑毓英发款,率绅民修浚,自同治十二年至光绪二年工竣,河水畅流,得免于患",④ 等等。

根据《新纂云南通志》的记载,1840—1911年间云南共有各类水利工程1225个,其中最多的是云南府,有各类水利工程242个,占全省总数的19.76%;其次是楚雄府,有154个水利工程,占全省总数的12.57%;再次是曲靖府,各种水利工程有142个,占全省总数的11.59%;接下来是大理府,有135个水利工程,占全省总数的11.02%。有论者从人口、田地分布及人地比进行的研究表明:鸦片战争前夕,云南形成了云南府、大理府、楚雄府、曲靖府、临安府5个农业中心。⑤ 这也就是说,水利工程分布最为集中的地方恰恰也是农业经济最为发达的农业中心所在的地方。水利工程发达与否对于云南各地农业经济发展的意义由此可见一斑。

---

① 《新纂云南通志》卷一三九,农业考二。
② 《新纂云南通志》卷一三九,农业考二。
③ 《新纂云南通志》卷一三九,农业考三。
④ 《新纂云南通志》卷一三九,农业考四。
⑤ 车辚:《1840年前云南的经济地理特征》,《云南财经大学学报》2009年第5期。

表 2-1　1840—1911 年间云南主要水利工程分府统计

地区	数量	地区	数量	地区	数量	地区	数量
云南府	242	顺宁府	10	东川府	19	广西直隶州	23
大理府	135	曲靖府	142	昭通府	87	武定直隶州	32
临安府	80	丽江府	39	景东直隶厅	6	元江直隶州	42
楚雄府	154	普洱府	27	蒙化直隶厅	29	黑盐井直隶提举司	1
澄江府	78	永昌府	49	永北直隶厅	14	琅盐井直隶提举司	1
广南府	7	开化府	6	镇沅直隶厅	1	白盐井直隶提举司	1

（资料来源：《新纂云南通志》卷一三九，农业考、卷一四〇，农业考三、卷一四一，农业考四。）

如果大致以楚雄府为界将云南省分为东部和西部两大区的话，李中清从人口增长和人口密度[①]以及蓝勇从城镇分布[②]入手所作的研究都表明清代云南经济重心已经转移到了东部地区。不仅如此，长期分别作为东部经济中心的云南府和西部经济中心的大理府，到清代至少从人口的分布看，大理府也已经远远落后于云南府了。比如，嘉庆二十五年(1820)分府人口统计，云南府有人口 942 689 口，人口密度每平方公里 78.55 人，大大超过了大理府 566 035 口，人口密度每平方公里 24.83 人。[③]而据杨伟兵的统计，[④]清代云南主要水利工程的分布和数量与清代云南经济重心、经济中心有着非常高的契合度。这就说明，由于农业经济是整个云南经济的主体，水利工程的数量和分布是影响不同地方经济发展的重要因素，也是造成各地经济发展不平衡的重要原因。

据表 2-2，1840—1911 年间云南兴建、整修各类水利工程共计 140 处次，其中以云南府最多，为 45 处次；其次是楚雄府，兴建、整修各类水利工程 14 处次；临安府和普洱府并列第三，兴建和整修的水利设施有 13 处次；然后才是大理府，兴建和整修的水利工程共有 11 处次。诚如前述，回民起义期间水利失修，战后为了尽快恢复和发展经济，云南各地兴起一股兴建和整修水利设施的小高潮，据《新纂云南通志》的记载，1840—1911 年间兴建和整修的水利工程其中有不少就是在这一背景之下进行的。但是，这些水利工程的兴建和整修在空间上的分布也是很不平衡的。具体说来，还是以云南府为最多，兴建、整修各类水利设施达 30 处次之多；其他相对较多的府州依次是：楚雄府 12 处次，临安府 11 处次，普洱府 11 处次，大理府为 6 处次，澄江府 6 处次，曲靖府 4 处次，丽江府 3 处次。[⑤]

---

① （美）李中清：《明清时期中国西南的经济发展与人口增长》，《清史论丛》第 5 辑，中华书局，1984 年，第 50—102 页；（美）李中清著，林文勋、秦树才译：《中国西南边疆的社会经济：1250—1850》，第 140—158 页。
② 蓝勇：《明清时期西南地区城镇分布的地理演变》，《中国历史地理论丛》1995 年第 1 辑。
③ 梁方仲：《中国历代户口、田地、田赋统计》，中华书局，2008 年，第 383 页。
④ 杨伟兵：《云贵高原的土地利用与生态变迁(1659—1912)》，第 176—180 页。
⑤ 《新纂云南通志》卷一三九，农业考二、卷一四〇，农业考三、卷一四一，农业考四。

表 2-2　1840—1911 年间云南兴建、整修的主要水利工程一览

(单位：处次)

地　区	综合	坝	闸	沟渠	堰塘	堤	涵洞	其他	合计
云南府	9	4	16	4	8	3	1		45
大理府	2	1		2	1	5			11
临安府	2			4		7			13
楚雄府		6	2		3	1		2	14
澄江府	1	3	2			2			9
广南府									
顺宁府									
曲靖府		5				3		1	9
丽江府	1	2		2		2			7
普洱府		10				3			13
永昌府		1			2				3
开化府	1								1
东川府						1			1
昭通府	1								1
景东直隶厅									
蒙化直隶厅									
永北直隶厅		1							1
镇沅直隶厅				1					1
广西直隶州		2						2	4
武定直隶州		5							5
元江直隶州	2			1				1	4
黑盐井直隶提举司									
琅盐井直隶提举司									
白盐井直隶提举司									
合　计	19	40	20	14	15	26	1	6	142

(资料来源：《新纂云南通志》卷一三九，农业考二、卷一四〇，农业考三、卷一四一，农业考四。)

根据曹树基的研究，从回民战争结束的 1872 年与战争之前的 1851 年云南各府州人口数量看，战争造成较大人口损耗的府州依次分别是：澄江府，损耗人口 56%；云南府，损耗人口 54%；普洱府，损耗人口 43%；大理府，损耗人口 33%；蒙化厅，损耗人口 32%；武定州，损耗人口 27%；楚雄府，损耗人口 22%；镇沅州，损耗人

口 16％。① 这也就是说,至少从人口的损耗看,回民起义对以上各府州造成的破坏相对于其他府州要大,人口损耗越多其破坏相对也越大,战后经济恢复的重点地区首先也就应该是这些府州。但从以上战后各地水利兴建和整修情况看,战后经济的恢复西部地区显然不及东部地区。由此,或许可以说,清代云南东西部经济发展的差距在回民战争之后出现了进一步加剧的局面。

辛亥革命后,新成立的云南军政府为巩固政权,采取了一系列措施发展地方经济,比较重视地方水利建设。它们认为前清时代,水利不修,致使全省各属旱潦频仍,为此要查明各地已开水利、未开水利及有无废弛等情况,作为兴修之依据。② 但是,云南地方政府长期忙于各种战事,因而实际开展的相关经济建设项目并不是很多。在水利建设方面尽管也做了一些工作,却没有大面积地推展开来。

1929 年龙云主政云南之后,政局趋于稳定,水利建设才被真正提上议事日程。如何建设全省水利,省政府提出"小型水利工程或排水工程及面积较狭之垦荒工作,鼓励各地方自办。其规模较大之事业,则迳由省政府投资兴办"的方针,并因地制宜确定水利建设的具体措施,在易积水难退的地区举办排水防洪工程;在缺水又可引水的地方开挖渠道,筑塘蓄水;在缺水但又难以直接引水的地方进行动力抽水灌溉。③ 进而在全省范围内开展水利建设。当时计划进行的大型水利建设主要有对海口河、省会各河的整理,对南盘江、金沙江水利的整顿,以及对抚仙湖、星云湖水利的整治等,昆明及其周边地区是重点建设区域。④ 除此之外,各县兴修的蓄水工程有罗次县的五朵朵闸坝、宾川县仁慈庙和康郎乡两处堰塘、江川县白龙潭山坝塘、马龙县三官楼涵洞、弥渡县周力士营海堰、牟定县冷水箐闸坝、彝良县修筑堰塘、鹤庆县俅鸡箐塘坝、华宁县狮子口坝塘、凤仪县赤佛山蓄水塘、澄江县上官村西坝堰塘等;治河工程有保山县疏浚并修改东河、永北县复兴小桥河、易门县疏浚中沟大河、剑川县疏浚及改直螳螂川、寻甸县修挖牛栏江、禄丰县修挖南坝河、洱源县修治凤羽河、建水县修治泸江及塌冲河、宣威县开挖左所河道;引水工程有陆良县开挖大桥乡沟道、永善县开挖长虹堰沟、云龙县开挖长春坡沟道、保山县开挖海外沟及涉河沟、宜良县开挖桥头营沟道、大姚县开挖昙华山水沟、盐丰县开挖赤石岩水源、昌宁县修上横沟、武定县开挖姜驿根树村水沟、罗平县开挖宛温镇水沟;堤坝工程有大理县修筑喜州霞移、万花两溪石堤,河溪县修筑拦沙坝。⑤

不难看出,民国时期云南水利工程的分布主要集中在传统上的农业经济比较发达的平坝地区,这是因为云南的坝区与平地虽然便于农业的发展,但由于其年内

---

① 笔者据葛剑雄主编、曹树基著:《中国人口史》,第五卷"表 13-1 回民战争前后云南分府人口"(第 567 页)计算。
② 李珪主编:《云南近代经济史》,第 241 页。
③ 李珪主编:《云南近代经济史》,第 253 页。
④ 《续云南通志长编》(下册),第 274—291 页。
⑤ 《续云南通志长编》(下册),第 291 页。

和年际降水变化都比较大,一年之内分为明显的干湿二季,在雨季不储水则在干季就会缺少浇灌之水,因此,蓄水就显得非常必要,各县水利工程以蓄水工程涉及地方最广、数量最多也正说明了这一点。云南省内降水的空间分配是从南到北逐渐减少的,经济向为发达的包括大理、楚雄、昆明、玉溪等地区的中部一带降水相对较少,①又有滇池、洱海等湖河水患之虞,对水利工程的需要尤为迫切。民国时期大型水利工程集中在昆明及其周围地区,虽然体现出政府对省会水利之特别重视,但应该说也是与这一地理特征不无关系的。

水利的兴修,毫无疑问可以促进的农业的发展,如嵩明县嘉丽泽水利建设,通过排除积水,得到"能耕海地八千亩,永荒外有半荒四千五百亩","整治海面半荒、永荒共计约数二万五千亩"。②但是,水利工程的建设与分布毕竟还只是主要局限在一些特定的地区,据估计,民国时期云南水利工程建设受惠田亩不上 10 万亩,在全省耕地比例中微不足道,③因此,对近代云南农业发展中水利所起的作用不宜估计过高。

第二节 主要粮食作物及其农业地理特征

1840—1911 年间,云南粮食作物主要种类有稻、麦、蜀黍、粟、黍稷、玉蜀黍等,其中,稻"为云南极重要之主食品",麦"在滇产中,为次于稻作之主要作物",玉蜀黍"用途与稻、麦同,为当地之主食品",④此三种作物居于云南粮食作物最主要的地位。

稻类根据米质的不同可分为粳、糯两种,也可根据种植方式的不同分为水稻和陆稻两种。大致说来,水稻种植主要集中在温暖多雨、地势低缓、水利条件相对较好的滇中、滇东南地区和省内各主要坝区。其中,"米之出产以宜良、玉溪等县为多,稻谷生产则以宜良等县为多,宜良米除本县食用外,尚可出口八百余斗"。⑤陆稻又名旱谷,又因"种之山原,故曰山谷。味与水谷同,而粒较小"。⑥陆稻抗旱能力强,对土地肥力要求不高,宜种下田,产量也较低,故主要分布在水源条件较差、土壤肥力较低的高亢之地。⑦尽管如此,有些地方却以适应陆稻的种植,并以之著称一时,如"五福亦以产山地谷著称"。⑧

麦类分为大麦、小麦、燕麦、荞麦数种。"滇产大麦,杆部高长,穗共六棱,芒亦长细,性强丰收,近省一带均利赖之";"小麦为滇常产";"燕麦,亦名雀麦,因其颖壳

---

① 王声跃主编:《云南地理》,云南民族出版社,2002 年,第 76—77 页。
② 《续云南通志长编》(下册),第 287 页。
③ 李珪主编:《云南近代经济史》,第 253 页。
④ 《新纂云南通志》卷六二,物产考五。
⑤ 《新纂云南通志》卷六二,物产考五。
⑥ 刘达式:《元江志稿》卷七,食货志。
⑦ 徐君峰:《清代云南粮食作物的地域分布》,《中国历史地理论丛》1995 年第 3 辑。
⑧ 《新纂云南通志》卷六二,物产考五。

似燕雀,故名。性耐荒寒,不畏干旱"。荞麦有"苦、甜两种,为救荒植物之一,甜荞且做常食品生产"。① 麦类尽管以"不畏寒冷干燥之风木,而忌炎热久雨之气候,故能屹立于冬、夏两季风节气之间而占优胜之地位",产地非常普遍,②但就各种类种植之面积广狭,地位之重要与否,又当别论。小麦按其播种季节可分为冬、春两种。其中,冬小麦"多产于河浜",③产地分布较广,也最为滇人注意。大麦、燕麦多"种之于山地,遇岁歉则膏腴之壤间亦植之",分布虽然较广,但并不为人所重视,主要为荒歉之时"以供急用"。④ 荞麦虽在凶荒之年,"坝子田地亦有种为济急之用",⑤但主要还是"荒寒原野及寡雨坡地山民多栽种之",⑥与大麦、燕麦一样,都不能与小麦比肩。

玉蜀黍,即玉米。玉米的种植,对环境的要求不高,既可以在温湿平地获得高产,也可以在荒凉高原得到丰收,因而在不宜稻、麦的山原地带,玉米广为种植,成为大宗农产品。如,在滇东北的昭通,"昭之粮食,此(苞谷)其最大宗也"。⑦ 其用途也较广,"并可饲畜、酿酒,即其秆叶、苞皮,无一废弃之物",⑧为云南主食品之一。

民国时期云南粮食作物的种类与清代大致相同。据表2-3,以1935年为例,云南粮食作物的种植,以稻居于第一的位置,其次是玉蜀黍,再次是小麦,反映出民国时期云南粮食作物种植结构的大致情形。由此可见,与清末相比,民国时期云南粮食作物主要不是在种类与种植结构上发生了多大变化,而是在分布、种植面积与产量上发生了较大的变化。

表2-3 1935年云南全省主要农产统计表

种类	出产地数(县、局)	出产量(担)	价值(新币元)	产地面积(亩)
稻	108	34 132 376	1 852 868 304	11 782 797
小麦	91	2 305 672	131 423 304	769 416
大麦	91	1 860 129	76 265 289	821 018
荞	92	3 712 419	92 810 475	986 062
高粱	70	869 291	30 425 185	304 488
玉蜀黍	110	14 770 863	590 834 520	5 639 763
马铃薯	101	10 661 913	159 928 695	1 749 520

(资料来源:《续云南通志长编》(下册),第252页。)

---

① 《新纂云南通志》卷六二,物产考五。
② 《新纂云南通志》卷六二,物产考五。
③ 《宣威县志稿》卷三,物产,1934年铅印本。
④ 《宣威县志稿》卷三,物产。
⑤ 卢金锡等:《昭通县志稿》卷九,物产志,1938年铅印本。
⑥ 《新纂云南通志》卷六二,物产考五。
⑦ 卢金锡等:《昭通县志稿》卷九,物产志。
⑧ 《新纂云南通志》卷六二,物产考五。

首先,民国时期,尽管各种粮食作物几乎在云南全省都有种植,但在各地还是形成了以某几种粮食为大宗的粮食生产格局,粮食种植的区域性特征在清代的基础上进一步增强。在全省范围内,大略而言,迤西、迤南各县,以米、麦、荞麦等为大宗,迤东以玉蜀黍、荞麦等为大宗。①

其次,民国时期,随着人口的增加和土地数量的增长,云南的粮食作物特别是以稻、麦、玉蜀黍为代表的大宗粮食作物的种植面积和产量,与清代相比有了较大增加,在西南或全国占有一席之地。

其中,水稻在云南全省的种植,据表2-4,面积大致维持在1000万亩上下,产量在3000万担上下波动,并且大致呈现出增长的态势,特别是"抗战以来,已较抗战以前增加四五十万市亩,其产量也增加了数百万担"。②

表2-4　1936—1941年云南全省水稻种植面积与产量

年份	面积(千市亩)	产量(千市担)	年份	面积(千市亩)	产量(千市担)
1936	9 422	30 970	1939	9 745	28 584
1937	8 939	24 700	1940	9 912	34 461
1938	10 057	35 385	1941	9 819	31 645

(资料来源:蒋君章:《西南经济地理》,商务印书馆,1947年,第46页。)

随之而来的则是其在西南和全国水稻生产格局中的地位得到了提升。以1936年为例,据表2-5,在西南五省(四川、贵州、云南、广西、西康)中,云南稻米种植面积排名第三,比排名第一的四川少大约1000万亩,比广西也少600多万亩,但产量却与广西不相上下,可以说云南稻米出产在西南地区还是居于较重要的地位。不仅如此,云南稻米产量约为该年全国产量的3.5%,排名全国第10位,在全国也居于较重要的地位。③

表2-5　1936年西南各省稻田面积及产量表

省别	耕种面积(千市亩)	产量(千市担)	省别	耕种面积(千市亩)	产量(千市担)
四川	39 136	129 333	云南	19 304	33 747
贵州	8 618	22 812	西康		2 509
广西	25 616	33 749	全国	272 232	960 895

(资料来源:蒋君章:《西南经济地理纲要》,正中书局,1943年,第30页。)

小麦在云南全省的种植,据表2-6,在民国时期,也呈现出逐年增加的态势。

---

① 《续云南通志长编》(下册),第253页。
② 蒋君章:《西南经济地理》,商务印书馆,1947年,第46页。
③ 蒋君章:《西南经济地理纲要》,正中书局,1943年,第31页。

"小麦不宜生长于过分潮湿炎热的地方",因此,小麦在云南的种植面积与产量远远不及水稻,在全国,云南小麦产量次于山东、江苏、河南、湖北、安徽、河北、山西、浙江、陕西、甘肃、湖南、福建等省而仅居于第十五位,但在西南各省中,如表2-7所示,却仅次于四川,居于第二的位置。

表2-6 1936—1941年云南全省小麦种植面积与产量

年份	面积(千市亩)	产量(千市担)	年份	面积(千市亩)	产量(千市担)
1936	3782	7195	1939	4714	8956
1937	4399	5771	1940	4951	9092
1938	4471	7125	1941	4982	8396

(资料来源:蒋君章:《西南经济地理》,商务印书馆,1947年,第51—52页。)

表2-7 1937年、1939年西南各省小麦产量表

(单位:千市担)

省别 \ 年份	1937年	1939年
四川	28603	41874
贵州	4545	6001
云南	5771	8956
广西	172	2484
西康	590	

(资料来源:蒋君章:《西南经济地理纲要》,正中书局,1943年,第33页。)

与水稻、小麦不同,玉米在云南全省的种植,如表2-8所示,其面积与产量不是逐年的增加,而是日见减少,1946年与1931年相比,种植面积减少超过200万亩,产量减少近400万担。

表2-8 1931—1946年云南全省玉米种植面积与产量

年份	面积(千市亩)	产量(千市担)	年份	面积(千市亩)	产量(千市担)
1931	6469	9121	1939	4099	
1932	6015	7519	1940	4169	
1933	4120	5109	1941	4291	
1934	3950	5333	1942	4335	5819
1935	4323	7324	1943	4453	5187
1936	4549	7350	1944	4276	5017
1937	4831	7435	1945	4199	5483
1938	4156	5199	1946	4157	5363

(资料来源:许道夫编:《中国近代农业生产及贸易统计资料》,上海人民出版社,1983年,第59页。)

尽管如此,但据1930年代的统计来看,玉米种植面积占云南全省耕地总面积却高达18.0%,到1950年代,其种植比重则进一步上升,为23.8%,①其产量更是居于全国第二的位置,②是云南最为重要的杂粮作物之一。一方面,这是因为云南虽然地理环境复杂多样,但在年降雨量800—1500毫米,生长期月降雨量100毫米的地区最适宜玉米的生长,所以,云南各地几乎均适应玉米的生长。另一方面,则是因为在不适于稻、麦种植之地,玉米往往成为主要食物之一,而且云南人特别是云南少数民族,喜于饮酒,玉米又是酿酒的重要原料。换句话说,云南地区具有适宜于玉米广泛种植的环境,与此同时,在云南,对玉米又有着相对持续的需求,从而使得云南玉米种植的较高比例和在全国的重要地位。

据《新纂云南通志》的记述,大致在民国以前,除在高寒地区和边地民族地区作为主食之外,马铃薯在云南的种植似乎不太广泛,③而据1935年云南省建设厅的调查:全省有101个县局出产马铃薯,只比水稻种植少7个县局,比玉米少9个县局;产地面积1 749 520亩,约占全部10种被调查农产种植总面积的6.3%;产量为10 661 913担,仅次于水稻和玉米,居全省农产第三位。可以说,除以上水稻、小麦、玉米等作物之外,民国时期,以其种植范围之广,产量之大,马铃薯已经成为云南重要的粮食作物之一。与民国之前滇东北一带所产"鼠子洋芋、白花洋芋等,尤称名品","昆明所产,则有红洋芋、白洋芋两种,均富淀粉"④的情形大体一致,民国时期,东川所产红色洋芋"形大而丰收,质佳而味美",昆明所产老鼠洋芋"形小如鼠状,风味优美为他种冠"⑤,滇东北和滇中一带不仅为马铃薯的主要种植地带,而且所产也优于他地,已然形成名品。现今,在昆明大街小巷随处可见卖"炸洋芋"的摊、店,不少云南人视"炸洋芋"为一道美食,将其历史追溯至近代或不无可能。

在以上主要的粮食作物之中,稻、麦等属云南传统的粮食作物,其种植均有着悠久的历史,但稻、麦种植对环境有较高的要求。稻的种植"必气候温热,水利便捷,又有沙质壤木之地,始适于种植",麦的种植则"忌炎热久雨之气候",⑥故而,在云南,稻主要分在坝区和平地,以及易于灌溉的地区;麦虽可在除南部炎热之地外的地区广泛种植,但在高寒地带往往难以高产,因此也以在平地种植为主。坝区和平地是最先开发的地区,在近代以前,这些地区即已鲜有可垦之荒地,因此,近代云南耕地面积的增加主要是向山地进军的结果。而山地以玉米、马铃薯等高产农作物适于种植,这也就是说,云南耕地数量在近代的增加,在一定程度上是玉米、马铃薯等高产农作物在山区、半山区广泛种植的结果;相对于近代以前,近代云南粮食

---

① 韩茂莉:《中国历史农业地理》,北京大学出版社,2012年,第547页。
② 蒋君章:《西南经济地理纲要》,第35—36页。
③ 《新纂云南通志》卷六二,物产考五。
④ 《新纂云南通志》卷六二,物产考五。
⑤ 《续云南通志长编》(下册),第259页。
⑥ 《新纂云南通志》卷六二,物产考五。

总产量的提高,也主要是玉米、马铃薯等高产农作物种植增加的结果。

第三节　主要经济作物的种植及其农业地理特征

一、主要经济作物及其分布

经济作物是近代云南种植业中的重要组成部分,云南具有复杂多样的地理环境特征,不仅经济作物种类较多,而且形成数种优势作物种类,包括茶叶、烟草、甘蔗等。与地理环境相适应,近代云南经济作物的种植,大致呈现出"在平原为甘蔗、苎麻、烟叶"为主、"在山地为棉花、罂粟"等为主的景象。[①]

甘蔗虽说宜于在平原地带种植,但其属于热带、亚热带作物,喜高温、需水量大,故而其在云南的种植,实际上主要是在亚热带地区,从而呈现出点状分布的特征,主要种植地区有"婆兮、弥勒、竹园、景东、宁洱、永北、宾川、巧家、五福、缅宁、云州、临江、保山、施甸、元谋、开远等处"。

苎麻"茎部均有皮层,由纤维质组成,刮取外皮,则得纤维","粗麻再行细劈,纤维则为精麻,供绩麻布、夏布之用",因是重要的纺织原料,故"滇各处产之",而以"临江出口为大宗"。[②]

烟草,非常适宜于云南的自然环境,自从进入云南以来"栽培愈广,品种愈多",而"今滇中盛植"。[③]

云南所产棉花,有木棉和草棉两种,时人以为云南"所产木棉,叶既肥厚,一次耕种可得多年收获,丝质洁白细韧,内地罕见之佳种也",[④]而据各地方志中有关木棉的记载,[⑤]近代时期,木棉虽在许多地方都有,但其果实纤维较短,毕竟不是纺织良材,其纤维多用作棉絮,并因此而很少为人工栽植;[⑥]草棉即通常所称的棉花,属锦葵科,一年生草本,为喜热、耐旱、好光、忌渍的作物,云南地理环境并不非常适合棉花的种植,虽在"滇温暖地带及金沙江流域元谋、罗平、永北、宾川等处"有所出产,但产量较低,无法满足全省需求,"今滇棉之来源,多仰给于缅甸瓦城(名瓦花)与东京,自植者进占缓慢"。[⑦]

云南最早种植罂粟的时间大致能追溯到清朝康熙中叶,但直至19世纪五十年代末,与偷运进口的洋鸦片相比,云南乃至整个国内自种的罂粟,在范围和数量上都是有限的。[⑧]第二次鸦片战争后,清廷被迫承认鸦片贸易合法化,云南许多地方

---

① 佚名:《到云南去》,1938年,第15页,上海图书馆藏资料。
② 《新纂云南通志》卷六二,物产考五。
③ 《新纂云南通志》卷六二,物产考六。
④ 《到云南去》,1938年,第15页。
⑤ 参韩茂莉:《中国历史农业地理》,第627页。
⑥ 韩茂莉:《中国历史农业地理》,第627—628页。
⑦ 《新纂云南通志》卷六二,物产考五。
⑧ 黄百灵:《清朝云南的罂粟种植及其对农村经济的影响》,《四川大学学报》2004年增刊。

以"地气适宜",开始广泛种植罂粟。据估计,1893—1898年间,云南罂粟的种植面积约为30万亩;1899—1908年间,约为70万亩。① 而据1893年蒙自关及1908年腾越关的估计,云南罂粟的种植面积约占全省耕地面积的6/10,产值达8000万两。② 为云南最为重要的小春经济作物。

但是,在近代云南所有经济作物中,茶叶受外向化与市场化的影响较大;鸦片是云南的特种经济作物,对近代云南社会产生深远的影响;桑、棉的推广与种植,主要是政策促动的产物。因而,此数种经济作物,尤为值得注意。下面我们将对这几种作物在近代云南的种植、分布及其地理特征分别作一较为详细的论述。

二、特种经济作物——鸦片种植的兴衰

道光十八年(1838)地方官吏奏报云:"云南省地方寥廓,深山邃谷之中,种植罂粟花,取浆熬烟,其利十倍于种稻。自各衙门官亲、幕友、跟役、书差,以及各城市文武生监商贾军民人等,吸烟者十居五六,并有明目张胆开设烟馆贩卖烟膏者,其价廉于他省,近复运出境,以图重利。"③道光十九年(1839),政府禁烟时竟缉获烟土、烟膏2.2万两。④ 由此可见,在鸦片战争之前,云南鸦片的种植已形成一定的规模,不仅供本省吸食,而且还有运往他处者。但在当时,种植鸦片毕竟是违禁的。但在第二次鸦片战争后,一方面由于鸦片贸易合法化,另一方面则是由于在咸、同年间,为了收取更多的"土药厘金",以此筹集镇压回民起义的军费,政府放任,甚至鼓励鸦片的种植,从而在此以后,所谓"云贵四川境内之田,连畦接畛,种植罂粟花,借以渔利,近年此风尤盛",⑤云南鸦片的种植面积迅速扩大。起初,鸦片主要还是在山区种植,以后进一步向平坝地区扩展,光绪年间,就连昆明城郊已是遍植鸦片了,"出南门,绕过金马碧鸡坊,过迎恩塘,时暮春天气,罂粟花开,满野缤纷,目遇成色",而其产量也可谓惊人,"西字报云,(光绪八年)前二年间,中国四川、云南、贵州三省,共出烟土二十六万五千担,三处土人所食,仅需十六万五千担,余皆分运近省"。⑥ 据"国际鸦片委员会"的估计,1906年,云南烟土产量为7.8万担,占全国总产量58.48万担的13.3%,为全国烟土产量第二大省。⑦

云南鸦片的种植之所以能迅速拓展,使之成为鸦片产出与输出最大省份之一,应该说是与其地理环境不无关系的。

云南境内,山地占全省面积的84%,高原占10%,两者合计占94%,为数众多的称为"坝子"的山间盆地镶嵌在山地高原之中,有1400多个,但只占全省面积的

---

① 秦和平:《云南鸦片问题与禁烟运动(1840—1940)》,四川民族出版社,1998年,第25页。
② 李珪主编:《云南近代经济史》,第56页。
③ 中国第一历史档案馆:《鸦片战争档案史料》(第1册),天津古籍出版社,1992年,第420页。
④ 李珪主编:《云南近代经济史》,第55页。
⑤ 李文治:《中国近代农业史资料》(第1辑),三联书店,1957年,第458页。
⑥ 李文治:《中国近代农业史资料》(第1辑),三联书店,1957年,第458页。
⑦ 李珪主编:《云南近代经济史》,第56页。

6％。受环境的限制,较为发达的"经营着集约的农业"的地方非常有限,"耕作被限于高原上的平地,极少数的开阔山谷和偶然的山坡梯田",而"这类的耕地面积大都有限得很",①其他大多数的高原与山地耕作粗放,甚至还是刀耕火种,农业生产率非常低下,"山地贫瘠,荒芜居多,纵使开垦,生产亦薄"。② 农业生产力的低下,为鸦片首先在山区的种植和迅速扩展提供了条件,因为种植鸦片的收益绝非其他种植作物可以相比,从而吸引山民纷纷种植鸦片,"自洋烟盛行,愚民狃于近利,田畴山地往往舍豆麦菽粟而种罂粟",③并维系其生计于烟产,"其土物以烟土为出产大宗,数十年来,直为衣食所赖。卒令易烟而谷,其利入不十之一,既不足以赡其身家,且农具牛具早已荡然,虽服先畴,不窅学稼,断非仓卒所可资生,恐指顾间,向以种烟作活之家,将骤失生计,而辗转沟壑,流为盗贼者,不知凡几。"④受利益的驱使,鸦片种植范围不断扩展,开始从山区走向坝区与平地。

云南境内山高谷深,交通阻隔,与省外的来往不便,极大地限制着其长途贸易的开展,"至滇省贫瘠,亦欲急收通商之利,因滇路离水道太远,计至四川泸州暨贵州镇远、粤西百色等处,皆二十余站,陆路商情阻滞,百货不能畅销"。⑤"作为从东部沿海与国外贸易最偏远的西南省份,通过长江到达该省北部之前都是非常曲折的,已经丧失在商业上的价值,因此,其最大的困难还是在于它的交通"。⑥ 对外交通的不便使得那些体积大、附加值低的产品难以在长途贸易上形成竞争优势的同时,鸦片以其运输方便和高收益率,理所当然地成为云南对外省和境外贸易的优势商品,"云南商业之出口者,土药为大宗,个旧锡次之",⑦"在外人观之,出口货物如许之少,未免以云南一省为极穷之地,盖犹未悉其底蕴者也。即就土药一款而论,每年所产约可换洋货数百万。盖土药,中国推云土为上,所以年年贩至广东、广西、湖南、湖北长江一带为最夥"。⑧ 不难想象,贸易上的巨大需求必然推动鸦片的大规模种植。

近代的云南出产有限,而"本省各机关经费,均自省库支给",特别是因为战事不断,军费开支巨大,"约计教育及司法占省库收入百分之二,农矿占百分之四,但军费则占百分之六十也",⑨致使地方财政极其紧张。鸦片的种植为云南地方政府开辟了新的税源,随着鸦片种植面积的扩大,"鸦片税"日益成为云南地方财政特别是军费开支的重要来源,"此项税厘,系军饷大宗"。

---

① (美)葛勒石(G. B. Gressey)著,谌亚达译:《中国区域地理》,第228页。
② 《DECENNIAL REPORT,1922—1931》,SZEMAO,中国第二历史档案馆、中国海关总署办公厅编:《中国旧海关史料》第157册,京华出版社,2001年,第561页。
③ 梁友檍辑:《蒙化县志稿》卷九,户籍志,1919年铅印本。
④ 李文治:《中国近代农业史资料》(第1辑),第457页。
⑤ 张振鹍:《中法战争》(中国近代史资料丛刊续编)第2册,中华书局,1995年,第766页。
⑥ 《MENGTZU TRADE REPORT,FOR THE YEAR 1889》,《中国旧海关史料》第15册,第573页。
⑦ 刘盛堂:《云南地志》,光绪三十四年铅印本。
⑧ 《光绪十九年蒙自口华洋贸易情形论略》,《中国旧海关史料》第21册,第241页。
⑨ 《DECENNIAL REPORT,1922—1931》,MENGTSZ,《中国旧海关史料》第157册,第557页。

正因为以上的原因,鸦片在云南是屡禁不绝。作为"新政"的内容之一,清政府在统治的最后几年乃厉行禁烟,拟从光绪二年(1906)起用10年时间禁绝烟毒。而云南则主动奏请在1年内实现禁种,1909年底,云南地方的奏报称"滇省禁烟,无论栽种贩吸,均先后奏明缩限于上年年底一律净尽","云南土药,一律肃清"。① 此虽不无夸大其词,但也正如后人所说"清末厉行禁止,已有相当成绩",②此次禁烟,云南鸦片的种植面积大为缩减应该是不争的事实。"辛亥光复之初,政府注重军事,无暇兼顾及此,愚民间有乘机偷种者,毒焰复炽"。③ 1912年6月,云南军政府"复申禁令,制定厉行禁烟条规",并且针对禁种特别制定《铲烟规则》,实行"每年当秋季下种期后,复分配委员前往各属巡视查铲"的措施。④ 但军政府的禁烟只注意于种、运,忽略吸食,无法从根本上限制鸦片的种植,而且在明令禁烟的当年还由财政司出面派人组织了一个"收销存土公司"收买各地存烟贩运到越南出售牟利,无疑对鸦片的种植起到了暗中鼓励的作用,所以,军政府的禁烟"为日无多",在仅仅实行1年之后就无形中取消了,云南鸦片的种植面积不仅并未因之而缩减,甚至比清末还有了一定的增加。⑤ 1916年春,"准北京外交部电,以前清与英国所定《停运印土条约》,应于民国六年由两国政府派员会勘,请先事准备",为了应对此事,唐继尧政府颁布禁烟章程,责令各地不得有烟苗出土,"如地方官查获有烟,则种烟人民予以枪毙,烟地充公,该管团保撤职究办","如省道复查有烟者,加惩地方官,予以撤任停委处分","如经会勘发现烟苗,则道尹撤任,地方官予以枪毙",其禁令之严可谓空前,而"更以游击队、警备队补助搜铲,雷厉风行,为向来所未有"。⑥ 1917年,英国会勘的结果是"迨勘查已遍,迄无所获","到达河口时,乃具并无根株发现之证明书"。⑦ 足见此次禁烟收效甚大,虽不能说全省已完全禁绝鸦片的种植,但种植面积有了大幅的下降则是可以肯定的。1920年,唐继尧政府为了安置驻川回来的军队,每年要发60万元的饷银一时没有着落,只好求助于鸦片,对鸦片采取"寓禁于征"的政策,"种烟田亩以六十四个平方丈为一亩,按亩征收产地罚金",此后,龙云统治时期,继续沿袭"寓禁于征"的政策,直至1935年。"寓禁于征"政策实际上在一定程度上使鸦片的种植获得了合法的身份,使其种植面积迅速上升。在这一政策执行仅仅五六年之后,云南鸦片的种植面积就达到了200多万亩。⑧ 1935年,"正全国禁烟吃紧之时",迫于压力,云南地方政府"考虑再三,乃照国民政府所订边省产烟区域六年禁绝之规定",决定从当年秋起,分三期分区域实行禁种。⑨ 此次施

---

① 云南省历史研究所:《〈清实录〉有关云南史料汇编》卷四,云南人民出版社,1984年,第756页。
② 《续云南通志长编》(中册),第424页。
③ 《续云南通志长编》(中册),第424页。
④ 《续云南通志长编》(中册),第455页。
⑤ 李珪主编:《云南近代经济史》,第269页。
⑥ 《续云南通志长编》(中册),第455页。
⑦ 《续云南通志长编》(中册),第456页。
⑧ 李珪主编:《云南近代经济史》,第270页。
⑨ 《续云南通志长编》(中册),第425、457—459页。

禁应该说收到了一定的效果,其种植面积应该说是有所减少的,各地"除有因不肖官吏或土劣鼓惑放纵发现较多外,其余均在逐渐减少之中",但无论如何稽查,"盖以区域广袤,查勘每有不能到达之所,故历届查报所得违种数字之外,难免不有隐藏之处。"①1954年的一份调查论道:"解放前,封建军阀和反动国民党政府依靠鸦片为其财政收入的一部分,官僚财阀经营鸦片贸易,强迫与利诱农民种植,致使鸦片流毒全省,估计鸦片种植面积约有650万亩,占全省可以耕地面积的五分之一,年产鸦片为3000万两至5000万两。解放前夕的1948—1949年为最盛时期,普遍种植鸦片,边疆少数民族地区平均80%的人口以鸦片为换取生活必需品的主要资源,鸦片产值占当地农作物总产值的70%以上。"②由此可见,虽然曾有多次禁烟,但近代云南鸦片的种植还是一直维持着很大规模,并从总体上看,其种植面积似乎是愈来愈大。

鸦片的广泛种植对近代云南经济产生了深远影响。首先,鸦片的广泛种植对近代云南粮食作物的种植冲击巨大。鸦片种植不是促进新的土地开发,而是占用原有的耕地,从而使鸦片的种植形成对粮食生产的排斥。如前述,近代云南耕地面积还是有所增加的,但其粮食供应却往往不能自给。1928—1930年间,仅通过蒙自关每年进口的米最高年份在10万担以上,玉米在12万担以上,面粉在1.2万担以上。③"罂粟愈多,豆麦菽荞愈少",④应该说,粮食供应的紧张是与鸦片的种植占用了大面积的耕地不无关系的。据1929年到1933年的调查,西南水稻区(主要是云贵高原)鸦片栽培所需人工量即每作物公顷所需的人工日数为469.30日,高于栽培水稻所需的338.54日、旱稻所需的207.57日和蚕豆所需的126.03日。⑤ 又据秦和平的估计,民国时期"云南内地,种植一升种地的罂粟需要人工180、牛工22个,比同样面积耕地的水稻、玉米或小麦的用工量多3—10倍",每户农户平均种植罂粟面积约有三四亩土地。⑥ 不难看出,由于鸦片的种植需要更多的投入,必然造成粮食作物种植投入的严重不足。总之,鸦片的种植必然压缩粮食的种植,"鸦片之生产继续增多,于是粮食生产减少",⑦粮食种植面积不足,劳力、时间的投入有限是近代云南缺粮、少粮的重要原因。俗话说"手中有粮,心中不慌",缺粮、少粮对一个地区经济社会发展影响是不言而喻的。

其次,鸦片作为商品率最高的农产品,近代云南农业对其有很强的依赖,造成近代云南经济的畸形发展。对农民而言,种植鸦片能够获得较高的经济收益。以

---

① 《续云南通志长编》(中册),第425、465页。
② 云南省民政厅:《我省鸦片烟毒情况(1954年11月)》,《云南档案史料》1991年第4期。
③ 李珪主编:《云南近代经济史》,第272页。
④ 梁友檍辑:《蒙化县志稿》卷九,户籍志。
⑤ (美)卜凯:《中国土地利用》第十四表《栽培各种作物所需之人工量》,金陵大学农学院农业经济系1942年本。转引自杨伟兵《云贵高原的土地利用与生态变迁(1659—1912)》,第113页。
⑥ 秦和平:《有关鸦片种植与近代云南部分地区农村家庭经济关系浅析》,《中国农史》2001年第3期。
⑦ 《鸦片与鸦片问题研究》,《云南旅平学会会刊》第7期。转引自李珪主编《云南近代经济史》,第272—273页。

当时的产量计算,1亩田可产米3担左右,每担价值10元左右,收入不过30元;1亩大烟可产生烟30—50两,每两卖2元,收入在60—100元之间,比种粮高出1—3倍;而在阿佤山等少数民族地区,据统计,鸦片的收入是粮食和经济作物的4.5倍。① 对商人来说,贩卖鸦片可以得到丰厚的利润。"一般来讲,大烟生意比其他买卖都赚钱,就是在本地买进,本地卖出,或旺季买进,淡季卖出,都有50%—200%左右的利润,最高时曾达3—6倍的利润"。② 换句话说,鸦片的广泛种植为鸦片贸易提供了源源不断的货源,而大量的市场需求则进一步促使了鸦片种植面积的扩展。

  1930年代的调查曾说:丽江县"人民生活以农为主……该县素宜栽种洋烟,不论农商,均以此为经济活动之惟一要品,近因销路不畅,一般生活即已感受痛苦"。③ 实际上这不是丽江县仅有的情形,而是全省几乎都是如此。一旦失去对鸦片的种植,无异于阻断农民生计,摧毁农村经济,"况施禁以后,农村衰落,可以立见,若无妥善办法,必致溃决横溢","华永宁三属,毗连凉山,人民夷多汉少,山势旷野,夷民视种烟为唯一之生命线,无论任何查禁","尤有甚者,夷民以种烟为唯一之生活方法,每届查铲神速进行之后,烟苗一经铲除,夷民即无以为生,故四时四出抢劫"。④ 农业如此,鸦片对商业的影响似乎更是形成了一种鸦片兴则贸易兴、鸦片衰则贸易衰的局面。如近代云南著名商号永昌祥,1922—1937年间全号资本盈余460万元,"其中1922至1927年和1935至1937年两段时间都做鸦片烟生意,约有三分之一至一半的盈余来自鸦片烟的暴利"。⑤ 滇南大商号顺成号,"经营的另一种生意,以贩卖鸦片为大宗","由于周家在大烟生意上获利甚丰,在一九二一年顾小斋执掌滇政时,凭借顾的势力,作为护符,由滇越铁路运大烟两兜出口,所得利益,更为惊人"。⑥ 喜洲的复春和原先只是个小商号,可是在其经营鸦片买卖之后,"该号从云县、保山、腾冲等地购入大烟,一次最少有七八万两,仅做几笔大烟买卖,资金就由1930年的800元(半开)增加到1937年的十余万元,七年光景增加了一百多倍",身份立马转变,一跃而跻身于大商号行列。⑦ 无怪乎时人发出如此感叹:"世界上的商业还有比这利益大的吗?难怪云南全省的资本,都集中在鸦片商业上了。"⑧ 由此可见,鸦片在成为近代云南商品率最高的农产品的同时,在一定程度上绑架了近代云南农村经济与近代云南贸易的发展。如此,要想让近代云南经济有一个良性而又可持续的发展简直是难以想象的。

---

① 李珏主编:《云南近代经济史》,第273页。
② 梁冠凡等调查整理:《下关工商业调查报告》,《民族问题五种丛书》云南省编辑委员会编《白族社会历史调查》,云南人民出版社,1983年,第156页。
③ "云南档案"77-99-1197(三)。转引自李珏主编《云南近代经济史》,第274页。
④ 《续云南通志长编》(中册),第467页、第479—480页。
⑤ 杨克成:《永昌祥简史》,《云南文史资料选辑》第9辑,云南人民出版社,1989年,第77页。
⑥ 吴溪洪:《顺成号发家概略》,《云南文史资料选辑》第9辑,第119页。
⑦ 梁冠凡等调查整理:《下关工商业调查报告》,《白族社会历史调查》,第129页。
⑧ 《鸦片与鸦片问题研究》,《云南旅平学会会刊》第7期。转引自周智生《商人与近代西南边疆社会——以滇西北为中心》,中国社会科学出版社,2006年,第89页。

而往往为论者所忽视的是,鸦片在近代云南的种植与禁烟还反映出其经济发展的空间不平衡现象。如前述,近代云南鸦片首先种植在广大山区,实际上已经反映出山区与坝区经济发展的不平衡。相对于坝区,山区的农业生产率要低下,土地利用率不高,因而,鸦片这种高收益的作物才更容易在山区生根和迅速扩展。在禁种过程中则更加明显地反映出了边区和山区少数民族聚居区农民生计是如何更加严重地依赖于鸦片的:

> 总计历年发现偷种之区域,可概括为:一为滇缅接壤之腾龙边区各属,二为滇越、滇老接壤之车、佛、南边区各属,三为滇、桂毗连之广、富、丘、师、泸边区各属,四为滇、黔毗连之镇、彝、威边区各属,五为滇、川毗连之盐、绥、永等边区各属,六为滇、康毗连之巧、会、华、永、宁等边区各属。其内地之建水、石屏、元江、墨江、龙武、镇沅、景东、新平、楚雄、镇南、双柏、南坪等属发现烟苗之处,皆为山势险峻之夷民区域,除有因不肖官吏或土劣鼓惑放纵发现较多外,其数均在逐渐减少之中,为上述各边区夷民多未开化,种烟成习,强悍愚顽,且多于深山老林悬崖陡菁之处偷种,分散并不连接,穷日之力,所产不过数处,而铲烟兵力,多则给养为难,少则恐为所乘,盖以区域之广袤,查勘每有不能到达之所,故历届查报所得违种数字之外,难免不有隐藏之处。①

边区和少数民族聚居的山区,地理环境复杂,为政府统治的薄弱地区,其烟难禁固然与此有关,但根本原因还是因为其经济的落后。由于经济落后,对鸦片的依赖更甚于他处。换句话说,鸦片种植的分布情形在一定程度上反映了近代云南经济发展水平的空间不平衡。

三.区域特色经济作物——茶叶的分布及其重心变化

云南是茶的故乡,是野生大树茶发现最多且分布最为集中的地区,是茶业生产、制造、开发比较早的地区之一。② 至清代时,云南茶叶已以六大茶山为集中分布区域,其所出普洱茶名重一时,为人所称道。清人檀萃《滇海虞衡志》卷十一说:"普茶,名重于天下,此滇之所以产而资利赖者也。出普洱所属六大茶山,一曰攸乐,二曰革登,三曰倚邦,四曰莽枝,五曰蛮喘,六曰慢撒,周八百里,入山作茶者数十万人。茶客收买,运于各处,每盈路,可谓大钱粮矣。"进入近代以后,六大茶山虽然依然是云南茶叶的主要分布区域,但已不局限于此"西南一隅",而是有了很大的拓展,且其分布重心区已悄然出现转移的趋势。"滇茶主要产地,大部偏于西南一隅。发源于六大茶山,延及澜沧江左右之哀牢、蒙乐、怒山间高地。换言之,其发展趋

---

① 《续云南通志长编》(中册),第 465 页。
② 杨志玲:《近代云南茶叶经济研究》,人民出版社,2009 年,第 40 页。

势,大抵由思茅迤南之江城、镇越、车里、佛海、五福、六顺等县,渐移向西北之澜沧、景东、双江、缅宁、云县,而迄于顺宁。"①民国时期,云南产茶区域约达 30 余县,而按其地区所在,则可分为普思沿边区、景东景谷区、元江镇沅区、澜沧区、双江缅宁云县区、顺宁镇康区等六大产茶区。②

普思沿边区大致以普思沿边行政区域为范围,并包括思茅南部及江城西部。因澜沧江流贯境内,故产茶区域,有江内、江外之别。江之东为江内,即六顺、镇越及江城之西、思茅之南与车里之一部。所产之茶,通称"大山茶"。其产地以倚邦、易武、漫撒、架布、蛮布、莽芝、革登、蛮松、攸乐等处为最,而以攸乐为中心。所谓"六大茶山"指的也就是这些地方。江之西为江外,即佛海、五福、车里三县及临江行政区。所产之茶,通称"坝子茶"。其产地以佛海、南糯、苏岽、勐松、蛮芳、勐遮、顶真、勐混、勐阿、蛮软、勐亢等处为著,而以南糯、勐松为中心。以产量而言,江外较江内为多,年产约两万担。江内年约产四五千担。分别来说,佛海以勐海、勐混为中心,年产约一万担,为数最多。凡海拔由三千九百五十尺至六千尺之村寨,无不有茶;车里产区,分江内、江外,江内以攸乐为中心,江外以南糯、勐松为中心,此车里之三大产区,年产约八千担;五福以景真、勐翁、景鲁、蛮迈光、西定、勐满、旧笋等处为著,年产约五千担;镇越主产地,即六大茶山之易武,蛮乃也比较著名,年产约四千担,茶质优良,远较佛海为胜,以一部运思茅,一部运越南;江城,年产约两千四百担;思茅以倚邦为最著,年产约两千担;临江行政区以蛮糯、勐阿、景亢等处为主要,年产约五六百担。

景东、景谷区,其范围包括景东、景谷两县,为云南产茶著名区域,过去曾为川销茶主产地。以景东县属之景谷街为中心,两县年产约一万三四千担。景东约占十之七八,景谷约占十之二三。什九以景谷街为集散地,而景谷县属之龙潭街次之,以销四川及本省为主。

元江镇沅区,所涉区域为元江、镇沅两县,以猪、羊街茶为最,大半销香港、广州各地。为"七子茶"主要原料,年产约两千担。元江属之猪街茶,1912 年前后曾一度畅销。

澜沧区即澜沧县所辖区域。本区种植茶叶的时间不长,1926 年之前,其地尚无产茶之名,此后茶园日广,乃以景迈山为中心,年产约千担。

双江、缅宁、云县区即三县辖境。双江境内土地肥沃、物产丰富,而以茶为最著,即所谓"勐库茶"也。但其植茶的历史并不长,始于光绪二十五六年(1899、1900),茶种来自佛海,系"大山茶"。产地以县北之公龙、班改、户赛、邦协、勐库为最著,县西各地次之。全县年产茶约一万余担,十之七八运云县、下关,销四川及本

---

① 《续云南通志长编》(下册),第 606 页。
② 《续云南通志长编》(下册),第 607 页。以下所述各产茶区情形皆据《续云南通志长编》(下册)第 315—318、606—608 页。

省；十之二三运麻栗坝销缅甸，少数销孟定、耿马、施甸、保山一带。缅宁县年产约四五千担，以县城及泰恒街为主要集散地，大部运销于云县及下关。云县县属东、南、西、北四区皆产茶，为农民主要副业之一，年产茶约六百担，其中红茶约一百二十担，绿茶约四百八十担，商人收买，以马驮运至大理、下关后，由商家捡出细者制成细茶，运至四川叙、泸一带销售，粗者揉为蛮庄，专销西藏。

顺宁、镇康区即顺宁府、镇康县所辖区域。顺宁为云南新兴最大产茶区。光绪末年，知府琦璘首倡植茶，民国之后，已是茶园遍地。其中以太平、白塔、庆甸、维平、聚望、安石、中和、洪象、和顺、中山、新宁、雪鹤、雪山、松山、涌金等村镇为最多，年产茶约五千余担。以城南之凤山所产为最著，故通名之曰"凤山茶"。施甸也有茶树种植，年产达两千余担。镇康县属茶地约有七百余亩，茶树约四十万余株，年产约八百余担。以上各地所产茶叶，大都运至下关，销于四川及云南本省。

除以上几大产区外，如大关、彝良、绥江、盐津、镇雄等县，年产茶共约一千六百余担，供当地消费；其中以大关之"翠花茶"为最著。宜良、路南两县，产茶约五百担，以宝洪山为中心，故有"宝洪茶"之名，销于当地及附近。原广南府属，年产茶约四五百担，除自给外，向销广西百色、越南河阳等地。其他如保山之"太和茶"，年产约六百斤，大理之"感通茶"、丽江之"雪山茶"及"十里茶"，品质最优，惜产数太微，除作礼品外，不见于普通市场。

据上述，不难看出，除滇西北、滇东北之外，云南各地几乎均有茶叶产出，产茶县份，"几占全省四分之一"。① 所谓"高山云雾出好茶"，茶树的生长有其特定的环境要求。茶树的分布，主要受气候、土壤、海拔等自然条件的支配。一般而言，凡是在气候温和，雨量充沛，湿度较大，光照适中，土壤肥沃的地方采制的茶叶，品质都比较好。具体来说，比较适宜于茶树生长的环境是：降雨量在年平均1000—2000毫米，生长季节的月降雨量在100毫米以上，相对湿度一般在80%—90%之间；生长季节，月平均气温应在18℃以上为宜，最适气温为20—27℃，生长适宜的年有效积温在4000℃以上；土壤 为红壤、黄壤、沙壤土，或棕色森林土，排水良好，表土深厚，呈酸性反应；海拔1000—2000米左右，坡度小于30℃的丘陵和中低山区。云南自然地理环境已如本篇第一章的论述。其气候，基本属于热带、亚热带季风气候类型，具有四季温差小，日差较大，干湿季分明，垂直变化显著的特点。全境年雨量除中部降水较少，在800毫米以下外，中东部在800—1000毫米，西部达1500毫米以上；境内除部分高寒山区和河谷地带外，无严寒酷暑。中部高原气候温和，年平均气温在18—20℃之间；南部的河口、西双版纳、澜沧及德宏西南部，除一、二月平均气温低于18℃之外，全年平均气温为18℃以上；而本省各大河川如元江、澜沧江、把边江、怒江、金沙江的河谷地区，年均气温大多在21℃以上，最冷月平均气温大于

---

① 《续云南通志长编》（下册），第610页。

15℃。其土壤,以红壤分布较广,蒙自、思茅、沧源一线以南以铁质红色砖红壤为主,以北以砖红壤化土壤为主,土层比较深厚,自然肥力较高,透水性强,呈酸性或弱酸性。其地貌(地势),全省以山地高原为主,山地占全省面积的84%,高原占10%,两者合计占94%。大部分地面海拔在1400—2200米,北部较高,逐渐向南部降低,滇东南的南盘江、普梅河与盘龙江等谷地,降至1000米以下。近代云南产茶区域之所以"不可谓不广",①究其原因,正如是人所说,源于其得天独厚的自然条件:滇为山国,"全省之气候、土壤、地势,几无不宜茶"。②

需要说明的是,尽管近代云南产茶区域非常广泛,但受自然条件和历史传统的影响,滇中一线及其以北植茶地区,不仅数量有限,而且产量较低,成名品者也往往较少。自然条件因素无需多说,仅以气候而论,受纬度地带性的影响,全省境内越往北适宜于茶树生长的环境越有限。而在特定地区,有无植茶的历史传统则在一定程度成为影响该地区茶叶栽植与扩展的重要原因。如在昆明,虽也有茶树栽植,但仅限于距城十里之十里铺,所产之茶谓"十里香茶",惜为数不多,占地不广,特别是"农民不加爱护,管理废弛",致使"现存者不上五十株,年产额仅百斤左右而已"。③在罗平,距城里许之松毛山村产茶,但农人只是在园圃边地植茶,并无专业营茶者,年产额约两三百斤。1928年,该县建设局曾于城西二里许之香山寺旁松山下,僻地二亩许,作茶之栽培试验,共植茶树一千余株,成活者虽达十分之八,但终究未能得以推广。④

近代云南茶叶分布重心的变迁是伴随其种植空间的扩展而出现的。如双江、缅宁、顺宁、澜沧等地栽植茶叶的历史并不长,"双江、缅宁之勐库茶,在光绪二十五六年,始行种植;顺宁之凤山茶,至光绪末年方见栽培","民十五以前,澜沧尚无产茶之名",但很快后来居上,一跃而成为茶叶分布重心区,"今皆名冠全省矣"。⑤这种变化的发生应该说是市场作用的结果。

正如时人所说,"昔思茅沿边十二版纳地所产之茶,太半以思茅为集散地。今则情迥势殊,大凡顺宁、云县、双江、缅宁所产,十九以下关、昆明司其出纳;景东、景谷所产,则以昆明为其市场,而佛海、五福、车里所产,则集中于勐海,运往昆明、缅甸或暹罗",近代的云南,昆明、下关已经取代思茅成为全省最为重要的茶叶集散市场。⑥而近代云南茶叶的销场,除本省外,"以销四川、康、藏为大宗",少量运销"安南、暹罗、缅甸、南洋及我国沿海沿江各省"。⑦需求制约生产,拥有广泛而稳定的市场是生产得以扩展的重要原因。"凡顺宁、镇康、云县、缅宁、双江等县所产,大部由

---

① 《续云南通志长编》(下册),第607页。
② 《续云南通志长编》(下册),第606页。
③ 《续云南通志长编》(下册),第315页。
④ 《续云南通志长编》(下册),第316页。
⑤ 《续云南通志长编》(下册),第606页。
⑥ 《续云南通志长编》(下册),第606页。
⑦ 《续云南通志长编》(下册),第608页。

产地驮运至下关、昆明两地。除销本省之散茶外,多数制成紧茶,运至四川之叙府(即宜宾县),分销重庆、成都各地。或由中甸、维西、阿墩子以入康、藏。其产自景东、景谷者,则径运昆明后,转赴叙府。普思沿边所产,集中思茅后,亦先运抵昆明,再转往迤东、川、黔各地。"①顺宁、云县、双江、缅宁等处所产茶叶,不仅占据以昆明为出纳中心的有利条件,而且销售市场也以近代云南茶叶的主要销场——川、藏为主,需求相对稳定,保证了其种植面积的扩展与产量的增加,从而逐渐具备了取代其他产区成为云南茶叶主要产区的优势。

除此之外,顺宁等地之所以能够占领川、藏市场,又是与永昌祥商号的开拓与经营不无关系的:

> 往者逸矣,清末民初之际,茶产以勐库、景谷、大山、坝子等为著。勐库细茶,泰半仅销迤西五十余县,粗茶销康藏、中甸、阿墩子等古宗地。景谷及思普沿边所产,制为圆茶历来销于川、黔,尤以川省为多。川销茶历史最久,牌名最著者,为"宋园牌"普洱圆饼春茶,川省茶价涨跌咸取决之。余如雷永丰、元庆、复聚、新春、宝森、永兴、三泰、庆春等茶号,均营川销。特"宋园牌"茶,以供不给求,不能为合理之分配。自永昌祥以顺宁茶为原料,创制下关沱茶,名满全川,乃代宋园而为川销之标准茶,于是宋园之名渐渐灭无闻矣。溯自民元以来,普思沿边茶产就衰,代之而兴者,首推顺宁,良有由也。

> 永昌祥者,大理严镇圭所创商号也。镇圭初经营布业于会理、建昌间,守信义,重然诺,业务蒸蒸日上,渐设分号于叙府、重庆、汉口、上海及瓦城诸埠。平居以此乃一家之生计事业,非社会生产事业也,心悯悯以为未足。时顺宁及勐库茶未尝起之于世,光绪三十一二年间,乃购置顺宁春尖数十驮,于下关雇工拣选,制成沱茶。装潢精美,品味绝佳,远寄川中,遍赠亲友、社会人士,品而甘之,于是销路渐开,初制数百驮,继而数千驮,泊后同业继起,岁增至数万驮。迄今全川人士,盛称永昌祥下关沱茶,村镇茶肆,亦以其名标榜。②

前有永昌祥开创,后有同业继起,下关沱茶销路畅旺,商人对顺宁茶叶生产的推动作用由此可见一斑,哪怕是政府的力量似乎也难以与其匹敌。"宣统初,顺宁府奖励种茶,蓊郁遍境内。惟初栽新茶,品味虽佳,但饮后颇感腹痛不适",因此,无复谈起所谓销路,后经永昌祥加工,"乃取勐库茶配合揉制,以顺宁茶为撒尖之用",祛除了顺宁茶难饮之弊,"饮后得无异状",才使其"于以畅销入川",从而促使顺宁"今则

---

① 《续云南通志长编》(下册),第608页。
② 《续云南通志长编》(下册),第609页。

普遍栽植,地无余亩,产量日增,已成农村正业,民生富庶,成为一大产茶地。"①

四、兴盛一时的蚕桑业

就环境而言,云南发展蚕桑业具有得天独厚的优势,"本省地处亚热带高原,空气干燥,四时如春,乃最适宜于蚕桑之一理想区域也。春秋雨量虽少,但于蚕事并无大害,反可减少病毒,保证蚕柞之安全。夏季雨量虽多,但不似广东、江、浙之沮暑毒湿,使蚕病得以蔓延"。尽管如此,但"滇省于蚕桑一业,素鲜讲求",虽不无养蚕之人,"惟所植之桑,叶干而小,所养之蚕,丝硬且粗,出货既劣而不精,售价遂贱而无利",长期以来,云南蚕桑业发展的现实并没有发挥出其所具有的环境优势。目睹以上情景,光绪末年曾执掌滇政的巡抚林绍年,不是像其他人一样以为云南不适宜于发展蚕桑业,而是认为云南不仅宜于发展蚕桑,而且更进一步认为发展蚕桑业是挽救云南经济的重要途径:"滇土多瘠,树艺不尽皆宜;滇民多惰,工作素所不讲。即使于二者勉图整理,而崎岖山路,转运为难,费巨价昂,销途不畅,则民情亦因之生阻。故为滇兴利,必择其获利厚而便于轻赍;土性宜而易于溥及者;计无如蚕桑一途……查滇中天气和平,地亦不燥不湿,一种蓄而未泄之象,实较他省为尤雄,似于蚕桑断无不宜之理。滇民贫苦万状,此事更为不容再缓之图。"②林绍年于是"购觅桑子,择地布种"以为试验,后渐次扩展,并开办学堂,培养蚕桑人才,近代云南蚕桑业由此发端。③之后,经各方的倡导与推动,云南蚕桑业的发展曾盛一时之极:

> 嗣奉部令设农工商局,委方宏纶为总办,并置劝业公所,实行栽桑育蚕。宣统间,刘劝业道孝祚通令各县,遍设蚕桑局,是为推进蚕桑事业之嚆矢。继经郭道台灿改蚕桑馆为蚕桑学校,自兼总办,以重其事,规模乃粗具焉。提学使叶尔凯创立省会农业专门学堂,归并蚕桑学校而为蚕科,并添办染织科,蚕桑事业顿见曙光,所织滇缎亦驰名遐迩。是时云南总督锡良,对蚕桑亦颇倡导。士绅李龙元更捐款十万元,创设收买蚕茧所,将所收之茧,交由农业学校缫丝织缎。蚕茧销路既广,农民养蚕之兴趣乃高,云南蚕桑事业之基础,于是巩固。昆明四十八铺蚕丝之普及,曾盛极一时。④

但是,好景不长,"革命军兴,蚕桑事业,因之停顿","军需孔急,财政支绌,蚕业机关,陆续裁撤,蚕业遂以不振",其江河日下之态势由此一发而不可收:

> 迨民国二年,省立甲种农业学校,仍有蚕桑科之设立。民八九年间,实业司长华封祝派员赴沪购买缫丝机器,举办丝厂,后因经费不足而止。

---

① 《续云南通志长编》(下册),第609页。
② 《续云南通志长编》(下册),第313页。
③ 《续云南通志长编》(下册),第313、610页。
④ 《续云南通志长编》(下册),第610页。

蚕桑教育,则至民十二南菁学校改为私立东陆大学,始行取消。收茧织缎机关既因经费支绌而停顿,蚕桑教育机关又复相继裁撤。于是本省蚕桑及滇缎之名,悉成陈迹,而不复为人所记忆矣。①

后虽几经提倡,但往日盛景无复再现。据实业厅1934年的调查,当时云南虽仍有32县种桑养蚕,但养蚕户数仅为9737,每年产丝只有14 442斤,栽植桑树仅有6 106 928株。因产量有限,一如往常,全省之需不得不依赖川丝的输入。

五、难见起色的植棉业

民国以前,云南很少有棉花(草棉)的种植。民国年间,政府极力推广种植,先是在开远设立棉业试验场,继之则有宾川、元谋、蒙自、华宁、屈溪、元江、弥渡等棉作试验场的设立,引进和培育棉种,试为种植,其中,1913、1914年间,"由实业司购买美棉籽五千镑,通州棉籽一万斤到省,分发宜棉各属播种";1915年,"巡按使署复购美国花旗黑光棉籽三千镑,运滇分发",1916、1917、1918三年,虽因"军事发生,库币奇绌",但"植棉倡导不无停顿";1919年,"先后由弥渡、元谋、宾川及缅甸,购获棉籽五百余斤,发饬宜棉各县播种";1920年,"实业科就派员考查江苏南通实业之便,购买通产鸡脚长、阴沙、青茎、椰果等棉籽来滇,又由美商慎昌洋行代购美国棉籽分发"。② 先后向各地共分发棉籽5次,涉及元谋、弥度、漾濞、永北、思茅、广南、元江、弥勒等60余县,政府推广棉业之不遗余力,由此可见一斑。

在政府极力推广之下,如表2-9,云南棉花种植面积和产量是有所增加的。但是,其增幅又是非常有限的,因为单位面积产量(即产额)没有提高,产量的增加只是种植面积扩大的结果。因此,政府虽然提倡有加,但终究还是没有多大起色,云南棉产不仅在全国几乎没有地位可言,而且"若与川黔桂诸省相较,则殊有逊色"。造成这种情况,究其根本原因,在于"滇省之气候于草棉种植,实不甚宜"。③

表2-9 民国年间云南棉花种植面积、产量及产额

年 份	种植面积(千市亩)	产量(千市担)	产额(市斤/市亩)
1924—1929	359	113	31
1931	108	29	27
1932	100	26	26
1933	99	23	23
1934	167	48	29

---

① 《续云南通志长编》(下册),第610页。
② 《续云南通志长编》(下册),第292页。
③ 蒋君章:《西南经济地理》,第74页。

续表

年份	种植面积（千市亩）	产量（千市担）	产额（市斤/市亩）
1935	157	54	34
1936	153	40	26
1937	133	33	25
1938	217	62	29
1939	274	61	22
1940	230	60	26
1941	232	62	27
1942	250	68	27
1943	263	60	23
1944	269	59	22
1945	305	67	22

（资料来源：许道夫编：《中国近代农业生产及贸易统计资料》，第207页。）

棉花为热带植物，一般产于北纬40°以南地区，而以三十七八度以南尤为适宜。棉花发芽时必须暖和，自萌芽以至成长需15—26℃的温度，摘心开花以后所需温度则更高。棉花需水不多，只要不是过于干燥便可成长。棉花的生长，春季湿冷，则妨碍整地下种；生长期间多雨，则妨碍中耕，徒茂枝叶，易遭病虫之害；成熟期多雨，则棉铃易于腐烂。故而，适当的高温，调和而不过多的雨量，以及晚秋多晴天则比较适宜棉花的生长。① 很显然，就云南温度而言，各地几乎无不适宜棉花生长；但若论其四时降雨情形，则宜棉之地又非常有限，"虽云各属及视查报告尚未完毕，然云南宜棉之县，不过五十余处，产棉地不满四十县"，②只因大多地方"夏秋之交，雨水太多，棉桃不能开放以至于腐烂"，③"惟植棉株发生之期五、六月时，天气亢旱，遂至虫病蔓延，损伤甚大，而棉桃吐絮又复阴雨连绵，吐絮棉花，均遭损害"。④ 因此，总体来说，云南不适宜于棉花的种植。一言以蔽之，近代云南棉业推广难见起色之根由，在于政府没有真正做到因地制宜。没有对症，不管下多大的药，也是无济于事的。

第四节 区域特征

一、发展水平总体落后

近代是云南农业发展的重要时期，设立农场、⑤棉业试验场等培育和试验农作

---
① 蒋君章：《西南经济地理》，第69页。
② 《续云南通志长编》（下册），第295页。
③ 行政院农村复兴委员会：《云南省农村调查》，第47页。
④ 《续云南通志长编》（下册），第295页。
⑤ 《续云南通志长编》（下册），第263—267页。

物新品种,成立农工商局、劝业所等专司促进农业改良与发展的机构,设立作为政府的农业发展辅助机构——农会进行农事调查、勘查水利等,凡此种种,均属新鲜事物,为促进云南农业发展发挥了重要作用。

但是,近代的云南,人口数量虽不无变化,但增长缓慢,且多波动,而人口最主要的构成部分是农业人口,说明云南地方经济基本上还处于传统的农业经济时代;耕地面积虽有所增加,但土地开发不充分,而且人均占有耕地少,反映出近代云南农业生产力水平相对低下;水利建设滞后于农业发展的需求,从而在很大程度上影响了农业的发展,水利设施的空间分布很不均衡,既反映出农业发展对水利的严重依赖,也反映出近代云南农业发展的落后。

这也正如当时政府所认为的那样,"滇省农业之现状,尚未脱离粗放式,经营无术,耕作失宜,气候不知观测,土壤不知改良,籽种不知交换,虫害不知预防,陈陈相因,由来已久。驯至地未尽辟,人有余力,一遇水旱偏灾,即成荒象而至匮用矣",[①]近代云南农业的发展,从总体上看,还是比较落后的。

一、种植结构相对单一

种植结构指的是各种农作物之间的种植比例。近代云南种植的农作物种类虽然较多,但大部分耕地都是用来种植粮食作物的,农业种植的单一粮食化倾向明显。以 1932 年为例,统计所见全省共有耕地 2712.5 万亩,其中稻、麦、玉米、高粱、甘薯等粮食作物的种植达到 2477.1 万亩,[②]占全部耕地面积的 91.32%。而从 1913 年、1934 年、1946 年、1949 年等年份云南耕地面积和粮食种植面积统计看,[③]近代云南粮食作物种植占全省耕地面积的比例基本维持在 90% 上下,反映出当时粮食种植在云南农业中的特殊地位,说明了近代云南农业种植结构是比较单一的。

种植结构的单一,说明近代云南农业发展是高度依赖于粮食种植的。这种情况的形成,从根本上讲,是由农业生产力的低下和粮食输入的困难所决定的。

如果粮食从省外及其他地方输入云南是比较方便的,以及云南拥有与之交换的物质条件,那么,对粮食种植的过度依赖就没有必要了。但是,近代的云南并不具备这两方面的条件。与此同时,如前述,近代云南农业生产力低下,单位面积产量不高,因而,不得不保持较大的耕种面积从而获得较高的粮食总产量以解决吃饭问题。

总之,单一粮食化倾向的种植结构,是由近代云南自然与人文环境所决定的,是近代云南农业区别于其他地区农业发展的重要特征。

---

① 《云南农林行政撮要》,转引自李珪主编《云南近代经济史》,第 245 页。
② 许道夫编:《中国近代农业生产及贸易统计资料》,第 9、58—61 页。
③ 许道夫编:《中国近代农业生产及贸易统计资料》,第 8—9、58—61 页。

三、商品化程度低

农民种植粮食首先是为了解决吃饭问题,由于近代云南生产力的低下,农民一年所获除了满足自身需求外,鲜有剩余以供给市场,而更有甚者则连满足自身需求都有困难。因此,从生产方面看,近代云南几乎不存在粮食种植的商品化。而从消费方面看,尽管因为缺粮,云南曾在近代多次进口粮食,如1928年就曾经蒙自海关进口大米4.037万担,玉米4643担,①但外界输入之粮食占云南粮食消费总量的比重很低,全省人民粮食消费对市场的依赖不强。

粮食生产与消费的商品化程度低,以及粮食生产对土地的占有,制约了近代云南经济作物的多样化和规模化发展,影响了经济作物商品率的提高,并由此在一定程度上促成了鸦片作为近代云南商品率最高农作物的形成,而鸦片种植面积的扩展则进一步限制了其他经济作物的发展空间。近代的云南,除鸦片和茶叶之外,其他经济作物的种植都比较有限,以1932年为例,全省大豆种植面积为236.9万亩,仅为四川的一半;油菜籽种植面积为111.8万亩,仅为四川的1/10,甚至还远不及贵州。② 而大豆和油菜籽,在近代的云南,算得上是种植面积相对较大的经济作物,它们尚且如此,其他经济作物的种植面积之小可想而知。种植面积有限,当然就难以为市场提供较多的产品,而实际上,农民种植这些经济作物也主要是为了满足自身的需求。

因此,尽管鸦片的种植与茶叶生产的扩展在很大程度上是市场化的产物,但从整体来看,近代云南农业的生产、农村的消费与市场的联系并不是很紧密,"自耕自给,不仰外求",农业的商品化程度是比较低的。

---

① 李珪主编:《云南近代经济史》,第248页。
② 许道夫:《中国近代农业生产及贸易统计资料》,第173—175页。

第三章　近代工业地理

在一般概念当中,常常将工业等同于机器工业,例如《辞海》对"工业"一词的界定就是如此:工业是指"采掘自然物质资源和对工业品原料及农产品原料进行加工的社会物质生产部门。可分为采掘工业和加工工业,又可分为重工业和轻工业。工业是国民经济的主导部门,为农业和其他国民经济部门提供原材料、生产工具和技术装备,为人民提供日用工业品。在资本主义国家中,工业通常仅指加工工业,亦称制造业"。[①] 然而,尽管传统手工业并不必然会过渡到机器大工业,但前者毕竟是后者产生和发展的基础,二者的区别主要是生产方式不同,而不是在生产对象上存在根本的不同,因此,从历史的角度看,二者并不存在本质的不同,而我们关于"近代工业地理"的研究属于历史地理的范畴,近代时期中国工业的发展,恰恰是不应该将手工业与机器工业完全割裂的,所以,我们这里所指的工业包括手工业和机器工业两部分。

第一节　手工业

一、传统行业的延续与变化

传统手工业主要服务于农业经济发展的需要,是自给自足的自然经济的组成部分。第一次鸦片战争后,随着西方先进生产力渐次登陆,中国传统经济受其冲击开始发生变化。但是,地处边疆内陆的云南,受到这一冲击和影响不仅晚于东部特别是沿海地区,而且受到冲击的幅度显然也要弱得多。因此,在进入近代相当长的时间内,云南经济基本上还在原来的道路上前行,手工业的发展在这一点上表现得尤为明显。

与中国传统农业经济和地区环境相联系,正如本篇第一章所述,近代前夕,云南已发展起包括纺织业、皮革业、冠帽业、建筑业、陶瓷业、五金业、造纸业、玉器琥珀器业、骨角业、编制业、刺绣业、染色业、漆业、制烟丝业、爆竹业、珐琅及翠花业、食品业等门类较为齐全的手工业。而至清末,这些手工业种类不仅还在延续,而且还有所扩展,从而形成金属制品手工业、纺织和食品手工业、日用品手工业三大门类 20 多个种类的传统手工业发展局面。

云南矿产资源丰富,特别是有色金属矿,不仅种类多,而且储量丰,因而,云南金属制品手工业的发展不仅历史悠久,而且技术精湛,富有特色。其中,不少的铁

[①]《辞海》(经济分册),上海辞书出版社,1978 年,第 317—318 页。

制品、铜制品、锡制品和金银首饰,都非常富有地方特色,为人所称道。

自从铁制品出现以来,铁器与人类生产和生活的关系日益密切,在近代云南,大凡农具、工具和生活用具,无不有以铁制造者。锄、镰、斧、刀等各类农具,锤、凿、钉等各种工具,菜刀、剪刀、火钳、锅铲、门锁等各式生活用具,皆是铁器生产的主要内容。如宣威县,"营业家数甚多,虹桥铺人尤专其业……制菜刀、铲、勺、镰、锄等类。销本境及迤南、江外等地"。寻甸县,"城内、双菁、龙院村等地制造各种农具、家具。月出器具百余件,每件值洋五角;出大锅、火盆六七十口,价值不一"。缅宁县手工铁制品主要有"铁锅、铁罐、铁铲、犁头、锄头、镰刀、泥笔、铁勺、铁钩、斧头、凿子、铁钉、铁铃、铁筷、铁锚、铁叉、铁链"等。① 其中的铸铁锅,还成为一时之名品,远销省外,"云南铸锅技术甚精,锅之销行颇远,有时可达四川之盐场。平彝(富源)所出者可达广西百色"。②

近代云南铜制品种类多样,精品不少,而其中的斑铜、乌铜走金、乌铜走银等制作技术则别具特色。斑铜是以云南特有的高品位铜材为原料,经制或浇铸成形后,再以磨光、着色等特殊工艺处理而成的一种工艺美术品,其特点是色彩瑰丽,紫红中微透黄金交错的斑花。乌铜走金和乌铜走银的制作则是先在乌铜表面刻出特定的书法和山水花鸟纹样,然后置于火上,熔金粉或银粉填而"走"之,填满冷却后,打磨平滑,在乌墨色的底面上呈现金、银字样或纹样,其填以金者称"乌铜走金",填以银者谓"乌铜走银",其制品以质地坚实、色彩鲜明、工艺精湛、格调庄重典雅为最大特点。但以上两种铜作技艺,因工艺复杂,制作成本高,其制品用途不广,主要用于装饰和宗教、祭祀等。与此有所不同的是,白铜制作的器物不仅用途相对较广,如生活用品铜盘、手拱炉、水烟筒,宗教和祭祀用品佛像、钟鼎,文化用品纸镇、墨盒等,而且也一样不乏精品,如"江南宝号"所产白铜面盆以色泽光洁、经久耐用而最称名贵,时人多以此物为嫁女必备之物。③

云南产锡,"有个旧、宣威、泸西等县,而以个旧独著盛名",④自战国时期开始进行开采以来,历经秦汉迄于元明清,均有人在这里从事生产。⑤ 在锡矿开采冶炼的基础上,云南锡制品日益发展,至清末时已成为云南输出省外的重要手工业品。其品种有飞禽走兽、花鸟虫鱼等各种玩物,餐、茶、酒等各种食器,香炉、烛台、供盘等各种祭器,但以玩物为最多。

金银饰品往往是婚嫁喜庆馈赠之佳品,特别是在云南这样一个少数民族众多的地方,不仅在节日里"穿金戴银"之风尤甚,即便是在平时,也是其他地方所难比的。光绪、宣统年间,昆明有银器业192户,大理16户,河西、通海、腾冲、丽江、石

---

① 《续云南通志长编》(下册),第514、519、525页。
② 李珪主编:《云南近代经济史》,第66—67页。
③ 李珪主编:《云南近代经济史》,第67—68页。
④ 《新纂云南通志》卷一四六,矿业考二。
⑤ 杨寿川:《近代滇锡出口述略》,《思想战线》1990年第4期。

屏、建水、泸西、弥勒等地,都有银匠作坊。① 而昆明、大理、鹤庆等地所产以品质高、工艺精、样式多著名。除单独打造外,金银还往往与各种玉材结合制成更加美观、更受欢迎的饰品,如戒指、耳坠、项链等。

纺织和食品手工业关乎衣、食,是传统手工业非常重要的组成部分。近代云南纺织手工业,按其使用原料的不同,大致包括棉纺织业、丝织业、麻织业、毛织业等;食品手工业则包括烟、酒、糖、茶、油,以及各种副食品、调味品等的加工与制作。

传统上,棉纺织业分为纺和织两大部分,即以棉花纺成纱,再将纱织成布,纺和织是紧密结合的。但是在进入近代以后,洋纱以其价廉质优的优势很快占领了中国市场,人们纷纷采用洋纱织布,纺与织开始分离。全国如此,云南自不例外。在蒙自开埠以前就已经有洋纱输入云南,而在蒙自、思茅、腾越等地相继开放后,洋纱为云南进口最大宗的商品,日益深刻地改变着云南棉纺织业的面貌。洋纱"价廉质优,妇女们都采用洋纱织布,从此手摇纺线、捻线业衰落"。② 而与此同时,由于广泛采用洋纱,在很大程度上促进了近代云南织布业的进步与发展,如大理"昔用土纱,清光绪间,川人来榆,改用洋纱,众效之,出品日见进步,匀净远胜往昔,布幅亦加宽";马关"初时自纺自织,以供本地衣着。现改用洋纱织造,织机逐年增加,出品等第亦颇整齐。分头、二、三庄,头庄宽一尺、长二丈四尺,二庄宽九寸、长二丈二尺,三庄宽八寸、长二丈。年约出一十二万匹,值国币一十五万元,推销越边各地"。③

云南本地产丝不多,但是或利用本地所产,或采办川丝,在一些地方长期存在着手工丝织业。而在民国时期,由于政府大力推广蚕桑业,在一定程度上促进了云南丝织业的发展,如漾濞县,黄丝"全县皆有,栽桑系夏府提倡,养蚕始于田自方,抽丝起于王朝富,及今黄丝日多。现仿川丝制造,出品几及川丝,年约出二千斤,每斤大洋七元"。④ 但是,民国时期云南蚕桑业推广也只是昙花一现,与之相应,云南丝织业并没有出现真正意义上的繁荣。

近代云南很多地方都有麻类作物的种植,其中,大麻"寻甸产麻为出口大宗",亚麻"在滇一年可栽两回,自入药,俗称火麻仁,泸西尤多",苎麻"滇各处产之,临江出口为大宗"。⑤ 因此,不少地方存在手工麻织业,并且除了本地区自用外,往往还能向外输出,如腾冲县"明光、大塘等地土人自种苎麻、大麻,妇女纺绩成粗、细麻线。年出货千余驮。每驮价三四百元。多数运销缅甸"。麻工为牟定县"西北区夷民祖传职业,妇女早晚纺绩,不分季节,手法精巧,出量渐增。日产约可值滇币百元以上"。永仁县"第四区产麻,工人绩之以土制木机制造,年出十万页,值银一千元"。

---

① 李珪主编:《云南近代经济史》,第68页。
② 《通海县手工业志》第48页。转引自李珪主编《云南近代经济史》,第70页。
③ 《续云南通志长编》(下册),第518、523页。
④ 《续云南通志长编》(下册),第521页。
⑤ 《新纂云南通志》卷六二,物产考五。

中甸县"大小中甸、北地、哈巴产麻,收获后,无论男女均能纺织。麻绳不可胜用"。①

滇西北的丽江、迪庆和滇东北的昭通、东川等地,以其环境之故,畜牧业向来发达,像"丽江、昭通之羊皮、会泽之毛毡,久已驰名各省",因此,这些地方的毛纺织业具有较好的发展基础,而在近代则有了进一步的发展。如丽江大研镇就有400户、900人以手捻纺毛织造营生;昭通用羊毛织布,每定长2丈8尺,宽1尺,由单线双线之分,双线一种可与舶来品抗衡而值较廉一半。② 此外,腾冲、宣威等地毛纺织业在近代也有一定的发展,如腾冲所产毛毡"年出二三百驮,多运销缅甸,每驮价一百九十元";宣威所产羊毛褥"年出百余打,销行全国"。③

食品手工业为传统时代人们日常生活所必需,所涉范围非常广泛,但就近代的云南而言,其制茶业尤为可书。

传统上,云南茶叶的制作与加工分为拣茶、杀青、揉茶、压制、包装等几个步骤。拣茶以分开茶叶的等级,如尖子、白芽、粗梭、细梭、老茶叶等;杀青以其方式的不同而有不同的称谓,用锅加热炒干者为"炒青",置于太阳之下晒干者为"晒青",以土火坑烘干者为"烘青"。而以炒青法最为普遍。将铁锅置于火上加热,加入鲜茶四五斤,以竹铲搅拌,约10分钟左右取出,置于竹罩上,乘热用力揉搓,尽使其成条状毛茶。由此制成散茶,或再取毛茶蒸后压制饼形、砖形、方形等,包装后出售。④

1908年,永昌祥商号在下关开办了第一个茶厂,从双江、缅宁(临沧)、顺宁(凤庆)、勐库等地购毛茶经顺宁、蒙化(巍山)驮运到下关加工,但制茶的整个过程全靠手工完成。⑤ 20世纪三十年代末四十年代初,先是勐海、凤庆两地引进或自制茶叶加工机器,后有顺宁、佛海、宜良等茶厂的机械化生产,但各地大大小小的茶叶生产者、茶厂绝大多数仍然是手工制作。⑥

在国门已开的背景下,手工制作,是不利于云南茶叶发展的,"就滇茶之环境与品质论,实具有攫取国际市场,而与印度、锡兰、日本、爪哇等产角逐于世界市场之可能性。惜乎地处边陲,交通阻梗,农民墨守成规,举凡栽培、制造、包装诸要端,均粗拙简陋,罔知改良。致发展无期,不为世人所注意"。⑦

其他日用手工业较为重要者则有皮革业、服装鞋帽业、编制业等。

皮革业可分为制革业和皮制品业。土法制革也就是一般所说的熟皮,即将牛、羊、马等兽皮,通过浸泡、削铲、脱毛、脱脂、烟熏、鞣制、晒晾整形等环节,从而把生皮变成熟皮。由于原料主要来自农村,不仅在城市有以此营生者,而且也是农村重要副业之一。随着越来越多的制革作坊和制革厂的设立,皮革生产数量日见增加,

---

① 《续云南通志长编》(下册),第512、517、520、523页。
② 李珪主编:《云南近代经济史》,第281页。
③ 《续云南通志长编》(下册),第512、515页。
④ 李珪主编:《云南近代经济史》,第75页;杨志玲:《近代云南茶叶经济研究》,第83页。
⑤ 李珪主编:《云南近代经济史》,第75页。
⑥ 杨志玲:《近代云南茶叶经济研究》,第84—85页。
⑦ 《续云南通志长编》(下册),第606页。

大量的皮革不仅在本地销售,还成为云南对外出口的重要商品,以1927年至1931年为例,在蒙自、思茅、腾越三关所有出口的商品中,皮革仅次于大锡、经丝,而居于第三位。① 皮革制品涉及面较广,用于生产和生活者均有,如腾冲,"土人向能制革……产品有皮包、皮鞋、皮鞍、皮箱及一切革制品";在缅宁,革制器就有"皮鞋、皮带、皮包、皮箱"等。②

服装鞋帽的制作,可以说是无地不有,且从业者也往往较多。如昆明就曾有从事帽业者130家,制作成衣者272家,经营织毛衣业者8家;腾冲"城保妇女向习裁缝,在城市设肆者,近多大理、鹤庆人";梁河"大厂、遮岛、合群等处妇女向习裁缝。在市面设肆者,多系鹤庆、蒙化人";个旧成衣工"全县约五十家左右。营此业者,以江西人、四川人为最多"。③

编织所用材料就地取材,因地而异,有竹、藤、棕丝、草等。在竹子生长较为普遍的地方,编制竹器就比较盛行。如宣威县"鲍屯、龙场等处业此者多,四乡亦向有之,以竹制为筛、簸等件,巧者亦式样翻新。年出万余件,销行全县内外";牟定县竹工"曹家河、杨柳菁及散居各区村者业此。祖传世业,颇能应时势之需要,增加产量,销行邻县";缅宁县竹制器有"竹椅、竹帘、藤竹凳、竹笼、竹箩、竹几"等;贡山所属"产竹甚多,夷人尽能制造竹器,如居家日用簸箕、筛、箩、筐、篮等物均系自编。又俅江产有一种竹子,节长三四尺,名过江竹,竹皮柔软异常,曲子常以之造成竹盒竹筐,运销怒沧两江,光华夺目,工艺亦佳,他属不能及";麻栗坡"产竹最富,凡一切家用竹器,如垫席、筛、簸、皮箩、提篮、背篮、农具各类,均系自造,并不仰给他郡,且可销售邻封各县。竹麻为麻栗坡出产大宗,每年运销文、西、马三县约计五六万斤。竹麻草鞋惟麻栗坡编织最良,年计出销二十余万双。油篾帽亦为麻栗坡、大坪等处出产大宗,年计出销四五十万顶,颇著名"。车里县"惟竹子随地皆是,而居民家内什物十分之六七属竹制,故竹工较多,亦以竹工为较有特色"。④ 藤器编织,腾冲早在古代即负盛名,⑤近代腾冲的藤条多来自缅甸,编制技术也学习缅甸,"小西人到缅甸学习,现已逐渐推广,编椅子每把一至二十元,藤箩每个五角至一元"。元江县"距县城三百余里之上下六村产藤,有粗细二种,该地即出善制藤工,能制卧席、靠枕、桌几、凳兀等类"。⑥ 棕丝编织,宣威县松坡等地以棕树之纤维制作蓑衣,"年出百余驮,销近省各县";梁河出产棕盖,"友义乡、大厂镇人以棕制成长方形,用以包货及盖马驮,历久不浸雨水。年出百驮,每驮四十余元"。牟定县"石者河、河节冲等地以家植棕树多少为凭,每年立夏后数日制造,约可值滇币百元以上。农人购作

---

① 《续云南通志长编》(下册),第578页。
② 《续云南通志长编》(下册),第512、525页。
③ 《续云南通志长编》(下册),第511、512、516、526页。
④ 《续云南通志长编》(下册),第515、517、525、528、529、532页。
⑤ 李珪主编:《云南近代经济史》,第82页。
⑥ 《续云南通志长编》(下册),第513、528页。

蓑衣,谓之棕箪,缝工式样改良,经久耐用"。① 草织以制蒲席者为多,如邓川县"东湖浜多水淹田,附近村民植以水蒲,长成后,刈而干之,以麻线网于木架,一人抬梳,一人编线,加以整理",从而制成蒲席,"为农暇早晚之副业。每张价洋三角,粗劣盖驮者每张一角五。年有一万张销于境外"。沾益县"城附近各家男妇用蒲草织席,精者每床价七八角,次者四五角不等"。弥渡县"高旗营、高孟营田地土质适种席草者较多,故专织花席为业。每年织数颇称大宗,为邻封各县所无之工艺。近年仙石营、观音山、马房、瓦仓等村均推广种植,年产约三万余张……销出蒙化、祥云、凤仪及当地应用"。②

二、新行业的出现与发展

在传统行业发展与变化的同时,诸如火柴、肥皂、针织、瓷器等以前不曾有过的新行业和品种出现了。它们起初都是手工操作,随后逐步走向半机械化。

近代云南火柴制造工业主要有民生火柴厂、大有庆丽日火柴厂、瑞和火柴厂、利华火柴厂、锡庆火柴厂、大云南火柴厂等数家企业,它们均曾使用手工生产,有的甚至一直都是使用手工生产。在1937年之前,云南火柴企业均为私营性质。1937年,云南地方响应中央颁布的《火柴产销联营章程》,由建设厅召集昆明市各火柴厂商,成立昆明市火柴产销联营社。1938年,省政府会议决议,火柴试行专卖,由财政厅主持,设立云南火柴专卖处,分别将各厂商接收调整,并于专卖处下设五制造厂:第一、二两厂设在昆明市拓东路,第三厂设在大理,第四厂设在昭通,第五厂设在腾冲。"第一、二厂之出品,销售于昆明市及省垣各地。下关分处销售第三厂出品于迤西中部各县。腾冲分处销售第五厂出品于迤西边区各县,迤东各县则销售第四厂之出品。"各厂尽管有齐梗机、排板机、折板机、调磷机等机器设备,也采用了机器生产,但整个生产程序从齐梗、排梗、沾油、沾珠、干燥、拨架、装盒、刷边、打包,到最后的成品,多系女工手工完成。③

近代云南的肥皂制造企业,见诸记载的,似仅有均益洋碱公司一家。均益洋碱公司成立于1926年,工厂设在昆明金马村,营业部设在金碧路。从公司机器设备(枧化釜四台、脚踏打印机七台、手搬打印机一台、蒸汽锅炉一台、汽油发动抽水机一台、人力摇动抽水机三台等)和生产程序看,生产过程多需手工操作。其产品数量,1927年为32 300箱,1928年为39 000箱,此后直至1944年,产量一直维持在30 000—55 000箱之间,最高的1932年为55 000箱,1943年最低,为32 200箱。而其产品之销售范围,已包括云南省内各县及贵州省兴义、安顺、贵阳等地,不能说不

---

① 《续云南通志长编》(下册),第515—517页。
② 《续云南通志长编》(下册),第519、521、524页。
③ 《续云南通志长编》(下册),第428—429页。

广泛。① 由此可见,市场需求不够强劲应该是该厂出品数量增长缓慢的重要原因。

针织业是民国以后出现的新兴行业,主要集中在昆明和大理两地。昆明针织业始于民国初年,为广东商人传入,初不过一二家。1915年后逐渐增加,到1921年时有18家,资本3270元。1927年后,社会资本一时活跃,人民风尚转变,针织品销路大增。1934年,昆明共有织户90家,针织机600部,从业者2000余人,均为手工操作。产品主要为衣服、袜子、帕子、围巾等,销往迤南蒙自、个旧占四成,迤西占两成,迤东占一成半,贵州盘县、兴义占两成,其余销昆明城乡。民国后,大理当地天主教会法国传教士从法国运进两台手摇针织编结横机,天主教徒陈松鹤首先学会编织工艺,并于1920年在大理开设作坊,有织袜机、横机各十多台,开大理针织业之先河。之后又有相继经营针织业者,但因资金和设备少,产品单调,受外来产品的冲击,发展比较缓慢。②

"云南旧有窑瓷业,因无具体调查,不知其详",③但近代以来云南瓷业的发展显然是源于对内地产品质地上的技术引进,④不同于旧式瓷业。民初,永胜人袁从义等筹资兴办的"集玉公司"是云南一家较早的近代瓷业企业。该公司请来江西景德镇技师指导,制造十五彩,产品以碗为大宗,销行滇西各地。1930年,腾冲源兴瓷业有限公司,抓紧对景德镇瓷器绿皮釉的研究试制,仿制出江西绿皮碗,质地与釉面均不亚于景德镇瓷,因而远销缅甸。⑤ 抗战后,又有长城窑业厂、滇胜兴业社、云南瓷业公司、机器造瓷厂、光大瓷业公司曲靖分厂相继建立,或为中央筹设,或为地方兴办,或为中央与地方实业界合办,或为内迁工厂,一时之间,云南瓷业顿呈繁荣之势。⑥ 但是,其中除机器造瓷厂、光大瓷业公司曲靖分厂的生产较多地使用了机器外,其他各厂均以手工生产为主。

第二节 机器工业

相对于手工业,机器工业也就是一般所说的现代工业,包括重工业和轻工业两大类。而一般认为,1884年云贵总督岑毓英创设的云南机器局是云南近代工业的发端,至1949年底云南解放,云南近代工业大体经历了兴起期(1884—1936)、鼎盛期(1937—1945)和衰退期(1946—1949)三个时期。因此,以下论述大致按照先重工业、后轻工业的顺序简要叙述各个部门在不同阶段的发展与变化。

一、军 事 工 业

为了镇压回民起义,同治七年(1868),"滇督刘岳昭、巡抚岑毓英利用粤省等给

---

① 《续云南通志长编》(下册),第412—413页。
② 李珪主编:《云南近代经济史》,第282—283页。
③ 张肖梅:《云南经济》,1942年,第84页。
④ 陈征平:《云南工业史》,第485页。
⑤ 李珪主编:《云南近代经济史》,第288—289页。
⑥ 张肖梅:《云南经济》,第84—85页;《续云南通志长编》(下册),第418—419页;陈征平:《云南工业史》,第484—486页。

的饷银和派来的工匠,开始设局仿造洋炮"。同治十年(1871),岑毓英延聘法国人"在昆明筹办兵工厂。但到同治十一年(1872),"回民起义失败,镇压军务完结,局务也跟着结束"。① 同治十三年(1874),云贵总督刘长佑、云南巡抚岑毓英在昆明创设军火局,"制造明火枪炮、叉杆、刀矛等,以济军用"。② 但是,当时尚无机器设备,还是手工土法制造。光绪十年(1884),总督岑毓英由广东、上海、福建等地雇募工匠,创办云南机器局,专门进行武器弹药的生产。③ 机器局的创办标志着近代云南军事工业的产生,云南机器工业也由此发端。到光绪三十四年(1908),机器局才具备了一定的规模,"自是器具略具,厂房宏阔,月出笔码十二三万件,并能搭造军刀、军械等件"。④

进入民国以后,云南机器局先后改名为云南陆军兵工厂和云南兵工厂,在多次扩大投资的基础上,生产能力大为提高。1926 年时,其生产能力达月产七五炮弹60 发,瓦斯弹 200 发,三七炮弹 66 法,六八五步枪弹 10 万发,机枪弹 6 万发。1937年抗战爆发,云南先后派出两个军开赴抗日前线,这两个军除枪炮等主要武器装备为历年购自法国、德国、比利时,捷克斯洛伐克等国外,弹药及其他军械多为云南兵工厂历年所制造。⑤ 但是,正当云南兵工厂鼎盛发展之时,1945 年 10 月蒋介石武力改组云南省政府,将兵工厂撤销,结束了它 60 余年的历史。

除云南机器局外,云南地方政府虽先后开办过几家军工企业,但规模非常有限,生产能力较低,有的甚至只是涉及军工,兼造军用器材而已。抗战爆发以后,沿海及内地大批企业迁移西南后方,其中的一些兵工厂陆续迁至云南,主要有兵工署第二十一兵工厂安宁分厂、兵工署第二十二兵工厂、兵工署第二十三兵工厂昆明分厂、兵工署第五十一兵工厂、兵工署第五十二兵工厂、兵工署第五十三兵工厂。⑥

需要说明的是,上述第五十三兵工厂为第二十二兵工厂和第五十一兵工厂合并而成。第二十二兵工厂和第五十一兵工厂在以上兵工厂当中原本设备最新,生产能力最强,两厂合并为第五十三兵工厂后,战地面积达 4830 亩,拥有进口机器设备近千台,员工及士兵佚役 2400 余人,是民国政府在云南兴办的规模最大的兵工厂。抗战期间,累计生产轻机枪 15 000 余挺、望远镜 13 000 余架、迫击炮瞄准镜3700 余架、指南针 27 000 具,并为中国远征军修理了近千门火炮、27 000 余(挺)支机枪步枪及数以万计的光学器材、军用杂件。

以上兵工厂的迁入和设立,使云南成为当时中国军工企业较为集中的地区之

---

① 云南省国防科学技术工业办公室军事工业史办公室:《云南近代兵工史简编 1856—1949》,内部刊行,1991 年。转引自陈征平:《云南工业史》,云南大学出版社,2007 年,第 425 页。
② 《新纂云南通志》卷一三〇,军制考四。
③ 《新纂云南通志》卷一三〇,军制考四。
④ 《新纂云南通志》卷一三〇,军制考四。
⑤ 陈征平:《云南工业史》,第 428—429 页。
⑥ 云南省国防科学技术工业办公室军事工业史办公室:《云南近代兵工史简编 1856—1949》,内部刊行,1991 年。转引自陈征平:《云南工业史》,第 431—434 页。

一。由于中央政府在云南兴办的军工企业在技术、设备、管理等方面所具有的优势,不仅起到了引领云南地方工业发展的作用,还为本地培养了一批专业人才,有利于云南地方经济社会的发展。然而,抗战胜利后,大批的内迁企业,或迁回原地,或撤销,或合并,或拆分,近代云南军工企业发展的盛景已不复再见,不可避免地走向了衰落。

二、矿 冶 工 业

云南矿产蕴藏丰富,矿产开发和矿物冶炼的历史悠久,近代以来,弃用土法采用机器采矿、冶炼者日见增多。近代,云南矿冶企业已较多地采用了机器生产,其中规模较大的主要有:个旧锡务公司及云南炼锡公司、云南锡业公司、云南矿业公司、东川矿业公司、滇北矿务局、电气制铜厂、宝华锑矿公司、云南明兴矿业公司、个旧钨锑分公司、平彝钨锑公司、文山钨矿公司、银铅锌矿厂管理处、昆华煤铁特种股份有限公司、昆明电冶厂、中国电力制钢厂、云南钢铁厂、宣明煤矿公司、明良煤矿公司、滇西企业局等。[①]

从时间上看,如表3-1,除极少数矿冶企业在民国以前就已采用机器生产以外,如个旧锡务公司、宝华锑矿公司等,绝大多数是进入民国以后才成立或采用机器生产的。从企业性质看,由于矿产的开采与冶炼需要的投入较大、收益周期较长,民营资本一般难有实力进行投资,因此,商办者较少,而以官办或采用官商合办的形式为主。

表3-1 20世纪前半期云南历年政府创办的主要矿业企业一览表

厂 别	创办年份及性质	资本总额	官股额所占百分比	商股额所占百分比
个旧锡务公司	1909年,官商合办	176.95万元	57%	43%
云南炼锡公司	1932年,官商合办	50万元	74%	26%
云南矿业公司	1937年,官商合办	16 277.59万元	99.81%	0.19%
东川矿业公司	1913年,官商合办	75万元	13%	87%
滇北矿务局	1939年,地方官办	2100万元	100%	
宝华锑矿公司	1908年,官商合办	34.87万元	97%	3%
个旧钨锑公司	1936年,官商合办	632.04万元	97%	3%
云南明兴矿业公司	1918年,中美合资	100万元	50%	50%
滇西企业局	1933年,地方官办	2500万元	60%	40%

---

① 《续云南通志长编》(下册),第440页。

续 表

厂　　别	创办年份及性质	资本总额	官股额所占百分比	商股额所占百分比
平彝钨锑公司	民国初年商办,1938年起地方官办	692.5614万元（1938年,投资数）	100%	
文山钨锑公司	1943年,地方官办	215万元	100%	
银铅锌矿厂管理处	1942年,地方官办	2250.79万元	100%	
昆华煤铁特种股份有限公司	1939年,官商合办	1500万元	50%	50%
中国电力制钢厂	1938年,中央与地方合资	60万元	100%	
云南钢铁厂	1939年,中央与地方合资	2000万元	100%	
昆明炼铜厂	1939年,中央政府独资	130万元	100%	
宣明煤矿公司	1939年,中央与地方合资	700万元	100%	
明良煤矿公司	1904—1939年为商办,后为官商合办	不明		

（资料来源：云南省志编纂委员会办公室：《续云南通志长编》（下册），第440—510页；陈征平：《云南工业史》，第394—396页。）

而在民国时期之中，如表3-2，抗战时期云南各地纷纷新成立或改组了不少的企业，掀起了近代云南矿冶业发展的新高潮。其中，有些企业是在沿海和内地企业因抗战内迁云南，以及在大后方建设过程中成立的，这些企业或同大多数其他内迁企业一样，在抗战胜利以后纷纷迁回原地，或因大后方建设的结束而撤销不少，近代云南矿冶业的发展也因此一时陷于停滞。

表3-2　抗战时期云南新兴矿业团体一览表

机关或公司民称	主管机构或公司性质	成立或改组时间	业　务　概　况
滇西企业局	云南省企业局	1939年（改组）	采取元永井盐及一平浪附近煤矿
云南矿业公司	云南省企业局	1937年	开采蒙自、个旧锡矿，开办开远水电厂
云南钨锑公司	云南省企业局	1937年	办理全省钨锑统计及运销等
鲁甸矿务局	云南省企业局	1939年	开采鲁甸县各地矿产

续 表

机关或公司民称	主管机构或公司性质	成立或改组时间	业 务 概 况
资源委员会昆明分会	经济部	1937年	开采制炼云南省各类矿产并制造用具
易门矿务局	资源委员会	1939年	开采易门、峨山等县铁矿及安宁铅矿
宣明煤矿公司	云南省政府、资委会合办	1940年	开采宣威、嵩明两县煤矿
采金局金矿探勘队	经济部	1940年	调查及试探云南各地金矿金砂
叙昆铁路沿线矿产探勘队		1940年	调查探勘铁路两旁傍50公里内矿产
地质调查所昆明分所	经济部	1937年	调查云南地质矿产
资委会锡矿工程处	资委会	1937年	开采个旧老厂、秧草塘带锡矿
明良煤矿公司	云南省政府与资委会合办	1939年（改组）	开采宜良、嵩明两县大煤山一带煤矿
昆华煤铁特种公司	兵工署及云南省	1939年	开采泸西、路南、弥勒煤及易门、禄丰铁矿
永胜瓷业公司	民营	1938年	开采永胜瓷土自制各种瓷器
西南矿业公司	官商合办	1938年	探采蒙自、金平一带金矿
长城窑业公司	民营	1939年	开采昆明西山耐火土自制耐火砖器具等
滇北矿务局	云南省政府官办	1939年	采冶会泽、巧家、永胜等县铜、铅、锌、硫磺等矿
光大瓷业公司	民营	1939年	采制曲靖县瓷土瓷器

（资料来源：云南省志编纂委员会办公室：《续云南通志长编》（下册），第507—508页。）

三、机 械 制 造 业

　　此处所谓机械制造业特指除军工品之外专门从事各种机械设备生产的行业和部门。机械制造业是生产机器的制造行业，机械制造业的生产可以为整个国民经济提供技术装备，是国民经济各相关产业部门发展的基础，"在平时，固为一国生产事业维持正常所必需，而战时扩充生产能力，更赖机械工业为其基础"，因此，"世界各国对于该事业之建立,莫不殚精竭虑,全力以赴。我国沪、杭、津、汉、广州等地,机械工业早有兴办",但云南因风气不开,其机械制造业不仅起步晚,而且发展落后,抗战前"仅模范工艺厂略具规模",抗战期间获得前所未有的发展,"抗战后,多数工厂迁滇,本省机械工业之发展有如雨后春笋",①"自抗战军兴以后,各种工厂渐渐内移,而云南远居西南后方,少能受军事上之直接威胁,宜丁建设各种有关国防之大工业,故近年滇省在大工业上的发展极为迅速"。②

云南模范工艺厂是云南五金器具制造厂的前身,由清末所设劝工总局发展而来:

> 本省在前清光绪末年,曾有劝工总局之设立,其目的在训练各县贫家子弟,授以工艺技能,俾克自谋生活,为含有教育及慈善性质之机关。内设机械、木器、藤器、陶瓷、丝织、编织、漆刊及电镀、铜器、铁器、锡器等科。光复后,自民国三年,改称模范工艺厂,直隶省长公署。民国十年后,改隶实业司、实业厅、建设厅,先后添置少数机器,成立简单之机械厂,制造小型机器及农具等物。添设化学工业科、毛织科、织袜制棉科。附设男子简易工厂,教授简易各种手工艺。十七年奉令将省立女子工厂归入办理后,除教育贫民子女授以各项工艺外,并能自行生产。③

可见,云南机械制造业虽说是发端于云南模范工艺厂,但云南模范工艺厂还不能算作专门的机械制造企业,其产品不仅包括数种机器,如喷水机、弹力机、绞肉机、吸水机、蒸汽发动机、电力发动机等,还包括雕漆桌椅、家具、藤帘、藤桌、藤椅等木器,以及风扇、毛毯、花布等生活用品,并且在这各种产品当中,"畅销以木器为最,机械次之"。④ 1934 年,"经省务会议决议,将模范工艺厂改隶于经济委员会,扩充为五金器具制造厂",增加资本,添购机器,扩建厂房,并在原来的基础上进一步扩展业务,"复添设搪瓷、铝器之制造",从而使云南模范工艺厂在演变为云南五金器具制造厂之后真正成为一家以机械制造为主的企业,"除制造各种新式木器外,专造工具、机器"。⑤

除云南五金器具制造厂之外,抗战前云南主要的机械制造企业还有:华安工厂,1920 年创办,生产各种铁器、抽水机、切面机、印刷机、压榨机、煤烟引擎、织布机、碾米机等;华兴工厂,1920 年创办,修配五金各种零件,制造铜铁栏杆及五金等器具;振亚机械厂,1930 年创办,生产工程用具、农具、石印机、洋视机、火柴机、碾米机等;昆华工业学校实习工厂,1930 年创办,"利用实习余暇,从事生产,代客制

---

① 《续云南通志长编》(下册),第 371 页。
② 张肖梅:《云南经济》,第 30 页。
③ 《续云南通志长编》(下册),第 371 页。
④ 《续云南通志长编》(下册),第 372 页。
⑤ 《续云南通志长编》(下册),第 372 页。

造修配及其零件,并自制各项纺织机械配件及普通农产机器以应市";市立民生工厂,1933年创办,生产柴油机、碾米机、榨油机、切面机及各种木器;永协隆机器厂,1933年创办,生产水龙机、煤油机、榨油机、洋枧机、蒸汽机、洋炬机、柴油机、织布机、煤球机、洋烛机、碾米机等;云南电气制铜厂,1936年创办,业务主要为电解精铜、机制各种铜铁铝质器具,以及铜铁机械与电镀物品,等等。① 这些工厂多为个人经营,规模有限,资本较少,资本额满国币一万元者寥寥无几,这也正如张肖梅所说的那样,"但在工业术语上,所谓机械工业实即重工业之义,而云南原有之本业,其规模之小,资本之薄,远不能以重工业相称,充其量亦不过小规模之机器厂而已",② 说明抗战之前云南机械制造业的发展是相当落后的。

抗战期间,从沿海或内地迁入云南或新开办的机械制造企业主要有:中央机器厂,成立于1938年,主要产品为蒸汽锅机、煤气机、水轮机、发电机,包括各式车床、刨床、钻床、铣床在内的工作母机,大型梳棉机、作业机器,以及包括分厘卡、钻铣刀在内的精密工具等;德和机器厂,成立于1939年,主要产品为五尺、十尺车床,落地钻床,牛头刨床,九尺龙门刨床,万能铣床,空气压缩锤等;西南联合大学机械实习厂,1939年成立,业务方面,除供给学生实习外,兼营机器制造及修配工作,主要产品为各种机器配件、车床、手摇钻床、老虎钳、大小铜铁铸件等;中央机电制造厂,成立于1941年,主要产品为离心抽水机;中南钢铁厂,成立于1943年,主要业务为制造机器及门锁、铰链、插销、风钩等五金零件;裕云机器厂,成立于1944年,产品包括纺纱机、梳棉机、清棉机、并条机、垃圾机、打包机,以及各种纺织机零配件,等等。③ 这6家企业当中,有3家为中央或地方政府兴办,2家为私营,反映出抗战期间云南机械制造企业的资金来源与战前相比发生了一定程度的变化。政府的投资在很大程度上保证了企业资金来源的充分,如裕云机器厂,资本"原为国币六千五百万元,后以扩充业务,第一次增资三千五百万元,第二次增资五千万元,总额现为国币一亿五千万元",④ 而资金的充分,使得云南机械制造业,与之前相比,从总体上看,无论是在生产规模、技术装备,还是生产能力,以及产品销路方面都有了较大的改观。

抗日战争中后期,战争波及云南,对云南工业企业的正常运转造成了一定影响,或原料供应受限,或厂房毁损,或减产、停产,或销路受阻,不一而足,机械制造业当然也不例外,如中央机器厂,在1940年"秋间昆明局势一度紧张,滇越铁路交通阻断,而滇缅路又未开放,外购器材,无法内运,对该厂制造工作,妨碍颇大……三十年初,承滇局一度紧张之后,竭力加紧生产工作。年内敌机复时袭昆郊,据统

---

① 《续云南通志长编》(下册),第371—386页;《续云南通志长编》(中册),第848页;张肖梅:《云南经济》,第30页;陈征平:《云南工业史》,第437—439页。
② 张肖梅:《云南经济》,第30—41页。
③ 《续云南通志长编》(下册),第374—386页。
④ 《续云南通志长编》(下册),第374页。

计,三十年空袭警报达五十四次,该厂且经四度遭炸。是年八月十二日一次,损失特重,厂房仓库等全毁至十所,半毁者亦四所,机件亦少有毁坏,综计损失不下二百八十余万元。一时厂内工作遂告停顿,整理修葺,并迁移疏散,旷时月余"。抗战结束后,云南机械制造企业有的虽然还在继续经营,但受政府投资重心的转移,有企业或停工,或紧缩,或解散,或迁走,①云南机械制造业发展的春天顿失。

四、电 力 工 业

近代云南电力工业肇始于石龙坝水电站与耀龙电灯公司的创立,"耀龙电灯公司作为中国的第一个水力发电企业,于1910年出现在祖国边疆的昆明。它的第一座水力发电厂于1912年在离螳螂川自滇池出口处的'海口'以西的石龙坝建成"。②

耀龙电灯公司"当时所设发电机之电量,共为四百六十基罗瓦特,足敷安设十六支烛光电灯二万六千余罩。因工程费巨,共用款六十余万元,除实收股额不敷外,尚负债四十余万元",但随着电灯与电动力需求量的增加,"以近年市内人户增加,各项电力发动工厂相继成立,需用电力颇巨",公司收入开始好转,"十二年统计营业收支,除偿还前欠四十余万余外,微有盈余",而以"电量分配渐有供不逮求之势",急需扩大生产,"乃于是年提经股东会议决议:添招新股,增加股额为一百万元,由政府负责添募新股现金十四万元,改定章程。于十六年照《公司条例》呈经核准立案",实现供电约"电灯用户五千数百户,马力用户七十余户",其营业额,以1935年为例,"共售电一百九十八万五千六百九十度,值国币一十八万五千六百五十七元"。③

耀龙电灯公司,虽经先后添置发电机,"惟发电机容量仅达二千四百四十千瓦,仍不足以应付当时之照明需要,而工商企业工业之用电更无从获得",于是,"经济委员会自行创立一千二百五十千瓦之蒸汽发电厂于云南纺织厂之旁,建厂装机,于民国二十六年七月完成,开始发电,名曰昆明电厂"。而与此同时,由于"抗战以来,工厂相继迁滇,电力需要激增,而原耀龙公司之负荷更重,照明与动力愈感不足"。在此种情况下,"为谋供求相济,耀龙公司遂于二十七年六月一日,与昆明电厂合并改组,更名为耀龙公司"。合并改组后的耀龙公司,资本逐年增加,至1946年时,资本规模已达国币6000万元;供电能力逐年增加,1939年发电约1100万度,仅仅6年之后的1946年,发电量就翻了一番,实现发电约2200万度。④

除耀龙公司外,近代云南电力工业企业还有河口汉光电灯公司、蒙自大光电灯公司、云南煤矿公司开远水电厂、开远通明电灯公司、昭通民众实业公司电力厂、昆

---

① 参李珪主编:《云南近代经济史》,第496—450页。
② 毕斤斗:《石龙坝水力发电站建站前后的回忆》,《云南文史资料选辑》第16辑,云南人民出版社,1980年,第140页。
③ 《续云南通志长编》(下册),第339—340页。
④ 《续云南通志长编》(下册),第340—341、345页。

明纺织动力厂、下关玉龙水力发电厂、腾冲叠水河水力发电厂工程处、昆湖电厂等数家。① 如果将近代云南电力企业的发展划分为不同的时期来看的话,抗战之前,尽管"有耀龙、开远、蒙自、河口、昭通等厂",但"其中规模较大者仅耀龙一家,全省发电量亦不过五千基罗瓦特左右,耀龙即占百分之九十以上,而耀龙之电力,原即不够供给",抗战之后,电力需求增加,经民国政府中央资源委员会和云南地方政府的积极筹措,先后创办开远、昆湖、玉龙等发电厂,从而,使云南电力工业与其他工业部门一样在抗战期间获得了较大发展。②

五、化 学 工 业

近代云南化学工业,有的原属传统行业,有的则为近代以来才兴起的新行业。但不论是传统行业,还是新兴行业,只要其生产过程以机器代替了手工工具,均属于机器工业的范畴。

近代云南化学工业涉及面较广,包括工业品和日用品在内大致可以划分为炼油、橡胶、水泥、酒精、化工材料、制革、肥皂、电池和火柴、瓷器和玻璃、药品、造纸等11个类别。而各个类别已基本都能满足市场所需,生产多个品种和较多的数量,反映出一种门类日趋完备的发展趋势。③

从发展阶段看,近代云南化学工业,抗战前,以原属传统行业者为多,新兴行业多半是在抗战期间创办的;抗战后创立的这些企业,基本为官办或官商合办,私营者极少,因而资本往往都比较雄厚。即以《续云南通志长编》所载 22 家企业来说,除均益洋碱公司、云南制革厂、云南火柴厂总管理处 3 家建立于抗战前外,其余的 19 家——大成实业公司、云南酒精厂、草坝酒精厂、云南恒通化学工业公司、光华化学工业公司、利滇化工厂、安达炼油厂、昆明化工材料厂、大利实业公司造酸厂、昆明制酸厂、振昆烧碱公司、云丰造纸公司、广大瓷业公司曲靖分厂、昆明永生玻璃厂、华新水泥公司昆明水泥厂、新华化学制药公司、昆明磷厂、工光企业公司、元丰油漆厂均成立于抗战期间;战前成立的 3 家企业,资本额最多者有国币 450 万元,最少者只有国币 5 万元,而抗战期间成立的 19 家企业,其资本动辄上千万元,甚至几千万元,哪怕是资本最少的振昆烧碱公司也有 300 万元。④ 抗战时西南大后方建设对云南化学工业的推动作用,由此可见一斑。

六、纺 织 工 业

近代云南第一家较具规模的机器纺织企业为云南纺织股份有限公司。关于该

---

① 《续云南通志长编》(下册),第 351—371 页。
② 张肖梅:《云南经济》,第 49—50 页。
③ 陈征平:《云南工业史》,第 471—372 页。
④ 《续云南通志长编》(下册),第 391—440 页。

公司创办的原因,史载"民国二十三年,政府鉴于本省纺织工业不足,外来棉纱匹头充斥,因计划办理纺纱厂与织布厂",①反映出云南地方当局在纺织品领域以当地所产代替进口的努力。除此之外,正如前述,云南地方政府曾一度大力推广植棉业,而棉花作为重要的纺织原料,因此,该公司的设立,还有"利用禁种鸦片之土地改植棉花可为原料"这样一个背景。②

云南纺织股份有限公司包括纺纱厂和织布厂,其资本构成为官商合股,先是"拨国币六十万元,后增为两千万元,由云南省经济委员会统筹办理"。在经过两年的筹备后,纺纱厂和织布厂"两厂二十六年五月底相继完成,各项机械均已装备完善,同年八月开工生产纱布"。③其生产能力,"纺纱部每日棉纱产量(十支及十二支)约标准包8包,原料取自汉口、缅甸及本省产棉区剑川、宾川一带;织布部,专织平纹及斜纹布,平均每日可出60匹";产品销路,"细纱几全为本厂织布厂自用,粗纱及布,则销至本省三迤各地,约至迤东昭通、曲靖者为最多,居五成,本市占一成,迤西下关、大理,迤南玉溪、通海等地约占二成"。④

除云南纺织公司外,近代云南较具规模的机器纺织企业还有3家,即裕滇纺织公司、振昆实业公司和中原纺纱厂。

裕滇纺织公司成立于1940年,为云南省经济委员会与中国、交通两行合资经营,所出产品为五华牌十支、十六支、二十支、三十二支各支棉纱。⑤

振昆实业公司系由振昆织染厂扩充组织而成,"振昆织染厂成立于民国二十八年四月,以制造漂染各种精细棉布为主业,年产大观楼牌各色棉布约二万匹。三十三年增资为国币一千万元,添置机器,扩充设备,组织振昆实业公司"。相对而言,振昆实业公司是一家比较综合的机器纺织企业,"所属生产部门,有振昆织染厂、湖滨漂印厂、捷足袜厂及新生活内衣厂等四单位",除经营织布、染色、漂白及印花业务外,公司主要业务为制造日用衣被物品。其生产布品有大观楼牌原白细布及其染色布、重磅帆布、四十磅卡机布等三种,而所出日用衣被物品包括衣被、毛巾、棉袜三大类十多种物品,几乎全为人们日常生活所必需的物品。其中,衣被类有棉被、棉褥、被套、被单、棉枕、枕胎、蚊帐、衬衫、汗衫、内裤、门帘、台布、帆布旅行袋等十三种;毛巾类有翠湖春巾、翠湖秋巾、胜利毛巾、振昆浴巾、振昆头巾等五种;棉袜类则有健康袜四种。⑥

中原纺纱厂,成立于1943年11月,原名中原企业公司纺纱厂,资本总额1000万元。"原料仰给陕棉",其产品虽"行销昆明市郊各县,颇为通畅",但因开工不足,

---

① 《续云南通志长编》(下册),第372页。
② 云南省档案馆:《云南档案史料》第1期,1983年。
③ 《续云南通志长编》(下册),第391—440页。
④ 张肖梅:《云南经济》,第14页。
⑤ 《续云南通志长编》(下册),第374页。
⑥ 《续云南通志长编》(下册),第375—376页。

"目前仅能开工一百六十八锭",电力供给时有间断,生产能力较低,"月产总额仅六十余股"。①

除此之外,大华企业公司虽非专门的纺织企业,但设有纺织厂,"机纺粗细棉纱,电织毛巾布匹"。②

与其他机器工业相比,近代云南机器纺织企业的分布非常集中,以上四家企业均在昆明。这样的分布格局,与云南落后的交通共同作用,其结果是近代云南机器纺织业对全省的辐射与影响相对有限,远远不能满足广阔的市场需求,③何况,从总体上看,这些机器纺织企业的生产能力都还不太高。

七、食品加工工业

食品加工领域涉及面广,但在近代云南大多还都是手工生产,有些只是在某些工序上使用了机器设备,真正使用机器生产者则非常少。而部分或全部使用机器设备,又较具一定规模的企业主要分布在以下不同的行业。

罐头食品是因"欧风东渐"才在中国出现的新事物,而近代云南的罐头食品则始于对火腿的加工。宣威人浦在廷以为"家乡盛产火腿,且质地优良,味道鲜美;但由于支头过大,携带不便,又不卫生,还没有把销路打开,只能在本地区自产自销",由此想到,"如果将火腿制成罐头,不但能保持火腿味道鲜美的优点,而且方便携带和食用,这样就能打开销路",于是筹集资金,一方面派人到广州学习制造罐头的技艺,一方面到香港购买生产罐头的机器,于1909年成立宣威火腿罐头有限公司。"产品投入市场后,即因携带方便,应用广泛,更因质量优良,风味独特(色、香、味俱佳)而畅销全国,远销东南亚,大有供不应求之势,使宣腿一时名扬中外,成为云南三大名产之一。"在浦在廷公司的示范效应的带动下,"宣威境内先后出现了上百家火腿商号,较大的有'利源通'、'秉诚公'、'聚盛祥'等等,每年销往省内外的火腿约30万公斤,火腿市场一时群雄并起,'义兴成'、'御丰和'、'中常公司'等后来居上,与浦在廷的'大有恒',四足并立,日产上千罐,每年约30万罐销往东南亚地区并进入欧美市场"。④

但是,总体而言,以上几家罐头公司的规模都不大,而且除制罐密封使用机器以外,其余工序都是手工操作。1948年初由德和祥商号改组成立的德和罐头股份有限公司,起初也是如此,"全部生产工艺流程中除制罐一项使用机器外,其余各道工序都是手工操作,生产效率既低,又难保证优良质量,特别是造成了大量浪费"。

---

① 《续云南通志长编》(下册),第376页。
② 《续云南通志长编》(下册),第438页。
③ 陈征平认为:云南近代机器纺织业,"尽管企业数量不多,但当时也在一定程度上满足了市场的需求,并发挥了对洋货进口替代的一定效果"。陈征平:《云南工业史》,第494页。
④ 浦元华:《浦在廷与宣威火腿》,宁少逸、浦恩宇:《宣威火腿罐头的创始人浦在廷》,浦婵珠:《浦在廷对民族工商业的开拓和对民主革命的支持》,均载《云南文史资料选辑》第49辑,云南人民出版社,1996年。

后来,"经过若干努力改用机器切片以代替人工切片,节约了大量劳力,划一了片型规格"。从而使德和罐头公司成为近代云南火腿罐头制造领域,制造技艺最为先进的一家企业,"1948年春,第一批长方形的'云腿'罐头问世。色香味醇、开罐方便,使它逐渐畅销国内外,很快便打开了销路,营业蒸蒸日上。到1949年,'德和'除了在昆明崇仁街1号设有营业部外,还在香港甘诺道32号、广州中兴路151号先后设立了办事处"。①

与以上罐头公司形成鲜明对比的是,于1939年成立的罐头食品工业合作社,不仅机械化程度较高,有切铁、制罐、封口、炼乳、蒸汽等机器用以生产,而且产品也较多样,出品主要为炼乳、五香牛肉和鲜味鱼等罐头。然而,其生产数量因受原料供应的限制,波动较大,"每月多至七千听,少至两千听不等,因鲜奶产量四季不同之故也"。②

近代云南制糖行业使用机器生产者,见诸记载的只有云南制糖厂:"初,本省土法所制白糖,品质不佳,不能与外货抗衡,且附产品之糖蜜,不予利用,废弃可惜。省企业局有鉴于斯,设立云南制糖厂,用新法机制白糖,谋与外货竞争,以免利权外溢。出品精良,甚获好评。附产糖蜜,则以制酒精,销路亦佳。"由此可见,该糖厂不仅利用机器制糖,而且以附产品糖蜜制酒精,实现对原料的高效利用,形成较为合理的生产链。从制造程序看,该糖厂已经形成一套完整而成熟的制糖工艺,"先将红糖加水加热溶化,澄清后,虑过骨灰,以去色及杂质,而后导入煎糖器中,加热煎浓,放入结晶桶冷却并结晶。再经离心机分去糖蜜,即得白糖"。产品分为数种,有"一号、二号、三号白糖,冰砂晶糖,盒装方糖,纸包方糖,福牌方糖等";生产量,从1943年3月起到1945年6月止,共计生产424 301公斤;销售情况,"在三十二年系委托金碧路振华公司总经销及各大商号分销,并与战地服务团、励新合作社订约,供应其所需。至三十三年,则因调整营业,将总经销处及各代销商号承销办法取消,自行在金碧路439号设立营业处批发及零售,以迄于今。所有产品,大部分仍售给美军"。③ 由此看来,尽管可以说该厂已为云南新式糖业的生产奠定起了基本的近代化基础,但生产能力毕竟有限,销售面也不广,这也正说明了近代云南糖业生产的落后。

近代云南机制面粉加工,有嘉农面粉厂和滇新企业公司两家企业。④

嘉农面粉厂本隶属于大成实业公司,"民国二十八年一月,董澄农、施嘉干二君倡议筹设该公司,先后在昆明市及近郊夏窑二处,举办嘉农面粉厂、利工电石厂、农村纺织厂、联谊钢厂、新成炼油厂及大昌营造厂",后因大成实业公司改组,又隶属

---

① 程茂绩:《昆明德和罐头早期历程》,樊心鹄:《回忆德和祥》,均载《云南文史资料选辑》第49辑。
② 《续云南通志长编》(下册),第435页。
③ 《续云南通志长编》(下册),第396—398页。
④ 陈征平以为近代云南面粉机器加工企业只有嘉农面粉厂,并由此认为嘉农面粉厂利润水平不高,"以至之后始终没有出现另外的同类企业的兴建"(《云南工业史》第522页)。此论不确。

于两合公司,"因(大成实业公司)所办事业,均属有关地方生产,经云南省财政厅赞助,加入股本三分之一,为有限责任股东;施、董二君各占股份三分之一,为无限责任股东;组成两合公司"。①

嘉农面粉厂厂址所在地夏窑距昆明市西站七公里,工厂"自购地修筑便道八百余公尺与滇缅公路衔接,汽车已直接运输",交通便利,因而,就近从昆明附近及宜良、曲靖、杨林等地采购的麦子,尽用汽车运集昆明。盖因原料供应充分,市场需求较旺,1941年全年共计生产青龙面粉、红龙面粉、蓝龙面粉、四号面粉50 517袋,1944年共计生产79 161袋,三年间增长约56.7%。② 这说明,近代云南机制面粉业应该还是有着较好的发展前景的。

滇新企业公司面粉厂创办于1944年,产品有头等粉绿飞马牌,二等粉红飞马牌、三等粉蓝飞马牌等,"产量每日夜约二百数十袋,供销本市及盟军所需"。工厂"营业甚旺","惟以产量有限,不获普遍供应",反映出近代云南机制面粉应该是有着一定的市场需求的。滇新企业公司,本为施次鲁、周润苍等人为供应昆明各项主要衣食用品之需求而发起创立的一家综合性企业,但以其"首先开设面粉厂于黑林铺海源支路班庄村",或可以说明正是市场的需求从而使得在嘉农面粉厂之后又有滇新企业公司面粉厂的出现。③

近代云南茶叶加工使用机器者并不是很多,其中较为重要的有云南中国茶叶贸易公司和思普企业局制茶厂。云南中国茶叶贸易公司成立于1938年,"该公司成立之初,就昆明威远街开始工作,选定顺宁、佛海、宜良三县,筹设茶厂,以现代机制方法制造内外销各种茶叶"。④ 各茶厂主要机器设备有揉茶机、烘茶机、筛分机、切茶机、拣茶机、发动机等,基本可以实现整个加工过程的机械化。但是,以各种茶叶的出厂成本和平均销售价格来看,其利润水平大多比较低。⑤ 近代云南茶叶加工采用机器的不多,或许与此不无关系。思普企业局制茶厂成立于1940年,因为思普企业局的业务主要在茶叶品种的改良和种植上,所以茶厂机器设备相对简单,数量不多,有"英制揉捻机大小各一部,烘茶机一部,切茶机一部,分筛机一部"等。⑥

第三节　区域特征

一、主体为手工业

蒋君章在论及西南工业时指出:"西南是一个工业落后的区域,除少数大都市

---

① 《续云南通志长编》(下册),第391页。
② 《续云南通志长编》(下册),第391—393页。
③ 《续云南通志长编》(下册),第435页。
④ 《续云南通志长编》(下册),第433页。
⑤ 参《续云南通志长编》(下册),第434页之"各种茶叶产量及价格表"与"各类茶叶运销情况表"。
⑥ 《续云南通志长编》(下册),第435页。

如成都、重庆、万县、昆明、南宁、苍梧以外,简直没有新式工业,旧式手工业虽然有相当的发达,但是品质低劣,产量很少,因此平时工业制造品,都仰给于外省或外国,及至战时,交通困难,来路阻断,遂至求过于供,而若干原料向以出口为尾闾者,则感供过于求之困难,经济上自然的趋势和政府提倡工业奖励建国的政策相互影响之下,遂使西南工业有长足的进展。"① 此论虽然所论区域为整个的西南地区,但如前述,却也讲出了近代云南工业发展的大致轨迹。但是,抗战以前"简直没有新式工业",基本全是手工业,即便在抗战期间,云南工业尽管有了长足的进展,出现不少的机器工业,但整个工业的主体应该还是手工业,1948年的调查就印证了这一点。

1948年,经济部全国经济调查委员会完成《全国主要都市工业初步报告提要》一书,在书中调查的南京、上海、北京、天津、青岛、重庆、沈阳、西安、汉口、广州、台北、兰州、汕头、福州、昆明、贵阳、长沙(包括衡阳)、南昌(包括九江)等城市当中,昆明的工厂数量仅比兰州多,为66家,而合于工厂法者仅有30家,36家不合于工厂法,② 说明即使是在这66家"新式工业"当中,也还不都是完全的机械化的生产并具一定的规模,何况,更多的还不是"新式工业"。昆明如此,其他地区"新式工业"之少则不难想象。这也就充分说明了近代云南工业从总体上看还是非常落后的。

二、矿业地位独特

云南是有色金属的王国。据张肖梅《云南经济》一书统计,这些矿产包括金、银、锡、铜、铅、锌、铁等十多种金属矿,还有岩盐、煤、硫磺等十几种非金属矿。丰富的矿产在使矿业开发成为政府财政重要来源的同时,也吸引了众多的百姓投身矿业,以矿业为生。以铜业为例,民国时东川铜矿有工人2200名。③ 以矿为生者作八倍计算,约一万七千人。④ 这就反映出开矿与百姓生计的密切关系。在云南矿业中有云南本地人,也有相当数量的外省人。凡云南一开矿,"川、湖、两粤力作功苦之人皆来此求活"。⑤ 还有江西来的,尤其以抚州为多;在蒙自,还有来自山西、陕西来的矿工。⑥ 他们投身矿业,是因为投资少见利快,还极富投机性,故趋之若鹜。加之中法战争以后,洋货的大量倾销,造成许多农民和手工业者大量破产,迫使他们中的不少人也加入了开矿行列,而这种态势进一步促进了矿业的发展。

中法战争后,法、英等资本主义国家的魔爪不断伸向云南的各个领域,云南丰富的矿藏成为他们觊觎的重要目标。1902年,法、英两国胁迫清政府签订了《云南

---

① 蒋君章:《西南经济地理》,第261页。
② 谭熙鸿、吴宗汾主编:《全国主要都市工业初步报告提要》,经济部全国经济调查委员会,1948年,第26页。
③ 东亚同文会编:《支那省别全志》第3册《云南》,第1119—1121页。
④ 丁文江:《五十年来中国之矿业》,《丁文江文集》第3卷,湖南教育出版社,2008年。
⑤ 《续云南通志稿》卷四五,食货志。
⑥ 佚名:《续蒙自县志》卷二,物产,宣统年间稿本。

隆兴矿务公司承办七府矿务章程》,企图把云南全省的矿产据为己有。但由于云南各界人民以各种形式进行抗争,最终使法、英阴谋成为泡影。在这场斗争中爱国的绅商士民纷纷解囊,集资办矿,个旧锡务公司、宝华公司得以迅速成立。而在辛亥革命后建立的云南都督府以及后来的云南地方政府,也都积极提倡和大力促进矿业的发展,兴办各种矿业企业,开采和加工各种矿产品,锡、铜、铅、煤、铁、钨等,无不涉及,加快了矿业的发展。

于是,云南近代矿业倚于历史的、现实的、主观的、客观的各种因素,迅猛发展,地位独特。就资本而言,鲜有其他工业部门可与其相比。单个企业,如个旧锡务公司资本高达176万元,①这在当时,不仅在云南首屈一指,就是在全国也为数不多。单就整个锡业来看,如把众多中小型矿厂资本累加起来,数额可能相当可观。如再加上铜、铅等业资本,矿业的资本应该会更大。而从事矿业的工人,为数庞大。仅个旧锡山,综计各厂工人不下十五六万人,②其中个旧锡务公司就有矿工三千多人。③从总量上估计,云南矿业工人约占云南近代工业工人总数的80%以上。因此,就矿业资本、机器价值、出口值、所占工人等论,云南矿业在云南近代工业中占有绝对的优势。④

需要说明的是,如果说清代云南矿业的代表是铜矿的话,那么,近代,特别是民国年间,云南矿业的代表是锡矿。个旧锡矿的开采,是云南最早,也是在最大规模上使用机器生产的矿业部门,在云南近代工业发展史上有着突出的地位。在近代,大锡的出口在云南出口总值中常占80%以上的份额,是云南财政收入的主要来源之一。以锡矿为代表的矿业在近代云南经济发展中具有举足轻重的作用。

三、空间不均衡性明显

由于历史的原因,近代云南手工业发展水平的空间差异应该说与近代之前相比,并没有发生根本性的变化:以昆明为中心的滇池流域地区和以大理为中心的洱海流域地区,为云南经济最为发达的两个地区,手工业发展水平总体领先于其他地区;其他的各级各类经济中心,手工业发展水平也往往领先于其周边地区;一些长期以来形成的,以某些手工业品为其特色的手工业中心也大多在近代延续了下来,如鹤庆的银饰加工、宣威的火腿生产、腾冲的玉器业、个旧的锡工,等等。换句话说,近代云南手工业发展过程中的空间不均衡性,基本上延续了近代以前的状况,依然比较明显。

近代云南的机械工业,从无到有,渐次发展,但与手工业相比,因其对环境的要

---

① 《续云南通志长编》(下册),第440页。
② 云南省社科院历史研究所编:《云南现代史料丛刊》第6辑,1986年,第221页。
③ 张肖梅:《云南经济》,第31页。
④ 蔡泽军:《云南近代工业特点述论》,《云南教育学院学报》1990年第1期。

求相对较高,并受一定环境的影响和制约,空间不均衡性更为突出:一方面是分布更为集中,像电力业中的大光、通明、耀龙三个电灯公司分别集中于蒙自、开远和昆明;印刷造纸、卷烟、火柴、化工木材、机械五金等业主要集中在昆明,其他地方少见;纺织、制革业资本在千元以上的企业,主要分布在昆明和邻近的周边地区;矿业中的几个著名的公司,像云南炼锡公司、云南矿业公司、滇北矿务局、宣明煤矿公司、宝华锑矿公司等,集中在昆明、蒙自、开远、个旧、东川等地。这种情况就表明,云南近代机器工业大致以昆明为中心,辅之蒙自、开远、路南等,以及东川、个旧等几个重要矿区,以滇越铁路相联结,而呈点、线分布的空间格局,显得极不均衡。另一方面,也正是这种极不均衡的空间分布,使得近代云南机械工业的发展水平在空间上的不均衡性显得非常突出。相对而言,昆明的发展水平最高,其次则为滇越铁路沿线城市和几个重要矿区;除此之外的大多数地区,要么几乎没有"新式工业",要么虽然有几家零星的"新式工业"企业,但也只是采用简单的机器操作,最多也只是停留在半机械化的水平。

第四章 近代交通和邮电

第一节 陆路交通

一、驿　路

云南山高谷深、地形复杂,虽不乏名水大川,但可资用于交通运输者极其有限,"又全省万山盘结,鸟道纡曲,在滇越铁路未通前,除各小盆地间短程运输间有牛马车外,一般商货均赖驮运",①因此,马帮成为云南省内外交通运输的主要承担者。近代以前,为满足统治者官方物资运输和文书递送的驿路建设,反映了一个地区交通的主要面貌,马帮驮运也主要依赖于驿路进行。清代形成一直延续到近代的云南驿路,以昆明为中心,向四周延展,构成云南省内及云南与省外交通的重要内容。

表4-1是云南铁路公路未兴前的通省大道即清代云南出省驿道干线,也是近代云南马帮运输交通干道。据此,可以将云南马帮运输路线概括为迤东、迤西、迤南三大干线。迤东线包括昆明—曲靖—平彝(今富源)—普安—安顺—贵阳;昆明—曲靖—宣威—毕节—叙永—泸县;昆明—会泽—昭通—盐津—宜宾三条线路,分别为云南向东进入四川、贵州的主要交通线路。迤西线包括昆明—下关—丽江—维西—阿墩子(今德钦)—巴安(今巴塘);昆明—禄丰—楚雄—下关—保山—腾冲—八莫;昆明—武定—元谋—会理—西昌三条线路,分别为滇藏、滇缅及云南进入四川西南的主要交通路线。迤南线,除表中所列昆明—百色—线外,还包括由昆明东南而出,经呈贡、晋宁、江川、宁州、通海、蒙自、蛮耗,经红河水运而达海防一线和昆明—玉溪—元江—普洱—思茅—车里两条线路,分别为滇桂、滇越,以及本省西南交通主要线路。

表4-1 铁路公路未兴前云南通省大道略表

驿路	重要站口	站 间 距 离			与 昆 明 距 离		
		日程	里　程		日程	里　程	
	昆明		公里	华里		公里	华里
昆明贵阳间	曲靖	5	178.6	310	5	178.6	310
	平彝	2	77.8	135	7	256.4	445
	普安	3	129.6	225	10	386.0	670
	安顺	6	201.7	350	16	587.7	1020
	贵阳	4	117.0	203	20	704.7	1223

① 《续云南通志长编》(中册),第1043页。

续 表

驿路	重要站口	站 间 距 离			与 昆 明 距 离		
	昆明	日程	里 程		日程	里 程	
			公里	华里		公里	华里
昆明泸县间	曲靖	5	178.6	310	5	178.6	310
	宣威	3	118.1	205	8	296.7	515
	毕节	8	299.6	520	16	596.3	1035
	叙永	5	190.1	330	21	786.4	1365
	泸县	4	143.3	248	25	929.7	1613
	昆明	日程	里 程		日程	里 程	
			公里	华里		公里	华里
昆明宜宾间	会泽	8	325.6	565	8	325.6	565
	昭通	4	187.2	325	12	512.8	890
	盐津	6	233.3	405	18	746.1	1295
	宜宾	6	230.3	400	24	976.4	1695
	昆明	日程	里 程		日程	里 程	
			公里	华里		公里	华里
昆明西昌间	武定	3	106.6	185	3	106.6	185
	元谋	3	65.5	114	5	172.1	299
	会理	7	219.0	380	12	391.1	679
	西昌	6	172.7	300	18	563.8	979
	昆明	日程	里 程		日程	里 程	
			公里	华里		公里	华里
昆明八莫间	禄丰	3	119.0	207	3	119.0	207
	楚雄	3	87.0	151	6	206.0	358
	下关	7	275.5	478	13	481.5	836
	保山	8	314.0	545	21	795.5	1381
	腾冲	4	167.0	290	25	962.5	1671
	八莫	8	210.0	365	33	1173.5	2036

续 表

驿路	重要站口	站间距离			与昆明距离		
	昆明	日程	里程		日程	里程	
			公里	华里		公里	华里
昆明巴安间	下关	13	481.5	836	13	481.5	836
	丽江	5	201.6	350	18	683.1	1186
	维西	6	224.7	390	24	907.8	1576
	阿墩子	10	334.0	580	34	1241.8	2156
	巴安	9	501.1	870	43	1742.9	3026
	昆明	日程	里程		日程	里程	
			公里	华里		公里	华里
昆明车里间	玉溪	3	125.6	218	3	125.6	218
	元江	4	172.9	300	7	298.5	518
	普洱	10	282.2	490	17	580.7	1008
	思茅	2	69.1	120	19	649.9	1128
	车里	6	241.9	420	25	891.8	1548
	昆明	日程	里程		日程	里程	
			公里	华里		公里	华里
昆明百色间	玉溪	3	125.6	218	3	125.6	218
	通海	2	57.5	100	5	183.1	318
	建水	2	66.1	115	7	249.2	433
	蒙自	2	96.6	168	9	345.8	602
	文山	4	162.3	282	13	508.1	883
	广南	5	201.6	350	18	709.7	1233
	富州	4	149.7	260	22	859.4	1493
	剥隘	3	115.5	200	25	974.9	1693
	百色	3	115.2	200	28	1090.1	1893

说明：1公里＝1.736华里。
（资料来源：《新纂云南通志》卷五六，交通考一。）

以上即是云南对外交通的主要交通干线，也是云南省内的交通干线，除此之外，在这些干线之间，各府、州、县内设置了为数众多的驿站、铺递，从而构成了以通省大道为主干,以各地驿站、铺递为支线的交通网,这也就是铁路公路未兴前云南省内及其周边地区交通的基本面貌。

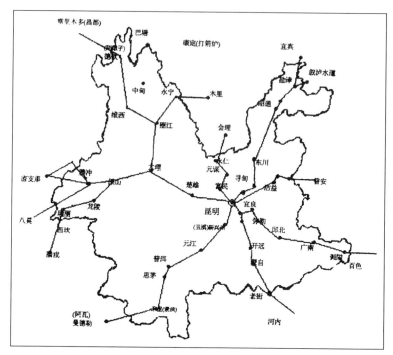

图 4-1 近代云南驿路交通示意图
说明:该图来源为谭图第 8 册清时期云南图。

铁路、公路兴起后,驿路运输虽呈渐趋衰落的态势,但并未消失。特别是在抗战期间,为了补充当时的公路、铁路运输的不足,马帮驿运受到重视,一度非常活跃。"于是,抗战时期的云南,铁路、公路、航空、水运、管道运输'五运俱全',辅以大量的驿运,相互配套,开展联运,对支援抗战起了很大作用。"①

二、铁 路

铁路是现代化运输的重要方式之一,为此,英、法两国均将修筑铁路作为开拓云南市场,扩张在中国西南势力的重要手段。

法国希望修筑通过越南进入云南的铁路,以便于获得与英国竞争的优势。中法战争结束后,法国取得了在中国修筑铁路的权利,"光绪十三年,中法会订《商务专条》第五款内载'越南之铁路,或已成者,或日后拟添者,彼此议定,可由两国酌商,妥定办法,接至中国境内'等语",②确定滇越铁路的修筑由法国主持。1901 年,滇

---

① 马廷璧:《云南战时驿运》,《云南文史资料选辑》第 52 辑,云南人民出版社,1998 年,第 349—358 页。
② 《新纂云南通志》卷五七,交通考二。

越铁路开始动工修筑,历时 10 年,于 1910 年全线贯通,全程 854 公里,越南境内约 389 公里,云南境内 465 公里。滇越铁路全线开行需时 4 天,计第一日自海防至河内,地势平坦,路况较好,只需 3 小时;第二日自河内至老街,早上 7 点开,下午 5 点到;第三日自河口至开远,早上 6 点开,下午 7 点到,所经车站有河口、蚂蟥堡、南溪、马街、老范寨、大周塘、腊哈地、白寨、湾塘、波渡菁、倮姑寨、戈菇、落水洞、芷村、黑龙潭、碧色寨、大庄、大塔、开远等 19 个;第四日从开远到昆明,早上 6 点开,下午 5 点到,所经车站有小龙潭、巡检司、大龙潭、拉里黑、西扯邑、热水塘、婆溪、小河口、西洱、糯租、禄丰村、徐家渡、滴水、狗街、羊街、宜良、可保村、前所、水塘、七甸、呈贡、獭米珠、西庄、九门里、索珠营、昆明等 26 个。① 以上云南境内所设各站,分为四个等级:一等站 1 处,设在昆明;二等站 1 处,设在开远;三等站 6 处,四等站 24 处;与海关有关系之站 2 处,一为河口,二为蒙自碧色寨,因其为货物往来集散之地,有海关在此设立。各站建筑物:四等站为月台一,叉道一,避车道一,以及售票房候车室及办公室等建筑物;三等站为月台一,叉道二,避车道二,货舱一,其余建筑物与四等站同,其中芷村站是三等站中之最重要者,因与红河有相通之关系,往来货物甚多,有机车厂、旋迴桥、修理车厂及行车人员宿舍等;二等车站开远,因其居路线之中心点,并且与红河相通,加以当八大河大成河之冲,故筑叉道四,避车道四,旋迴桥一,机车房一,能容机车六辆,其余办公等室亦增多;一等站所在云南省城,为全省商业中心,最为重要,车站有叉道六,避车道六,机车房一,货舱一,修理车厂一,其余办公等室也比各站较为宏伟。②

英国则希望通过修筑滇缅铁路"防止云南贸易的利益被法领印度支那夺取,使缅甸成为云南贸易利益的去向;把铁路延伸到丰饶的四川,在这里与川汉铁路衔接,使印度和上海连接一起,将来从开罗经印度直通到极东,夺取西伯利亚的利权"。③ 为此,英国在缅甸的铁路网布设已为将来延伸至云南做好了准备,与此同时,英国也曾多次派专家与技术人员进入云南考察,详细论证铁路路线。但是,不论哪条线路,都因地形复杂,工程量巨大,耗资不菲,而且多有难以克服的技术难题,英国修筑滇缅铁路的计划不得不搁置。

除此之外,近代云南还曾有多条其他修筑铁路的计划,尤其值得一提的是省内士绅为对抗法国滇越铁路、英国滇缅铁路计划而倡议的滇蜀、滇桂等铁路修筑计划,但大多因技术难度高、工程量大、资金缺乏而使计划落空,半途而废,修成者唯有地方民营性质的个碧石铁路。

"法自滇越铁路通车后,不时窥伺个厂,意图接修支路",地方绅、商为保矿权和路权,以及"重以米物薪炭需数甚多,牛马驮运殊感不便",而倡修个旧至碧色寨铁路。但"因个旧锡、砂两项商人,建水、石屏两属者占十之八九。故两属股东,实为

---

① 《续云南通志长编》(中册),第 1000 页。
② 苏曾贻:《滇越铁路纪要》,1919 年,第 8—9 页。
③ 《支那省别全志》第 3 卷《云南省》,第 418 页。

本路股东之主体,为促进建、石实业文化之发展计,该两属股东,均愿延长抽收股款日期,多出股本,将铁路展筑至两属县城",起初计划修筑之个碧铁路由此而成为个碧石铁路。① 1912年,铁路动工修筑,进展缓慢。1921年10月,个旧至碧色寨段通车,1928年,鸡街至建水段修筑完成,直至1935年冬建水至石屏段才告竣工。完成个、碧、石全线通车竟前后耗时20余年,个碧石铁路修筑之艰难由此可见一斑。

20世纪30年代,出于抗战需要,搁置已久的滇缅铁路被提上了议事日程,计划路线"起自昆明,西经安宁、禄丰、广通、楚雄、镇南、姚安、祥云、弥渡、南涧、云县、勐赖、勐只、勐洞、勐定,以至中缅边界之术达"。② 1935年开始线路勘测,1938年动工,至1939年,完成工程量的20%,进展比较顺利。1940年,法国政府在日本的压力下,限制中国物资从滇越铁路运入中国,英国政府宣布滇缅公路停运中国物资,工程因此一度停工。1941年3月,滇缅公路重新开放,滇缅铁路于是复工。但正当工程进展顺利之际,日军侵入缅甸和云南西部,1942年4月,滇缅铁路被迫再次停工,此时,才只是铺设完成了昆明至安宁螳螂川车站35.2公里的轨道。③ 滇缅铁路从此搁置,成为云南近代史上一条未完成的铁路。

三、公　路

公路相对于铁路,具有机动灵活,适应性强,适于中短途运输的特点,但是,近代云南的公路建设和铁路一样,进展也极其缓慢。有人认为进展缓慢的原因主要是云南地形复杂,公路修筑困难,汽油稀缺昂贵,汽车难以使用。④ 此论甚是,对此,1929年东亚同文书院调查报告就有记载:

> 在云南道路上,车辆无法通行,运输仅靠人肩、马背,在稍微平坦一点的地面上,往往看到宽2米左右的石板路,但因为长时间没有进行修路的原因,石块高高露出,在低洼地形成深深的坑,一样使人感到难以行走。在这种情况下,民国以来曾多次提出修筑公路的计划和方案。但都因为工程相当困难,计划每每落空,画饼充饥,偶尔真正开始施工,也会遇到资金不足,土匪猖獗等问题,半途而废,中途搁置。⑤

1913年,滇南绅商倡议修筑公路,但真正得到实践则已是近10年后的事了。1921年,修成昆明至黄土坡马路,1924年从黄土坡延展到碧鸡关,总计16.4公里。1928年,修通昆明至安宁段公路,计34公里。在此之后,公路修筑的步伐才有所加快,1928年,云南公路累计通车里程68.2公里,1929年便增加到了354.3公里,至

---

① 《续云南通志长编》(中册),第1018、1015页。
② 《续云南通志长编》(中册),第1020页。
③ 参见《云南省志》卷三十四,铁道志,云南人民出版社,1994年,第130—133页。陆韧:《云南对外交通史》,第404—405页。
④ 石俊杰:《近代云南红河区域经济地理研究(1889—1949)》,云南大学2010年硕士论文,第108页。
⑤ 东亚同文书院第26期学生调查:《第23回支那调查报告书,第51卷云南交通编,调查时间:1929年,第40页。

1937年共计完成公路里程3712.9公里。

表4-2 云南公路累计通车里程变化表 （单位：公里）

年 份	累计公路里程	年 份	累计公路里程
1924	14.9	1931	1439.3
1925	18.9	1932	1888.6
1926	57.5	1933	2568.3
1927	57.5	1934	2787.7
1928	68.2	1935	3279.7
1929	354.3	1936	3712.9
1930	1325.7	1937	4533.5

（资料来源：《云南公路交通史》公路篇第1册，转自吴兴南《云南对外贸易》第300—301页。）

公路虽在30年代修筑不少，但由于汽车数量有限（参表4-3），效益也很差，公路运输的作用并没有得到真正发挥。①

表4-3 抗战前云南省运营汽车数量 （单位：辆）

时 间	官营	商营	合计
1929—1932年	14		14
1933年2月开放商车	14	16	30
1934年	14	38	52
1935年 上半年	19	58	77
下半年	21	160	181
1936—1937年3月	24	168	192

（资料来源：黄恒蛟主编：《云南公路运输史》，人民交通出版社，1995年，第106页。）

抗日战争期间，云南加大公路修筑力度，除按原预定计划继续推进外，"分别修筑大丽段、宣昭段、开砚段、路开段、昆会段、昆宁段、昆兴段等七段干道路线，及昆富段、玉建段、呈通段、开蒙段、弥祥段、镇盐段、安易段、盐舍段、砚广段、师泸段、弥泸段、晋江段、砚昆段、宾鸡段、富罗段、广八段、牟楚段、楚双段、保顺段、保腾段、腾八段、元永段、景蒙段、金永段、丘广段、宁江段、宁车段、宁澜段、砚马段、马麻段、昆易段、昭永段、宾金段、昭鲁段等三十四段支道及县道路线"，②使云南公路通车里程有了较大的增加。而为适应抗战需要，对滇缅公路修筑与整饬，以及史迪威公路即中印公路的修筑，尤为值得一提。

---

① 黄恒蛟主编：《云南公路运输史》，人民交通出版社，1995年，第119页。
② 《续云南通志长编》（中册），第968页。

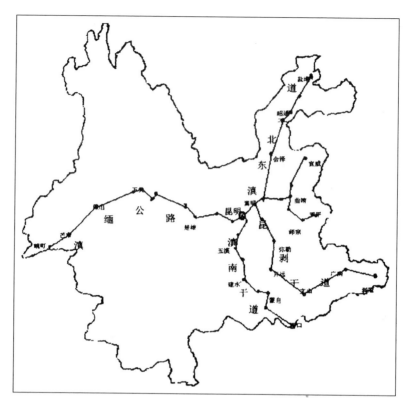

图 4-2 1940 年前后云南省内公路分布示意图
说明：该图来源为谭其骧主编《简明中国历史地图集》民国图（中国地图出版社，1991 年）。

滇缅公路起自昆明，经祥云、下关、保山，止于畹町，原为云南省省道，全长 959 公里。抗日战争前，昆明至下关段修成通车，下关至畹町段尚待修筑。抗日战争爆发后，此路的重要性凸显，国民政府决定修筑滇缅公路。1937 年底，开始动工，经过 7 个月的紧张工作，于 1938 年全线通车。但是，由于时间仓促，工程质量未能尽合标准，该路西段一到雨季往往塌方严重，桥梁载重不足，因此，国民政府中央拨款由滇缅公路局加以改善，该路功果、惠通两桥多次被敌机空袭炸毁，均抢修通车。①而为防止日军利用该路，1942 年 5 月，滇缅路局奉令破坏惠通桥至保山一段，"嗣战事好转，昆明至保山间路幅，又复加宽"。②

1942 年，日军攻占缅甸，滇缅公路因此被截断，"斯时物资接济，端赖空运。然数量有限，不足以应需要，是故打通中印间另一国际供应线"成为当务之急。1944 年，中国军队强渡怒江，发动反攻，中国驻印远征军同时配合美军进击缅北，基于"（一）与已将完成之列多公路衔接，（二）较原滇缅公路缩短行程二百七十公里，

---

① 段金生：《南京国民政府对西南边疆的治理研究》，社会科学文献出版社，2013 年，第 268、270 页。
② 《续云南通志长编》（中册），第 981 页。

(三)在八莫等地未克复前,先滇缅公路而利用"的动机,国民政府决定兴筑自保山经腾冲而迄密支那的中印公路。经各方全力奋战,以其巨人的投入和牺牲,该路于1945年1月19日全线打通。此路为中印间有史以来第一条公路,抢通后,中外各界赞誉备至。[①] 在抗日战争的最后阶段,此路成为中外物资运输的重要通道,对抗战的胜利起到了重要作用。

第二节 内河航运

受地形制约,云南水运素不发达,而具运输之功者,大体可分为湖运和河运两类。

一、湖 运

云南虽为高原,但有不少湖泊分布各地,其大者有滇池、洱海、抚仙湖、星云湖、异龙湖、阳宗海等,均可资航运。

滇池,地处盆地,盘龙、宝象、金沙等大小数十道河流注入其中,湖水充盈。沿湖县份有昆明、昆阳、呈贡、晋宁、安宁,可直接以之航运,"其他则玉溪、峨山、新平、思普一带之货物,以及迤西各井之食盐,亦由此湖转运至省,附近滇越铁道之呈贡、澄江等,亦大多舍铁、陆运而改由湖运"。往来船只基本全系民船,按其来源地,有西门船、高峣船、西山船、土坝船、六甲船、灰湾船、昆阳船、晋宁船、海口船、呈贡船、杂船等十一种,其中昆阳、海口、晋宁船比较大,其余均为小船。大船往来昆阳、晋宁间,每日晚开早到,以运米货为主,小船则运柴炭、日用品。各种民船的航行地点:大篷船容量三万斤,往来于西门篆塘、昆阳、晋宁、呈贡间;中篷船容量二万斤,往来西门篆塘、西山高峣、晋宁间,及海口一带;双彩船容量约两千斤,专供游客,往来西门河湾、西山;单彩船容量约一千斤,专供游客,往来草海、大观楼及西山、高峣一带;小拨船容量三千斤,往来西门河湾、西山草海及沿湖一带。[②] 1913年5月12日,滇济轮船公司从法国购买的小火轮"飞龙号"正式运营,"每日上午七时半由省城开往昆阳,下午两点钟由昆阳开往省城,每日往复各一次",从此滇池水面上有了机械动力船。自此之后,滇池上还先后出现了滇济轮船公司的"飞鹰号"轮船、镇海轮船公司的"镇海号"轮船、昆玉轮船公司的"福海号"轮船、昆湖轮船公司的"西山号"轮船等数艘轮船。[③] 1920年,"飞龙号"因过度超载而沉没;1937年,"福海号"遇风浪沉没;其间又有"西山号"、"济海号"等船停业,本来就不多的轮船随之也就所剩无几了。

洱海,为云南第二大湖泊,沿湖县份有大理、邓川、洱源、宾川、凤仪等,直接受益于其航运者,以大理、邓川两县为著。"大理段,湖濒盆地东南,南北长一百二十

[①]《续云南通志长编》(中册),第996、998页。
[②]《新纂云南通志》卷五七,交通考二。
[③] 徐刚:《云南的这点事》,云南人民出版社,2008年,第49—50页。

里,东西宽者一二十里,狭者六七里。船运用帆船,有大、中、小三种,数有百余只,往来行驶,涉上关、双朗、挖色、下央等处,供运乔后井盐及邓川、宾川粮食、水果,并各日用品",各船均由沿湖居民经营。"邓川段,湖濒县治南端,北与大理段毗连,湖境归其管辖者有六七十里之多,航运范围似较大理尤便"。其他沿湖各县通航有限,"如洱源距湖太远,只茈碧湖有渔船数只。凤仪则在洱湖尾部,亦只有打鱼船,无航业"。①

抚仙湖、星云湖借海门桥河相连,沿湖县份有澄江、华宁、江川等。两湖航运可分为澄江、华宁两段,澄江段"平昔,澄江街期,江川、浪广,时有买物品之商船往来赶场",华宁段"船户数百,往来江川之海门桥、澄江之海口"。阳宗海,"沿湖村民亦有小船数只,专供载运薪炭之用"。异龙湖,距石屏县城东半里多,有石屏到建水航船数十只,"代商家载运盐、茶及零杂货物至建水、蒙自及新、老街出售","又湖之四周,多系渔户,有渔船数百只"。②

二、河　　运

云南境内不乏大江大河,所谓"北有金沙江,东有八大河,西南有红河,西有澜沧江、潞江,皆河川中比较最大者",但以其"地当上游,岸高峡深,滩多水急,即泥淤流浅,航运上不能畅行自如,仅有一部分得享其利"。大略而言,云南境内有河道可资为航运者,仅仅涉及10余县份,其大致情形如下:③

昆明,盘龙江水涨时可通中、小篷船,运载粮货、日用品及薪材等,但有大半年因河水浅枯,无法航运。

安宁,螳螂川由滇池东南25里黄塘村入境,经县境温泉、禹龙甸出境,计80余里。温泉以下居民,有以高头小船行驶于县城者。

会泽,牛栏江上间可行船,其平坦之处能行载重两千斤左右的船,运输客、货和柴薪等物。

宣威,境内德泽江上游直通杨林,曾为运京铜之路,怡昌隆商号尝于杨林城外西村放船,经菓子园、古城等处,顺流而下,至德泽登陆,另换牛车运货入城,省却不少费用,后因两岸石岩坍阻,路线始废。此外,革香河、底那河等河有渡口近20处,各渡口有船只一二通行载人与货。

永北,与邻近各县交通,有渡口十余处,除金沙江有较大船外,其余均为小船。

绥江,有绥江至四川宜宾,陆程计有300里,下水则一日可达。行驶两地之间的大船常有二三十只,运输货物主要为鸦片和食盐;小船颇多,无舱无篷,只能载附近居民赶街等。

---

① 《新纂云南通志》卷五七,交通考二。
② 《新纂云南通志》卷五七,交通考二。
③ 《新纂云南通志》卷五七,交通考二。

盐津,由该县直达四川宜宾横江一带,曾以之载运京铜,水涨时,滩大难停,冬、春水涸,行驶较易。

个旧,红河流经县境,约长70余里,出境后,向蒙自属蛮耗、顺文流去,沿岸有冷墩、蛮迷、蛮堤、蛮板等码头,以雨季五月到十月为航行适宜期,常有帆船五六十只。

屏边,可供河运的河流有蛮耗河,滇越铁路未通之前,往来船只不少,但因江小水急,只能载运帆船,汽船不能行驶。滇越铁路通车后,往来船只锐减,置有帆船数只,不过供沿河一带运输山货及沙、盐、水油而已。

墨江,该县坝溜江用木船沿江下行,能通越南猛莱,其余则在澜沧江、普西江、谷麻江、李仙江、鲁马江、布固江等河流之上有渡口近十处,以竹筏或木船通渡。

富宁,县属剥隘,居滇、桂孔道,有小河,可行小船直达广西百色,夏季水涨,行船便利,往来船只载货量可达1500斤左右。

除此之外,有河道而仅能行小船以运柴薪等物,或于渡口设置渡船或竹筏以渡行人者,有20余县。兹分别概述如下：①

晋宁,老江沟、团山、西瓜嘴、梁王山、河泊所、牛峦乡等渡口有帆船开行,以作赴街之用。

宜良,虽有大赤江流经其境,然以河身纡曲,无法航运。过渡口处,置有渡船,但也只能渡人及运送木石材料等。

寻甸,境内有牛栏江,但水量变化很大,夏、秋间有渔船捕鱼。

永仁,沿金沙江有数渡口,但只能用小船渡人及牛、马等。

禄劝,沿金沙江有江门、白滩、缴平、鲁车、志力等渡,运送往来人马。

巧家,金沙江流经境内,但以水势险恶,滩口甚多,不能行船,惟各渡口有船只可渡行人。

永善,濒金沙江东岸,但以江水湍急,石多滩大,不利航行,有渡口十多处。

建水,由官厅至新街一段有格司渡,两岸百姓赖以谋生者不少。

文山,境内有文山河,上游距城四五十里,村民用筏运柴到城里出售。

蒙化,县境内澜沧江、漾濞江水势虽大,但江中多巨石、暗礁,很难行船。两岸人民以竹筏渡江,但偶一不慎,抵触巨石,或流入坎下,非常危险。

云县,沿澜沧江有渡口3个,渡送来往行人。

顺宁,在澜沧江、黑惠河水势稍平之处有一两个渡口,居民用筏渡来往行人。

澜沧,虽濒江岸,但难航行,仅有渡口数个,以济行人。

车里,沿澜沧江有打角渡、橄榄坝渡,可用小船渡人。美国传教士古登伯曾自制小汽艇一艘,可载三四人于大角、橄榄坝两渡之间行驶游玩,水大时,间并可通行

---

① 《新纂云南通志》卷五七,交通考二。

于澜沧江支流流沙河内。

镇康,由县治至龙陵一路,中隔潞江,水面宽大,两岸居民以舟筏通渡。有渡口名罕乘,利用竹筏;名七道河者,有木板船载渡。

佛海,境内有打洛渡,为通缅要道,夏、秋水涨,用小船过渡。

上述各地河运当中,以红河运输最为重要。红河不仅是云南通航情况最好的一条河流,也是近代云南对外交通当中非常重要的一条交通线。在滇越铁路未通以前,红河是滇越贸易的主要通道,滇越铁路通车后,红河航运价值降低,但也还不失为中越贸易的重要线路。抗战期间,为了增加从海防运入中国的物资,曾设法开辟中越红河水路联运线。可惜的是,法越殖民者当局迫于日本政府的压力,最终使开发红河水路联运线成了泡影。①

第三节 航空

人类航空史始于1903年莱特兄弟制造的第一架飞机"飞行者1号"在美国北卡罗莱纳州的试飞成功。中国航空史始于1909年冯如驾驶自己设计的飞机成功试飞。而云南航空的历史则大致开始于20世纪20年代初。时值1922年,再掌滇政的唐继尧,响应孙中山先生"航空救国"的号召,延聘留美华侨刘沛泉等人,购买飞机,在昆明成立航空处。航空处下辖两个航空队。航空队设在陆军讲武堂内,并辟昆明巫家坝陆军操场为飞行场。巫家坝地处滇池东南岸,原是一片荒原,杂草丛生,有陆军炮兵部队在此驻扎,以军队草场为飞机场,其实主要只是修了一条十分简易的飞机跑道。这条跑道又短又窄,而且全是土路。尽管如此,巫家坝飞机场却是云南首个飞机场,是当时全国仅有的两个飞机场之一,也是亚洲大陆最早的航空训练机场。

而云南商用航空大约出现于20世纪三十年代初。是时,有中美合资商办的中国航空公司拟开辟昆渝航线,经过充分的准备,于1935年5月23日正式开航,所用机型为美国的大型福特机,航线为从重庆经贵阳而达昆明,航程为3小时,班期为星期二、星期四,主要运送邮件和少量游客。② 其后又发展成为昆沪、昆蓉、昆渝三条航线的航班。③

抗日战争爆发后,中国航空公司、中央航空公司开办的航线西移,由交通部和德国汉莎航空公司合办的欧亚航空公司也于1938年迁至昆明,云南航线一度增加到近10条:即昆蓉航线、昆粤航线、宜宾—昆明—丁江—加尔各答航线、昆明至仰光航线、昆明—重庆—成都—兰州—哈密—乌鲁木齐与欧洲联航航线、昆明—桂林—香

---

① 夏强疆:《抗战时期中越红河水路联运线的开辟》,《云南文史资料选辑》第52辑,第251—257页。
② 《续云南通志长编》(中册),第1061页。
③ 陆韧:《云南对外交通史》,第411页。

港航线、昆明—河内与法国航空公司联航航线等,昆明一时成为国内外航空重站。[①]

随着抗日战争的深入,为适应战时航空发展的需要,除改扩建昆明、保山、楚雄机场,新建羊街、云南驿、蒙自、呈贡、陆良、沾益、罗平、泸西、昭通、会泽、广通等一批简易机场外,又因滇缅公路于1942年被日军切断,国际援华物资运输受阻,中美两国政府决定开辟一条从印度东北部阿萨姆到昆明的空中生命线。按照罗斯福的要求,美国陆军空运机构中心在1942年3月10日组成。四五月间,以美国空运大队为主,加上中国航空公司的运输机,接受了为从缅甸撤退下来的士兵和难民空投物资的任务,由此揭开了中印"驼峰"航线空运的序幕。[②]抗战胜利后,"驼峰"航线于1945年11月15日宣布关闭,通过这条仅仅存在了三年多的航线,输送了大量的物资与人员。在"驼峰"航线上执行任务的中国航空公司运输机最多时达40多架,飞行员200人,从1942年5月至1945年8月,共飞越80 000架次,从印度运回我国物资50 089吨,从我国运出至印度物资222 472吨,运送人员33 477人次;美国空运大队执行飞行任务的飞机最多时多达6000架,向我国运送物资650 000吨。[③]在抗日战争最艰难的时刻,"驼峰"航线的开辟与运行有力地支持了中国人民的抗日战争。

第四节　邮电

一、邮　　政

云南之有邮政始于20世纪初,最先出现于口岸城市,"据光绪三十二年之调查,法邮十五局中,蒙自、云南府两口岸,即各有其一处……法国邮政局既设于省城及蒙自两处,因省内各地方邮局尚未普及,而滇越铁路公司为谋工程人员便利起见,先设邮局于蒙自,继复代为收递于阿迷、拉里黑、宜良、禄丰村等处,每星期由蒙至省转递三次"。惟邮权握于他人之手,事关主权,于是"我国遂自行试办,先设总局于蒙自,名曰大清邮政局,另设分局于云南府、腾越、思茅三处,即以蒙自海关为邮务区,以海关税务司兼理邮务长事,局、所亦附设海关内。至宣统三年,邮政与海关划分办理,于是,设蒙自之邮政管理局始迁移至省城,而以蒙自为一等邮政分局。总局既迁省城,先设置于翊灵寺矿神庙,继设于兴隆街公房。于是,邮权统一,邮政始为我国家独占事业矣"。[④]

至于邮区划分,1910年前,系在蒙自、思茅、腾越三口岸分别设立寄信局,后改为邮政局,全省各地分属此三局管辖。蒙自总局所管有云南府、临安府之石屏州、

---

① 孙代兴、吴宝璋:《云南抗日战争史》,云南大学出版社,1995年,第234页。
② 陆韧:《云南对外交通史》,第412页。
③ 孙代兴、吴宝璋:《云南抗日战争史》,第242—245页。
④ 《新纂云南通志》卷五七,交通考二。

蒿枝地、蛮耗、个旧、通海、蒙自、楚雄府、广南府之剥隘、普洱厅,曲靖府之马龙州、平彝、宣威、杨林、开化府之河口、东川府,以及贵州安顺府之郎岱、兴义府之普安均归蒙自总局管辖;思茅总局所管有思茅厅、普洱府之磨黑、他郎等;腾越总局所管有腾越厅、大理府之下关、蒙化厅、永昌府之龙陵、丽江府之鹤庆州、维西、永北厅、旧衙坪等。1910 年至 1912 年,系以行政区域划分邮区,"以云南府为云南省之中央机关,派邮务长一员管理其事,而以蒙自、思茅、腾越三处属之"。邮递业务,主要为传递包括信件、明信片、印刷物等在内的各种邮件,以及包裹,而其运输方法,"除沪滇线之邮路须由海轮及滇越铁路之火车外,其由昆明至盐津之东北干线,昆明至腾冲之西路干线,及由昆明至亦资孔之东路干线,沿途山川险阻,仍不能不需邮夫之挑运也"。①

1923 年,设在昆明的邮政总局从兴隆街公房移至城南门外得胜桥边,从而与车站毗连,邮件运输较过去大为便利。"至于邮务员工之组织,则于省邮区总管理局置有外籍邮务长一员,管辖全省邮务。其下有邮务官、邮务员、邮务生、信差、邮差、力夫、杂役,各级员工承邮务长命,分别服务。其各分局之组织,则视地方情形,分设一等分局、二等分局、三等分局、邮寄代办所,或城市乡村信柜等,各有邮务员工,承命处理分局邮务",至迟到 1931 年时,辐射全省 100 多个县份的邮政网络就形成了。此间的邮递业务,除各种邮件、包裹外,汇兑业务也愈形发达,不仅国内汇兑较为普遍,而且国际汇兑亦复不少,还创立了邮政储金。但就总体而言,可谓"向称业务清淡",以昆明市由支局三处而因营业不振裁撤为两处即不难看出。②

抗日战争爆发后,昆明人口激增,中央机关及沿海各地工厂纷纷内迁,邮局营业猛增。昆明市在原东门街支局、武成路支局的基础上,陆续增设了文明街、华山南路、大兴街、东寺街、南屏街、金碧路、青云路等七处支局,以满足社会需求。昆明之外,各地为配合抗战需要,亦广为增设邮局,如"畹町、垒允、芒市、遮放、中滩、凤鸣村、万寿山、跑马山等地,战前皆非一般人所熟知之偏僻村镇,均设置一、二、三等邮局"。全省邮局总数由抗战前的 42 局,增至 100 多局。在运输上,也因地制宜,采用了多种交通方式,除水路、驿路、铁路而外,航空邮路除战前的昆沪、昆蓉两线外,又有昆渝、昆粤、昆明—丁江—加尔各答、昆明—河内、昆明—仰光等线的开辟,不仅如此,"在滇缅公路完成后,云南已形成西南各省之国际交通孔道,邮局乃自备邮车,组织邮政汽车间日班。邮路西起畹町,与缅甸汽车邮路衔接,东迄平彝,联络黔区邮车,以之沟通西南各省邮运,班期准确,行驶快捷,绝少延误,对各方公私通讯之传递,裨益良非浅显",大大促进了云南邮政事业的发展,也为抗战作出了不小贡献。此外,从 1941 年起,自行车成为云南邮政运输的方式之一。1942 年,全省自

---

① 《新纂云南通志》卷五七,交通考二。
② 《续云南通志长编》(中册),第 1047—1055 页。

行车邮路199公里,1946年增加到了342公里,仅仅几年时间,自行车邮路占全省邮路总里程比重,由不到1/12增加到了1/7。[1] 显而易见,以其所具有的机动、灵活的优势,自行车很快就成为云南邮政运输的重要方式之一。

二、电　话

"清光、宣间,云南改练新军,创办学堂,于总督署设督练公所,于提学司署设学务公所,为指挥便利起见,特就两所各设一部电话交换机,用以联络各协标、各学堂",云南之有电话由此开始。[2] 但此后的四五年间,电话的使用仅限于官方。1910年,昆明城内开始安装商用电话。到1924年时,昆明市内共计安装各式各类电话240部。[3] 1932年,全省官、商用电话超过400部。[4] 而据1935年8月的调查,全省话机已达500多部,用户也相对趋于多样,涉及公署、军队、学校、住宅、商号、工厂等,而住宅和商号乃用户之主体(详见表4-4)。

表4-4　1935年8月调查云南省电话用户按职业分类比较表

用户类别	户数	所占百分比(%)	用户类别	户数	所占百分比(%)
公署	96	18.79	事务所	4	0.78
警局	15	2.94	银行	7	1.37
军队	31	6.07	医所	11	2.15
学校	15	2.94	报馆	5	0.98
会所	10	1.96	旅社	2	0.39
住宅	150	29.35	戏院	3	0.59
商号	134	26.22	局用	8	1.56
工厂	13	2.54	其他	7	1.37

(资料来源:李艳林:《变迁与重构——近代云南城市发展研究(1856—1945年)》,厦门大学博士学位论文,2008年,第197页。)

1931年,省政府会议决议筹设全省长途电话,分全省为曲靖、昭通、建水、文山、楚雄、大理、昆明七区,分三期架设线路。"旋于民国二十五年完成盐井区。二十七年完成曲靖区。共设电话所及支所四十七处,并设长途电话总管理处。昭通区长途电话网亦于三十年完成。先后成立长途电话分管理处六处,分布于昆明、一平浪、大姚、玉溪、曲靖、昭通等县。"全省长途电话网由此基本形成。约在1943年,昆明市区有电话用户200余户,蒙自、个旧各有总机100门,昭通有105门,"其他

---

[1]《续云南通志长编》(中册),第1055、1059页。
[2]《续云南通志长编》(中册),第1061页。
[3]《续云南通志长编》(中册),第1061页;童振藻:《昆明市志》,1924年铅印本,第305—306页。
[4]《续云南通志长编》(中册),第1062页。

各县,如昆明、宜良、陆良三县,因乡村电话之扩充,所管县市乡村长途线路,各在二百公里以上,总机三十五至五十门"。① 由此可见,尽管云南电话事业"比较他省发达为晚",但在 1930 年代以来,特别是抗战期间,发展可谓迅速。电话的出现与发展,极大地方便了人与人之间的信息沟通与交流,以其独特的方式改变着云南社会的面貌。

三、电　报

"清光绪十年中法之战,云贵总督岑毓英督师在谅山、镇南关诸役,我军连战皆捷。其后,法国遣使请和,两方停战,我捷报到京,而割让越南之和约已成。是役战胜,反失藩属,是近世外交史中之一大怪事。然亦文报稽迟,有以致之。"有鉴于此,岑毓英于光绪十一年(1885)向清廷奏请"请安设电线,俾云南发报迅速,免为驿递所阻",得"总理衙门议妥准奏",于光绪十二年(1886)十一月由蒙自县动工安设,十二月"就云南省成立云贵电报总局,开始通报"。云南设置电报由此开始。②

云南电报线路的建设,系由广西百色接线入手,经剥隘、广南、文山、蒙自依次架线设局,而达昆明。东路干线由昆明经宣威、毕节,东至贵州贵阳,北至四川泸州,于 1887 年通报;西路干线由昆明经大理至腾冲,于 1888 年通报。1900 年,由蒙自分设线路,经蛮耗至河口,与越南老街接线通报;1904 年,由通海增设经元江、墨江、思茅线路与泰国接线通报;1905 年,由腾冲展设线路,经蛮允与缅甸接线通报。由此,在民国前,云南电报形成了本省干线、及通外省、外国的线路网。③ 在架设各条线路的同时,各地电报局也相继设立,在进入民国前,云南各地计有 36 个电报局。④

进入民国以后,云南电报线路的架设继续进行。1913 年,架设完成永平至泸水线、保山至凤庆线、大理经鹤庆、丽江、中甸至德钦干线。1922 年,架设通海至华宁线,由昆明展设宜良、罗平、泸西、邱北至文山线。1928 年,省政府筹集修线专款 17 万元,决定对全省重要干、支各线,重新修复,另由宜良、师宗、泸西、弥勒、开远改设干线一条,以达蒙自。1930 年,修复元谋、罗平、鲁甸线,与贵州黄草坝衔接。1932 年,由曲靖展设富源线,与贵州盘县衔接。到 1933 年,全省电报线路已达 5920.5 公里长。⑤ 省内各地之间,及省内与省外、国外的通讯由此方便了许多。

---

① 《续云南通志长编》(中册),第 1062—1063 页。
② 《新纂云南通志》卷五七,交通考二;《续云南通志长编》(中册),第 1063 页。
③ 《新纂云南通志》卷五七,交通考二。
④ 《续云南通志长编》(中册),第 1067 页。
⑤ 《续云南通志长编》(中册),第 1067—1068 页。

第五章 近代商业、贸易和金融

第一节 口岸与商路

一、口岸的渐次开放

关于近代云南的通商口岸,有称为五口开埠或五口通商者,①这里所谓的五口系指蒙自、思茅、河口、腾越、昆明。对此,郭亚非认为,河口关是蒙自关的分关,自辟为商埠的云南府关(昆明关)主要是为了方便进出口货物到达昆明后,以及由昆明起运货物时,可以在云南府办理完税不用再去蒙自关缴纳而开放的,显然它也并非独立口岸,所以,实际上近代云南的外贸窗口只是蒙自、思茅、腾越三个内陆口岸。② 一般而言,凡是口岸即必设海关,至于其海关具体是正关还是分关,在很大程度上只是表明了各海关在整个海关体系中的级别和地位,因此,我们认为不应将口岸与海关简单地混为一谈而依据其海关级别判定某处是不是口岸,而是即如《新纂云南通志》所说:"云南商埠之开,则自清光绪时始,而商埠又有'约开商埠'与'自辟商埠'之别。鸦片战争以还,国际通商继长发达,基于履行条约被迫而开放者,为约开商埠,如蒙自、思茅、河口、腾越是。人口众多、交通便利、商业繁兴之区,自行开放以杜外人之觊觎者,为自开商埠,如昆明是。"③

(一)约开口岸蒙自、思茅、腾越的开放

与所有约开口岸一样,蒙自、思茅、腾越等口岸的开放也是一次次丧权辱国条约下的产物。

1885年,中法战争,中国以不败而败,法国以不胜而胜结束。6月9日,双方在天津签订了《中法会订越南条约》。在该条约中,清政府承认法国对越南的保护权,承认法国与越南订立的条约,越南正式沦为法国的殖民地。条约第五款规定:"中国与北圻陆路交界,允准法国商人及法国保护之商人并中国商人运货进出。其贸易应限定若干处,及在何处,俟日后体察两国贸易多寡及往来道路定夺,须照中国内地现有章程酌核办理。总之,通商处所在中国边界者,应指定两处,一在保胜以上,一在谅山以北,法国商人均可在此居住;应得利益,应遵章程,均与通商各口无异。中国应在此设关收税,法国亦得在此设立领事官;其领事官应得权利,与法在

---

① 李珪主编:《云南近代经济史》,第30—31、148—149页。
② 郭亚非、张敏:《试论云南近代海关》,《云南师范大学学报》1995年第2期;郭亚非:《近代云南三关贸易地位分析》,《云南师范大学学报》1996年第5期。
③ 《新纂云南通志》卷一四三,商业考一。

通商各口之领事官无异。"① 1886年4月25日,中、法又在天津订立《越南边界通商章程》,再次重申:"本年内应由中国与法国驻华大臣互商,择定至保胜以上应开通商处所,亦俟两国勘界定后,再行定商。"② 1887年6月26日,中、法在北京签订《续议商务专条》,其中的第2条明确指出:"两国指定通商处所广西则开龙州,云南则开蒙自。缘因蛮耗系保胜至蒙自水道必由之路,所以中国允开该处通商,与龙州、蒙自无异。又允法国任派在蒙自法国领事官属下一员,在蛮耗驻扎。"③ 通过这一系列条约,法国终于达到了在云南开埠通商的目的,1889年8月24日蒙自设立海关正式开放。

  蛮耗的开埠,即如1887年条约所言是因为其在红河水运中的重要地位,那么,蒙自呢? 法国为了寻找通过越南进入云南的商道,进行了多次的探路考察。至于以何路进入云南,湄公河(澜沧江)的航运价值首先为其所关注。1862年,法国占领越南南圻三省,"遂得控制湄公江之海口,因欲上溯湄公江上流之澜沧江",④ 1866年,法国殖民政府任命拉格莱为总办、安邺为帮办,率领由植物学家优伯尔等组成的调查团,从西贡出发,沿湄公河上溯,经过柬埔寨、老挝,水陆兼程,于次年抵达思茅。⑤ 通过这次调查了解到澜沧江河床落差太大,处处急流险滩,"不适于航行"。⑥ 1871年、1873年,法国商人堵布益曾两次考察红河航运,发现红河为滇越之间通航要道,因此,"关于以何道路联络半岛的内部与海岸",法国开始主张"以东京的江(即红江)的流域为出海口。由此道路,云南的出产可以到达海边,再向法属西贡的海口运输"。⑦ 但"红河下流位于北圻,欲通滇,须并北圻",⑧ 1883年,法国武力占领越南北部,开始操红河航运之权于己之手,而只待云南的开埠了。蒙自虽并不位于红河岸边,但其是滇南重要经济中心城市之一,又当昆明出越南驿道之上,离云南境内红河航运的起点——蛮耗也只有七八十公里的距离,⑨从红河所来进口之货运抵蛮耗,再陆路驮运到蒙自,或出口之货由蒙自驮运至蛮耗再经红河运出,均相对便利。蒙自之所以被法国看中,辟为通商口岸,即关键在于这种重要的地理位置和在滇越交通中所具有的优势。

  思茅是继蒙自之后开埠的,也是一系列条约的产物。1876年,英国借口"马嘉理事件"强迫清政府签订《中英烟台条约》,虽然涉及云南边界与缅甸通商事务,并计划在五年内实现"由英国斟酌定期,开办通商",⑩但是,事实上,英国的这一计划

---

① 《新纂云南通志》卷一六四,外交考一。
② 《新纂云南通志》卷一四三,商业考一。
③ 《新纂云南通志》卷一四三,商业考一。
④ 《新纂云南通志》卷一六四,外交考一。
⑤ 参陆韧:《云南对外交通史》,第323页。
⑥ 《新纂云南通志》卷一六四,外交考一。
⑦ 姚贤镐编:《中国近代对外贸易史资料》(第2册),第706—707页。
⑧ 《新纂云南通志》卷一六四,外交考一。
⑨ 《新纂云南通志》卷五六,交通考一。
⑩ 王铁崖:《中外旧约章汇编》(第1册),三联书店,1957年,第347页。

只有在它占领缅甸后才能实现。1885年,英国吞并缅甸,次年英国在中英《缅甸条款》中便再次申明将对中缅界务、商务订立专章。可是,由于英国对缅甸的武力占领激起了缅甸人民又一次的武力反抗,使英国政府不得不把注意力暂时集中于对付缅甸人民,①从而使法国在对开放云南通商方面占了先机。据调查,英国商会发现"中国西部边区的思茅城早已被中国商民利用为贸易中心,与缅甸商人间进行着大量的贸易",②因此,早在1860—1862年间各地商会纷纷向政府提出备忘录,要求向中国交涉开放思茅。③ 但是,思茅却成为首先对法越开放的口岸,1895年中法《续议商务专条附章》明文规定:"云南之思茅开为法越通商处所,与龙州、蒙自无异,即照通商各口之例,法国任派领事官驻扎,中国亦驻有海关一员。"④1897年1月2日,思茅设立海关正式开埠。法国抢占先机,英国不甘落后,1897年2月4日与清政府订立《中缅甸条约附款》添思茅为对英开放口岸,从而使思茅成为对法越、英缅共同开放的口岸。

在云南的"约开商埠"中,腾越是最晚开放的。1875年,英国借口"马嘉理事件"要求在云南通商,清政府迫于无奈,于1876年在关于议结马嘉理案件的《中英烟台条约》中答应了这一要求。条约第一款第4条规定:"自英历来年正月初一日即光绪二年十一月十七日起,定以五年为限,由英国选派官员,在于滇省大理府或他处相宜地方一区驻寓,察看通商情形,俾商定章程得有把握;并与关系英国官民一切事宜,由此项官员与该省官员随时商办。或五年之内或俟期满之时,由英国斟酌定期,开办通商。"1894年中英《续议滇缅界务商务条款》规定,"凡货由缅甸入中国,或由中国赴缅甸,国边界之处,准其由蛮允、盏西两路行走",中国在缅甸仰光可派驻领事官一员,英国则可在蛮允派领事官一员驻扎,"俟将来贸易兴旺,可设立别处边关时,再当酌量填设"。⑤ 1897年,英国和清政府签订《续议缅甸条约附款》,允许英国"将驻蛮允之领事官,改驻或腾越或顺宁府, 仩英国之便,择定 处"。⑥ 通过一系列的考察与调查,英国政府发现"从曼德勒到大理府,常走的道路有两条。一条直接从曼德勒经过锡尼(Thieunee)、永昌到大理府。另一条沿伊洛瓦底江而上直达八莫,从八莫又分出三条支路,会于缅甸人称为莫棉(Momien)的腾越,然后到达大理府",而"若干世纪以来,通过八莫的这条道路,不论对侵略的军队,或是和平的商人,一向是从中国到缅甸的必经之路"。⑦ 因此,1899年,当英国政府派八莫海关税务司何柏生(H. E. Hobson.)调查设领开埠地点时,便择定在腾越派领事官

---

① 谢本书等:《云南近代史》,第134页。
② 姚贤镐编:《中国近代对外贸易史资料》(第2册),第687页。
③ 姚贤镐编:《中国近代对外贸易史资料》(第2册),第689页。
④ 王铁崖:《中外旧约章汇编》(第1册),第622页。
⑤ 王铁崖:《中外旧约章汇编》(第1册),第578—580页。
⑥ 王铁崖:《中外旧约章汇编》(第1册),第689页。
⑦ 姚贤镐编:《中国近代对外贸易史资料》(第2册),第687—688页。

驻扎。① 但后因中国北方爆发义和团运动,至 1901 年 12 月 13 日英国驻腾越领事烈敦与腾越海关税务司孟家美自缅甸抵达腾越,经与腾越厅同知兼腾越海关监督叶如同会商确定办公地点后,腾越于 1902 年 5 月 8 日正式设关开埠。②

(二)自开口岸昆明的开放

自 19 世纪七十年代以来,朝廷和地方一些官员看到井埠通商带来的经济和财政的诸多好处,也看到口岸城市在外国控制下的许多利益损失,开始酝酿中国政府自行开放一些商埠。1898 年 4 月,总理衙门奏请开岳州、三都澳、秦皇岛为通商口岸,得到清政府的批准,从此掀开近代中国自开商埠的序幕。

由于上自朝廷下至地方均认为自开商埠可以使关税收入增加,能够达到"借裨饷源"的目的,③因此,自三都澳、岳州开埠以来,各省区纷纷自辟商埠开放,由在此全国范围内掀起一股自开商埠的浪潮。如表 2-1,在 1925 年前,除青海、新疆、甘肃、陕西、山西、贵州等少数省份外,不少省区都有自开商埠,有的省区甚至还不止一处。随着各地自开商埠的纷纷开放,自开商埠的数量也越来越多,在 1925 年前已有近 60 处之多,已经超过了因条约而开放的口岸的数量。④

在这一背景之下,昆明的自行开埠也被提上了议事日程。1905 年,云南绅士、翰林院编修陈昌荣等禀陈云贵总督兼云南巡抚丁振铎,以"省城南门外得胜桥地方,为官商往来孔道,货物骈集,市廛栉比,且与车站附近",认为"就该处开作商埠……实于交涉商务利权,均有裨益",⑤请将昆明开为商埠。这一请求得到丁振铎的支持,并于同年 3 月 17 日上奏朝廷请将云南省城昆明自开通商口岸,其奏折曰:

> 窃查近年各省内地,如有形势扼要,商贾荟萃之区,迭经内外臣工奏请开埠通商,如直隶之秦王岛、福建之三都澳、湖南之岳州、山东之济南等处,均奉旨允准,历经遵办在案。
>
> 云南地处极边,外来商贾本属无多。比年以来,蒙自、思茅、腾越先后开关,中外通商贸易渐臻繁荣,滇越铁路转瞬畅行,省会要区,商贾尤为辐辏,自不得不开设商埠以保主权。兹据云南绅士翰林院编修陈荣昌、庶吉士罗瑞图、广东补用道王鸿图、四川补用道解秉和等禀称:省城南门外得胜桥地方,为官商往来孔道,货物骈集,市廛栉比,且与车站附近,应请援照山东、湖南等成案章程,就该处开作商埠,奉派大员督同地方官绅,勘购地段,修筑埠头、马路,起建房屋,设局经理,实与交涉、商务、利权,均有裨

---

① 万湘澄:《云南对外贸易概观》,第 14 页。
② 郭亚非、张敏:《试论云南近代海关》,《云南师范大学学报》1995 年第 2 期。
③ 朱寿朋编:《光绪朝东华录》(四),中华书局,1958 年,第 4062 页。
④ 总计自 1840 年起至 1930 年,在中国大地上共出现了 104 个开放口岸,其中自开商埠为 58 处,超过了口岸总数的一半。详参吴松弟主编:《中国百年经济拼图——港口城市及其腹地与中国现代化》第一章第一节,山东画报出版社,2006 年,第 2—6 页;张永帅:《近代的通商口岸与东西部经济现代化》,《兰州学刊》2010 年第 8 期。
⑤ 云南省档案馆编:《〈昆明开埠〉之一》,《云南档案史料》1985 年第 11 期。

益等情前来。臣查：该绅等所禀系属实情，今昔形势既有不同，亟应援案设立埠头，自开口岸。相应请旨，俯准将云南省城开设埠头，以便通商而扩利源。如蒙俞允，所有筹款、购地一切应办事宜，容臣妥定章程，奏明办理。除咨政务处、外务部查照外，谨恭摺具陈。①

显然，关于昆明开埠的背景和原因，一是朝廷倡"广开口岸"，已有成案在先，二是滇越铁路通达昆明在即恐利权为外人所夺，此奏言之甚明。昆明开埠符合清廷"广开口岸"之初衷，故很快得到朝廷批准，5月11日，奉朱批："依议，钦此。"②昆明开埠由地方绅士的主张变为了朝廷的决策。之后，开埠准备工作便次第展开。1910年，时任云贵总督李经羲拟定《云南省城南关外商埠总章》，开昆明南门外"东起重关，西抵三级桥，南起双龙桥，北抵东门外桃源口"，"计东西长三里六分，南北长三里五分，周围约十二里有奇，地面平坦居中，附近车栈，即作为商埠"。③ 至于昆明开埠的具体时间，未见确切记载。开埠后的昆明，在海关系统中最初为蒙自关驻昆明办事处，对于办事处的成立时间，在蒙自关致总税务司署的呈文说在1910年4月29日。④ 所谓"开埠例必设洋关"⑤，既然已经设关征税，则昆明商埠开放毋庸置疑，至于开放的具体时间当不晚于设关的时间。

二、口岸开放与商路的重构

口岸的开放，在很大程度上改变了云南商业与贸易发展的空间格局，而商路的重构则是其中重要的一个方面。

1889年蒙自海关贸易报告指出，当时自外入滇有六条主要商路：⑥

1. 由汉口经洞庭湖边的岳州，穿过湖南、贵州，进入云南，大部分是陆路，用兽力驮运。自汉口到云南府，约需40天。

2. 由长江上游的纳溪，溯永宁河到四川西南的永宁县登岸，水运约19天。再由永宁县用兽力驮运到云南府，需20多天。

3. 从距离云南省东北不远的四川叙州府，经横江边上的老鸦滩到云南府，全部为陆路，约需22天。这是云南省最重要的通商路线。

4. 由北海到云南府。从北海到南宁，14天；南宁到百色，17天；百色到剥隘，3天；剥隘到广南，8天；广南到云南府，12天。全程共需54天。

---

① 《新纂云南通志》卷一四三，商业考一，第93页。
② 《外务部奏准开埠录旨照知咨》，《云南档案史料》1985年第11期，第35—36页。
③ 《新纂云南通志》卷一四三，商业考一，第93页。
④ 云南省档案馆藏："海关档"，昆明关（蒙自），训令及呈文类，致总税务司署呈文，No.2559；"呈报本关昆明办事处本年4月29日正式成立"，全宗号外01\目录号1\卷00201。
⑤ 《长沙开埠纪事》，《东方杂志》第1卷第6期，光绪三十年（1904年）六月二十五日。
⑥ 《MENGTZU TRADE REPORT FOR THE YEAR 1889》，《中国旧海关史料》第15册，第573—575页。需要说明的是，关于谈及1889年海关贸易报告有关自外入滇商路的相关著述几乎均将八莫和大理间的商路遗漏而称有五条线路进入云南，如《新纂云南通志》卷一四四，商业考二，万湘澄《云南对外贸易概观》，陆韧《云南对外交通史》，袁国友《近代滇港贸易问题研究》（博士论文）等，这显然是与海关贸易报告原文有出入的。

5. 由海防到云南府。从海防到河内,为汽船,一天的路程;河内到老街,为舢板,需20天;老街到蛮耗,为舢板,需7天;蛮耗到蒙自,蒙自到云南府,均为兽力驮运,分别需要2天和9天时间。全程为40天。

除以上五条商道之外,八莫和大理府之间的商路则是另外一条自外入滇重要的商业大道。

以上六条商路,前四条既是云南与外省主要的交通道路,也是云南与外国建立间接贸易关系的贸易路线。其中,第一线由汉口进入云南府,实为明清以来进入云南的湖广大道;第二线是自四川连接贵州进入云南的一条重要线路;第三线则是云南与四川最重要的商道。① 这三条道路在国际贸易上最终都以上海为出海口,第四条则以北海为出海口,是滇桂间重要的商业大道。第五条线路、第六条线路分别是滇越、滇缅贸易的主要通道。

除海关贸易报告指出的以上六条线路外,实际上,清末云南的贸易商道或进出口货途径,至少还有出昆明往滇西,经下关、丽江,再经阿墩子(德钦)至打箭炉的滇藏贸易路线,以及由滇西南的思茅至越南、老挝、泰国的商道。需要指出的是,以上商路是早在本省开埠前就已经存在的云南与省外、国外交通的主要干线大道。与这些干线相联系,还有许多的支线交通,彼此交织从而构成了云南与外部联系的交通网络。

在本省开埠前,长期以来由于缅甸是云南最为重要的贸易对象,因而八莫和大理之间的商道是云南在国际贸易上最为重要的线路。"因经过广西及进入云南之税捐极重,陆运之路途又长",②所以,将上海与云南联系起来的湖广道等不仅是云南在省外贸易上最重要的商路;而且由于早在云南开埠前东部沿海、沿江地区就已开辟了大量的通商口岸,一些外国货物自上海、经汉口等地运入云南,这些道路也就自然地扮演了云南在国际贸易上重要商道的角色。因为以上商道基本都是以昆明为中心的,那么考虑到滇藏、滇川贸易在云南对省外贸易上的重要地位,如果将云南对外商业交通线路作一简化的话,大致是呈"T"字形空间形态的。云南本省开放后,以上商路格局开始发生变化,这种变化大致表现在以下两个方面。

一是商路重组,开始以本省的通商口岸为主要走向。随着蒙自、思茅、腾越的先后开放,经蒙自、思茅和腾越将云南与外部联系起来的商路自然地成为云南在国际贸易上的主要道路,如表5-1,在1902—1929年间,国内埠际贸易从1916年开始占有蒙自贸易不足5%的份额,此前其贸易全部由直接对外贸易构成;思茅、腾越贸易更是全部由直接对外贸易构成。研究表明,仅通过蒙自—香港之间的口岸贸易就占到了云南对外贸易总值的60%左右。③ 可以说,开埠之后云南的对外贸易

---

① 陆韧:《云南对外交通史》,第345页。
② 《新纂云南通志》卷一四四,商业考二。
③ 郭亚非:《近代云南与周边国家区域性贸易圈》,《云南师范大学学报》2001年第2期。

基本上是通过本省口岸实现的。这说明本省口岸的开放,使云南对外贸易由向东指向长江沿线的港口而转变为主要指向本省的通商口岸。不仅如此,而且由于近代交通建设和新线路的开辟,国内贸易路线也开始主要指向蒙自、思茅、腾越等通商口岸。

表 5-1　1902—1929 年直接对外贸易占各关总贸易比重表　（单位：％）

年份	蒙自	思茅	腾越	年份	蒙自	思茅	腾越
1902	100.00	100.00	100.00	1916	99.89	100.00	100.00
1903	100.00	100.00	100.00	1917	99.75	100.00	100.00
1904	100.00	100.00	100.00	1918	97.75	100.00	100.00
1905	100.00	100.00	100.00	1919	97.04	100.00	100.00
1906	100.00	100.00	100.00	1920	98.42	100.00	100.00
1907	100.00	100.00	100.00	1921	98.42	100.00	100.00
1908	100.00	100.00	100.00	1922	96.22	100.00	100.00
1909	100.00	100.00	100.00	1923	96.96	100.00	100.00
1910	100.00	100.00	100.00	1924	97.44	100.00	100.00
1911	100.00	100.00	100.00	1925	98.26	100.00	100.00
1912	100.00	100.00	100.00	1926	98.11	100.00	100.00
1913	100.00	100.00	100.00	1927	98.20	100.00	100.00
1914	100.00	100.00	100.00	1928	98.27	100.00	100.00
1915	100.00	100.00	100.00	1929	95.49	100.00	100.00

（资料来源：据《中国旧海关史料》历年贸易统计"海关直接对外贸易货值按关总数"一表与"海关贸易货价计值关平银按关全数"一表整理计算。）

蒙自开埠后,一部分广东、福建、江苏、浙江等地所产土货即开始由原来的沿江进入云南而趋向于从上海、广州等地出海经香港、海防沿红河进入云南,如据海关贸易报告统计,1890、1891 和 1892 年经以上路线进口蒙自的国产土货分别占该年蒙自进口总值的 26.61％、21.37％和 22.75％。逮至滇越铁路修通,兼具水陆联运和现代化交通工具优势的滇港商业线路进一步成为云南与东部沿海地区商业往来的主要线路。

西藏是云南茶叶输出的重要地区之一,思茅、腾越开埠前,每年都有大批的马帮从中甸、丽江、大理等地南下,深入茶叶产地佛海、易武等地收购茶叶,驮运至藏区销售;或者由汉、回马帮深入思茅,收购大量茶叶,运至丽江或中甸、阿墩子,再由藏族马帮运销藏区各地。[①] 但是,滇藏之间交通十分艰险,"自滇至藏,一路崇山峻

---

① 陆韧:《云南对外交通史》,第 350 页。

岭,不能水运",①气候又非常恶劣,每年约有半年大雪封山,难以通行,运输困难成为滇茶藏销贸易发展的最大制约。思茅和腾越的开埠则为假道缅甸、印度境内现代化的交通路网开辟新的滇藏商业线路创造了条件。民国初年,由于当时的西藏上层受英帝国主义势力的挑拨和怂恿,汉藏关系趋于紧张,数度发生川藏战争,社会动乱、匪患严重,更使滇藏茶叶贸易陷于疲滞。有鉴于此,云南商界开始积极谋求另辟他途入藏贸易。1918年,滇商杨守其将其贩运的茶货从澜沧江之孟连土司地方运入缅甸之锡泊(今昔卜),然后转运火车经曼德勒至仰光,再转海运至印度加尔各答,复乘火车运至西里咕里,再改搭火车至噶伦堡,此后仍用驮运至西藏拉萨等地,从而打通了云南茶叶经缅印一线进入西藏的商道。②后来缅甸境内公路有所发展,为便捷计,滇商改运新道,即"由佛海至缅甸景栋达仰光,转印度加尔各答至噶伦堡转入拉萨",其具体行程为:"从佛海骡马驮运至景栋8天,换汽车至洞已(东吁)2天,洞已交火车至仰光2天,仰光换轮船至加尔各答3—4天,加尔各答装火车至西里咕里2天,再换汽车至噶伦堡半天,从噶伦堡用骡马驮至拉萨20天,全程共40天。"此路"虽然绕道国外,比起国内从下关至丽江,丽江至拉萨,每做一转,须时三四个月,快捷得多,并且一年四季可做,不受气候制约,比较起来,不但缩短了时间,还大大节省了费用"。③因此,后来经营滇藏贸易者多取道此路进行。

二是各商路地位发生重大变化,商路空间形态呈现出新的内容。蒙自开放后,蒙自关进出口货值常占全省进出口总值的85%左右,④这也就是说,代替原来的经腾越由八莫到大理一线的商路,经蒙自从海防到云南府一线的商路成了云南对外经济交往最重要的交通线路。蒙自、思茅、腾越开放后,其集中或分配市场,万湘澄《云南对外贸易概观》说:蒙自为本口和昆明;思茅为本口和昆明、下关;腾越为下关。⑤这也就是说,作为对外交往前沿的蒙自、思茅、腾越等通商口岸,通过与作为省内地区中心城市的昆明、大理联系起来从而构成了云南对外商道的躯干。如此一来,云南对外商业交通线路的基本空间形态则一改原来的"T"字形而成为"M"状了。

第二节　国内贸易⑥

一、云南与四川的贸易

据光绪二十九年(1903)英国领事李敦在考察云南省商务时所见,清末云南与

---

① 杜昌丁:《藏行纪程》,转引自陈泛舟、陈一石:《滇藏贸易历史初探》,《西藏研究》1988年第4期。
② 陈一石、陈泛舟:《滇茶藏销考略》,《西藏研究》1989年第3期。
③ 马家奎:《回忆先父马铸材经营中印贸易》,《云南文史资料选辑》第42辑,云南人民出版社,1993年,第201页。
④ 《续云南通志长编》(下册),第575页。
⑤ 万湘澄:《云南对外贸易概观》,第16页。
⑥ 本节系在林文勋、马琦《近代云南省际贸易研究》(《中国边疆史地研究》2011年第4期)基础上删改而成。

四川的贸易线路可概括为东中西三条：西线自下关经宾川、永北至宁远；中线由楚雄经大姚达四川宁远；东线由昆明经昭通至叙州。① 中、西二线皆因"回乱"衰落，而东线贸易则成为近代滇川贸易的主要线路。

滇川贸易商品，"由四川输入之物品为生丝、绸缎、川烟、贡川纸、药材等；由云南输出之物品为茶、火腿等"。②

茶叶是云南销往四川的主要商品之一，以上等普洱茶及下关沱茶为主，在清末每年大约有一万担左右。"考向来运赴川省之茶叶，平常每年约在万担左右。"③近代云南矿产品运销四川的数量也不少。如1922年编《云南矿产概况》记载："东川矿业公司每年所产净铜约百余吨……会泽净铜以运销四川为主。"④

食盐是四川输入云南的一项大宗商品。近代以来，承明清旧制，川盐继续销滇。"民国光复……其食川盐者仅东川、昭通以下各县……（自民国三十三年）向川康局宜宾支局每月领运额盐九千八百担，到岸核价销售。"⑤另据《川盐纪要》记载，1916年川盐运销东川、昭通一带有173 670担，1918年增至196 820担。⑥

川烟运销云南的量也很多。"查川叶烟产于四川什邡、金堂等处，质厚香烈，价亦相宜，滇人多喜食之，为消耗之一大品"，"惟向于云南府属及东川、昭通等府各厘局运销最旺，每年约在三十万斤上下"。⑦

至于丝绸，"查滇省行销绸缎各物，向以苏杭四川输入之货居多数……以历年收数折中核计，年约收正厘银一万四千数百两，收加厘银六千数百两"。⑧蒙自海关报告中亦言："至各色丝绸大半由四川运入，本省亦有出产，进口亦属无多。"⑨

由此可见，滇川贸易是近代云南省际贸易的主要对象，形成东、中、西三条主要贸易线路，川销滇以盐、丝、布为主，滇销川主要是茶、山货、矿产，其商品结构仍属于传统贸易范畴。

二、云南与贵州、两湖及江西的贸易

云南与贵州贸易的商道，主要由昆明、曲靖，过富源胜境关到贵阳的交通线。滇黔间的贸易商品，"由贵州输入之物品为棉纸、府绸、竹器、漆器等；由云南输出之

---

① （英）李敦著，黄文浩译：英国蓝皮书第三册《考察云南全省播告》，湖北洋务译书局刊，时间不详。
② 《新纂云南通志》卷一四四，商业考二。
③ 《中华民国七年思茅口华洋贸易情形论略》，《中国旧海关史料》第86册。
④ 云南省档案馆、云南省经济研究所编：《云南近代矿业档案史料选编》（上册），1987年印，第374—400页。
⑤ 《续云南通志长编》（中册），第1131页。
⑥ 林振翰编著：《川盐纪要》，商务印书馆，1919年。
⑦ 云南省清理财政局编：《云南全省财政说明书》，经济学会宣统二年刊印。
⑧ 《云南全省财政说明书》。
⑨ 《宣统三年蒙自口华洋贸易情形论略》，《中国旧海关史料》第60册。

物品仍为茶、盐、药材等"。① 如民国《贵州物产概要》记载:"羊毛花毯:威宁县属地面辽阔,山多田少,土质、气候最宜畜牧,该地人民多业牧羊,所牧羊群辄以千万计,居民复习制毯工业,以羊毛制成各种花毯,近年商民设厂制造,畅销本省及川滇各地。"②

滇盐在贵州销售量较大。当时,食盐销售实行引岸制,按岸行销。黔西岸是滇盐固定的销售市场,其范围包括兴义、普安、贞丰、盘县、大定、水城等县。③ 根据记载,每年有粗白纸 10 万斤、粗料纸 6 万斤、土料纸 2 万斤自贵州入滇。④ 宣威火腿是云南一大特产,但原料却大部分来自贵州。"宣境虽以产腌肉、火腿闻,平均饲猪之量每家不上一头,且其来源皆仰给于威宁、水城,制腌肉、火腿时购自邻境者尤多。"⑤另据宣威县商会 1919 年的记载,每年有贵州 2 万头猪及千余头牛进入云南境内。⑥

滇黔间的商道再向东延伸,即通两湖和江西等地。江西帮和湖南帮是云南商界的重要力量,它们在明清时期就入滇经营矿业。清代"咸同以来,鸦片盛行,两湖、三江人民,梯山航海,买贩来滇者,尤不可以数计"。⑦ 光绪十九年(1893),蒙自关税务司调查,云南"每岁约卖五万担(云土)……一年有三万六千余担运出湖南、湖北大江一带销售",⑧占云土外销量的 72%。然光绪三十年(1904)云南巡抚林绍年却奏称:"查原定土药一千两仅抽正加厘银十五两,兹拟每土药一千两除正加厘金外,加收税银六两,年约得银六七万两。"⑨按此计算,则每年征税烟土共计 6770 担左右,与上述云土每年外卖 5 万担相差甚远。蒙自关税务司所言意在表明云南烟土泛滥之势,而林氏所言乃为筹集赔款,不免有夸大、缩小之嫌,故取二者折中之数 28 385 担,按 72%销往湖广,约为 204 372 担。

两湖等地的商品,还有不少溯长江而上,运至四川宜宾,再沿川滇大道输入云南。当时大量沙市土布沿长江而上,运至四川宜宾,再经宜宾至昭通的商路运入滇东北。其数量,伯恩估计每年为 8 亿包,320 万匹;⑩而纳维力和比尔则讲原来每年约 30 万包,1000 多万匹,1897 年左右降为年输入 6 万包,234 亿匹。⑪ 由于沙市土布大量输入,滇东北一带居民普遍以土布为衣。伯恩记述道:"从老鸦滩至功山(Kung-Shan)305 英里……人们十分贫穷,衣着全部为沙

---

① 《新纂云南通志》卷一四四,商业考二。
② 《贵州物产概要》,1929 年铅印本。
③ 《续云南通志长编》(中册),第 1149 页。
④ 铁道部财务司调查科查编:《湘滇线云贵段经济调查总报告书》第 10《商业》,1929 年印。
⑤ 《宣威县志稿》卷七,政治志。
⑥ 徐姚沈编:《云南省地志》,宣威县,1921 年。
⑦ 谢彬:《云南游记》,中华书局,1938 年。
⑧ 《光绪十九年蒙自口华洋贸易论略》,《中国旧海关史料》第 21 册。
⑨ 林绍年:《林文直公奏稿》,光绪三十年五月《复陈筹备款片》。
⑩ Report of Blackburn, Bournes and Bettys Section, p. 74.
⑪ Report of Blackburn, Bournes and Bettys Section, p. 259.

市土布。""在云南府城,消费一半为沙市土布,一半为当地用洋纱自织之布。"①江西的商品亦经沪、粤转运越南海防,从蒙自进入云南,诸如瓷器之类。1917年,输入云南的瓷器价值由 66 793 两关平银增至 111 151 两,其中,"江西、广州制品占数最多"。②

贵州、湖广、江西等地亦属云南省际贸易的传统区域,其主要商品为烟土、盐、茶、布、瓷器等。近代云土质量上乘,远销全国各地,尤以湖广为重。

三、云南与两广、上海、江浙之间的贸易

云南与两广的贸易,传统的商道由昆明至广南,经剥隘、百色,沿西江达南宁、北海而转达两广各地,因此又称为西江路。这条交通线上的广西州,"在蒙自未开关前,滇桂交通以为必经之地,广商之集此者甚众"。③ 粤盐为这条道路上的大宗商品,据宣统二年编《云南全省财政说明书》记载,"广南府属借销粤盐由来已久……据禀广南行销粤盐,岁可销二百五十万斤"。云土运往两广也走西江,据蒙自海关税务司调查,每年云土销往两广 14 000 担,④占云土外销量的 28%。蒙自开关以后,粤盐、云土仍走西江,而其他商品大多转运香港,借红河水道由蒙自进入云南。两广经由蒙自关转销云南的货物,其贸易额从光绪十六年(1890)的 16.9 万两关平银增至光绪十九年(1893)的 26 万余两。

光绪二十年(1894)至民国二十年(1931)之间,蒙自海关不再把复进口土货单独列单,无法获知具体情形,但云南与两广之间的贸易仍在继续发展。民国初年,滇越铁路修至昆明,便捷的铁路运输使云南与两广之间的贸易迅速发展,上海货物也经由此路进入云南。"从来货物来蒙均在香港转船运载,本年(民国五年)秋冬两季有上海制造品直由上海运至海防,不在香港转驳。"⑤土货转口贸易日益发达,云南与上海的贸易额迅速增长,逐渐超越四川与广东,成为近代云南省际贸易的主要对象。"本埠进口土货渐取代洋货地位而代之,计其价值本年复增三成,沪埠所制棉纱与疋头,进口踊跃,有以致之。"⑥据 1936 年蒙自关土货转口贸易商品清册记载,云南输出仅有猪鬃、皮毛、药材、茶叶、大锡等数种,而两广、江浙、上海等地输入云南的商品则多达十余类百余种商品,贸易额达国币 19 916 380 元。⑦

近代云南与两广、江浙、上海等地贸易有逐步扩大的趋势,贸易额从 200 万

---

① Report of Blackburn, Bournes and Bettys Section, pp. 82,85.
② 《中华民国六年蒙自口华洋贸易情形论略》,《中国旧海关史料》第 82 册。
③ 《新纂云南通志》卷一四三,商业考一。
④ 《光绪十九年蒙自口华洋贸易论略》,《中国旧海关史料》第 21 册。
⑤ 《中华民国五年蒙自口华洋贸易情形论略》,《中国旧海关史料》第 82 册。
⑥ 《中华民国二十四年华洋贸易报告书·蒙自关》,《中国旧海关史料》第 120 册。
⑦ 据《中国海关民国二十五年华洋贸易报告书》(《中国旧海关史料》第 124 册)的国内转口贸易统计,因货品种类繁多,仅统计估值在一万元以上的货物。

两增至近 2000 万元,一跃成为云南省际贸易的主要区域。而从商品结构看,民国以后,除了传统贸易商品外,家具、纸张、金属制品、布匹、衣服、瓷器、化学制品、电气材料等近代商品种类急剧增加,其贸易形式已经由传统贸易转向近代贸易。

四、云南与康、藏之间的贸易

云南与康、藏的贸易在近代也有进一步的发展。"由康藏输入之物品为毡毯、毛织品等;由云南输出之物品亦为茶叶等。"①丽江是滇藏贸易的枢纽,"沿路往来商人半皆自西藏,贩药材、麝香至丽江,贩取茶、糖、布疋而归"。②滇藏贸易主要通过两条路线进行。一条由下关、丽江,经阿墩子(德钦),达打箭炉(康定)进入西藏。《续云南通志长编》记载:"在昔每届冬季,康藏古宗马数千匹入滇,迳至普思沿边运茶。鹤庆、大理驻丽江、中甸商人,亦多经营藏销茶业。"③另一条路则假道境外。"凡佛海、五福、车里等地所产(茶叶),自阿墩子一途阻塞后,初由澜沧之孟连土司地出缅甸,西北至缅属北掸部中心之锡箔上火车,西南经瓦城、沙什而达仰光,换船至印度之加尔各答,由火车至西哩古里,换牛车或汽车至加邻旁,又改用骡马入藏。嗣以缅甸公路通至公信(亦作贵兴),遂舍西北一线,改由佛海驮运出打洛(属佛海)至缅甸之景栋(即孟艮),换汽车至公信达瑞仰,换火车至沙什达仰光,转加尔各答入藏。"④

普洱茶是运销西藏的主要商品。"西藏商人每年二、三月及十、十一月来思采办,茶价每担七八两,去时完厘一两二钱,过丽江府又完税五钱,虽由思到藏边界距五十余站,道阻且长,而茶价每担可售十五六两,该商实获利益。"⑤清末,滇藏贸易量和商品种类都有所扩大。"西藏输入滇省之物品,首推赤金,当民国五年调查藏金入滇,年约五关,每关一千余两,其成分较他处之金为佳,近因道路梗阻,输入无多。次为毡毯,藏中所制毡毯,细者与哈喇呢同粗者,或绒毛纯洁,或质地坚厚,用作垫褥甚为合宜,滇省省会及丽维一带行销粗制之品。此外如藏香、红花等类,亦间或输入。"⑥云南"货物大宗为小马、药材、羊毛、羊皮、麝香、木棉、糖、盐、茶、麦酒,皆运往西藏销售"。⑦滇藏贸易历史悠久,然贸易商品种类有限,多为滇茶、藏金、药材、皮革等,故贸易量一直徘徊不前,每年不过几十万两,为云南省际贸易中贸易量最小的区域。

以上所论并非涵括了近代云南对国内贸易的所有区域,但也正如《新纂云南通

---

① 《新纂云南通志》卷一四四,商业考二。
② (英)李敦著,黄文浩译:《考察云南全省播告》。
③ 《续云南通志长编》(下册),第 608 页。
④ 《续云南通志长编》(中册),第 609 页。
⑤ 《光绪二十五年思茅口华洋贸易情形论略》,《中国旧海关史料》第 32 册。
⑥ 童振藻:《就地理上观察云南与邻近各方面之关系》,《云南实业公报》第 15 期。
⑦ (英)李敦著,黄文浩译:《考察云南全省播告》。

志》所说的那样,"云南省际贸易之途径,迤东一带与川黔交往频繁,而以昭通、曲靖为货物聚散之中心;迤南一带则与两广、上海交易,而以蒙自、个旧为货物聚散之中心;迤西一带与康藏发生交易,而以下关、丽江为货物聚散之中心;全省复以昆明为出纳之总枢纽",①不仅说明了四川、贵州、西藏、两广、两湖乃至沪、江、浙、赣等省是云南对国内贸易的主要区域,而且反映出受地理区位与交通网络的影响,全省不同地区各自形成了对外省贸易的中心市场。但是,在云南省内,各个地区的对外省贸易均是以昆明为聚散中心的,从这个意义上讲,各个地区的对省外贸易已经突破了地方性贸易的范畴,实际上已经成为整体意义上的云南对国内贸易的组成部分。同时,昆明成为云南全省对国内贸易的"总枢纽",说明以昆明为中心的全省统一市场已经形成了。

第三节 国际贸易

一、变动趋势

贸易增长是反映贸易趋势的一个重要指标。在此,我们主要通过贸易额和贸易增长率的变化来考察近代云南口岸贸易的变动趋势,并通过对蒙自、思茅和腾越三个口岸的贸易变动趋势的分别考察,在比较的基础上,总结出云南口岸贸易变动趋势的埠别差异。

需要说明的是,这里涉及的几个概念,其含义分别是指:(1)净贸易额=总贸易额-复出口;(2)增长率=本期增长量/前期输出(入)量×100%;(3)年平均增长率为历年增长率之算术平均数。

(一)资料说明与时限选取

不可否认,旧海关资料以其编制时间之长,内容之广泛,表达方法之科学,而成为研究中国近代史最为系统完整的资料,②但是,由于记值方法和造册方式限制,海关进出口贸易统计数字存在的缺陷却是不容忽视的。因此,进行必要的修正就成为对其正确利用的前提。通过编制和利用进出口贸易指数作为较有效的修正手段之一,为论者所强调。③ 我们关于贸易变动趋势的分析,均利用南开价格指数④(见表5-2)对进出口货值作了修正。

---

① 《新纂云南通志》卷一四四,商业考二。
② 吴松弟、方书生:《一座尚未充分利用的近代史资料宝库——中国旧海关系列出版物述评》,《史学月刊》2005年第3期。
③ 何廉:《中国进出口物量指数、物价指数及物物交易率指数编制之说明(1867—1930)》《经济统计季刊》1932年第1期)指出:"研究进出口贸易趋势及其相互关系,必须有物量指数和物价指数以为根据。否则对于贸易之涨落,殊难得一极准确之测试。"
④ 南开价格指数为天津南开大学经济研究所编制的各种价格指数的统称。我们这里指的是其中的中国进出口贸易物量物价指数(1867—1937),该项指数分为未调节指数与调节指数两种。未调节指数是以某一固定时期为基期计算的进出口物量物价对基年的百分数。直接列入的商品项目一般占进(出)口总值的60%—70%。未列入的商品则采用估算法进行推算,计算公式采用I·费希尔的"理想公式"。调节指数应用数学方法,采用二次方程抛物线作长期趋势线,与未调节指数进行对比计算求得离差值。

表 5-2　1889—1930 年中国进出口贸易物价指数表　（1913＝100）

年别	进口	出口	年别	进口	出口	年别	进口	出口
1889	44.3	53.3	1903	88.3	89.0	1917	93.5	106.2
1890	40.7	51.5	1904	87.2	92.7	1918	104.9	114.5
1891	38.7	52.3	1905	81.2	90.4	1919	107.2	112.0
1892	39.6	51.4	1906	75.4	90.6	1920	125.4	112.9
1893	44.7	50.8	1907	82.3	97.6	1921	119.5	117.6
1894	62.8	52.8	1908	95.4	94.1	1922	104.4	124.7
1895	66.1	53.5	1909	95.1	90.5	1923	104.7	136.3
1896	67.1	57.7	1910	102.5	91.8	1924	104.8	141.2
1897	71.8	66.1	1911	102.5	91.5	1925	106.4	145.9
1898	71.9	62.3	1912	100.0	88.6	1926	106.3	152.8
1899	67.2	78.0	1913	100.0	100.0	1927	113.9	148.9
1900	74.8	72.1	1914	108.9	105.4	1928	112.1	158.4
1901	75.3	70.6	1915	86.4	107.8	1929	111.4	169.8
1902	78.0	81.7	1916	93.6	117.0	1930	123.1	170.4

（资料来源：何廉主编：《中国六十年进出口物量指数物价指数及物物交易率指数(1867—1927)》，南开大学经济委员会，1930年；何廉：《中国进出口物量指数物价指数及物物交易率指数编制之说明(1867—1930)》，《经济统计季刊》1932年第1期。）

海关贸易统计其体例多有变化，以《中国旧海关史料》而言，1889—1919 年的分关贸易统计是分洋货和土货两项进行统计的，前者又分为"从外国和香港进口净值"、"从本国口岸进口净值"、"进口总值"、"复出口国外和香港净值"、"复出口国内口岸净值"、"复出口净总值"、"进口净总值"数项；后者则包括"进口总值"、"复出口国外净值"、"复出口国内口岸净值"、"复出口净总值"、"进口净总值"、"土货出口国外净值"、"土货出口国内口岸净值"、"土货出口总值"；然后是"进出口贸易总值"和"净进出口贸易总值"。1920—1931 年则缺各分关贸易统计及报告，其相关贸易统计包含在全国贸易统计总册之中，有"海关贸易货价计值关平银按关全数"一表，统计项目分为"洋货进口净数"、"土货进口净数"、"土货出口总数"以及"进出口净数"四种。1931 年以后的贸易统计则只按照货物类分别统计。受此限制，在此我们只能将统计下限定为 1930 年。但由于统计体例存在差异，为了能将研究时限顺利延至 1930 年，我们又利用了海关贸易总册当中"海关直接对外贸易货值按关总数"一表与"海关贸易货价计值关平银按关全数"一表相互对照的方法恢复 1920—1930 年的数据。至于统计上限，由于口岸开放当年的贸易统计只是海关设立以后的贸易额，因此，分别定为：蒙自，1890 年；思茅，1897 年；腾越，1903 年。

(二)口岸贸易的整体变动趋势

口岸贸易的整体增长趋势是不同口岸共同作用的结果,因此,将三关进出口贸易合而论之即近代云南口岸贸易的整体增长趋势。据表5-2,从开埠一直到1930年,云南口岸贸易总体上呈现出一种快速增长大态势,从贸易额来看,进口从1890年1 560 450海关两增长到了1930年16 883 749海关两,出口由910 493海关两增长到了7 221 625海关两,总贸易则从2 470 943海关两增长到24 105 419海关两,后者分别是前者的10.82、7.93和9.76倍;从增长率看,进口、出口以及总贸易年均增长率分别是8.66%、8.54%和7.67%。这样的一种增长趋势,不仅是云南对外贸易史上绝无仅有的,而且即便是与东部沿海口岸相比,也未必逊色。[①] 从进口和出口对总贸易增长的贡献率看,进口比出口多出0.12个百分点,这说明:在此期间,云南口岸贸易收支虽呈恶化的趋势,但在进口和出口两方面尚能基本保持一个平衡的增长态势。

表5-3 1890—1930年云南口岸贸易额及其增长趋势表

(单位:海关两)

年代	净进口总值	进口增长率	出口总值	出口增长率	净贸易总值	净贸易总值增长率
1890	1 560 450		910 493		2 470 943	
1891	2 446 336	56.77	1 115 249	22.49	3 561 584	44.14
1892	2 901 679	18.61	1 432 597	28.46	4 334 277	21.70
1893	3 410 045	17.52	1 447 252	1.02	4 857 297	12.07
1894	1 977 514	−42.01	1 786 593	23.45	3 764 107	−22.51
1895	2 737 145	38.41	1 930 964	8.08	4 668 110	24.02
1896	2 424 793	−11.41	1 472 511	−23.74	3 897 304	−16.51
1897	3 549 616	46.39	1 647 678	11.90	5 197 293	33.36
1898	3 727 405	5.01	2 013 427	22.20	5 740 832	10.46
1899	5 275 406	41.53	2 468 922	22.62	7 744 328	34.90
1900	4 162 349	−21.10	3 431 906	39.00	7 594 255	−1.94
1901	5 255 936	26.27	4 394 054	28.04	9 649 990	27.07
1902	5 574 225	6.06	4 740 466	7.88	10 314 691	6.89
1903	6 294 579	12.92	3 143 691	−33.68	9 438 270	−8.50

---

① 如北方最大口岸天津,1867—1930年,贸易年均增长分别是:进口增长率5.55%,出口增长率7.77%,总贸易增长率5.32%(参佳宏伟:《区域分析与口岸贸易——以天津为中心(1867—1931)》,厦门大学2007年博士论文,第54—55页),分别低于云南3.11、0.77和2.35个百分点。

续 表

年代	净进口总值	进口增长率	出口总值	出口增长率	净贸易总值	净贸易总值增长率
1904	9 212 557	46.36	5 465 411	73.85	14 677 968	55.52
1905	7 942 725	−13.78	5 608 738	2.62	13 551 463	−7.67
1906	9 289 237	16.95	6 009 645	7.15	15 298 882	12.89
1907	9 052 836	−2.54	4 184 056	−30.38	13 236 892	−13.48
1908	6 571 243	−27.41	6 135 816	46.65	12 707 059	−4.00
1909	8 371 739	27.40	5 282 709	−13.90	13 654 449	7.46
1910	6 521 267	−22.10	7 607 503	44.01	14 128 771	3.47
1911	5 937 676	−8.95	7 899 852	3.84	13 837 529	−2.06
1912	9 766 326	64.48	14 190 823	79.63	23 957 149	73.13
1913	11 199 334	14.67	11 835 907	−16.59	23 035 241	−3.85
1914	9 191 319	−17.93	8 518 562	−28.03	17 709 880	−23.12
1915	8 968 678	−2.42	9 823 010	15.31	18 791 688	6.11
1916	7 965 362	−11.19	8 582 835	−12.63	16 548 197	−11.94
1917	8 926 167	12.06	12 890 585	50.19	21 816 752	31.84
1918	11 639 970	30.40	11 227 759	−12.90	22 867 729	4.82
1919	11 909 321	2.31	10 668 759	−4.98	22 578 080	−1.27
1920	11 405 229	−4.23	12 328 438	15.56	23 733 666	5.12
1921	12 002 058	5.23	7 760 963	−37.05	19 763 021	−16.73
1922	15 491 078	29.07	8 666 690	11.67	24 157 768	22.24
1923	16 064 916	3.70	7 793 120	−10.08	23 858 036	−1.24
1924	17 183 161	6.96	8 562 405	9.87	25 745 566	7.91
1925	19 896 617	15.79	10 560 394	23.33	30 457 011	18.30
1926	21 045 146	5.77	7 699 683	−27.09	28 744 829	−5.62
1927	17 668 104	−16.05	8 032 551	4.32	25 700 655	−10.59
1928	17 449 022	−1.24	7 736 203	−3.69	25 185 225	−2.01
1929	15 378 966	−11.86	7 204 843	−6.87	22 583 809	−10.33
1930	16 883 794	9.78	7 221 625	0.23	24 105 419	6.74
年均增长率		8.66		8.54		7.67

(资料来源：据《中国旧海关资料》历年统计数据整理并计算。)

但是，这种增长并非一种直线式的上升，而是在剧烈的波动中实现的。因此，如果要用一句最为简洁的话概括近代云南口岸贸易的增长趋势，那就是：波动中的增长,即总趋势的增长和实现过程的剧烈波动。

(三) 口岸贸易增长的埠别趋势及其差异

1. 蒙自

据表5-4,可以看出：蒙自在1890—1930年长达41年的时间里,若以净贸易总值增长率来看,年均增长率达7.63%,总体上呈现出一种明显的上升态势。但是,这种上升具有明显的阶段性特征,1912年以前,呈现出的是一种快速的上升态势,年均增长率高达12.99%;1912年以后,增速大为放慢,年均增长率仅为1.08%。

表5-4 1890—1930年蒙自贸易额及其增长趋势表 (单位：海关两)

年代	净进口总值	进口增长率	出口总值	出口增长率	净贸易总值	净贸易总值增长率
1890	1 560 450		910 493		2 470 943	
1891	2 116 336	56.77	1 115 249	22.49	3 561 584	44.14
1892	2 901 679	18.61	1 432 597	28.46	4 334 277	21.70
1893	3 410 045	17.52	1 447 252	1.02	4 857 297	12.07
1894	1 977 514	−42.01	1 786 593	23.45	3 764 107	−22.51
1895	2 737 145	38.41	1 930 964	8.08	4 668 110	24.02
1896	2 424 793	−11.41	1 472 511	−23.74	3 897 304	−16.51
1897	3 334 301	37.51	1 600 207	8.67	4 934 508	26.61
1898	3 412 850	2.36	1 956 358	22.26	5 369 208	8.81
1899	5 020 299	47.10	2 414 483	23.42	7 434 782	38.47
1900	3 961 553	−21.09	3 382 924	40.11	7 344 477	−1.21
1901	4 977 874	25.65	4 344 099	28.41	9 321 973	26.92
1902	4 727 492	−5.03	4 514 180	3.92	9 241 672	−0.86
1903	4 435 889	−6.17	2 829 987	−37.31	7 265 876	−21.38
1904	6 953 873	56.76	5 052 343	78.53	12 006 216	65.24
1905	5 912 696	−14.97	5 300 704	4.92	11 213 399	−6.60
1906	7 534 296	27.43	5 677 710	7.11	13 212 005	17.82
1907	7 257 734	−3.67	3 650 952	−35.70	10 908 686	−17.43
1908	5 091 401	−29.85	5 566 330	52.46	10 657 732	−2.30
1909	7 041 544	38.30	4 725 680	−15.10	11 767 223	10.41
1910	4 953 483	−29.65	6 958 180	47.24	11 911 663	1.23
1911	4 531 471	−8.52	7 377 381	6.02	11 908 853	−0.02
1912	7 721 840	70.40	13 372 290	81.26	21 094 130	77.13

续表

年代	净进口总值	进口增长率	出口总值	出口增长率	净贸易总值	净贸易总值增长率
1913	8 612 646	11.54	11 066 270	−17.24	19 678 916	−6.71
1914	7 138 601	−17.11	7 950 510	−28.16	15 089 112	−23.32
1915	6 229 433	−12.74	9 099 377	14.45	15 328 809	1.59
1916	5 967 267	−4.21	8 023 857	−11.82	13 991 124	−8.73
1917	6 318 910	5.89	12 114 565	50.98	18 433 475	31.75
1918	9 031 673	42.93	9 955 300	−17.82	18 986 973	3.00
1919	8 462 858	−6.30	8 827 355	−11.33	17 290 214	−8.94
1920	7 953 796	−6.02	10 852 155	22.94	18 805 951	8.77
1921	9 342 970	17.47	6 085 372	−43.92	15 428 341	−17.96
1922	12 434 757	33.09	7 410 561	21.78	19 845 317	28.63
1923	13 630 579	9.62	6 634 294	−10.48	20 264 873	2.11
1924	14 702 696	7.87	7 065 413	6.50	21 768 109	7.42
1925	16 200 070	10.18	9 337 923	32.16	25 537 992	17.32
1926	18 391 284	13.53	6 682 535	−28.44	25 073 819	−1.82
1927	14 445 058	−21.46	6 436 439	−3.68	20 881 497	−16.72
1928	14 747 555	2.09	7 107 109	10.42	21 854 663	4.66
1929	12 761 802	−13.46	6 436 622	−9.43	19 198 424	−12.15
1930	14 880 519	16.60	6 332 518	−1.62	21 213 037	10.49
年均增长率		8.85		8.78		7.63

(资料来源:据《中国旧海关史料》历年统计数据整理并计算。)

若以贸易总额来看,以上趋势表现得则更为明显,前一阶段,贸易值由1890年的2 470 943海关两增加到1912年的21 094 130海关两,增加了近9倍,堪称惊人;后一阶段,贸易总值从1912年的21 094 130海关两增加到1930年的21 213 037海关两,只增加了1.01倍,即使以1926年的贸易额即最高贸易额25 537 992与1912年相比,也只增加了1.2倍。

贸易总值增长趋势是进口贸易和出口贸易趋势共同作用的结果。在1890—1930年间的41年内,与总贸易的增长趋势相一致,不论是进口贸易,还是出口贸易,其增长率在1912年以前增长率相对较高,呈一种快速增长的态势,年均增长率分别高达12.02%和17.09%;1912年以后,进口增长率降到4.97%,出口增长甚至呈现出负值,为−1.37%。由此看来,尽管在整个时段内,进口贸易和出口贸易都为总贸易的增长发挥了重要作用,年均增长率分别达8.85%和8.78%,但1912年前,出口贸易年均增长率大于进口贸易年均增长率5.07个百分点;1912年以后情况发生逆转,进口贸易年均增长率竟大于出口贸易6.34个百分点。

从进、出口贸易在总贸易中所占比重来看,同样可以看出这一现象。进口贸易占总贸易比重最高达 73.35%,最低为 36.61%,平均为 56.93%;出口贸易最高则为 65.72%,最低为 26.65%,平均为 43.07%。由此看来,二者虽然是此消彼长的关系,但从长时段内看,二者尚能大体保持平衡。但是,1912 年以前,虽然仅有 1908、1910、1911、1912 四年出超,但出口贸易占总贸易的比重却从 1890 年的 36.85% 上升至 1912 年的 63.39%,呈现一种平稳的上升态势;1912 年以后,从 1913 年至 1920 年虽然有 8 年的出超,但出口贸易所占比重却逐渐下降,见图 5-1。

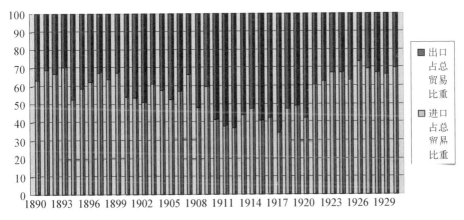

图 5-1　1890—1930 年蒙自进口、出口贸易占总贸易比重图　(单位: %)
(资料来源: 据表 5-4 绘制。)

2. 思茅

根据表 5-5,1897—1930 年,从思茅关总贸易来看,其贸易额基本上一直在开埠当年的 262 785 海关两上下徘徊,少有较大的突破,最高额出现在开埠后的第二年,但也只是 371 624 海关两,最低的 1930 年只有 97 748 海关两,仅及 1897 年的 1/3 左右。在长达 34 年的时间里,思茅贸易虽在总体上有所增长,但极其缓慢,年均增长率只有 0.53%。而且,这种低速的增长,是在极其剧烈的波动中进行的,不论是贸易额,还是贸易增长率,一次增长之后往往就是一次下降,如此交替,直至 1925 年后近乎直线的下降。

表 5-5　1890—1930 年思茅贸易额及其增长趋势表　(单位: 海关两)

年代	净进口总值	进口增长率	出口总值	出口增长率	净贸易总值	净贸易总值增长率
1897	215 315		47 470		262 785	
1898	314 555	46.09	57 069	20.22	371 624	41.42
1899	255 107	−18.90	54 438	−4.61	309 546	−16.70

续 表

年代	净进口总值	进口增长率	出口总值	出口增长率	净贸易总值	净贸易总值增长率
1900	200 795	−21.29	48 982	−10.02	249 777	−19.31
1901	278 062	38.48	49 955	1.99	328 017	31.32
1902	188 651	−32.16	44 656	−10.61	233 307	−28.87
1903	191 327	1.42	40 253	−9.86	231 580	−0.74
1904	254 304	32.92	48 792	21.21	303 096	30.88
1905	252 670	−0.64	46 106	−5.50	298 776	−1.43
1906	258 979	2.50	34 009	−26.24	292 988	−1.94
1907	257 685	−0.50	54 705	60.86	312 390	6.62
1908	145 621	−43.49	45 553	−16.73	191 173	−38.80
1909	171 559	17.81	47 087	3.37	218 647	14.37
1910	156 657	−8.69	42 700	−9.32	199 357	−8.82
1911	197 999	26.39	35 256	−17.43	233 255	17.00
1912	219 578	10.90	48 784	38.37	268 362	15.05
1913	184 890	−15.80	39 360	−19.32	224 250	−16.44
1914	207 280	12.11	34 067	−13.45	241 347	7.62
1915	201 720	−2.68	30 673	−9.97	232 392	−3.71
1916	169 388	−16.03	21 904	−28.59	191 292	−17.69
1917	251 736	48.62	27 905	27.39	279 641	46.19
1918	199 016	−20.94	27 440	−1.67	226 456	−19.02
1919	176 620	−11.25	29 462	7.37	206 082	−9.00
1920	227 693	28.92	54 422	84.72	282 115	36.89
1921	135 947	−40.29	33 048	−39.27	168 996	−40.10
1922	213 050	56.72	34 659	4.87	247 709	46.58
1923	175 792	−17.49	31 451	−9.26	207 243	−16.34
1924	145 227	−17.39	29 745	−5.42	174 972	−15.57
1925	217 981	50.10	19 413	−34.74	237 394	35.68
1926	202 922	−6.91	88 009	353.36	290 931	22.55
1927	209 619	3.30	110 461	25.51	320 080	10.02
1928	132 764	−36.66	14 715	−86.68	147 478	−53.92
1929	96 585	−27.25	12 698	−13.70	109 284	−25.90
1930	84 366	−12.65	13 382	5.38	97 748	−10.56
年均增长率		0.77		8.55		0.53

(资料来源：据《中国旧海关史料》历年统计数据整理并计算。)

同时,还可以清楚地看出,进口和出口对贸易总趋势的贡献率显然不同,出口贸易年均增长率大于进口年均增长率 7.78 个百分点,出口贸易增长率则为 8.55%,进口贸易年均增长率则仅为 0.77%。但是,却并没有因此而使进、出口贸易占总贸易的比重发生趋向性的变化。1897—1907 年出口贸易平均占总贸易的份额为 16.64%,1908—1918 年为 15.36%,1919—1930 年则为 17.25%,而在整个的 34 年时间里,出口贸易平均占总贸易的份额为 16.74%。因此可以说,尽管出口贸易增长率远远大于进口贸易的增长率,进口贸易甚至呈现出下降的趋势,但进口贸易依然具有绝对优势,为总贸易的主体部分,见图 5-2。

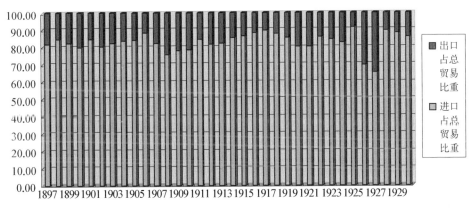

图 5-2　1897—1930 年思茅进口、出口贸易占总贸易比重图　（单位：%）
（资料来源：据表 5-5 计算绘制。）

3. 腾越

根据表 5-6,在从 1903 年到 1930 年的 28 年时间里,腾越若以总贸易增长率分析,虽然波动较大,但总体上呈现出一种增长的态势,年平均增长为 3.84%。若以贸易总额分析,其增长趋势则更为明显,1919 年是腾越贸易额的最高点,为 5 081 784 海关两,为 1903 年的 2.62 倍,1919—1930 年间贸易额虽然渐趋下降,至 1930 年达到最低点,为 2 794 633 海关两,但尚比 1903 年多出 853 819 海关两。

表 5-6　1903—1930 年腾越贸易额及其增长趋势表　　（单位：海关两）

年代	净进口总值	进口增长率	出口总值	出口增长率	净贸易总值	净贸易总值增长率
1903	1 667 362		273 452		1 940 814	
1904	2 004 381	20.21	364 276	33.21	2 368 657	22.04
1905	1 777 360	−11.33	261 928	−28.10	2 039 288	−13.91
1906	1 495 963	−15.83	297 926	13.74	1 793 889	−12.03
1907	1 537 417	2.77	478 400	60.58	2 015 816	12.37

续 表

年代	净进口总值	进口增长率	出口总值	出口增长率	净贸易总值	净贸易总值增长率
1908	1 334 221	−13.22	523 933	9.52	1 858 154	−7.82
1909	1 158 636	−13.16	509 943	−2.67	1 668 579	−10.20
1910	1 411 128	21.79	606 623	18.96	2 017 751	20.93
1911	1 208 206	−14.38	487 215	−19.68	1 695 421	−15.97
1912	1 824 908	51.04	769 748	57.99	2 594 656	53.04
1913	2 401 798	31.61	730 277	−5.13	3 132 075	20.71
1914	1 845 437	−23.16	533 984	−26.88	2 379 421	−24.03
1915	2 537 525	37.50	692 961	29.77	3 230 487	35.77
1916	1 828 707	−27.93	537 074	−22.50	2 365 781	−26.77
1917	2 355 521	28.81	748 115	39.29	3 103 636	31.19
1918	2 409 281	2.28	1 245 019	66.42	3 654 300	17.74
1919	3 269 842	35.72	1 811 942	45.54	5 081 784	39.06
1920	3 223 740	−1.41	1 421 860	−21.53	4 645 600	−8.58
1921	2 523 141	−21.73	1 642 543	15.52	4 165 684	−10.33
1922	2 843 271	12.69	1 221 471	−25.64	4 064 742	−2.42
1923	2 258 545	−20.57	1 127 374	−7.70	3 385 920	−16.70
1924	2 335 239	3.40	1 467 247	30.15	3 802 486	12.30
1925	3 478 566	48.96	1 203 059	−18.01	4 681 625	23.12
1926	2 450 940	−29.54	929 139	−22.77	3 380 079	−27.80
1927	3 013 427	22.95	1 485 651	59.90	4 499 077	33.11
1928	2 568 704	−14.76	614 379	−58.65	3 183 083	−29.25
1929	2 520 579	−1.87	755 523	22.97	3 276 102	2.92
1930	1 918 908	−23.87	875 725	15.91	2 794 633	−14.70
年均增长率		3.22		9.64		3.84

(资料来源：据《中国旧海关史料》历年统计数据整理并计算。)

但是，进口贸易和出口贸易对总贸易增长趋势的贡献率同样也不相同，出口贸易年均增长率比进口贸易增长率多 6.42 个百分点，进口年均增长率为 3.22%，出口则为 9.64%。因此，虽然腾越贸易一直处于入超地位，但是出口贸易在贸易总额中所占比重则逐渐增大，1903—1910 年出口贸易占总贸易的比重平均为 22.25%，1911—1920 年上升到 28.38%，1921—1930 年则增至 30.13%；与此相反，进口贸易在整个贸易中总体上则呈现出一种下降的趋势，见图 5-3。由此可见，尽管腾越

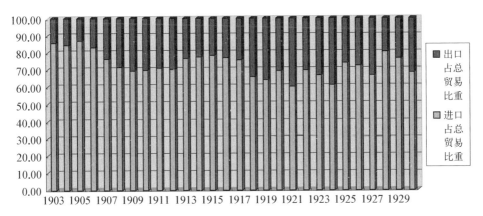

图 5-3　1903—1930 年腾越进口、出口贸易占总贸易比重图　(单位:%)
(资料来源:据表 5-6 计算绘制。)

贸易一直为入超,但贸易收支状况却呈日渐改善之势。

将三口的贸易变化趋势作一比较,可以发现:从总贸易额看,蒙自和腾越均有不同程度的增长,其中又以蒙自的增长幅度为大,1930 年的贸易额为 1890 年的 8.59 倍,至于腾越,1930 年的贸易额只为 1903 年的 1.44 倍;而与蒙自、腾越不同的是,1930 年相较于 1897 年,思茅的贸易额不仅没有增加,而且大为减少,前者仅为后者的 37.20%。若以总贸易增长率来看,蒙自年均增长 7.63%,思茅 0.53%,腾越 3.84%,蒙自比腾越多 3.79 个百分点,腾越又比思茅多 3.31 个百分点,增长率和贸易额所反映的贸易变化趋势一致。而以进口和出口对各口岸贸易增长的贡献率来看,蒙自年均进口增长率大于出口 0.07 个百分点,思茅和腾越却是出口分别大于进口 7.78、6.42 个百分点,蒙自与思茅、腾越在进口和出口增长趋势上的差异显而易见,反映出三口贸易收支存在较大的不同。总之,各埠贸易变动趋势虽有相同的一面,但更多的是不同。

二、贸 易 对 象

如表 5-7,蒙自的贸易对象比较广泛,主要有中国香港、越南、英、法、德、比、美、日、朝鲜、瑞典等,以及中国内地。其中又以中国香港和越南为主。

表 5-7　1928—1931 年蒙自进出口地区表

地区	进　口　值				出　口　值			
	1928	1929	1930	1931	1928	1929	1930	1931
安南				828 384				463 463
中国香港	208 096 908	233 436 236	272 256 311	1 002 478	28 993 118	163 055 802	128 539 877	5 391 908
比国				38 164				

续表

地区	进口值				出口值			
	1928	1929	1930	1931	1928	1929	1930	1931
法国	692 886	1 425 402	593 890	332 940	8 179 910	2 904 238	3 061 791	5181
德国				853 937				
英国				535 831				
美国	9 804 161	5 307 301	8255	595 896				721
暹罗								5050
日本	49 572	148 156	119 748	2 024 283				350
朝鲜				14 608				832
荷属东印度	8 223 391	5 358 940	21 347	74 795				
挪威				50 113				
新加坡等处				24 431				
瑞典				117 432				
其他欧洲诸国	1 865 842	4 277 035	884 804	6 473 713	786 311	295 260	328 250	5 863 905
中国	53 476 033	44 426 531	64 241 239		1 596 476	3 316 934	3 219 084	

说明：1928—1930年货值单位为法郎，1931年为海关两；来自中国的进口系指内地货物经海防转入云南者，出口到中国系指云南货物经由海防转入内者。

（资料来源：《续云南通志长编》卷七十四《商业一》，第586—587页。）

但中国香港实为一中转之地，蒙自进口和出口货物大多经香港转运。考虑到这个因素，各个贸易对象在蒙自进、出口贸易中地位当是另外一番情形。以1937年为例，如表5-8，蒙自进口货物主要来自欧美地区，其中以法国货输入最多，其次为美、德、比、英等国，输入数量也不少，以上六国合计占该年蒙自外货进口总值4 224 469海关金单位[①]的83.43%，越南和中国香港则分别只占5.25%、1.95%。出口方面，据表5-9，中国香港占最大份额，其次为越南、美国、法国等，但常年居出口80%以上份额的锡，由于纯度不够大多需在中国香港精炼之后转销各地，如1935年，大锡经中国香港精炼后全部转销他国，其中美国3704长吨，占45.9%；日本1705长吨，占20.6%；法国1061长吨，占12.8%；欧洲大陆914长吨，占11.1%；英国875长吨，占10.6%。[②]

[①] 郭垣：《云南省经济问题》，第268页。
[②] 钟崇敏：《云南之贸易》，1939年，云南档案馆藏资料，第208页。

表 5-8　1937 年蒙自关进口货物来源　　（单位：海关金单位）

国 别	位次	输入价值	国 别	位次	输入价值
法国	1	1 093 239	瑞士	10	60 288
美国	2	788 719	挪威	11	46 104
德国	3	501 670	海峡殖民地	12	43 883
荷属东印度	4	489 393	瑞典	13	40 853
比利时	5	372 031	澳洲	14	36 529
英国	6	279 514	加拿大	15	16 951
法属越南	7	221 722	英属印度	16	14 470
中国香港	8	82 520	捷克	17	9565
日本	9	64 052	其他	18	45 961

（资料来源：郭垣：《云南省经济问题》，正中书局，1940 年，第 268 页。）

表 5-9　1937 年蒙自出口地区表　　（单位：国币元）

地区	货值	百分比	国别	货值	百分比
中国香港	25 327 096	74.10	美国	395 584	1.16
英国	4 454 741	13.04	法国	187 316	0.55
越南	3 799 991	11.12	其他	11 365	0.03

（资料来源：郭垣：《云南省经济问题》，第 272—273 页。）

由表 5-10 可以看出，思茅的贸易对象，在 1902 年以前有越南、老挝和缅甸，从 1902 年起增加了暹罗（泰国）。在进口方面，缅甸是思茅最大贸易对象，其次是越南、老挝，暹罗占思茅进口比值极低；在出口方面，总体上也是以缅甸为最大贸易对象，但越南、老挝往往也能占到 30% 左右的贸易份额，暹罗所占比重波动较大，这是因为出口暹罗的货品极其单一，"大宗货物常运缅甸销售者则有盖毡磁器窑货熟铁铁锅铁器烟丝等项，常运东京则有茶叶糖食熟铁铁器等项，常运暹罗只有核桃粉丝二品而已"。[①] 可见，暹罗与思茅的贸易联系并不紧密。

表 5-10　1897—1919 年思茅贸易对象占思茅进、出口贸易比重表

（单位：%）

年份	进 口			出 口		
	越南、老挝	缅甸	暹罗	越南、老挝	缅甸	暹罗
1897	14.96	85.04		22.63	77.37	
1898	14.94	85.07		20.57	79.43	

---

① 《宣统三年思茅口华洋贸易情形论略》，《中国旧海关史料》第 56 册，第 485 页。

续　表

年份	进口			出口		
	越南、老挝	缅甸	暹罗	越南、老挝	缅甸	暹罗
1899	16.54	83.46		18.77	81.23	
1900	13.78	86.22		23.11	76.89	
1901	12.11	87.89		42.59	57.41	
1902	15.60	84.40		41.23	55.70	3.07
1903	17.48	79.17	3.35	39.07	36.50	24.43
1904	24.07	66.01	9.72	42.83	40.99	16.18
1905	28.38	59.41	12.21	33.00	53.00	14.00
1906	—	—	—	36.00	63.00	1.00
1907	21.17	70.50	8.33	26.00	72.00	2.00
1908	30.88	69.06	0.06	35.58	61.85	2.57
1909	24.82	75.18		28.79	75.24	0.19
1911	25.25	74.75		20.43	51.85	27.73
1912	—	—	—	30.00	49.00	21.00
1913	—	—	—	50.00	39.00	11.00
1914	—	—	—	46.40	37.19	16.41
1915	—	—	—	19.31	66.82	13.87
1916	—	—	—	43.82	55.08	1.10
1917	17.86	78.09	4.05	53.74	45.42	0.84
1918	38.50	61.69	—	61.13	38.87	
1919	16.89	83.11	—	—	—	—

（资料来源：据《中国旧海关史料》相关年份数据计算。）

据表5-11,腾越的贸易对象有法、德、英、美、日、印度、比利时、挪威、中国香港等。可以说,腾越的贸易对象也是比较广泛的。

表5-11　1937年腾越关进口货物来源地区　　（单位：海关金单位）

地区	位次	输入价值	地区	位次	输入价值
缅甸	1	333 759	美国	7	5067
印度	2	76 558	中国香港	8	3396
英国	3	22 131	日本	9	2725
德国	4	17 159	法国	10	64
比利时	5	5492	澳洲	11	24
挪威	6	5389	其他	12	30 065

（资料来源：张竹邦：《滇缅交通与腾冲商业》,《云南文史资料选辑》第29辑,第152页。）

但是,腾越贸易的大部分是与缅甸的贸易。以 1937 年为例,如表 5-11,从缅甸输入值占腾越该年外货进口总值 501 829 海关金单位①的 66.51%,其他所有经缅甸转运而来的货物则只占腾越总输入外国货值 33.49%的份额。出口方面,由于腾越最大宗的商品也主要是销售到缅甸市场,因而腾越的出口市场也主要是缅甸。

由此不难看出,近代云南三关,蒙自的贸易对象最为广泛,其次为腾越,思茅的贸易对象较少;蒙自贸易以西方国家为主,法国所占比重最大,思茅和腾越则以邻近的东南亚、南亚国家为主,缅甸所占比重最大。三关在贸易对象上的差异,反映出三关在世界市场格局中地位的差别。

三、商 品 结 构

商品结构是指某国或某一地区在一定时期内,进出口商品构成以及某种商品在该国或者地区的进出口贸易中所占的比重和地位。关于近代云南各口岸贸易的商品构成,海关贸易统计有专项的大宗进出口货量统计。② 我们不打算对此中的所有商品进行分析,而是主要考察最主要大宗商品占各口贸易的比重及其变化。

(一)蒙自

蒙自进口货物种类繁多,以大宗而言,则由棉纱、棉花、烟类、纸张、煤油、海味等数种,③其中又以棉纱居于历年进口货物之首,为最大宗进口货物,常占蒙自进口总货值一半以上的份额。如表 5-12,1889—1904 年、1910—1937 年棉纱进口年均占蒙自进口总货值的 60.13%和 50.41%,其他各大宗货物,以烟丝和棉花居于其次地位,但最多时也只及棉纱货值的一半左右,而煤油、纸张、瓷器等所占比重就更低了。可以说,蒙自进口贸易是在棉纱垄断下的贸易。

表 5-12 1889—1904、1910—1937 年蒙自部分大宗
进口商品货值占总进口额白分比表

年份	棉纱	棉花	烟丝	纸烟	煤油	纸
1889	33.59	8.86	17.29		0.43	6.69
1890	41.20	5.14	20.97		0.03	2.01
1891	37.97	7.48	15.89		0.16	2.18
1892	54.67	7.23	18.79		0.09	1.14
1893	72.63	3.37	9.80		0.10	0.29
1894	53.87	6.42	16.57		0.19	2.48
1895	72.02	3.34	12.99		0.20	0.73

① 张竹邦:《滇缅交通与腾冲商业》,《云南文史资料选辑》第 29 辑,第 152 页。
② 1904 年前,海关对进出口货物数量和货物价值均作分类统计,自 1905 年起,由于海关贸易统计体例的变化,不再有货物价值的分类统计。
③ 《新纂云南通志》卷一四四,商业考二。

续 表

年份	棉纱	棉花	烟丝	纸烟	煤油	纸
1896	69.00	1.06	10.97		0.22	1.44
1897	74.92	0.38	8.38		0.12	0.85
1898	74.72	0.47	7.44		0.31	0.83
1899	71.98	0.03	3.92		0.24	0.94
1900	59.71	0.04	9.29		0.54	0.87
1901	62.45	0.03	8.27		0.91	0.67
1902	67.18	0.04	5.10		1.65	0.71
1903	54.62	0.08	7.12		0.68	0.94
1904	61.54	0.07	4.03		0.60	1.17
1910	57.24	0.05	2.65	0.59	2.17	1.35
1911	45.09	0.06	1.52	0.94	2.85	1.91
1912	60.00	0.06	2.69	0.94	2.54	0.96
1913	47.41	0.08	2.62	0.94	3.23	1.14
1914	50.52	0.53	2.64	0.97	3.41	1.04
1915	54.66	0.54	3.33	2.59	6.26	1.34
1916	53.92	0.05	1.38	3.00	3.67	1.02
1917	57.11		1.39	3.22	2.81	0.88
1918	55.93	0.24	0.44	3.76	1.91	1.07
1919	58.62	0.98	0.55	6.57	4.01	0.92
1920	63.31	1.96	0.36	4.23	3.2	0.79
1921	64.55	1.06	0.81	3.94	2.68	1.09
1922	56.66	0.89	1.83	0.74	4.59	0.94
1923	53.49	1.40	1.27	3.72	3.5	1.54
1924	44.28	0.86	0.99	3.52	3.99	1.24
1925	32.43	0.93	0.97	2.61	5.07	0.79
1926	45.61	0.92	1.17	2.21	3.36	1.49
1927	44.37	1.01	1.10	4.04	3.5	1.52
1928	48.85	0.63	0.67	5.98	5.94	1.35
1929	47.01	1.01	0.63	3.88	4.99	1.41
1930	56.87	0.94	0.60	1.18	2.94	1.03
1931	51.55	1.31	1.06	1.38	2.99	1.20
1932	51.44	0.72	0.53	1.87	6.00	1.56
1933	36.19	0.33	0.50	1.41	5.34	1.76
1934	44.3	0.99	0.43	2.22	4.76	1.64
1935	50.12	0.77	0.42	3.62	4.15	1.89
1936	39.45	0.09	0.57	4.57	4.08	1.79
1937	40.61	1.18	0.63	4.09	2.89	1.85

(资料来源:1889—1904年据《中国旧海关史料》提供数据计算;1910—1937年据钟崇敏《云南之贸易》(1939年油印稿)整理。)

蒙自出口货物以锡、皮革、猪鬃、茶叶、药材、火腿,以及铅、锌等金属品为大宗,[①]其中又以锡为最大宗出口商品,常居出口总货值的 80% 以上,最多时甚至高达 95% 以上,其他所有出口商品合计往往还不及锡出口值的 1/3。尤其是,滇越铁路通车以后,随着锡出口的进一步增加,其所占蒙自出口贸易的比重也相应增加,如在 1889—1904 年间,锡出口值平均占蒙自出口总值比重为 80.87%,而在 1910—1937 年,所占比重上升到了 87.81%(参表 5-13)。由此可见,蒙自出口商品与进口一样也具有显著的单一货品垄断的特征,并且其垄断性还远甚于进口。蒙自出口贸易几乎可以说完全是锡主导下的贸易。以锡在出口贸易中的垄断地位,正如海关贸易报告所说,"蒙自所出土货无多,惟有将大锡运至香港卖银采办洋货,除此别无他计,无论或赢或歉,均难舍此别图",[②]其出口数量的多少直接关乎蒙自进出口贸易的起伏与变化。

表 5-13　1889—1904、1910—1937 年蒙自部分大宗
出口商品货值占总进出口额百分比表

年份	锡	生黄/水牛皮	末硝山羊皮	猪鬃	茶叶	药材
1889	81.76				5.21	0.19
1890	84.83				3.93	0.06
1891	85.99				3.32	0.57
1892	84.59				4.14	0.40
1893	81.68				3.38	0.50
1894	80.73				1.55	0.28
1895	78.68				2.67	0.48
1896	79.67				1.46	0.43
1897	78.66				1.03	0.70
1898	79.11				1.29	0.95
1899	80.18				1.50	0.78
1900	79.52				0.74	0.18
1901	80.13				1.01	0.33
1902	89.96				1.11	0.16
1903	80.32				2.13	0.52
1904	68.05				0.93	0.56
1910	93.82	0.58		0.01	0.54	0.18
1911	92.15	0.60		0.03	0.29	0.10
1912	96.14	0.92	0.02	0.19	0.19	0.31
1913	94.75	1.43	0.01	0.08	0.35	0.35

[①]《新纂云南通志》卷一四四,商业考二。
[②]《光绪二十一年蒙自口华洋贸易情形论略》,《中国旧海关史料》第 23 册,第 247 页。

续 表

年份	锡	生黄/水牛皮	未硝山羊皮	猪鬃	茶叶	药材
1914	91.27	0.98	0.08	0.08	0.29	0.80
1915	90.63	0.90	0.12	0.14	0.67	0.71
1916	85.71	2.98	0.46	0.16	0.97	0.98
1917	90.00	1.34	1.02	0.27	0.39	0.40
1918	88.07	1.93	1.57	0.55	0.31	0.65
1919	81.31	3.73	5.96	0.32	0.69	0.77
1920	86.76	2.76	1.53	0.48	0.28	0.63
1921	80.54	2.61	4.19	0.64	0.88	1.03
1922	89.57	0.53	1.51	1.17	0.60	1.20
1923	85.95	2.07	1.44	1.82	0.91	1.24
1924	90.10	2.57	0.64	0.97	0.44	0.75
1925	87.85	5.76	0.70	0.45	1.10	0.38
1926	85.25	6.80	1.28	0.96	1.00	0.61
1927	85.16	5.28	1.24	1.39	0.88	0.83
1928	81.33	7.62	2.94	0.94	0.66	1.29
1929	80.02	8.33	1.83	0.86	0.73	1.19
1930	80.37	5.46	1.90	1.39	0.62	1.19
1931	83.81	4.02	1.79	2.10	0.90	2.75
1932	88.84	0.99	0.53	1.37	0.95	2.20
1933	90.22	1.58	1.28	0.91	0.65	2.25
1934	88.84	2.61	1.41	1.05	0.75	1.97
1935	90.22	0.90	1.28	1.20	0.52	1.37
1936	88.84	2.68	1.56	1.14	0.28	1.01
1937	91.19	2.59	1.40	2.31	0.32	0.80

（资料来源：1889—1904年《中国旧海关史料》提供数据计算；1910—1937年据钟崇敏《云南之贸易》(1939年油印稿)整理。）

（二）思茅

1922—1931年海关十年报告说：思茅"主要进口货物为棉花、缅甸梭罗布、鹿角、鹿皮、煤油、棉纱等"。[1]但实际上，除棉花外，其他几种主要进口货物不仅数量少，而且难以称为具有长期性之大宗商品，"缅甸梭罗布步趋下游，国产土布代之而兴"，"鹿角初甚畅旺，继见衰落，今则寥寥无几"，"棉纱、煤油分别自十四年(1925)及十八年(1929)起始见本埠统计之中，其进口数目均属无多"，[2]因此，真正能称为大宗进口货物者只有棉花，如表5-14，1897—1937年，棉花进口平均占思茅进口总

---

[1]《DECENNIAL REPORT，1922-31》，《中国旧海关史料》第158册，第562页。
[2]《DECENNIAL REPORT，1922-31》，《中国旧海关史料》第158册，第562页。

值的75.99%,棉花在思茅进口贸易之中的垄断性地位由此可见一斑。关于出口之货,"普洱茶一项向为本口贸易大宗",①只因思茅地近产茶之区,以致"滇南思普一带恒以花茶为大宗,而坐贾行商无不争利于二物内"成为思茅贸易之一般情形。②但是,由于"普茶口味与外国稍有不宜",③"未洽西人之口",④致使其出口市场受限,出口数量和占思茅出口货值比重除个别年份外,并不是很高(参表5-14)。只是在各出口货物当中相对而言,"惟茶叶尚可称述耳",⑤也正因为如此,钟崇敏在《云南之贸易》一书中才有思茅出口货物"欲在其中寻出比较有长期性质之大宗货物,诚属难事。不获已,谨择出最近五年占出口总值百分之八十以上之茶叶为代表"之说。⑥

表5-14 1897—1937年棉花、茶叶占思茅进口、出口贸易百分比表(%)

年份	棉花占总进口比重	茶叶占总出口比重	年份	棉花占总进口比重	茶叶占总出口比重
1897	84.30		1918	84.66	16.67
1898	90.06	1.79	1919	84.41	29.41
1899	81.50		1920	88.42	15.79
1900	71.37	1.82	1921	87.99	29.51
1901	80.98	12.72	1922	97.86	28.36
1902	77.29	12.50	1923	87.11	31.34
1903	80.61	8.93	1924	74.68	21.54
1904	78.90		1925	81.49	6.82
1905	70.53	1.54	1926	89.02	2.39
1906	61.84	2.08	1927	80.65	
1907	76.36	1.20	1928	77.57	
1908	67.28	1.49	1929	82.04	
1909	72.05	7.46	1930	83.95	
1910	70.92	19.67	1931	45.05	
1911	81.96	8.00	1932	69.39	20.51
1912	84.55	17.91	1933	53.18	79.61
1913	79.17	36.07	1934	51.16	66.01
1914	79.83	33.93	1935	56.26	78.36
1915	76.01	5.88	1936	52.16	69.06
1916	79.44	17.07	1937	63.12	62.37
1917	80.33	27.66	平均	75.99	23.50

(资料来源:钟崇敏:《云南之贸易》,1939年油印稿,云南省档案馆藏资料。)

① 《中华民国元年思茅口华洋贸易情形论略》,《中国旧海关史料》第59册,第468页。
② 《宣统三年思茅口华洋贸易情形论略》,《中国旧海关史料》第56册,第457页。
③ 《光绪二十三年思茅口华洋贸易情形论略》,《中国旧海关史料》第26册,第267页。
④ 《光绪二十五年思茅口华洋贸易情形论略》,《中国旧海关史料》第30册,第299页。
⑤ 《中华民国三年思茅口华洋贸易情形论略》,《中国旧海关史料》第66册,第154页。
⑥ 钟崇敏:《云南之贸易》,1939年油印稿,第275页。

(三) 腾越

腾越进口货物主要来自缅甸、印度，以棉纱为最大宗，如表5-15，在1902—1937年间，棉纱进口平均占腾越进口总值的57.03%。随棉纱之后，棉花也是腾越进口之重要商品，如表5-15，在1902—1937年间，棉花进口平均占腾越进口总值的12.45%。

表5-15　1902—1937年棉纱、棉花占腾越进口贸易百分比表

年份	棉纱	棉花	年份	棉纱	棉花
1902	59.70	11.26	1920	60.10	18.50
1903	36.67	14.13	1921	67.75	15.24
1904	48.59	10.54	1922	72.40	9.56
1905	42.04	20.95	1923	71.86	9.82
1906	44.96	11.90	1924	67.24	10.36
1907	49.72	14.46	1925	68.66	11.42
1908	44.07	9.89	1926	58.36	12.70
1909	44.55	12.29	1927	53.23	8.50
1910	59.57	3.10	1928	50.35	5.72
1911	60.03	2.33	1929	57.55	11.02
1912	70.14	2.99	1930	56.39	10.35
1913	64.54	4.17	1931	52.81	18.54
1914	58.84	9.42	1932	62.87	20.89
1915	64.96	12.48	1933	57.45	20.50
1916	64.38	12.48	1934	51.48	20.65
1917	69.51	3.76	1935	44.30	31.75
1918	78.00	1.45	1936	19.29	18.91
1919	75.33	9.04	1937	45.38	27.83

（资料来源：钟崇敏：《云南之贸易》，1939年油印稿，云南省档案馆藏资料。）

总体上，在进口贸易中之地位，棉花进口尽管远不及棉纱重要，但由图5-4来看，棉纱与棉花在占腾越进口比重上实存在此消彼长的关系，大致在1920年之前，棉纱进口比重总体上升，棉花进口比重趋于下降，而在此之后，棉花比重上升，棉纱趋于下降。腾越进口的棉花大部来自缅甸，主要产自伊洛瓦底江流域，所进口棉纱概来自印度，而印度棉纱作为半成品，其原料棉花重要来源亦为缅甸。在英国占领缅甸以前，棉花是缅甸输入云南最主要的商品，英国占领缅甸后，将缅甸作为一个省置于印度总督的管辖之下，其生产须为英国殖民经济的需要服务，为了在世界上

占领更为广阔的市场,英国大力在印度发展棉纺业,缅甸所产棉花也就开始主要输出到印度,从而使云南棉花的进口受到一定限制,与此同时,进口棉纱因"价廉质优"而广受欢迎,早在腾越开埠之前,印度棉纱已开始经由腾越一线交通输入云南,开埠之后,棉纱输入日渐增加,棉纱成为腾越进口的最大宗商品。但随着国内棉纺业的发展,国产棉纱开始较多地输入云南,"近来沪埠所产棉纱及杂货,由邮包运进者渐多",①腾越进口贸易中棉花所占比重的上升和棉纱所占比重的下降,并非棉花进口数量的绝对增加,而是国产棉纱对印度棉纱进口的替代使其进口数量下降所致。

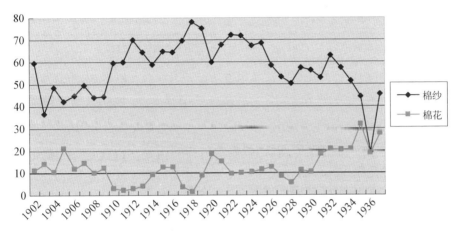

图 5-4　1902—1937 年棉纱和棉花占腾越进口总值比重变化趋势图　(单位: %)
(资料来源: 据表 5-15 绘制。)

　　腾越出口商品主要有黄丝、牛羊皮、药材、土布等,而以黄丝居首,如表5-16,1902—1937 年间,黄丝历年出口值平均占腾越出口总值的 72.15%,由此可见,黄丝是腾越出口贸易唯一处于绝对支配地位的商品,而且其支配地位还不断加强,如 1902—1910 年 9 年间,黄丝历年出口平均占腾越出口总值的 52.14%,下一个 9 年则上升为 72.72%,再一个 9 年又上升到 80.09%,至 1929—1937 年间更是高达 83.66%。腾越所出口的黄丝,几乎全部来自四川,而其出口市场主要限于缅、印,尤其是缅甸,由于丝绸是缅甸人民主要的衣料来源,因而对生丝有着持续的需求。而国际生丝价格的持续上涨使生丝出口货值增加,以及进入二十年代后云南商人自办缫丝厂增加生丝产量和 1933年起政府免除生丝出口税,②凡此种种,使黄丝出口在腾越出口贸易中的地位愈显突出。

---

① 《DECENNIAL REPORT,1922-31》,蒙自,《中国旧海关史料》第 158 册,第 548 页。
② 吴兴南:《云南对外贸易——从传统到近代化的历程》,第 285 页。

表 5-16　1902—1937 年生丝占腾越出口贸易百分比表

1902	72.72	1911	65.32	1920	77.53	1929	73.49
1903	60.95	1912	67.45	1921	81.96	1930	78.02
1904	66.22	1913	69.48	1922	80.11	1931	74.90
1905	66.40	1914	69.44	1923	77.83	1932	87.56
1906	54.87	1915	60.45	1924	86.06	1933	94.03
1907	34.94	1916	68.81	1925	83.58	1934	87.27
1908	33.85	1917	79.63	1926	83.71	1935	85.55
1909	38.30	1918	89.11	1927	84.94	1936	89.63
1910	41.01	1919	84.78	1928	65.11	1937	82.52

（资料来源：钟崇敏：《云南之贸易》，1939 年油印稿，云南省档案馆藏资料。）

总之，正如 1917 年腾越海关贸易报告所说："滇缅交易以来，人所共知进出口最大宗之货即系棉、丝两种，盖本口贸易盛衰之现象，应视此两种货物多寡以为衡。"[1]

四、口岸开放、对外贸易与近代云南经济现代化

（一）近代云南经济现代化的来源

不论我们是否承认如果没有帝国主义的侵略，中国也会缓慢地进入资本主义社会，开始现代化的过程这一命题，但很显然的是，在西方列强运用武力敲开中国的大门之前，中国依然还在以自给自足的自然经济为特征的封建社会徘徊。换句话说，中国的早期现代化不是中国内生因素（可以看作是一般所说的明清资本主义萌芽）的进一步发展，而是外力推动的结果。沿海、沿江地区是这样，内地、边疆更是如此。但是，由于外来的现代化因素首先主要是在沿海、沿江口岸城市登陆，然后逐步向内地扩展的，这就使内地来自外国的影响往往需要通过沿海、沿江口岸城市间接地获得。而在边疆地区，一方面也同样间接地受到来自外国的影响，另一方面由于本地口岸的开放，同时也受到来自国外的直接影响。云南就是这样的一个边疆地区。

19 世纪七十年代云贵总督刘长佑、云南巡抚岑毓英为镇压回民起义"创设军火局于三圣宫，制造明火枪炮、叉杆、刀矛以济军用"[2]，但一开始并没有采用机器生产。1883 年，新任云贵总督岑毓英开发云南矿业，成立云南第一家官督商办企业——云南矿务招商局，其采矿机器即由上海起运，"附北京轮船运往汉口，再由汉口换船，由川入滇，前至东川开办，其机器大小共约六百余件"。[3] 1884 年，岑毓英

---

[1] 《中华民国六年腾越口华洋贸易情形论略》，《中国旧海关史料》第 78 册，第 259 页。
[2] 《新纂云南通志》卷一三〇，军制考四。
[3] 《申报》1883 年 12 月 27 日报道，转自戴鞍钢《发展与落差——近代中国东西部经济发展进程研究（1840—1949）》，复旦大学出版社，2006 年，第 211 页。

创办云南机器局,所需工匠则由上海、广东、福建雇来,等等。这都体现了在云南现代化的启动过程中,沿海、沿江尤其是口岸城市的影响。这也可以说是近代云南现代化的一个来源。除此之外,从云南口岸进来的国外的直接影响则是推动云南现代化进程的又一来源。而后者的作用显然要比前者大。

(二)口岸开放与近代云南对外贸易地理格局的变化

关于通商口岸,其进口贸易既包括从国外进口的洋货,也包括从国内口岸进口的土货;出口既包括直接输出国外,也包括向国内口岸的输出。也就是说,经过该口岸的输出、输入由直接对外贸易和国内埠际贸易两个部分构成。佳宏伟的研究表明,1867—1930年间,天津土货进口一直保持一定比重,上海洋货进口在整个进口贸易中的比重稳中有升,土货进口则不断下降。与此同时,天津出口国外的贸易增长率快于出口国内,因此,天津的出口市场由国内市场为主转向以国外市场为主;上海则由于出口国外增长率低于出口国内的增长速度,因而,以出口国外市场为主,转向以出口国内市场为主。[①] 通过唐巧天的研究,则可以清楚地看出,天津、汉口、宁波的直接对外贸易占各自总贸易的比例虽然升降各不相同,但是国内埠际贸易,尤其是经上海转运的埠际贸易在各自贸易中占有较大的比重则是没有疑义的。[②] 以上,上海、宁波、天津、汉口分别代表了南方和北方沿海口岸,以及内地沿江口岸的一般特征。这既说明近代中国对外贸易是在上海、天津、武汉等沿江、沿海口岸主导下的贸易,也反映出国内埠际贸易是大多数口岸重要的贸易组成部分。也正是通过埠际贸易将一个一个的口岸连接在一起,形成了以上海、天津(包括香港)等少数东部沿海口岸为龙头,以其他沿海、沿江口岸为主要节点,以相关交通运输线为连接,以埠际贸易为主要展开形式的口岸贸易网络。在这一网络当中,上海、天津、广州等东部沿海口岸处于中国对外贸易的最前沿,其次才是中部地区,最后才是广大的西部地区。而本省开埠之前的云南由于地处中国西南的边疆区位,即处于近代中国口岸贸易格局中末端和边缘的位置,这是因为云南虽然在本省开埠之前因英法势力深入邻国而不可避免地开始与世界市场产生了联系,但云南土货进入世界市场和洋货进入云南也还主要是借助于其他开放口岸的层层转运实现。而路途的遥远和交通的艰难,更加强化了云南的这一边缘地位。

如表5-1,在1902—1929年间,国内埠际贸易从1916年开始占有蒙自贸易不足5%的份额,此前其贸易全部由直接对外贸易构成;思茅、腾越贸易更是全部由直接对外贸易构成。开埠之后,云南的对外贸易基本上是通过本省口岸实现的,研究表明,仅通过蒙自—香港之间的口岸贸易就占到了云南对外贸易总值的60%左右。[③] 这说明本省口岸的开放,使云南对外贸易从东向通过层层转运而位于近代中

[①] 佳宏伟:《区域分析与口岸贸易——以天津为中心》,厦门大学2007年博士论文,第62页。
[②] 唐巧天:《上海外贸埠际转运研究(1864—1930年)》,复旦大学2006年博士论文,第42、52、63—64、73、86、99—100页。
[③] 郭亚非:《近代云南与周边国家区域性贸易圈》,《云南师范大学学报》2001年第2期。

国对外贸易边缘的位置而一变与东部沿海口岸一样处在了前沿的位置。而直接对外贸易地位的突出则是云南口岸区别于内地口岸,甚至大多的沿海、沿江口岸的一大特征,反映了边疆口岸贸易的特殊内涵。

开埠之前,在云南对外贸易的所有国家和地区当中,以缅甸最为重要,常居云南对外贸易额的主要部分,这就使得云南对外贸易以滇缅走向为主,滇缅商道是云南最为重要的贸易通道。由于地理位置的原因,滇西南、滇西成为云南对外贸易集中区域,是云南对外贸易的重心区所在。作为出缅门户,腾越不仅是滇缅贸易最为重要的商品集散地,也是云南对外贸易重大商品集散中心;作为茶叶集散地,思茅是云南对外贸易仅次于腾越的门户城市。开埠之后,香港开始成为云南对外贸易的最大市场,滇港贸易成为云南对外贸易最主要的构成部分,滇港商道——红河和后来的滇越铁路成为云南最为主要的对外贸易商道。与此相应的是,滇中、滇东南替代滇西南、滇西成为云南对外贸易的集中区域,在滇越铁路通车前,蒙自以处于滇港贸易连接点的有利条件,成为云南对外贸易最为重要的门户城市。昆明开埠和滇越铁路通车后,以昆明为集散中心的直接对外贸易从无到有,增长迅速,昆明在云南对外贸易中的地位也日益突出,并最终替代蒙自成为云南最大的对外贸易口岸。

自清代起云南的经济中心已从西部转移到东部,开埠之前,云南对外贸易以滇缅为主要走向,而这种对外贸易重心与经济重心的分离对云南对外贸易发展必然产生不小的限制。而开埠之后,主要依托滇中经济发达区域,显然是蒙自关贸易远胜于腾越、思茅的重要原因。

(三)口岸开放与云南对外贸易的发展

正如有论者所指出的那样,"云南与周边东南亚各国有陆路相连的优势,早在秦汉之际,便源于亲缘地理亲缘族情基础发展起亲缘经济,历经古代朝贡通道商路的拓展、南方丝绸之路的开拓,与周边东南亚国家建立起较密切的经济交往关系",[①]邻近国家和地区是云南对外贸易传统区域,经过长期的历史发展,早在近代以前,云南即与越南、老挝、缅甸、印度等周边国家和地区形成了经济互补性较强的跨国性地区贸易圈。开埠之前,随着英法殖民者侵入南亚、东南亚地区,从表面上看,云南与这些国家的交往已经转变为与英、法的关系,但事实上云南的对外贸易依然还是限于原有的传统区域范围内,大致仍属中南半岛地区贸易的范畴,云南与世界经济的联系并不是很紧密。开埠之后,云南对外贸易对象国家和地区大为增加,对此,《新纂云南通志》说,"以贸易之国别言,本省贸易范围遍及英、美、日、法等国",[②]云南与世界经济的联系大为拓展。

我们知道,由于地理的原因,本省开埠之后,云南对外贸易以"安南、印度、香港

[①] 郭亚非:《云南与东南亚各国的早期经济交往》,《云南师范大学学报》1997年第2期。
[②] 《新纂云南通志》卷一四四,商业考二。

为主要市场"，①"但香港为一转运口岸，本省向香港输出入之货物，其来出及去处有英国、欧洲大陆各国、美洲、日本、澳洲、印度、新加坡等地，及我国沿海口岸。向印度、安南输出入之货物系由他处转来，或转往他处者亦有之"。② 由此可见，本省开埠之后，云南传统上的对外贸易对象更多地起到的是货物进出的转口作用，云南对外贸易已远远突破了地区贸易的范畴。据表5-17，滇港贸易占据云南对外贸易绝大多数的份额，而滇港贸易的主体部分又是与"英国、欧洲大陆各国、美洲、日本、澳洲、印度、新加坡等地"间的贸易。这也就是说，开埠之后不是与邻国的直接贸易而是与以上国家和地区的间接贸易开始成为云南对外贸易最为重要的组成部分，云南对外贸易实现了从地区贸易向世界贸易的转变。对外贸易是对外经济联系的纽带，通过对外贸易，云南与世界经济的联系得到了显著加强。

表5-17 1927—1930年滇港贸易占云南对外贸易比重表　　（单位：%）

年份	进口	出口	年份	进口	出口
1927	65.56	76.17	1929	62.88	83.79
1928	68.46	84.55	1930	72.60	82.06

（资料来源：据《续云南通志长编》"本省进出口货来处及去处统计表"整理计算，第584页。）

据对《云南对外贸易近况》一书所列进口货物的不完全统计，开埠之初，蒙自关进口货物达260种以上，思茅、腾越两关种类相对要少，但也分别在80种和220种以上，到1910年以后三关进口货物更是达到500多个品类。③ 可见开埠通商使云南进口商品获得前所未有的拓展，商品种类变得多样而丰富了。而这为数众多的各类进口商品，其中绝大部分是机制工业品。以1889—1909年为例，据统计，机制工业品进口价值为国币117 624千元，占到进口总额的99.13%，土产进口价值为国币1037千元，仅占进口总值不到1%的份额（参表5-18）。

表5-18　1889—1909年机制产品与土产货物占云南进口货值比重表

（单位：%）

年份	机制产品	土产货物	年份	机制产品	土产货物
1889	65.54	34.46	1894	100.00	
1890	73.33	26.67	1895	100.00	
1891	78.48	21.52	1896	100.00	
1892	77.28	22.72	1897	100.00	
1893	100.00		1898	100.00	

---

① 《新纂云南通志》卷一四四，商业考二，第111页。
② 《续云南通志长编》（下册），第584页。
③ 吴兴南：《云南对外贸易史》，云南大学出版社，2002年，第93、117页。

续 表

年份	机制产品	土产货物	年份	机制产品	土产货物
1899	100.00		1905	100.00	
1900	100.00		1906	100.00	
1901	100.00		1907	100.00	
1902	100.00		1908	100.00	
1903	100.00		1909	100.00	
1904	100.00				

(资料来源：据钟崇敏《云南之贸易》提供资料整理。)

在进口商品增加的同时，出口货物种类也有所增加，一些在开埠以前并不作为商品的土产开始成为重要的出口货，如《宣威县志稿》载，开埠之前"向时人民不知猪毛之有用，洗猪时往往弃之于地"，而随着开埠之后对外贸易对发展，猪鬃开始成为宣威重要的出口商品，"岁收入多至万斤，少亦不下六七千斤……此项猪毛多售给洋行，外人运回其国制为衣料、毛刷"。[①] 一些过去只在国内销售的土产也开始成为对外出口的重要商品，如鸦片，向来以本省和国内为销售市场，到19世纪的最后十年开始向东南亚出口，[②] 成为云南重要的出口商品之一。与开埠前相比，出口货物虽依然以土产为主，但出口商品的结构却发生了很大变化。就货值而言，矿产成为最主要的出口商品，农、副产品的出口则开始居于次要地位。

总之，开埠之后，云南对外贸易，不论进口，还是出口，商品种类都有了较大的拓展，远非过去简单的农副产品交易范畴所能概括，开埠通商促进了云南对外贸易商品构成的多样化发展。

随外贸对象的扩大和贸易商品种类增加而来的便是对外贸易规模的空前扩大与迅速发展。蒙自开埠当年仅仅三个多月的时间，进口和出口总值即分别高达62 300 和 87 629 海关两。进、出口月均贸易额分别为 20 767 海关两和 29 210 海关两。1890 年进口和出口贸易额分别为 466 089 海关两和 461 193 海关两，月均进、出口贸易 38 840 海关两和 38 432 海关两，分别是上年月均 20 767 海关两和 29 210 海关两的 1.87、1.32 倍。由此可见，开埠就像一剂强心针，极大地促进了云南对外贸易的发展。从 1890 年到 1931 年，云南对外贸易进、出口货值分别从 466 089 海关两和 461 193 海关两增至 8 498 686 海关两和 7 184 478 海关两，后者分别是前者的 18.23、15.58 倍，其货值增加之巨不可谓不惊人。从 1889 年到 1931 年，在长达 43 年的时间内，进口和出口贸易分别累计达到 364 118 062 海关两和 296 940 993

---

① 《宣威县志稿》卷七，建设。
② (美)戴维·纽金特：《封闭的体系和矛盾：历史记载中和记载外的克钦人》，云南民族研究所编印：《民族研究译丛》，1983 年，第 152 页。

海关两,这样的贸易规模在开埠之前简直是难以想象的。总之,开埠之后,云南对外贸易的发展可谓突飞猛进,其发展之迅速,货值之巨大,绝非开埠以前所能比拟。

表 5-19　1889—1931 年云南对外贸易进出口货值一览表

(单位:海关两)

年份	进口值	出口值	年份	进口值	出口值
1889	62 300	87 629	1911	4 647 996	7 228 365
1890	466 089	461 193	1912	9 766 518	12 573 069
1891	744 480	583 230	1913	11 230 898	11 835 907
1892	887 606	736 000	1914	10 038 847	8 978 564
1893	1 524 290	735 204	1915	7 759 654	10 589 205
1894	1 241 879	943 321	1916	7 466 111	10 041 917
1895	1 809 253	1 033 066	1917	8 359 134	13 689 801
1896	1 627 036	849 639	1918	11 771 794	12 855 784
1897	2 548 624	279 115	1919	12 221 415	11 949 010
1898	2 680 004	1 254 365	1920	13 948 998	13 918 806
1899	3 545 073	1 925 759	1921	14 193 668	9 126 893
1900	3 113 437	2 474 404	1922	15 422 691	10 807 363
1901	3 957 720	3 102 202	1923	16 208 089	10 622 022
1902	4 347 895	3 872 961	1924	17 444 823	12 090 116
1903	5 558 113	2 800 885	1925	20 767 796	15 425 615
1904	7 033 350	5 066 436	1926	21 916 241	11 720 116
1905	6 449 493	5 070 499	1927	19 834 261	11 960 469
1906	7 004 085	5 444 738	1928	19 187 508	12 204 145
1907	7 450 484	4 083 639	1929	16 294 450	12 168 682
1908	6 268 966	5 773 803	1930	14 172 484	11 658 038
1909	7 961 524	4 750 852	1931	8 498 686	7 184 478
1910	6 684 299	6 983 688	合计	364 118 062	296 940 993

(资料来源:据谢本书等《云南近代史》第 142—144 页数据计算。)

(四)对外贸易与近代云南经济的现代化

蒙自(1889 年)、思茅(1897 年)、腾越(1900 年)先后开放,进出口贸易总体呈逐年增长的态势(表 5-19)。进口商品,三关均以棉纱所占比例最大。棉纱不是最终产品,而是需要进一步加工制成棉布的中间产品。在过去,农户或自植棉花,或从市场上获取棉花,从纺纱到织成布,往往都是通过家庭手工业的方式完成,对市场的依赖不是很大。而随着低价洋纱的大量进入,棉织业开始越来越依赖于从市场上获取洋纱进行生产。如玉溪,"在光绪年前,妇女入市,以布易棉。在光绪年间,因大量洋纱入境,妇女趋便,以布易纱"。[①] 这就对自给自足的自然经济产生了一定

[①] 民国《玉溪县志》,转引自张保华:《云南近代的商业发展》,载氏著《历史与文化散论》,人民出版社,2006 年。

冲击,即使是传统经济的发展也开始越来越离不开市场。如果说"从传统经济向市场经济的转变过程实即经济现代化或近代化的过程",①那么,云南现代化的真正起步应该从这个时候算起。

出口商品当中,锡作为工业原料国外市场需求量大,云南锡出口量逐年递增。受此影响,以锡为主的矿业就成为云南经济现代化进程中的主导产业部门。而在这一过程中,政府起到了主导性的作用,同时商人及其团体的力量虽然不能与政府相提并论,但所起的作用也不容忽视。

自开埠以来,云南也逐渐被纳入资本主义世界市场体系,进出口贸易受世界市场的影响而变化,但由于云南在锡等工业原料出口方面具有得天独厚的优势,使云南的进出口贸易始终能在全国占有一定的份额。同时,又由于云南经济发展极度落后,出口方面,除锡等资源外缺乏其他的出口产品;进口方面,云南也没有足以吸纳大量进口洋货的广阔市场。因此,进出口贸易又一直难有大的突破,尽管在全国能占有一定的份额,但所占比例又极微小(见表5-20)。这或许可以在一定程度上反映出,云南虽在1880年代末开始了现代化的进程,但发展得很缓慢,现代化的程度也应该比较有限。

表5-20 云南进出口货价占全国进出口货价比(1912—1923)　　(单位:两)

事项 年度	进口			出口		
	全国净数	云南净数	云南占全国百分比	全国净数	云南净数	云南占全国百分比
1912	4 730 970 321	9 765 966	2	370 520 403	12 573 069	3.4
1913	570 162 557	11 199 334	2	403 305 546	2 835 907	2.9
1914	569 241 382	10 009 346	1.8	356 226 629	8 978 564	2.5
1915	454 471 719	7 748 938	1.7	418 861 164	10 589 205	2.5
1915	516 406 995	7 441 705	1.4	481 797 366	10 041 917	2.1
1917	549 518 774	8 302 500	1.5	462 931 630	13 689 801	3
1918	554 893 082	11 763 175	2.1	485 883 031	12 855 784	2.7
1919	646 997 681	12 217 868	1.9	630 809 411	11 949 010	1.7
1920	762 250 230	13 929 381	1.8	541 631 300	13 918 806	2.6
1921	906 122 439	14 151 983	1.6	601 255 537	9 126 893	1.5
1922	954 049 650	15 388 660	1.6	654 891 933	10 807 363	1.7
1923	923 402 887	16 174 381	1.8	752 917 416	10 622 022	1.4

(资料来源:云南省公署枢要处第四课编:《云南对外贸易近况》,1926年石印本。)

---

① 吴承明:《中国的现代化:市场与社会》,三联书店,2001年,第26页。

第四节　金融业

不论典当、钱庄、票号等传统金融行业,还是银行、证券等现代金融行业都应属于近代云南金融业的范畴。传统金融行业与现代金融行业虽然有比较明显的阶段性,但又不是现代金融甫一出现即取代传统金融,而是在一定时期内并存的。

一、典　　当

典当业具有非常悠久的历史,是传统金融业的重要组成部分,在现代社会,典当业依附于现代金融业中的银行业、证券业等,在现代金融业中处于从属或补充的地位。典当业一度曾是近代云南金融业最为重要的组成部分,当铺数量多,分布广。早在近代前夕即嘉庆时期(1796—1820),云南全省典当铺已达500多家,而至清末时仅昆明一地即有兴文、聚华、兴顺、悦来、长春、顺庆、天顺、永裕、瑞丰、长美、同盛、聚宝、协盛、元顺等16家当铺。①

具体地说,典当的业务有典、当、质、押4种之分。其中,典的资本最大,利息最轻,押值最高;当次之;质又次之;押则与此相反。此外,还有代当,"多设于乡曲小邑"。各当铺一般设管事(经理)一名,总领当铺一切事物;下设"内缺"和"外缺"各数名,内缺即管理人员,分管包、保管、出纳、会计4项业务,外缺即营业人员,主要工作为跑街、办理业务、调查联系业务等。除此之外,又有学徒若干,所做工作有清票、写票、卷包、挂牌等。②

据载,1840年以来成立的云南省商会当户有16家,资本规模大者一二万两白银,小者一二千两,雇工多者十数人,少者三四人,尽管规模各有大小,但当铺货物销路都存在"销路滞塞并不盛旺"的情况,③在一定程度上反映出近代云南典当业受整个社会经济发展的制约,经营状况并不乐观,而这或许也正说明传统金融业在近代云南正在趋于衰落。

二、票号和钱庄

票号办理汇兑业务,与商业银行相似。云南之有票号,始于山西平遥商人在昆明设立的百川通、宝丰隆分号。云南本省人设立的商号则以同庆丰最为出名,号称"南帮中杰出票号,与三晋巨商相驰逐,几等而上之"。同治十一、十二年(1872、1873)间,弥勒县虹溪镇人王炽创立同庆丰于昆明,后随事业的逐渐推广,在省内外设立分号十余家,省内有大理、保山、思茅、蒙自、个旧、东川、昭通、曲靖等,省外则有北京、上海、成都、重庆、贵阳、汉口、南京、常州、广州、香港、海防等,总号有资本

---
① 李珪主编:《云南近代经济史》,第179页。
② 《新纂云南通志》卷一四四,商业考二。
③ 李珪主编:《云南近代经济史》,第181—185页。

十万两,北京分号三万两,其余各一万两。其他商号也有兼营汇兑业务的,如玉溪马勋臣所设兴顺和号,在经营银、锡、普洱茶、山货之外,兼营汇兑业务,分号设于成都、汉口、香港、景迈、个旧、蒙自等处,合股资本四万元。汇兑有票汇、电汇两种,而以票汇为多。①

钱庄大致是随票号的衰落而兴起的,其主要业务为存款、放款、贴现及汇兑。近代云南的钱庄,以昆明较为发达,其他地方"大都规模简单"。②据统计,昆明的钱庄加上换钱的铺子曾有142户,盛极一时。③

但是,随着银行的相继设立,凡属票号、钱庄业务渐归银行办理,于是票号、钱庄归于衰落。民国时,云南曾有溥源、永和益、裕亨、亨利、恒兴裕、源通、建利、光明、汇利等数家钱庄,但大多资本有限,仅以万湘澄所认为之最为值得一提的溥源、永和益两家钱庄,④其资本分别为四万元和十万元,都不算很大,即便如此,溥源钱庄"至民国十二年,因营业亏折,放款难收,宣告倒闭",永和益钱庄"嗣因营业不振,民国十四年停业,改组为盐号"。⑤

三、银　　行

银行业是现代金融业最为重要的组成部分,近代云南的银行,有国家银行设立在云南的分行、云南地方设立的银行和外省银行在云南设立的分行、外国银行等几种。⑥

(一) 国家银行分行

近代,国立银行或国家特许设立的银行,在云南开设分行者有以下几家。

大清银行云南分行:大清银行是中国最早的官立银行,大清银行云南分行则是云南最早的官立银行。光绪三十年(1904)正月,户部奏请试办银行,同年三月,"奏定户部银行章程,先备资本银四百万两,组织成立"。光绪三十四年(1908)正月,度支部奏定大清银行则例,并谓户部银行为中央银行,又称"今户部已改称为度支部,拟改银行之名曰'大清银行'"。资本除户部银行原有四百万两外,又添招六百万两,合共一千万两。规定设总行于北京,在沿海、沿江贸易繁盛之区,以及各府、厅、州、县设立分行分号。宣统元年(1909),该行在昆明设立分行。1912年,民国政府清理大清银行,由财政部另拨资本,改组为中国银行,大清银行云南分行因此撤销停业。

中国银行云南分行:中国银行成立于1913年,为股份制银行,资本总额定为六

---

① 《新纂云南通志》卷一四四,商业考二;李珪主编:《云南近代经济史》,第186—187页。
② 《新纂云南通志》卷一四四,商业考二。
③ 李珪主编:《云南近代经济史》,第189页。
④ 万湘澄:《云南对外贸易概观》,第231页。
⑤ 《续云南通志长编》(中册),第702页。
⑥ 以下所述《新纂云南通志》卷一四四,商业考二、《续云南通志长编》(中册),第696—710页,万湘澄:《云南对外贸易概观》,第217—230页。

千万元,除经营一般银行业务外,有发行兑换券的特权,并受政府委托,经理国库及募集或偿还公债等事务,具中央银行的性质。其总行设于北京,遍设分行于各省省会和重要商埠。该行于1915年在昆明设立分行,但仅仅一年之后,在护国运动中,就被查封歇业了。

中央银行昆明分行:中央银行是具有发行特权,代理国库的国家银行,初于1924年在广州成立。1927年,国民政府颁布中央银行条例,明定:中央银行为特定国家银行,由国民政府设置经营之,设筹备处于上海。1928年,中央银行条例、中央银行章程先后经国民政府会议通过,该行遂正式成立。该行昆明分行成立于1937年12月,其资金无定额,视业务需要随时由总行增减。1939年7月,成立下关支行;1930年3月,成立蒙自支行,1941年11月,成立文山办事处;1944年3月,成立保山办事处。昆明分行是一等分行,并不放款,虽经营汇兑和接收存款,但非主业,其主要业务是代理国库和推行法币。

中国银行昆明分行:自1928年中央银行成立后,中国银行已失去固有的地位,因而改定条例,将总管理处移设上海,同时加入官股五百万元,经政府特许,定为国际汇兑银行,并受政府委托代理发行海外公债,经理政府存在国外的各种公款,发展海外贸易,代理一部分国库业务,仍有发行兑换券的特权。该行昆明分行成立于1938年11月,资金无定额。以后陆续在昆明马街、楚雄、云南驿、下关、保山、腾冲、丽江、开远、个旧、曲靖、沾益、会泽、昭通等处设立支行或办事处,办理汇兑业务。

交通银行昆明分行:光绪三十四年(1908)11月,邮传部奏设交通银行,设总行于北京,设分行于交通便利各埠。该行虽说纯用商业银行办法,但章程中规定的业务,如经理轮路电邮款项、代办京汉赎路债票股票等,实兼有国家银行和实业银行的性质。1928年中国银行新条例颁布后,国民政府接着公布了交通银行新条例,规定:"交通银行,经国民政府之特许,为发展全国实业之银行。"其特权为代理公共实业机关发行债票,代理交通事业的公款出入,办理其他发展实业事项,经理一部分国库,发行兑换券,并明定设总行于上海。该行昆明分行成立于1939年2月,未设支行,在各地设立办事处5处。昆明分行的业务,除一般的存、放款、汇兑、押汇外,特别着重工业放款,以符合发展实业的宗旨。同时,因系发行行之一,也负有推行法币的任务。

中国农民银行昆明分行:中国农民银行的前身是豫鄂皖赣四省农民银行,1935年改名"中国农民银行",国民政府特许其主要职能是供给农民资金,复兴农村经济,促进农业生产的改良与进步。该行昆明分行成立于1938年5月,资金无定额,视业务需要随时由总行增减,以后陆续在蒙自、曲靖、下关、保山等处设办事处,在海口、沾益、宣威、建水等处设分理处。该行业务除经营普通银行的存款、储蓄、汇兑、贴现等业务外,最主要的是农业放款。同时,因其为发行行之一,同样地也负有推行法币的责任。

(二) 地方银行

所谓地方银行系指云南地方官商出资兴办的银行,故有官办、商办、官商合办之分。

云南地方银行当中影响地方经济社会最著者非富滇银行与富滇新银行莫属。

富滇银行创立于1912年,资本总额500万元,由省政府筹集。据该行章程规定,富滇银行直辖于云南省政府,而以调剂全省金融,奖励储蓄,扶助实业为主旨。其业务包括:各种存款;各种放款;省内外汇兑及跟单押汇;国库证券及商业妥实期票的贴现;依云南省政府之委任,命令办理国家及地方公债;兑换外国货币及买卖生金银;经收各种票据及保管贵重物品;依各种储蓄银行及劝业银行之办法,适宜于云南地方情形之营业。并规定在不妨碍营业的范围内,得依云南省政府的命令,筹付款项,以供财政之需要。该行设总行于昆明,设分行或汇兑处于蒙自、香港、个旧、文山、下关、腾冲、昭通、上海、建水、通海、石屏、玉溪、广南、河口、会泽、曲靖、楚雄、保山、丽江、姚安、云龙、开远、景东、墨江等处。该行因系省立银行,形成其优越地位,除经营一般银行业务外,代表云南省政府执行地方金融政策,统制外汇,发行钞票,代垫省款,"实滇省金融机关之中心也"。

富滇新银行系由富滇银行改组而来,成立于1932年,资本总额2000万元,由省政府筹集,并负无限责任。该行的主要任务,是秉承省政府依照兑换券条例,发行新滇币,收回旧滇币,划一币制,管理外汇,管制白银移动,以安定云南金融,发展云南经济。抗战前该行已设的分行有个旧、下关、昭通、上海等处,已设的办事处有河口、香港、南宁、宜宾、黑井区、罗平、曲靖等处。抗战爆发后,上海、南宁分行相继撤销,河口、香港、曲靖等处改设分行,并增办事处数十处。1939年,云南省政府敕令该行推广各县分行,于是该行拟将已经设置的分行、办事处、农贷会或农村贷款办事处的下关、个旧、昭通、宁洱、腾冲、丽江、会泽、顺宁、文山、昆明、呈贡、昆阳、晋宁、华宁、玉溪、宜良、澄江、开远、保山、宾川、大姚、楚雄、曲靖、佛海等24区,及已办农贷,但尚未设机关的蒙自、建水、石屏、峨山、河西、通海、曲溪、弥勒等10县局,共34县局的分行先行改组或筹设。截至1940年6月底,已成立或在筹备中的分行,有个旧、保山、曲靖、腾冲、文山、下关、楚雄、昭通、丽江、顺宁、开远、宁洱、元谋、路南、永胜、祥云、佛海、罗次、易门、双柏、宜良、武定、宾川、大姚、玉溪、通海、寻甸、景东、禄丰、芒市、河口、东川、嵩明、云龙、姚安、弥勒、邓川、罗平、黑井区、畹町等处。各分行股本为公开征集,系独立性质,不与总行资本及其他分行资本相联系。

近代云南地方官办银行,除上述富滇银行和富滇新银行外,还有兴文银行、劝业银行、实业银行等。

兴文银行系由兴文官银号改组而成,正式成立于1940年1月,隶属于云南省财政厅。资本总额为新滇币400万元,由财政厅筹集。总行设于昆明,设分行及办事处于个旧、佛海、昭通、腾冲、保山、龙陵、仰光、重庆、下关、会泽、上海、香港、宜宾、西昌、成都、文山、河口等处。其营业范围包括存放款、国内外汇兑、有价证券贴现、代理保管生金银及贵重物品、承办国家及地方债票等,同时还兼办仓库业务、商业储蓄业务、代理收解各种公款、代理省金库等。

劝业银行创设于1930年12月,设总行于昆明,分行于个旧。该行成立的动机,是因为1930年个旧锡商以金融枯竭,银根奇滞,请政府投资救济,政府鉴于个旧锡矿关系云南经济发展,所以决定从省库拨旧滇币一百万元创立劝业银行,隶属于农矿厅,以奖励农商,开发矿业为宗旨。当时,云南金融尚未发达,该行成立适合需要,昆明、个旧市面都受益不少。1935年8月,云南省政府为谋统一财政,令饬该行改隶财政厅。抗战以后,财政厅为健全该行基础起见,将该行基金拨足新滇币200万元,并将其内部作了一番调整,增设开远、易平浪、宣威等分行。

实业合作银行成立于1928年6月。1924年,云南省实业司开始筹备设立银行,以辅助促进云南实业的发展,初定银行名为"云南实业银行"。1928年6月,建设厅筹资新滇币12万元,后来扩充资本至50万元,改名"云南实业合作银行"。该行业务除吸收存款外,兼办小额借贷,以扶助工商、救济农村为主。

地方商办银行则有益华银行、昆明商业银行等。益华银行的前身是成立于1929年的益华银号,1939年改组益华银号为益华银行,所应汇兑及存款等业务,纯为商业性质。昆明商业银行成立于1941年,资金纯属私人集资,营业性质也纯为商业方面。该行自成立后,逐年增加设立分行,截至1945年,已成立下关、昭通、宜宾、桂林、贵阳等五个分行。此外,属于地方兴办而尤为特殊者有个碧铁路公司为调剂工程款项起见而于1918年创办的个碧铁路银行。该行曾先后发行兑换券400万元,流通于个旧、蒙自、建水、石屏、开远一带。1928年,政府勒令结束。

成立于1941年的矿业银行则为官商合办性质,系由官商合办的云南东川矿业公司和矿业银号递变而来,资本总额定为国币100万元。总行设于昆明,1942—1945年间先后设立下关、保山、丽江、腾冲、一平分行,及会泽、蒙自、通海、元谋、昆阳、巧家、盐丰、姚安、昭通等办事处。

此外,抗战爆发后,西南的经济地位大为提升,昆明成为大后方国际交通与对外贸易的要冲,许多外省银行纷纷来昆设立分行或办事处,约有二十多家。相对于国家银行,这些银行也属于地方银行的范畴。

(三)外商银行

近代云南的外商银行有法国东方汇理银行蒙自支行、昆明办事处和中法实业银行昆明分行。

法国东方汇理银行成立于1875年,总行设在巴黎,为法国各大银行的联合组织,也是法国经营越南的一个重要机关。1914年,东方汇理银行东京分行在蒙自开设支行,代蒙自滇越铁路公司收汇款项,并办理该公司法籍员工和其他法商的存放汇兑业务,同时负责吸收筑路时输入云南的越南银元运回越南。1918年,东方汇理银行蒙自支行在未经中国同意的情况下私自在昆明设立办事处。1921年,这一私自设立的办事处取得了正式身份,由东京分行直接委派法人为经理,开始营业。该行除收汇滇越铁路款项外,又取得了承汇并保管云南全省盐课、邮政收益和蒙自、思茅、腾越三海关关税的特权,对云南财政与经济影响甚大。

中法实业银行昆明分行成立于1918年,但是,一方面云南抵制该行,另一方面该行违法私运纸币入滇等,终使该行在成立仅三年后倒闭。即1921年10月法国通函称:"现因中法实业银行正在与法国各银行在巴黎商定改组事件,由各银行董事会决议,暂停营业。"但此暂停营业之后,再也没有恢复经营。

其他现代金融业还有保险、证券等,此不一一赘述,但也大致可以看出近代云南现代金融业发展的特点:一是起步晚,但发展速度快。云南最早的银行可以追溯到大清银行云南分行和云兴银行,[①]两行均成立于1909年,此后直至进入民国前的三年时间,云南也就只有这两家银行,而在进入民国后,不仅四大国家银行中、交、农均在滇设立分行,而且云南地方银行开始纷纷设立,特别是在抗战时期,在许多外省银行来滇设立分行、办事处的同时,在全省各县推广县银行,而在此期间,在云南成立保险公司及分公司办事处者达15家之多,从而建立起了一张遍及全省各县区的现代金融网络。二是昆明一直是近代云南金融业的中心。昆明不仅是全省范围内各种金融机构最为集中的地区,而且还是国家银行云南分行的驻在地,云南地方银行的总行也都设在昆明,在云南成立的各保险公司及公司办事处也基本上都设在昆明,都充分说明了昆明是全省金融的中心,也反映出昆明作为全省经济中心的地位。

[①] 云南省档案馆、云南省经济研究所合编:《云南近代金融档案史料选编》第一辑(上),1992年,第25—26页。

第六章　城乡市场

第一节　乡村集市

集市是乡村市场的基本形态,可能所有的市场皆从集市而来。"昔黄帝日中为市,令百姓交易而退,各得其所,而市之名以起。降及后世,商贾愈繁,设市愈盛,于是舟车捆载遍天下。中域省分,或名曰集,或名曰墟,或名曰场,或名曰庙会,惟云南则称以为街,总之皆市也。"① 在以自给自足为特征的自然经济社会里,乡村集市起着调剂余缺的作用,是自然经济得以存在和延续的重要条件。但在进入近代以后,随着自然经济的逐渐解体,乡村集市除其原有作用外,还起着将农村与城市联结起来的作用。也正是通过集市,才使得城市与农村的互动与联系日趋紧密,而乡村集市的这一职能转变,则反过来又进一步对自然经济起着侵蚀、瓦解的作用。

如本篇第一章所述,近代之前,云南的集市从市场的孕育和发育程度上看,可分为集会集市、常市和定期市三种类型。所谓集会集市,一种为庙会,如大理的"三月街";一种为一年一度的大型商品交易会,如丽江的"骡马会"。常市即常年开市,每日有集。这种集市只有在云南少数州县城市或较大城市才有。在云南,定期市有以十二地支属相命名者,如马街、狗街、猪街等,街名即表明了开市的日期,其交易周期为12天;有以旬为交易周期的,这其中又包括旬一日、旬二日、旬三日等不同周期形式;当然,也还有隔日逢集的,但这种隔日集并不是很多见。这几种集市类型在近代都延续了下来,其不同只在于交易的商品发生了些许的变化罢了,最为明显的一点是随着对外贸易的发展,以及国内和云南本地工业的发展,越来越多的外国商品和机制工业品在乡村集市上出现。如在1876年,为调查"马嘉理案"而曾到大理三月街的达文波尔就曾说:"当我们光顾街市时,唯一的外族人是来自维西和巴塘的'古宗仔'……他们带来自织的毛布求售,而换回食盐。我们看到的唯一的外国商品是洋红布,据说来自长江和广东,还有来自八莫的洋纱和欧洲制造的火柴。在市场上,有大量的当地药材和大批手织棉布,据说大黄出该省北边的丽江府。其他的则为普通的日常用品。"② 而随蒙自、思茅、腾越的开埠,无疑会有越来越多的外国商品出现在各地的乡村集市上。如在昭通各市集之上"滇货以洋纱、匹头为最盛",保山市集"花纱、洋布、洋杂则来自缅甸"等。③

要说近代云南集市发生的最大变化,则是更多的专业集市的出现。以上所说

---

① 刘毓珂:《永昌府志》卷一七,建制志,光绪十一年刊本。
② 彭泽益主编:《中国社会经济变迁》,中国财政经济出版社,1990年,第426页。
③ 《新纂云南通志》卷一四三,商业考一。

的"骡马会"当然属于专业集市的范畴,但在近代以前,像这样的专业集市毕竟是非常少的。进入近代以后,除了原有的专业集市,又有不少的专业集市出现,如普洱、思茅的茶市,春季各地的烟市、花市,而在设市不久的绥江集市专业分工就非常明确:"猪市集于河街、沙坝,竹木设草河坝,木板集于神仙街。"① 大理城南15里的草帽街"六日一集,附近村民编草帽集市销售,因名"。② 巧家县蒙姑"主要营业为内地沙糖,凡沿江附近数百里多运往销售,东川、寻甸、嵩明、曲靖、平彝各地均有来此购运者,计年销数目常以千万闻",大寨"市面户口只百余家,而城中商号、分庄则在十家以上,缘此地出产丰富,农家多养肥猪,各商号即于此专买猪油运省销售",茂租"四山虫树成林,每至三、四月间,滇川虫商会集于此,多至数千余人,曰赶虫会"。③ 像这样的一些专业集市,因商而兴,已经朝着专业市镇的方向发展。

第二节 地区中转市场

传统社会的城市,虽然首先是一定地区范围内的政治中心,但也因其往往地处平原或盆地及交通要道,人口较多,物产丰富,经济活动频繁,而成为商业中心。作为市场,它与集市的区别主要在于:有固定的店铺,随时可以买卖商品;有手工业作坊和各种服务设施。在这里,有了专业的商人,他们或为坐贾,就地开店,或为行商,贸迁于各城市之间以及城市与乡村之间。在这里,一般有这样一些商业机构:钱庄、当铺,除向农民、城市居民放高利贷外,也向商人提供银钱兑换或个人信用贷款;货栈、客店,为来往客商提供方便,甚至替客商代销、代购货物;牙行,这是较大的城市才拥有的经纪商机构,一般作为大宗交易的中介人。④

一般而言,一个城市的商业地位大致与其在行政层级中所处的地位相当,县级城市的商业地位低于府级城市,府级城市则又低于省会城市。但是,由于各个城市所处地理位置、经济发展状况的不同,以及人口的多寡和消费能力的大小,又不完全如此。有的城市只是其行政所辖下的商业中心,有的则是更大地区范围内的商业中心即地区中转市场。有的城市很早就成为地区中转市场,并延续下来,有的地区中转市场因经济环境的变化而衰落,或为新起的地区中转市场替代。

近代云南的地区中转市场,在1889年以前,有昆明、大理、思茅、昭通、通海、广西州等,这基本上是对近代以前云南地区中转市场的延续。但是,随着蒙自、思茅、腾越等口岸的开放,其中的一些中转市场失去了其原有的地位。如大理,因其地处滇缅要路和茶马古道交汇地,凡川货西出缅甸,茶叶北上藏区,藏区药材杂货南下,缅甸棉花、宝石、珠玉等都必经此地,并以此为集散市场,曾一度成为滇西地区最为

---

① 《新纂云南通志》卷一四三,商业考一。
② 周宗麟:《大理县志稿》卷三,建设部,1916年铅字重印本。
③ 汤祚:《巧家县志》卷七。
④ 彭泽益主编:《中国社会经济变迁》,第428—429页。

重要的商业中心。仅距大理30里的下关,原非商业重地,在清雍正(1723)之前,尚无商号出现。但因其地控扼滇西和大理的交通,元明以来官府着力经营,下关逐渐成为滇西的商业交通要道,陆续有商人定居于此开设堆店和商号,专门从事商业活动,然而,下关毕竟还不能与大理并驾齐驱。但在云南本省口岸特别是腾越开埠后,下关的区位优势进一步凸显,"自康、川土产货物运缅销售者,均由西昌、会理,经永仁、宾川而抵下关,再转运至八莫;由缅甸或滇西运入川、康货物,亦取道于此,由下关至会理、西昌",①使得下关市场成为"大理一带分派之中枢",②"为腾越洋货分派之一大中枢"。③下关由此替代大理成为滇西的商业中心。再如广西州,"蒙自未开关前,滇桂交通以为必经之地,广商之集此者甚众,迨蒙自开关后,逐渐衰落矣"。④与此同时,随着对法越贸易的发展,蒙自市场在滇南地区的地位越来越重要,特别是在其开埠后,作为海关所在地,云南进出口货物的80%左右均在此集散,不仅成为滇南地区的商业中心,而且成为辐射大半个云南的商业中心。此外,昭通作为滇东北地区商业中心的地位延续了下来。昭通为滇东北之门户,向为滇东北地区商业中心,对此,《新纂云南通志》就说:"三迤各地有虽未开商埠,而以交通发达、商旅荟集之区,亦形成较大商埠者。迤东则有昭通,地当滇、川、黔三省之交,邻属商品人抵以此为集散市场外,对四川贸易亦颇繁盛。"⑤当然,尤须赘述的是,昆明作为云南省会,以其政治优势和地处滇池盆地、经济相对发达的区位优势,毫无疑问是滇中地区的商业中心。而需要说明的是,蒙自开埠前,滇缅贸易是云南对外贸易最为重要的组成部分,而腾冲以其"为出缅门户"的地理优势,⑥成为云南对缅贸易最为重要的商品集散中心。对此,《腾越乡土志·商务篇》记载道:"海禁未开,凡闽粤各商,贩运珠宝、玉石、琥珀、象牙、燕窝、犀角、鹿茸、爵香、熊胆,一切缅货,皆由陆路而行,必须过腾越,其时商务称繁盛。"蒙自开埠后,云南对外贸易当中滇港贸易开始居于滇缅贸易之上,腾冲的地位由此有所下降,但是,对缅贸易仍以腾冲为主要门户,所以腾冲依然是滇西地区重要的商业中心之一。

如此,随着云南本省口岸的开放和长途贸易的发展,在昆明没有开埠和滇越铁路未通之前,云南形成了这样的中转市场格局:滇西以下关、腾冲为商业中心,滇中以昆明为商业中心,滇南以蒙自为商业中心,滇东北则以昭通为商业中心。各地区商业中心之间虽不能说没有联系,但彼此的联系不是很紧密,这也诚如施坚雅所说"在这个高原上,一个较完善的一体化城市体系的出现是在帝国结束以后的事情"的那样,⑦云南全省统一市场的形成应该是在进入20世纪以后的事。

---

① 《新纂云南通志》卷五六,交通考一。
② 《中华民国二年腾越口华洋贸易情形略》,《中国旧海关史料》第62册,第815页。
③ 《中华民国三年腾越口华洋贸易情形略》,《中国旧海关史料》第66册,第169页。
④ 《新纂云南通志》卷一四三,商业考一。
⑤ 《新纂云南通志》卷一四三,商业考一。
⑥ 赵端礼:《腾越厅志》卷二,形势,光绪十三年刊本。
⑦ (美)施坚雅著,王旭等译:《中国封建社会晚期城市研究——施坚雅模式》,第85页。

第三节　以昆明为中心的全省统一市场的形成及其发展

《新纂云南通志》在论及云南省际贸易时说:"云南省际贸易之途径,迤东一带与川黔交往频繁,而以昭通、曲靖为货物聚散之中心;迤南一带则与两广、上海交易,而以蒙自、个旧为货物聚散之中心;迤西一带与康藏发生交易,而以下关、丽江为货物聚散之中心;全省复以昆明为出纳之总枢纽。"①《新纂云南通志》记载的时间下限是1911年,这说明在此之前昆明应已成为全省的商业中心,全省统一市场已经形成了。以昆明为中心的全省统一市场的形成是各地区相对封闭的市场圈被打破的结果,也是昆明经济实力和经济辐射力增强的结果。前者主要源于蒙自、思茅、腾越等口岸开放后,对外贸易的发展促使云南各地区间经济往来的日趋紧密,后者则主要受益于昆明作为自开口岸的开放和滇越铁路的通车。

"云南毗邻缅、越,为西南边防重镇,亦为西南国际贸易要冲,故川、黔、桂等省货物,皆以云南为转运之枢纽",②蒙自、思茅、腾越等口岸开放后,云南的这一区位优势得到充分发挥,"云南自开关以后,对外贸易为划时代之转变,贸易日趋发达,而国际贸易亦于此日趋繁荣",③来自于云南以及周边地区的大量土货经云南口岸出口,大量进口货物经云南口岸输入到云南内地及周边地区。对外贸易的发展大大推动了各地之间的经济往来,使各个相对封闭的地区市场趋向瓦解。以进口而言,1890—1896年间,领子口税单经蒙自运入内地货物的销地已包括云南绝大多数地区,像距离蒙自较为遥远的滇西北的丽江府、滇西的大理府、永昌府等均销纳不少来自蒙自的洋货,滇东北的昭通府每年也均有洋货从蒙自运入;思茅开埠后,虽然其贸易辐射范围比较有限,但也有货物主要是杂货运入离蒙自较近的广西州;腾越开埠后,几乎每年都有相当数量的货物运入向为蒙自进口货物主要销纳地之一的云南府。④这说明,口岸开放后,各口岸与云南内地的贸易联系已经在一定程度上突破了距离的限制,各地区之间的商品流动与物资交流正在变得越来越频繁,各地之间的经济联系日趋紧密,全省统一市场趋于形成。

昆明自行开埠与滇越铁路通车在改变云南的口岸格局与交通布局的同时,最为主要的一点则是极大地促进了昆明城市的成长。"自滇越铁路通车以来,四方云集,人烟辐辏,昔日街市,大都阻碍,于是筹设市政,整饬街容。塞者通之,狭者宽之,坑陷予以平夷,交通遂称便利",⑤"自铁路开通以来,凡骡马驮运洋纱、煤油、杂货等件销于本出(昆明)者迄今绝少,但运货行人甚为便益,省城两广街不久必将筑阔,藉通东洋车。南门街系一干路,所有旧坏房屋已有拆毁,为建立大清银行之地。

---

① 《新纂云南通志》卷一四四,商业考二。
② 《新纂云南通志》卷一四四,商业考二。
③ 《新纂云南通志》卷一四四,商业考二。
④ 参张永帅博士毕业论文《近代云南的开埠与口岸贸易研究(1889—1937)》第四章第二节。
⑤ 《续云南通志长编》(中册),第928页。

各处建筑美大房屋,开设店铺以壮观瞻"。① 昆明未开埠和滇越铁路通车前,昆明市场上的商品除一部分来自省外和本省其他地方外,更多的是自给,洋货所占比例较小,在一定程度上反映出昆明市场的封闭性较强。昆明开埠和滇越铁路通车后,昆明市场上商品来源大为改变,"欧美世界之舶来品,无不纷至还(沓)来,炫耀夺目,陈列于市",中外客商纷纷涌至昆明,开商号、设货栈,昆明商业快速成长。② 与此同时,昆明开埠"促进了云南近代工商业、金融业的兴起,加快了昆明的城市发展……1910年滇越铁路通车以后,逐步形成了以昆明为中心,沿滇越铁路两侧辐射的对外开放格局"。③昆明市场的开放性大为增强,昆明市场的辐射面远远超出了其原有的空间范围,以昆明为中心的全省统一市场开始形成。

作为区域市场的中心,必须是这样一个地方:交通便利,为各条道路的交汇点;位置适中,贸易腹地较大,为全省商品集散的中心;金融机构相对健全,为区域内的金融中心;生产与消费能力居全省之首。④ 通过本篇前几章的相关内容,可以看出,这些条件,在清朝结束时,昆明基本上都已经具备了。此时,昆明作为全省商业中心的地位可以说已经得到了确立,全省统一市场由此形成了。

《续云南通志长编》在述及云南市场时说:"云南区域广袤,在交通不便之地,仍保持以前赶场之习惯。县城较大者有商号二三十家,或少至五六家。除圩期外,并不若何繁盛。在抗战以前,省内较大商场唯昆明、蒙自、腾冲、思茅、下关、昭通、个旧等处。军兴而后,沿滇缅路一带均顿增繁荣,唯仍以昆明为货物集散之集中区域。"⑤说明昆明作为全省商业中心的地位不仅没有改变,而且得到了进一步的加强。有论者指出:"1937—1945年是昆明近代史上商业最为繁荣的时期,无论在其内涵与意义上,都给昆明的城市化以显著的影响,使昆明在云南全省和西南地区的经济作用进一步强化和加强。"⑥此论甚确。1945—1949年间,云南经济衰退,昆明亦然,但以其原有的基础和积累,昆明作为全省商业中心的地位得到保持,并一直持续到现在。

---

① 《宣统二年蒙自口华洋贸易情形论略》,《中国旧海关史料》第53册,第485页。
② 谢本书、李江主编:《近代昆明城市史》,云南大学出版社,1997年,第104—105页。
③ 云南省档案馆编:《清末民初的云南社会》,云南人民出版社,2005年,第36页。
④ 王福明:《近代云南区域市场初探(1875—1911)》,《中国经济史研究》1990年第2期。
⑤ 《续云南通志长编》(下册),第542页。
⑥ 谢本书、李江主编:《近代昆明城市史》,云南大学出版社,1997年,第221页。

第七章 总结

第一节 近代云南在西南和全国的经济地位

研究近代云南经济的发展，不应就云南而云南。否则，若只是通过这种纵向的比较，从时间上描述近代云南经济所呈现的一般状况以及发生的一系列变化，或许我们只能对近代云南经济是"发展"或是"不发展"及其发展程度如何作出评价。而如果在注重纵向比较的同时，通过横向的比较，从区域的视角出发，对其在西南地区和全国的地位作出一个基本的评价，才有可能在一定程度上对近代云南经济的发展水平作出一个较为全面的评估。

不可否认，在一些方面，近代云南经济的发展是领先于西南地区甚至全国的，如石龙坝水电站我国是最早的水电站，滇越铁路是我国最早的跨国铁路之一，昆明不仅是全国较早开放的"自开口岸"之一，而且是西南地区最早开放的"自开口岸"，等等，但是，凡此种种基本上还都只是属于相应经济部门的某一或某几方面，因此，要想对近代云南在西南和全国的经济地位作出一个基本的评价，有必要对近代云南各部门经济的发展状况在西南和全国的地位先作一番简单的考察。

通过本篇第二章的论述，我们知道，近代云南的农业与近代之前相比，是有所发展的，尽管是非直线性的发展。而将这种发展置于西南地区和全国来看，以粮食为例，如果单从产量来看，云南粮食作物的产出似乎在全国还具有一席之地，在西南地区则显得还比较重要，但从生产率来看，近代云南的农业开发特别是粮食生产显然落后全国许多地方，全省所产粮食甚至一度不能自给；农作物种植结构单一，商品化率低下，也都说明近代云南的农业并没有得到充分的发展。在西南地区，虽总体上比贵州及康、藏略有胜出，但远不及四川，在全国，其地位自然更为低下。

通过本篇第三章的论述，我们知道，近代云南工业与近代之前相比，可谓天壤之别，现代工业的发展从无到有，从小到大，甚至可以以突飞猛进来形容。但如前面已经提到的那样，在1948年经济部全国经济调查委员会对近20个城市的工业统计中，昆明的工厂数量仅比兰州多，合于工厂法者尚不足一半，而昆明为云南现代工业最为集中的城市，云南工业在全国的地位由此可见一斑。

我们知道，抗战期间是云南工业发展最快时期，而其原因之一是大批工业企业的内迁。但如蒋君所说："西南工业最雄伟的生力军，莫过于内迁的工厂，抗战发生后，战区或迫近战区有沦为战区可能的这些地方的工厂，在政府的督促指导和帮助之下，纷向内地迁移，其目的地为四川、贵州、广西、云南、陕西等省，以交通关系，迁至四川的特别多"，"次为入湘，再次为陕、桂，入黔、滇者甚少"，而"入湘之厂，经武汉沦陷及长沙大火后,分入湘西及广西"。① 抗战时期的云南工业在大后方各省区当中应该是落后于川、桂、陕等省的,在西南也只是比黔、藏发达,而远远落后于四川。但就总体来看,云南工业在西南省区当中一直保持着第二的位置,当是没有疑问的。

就本篇第五章的内容,我们知道,近代云南的商业与贸易可以说是获得了空前的发展,不仅在国内与较多的省有着较为密切的贸易往来,而且对外贸易快速发展。但是,其国内贸易对象还是主要局限在长江以南地区,并以西南地区为最主要的贸易区域。对外贸易的增长是在剧烈的波动中实现的,说明其增长并非一帆风顺;而且对外贸易的商品结构非常单一,出口商品几乎全为土特产品,进口商品属于生产性商品者较少,说明云南对外贸易总体上还是处于较低的层次;对外贸易量所占全国的比重常在2%左右,说明云南对外贸易在全国的地位还是比较低的,当然,在整个西南对外贸易当中,云南还是占有很高比重的,以1936年为例,西南地区的重庆、万县、蒙自、思茅、腾越、梧州、南宁、龙州八个海关进出口总值共计约6166万元,其中云南三关计3802万元,占八关总值的61.7%,可谓是独占鳌头。②

综上所述,我们认为,从横向比较来看,云南虽然在包括四川、云南、贵州、西藏等四省区的西南地区可谓是仅次于四川,但毕竟与四川的差距还是比较大的;而其在全国的地位,应该说还是非常靠后的。这也就是说,近代云南经济虽然有了长足的发展,但与近代前夕相比,还是没有摘掉作为经济落后省份的这顶帽子。

第二节 近代云南经济发展的时空特点

一、明显的阶段性

近代时期虽然仅仅100余年的时间,但将这100多年历史的发展无论置于全国任何一个地区,或许都会体现出明显的阶段性特征,而据此则可以将这100多年划分为几个不同的时段,每一个时段都具有其鲜明的时代特征。当然,不同的地区的这种阶段性应该是不同的。这也就是说,近代经济发展的阶段性特征是各个地区所共有的,但究其具体内容,又是各不相同的。在本篇第一章里,我们已经从经济变迁与现代化的历程这一视角,将近代云南经济发展的过程划分成了四个阶段,这就在一定程度上说明了近代云南经济发展过程中的"时间性"特征,在接下来的几章各部门经济发展的论述中也都对这种阶段性有相应的反映。下面,我们对近代云南经济发展的这一"时间性"特征再稍作阐述与归纳。

---

① 蒋君章:《西南经济地理》,第261—262页。
② 周天豹、凌承学:《抗日战争时期西南经济发展概述》,西南师范大学出版社,1988年,第281—282页。

如果说现代化的艰难进程是中国近代史的主线索的话,①那么,一个地区真正意义上的市场化(包含工业化)发端于何时即意味着这个地区的近代经济史开始于何时。②

云南现代工业发端于1884年云贵总督岑毓英创设的云南机器局,但是机器局属于军工业,以为政府生产武器为主,与市场的联系并不紧密。即使以此作为云南工业化开始的标志,与全国工业化的发端相比,也还是晚了数十年。一般认为洋务运动开启了中国工业化的进程,"19世纪六十年代初期中国真正感受到了西方的军事优势,以军事为内容的洋务运动被当成解决国内问题和对外问题的办法",③而中国近代工业正是从武器的近代化开始的,④"洋务运动,正是这样使中国工业化的经济过程同封建自救的政治内容结下了不解之缘,成为同一过程两个并行不悖的侧面"。⑤ 洋务运动的30余年间,以创办于1861年的安庆内军械所为发端,清政府先后兴办了19家军工企业,其中包括率先在1867年于天津创办然后相继在各省兴办的机器局,⑥由此观之,云南工业化的开始比全国整整晚了23年,云南机器局也比我国第一家机器局的创办晚了17年。

除了机器局外,直至19世纪八十年代末,云南几乎没有其他近代工业企业创立,何况就连机器局也是到了1908年才具备了一定的规模,"自是器具略具,厂房宏阔,月出笔码十二三万件,并能搭造军刀、军械等件"。⑦ 因此,我们认为云南机器局的产生虽具有标志性意义,但因其几乎没有触动任何市场化的变化,并不能以此作为云南近代经济史的发端。换句话说,机器局的产生并没有真正开启云南经济从传统向现代转变的过程,这个时候的云南经济还是属于"近代云南经济史"的范畴,而不能当作"云南近代经济史"来理解。⑧ 那么,云南近代经济史开始于何时呢?

以往的研究往往局限于政治史的书写传统,在时间断限问题上简单地比照政治史的研究,以1840年作为云南近代经济史的开端,这是很成问题的。因为政治史的研究和经济史的研究虽难以割裂,但政治的发展和经济的变迁有其各自的规律和具体内涵,对云南这一边疆省份而言,1840年的鸦片战争实际并未引起云南社会经济的大变动,此后很长一段时间云南经济几乎完全还是"传统的"。我们认为,1889年云南第一个通商口岸——蒙自的开放是云南经济发展进入近代时期的标志,云南经济真正开始了由传统向现代的转变,此后的云南经济史可以以"云

---

① 吴松弟:《中国近代史的主线索和经济变迁的特点》,吴松弟、樊如森主编:《近代中国北方经济地理格局的演变》,人民出版社,2013年,第2—19页。
② 吴承明:《中国的现代化:市场与社会》,三联书店,2001年。
③ (美)费正清、肖赖尔著,陈仲丹等译:《中国:传统与变革》,江苏人民出版社,1992年,第315页。
④ (美)费维凯著,虞和平译:《中国早期工业化——盛宣怀(1844—1916)和官督商办企业》,中国社会科学出版社,2002年,第1—2页。
⑤ 陈庆德:《洋务运动的再认识》,《中国经济史研究》1995年第4期。
⑥ 孙毓棠编:《中国近代工业史资料》(第一辑 1840—1895,上册),科学出版社,1957年,第565—566页。
⑦ 《新纂云南通志》卷一三〇,军制考四。
⑧ "近代云南经济史"与"云南近代经济史"的区别主要在于前者的"近代"指的是时间,即近代时期,后者的"近代"与"现代"的意思相同,意为"近代性"或"现代性"。

近代经济史"来理解。这是因为：首先，近代中国经济的变迁及现代经济的产生是在外力推动下产生的，而外来先进生产力首先登陆的地方就是通商口岸，一个地区通商口岸的开放是该地区经济变迁和现代经济产生的重要条件；其次，在口岸开放这一前提下，进出口贸易是促使传统经济变迁的主导因素，受进出口贸易的推动作用，区域内经济的市场化与外向化产生或增强，对其传统的经济结构产生强烈的冲击，区域经济开始了由传统向现代转变的历程。

基于以上认识，则可以以1889年为界，将近代云南经济史分为两个大的时段，前一时段起于1840年，讫于1889年，后一时段则开始于1889年，结束于1949年。在前一时段内基本上还是传统经济的，而后一时段则是传统经济向现代经济转变的时期。

二、强烈的地域性

由于所处地理环境的特殊性，近代云南经济的发展表现出较为强烈的地域性：

一是高原山地为主，但又有坪坝、山谷相间的地形，地跨温带、亚热带、热带且干湿季分明、垂直特征鲜明的气候，以及水热条件的空间差异，使得云南农业发展的多样化特征非常突出，农产品的多样性与丰富性鲜有其他省区可以与之相比。

二是源于矿产资源的丰富与多样，云南矿业开发的历史不仅悠久，而且矿业开发在经济发展中的地位向来比较重要，而在近代时期，以锡矿为主导的矿业开发对云南经济的发展起到了空前重要的作用，以矿业在一省经济中所居之地位而言，在全国，恐怕是无出其右的。

三是云南虽然地处内陆边疆，但是随着蒙自、思茅、腾越等口岸的开放，从而作为近代中国沿边经济开放的重要组成部分，显著地区别于那些经济变迁因没有通商口岸而主要地依赖于沿海、沿江口岸辐射的贵州、陕西等内地省区，近代云南经济变迁主要是本省口岸推动的结果。

四是受地理位置、地形及交通的影响，传统时代的云南贸易的发展相对地呈现出对国内封闭、对国外开放的特征。[①] 但在蒙自、思茅、腾越等口岸开放后，伴随对外贸易的发展，云南不仅与西南地区其他省份的经济往来变得日益密切，而且通过香港的纽带作用建立起了与上海、江浙、两广等地区的经济联系，[②] 从而使得近代的云南与内地的经济往来开始密切起来，如果将此概括为对国外开放与对国内开放并举，对国外开放推动了对国内开放的话，那么显然是与全国绝大多数省区所不同的。

---

① 张永帅博士毕业论文《近代云南的开埠与口岸贸易研究(1889—1937)》，第15—16页。
② 详参郑友揆、韩启桐编：《中国埠际贸易统计(1936—1940)》，中国科学院，1951年。

三、发展水平的空间不平衡性突出

与近代之前相比,近代云南经济发展的空间不平衡虽然发生了一定的变化,但主要的方面还是基本保持了下来。

近代前夕,云南东部与西部经济发展水平的差异比较明显,伴随近代时期的发展,东部的经济发展水平虽然总体上还是领先于西部,但东部与西部的差异变得越来越不成为云南经济发展的主要差异。这是因为,近代云南经济的发展,不是某一部门经济的发展,而是各个部门的经济都或多或少地有了发展,而这样的发展显然是要打破简单的东部与西部的界限的。

伴随近代时期的发展,云南经济发展新形成的空间不平衡性主要有:一是通商口岸城市的经济发展显然要高于周边的非通商口岸城市,作为新兴起的地区经济中心,与以往或因是较为重要的政治中心而成为地区经济中心,或因地居交通要冲而成为地区经济中心的城市一样,成为全省经济变迁与发展的主要辐射源,与此相应地,距离这些城市较近,或与其经济往来较为密切的地区,经济的发展也相对要好一些;二是主要交通沿线,特别是滇越铁路等现代交通沿线地区,无论是经济变迁的速度,还是经济发展程度与水平,从总体上看,都明显高于其他地区,交通不便或距离主要交通线较远的地区,其经济发展水平则要相对落后一些;三是资源分布集中,特别是矿产资源分布集中的地区,因矿业的开发使得人口集中、城市发展、工业进步,经济得到较快发展,从而使其往往领先于那些资源贫乏或资源没有得到开发的地区。

在云南,境内虽无大型平原,但俗称为"坝子"的小型河谷冲积平原和盆地却广泛分布,这些平坝四周往往被山地、丘陵所包围,而一块平坝及其四周山区构成了一个相对独立的地理单元。近代前夕,坝区与山区由于自然条件的差异,正如本篇第一章所说,经济发展水平存在较为明显的差异。近代以来,山区经济得到了一定程度的发展,但是在农业生产方面,坝区人口集中、水利发达、土地开发深入,这些优越条件都是山区无法比拟的;坝区往往拥有比山区要好的工商业发展基础,而且几乎所有的城市都分布在一个个的坝区之中,因此,相对于山区,这里是接收来自于通商口岸经济辐射的主要地区,自然地,其经济变迁往往早于其周边的山区,而且发展水平也必然高于周边的山区。从这个意义上讲,与近代以前相比,坝区与山区经济发展的差异,在近代并没有发生根本的变化,只是具体的内容不同罢了。

根据李中清的研究,如果将云南府与澄江府归为经济中心区,把东川、大理、蒙化三府归为次经济中心区,把楚雄、广南、开化、临安、曲靖和武定六府归为近边缘区,把广西、景东、丽江、普洱、腾越、顺宁、永北、永宁归为边缘区的话,如本篇第一章所述,在近代之前,从中心区到边缘区,其经济发展水平大致呈现递减的态势。近代之前的云南经济几乎可以等同于农业经济,因而,这种中心区与边缘区经济发展水平上的差异,也就主要是农业经济发展水平的差异。近代时期,这种农业发展水平的中心与边缘的差异,受地理环境与历史基础的影响,应该没有发生多大变化;而近代工业、商业布局,乃至于交通的建设,如本篇以上几章的论述,大致也是越往中心地区越多,越往中心地区越密集,越往中心地区其发展水平越高,建设力度越大。这也就是说,近代时期,云南中心地区与边缘地区经济发展水平的差异,已不仅仅是农业发展水平的差异,而是包括了农业发展水平差异的整体的经济发展水平的差异。

第三节　近代云南经济发展的影响因素

一、口岸与交通条件

由于近代中国经济变迁的最初因素是由西方传入的,这就使得通商口岸在近代中国经济变迁与现代经济发展的早期扮演了十分重要的角色。这是因为,一方面中国所产土货需借助于通商口岸运销到国际市场上,外国输入的洋货亦需通过通商口岸转销于各地,进而使中国的广大地区逐步地纳入世界资本主义市场体系;另一方面,近代中国的工业化进程也往往是首先由通商口岸城市开始,然后逐步展开,通商口岸不仅起了先导和带动的作用,而且往往是工业化的重心地所在。

蒙自开放之前,随着第一次鸦片战争和第二次鸦片战争及与此相关的一系列不平等条约的签订,中国已经对外开放除香港之外的约 30 个通商口岸。除位于新疆的伊犁(1852 年开埠)、塔尔巴哈台(1852 年开埠)、喀什噶尔(1860 年开埠)等少数内陆和边疆口岸外,这些口岸大都地处东部,基本上形成了以东部沿海、沿江口岸为主的口岸体系。中国的对外贸易也形成以上海、天津(包括香港)等少数东部沿海口岸为龙头,以其他沿海、沿江口岸为主要节点,以相关交通运输线为连接,以埠际贸易为主要展开形式的口岸贸易网络。① 在这一口岸贸易网络中,广大的内陆地区,要么被基本排除在这一口岸贸易体系之外,依然以传统的民间贸易为对外贸易的主要形式,要么将本地所产土货通过层层转运,进入埠际贸易网络,从而或多或少地被纳入到口岸贸易网络之中。当然,绝大多数的内陆地方实际上这两种情况是兼而有之的,这其中尤以未开埠的边疆地区为甚。

蒙自开埠之前,英国和法国势力已开始深入与云南接壤的缅甸、老挝、越南等地,云南不可避免地与英法产生贸易,已开始与世界市场产生联系。如通过越南的贸易,红河已成为主要通道,所谓"滇南所产铜、铅、铁、锡、鸦片烟,取道红河出洋;各项洋货又取道红河入滇,愈行愈熟,已成通衢"。② 1889 年北海关贸易报告指出:

---
① 吴松弟:《中国近代经济地理格局形成机制与表现》,《史学月刊》2009 年第 8 期。
② 束世澂:《中法外交史》,商务印书馆,1929 年。

"光绪十年以前,安南未成法国属地之时,所有洋货运往云南省属之南及广西属之西,皆系经海防而去,运到老街、顺浪、芒街等处。"但是,由于云南本省没有开埠,不难想象,以上贸易必然受到很大限制,贸易规模应该相当有限。因此,云南的对外贸易一方面仍然以与邻近各国的直接贸易为主,另一方面云南土货进入世界市场和洋货进入云南也还需要借助于其他开放口岸的层层转运。而在这一转运过程中,云南不仅距离东部沿海、沿江口岸非常遥远,而且交通条件很差,因此,现代经济到达云南的时间远比东、中部地区晚,现代经济的规模与经济变迁的幅度也远落后于东、中部地区。

随着蒙自、思茅、腾越等口岸的相继开放,现代经济首先直接从这几个口岸城市登陆,然后向内地推移,从而在很大程度上改变了以上不利局面。受进出口贸易快速发展的推动,云南各地区的经济发生了程度不同的变化,传统经济受到冲击,现代经济出现并日益发展。云南近代经济的发展及近代云南经济之所以在全国特别是在西南地区能占有一定的地位,是与其拥有自己的通商口岸这一有利条件分不开的。云南内部各地经济发展水平的不平衡性的形成,是与各地距离蒙自等通商口岸的远近以及受这些口岸辐射力度的大小分不开的。

但是,近代中国绝大部分的进出口贸易都是通过沿海海关发生的,内地海关在全国贸易总额中占一定的份额,而沿边海关所占份额极其微小,[1]这就使得沿边口岸对周围地区的社会经济也就难有如东部口岸那般较明显的促进和带动效应。[2]近代云南经济虽不无发展,但总体依然落后,原因之一,就是蒙自、思茅、腾越等作为沿边口岸,对云南经济发展的促进与推动不足。

交通是影响区域经济发展的重要因素。按照区位理论,区域的绝对地理位置是固定不变的,但是随交通条件的变化,其相对地理位置会发生变化,交通便利性的提高意味着对外交往可能性的提高;随着交通条件的改善,各地之间的经济往来趋于便利,必然促进各地经济的一体化发展和区域经济整体发展水平的提高。"滇处岩疆,山谷险阻,行路之难,视蜀道且过之",[3]而在现代交通未兴之前,运输方式盖以马驮人背为主,极大地限制了云南省内各地之间以及云南与省外、国外经济的往来,严重制约着云南各地经济的发展。交通落后制约经济发展,交通的改善与现代交通的兴起则促进和推动经济的发展,如"阿迷水利称便,民多务农,在昔铁路未兴,工商业均不发达,自滇越铁路修通后,路当要冲,一切舶来品日新月异,工乃渐知改良,商则渐知远贩"。[4]富源以公路修通而使"近来交通比较便利,风气稍变,对

---

[1] 吴松弟主编:《中国百年经济拼图:港口城市及其腹地与中国现代化》,第10—13页。
[2] 戴鞍钢:《近代中国西部内陆边疆通商口岸论析》,《复旦学报》(社会科学版)2005年第4期。
[3] 《续云南通志长编》(中册),第947页。
[4] 阿迷劝学所:《征集地志编辑书》。转引自李珪主编:《云南近代经济史》,第125页。

于工、商等业也就开始注意了",县境经济面貌开始发生变化。①

各地交通基础的相异、现代交通布设与兴建的不同,是近代云南经济发展空间不平衡性形成的重要原因。交通基础好、有现代交通或为现代交通沿线地方,经济往往得到更快发展,否则,经济的发展大受制约,如滇越铁路通车后,铁路沿线的城镇昆明、呈贡、宜良、开远、碧色寨、河口等地商业开始迅速繁荣起来,②而远离滇越铁路、公路建设滞后的鹤庆到20世纪二十年代末到处还"都是山路,宽的去处,山也就是路,路也就是山,狭的去处,将将只容一马,一到雨天便难走死了","此路的难走,又无车可通,真是一言难尽了。商业因之不发达,文化也因此奚落"。③

二、地理环境与历史基础

地理环境的差异是造成各地经济生活差异、造成各地经济发展水平差异的重要原因,而历史基础作为经济变迁与现代经济生成、发展的前提与条件,又影响着各地经济发展的速度和程度。

近代的云南,经济发展相对较好的地区,首先是滇池区域和洱海区域,然后是各个面积大小不等的坝区,原因就在于这些地方地理环境优越,有着较为良好的历史开发基础。滇池和洱海流域地区,不仅土地平坦、水利发达、交通便利、人口集中,而且开发的历史悠久,长期为云南经济最为发达的地区,优越的地理环境和良好的开发基础使其成为近代经济行业较多、较快发展的地区;与山区相比,各个坝区,便于农业开发,工商业发展基础也较好,在新经济因素的促动下,也易于得到发展。同时,部分的山区、半山区因矿产资源丰富,到近代时,或已有较好的开发基础,或因矿而兴,也得到了发展。

各地因地理环境的差异,经长时间的历史积累,从而形成的带有地域特征的社会观念与社会风尚,也在影响和制约着各地经济的发展。如腾冲,因其"为全滇门户"、④"为出缅门户"⑤,以此地理优势,早在近代之前就已成为云南对缅贸易的必经之地,从而使当地人民形成了相对浓厚的经商氛围,"(永昌府内)经商者少,俱不善作贾……惟腾越较善经营(商业),故民户亦较裕"。⑥ 开埠后的腾冲,经济发展较快,市容改变不少,与腾冲拥有的这一商业氛围是不无关系的。据光绪《云南通志》的记载,那些位置偏僻、"地瘠民贫"的地区,几乎无一不是一派"民风尚朴俭,勤稼穑,市无奇巧之货,人鲜奢靡之行"的景象;那些位置适中,交通便利的地方则往往显现出一种"多习贸易,而少事耕织,服食交际不无奢靡耳"的面貌。与此相联系的

---

① 田曙岚:《滇东旅行记》(续),《云南日报》1936年10月3日第5版。转引自盛美真:《近代云南社会风尚变迁研究》,中国社会科学出版社,2011年,第175页。
② 田洪:《鸦片战争到辛亥革命时期云南境内商业述略》,云南经济研究所编:《云南近代经济史文集》,1988年。
③ 《如此的云南》,《新云南月刊》1929年第1期。转引自盛美真:《近代云南社会风尚变迁研究》,第169页。
④ 屠书濂:《腾越州志》卷二,疆域,光绪二十三年重刊本。
⑤ 赵端礼:《腾越厅志》卷二,形势。
⑥ 刘毓珂等:《永昌府志》卷八,风俗。

是,在近代,属于前者的各个地方大都经济发展缓慢,属于后者的各个地方大多经济发展较快,经济发展水平也较高。

近代以来,由于云南原有的经济基础较差,难以吸引较多和较大规模的国内外投资,而仅有的投资特别是来自国外的投资又长期集中在资源的开发上,对一般商业与工业的重视不够,从而限制了近代云南经济的发展。与此同时,正如况浩林所指出的那样,外国列强对少数民族地区的经济活动的关注程度,远不如对领土和政治控制的关心,而之所以如此,除了列强对中国领土和自然资源的野心外,少数民族地区经济落后,人口稀少,商品经济很不发达,工业投资难以取得较高的经济收益,也是原因之一。① 云南的情形也是如此,少数民族与边疆地区原有的经济基础是造成对其投资不足的重要原因,而投资的不足又反过来限制了边疆与民族地区的经济发展。

三、国内外形势与时局变化

如前所述,近代云南口岸的开放首先是不平等条约的产物,而近代云南经济的真正变迁也正是在本省口岸开放后发生的。1937—1945 年,云南经济得到空前的发展,主要原因是抗日战争爆发后,国内外形势发生巨大变化,云南由此成为抗战的大后方,成为中国对外交通的重要枢纽,中央与地方出于抗战的需要,加快、加大了对云南的投资与建设的步伐。但是,这种基于战时需要而进行的一系列建设,因为很少注意到地方长远的发展,因而,在战争结束后,云南经济一时之间陷入停顿。

近代 100 余年间,云南社会长期动荡、治安不良,窒碍经济发展。政权更迭、军阀混战、盗匪横行,经济发展难以正常进行,造成经济发展的波动无常,仅以对外贸易受政局与治安的影响而增速放慢,甚至出现倒退的情形,即不难看出时局对近代云南经济发展的影响。② 军阀政府出于满足其统治的需要制定的经济政策往往变动较大,进行的经济建设很少考虑到地方经济的长远发展,是近代云南经济在某些方面呈畸形发展的重要原因。

另外,自然灾害的发生也会影响经济的发展。如 1905—1907 年,云南发生先旱后涝的双重灾害,波及面非常广,受灾程度严重,造成大面积的饥荒,社会濒临崩溃的边缘,在很大程度上制约了云南经济的向前发展。③

---

① 况浩林:《中国近代少数民族经济史稿》,民族出版社,1992 年。
② 参张永帅博士毕业论文《近代云南的开埠与口岸贸易研究(1889—1937)》第五章第五节。
③ 杨煜达:《清代云南季风气候与天气灾害研究》,复旦大学出版社,2006 年,第 132—158 页。

贵州篇

第一章 自然与历史开发基础

第一节 自然地理与资源条件①

一、地 理 环 境

贵州省位于中国西南部,北邻四川,南接广西,东界湖南,西连云南,介于北纬24°30′—29°13′,东经103°31′—109°30′,东西长570公里,南北宽510公里,面积17.61万平方公里。

贵州地处贵州高原的主体部分,系介于四川盆地、广西丘陵间的亚热带喀斯特化高原。地势由西部、中部到东部呈梯级状大斜坡,再由中部向南、北倾斜降低。贵州高原平均海拔虽仅1100米左右,但北部的大娄山、东北部的武陵山、西部的乌蒙山及东南部的苗岭却在1500—2500米以上。贵州地貌不仅起伏大、切割强,且喀斯特广泛发育,地貌类型复杂,除了山地、丘陵、山原、丘原、高原、台地和盆地外,落水洞、暗河、伏流、天生桥、溶洞等分布亦较普遍,故有"地无三里平"之谚。

贵州东南部的苗岭是长江和珠江两流域的分水岭,以北属长江流域,以南属珠江流域。贵州河流数量较多,长度在10公里以上的河流有984条。受地形地势影响,乌江、北盘江、清水江、都柳江、㵲江等水系由西、中部向北、东、南呈帚状分流。贵州具有高原峡谷型地貌结构特征,导致水土资源分布上的不平衡。高原面为河流上游,谷宽流缓,地形较平坦,土层厚,田水高差小,耕地集中连片,但水量常不足。山地峡谷区是河流中、下游,坡降大,谷窄流急,水资源丰富,但地形起伏,田高水低,耕地分散,利用不便。

贵州冬无严寒,夏无酷暑,大部分地区年均温为14—16℃,最冷月1月均温多不低于5℃,最热月7月多在25℃以下。降水丰富,年降水量一般1100—1400毫米,热量较充足,无霜期长达270天以上,且雨热同季,利于植物生长。因地形和纬度等因素的影响,导致省内气候从东到西,从南到北,从低到高的明显变化,形成了多种气候类型,为农业综合发展、多种经营创造了优越的气候条件。但因雨日多达160天,相对湿度常达80%,日照仅1200—1500小时,日照率不足25%—30%,故有"天无三日晴"之谚,对喜光作物不利。又因雨量月变率大,也会出现干旱。

贵州植被属中亚热带常绿阔叶林,发育红壤、黄壤。植物区系成分复杂,植被类型多样,具有东西和南北过渡特征。东部湿性常绿阔叶林,常见有大叶锥栗、甜

---

① 本部分主要参考《中国大百科全书·中国地理》中"贵州省"和"贵州高原"词条,第191—197页。

栲、香樟、木荷及针叶树马尾松等。西部干性常绿阔叶林,常见有滇青冈、滇锥栗、元江栲、滇黄栌、云南樟、西南木荷及针叶的云南松、滇油杉、滇柏与威宁短柱油茶等。同时,贵州植被还具有一定的垂直分带性。如黔东北的梵净山便有5个分带:500—1300米为常绿阔叶林红壤黄壤带;1300—1800米为常绿阔叶、落叶混交林山地黄棕壤带;1800—2100米为落叶、阔叶林山地黄棕壤带;2100—2350米为亚高山针叶林灰棕壤带;2350米以上为矮林灌丛草甸土带。

在中国综合自然区划中,贵州省属中亚热带贵州高原常绿阔叶林区。包括5个亚区:南部低山盆谷亚区,贵州南部海拔约500—900米地区,以低山、丘陵河谷盆地为主,热量丰富,基本无霜,年可三熟;东部山地丘陵亚区,贵州东部以低山、丘陵为主地区,热量足,降水丰富,农作物年可二至三熟,为省内主要林区;西部高原中山峡谷亚区,西部高原山地海拔1800—2600米地区,高原面保存良好,地形平缓,牧草茂盛,为省内温凉气候区;中部丘原亚区,贵州高原的主体海拔1000—1400米,高原面上丘陵与盆地(俗称坝子)广布,终年温暖湿润;北部中山峡谷亚区,地势上为高原斜坡,地形起伏大,均以山原和中、低山为主,其间分布有面积不等的山间河谷盆地。由于地形相对高差大,因而气候、土壤、植被皆有垂直分布现象,河流也多深切成峡谷,比降大,多滩、瀑布,水力资源丰富。

二、自 然 资 源

贵州农业自然条件多样,利于大农业的发展。但长期以来一直以种植业为主体。全省耕地约有186.25万公顷,占土地总面积的10.57%。土地垦殖利用程度一般北部高于南部,河谷平坝区高于丘陵山区。如开发较早的贵阳、安顺、遵义、毕节等地及赤水河谷、乌江河谷地带,垦殖指数在30%以上;开发较晚的黔南、黔东南、黔西南山区,垦殖指数最低,平均在10%以下。耕地中,58%为旱地,42%为水田。水田分布从东南向西北,从低海拔向高海拔渐减;旱地的分布则恰恰相反。故省境东南部为稻作区,西北部为旱作区,中部为水旱兼作区。全省大部分地区实行一年二熟或二年三熟制。

农作物以粮食作物为主,约占作物总播种面积的72.6%。以水稻、玉米居多,冬小麦、甘薯、马铃薯次之。水稻种植面积约占粮食播种面积的1/3左右,多属中晚熟单季稻,主要分布于黔中盆地和黔东河谷坝子。玉米播种面积约占粮食播种面积的29%,主要分布于省境西半部山区,多与豆类套种。小麦是20世纪五十年代以来发展最快的夏粮作物,播种面积较以前有所提高。甘薯分布于黔北、黔东北地区。马铃薯多分布于黔西北"高寒"山区和黔中温凉山区。

经济作物种植面积仅占作物总播种面积的19.3%左右,以油菜、烟草最重要,其他有甘蔗、甜菜、苎麻、黄红麻、棉花及蚕桑、茶叶等。油菜为全省主要食用油料作物,种植普遍,以黔中、黔北和黔东北种植最多。烤烟种植遍及全省,但以黔中和黔西为集中。甘蔗主产于南、北盘江流域和赤水河谷一带,而甜菜则集中于威宁地区。苎麻主要分布于黔南平塘、荔波、独山和黔北的遵义、务川等地。植茶历史悠久,分布广,以湄潭、遵义、道真、安顺、开阳、贵定、都匀等地面积较大,产量较多。

贵州有林地 221.98 万公顷,森林覆盖率 12.6%。主要分布于清水江、都柳江、红水河和赤水河流域及梵净山区,以产杉、松为主。清水江和都柳江流域杉木蓄积量较大。经济林种类多,以产桂皮、生漆、杜仲、五棓子、桐油、乌桕油、棕片等林产品和药材著称。此外,还盛产亚热带、温带水果。黔西北、黔北山区产核桃、板栗等干果。贵州放养柞蚕已有 200 多年历史,适于放养的柞坡达 5.5 万余公顷,尤以遵义、正安一带山区为重要。贵州宜牧草山草坡面积达 428.66 万公顷,草场资源丰富。牧草种类多,草质好,再生性强,单位产草量高,全年皆可放牧,人工饲草和农副产品亦丰。畜牧业以农区圈养为主,牧区放养比重仍较小。大牲畜以牛、马为主;小牲畜以生猪居多。其中,黄牛多分布于黔西北旱作区,水牛则分布于黔东南稻作区,马以黔西南、黔西北交通不便的山区饲养较多。生猪饲养遍及全省,畜产品肠衣、猪鬃为重要出口物资;山羊多分布于黔北、黔东北、黔西北的石灰岩山地;绵羊则分布于黔西的威宁等山区。

贵州矿藏丰富。煤炭品种齐全且分布广,是贵州重要动力资源,储量居中国第 4 位。六盘水市年产原煤达 1000 万吨以上,贵阳、安顺等地也有规模较大的开采。黄金主产地在黔西南地区。贵州汞矿储量大、品位高、产量大,其采炼以铜仁万山规模最大。铝土矿集中分布于修文、清镇及遵义、开阳、贵阳、织金一带,品位高,储量大。铅、锌、锑矿的采炼主要分布于赫章、晴隆、普安、独山等县。贵阳、水城、遵义等地。除贵阳、清镇、水城、遵义、都匀等地建有大中型火电厂外,猫跳河上建有 6 个梯级水电站,尚有乌江渡、南盘江天生桥等大型水电站,农村小型水电站星罗棋布。

第二节 近代前夕的贵州经济

一、人口与农林业

1. 人口增长

自清雍正五年贵州省疆域基本确定之后,社会秩序相对稳定,人口快速增长。如乾隆十六年,贵州汉苗共 615 298 户,男妇大小 3 166 662 口。① 乾隆四十三年,贵州民户及古州等九卫屯军共 1 041 611 户,男妇大小共 5 060 552 口。② 嘉庆二十五

---

① 乾隆一十六年十一月十一日,护理贵州巡抚印务布政使温福《奏为查明黔省民数事》,《宫中档乾隆朝奏折》第 1 辑,第 866 页,台湾故宫博物院 1982 年印行。
② 乾隆四十三年十一月十五日,贵州巡抚觉罗图思德《奏为查明黔省民数谷数恭折奏闻事》,《宫中档乾隆朝奏折》第 45 辑,第 533 页,台湾故宫博物院 1982 年印行。

年增至1 071 184户,5 398 361口。① 道光十五年,贵州实在民数大小男妇共5 392 515口。② 自乾隆十六年至嘉庆二十五年,短短70年间,贵州人口增长了70%,远高于人口自然增长率。除了自然增长和统计范围扩大之外,贵州人口的快速增长主要源于内地移民的大规模迁入。明嘉靖《思南府志》载:"弘治以来,蜀中兵荒,流移入境,而土著大姓将各空闲地招佃安插,处为其业,或以一家跨有百里之地者,流移之人,亲戚相招,缠属而至,日积月累,有来无去。"③清代以来,前往贵州的移民规模更为庞大。乾隆十三年,贵州按察使介锡周奏称:"(贵州)自雍正五、六年以来,新自四川割归遵义一府五属,湖南割归开泰、清溪五县,广西割永丰、荔波各州县,兼以开辟古州等处新疆,添设文武牟兵驻镇其地,幅员日广;加以银、铜、黑白铅厂上下游十有余处,每厂约聚万人、数千人不等,游民日聚。……是皆川、粤、江、楚各省之人趋黔如焉,并非土著民苗。"④道光六年,贵州巡抚嵩溥对各厅州县与苗寨、苗产有关的客民(即移民)进行调查:兴义府25 632户、都匀府11 032户、大定府10 048户、贵阳府9251户、黎平府7502户。⑤ 这些移民在当地人口总量中所占比例如何?据咸丰《兴义府志》记载:"今考之户口册,(兴义府)户则七万九千五百有奇,口则二十八万一千九百有奇。"⑥道光初年兴义府人口应不会大于此,以此推算,移民在兴义府的比例应大于32%。成书于道光二十二年的《贵阳府志》载,贵阳府有172 958户⑦,则道光初年贵阳府移民比例不低于5.35%。

因为此次调查仅对苗寨内客户而言⑧,故黔北遵义等地并不在本次调查的范围之内,这些地区基本是汉族人口。事实上,贵州境内汉族地区的人口增长也很快。如遵义府,乾隆二十三年有44 727户,男女大小共218 176口;嘉庆二十五年107 613户,共512 597口;道光十年108 980户,共554 479口;道光十九年111 450户,共561 323口。⑨ 短短71年间,人口增长了157.28%,亦远远高于人口自然增长率,表明黔北地区的移民也不少。

2. 农业开发

清代内地移民大规模进入贵州,为农业开发提供了必要的劳动力,垦殖范围扩大,耕地数量快速增长,这与政府鼓励农业垦殖有密切的关系。雍正五年贵州巡抚何世璂称:"黔省土瘠民贫,不习织纴之业,复不擅商贾之资,止藉耕获营生。"⑩乾隆

---

① 嘉庆朝《大清一统志》卷四百九十九,贵州通部,户口。
② 户部《道光十五年各省民数谷数清册》,引自中国第一历史档案馆《道光年间各省民数谷数清册》,《历史档案》2008年第1期。
③ 嘉靖《思南府志》卷七,拾遗志。
④ 《大清高宗皇帝实录》卷三百十一,乾隆十三年三月,贵州按察使介锡周奏米贵之由。
⑤ 罗绕典:《黔南职方纪略》。
⑥ 张锳修,邹汉勋、朱逢甲纂:咸丰《兴义府志》卷二十五,户口,咸丰四年刻本。
⑦ 周作楫修,萧琯等纂:道光《贵阳府志》卷四十四,食货略一,户口,咸丰二年朱德璲绶堂刻本。
⑧ 《大清宣宗皇帝实录》卷九十九,道光六年六月庚辰,上谕:"嵩溥奏请筹办苗疆保甲一摺,黔省民苗杂处,近来客民渐多,非土司所能约束,自应编入保甲,以便稽查。除苗多之处仍照旧例停止外,其现居寨内客民,无论户口、田土多寡,俱著一律详细编查。"
⑨ 郑珍、莫友芝纂:道光《遵义府志》卷十一,户口。
⑩ 《世宗宪皇帝朱批谕旨》卷三十五,雍正五年闰三月二十六日,贵州巡抚臣何世璂谨《奏为奏闻事》。

五年,贵州总督张广泗、署贵州布政使陈德荣建议发展贵州经济八条,其中关于兴修水利和鼓励垦荒方面有诸多的政策支持①。次年七月,大学士遵旨议准:"一、黔中山稠岭复,绝少平原,凡有水道亦皆涧泉山溪,并无广川巨浸可以灌溉,故各属田亩导泉引水,备极人劳,其未开之田,多因泉源远隔,无力疏引之故。自官为督劝后,各属请借工本开修水田者,如贵筑、施秉、余庆、仁怀、丹江厅等处,或现在开修,或已经工竣……一、开山垦土乃黔民资生长策,凡陂头岭侧,有可播种杂粮者,无不刀耕火种,然不过就近增开,其离村稍远之官山,则不敢过问,应劝谕农民,尽力播种。"②两个月后,署贵州总督云南巡抚张允随又奏请:"黔省地鲜平畴,凡山头地角畸零地土,及山石搀杂工多获少,或依山傍岭,虽成丘段而土浅力薄,须间年休息者,悉听夷民垦种,永免升科。至有水可引,力能垦田一亩以上,照水田例六年升科,不及一亩者亦免升科,无水可引,地稍平衍,或垦为土,或垦为干田,二亩以上照旱田例十年升科,不及二亩者亦免升科。"经户部议复,获得批准。③

官府的提倡和官本的资助为贵州大规模水利兴修提供了便利。乾隆六年,署贵州布政使陈德荣利用官本在贵筑县乾堰塘、麦穰寨、宋家坝三处开渠引水,开垦水田两千多亩。④次年,陈德荣又奏报:"贵阳、贵筑、仁怀、施秉、普安、安南、开州、镇宁、荔波、余庆等府州县之各堡坪皆可引水垦田四五千亩不等,现亲履查勘,给本兴工。"⑤而田地减免征科的规定也调动了广大民众垦荒的积极性。乾隆七年底,贵州总督兼管巡抚张广泗奏报:"黔省生齿日繁,臣等广劝耕织,本年共报垦水田七千五百五十五亩零,旱田九千六百三十八亩零。"⑥

康熙中期,贵州布政司有成熟田 1 162 555 亩,成熟地 50 887 亩。⑦ 乾隆初年,贵州成熟田已达 2 518 774 亩,成熟地 77 048 亩。⑧ 至嘉庆二十五年时,贵州的耕地已达 2 777 030 亩。⑨ 大约 100 年时间内,贵州耕地数量增长了 129%,这对于多山的贵州来说是巨大的成就。至道光年间,贵州在土地利用、农田灌溉、作物种植、产量等方面已经达到较高的水平,耕地类型多种多样。如《黔南识略》云:"田分上、中、下三则,源水浸溢,终年不竭者,谓之滥田;滨河之区,编竹为轮,用以戽水者,谓之水车田;平原筑堤,可资蓄洩者,谓之堰田;地居洼下,溪涧可以引灌者,谓之冷水田;积水成池,旱则开放者,谓之塘田;山泉泌涌,井汲以资灌溉者,谓之井田;山高水乏,专恃雨泽者,谓之干田,又称望天田;坡陀层递者,谓之梯子田;斜长诘曲者,

---

① 《大清高宗皇帝实录》卷一百三十,乾隆五年十一月,大学士九卿会议贵州总督张广泗、署贵州布政使陈德荣奏《黔省开垦田土饲蚕纺织栽植树木》折。
② 《大清高宗皇帝实录》卷一百四十七,乾隆六年七月,大学士遵旨议准云南巡抚署贵州总督张广泗奏称《黔省开垦田土饲蚕纺织栽植树木》折。
③ 《大清高宗皇帝实录》卷一百五十,乾隆六年九月,户部议覆署贵州总督云南巡抚张允随奏称。
④ 《大清高宗皇帝实录》卷一百三十九,乾隆六年三月,署贵州布政使陈德荣奏。
⑤ 《大清高宗皇帝实录》卷一百六十九,乾隆七年六月,署贵州布政使陈德荣奏。
⑥ 《大清高宗皇帝实录》卷一百八十一,乾隆七年十二月,贵州总督兼管巡抚张广泗奏。
⑦ 康熙《贵州通志》卷十一,田赋。
⑧ 乾隆《贵州通志》卷十一,食货志,田赋。
⑨ 嘉庆《重修一统志》卷四百九十九,贵州通部。

谓之腰带田。大约上田宜晚稻,中田宜早稻,下田宜旱秫,山坡硗确之地宜包谷、燕麦、黄豆,而红稗、水稗、春荍、秋荍皆次之,亦有种小米、红麦、绿豆、芝麻者。……田土历未丈量,民间不知亩数,但计布种多寡,斗种之地,宽约一二亩,丰年上田可收米五石,中田四石,下田三石至二石不等。"①虽然这是就贵阳府而言,但可一窥道光年间贵州的农业耕植水平。

当然,清代中期贵州耕地数量的增长还与统计范围变化有关。乾隆十三年,贵州布政使介锡周称:"自雍正五、六年以来,新自四川割归遵义一府五属,湖南割归开泰、青溪五县,广西割归永丰、荔波各州县,兼以开辟古州等处新疆,添设文武弁兵驻镇其地,幅员日广。"②四川、湖南、广西三省十余州县划归贵州,加之黔南苗疆新设六厅,均纳入统计范围之内,耕地总量自然大幅增长。但不可否认,清代前中期,由于大规模垦殖,贵州耕地数量有较大的增长。

但是,耕地的增长落后于人口的增加,导致粮价长期居高不下。如乾隆十三年贵州按察使介锡周称:"臣于雍正四年初莅黔省,彼时京斗米一石不过四钱五分及五钱有零,省会暨冲衢各郡邑,人烟疏散,铺店无几,……现今省会及各郡县,铺店稠密,货物堆积,商贾日集。……现今丰收之年,亦须七八九钱一石,岁歉即至一两一二钱至二两不等。"③同时,人均耕地数量也越来越少,嘉庆二十五年时,贵州人均耕地仅为 0.52 亩,与内地已相差不大。可见,到嘉庆朝时,贵州大规模的农业开发基本结束,地广人稀的局面已经被人满为患所取代。

3. 林业

清水江流域的杉树种植和木材贸易是清代贵州林业发展的代表。清雍正初年,随着"苗疆"六厅的设立,黔南地区纳入清廷统治范围。这一地区处于清水江上中游地区,由于此前尚未进行大规模的开发和垦殖,林木资源丰富,尤其是杉木。乾隆朝以来,清水江流域的杉木顺流而下,被贩卖到湖广等地。乾隆《清江厅志》载:"黔山多童,先年之苗不习松杉等利,山中之树听其长养,竟多不知其名者,今则种松载杉,森森郁剧,有繁昌象,而地又近河,每年伐木扎排,顺流而下,售于洪江、常德等处,而生民之用舒矣。"④《黔南识略》亦言:"(黎平)郡内自清江以下至茅坪三百里,两岸翼云承日,无隙土,无漏阴,栋梁之材靡不匍俱,坎坎之声铿訇空谷,商贾络绎于道,编巨伐放之大江,转运于江淮间者,产于此也。"⑤光绪《黎平府志》亦称:"杉木,黎郡产木极多,若檀、梓、樟、楠之类,仅以供本境之用,惟杉木则遍行湖广及三江等省,远商来此购买,在数十年前每岁可卖二三百万金,今虽盗伐者多,亦可卖

---

① 《黔南识略》卷一,贵阳府。
② 《大清高宗皇帝实录》卷三百五十一,乾隆十三年三月,贵州按察使介锡周奏。
③ 《大清高宗皇帝实录》卷三百五十一,乾隆十三年三月,贵州按察使介锡周奏。
④ 乾隆《清江厅志》卷一,天文志。
⑤ 《黔南识略》卷二十一,黎平府。

百余万,此皆产自境内,若境外则为杉条,不及郡内所产之长大也,黎平之大利在此。"①

此外,贵州林产品亦相当丰富。生漆是重要的林产品之一,主要分布于遵义府、大定府、思南府、仁怀直隶厅等地。如安化县"漆树倍于他产",遵义府婺川县山区"多植青冈、桐茶、漆树,而漆之利更广,四乡所出岁不下数万金,农民全赖以资生"。② 蜡树遍植于安顺、遵义、思南、铜仁、镇远、平越等地,而尤以安顺府为盛。安顺府"土多砂石,不宜他木,惟有树曰白蜡虫树,四乡俱有,风雨调和之年,其虫更盛。一岁可收虫二三升,其虫细如粉,每岁一壳贮数千头……乡民以立夏后摘取之,转售湖南辰沅间,楚民以其虫附于冬青树,俟其叶尽,则虫化,而树皆蜡矣"。安平县"树多枫香、楸树、白杨、桦、槐之属,而白蜡树取利独厚,收养者尤多"。③ 产茶之地颇多,贵阳、都匀、平越、镇远、黎平、铜仁、松桃、思州、遵义、仁怀各府厅皆产。④ 如仁怀县,"小溪、二郎、土城、吼滩、赤水产茶,树高数寻,额征茶课"⑤;黎平府"杉木、茶林到处皆有"。⑥

二、矿业、手工业与家庭副业

1. 黔铅盛衰⑦

清代前中期贵州矿业兴盛,以铅锌矿的采冶最为著名,分黑铅和白铅(亦称倭铅)两种,统称黔铅⑧。清初,吸取明末教训,实行"矿禁"政策。但吴三桂镇守云贵之际,已经开始铸钱⑨,其铜铅等币材应为滇黔本地出产。康熙五十七年,贵州大定府猴子山、威宁府观音山两地银矿被批准设厂开采⑩,实为含银方铅矿,在炼银的同时,出产大量的黑铅。雍正二年,为满足云南铸钱对白铅的需求,云贵总督高其倬在云贵两省查勘矿源,"访得贵州地方之马鬃岭、齐家湾、罐子窝等处,亦有倭铅矿硐,因通知抚臣毛义铨,委员会同查勘招开,已经具奉令,各处皆有成效"⑪。雍正八年,贵州地方政府收购运销铅斤,使黔铅的销售市场从滇黔地区扩大到四川、湖广等地。⑫ 雍正十一年十一月,皇帝在给内阁关于京局鼓铸的上谕中说:"至于户工两局需用铅斤,旧系商办。闻贵州铅厂甚旺,如酌给水脚,令该抚委员解京,较之商办

---
① 光绪《黎平府志》卷三下,物产。
② 参见《黔南识略》中各府州县。
③ 《黔南识略》卷四,安顺府,卷五,安平县。
④ 参见《黔南识略》中各府州县。
⑤ 道光《遵义府志》卷十七,物产。
⑥ 《黔南职方纪略》卷六,黎平府。
⑦ 本部分参考马琦:《国家资源:清代滇铜黔铅开发研究》,人民出版社,2013年。
⑧ 笔者按,清代文献中铅分黑白两种,黑铅即金属铅,白铅即金属锌,因主要产于贵州,故称黔铅。
⑨ 《大清圣祖皇帝实录》卷四,顺治十八年八月乙卯,吴三桂疏言:"遵旨铸行满汉字制钱。其云南厘字钱应请停铸。"
⑩ 毛文铨:《奏猴子厂落龙硐矿砂衰微将尽续采有弊无益折》,雍正三年五月初一日,《雍正朝汉文朱批奏折汇编》第四册,第871页。
⑪ 高其倬:《奏节省铅价调剂钱法折》,雍正二年十一月二十一日,《雍正朝汉文朱批奏折汇编》第4册,第54页。
⑫ 张广泗:《奏报地方政务折》,雍正八年三月二十七日,《宫中档雍正朝奏折》第16辑,第462页。

节省尤多。著酌定规条,妥协办理。"①黔铅京运于十三年正式开始,每年办运白铅366万余斤。

市场的巨大需求极大地促进了黔铅的生产。乾隆十四年,贵州巡抚爱必达奏报:贵州"每年运供京局及川黔两省鼓铸,并运汉销售,共铅九百万斤。现各厂岁出铅一千四百余万斤"②。这样的鼎盛时期维持了十年左右。时人谢圣纶言:"黔中产铅最富,岁运京局数百万以资鼓铸,与滇南铜厂均为国计民生所利赖。"③

但由于官府定价过低,垄断了大部分的产品销售,加之矿厂采炼成本逐渐上升,乾隆朝中期黔铅发展速度开始减缓。"黔省福集、莲花二厂,岁供京楚两运白铅六百余万斤,每年所产有一百余万斤缺额,自乾隆四十五年始,俱以旧存余铅凑拨,日形支绌。"④因此,清政府采取提高收购价格、扩大通商铅比例等办法,来缓解炉户的亏损局面,增加黔铅的产量。乾隆朝末期,黔铅发展迎来第二波高潮。但是,随着开采时间的延长,矿石平均品位逐渐下降,生产、生活成本增加。自嘉庆朝以来,许多矿厂因"硐老山空"而封闭。嘉庆朝《钦定大清会典事例》载,贵州铅厂仅有福集、莲花塘、济川、天星扒泥洞、永兴寨、水洞帕等处⑤,亦非昔日矿厂遍地所能比拟,黔铅开发步入衰落期。咸丰三年以后,"东南道路梗阻",京运、楚运均被迫停止,外销受阻,黔铅生产无以为继。⑥ 不久,战乱波及贵州地区,黔铅生产基本陷于停顿。

自康熙五十七年至咸丰十年的143年之中,贵州总共设立铅锌厂30座。其中,以莲花、福集、榨子等厂最为重要。如莲花白铅厂(俗名妈姑厂)设于雍正十三年,主厂位于今赫章县妈姑镇莲花村,子厂广泛分布于今赫章县妈姑、铁匠、双坪、水塘堡、兴发、珠市、威宁县盐仓、板底等地。咸丰十年之后停滞,前后持续长达126年,下属子厂多达8处,最高年产锌量达927万斤,是清代最大铅锌厂,主供京楚两运;福集白铅厂位于今六盘水市钟山区老鹰山镇木桥村福集、街上、水营三自然村一带,开自乾隆十一年,咸丰十年停止,前后长达115年,年产锌量自120万—256万斤不等,为清代黔铅第二大厂;榨子黑铅厂设立于雍正五年,咸丰十年停止,前后持续长达133年,该厂位于今赫章县妈姑镇海子村菜园子附近,其子厂有新开、朱红、塘子、永兴寨、清水站等。总体而言,清代黔铅产地形成了以威水矿群为核心区,北盘江、遵义、清水江三大次中心及其周边矿点所组成的分布格局。

据笔者研究,清代前中期,黔铅产量占清代铅总产量中的67%—84%,贵州是清代铅矿的最大产地,总产量达8.72亿斤,平均每年生产黑白铅839万斤。黔铅

---

① 《大清世宗皇帝实录》卷一百七十三,雍正十一年十一月癸巳,上谕内阁。
② 《大清高宗皇帝实录》卷三百四十二,乾隆十四年六月乙酉,户部议覆贵州巡抚爱必达奏。
③ 谢圣纶:《滇黔志略》卷二十四,物产,铅条。
④ 《大清高宗皇帝实录》卷一千三百十一,乾隆五十三年八月[日期不详],贵州巡抚李庆荣奏。
⑤ 《钦定大清会典事例》(嘉庆朝)卷一百九十四,户部,杂赋。
⑥ 曼殊震钧:《天咫偶闻》卷三,引自彭泽益主编:《中国近代手工业史资料》第一卷(1840—1949),第557页。

绝大部分供外销,自雍正十年至咸丰三年间,黔铅销售共计 8.47 万斤,年均销售量 694.5 斤,外销率达 97.13%。①

清代黔铅官销,按运销渠道和方式可分为三种:即京销、楚销和川黔采买。黔铅京运始于雍正十三年,供应户工二部鼓铸,每年 366 万斤,嘉庆四年增至每年 486.5 万斤,咸丰三年之后中断。楚运也是黔铅外销的主要渠道,早在雍正七年,因黔铅销售不畅,大量积压,官府收购黔铅运销永宁、汉口等处。②雍正十年之后,福建、江苏、浙江、湖南、江西、湖北、广东、直隶、山西、陕西等省先后开局鼓铸,需黑白铅配铸,但这些省份基本不产铅,即使有铅矿开采,也不能满足本省鼓铸需求,故各省纷纷"委员赴汉口采买"③,汉口黑白铅供不应求。乾隆十一年,经贵州总督张广泗奏请,"贵州白铅运供京局暨本省鼓铸外,其余铅斤,照原定价值,尽数收买,委员转运汉口设局,发卖各省供铸"④,每年 100 万斤。乾隆二十年起,楚运每年加运白铅 180 万斤,正、加、带运合计每年 380 万斤。⑤咸丰初年军兴,长江航道受阻,楚运随之停止。四川鼓铸所需白铅亦向贵州采办,宝川局采办黔铅年额白铅 49.8 万斤,其后减为 27.5 万斤左右⑥,嘉庆元年停止。清代前中期,通过京运、楚运和川黔采买三大渠道,贵州供应了京师及直隶、山西、江苏、浙江、江西、福建、湖北、陕西、广东、四川十省鼓铸所需币材,销售市场几乎遍布全国。

2. 其他矿产开发

贵州水银矿开发历史悠久,在清代前中期亦有一定规模。康熙朝前期,贵州已设有开州用砂厂、斗甫厂、婺川县厂、普安县滥水桥厂、黔西府黄土坎等五处水银厂,每年额征水银课共 1966 斤,变价银 933.45 两。⑦如按清代贵州水银厂三七抽课推算,其年产量约 6500 余斤。雍正朝以来,其他各厂相继砂尽封闭,仅滥水桥、版厂二处仍在开采,年额征课银 240.7 两⑧,年产量不足 2000 斤。乾隆朝时又相继设立普安县回龙湾、修文县红白二岩、安化崖峰脚、婺川县打㢝沟、八寨厅羊伍加河等五处水银厂。⑨这一时期汉口水银涨价,贵州水银产量大增。如回龙厂、红白二岩厂,乾隆二十五年抽课变价银 1337.96 两,年产量约 8900 余斤⑩;羊伍加河厂乾隆五十四年产水银 2536 斤。⑪ 贵州全省水银年产量应不少于 12 000 斤,大多贩运

---

① 马琦:《清代黔铅的产量与销量:兼对以销量推算产量方法的检讨》,《清史研究》2011 年第 1 期。
② 雍正八年三月二十七日,张广泗《奏报地方政务折》,《宫中档雍正朝奏折》第 16 辑,第 462 页。
③ 参见《皇朝文献通考》卷十六,钱币考四,各省开局鼓铸及所需黑白铅来源。
④ 《钦定大清会典事例》(嘉庆朝)卷一百七十五,户部,钱法。
⑤ 乾隆三十一年三月,户部《为加运楚铅斤事》,《内阁大库档案》,编号:000049046。
⑥ 乾隆五十二年七月,工部《移会稽察房四川总督保宁奏宝川局鼓铸前因黑铅不敷添用黑铅今局库现存黑铅尚属充裕且白铅不敷配铸请仍照往例减配以资调剂》,《内阁大库档案》,编号:000138705。
⑦ 《钦定大清会典》(康熙朝)卷三十五,户部十九,课程四。
⑧ 《钦定大清会典则例》(乾隆朝)卷四十九,户部,杂赋,水银硃砂雄黄矿课。
⑨ 《钦定大清会典事例》(嘉庆朝)卷一百八十四,户部,杂赋,水银硃砂雄黄矿课。
⑩ 乾隆二十六年五月三日,贵州巡抚周人骥《题为天地有自然之利等事》,《内阁大库档案》,编号:000116731。又乾隆三十七年十月上谕军机大臣等称:"黔省水银,自乾隆三十一年以前,每百斤价银五十余两至四十八两不等,行之几二十年之久。"(《大清高宗皇帝实录》卷九百十九)
⑪ 乾隆五十五年七月二十四日,贵州巡抚额勒春《题为恳恩赏准开采等事》,《内阁大库档案》,编号:000145966。

湖北汉口销售。道光二十四年,贵州巡抚贺长龄奏称:"又如贵筑县属之红岩、白岩厂,兴义府属之回龙厂,八寨厅属之羊五加河厂,所产皆系水银,由厂户开采煎炼,计水银百斤例抽三十斤变价输课,每年收银自二千两至千余两不等,俱经报部有案。"①可见,红白岩、回龙、羊伍加河三厂至道光末年仍在开采,年产量约在1万—2万斤之间。

贵州多含银方铅矿,在开采黑铅的同时可以提炼白银。一般而言,银产量与银课量、铅产量、铅课量存在一定的比例关系,而随着开采的持续,矿石中的平均含银量会逐步降低。自康熙五十七年开采贵州威宁府属猴子厂银矿以来,观音山、榨子、白蜡、腻书、阿都、新开、水城、法都、新寨等银铅厂相继设立②,主要分布于威宁府(后称大定府)。虽然矿厂数量不少,但不久即因所出无几而封闭。如猴子厂,雍正三年贵州巡抚毛文铨奏请封闭③,但该年猴子厂抽课银3600余两,故未获批准,不得不另开水城八甲山、跛木雄、猴场河等处银铅矿,帮补课额。④雍正七年,贵州巡抚张广泗奏称,雍正五年二月十六日起至雍正六年正月十五日止,猴子厂抽获课银134.6912两⑤,仅敷厂费开支,不得不封闭。仅有柞子厂规模最大、存在时间最长,兹以该厂为例讨论贵州的银产量。乾隆十三年,榨子厂抽课银207.64两,税率40%,则产银519.1两,该年产铅122 518斤,则每百斤铅出银0.4237两。⑥据此推算,雍正七年产银4237两、乾隆十九年3114.75两、二十二年1412.5两、三十一年2743.25两、四十三年至四十九年年均1694.8两、五十一年1593.1两、嘉庆八年800两左右。⑦可见,清代前中期贵州银产量很小,且呈逐步递减趋势。

清代中期,贵州也曾开采金矿。乾隆八年十二月,贵州镇远府天柱县相公塘、东海洞等处设立金厂,每金一两抽课三钱。⑧其后,因矿砂枯竭,移采中峰岭,乾隆朝后期年产量约在150两左右。如乾隆四十五年中峰岭厂采金146.637两、四十八年采金195.588两、五十一年抽正课金45.3两、嘉庆元年采金102.186两、四年

---

① 《耐庵奏议存稿》卷十《覆奏开采银矿请随时采访折》,道光二十四年八月二十五日。
② 《钦定大清会典则例》(乾隆朝)卷四十,户部,杂赋上,金银矿课。
③ 雍正三年五月初一日,贵州巡抚毛文铨《奏猴子厂落龙硐矿砂衰微将尽续采有弊无益折》,《雍正朝汉文朱批奏折汇编》第4册,第871页。
④ 雍正七年十二月十三日,贵州巡抚张广泗《为会堪威宁等事》,《明清档案》,卷册号:A42—21。
⑤ 雍正七年十二月十三日,贵州巡抚张广泗《为会堪威宁等事》,《明清档案》,卷册号:A42—22。张广泗同时言,"腻书厂存Г课铅一千七十斤四两照依时价,共卖得银二十二两八钱三分八厘零",每百斤合价银2.13285两。
⑥ 乾隆十六年四月二十一日,贵州巡抚阳泰《题为悬准开厂裕课便民事》,《内阁大库档案》,编号:000105455。
⑦ 雍正七年十一月初七日,云贵总督鄂尔泰《奏为奏明调剂黔省铅斤并办获滇省铅息事》中称,"柞子一厂可出铅一百余万斤"(《雍正朝汉文朱批奏折汇编》第17册,第159—160页);乾隆二十一年五月二十四日,贵州巡抚定长《题为悬准开厂裕课便民事》,《内阁大库档案》,编号:000112898;乾隆二十四年闰六月二十六日,贵州巡抚周人骥《题为悬准开厂等事》,《内阁大库档案》,编号:000115119;乾隆三十二年十月二十八日,贵州巡抚鄂宝《题为悬准开厂裕课便民事》,《内阁大库档案》,编号:000125351;乾隆四十七年八月八日,护理贵州巡抚汪新《题请核销威宁州各厂矢余铅用过工本银》,《明清档案》,卷册号:A244—084;乾隆五十三年四月二十五日,贵州巡抚李庆棻《题为悬恩开采裕课利民事》,《内阁大库档案》,编号:000140316;嘉庆八年十一月[日期不详],户部《奏为为柞子厂产铅短缩事》,《内阁大库档案》,编号:000031055。
⑧ 《大清高宗皇帝实录》卷二百七,乾隆八年十二月,户部议覆贵州总督兼管巡抚事张广泗疏称。

抽正课金 43.556 两①。乾隆十一年,开采思南府郎溪司天庆寺金矿,每两收课金三钱三分②。乾隆二十二年采金 277.756 两,二十七年采金 195.9 两,二十八年采金 131.65 两,三十一年采金 92.8375 两,四十年采金 39 两③。乾隆四十三年,因"硐老山空"封闭。

3. 手工业与家庭副业

清代前中期,贵州还处于男耕女织的传统经济社会,手工业虽不甚发达,然种类繁多,如纺织、制蜡、制单、酿酒、制糖、造纸、烟草、茶叶、编织、畜牧等,已具备一定的规模。兹分别论述如下:

家庭纺织业是当时贵州主要的手工业之一,分为丝、棉、麻、毛四类,以遵义府丝织业最为著名。《黔南识略》云:"自乾隆八年知府陈玉壁携其蚕种由山坐来教民种橡以养之,取丝为帛,至今衣被甚广……郡境弥漫山谷,一望蚕丛,丝之值倍茧,绸之值倍丝。其利甲于黔省,其绸行于荆楚吴越间矣。"④道光《遵义府志》亦称:"迄今几百年矣,纺织之声相闻,橡林之阴迷道路,邻叟娌姁相遇,惟絮话春丝几何,秋丝几何,子弟养织善否,而土著裨贩走都会,十十五五骈陛而立贻,遵绸之名竟与吴绫蜀锦争价于中州,远徼界绝不邻之区,秦晋之商、闽粤之贾又时以茧成来带鬻,捆在以去,与桑丝相挽,集为趋越纨缚之属,使遵义视全黔为独饶。"⑤正安州,"乾隆十三年州吏徐偕平自浙携蚕种来教民饲养,因桑树稀少,先以青冈叶饲之,后亦渐植桑,食青冈者为山丝,质粗色劣,食桑叶者为家丝,质精色美,商通各省,贩运甚多"。⑥

棉纺织业以兴义府最为发达。兴义县"地产棉花,妇女勤工作,纺车之声络绎于午夜月明时"⑦;"所产木棉为利甚薄,其始不过就地所产之花,家事纺织,嗣以道通滇省,由罗平达蒙自仅七八站,路既通商,滇民之以花易布者源源而来,今则机杼遍野"。⑧普安县,"近年以来下游名郡并川楚客民因岁比不登,移家搬住者,惟黄草坝及新城两处为最多,责其所由,其利不在田功,缘新城为四达之衢,商贾辐辏,交易有无,以棉易布,外来男妇无土可耕,尽力纺织,布易销售,获利既多,本处居民共

---

① 乾隆四十八年十一月十四日,贵州巡抚李本《题为报销中峰岭金厂事》,《内阁大库档案》,编号:000135558;乾隆五十年十二月十一日,兼管户部尚书事务和珅《题覆题为报销中峰岭金厂等事》,《内阁大库档案》,编号:000137086;乾隆五十四年四月二十日,贵州巡抚郭世勋《题为报销中峰岭金厂等事》,《内阁大库档案》,编号:000142467;嘉庆八年七月二日,户部尚书步军统领禄康《户部题覆贵州中峰岭金厂报销事》,《内阁大库档案》,编号:000004599;嘉庆十年九月二十四日,贵州巡抚福庆《题为报销中峰岭金厂等事》,《内阁大库档案》,编号:000162435。
② 《钦定大清会典则例》(乾隆朝)卷四十九,户部,杂赋上,金银矿课。
③ 乾隆二十四年六月八日,贵州巡抚周人骥《题为详请题明开采事》,《内阁大库档案》,编号:000115034;乾隆二十九年五月十六日,大学士兼管吏部户部事务总管内务府大臣傅恒《题报查核贵州思南府属天庆寺金厂乾隆二十七年奏销数目事》,《内阁大库档案》,编号:000119733;乾隆二十九年十二月二十二日,护理贵州巡抚调任云南布政使钱度《题为详请题明开采事》,《内阁大库档案》,编号:000120592;乾隆三十三年三月十四日,傅恒《题覆贵州思南府属天庆寺金厂采金事》,《内阁大库档案》,编号:000125913;乾隆四十二年五月十五日,贵州巡抚图思德《题为详请题明开采事》,《明清档案》,卷册号:A230-027。
④ 《黔南识略》卷三十,遵义府。
⑤ 道光《遵义府志》卷十六,农桑,遵义蚕。
⑥ 《黔南识略》卷三十二,正安州。
⑦ 《黔南识略》卷二十七,兴义县。
⑧ 《黔南职方纪略》卷二,兴义府,兴义县。

相效法,利之所趋,游民聚焉"。① 咸丰《兴义府志》言:"女勤纺织,因郡少桑橡,故不事蚕,贞丰之下江、册享产棉花,粤商又多以粤布来市,故织纫颇多,虽富贵家妇亦亲主中馈,贫家妇多负儿子于背而勤女工。"所产有棉布、泉布、麻布、水桥布、灰渣布、土布、高车布等,"会布于普安县之新城县丞,全郡男资以织,女资以纺,其利甚薄"。② 安顺府的棉纺织业也较为兴盛。府亲辖地"幼女寒车纺月",郎岱厅"纺织方兴",镇宁"妇工不尚组织,惟勤纺织",永宁州"男妇力勤耕织",清真县"汉苗妇女皆事纺织"。所产五色扣布"可匹苏松",顺布"各色俱全,全郡皆以此为业,城北犹盛"。③ 安顺府城内有棉花市(寅未日)、布市(寅未日),安平县平坝场"以申卯日为期,每逢申卯日天亮时,妇女俱执棉线赴黑神庙兑易棉花,至辰时而散,场将散时及次日早晨,以所织棉布交易,谓之布市"。④

革器和漆器为大定府一大特产。乾隆《贵州通志》记载:"乳漆器出平远州寨中,土人加五色,累器雕刻斑驳,谓之累漆、雕漆;革器出府境,诸器俱有,制同安顺,坚密过之;马毡出府治,即毡裘,土人聚羊毛为之,可以御雨。"⑤道光《大定府志》亦云:"威宁之羊皮太类建昌,其工作之巧者则黔书所称之革器,外此无闻焉。"此外,安顺府"革器有盘、孟、尊、垒之属,累漆以成,耐久,伪者布以灰,不足用;皮鞍彩绘,光泽柔韧,耐久"。⑥

榨油业多以桐籽为原料,桐油除点灯外远销外省。遵义府,"油桐树郡无处不有……榨取油,灯烛皆资之"。《田居蚕室录》称:"若农家岁收桐子五石,可获钱十二千,士家仅收二石,亦足供读书五灯也。"⑦松桃厅"地产桐茶二树,除给用外,以其余运出辰常,而桐油为甚,炒子而榨者谓之明油,以之点灯,性耐久,其炒子至焦始入榨者谓之黑油"。⑧ 遵义府仁怀县以酿酒闻名,"茅台村地滨河,善酿酒"。⑨ 嘉庆《仁怀县志》载:"茅台酒,城西茅台村制酒为全黔第一。"⑩造纸以安顺府最多,如安平县"草纸出西堡、上下纸厂及底冈各寨,居民业此者不下数百户"。⑪ 白纸出定番州、广顺州,绥阳县出皮纸。⑫

当然,清代中期贵州的手工业和家庭副业还有很多,但大部分规模有限,销售不广,故不一一叙述。

---

① 《黔南职方纪略》卷二,兴义府,普安县。
② 咸丰《兴义府志》卷四十,风土志,风俗,卷四十三,物产志,土产。
③ 咸丰《安顺府志》卷十五,风俗,卷十七,物产。
④ 咸丰《安顺府志》卷四,地理志三,场市;道光《安平县志》卷四,食货志,场市。
⑤ 乾隆《贵州通志》卷十五,食货,物产。
⑥ 乾隆《贵州通志》卷十五,食货,物产。
⑦ 道光《遵义府志》卷十七,物产。
⑧ 道光《松桃直隶厅志》卷六,风俗。
⑨ 《黔南识略》卷三十一,仁怀县。
⑩ 嘉庆《仁怀县志》,物产。
⑪ 道光《安平县志》卷四,食货,土产。
⑫ 《黔南识略》卷三,定番州,广顺州,卷三十一,绥阳县。

三、交通贸易

贵州交通以驿道为主。清袭明制,顺治十五年贵州全省设二十四个驿,省城东至玉屏县共十二驿,省城西至亦资孔共十二驿。每驿额设官马五十匹,马夫二十五名①。这条驿道东西向贯穿贵州中部,即湘黔、滇黔大道。雍正七年,云贵广西总督鄂尔泰奏称:"至黔省通滇大路,如关岭、盘江等处实系险途,臣拟由安顺府之安庄另开新路,直出亦资孔,宽平可以行车,且可裁减三驿。"②九年,鄂尔泰题请开路改站,将上游旧设之盘江、江西坡二驿裁去,以关岭、查城、尾洒、新兴、软轿、湘满六驿改设为新路之坡贡、郎岱、列当、罐子窑、杨松、刘官屯六驿,九年又题改下游新路,裁去黄丝一驿,将平越驿移于酉阳塘,将黄丝驿之马匹丞役移于上游新路之毛口河为腰站,"庶道里均平,驿递商民均属便益"。③ 经过此次调整,湘黔驿道由省城贵阳皇华站向东,经龙里、新添、酉阳、杨老、兴隆、重安江、镇远、偏桥、青溪至玉屏,共计十一站;滇黔驿道由省城贵阳皇华站向西,经普定、威清、沙作、安庄、坡贡、郎岱、列当、罐子窑、刘官屯至普安州的亦资孔站,共计十一站。贵阳南至都匀的清平县亦设有驿站。④ 贵阳北经遵义至重庆的川黔驿道早在明代就已开辟,清初沿袭,其路线自贵阳北经乌江、湘川、永安、播川、夜郎、桐梓、松坎等八站入四川境。康熙六十一年将驿站全部裁撤,增设递铺。雍正六年又尽裁递铺,乾隆三年定遵义、正安、桐梓、仁怀四州县递铺六十。⑤ 这就是明清时期贵州省以省城贵阳为中心的十字型驿道体系。此外,大定府地处滇黔川三省交界地带,自威宁州城税门起,经顿子坎、瓦甸、七家湾、平山铺、新屯、毕节县城、层台、白岩、赤水河、摩尼、普市、大湾至四川省永宁县共一十三站⑥,称威宁道或永宁道,是川滇黔三省商贸往来通道,也是每年滇铜、黔铅京运的必由之地。

驿道之外,贵州通航河流较多,如自镇远府城顺镇阳江(又称舞阳河,沅江支流)而下可直达湖南辰州,自铜仁府江口顺锦江而下可直达湖南沅州,自都匀府顺清水江而下可达广西柳州,自思南府顺乌江而下可达四川重庆。但这些河道狭小,运力有限。如乾隆三年贵州总督张广泗称:"查自镇远府以上,如都匀、铜仁等处河道,虽陆续开修,而河身窄狭,仅容小舟运载。"⑦而乌江仅思南府"城外德江舟楫通行"。⑧

乾隆朝初年,因运铅、运粮和苗疆镇戍的需要,陆续对主要河流进行疏浚。乾

---

① 乾隆《贵州通志》卷六,驿递。
② 《朱批谕旨》卷一百二十五之十一《朱批鄂尔泰奏折》,雍正七年六月十八日,云贵广西总督鄂尔泰臣《奏为新开水道并兴修陆路事》。
③ 《大清世宗皇帝实录》卷一百八,雍正九年七月丙戌,兵部议覆云贵广西总督鄂尔泰疏。
④ 乾隆《贵州通志》卷六,驿递。
⑤ 道光《遵义府志》卷二十九,兵防,驿递附。
⑥ 乾隆九年六月十七日,云南总督张允随《奏为京铜运脚不敷等事》《明清档案》,卷册号:A131—102。
⑦ 《大清高宗皇帝实录》卷七十七,乾隆三年九月,贵州总督张广泗奏。
⑧ 《黔南识略》卷十六,思南府。

隆三年,贵州总督张广泗奏:"黔省地方,镇远以上,自昔不通舟楫,查自都匀府起,由旧施并通清水江,至楚属黔阳县,直达常德;又由独山州属之三脚屯达来牛、古州,抵粤西属之怀远县,直达粤东,乃天地自然之利,请在各处修治河道,凿开纤路以资挽运而济商民。"①经工部议复批准,开修清水江、都柳江水道。乾隆十年,为了缓解威宁道运输铜铅的压力,贵州总督张广泗建议:"黔省威宁、大定等府州县,崇山峻岭,不通舟楫,所产铜铅,陆运维艰,合之滇省运京铜,每年千余万斤,皆取道于威宁、毕节,驮马短少,趱运不前。查有大定府毕节县属之赤水河,下接遵义府仁怀县属之猿猱地方,若将此河开凿通舟,即可顺流直达四川、重庆水次。……若开修赤水河,盐船亦可通行,盐价立见平减。大定威宁等处即偶遇丰歉不齐,川米可以运济,实为黔省无穷之利。"②经工部议复开修。经过一年多的施工,次年竣工。③但水运并不理想。"嗣因河道险阻,仍多由陆运。""水运铅改由(黔西州)白沙以下之鱼塘为口岸,运至新龙滩起剥陆运,至二郎滩下船,直达川省。"④此外,乾隆二十四年,为了缓解威宁道铅运压力,贵州巡抚周人骥奏请开修南明河道,自省城南明河起至瓮城河口水路二百余里,陆运至黄平旧州,经诸葛洞入镇远府之镇阳江,顺流而下至湖南黔阳县之洪江。⑤虽然此次疏浚没有达到运铅的目的⑥,但扩展了舞阳河的水道,为其他货物的运输提供了便利。经过几十年的疏浚,贵州境内舞阳河、锦江、清水江、都柳江、赤水河的水运条件进一步改善,水上交通日趋发达。

在清代,川盐是输入贵州的大宗商品。康熙二十五年准贵阳、都匀、思南、石阡、大定、威宁等府州,安顺府盘江以下州县卫所均川食。康熙三十四年,原销滇盐的普安等处改食川盐。乾隆年间,原淮盐行销之黎平、铜仁、镇远、思州四府已开始食川盐。自此,除了古州等地食粤盐外,贵州大部分地区已为川盐所覆盖。⑦川盐行黔,由运商自盐场买盐,分道转运至合江、江津、涪陵、叙永四盐岸,售于销商,销商由盐岸购运至省内各销场,再转手商贩,由商贩零售与消费者。大定、遵义、思南三府是川盐入黔必经之地。道光年间,大定府额征盐课银1021.53两,思南府额征盐课银3036.33两,遵义府不征盐税,而始终食川盐的贵阳府额征盐课银2906.16两,合计6964两,占贵州盐税银总额的90%以上。⑧

木材是贵州输出的主要商品之一。乾隆《清江厅志》载:"黔山多童,先年之苗不习松杉等利,山中之树听其长养,竟多不知其名者。今则种松载杉,森森郁剧,有

---

① 《大清高宗皇帝实录》卷七十四,乾隆三年八月,工部议准贵州总督张广泗奏。
② 《大清高宗皇帝实录》卷二百三十九,乾隆十年四月,工部议覆贵州总督张广泗疏。
③ 《大清高宗皇帝实录》卷二百六十五,乾隆十一年四月,上谕军机大臣等。
④ 《大清高宗皇帝实录》卷四百七十三,乾隆十九年九月,贵州巡抚定长奏。
⑤ 乾隆二十四年十月二十九日,工部《为黔省开修运铅河道事》,《内阁大库档案》,编号:000034271。
⑥ 《大清高宗皇帝实录》卷六百四十八,乾隆二十六年十一月,上谕军机大臣等。
⑦ 马琦:《清代贵州盐政述论:以川盐、淮盐、滇盐、粤盐贵州市场争夺战为中心》,《盐业史研究》2006年第1期。
⑧ 道光《大定府志》卷四十,食货略第四上,额外赋税;道光《思南府续志》卷三,食货门,课程;道光《贵阳府志》卷四十六,食货略第五,盐法。

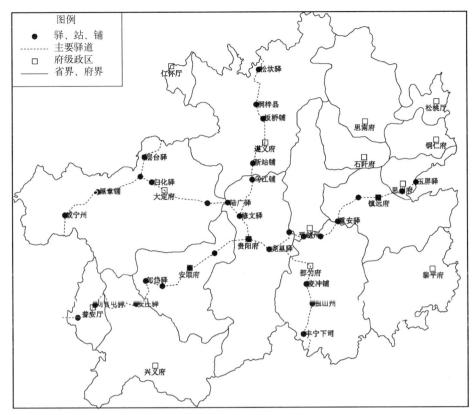

图 1-1 近代以前贵州政区与交通示意图

说明：此图以中国历史地理信息系统（CHGIS）1820 年数字图为底图，根据文献记载，增入驿道线路和站点。

繁昌象，而地又近河，每年伐木扎排，顺流而下，售于洪江、常德等处而生民之用舒矣。"①《黔南识略》亦言："(黎平)郡内自清江以下至茅坪二百里，两岸翼云承日，无隙土，无漏阴，栋梁之材靡不胥具，坎坎之声铿訇空谷，商贾络绎于道，编巨伐放之大江，转运于江淮间者，产于此也。"②光绪《黎平府志》亦称："黎郡产木极多，若檀、梓、樟、楠之类，仅以供本境之用，惟杉木则遍行湖广及三江等省，远商来此购买，在数十年前每岁可卖二三百万金，今虽盗伐者多，亦可卖百余万。"③

遵义府绸的输出量也较大。道光《遵义府志》称："迄今几百年矣，纺织之声相闻……而土著裨贩走都会，十十五五骈陛而立貽，遵绸之名竟与吴绫蜀锦争价于中州，远徼界绝不邻之区，秦晋之商、闽粤之贾又时以茧成来带鬻，捆载以去，与桑丝

---

① 乾隆《清江厅志》卷一，天文志。
② 《黔南识略》卷二十一，黎平府。
③ 光绪《黎平府志》卷三下，物产。

相挽,集为趋越纨缚之属,使遵义视全黔为独饶。"①民国《遵义府志》称:"清嘉道年间遵义柞蚕业鼎盛,所产府绸,远销秦晋闽粤诸省,岁值七八百万元"。② 此外,黔铅、生漆、桐油、茶等也是贵州贸易的商品。

  清代中期贵州贸易规模可以从商税变化中了解大致情形。雍正三年,云贵总督高其倬、贵州巡抚毛文铨、提督赵坤等奏称:"……又闻贵阳、镇远、安顺、普安四处榷税,每岁抽收一二万金,而报解正项不过数千。思南、威宁、黔西、大定、毕节等处俱有过往牛马铜盐并落地等税,每岁可收至八九千金,少亦不下二三千金,而报解正项不过数百。"③乾隆初年,贵州年额杂税银 12 533.5 两。税额较多的是遵义(约一万余两)、镇远(3091 两)、贵阳(2612 两)和安顺(2391 两)。贵阳是贵州省城,遵义、镇远、安顺分别位于川黔、湘黔、滇黔大道之中,是贵州省际贸易的重要集散地,自然成为贵州商业贸易繁盛之地。此外,开州袁家棉花渡、修文县乌茶渡、三岔六广渡、永宁州盘江、清镇县鸭池河、婺川县濯水、石阡府葛闪渡、铜仁省溪江口、威宁州乌撒、南笼府普安亦单独设立税口,年征税银亦不少,如南笼府普安税口,年额征银 1202 两。④ 这些关津要道是商贸往来的必经之地,税额表明这些地区的商贸亦有一定规模。

  虽然此后额征数量并无变化,如嘉庆朝时,贵州落地牛马猪羊等项杂课年额征银 13 615.91 两,内杂税银仍为 12 533.5 两。⑤ 但由于商业贸易的发展,实际征收商税有明显的增长。如镇远府关税定额 3091 两,但乾隆五十一年上谕中称:"从前袁守侗等查审镇远府知府苏土乔侵隐税课、控揭上司一案,内称镇远关税连年既有盈余四五千两不等。"⑥也就是说,乾隆朝后期,镇远府每年实征关税达七八千两,超过定额一倍有余。道光年间,遵义府每年额征各税口商税、靛税银 5657.304 两,仁怀直隶厅各关年额征税银 3478.87 两,合计 9136 两。⑦ 因商税调整⑧,该地较乾隆初年有所减少,但仍为贵州商贸最为发达之地。

四、城镇与区域经济

  清代贵州城镇以政区治所为主。清代前期贵州行政建置有较大变化,康熙、雍正年间,将原属湖南省的镇沅、偏桥、五开、铜鼓、清浪、坪溪六卫及天柱县划归贵州省,将原属广西省的荔波县及泗城府、西隆州在洪水和以北的地方划归贵州,将原

---

① 道光《遵义府志》卷十六,农桑,遵义蚕。
② 民国《遵义新志》第九章,区域地理,输出货物。
③ 《大清世宗皇帝实录》卷三十,雍正三年三月丁卯,上谕云贵总督高其倬等。
④ 乾隆《贵州通志》卷十四,税课。
⑤ 《钦定大清会典事例(嘉庆朝)》卷一百九十五,户部,杂赋。
⑥ 《大清高宗皇帝实录》卷一千二百六十七,乾隆五十一年十月己未,上谕军机大臣等。
⑦ 道光《遵义府志》卷四十,赋税二;道光《仁怀直隶厅志》卷四,会计志,课税。
⑧ 《大清高宗皇帝实录》卷七十八,乾隆三年十月,户部议覆贵州总督兼管巡事张广泗疏:"至遵义税额虽系川省旧定,既经改属黔省,应令该督酌定画一征收。"《大清高宗皇帝实录》卷一百四十一,乾隆六年四月,户部议覆署理贵州总督兼管巡抚事务张允随奏:"贵州遵义府牲畜一税重徵累民……请免纳税。"

属四川省的乌撒府及遵义军民府划归贵州,而将永宁县划归四川,贵州疆界基本稳定下来。康熙时期还将明代设立龙里、普定、都匀、平越、清平、贵州、贵钱、敷勇、威清、镇西、平坝、安南、永宁、毕节、五开、铜鼓、清浪、平溪等十八卫改置为州县,行政区逐渐统一。康熙朝将贵州宣慰司、乌撒土府和马乃土司改流,设立大定、平远、黔西、威宁四府及普定县。这些政区治所大多沿用明代府州县城和卫所城。如省会贵阳府城,"明洪武十五年建石城,周围九里七分,高二丈二尺,门五,……。顺治间外城被毁,十六年修内城,增高三尺,康熙十一年复修外城"。余庆县城,"明万历三十年建石城,周围三百一十七丈,高一丈六尺,广一丈,门三,城楼三,康熙九年、乾隆二年重修"。① 城的规模与政区等级成一定的对应关系,政区级别越高,则治所城越大,反之则越小。

雍正、乾隆年间,在新设置地区大量兴建城池。如雍正时期开辟苗疆,设立八寨、丹江、清江、古州、都江、台拱六厅,同时增设长寨、归化、仁怀、郎岱、松桃、水城等厅。这些厅治基本上都新修了城池。如清江厅城,雍正九年张广泗题建土城,乾隆十年张广泗题准建立石城,周围六百九十一丈许,共六门,身高一丈一尺②。与此同时,乾隆年间,对原有政区治所城池进行修缮。乾隆九年贵州总督张广泗议奏:"署贵州按察使宋厚条奏苗地建城一事。黔省各处城垣建自明季,迄今塌废几尽,甚有向无城垣者。……至古州、清江、八寨三处虽有土城,然系一时权宜之计,必应建造石城,方为巩固。又上游新辟苗疆长坝、棒砟俱有石城,其长寨营暨归化营之威远讯皆深处苗穴,并无城垣可恃,议建亦不可缓。又如黎平、大定、都匀、安顺四府城垣年久倾颓,平远、独山二州以及黄草坝地方原未建城,虽系内地,而四面环夷,亦应急修。"③除了政区治所城池之外,部分非政区治所的军事驻防地亦建有城池。如乾隆八年,贵州总督兼管巡抚事张广泗疏称:"上江之定旦、八开、平宇、都江、土岭、八匡、卜江、饼妹等讯,应建土城、城门、敌台、敌楼、石梯,游击、守备、千总衙署、营房、外委住房,并吏目、县丞衙署、仓库。"④

乾隆二十九年,护理贵州巡抚钱度奏:"黔省城垣共八十五座,除全行完固六十余处外,安南、普安、绥阳等三县坍塌无多,均经修整;惟贵阳府城及镇宁州城应须拆修。又天柱、开州、广顺、石阡、思南、永宁、普安、毕节、瓮安、湄潭、龙泉、婺川、印江等十三处城垣,均应修建。但黔省钱粮无几,未便概行兴修,俟明岁将贵阳、镇宁酬办后,再行分别缓急次第办理。"⑤至道光年间,贵州省共领十二府、一直隶州、一直隶厅并十三厅、十三州、四十三县,这些政区治所都已建有城池。笔者据《黔南识

---

① 乾隆《贵州通志》卷八,营建志。
② 乾隆《清江厅志》卷三,建置志,城池。
③ 《大清高宗皇帝实录》卷二百八十八,乾隆九年六月辛酉,贵州总督张广泗议奏。
④ 《大清高宗皇帝实录》卷一百八十九,乾隆八年四月丁未,工部议准贵州总督兼管巡抚事务张广泗疏称。
⑤ 《大清高宗皇帝实录》卷七百二十五,乾隆二十九年十二月,护理贵州巡抚钱度奏。

略》统计,贵州城池共计 70 座①,当未包括军事驻防城池之故。

清代贵州城市建置众多,但城市人口数量有限。贵阳城作为贵州省会,城周九里二分,且有外城。但据道光《贵阳府志》记载,附郭贵筑县城内东南、西南、东北、西北以及北门外新城、南门外附郭等处居住 60 576 人,仅占贵筑县人口的 20.77%,所辖广顺州城 4631 人,仅占全州人口的 5.83%。② 那么,其他偏远地区厅州县城的人口应会更少。

这一时期,因经济发展、商贸兴盛,贵州已出现不少县以下的市镇。据《乾隆府厅州县图志》记载,贵州共有市镇九处,分别是贵筑县广兴镇,定番州大塘镇、罗斜镇,镇远县板桥镇,施秉县从化镇,天柱县清江镇、新市镇,安化县板桥镇,普安县新城镇。③ 当然,贵州的农村初级市镇更多称为场或街,其数量增长更为显著。以遵义府为例,道光二十一年,遵义县有场 85 处、正安州 60 处、桐梓县 53 处、绥阳县 31 处、仁怀县 17 处,共计 206 处。④ 至咸丰初年,即使开发较晚的兴义府,场市数量也不少。咸丰《兴义府志》载,府亲辖地有场 14 处、兴义县 28 处、普安县 14 处、安南县 7 处、贞丰州 14 处、册亨同知 18 处,共计 77 处。⑤ 一些地方甚至出现了专业市镇。如咸丰初年,安顺府城内已有专门的棉花市(寅未日)、布市(寅未日)和米市(卯酉日)。⑥ 安平县"本城平坝场在署前,以申卯日为期,每逢申卯日天亮时,妇女俱执棉线赴黑神庙兑易棉花,至辰时而散,场将散时及次日早晨,以所织棉布交易,谓之布市"。⑦ 农村初级市场的数量虽然很多,但一般规模都不大,市镇人口很少。如道光末年,大定府亲辖地乐贡里有场市 16 处,其中,户口最多的濯卧坝,有 78 户,385 人;户口最少的纸厂,有 8 户,有 61 人,每处平均约有二三十户,二三百人。⑧

清代中期贵州经济发展不平衡,具有明显的地域差异。为了方便比较,兹将嘉庆《重修大清一统志》中贵州各府人口、耕地、丁银、田赋数据列表如下⑨:

表 1-1　嘉庆《重修大清一统志》载贵州各府人口、耕地、丁银、田赋表

府、直隶厅、直隶州	人　数	户　数	田地山塘（亩）	地丁正杂银（两）	额征正米（石）
贵阳府	741 900	151 251	267 602	16 365	25 660
安顺府	769 775	138 210	252 738	8616	32 185
都匀府	243 011	51 794	99 185	4001	13 064

① 该书虽为乾隆初年贵州巡抚爱必达所著,但现存多为道光朝版本,且书中增入嘉庆、道光两朝史实。
② 道光《贵阳府志》卷四十四,食货一,户口。
③ 《乾隆府厅州县图志》卷四十七,贵州。
④ 道光《遵义府志》卷六,城池,场市附。
⑤ 咸丰《兴义府志》卷十,地理志,场市。
⑥ 咸丰《安顺府志》卷四,地理志三。
⑦ 道光《安平县志》卷四,食货志,场市。
⑧ 道光《大定府志》卷十三,疆域志三,府亲辖地里居。
⑨ 据嘉庆《重修大清一统志》卷四百九十九贵州通部统计而来。

续 表

府、直隶厅、直隶州	人 数	户 数	田地山塘（亩）	地丁正杂银（两）	额征正米（石）
镇远府	573 300	120 435	206 146	3996	12 994
思南府	335 882	82 842	114 367	8386	1246
石阡府	95 164	21 595	59 494	3773	1149
思州府	126 194	22 580	57 202	3611	2470
铜仁府	131 261	37 378	55 786	4624	6736
黎平府	286 157	71 977	155 520	3090	5808
大定府	552 791	117 741	230 591	1612	27 488
兴义府	359 481	11 006	86 525	7202	11 815
遵义府	591 598	115 769	896 873	21 426	8693
平越直隶州	367 608	77 392	210 022	9731	8049
松桃直隶厅	115 453	26 001	22 302	1332	2719
普安直隶厅	74 505	16 214	39 111	1461	2829
仁怀直隶厅	34 281	8999	23 566	542	211

说明：为便于比较，将八寨、丹江、凯里、台拱、黄施、清江左、清江右、古州左、古州右、石砚等十卫数据并入所在府厅之中。

就人口和耕地而言，清代中期贵州经济大致可划分为黔中、黔北、黔东、黔南、黔西五个区域。黔中区包括贵阳、平越二府州，以省会贵阳为中心；黔北区包括遵义、思南、石阡、松桃、仁怀五府厅，以遵义府城为中心；黔东区包括镇远、思州、铜仁、黎平四府，以镇远府城为中心；黔西区包括安顺、大定、普安三府州，以安顺府城为中心；黔南区包括都匀、兴义二府。黔北、黔中发展程度最高，人多地广，黔东、黔西次之，黔南相对落后。这种经济区划也与手工业、家庭副业和商业贸易的区域发展相吻合。道光《大定府志》云："今贵州行省者，为郡十又四。遵仁有樗茧之利，种橡饲蚕于山，缫之腴之，织之染之，北以卖蜀，东以市楚，遵绸之所衣被几半天下；而自赤水开凿以来，仁怀又为蜀盐灌入之要途，亦大收其利焉。兴普有木棉，安顺擅蜡种，镇远、思南为楚蜀通黔水陆之凑会，百货萃焉。桐松有油漆之饶，黎都有木竹之利，皆东近楚，坼辰沅诸州，舟楫可挽而至都黎，沿周水又可下柳象，故商贾辐辏，地尚殷实。贵阳平石宅乎贵州之中，虽亡他利，而贵阳为省会，平石近之，要亦百货之所集也，地咸近遵，亦时仿效而饲山蚕。"①这是对贵州工商业发展状况和区域差异的最好总结。

---

① 道光《大定府志》卷四十二，经政志第四，食货志四下。

第三节　近代以前贵州经济的发展程度与地理特征

贵州地处西南一隅，幅员狭小，全省总面积约 17.56 万平方公里，占全国总面积的 1.35%。清代嘉庆时期，该省辖十二府、一直隶州、十三散州、十一厅、三十四县及十一府亲辖地。嘉庆十七年，贵州省册载 5 288 219 人，耕地 2 766 007 亩，人均耕地 0.52 亩，占全国人口总数的 1.46%，耕地总数的 0.25%。[①] 相对而言，贵州人口密度略高于全国平均水平，但因地处贵州高原，高山峡谷纵横，耕地数量相对较少，人均耕地不到全国平均水平的四分之一，故贵州的赋税收入亦相对较少。嘉庆二十五年，贵州省额征地丁正杂银 93 821.34 两，正米 162 490.17 石，分别占全国总数的 0.31% 和 2.19%[②]，在清代内地十八省中基本上处于垫底地位，故有贵州全省赋税不如中州一郡之说。

清代中期的贵州仍属于传统农业社会，但因地理条件相对较差，耕地较少，农业发展程度不高，加之交通不便，商贸不兴，总体经济实力低下。但就全省而言，其内部差异较为明显：作为省会的贵阳为全省政治、经济、文化中心，人口稠密，农业经济发展，商贸兴盛；遵义、安顺、镇远三地因处交通要道，工商业亦较为发达；黔东南、黔西南、黔东北、黔西北等四隅之地地瘠民贫。从地域上看，黔北、黔中发展程度最高，人多地广，黔东、黔西次之，黔南相对落后。

[①] 嘉庆十七年贵州及全国册载人口、耕地数据来自嘉庆朝《钦定大清会典》卷十一，户部，尚书侍郎职掌二。
[②] 嘉庆二十五年贵州及全国册载赋税数据引自梁方仲《中国历代户口、田地、田赋统计》，中华书局，2008 年，第 401、410 页。

第二章 近代农业地理

第一节 人口、土地与水利事业

一、近代贵州人口数量、区域分布及职业结构

受战乱影响,近代贵州省人口变化比较剧烈。清道光二十八年,贵州通省册载民数大小男妇共 5 429 484 口。① 然自咸丰四年至同治十二年,贵州陷入近二十年的战乱之中,人口损失较大。如同治元年六月,政府"予贵州各属阵亡殉难绅民妇女五千一百一十五员名口,分别旌恤如例"。②《清实录》中类似的记载几乎每年都有,至光绪十年,政府还"追予贵州历年阵亡殉难官绅王益宗等,暨士民妇女二万二千三百二十七员名口,分别旌恤如例"③。除了这些地方官绅名士之外,一般贫苦民众的伤亡又不知几何。如光绪《普安直隶厅志》言:"自咸丰四年经回乱,户口凋残,人丁逃散,尚未复额。"④光绪《古州厅志》称:"兵燹后苗民累经创惩,疠疫继之,死者过半";"汉民聚守城中,饥馑锋镝死者枕藉,今之存者皆间隙奔走,延此余生,度仅十存一二耳"。⑤ 光绪《平越直隶州志》亦称:"况此方大乱之后,其生聚际昔,十不三四,元气犹微。"⑥

关于咸同战乱中贵州的人口损失,并无确切的统计数据。凌惕安《咸同军事史》称:"据当时当局者之奏议函牍及其时之诗文稿件所载,加之推测,则贵州兵燹之余,所剩人口似仅三成。"他又以乾隆六年贵州人口七百万为基数,推算出损失人口为490万左右。⑦ 这一结论是否正确,兹以遵义府为例予以验证。

表 2-1 咸同间贵州遵义府人口数量变化表⑧

府属州县	咸丰元年口数	同治十三年口数	增减数	增减率
遵义县	90 169	21 321	-68 848	-76.35%
正安州	204 342	149 715	-54 627	-26.73%
桐梓县	60 098	49 815	-10 283	-17.11%

---

① 户部《道光二十八年各省民数谷数清册》,引自中国第一历史档案馆《道光年间各省民数谷数清册》,《历史档案》2008 年第 1 期。
② 《大清穆宗皇帝实录》卷三十二,同治元年六月戊寅。
③ 《大清德宗皇帝实录》卷一百八十一,光绪十年四月戊申。
④ 光绪《普安直隶厅志》卷九,食货,户口。
⑤ 光绪《古州厅志》卷一,地理志,苗种。
⑥ 光绪《平越直隶州志》卷十九,食货,户口。
⑦ 凌惕安:《咸同军事史》第二十四章,军事时期人口资产损失之估计,《近代中国史料丛刊》第 1 辑 0124 册。
⑧ 据民国《续遵义府志》卷八户口所载数据统计。

续 表

府属州县	咸丰元年口数	同治十三年口数	增减数	增减率
绥阳县	65 297	30 553	−34 744	−53.21%
仁怀县	153 920	79 384	−74 536	−48.43%
合计	573 826	330 788	−243 038	−42.35%

  自咸丰元年(1851)至同治十三年(1874),遵义府属各州县人口损失大小不一,多则六七万,少则万人,损失率在17%—76%之间,就全府而言,损失人口达24万,损失率为42%,超过四成。然此次战乱的主要区域在都匀、镇远、黎平、思南、兴义、平越等地,黔北遵义等地遭受战乱时间较短,故人口损失不大。据此推断,整个咸同战乱期间,贵州人口损失当在五成左右。因为不论是当局者还是亲历者,对人口损失的估计难免有以点盖面之嫌,故凌惕安据此估算的损失过大。此外,本书第一章考证,即使到道光十五年,贵州人口亦只有540万,以五成损失计,当为270万。

  同治十二年(1873),"贵州现在全省肃清,民间经兵燹之余,疮痍未复"。贵州开始处理善后事宜,"建碉堡,设屯田,宽赋税,增州县"①,恢复社会经济,逃亡人口逐渐汇集。如黎平府,道光十四年(1834)31 290户,男妇大小155 986口,至光绪十七年(1891),计有59 626户,男妇大小261 640口。② 虽经咸同战乱的影响,但经过十余年的发展,人口已经远超战前。再如独山州,册载同治七年(1868)139 873人,光绪十五年(1889)达153 053人。③ 据光绪三十四年(1908)贵州全省户口调查结果,全省有1 771 533户,8 702 964口④。宣统三年(1911),据内政部公布数据,贵州共有1 771 533户,926.5万人。⑤ 可见,经过三十余年的发展,贵州人口不但得到恢复,而且较道光末年有较大增长。

  民国改元对贵州并未产生显著的影响,人口依然缓慢增长。据内政部编《内政调查统计表》载,1912年贵州有9 665 227人,1913年增至10 852 079人。⑥ 1919年贵州人口11 216 400人、1925年11 291 261人、1928年14 745 722人。⑦ 此后,贵州人口呈逐步下降趋势,1929年贵州人口数11 331 431人,1931年8 211 659人⑧,1933年6 906 361人。⑨ 1936年,据民国政府调查,贵州"其时全省总人口已达一千零四十八万余人,但汉族仅占九百零四十余万人……其时全省苗民人数共约六十

---

① 《大清穆宗皇帝实录》卷三百五十五,同治十二年七月癸酉,上谕军机大臣等御史谭钧培《秦黔省善后事宜亟应妥筹折》。
② 光绪《黎平府志》卷三上,食货志,户口。
③ 民国《独山县志》卷十五,户口。
④ 引自《贵州历史上的人口普查》,《贵州社会科学》1990年第7期。
⑤ 引自东亚同文会编:《支那省别全志》第16卷贵州省,第13—14页,1920年7月。
⑥ 内政部编:《内政调查统计表》(第八期),1935年4月。
⑦ 转引自杨斌:《军阀统治时期贵州人口资料辨析》,《贵州社会科学》2001年第3期。
⑧ 转引自杨斌:《军阀统治时期贵州人口资料辨析》,《贵州社会科学》2001年第3期。
⑨ 内政部编:《内政调查统计表》(第八期),1935年4月。

一万人,夷民八十三万余人……以人民移动性能言,不仅入黔者鲜,出省者亦至寡,甚至在本省内亦绝少移动"。① 此后,贵州人口变化不大。如1937年、1939年、1946年贵州人口分别为10 484 904、10 255 909、10 528 293人。②

但是,以上数据的真实性值得怀疑。如1912—1935年间,贵州军阀混战,自然灾害频繁,人口损失不可避免,然上述贵州人口却从1912年的966万增至1928年的1474万,而之后又快速减少至1933年的690万。1935年国民党中央军进入贵州,结束了军阀混战的局面,社会秩序相对稳定。1937年抗日战争全面爆发,内地人口大量迁入西南,贵州人口理应大幅度增加,但却基本稳定,如1936年1048万,1946年1052万。因此,杨斌专门对民国时期贵州人口资料进行了辨析,并依据人口自然平均增长率、男女性别比、户均人口数等方面对已有数据进行了修正③。兹将其修正数据列表如下,以备参考。

表 2-2 民国时期贵州人口数据及修正表

年 份	公元	原始数据	修正数据	年 份	公元	原始数据	修正数据
民国元年	1912	9 665 227	8 822 000	民国二十八年	1939	10 255 909	12 799 000
民国二年	1913	10 901 135	8 882 000	民国二十九年	1940	10 212 661	12 978 000
民国八年	1919	11 216 400	9 252 000	民国三十年	1941	10 551 989	13 159 000
民国十四年	1925	11 291 261	9 637 000	民国三十一年	1942	10 728 565	13 343 000
民国十七年	1928	14 745 722	9 835 000	民国三十二年	1943	10 792 535	13 529 000
民国十八年	1929	11 331 431	9 902 000	民国三十三年	1944	10 827 168	13 621 000
民国二十年	1931	8 221 659	10 038 000	民国三十四年	1945	10 602 405	13 714 000
民国二十一年	1932	6 905 551	10 106 000	民国三十五年	1946	10 528 293	13 714 000
民国二十二年	1933	6 909 361	10 175 000	民国三十六年	1947	10 489 747	13 714 000
民国二十五年	1936	10 486 618	12 541 000	民国三十七年	1948	10 174 457	13 808 000
民国二十六年	1937	10 302 507	12 627 000	民国三十八年	1949	10 159 444	13 902 000
民国二十七年	1938	10 326 322	12 713 000				

说明:此表据杨斌《军阀统治时期贵州人口资料辨析》、《国民党统治时期的贵州人口资料辨析》二文中附表组合而成。

近代贵州人口分布区域差异较大。据《贵州省统计资料汇编》表11《人口密度》所载④,全省平均人口密度为每平方公里59.4人,最高的是贵阳,每平方公里296.1人,最低的是大塘,每平方公里仅有13.2人。每平方公里超过90人的有14县,分

---

① 张肖梅:《贵州经济》。
② 国民政府主计处统计局编:《贵州省统计资料汇编》,1942年1月;国民政府主计处统计局编:《中华民国统计提要》,1947年。
③ 杨斌:《军阀统治时期贵州人口资料辨析》,《贵州社会科学》2001年第3期;《国民党统治时期的贵州人口资料辨析》,《贵州文史丛刊》2002年第1期。
④ 国民政府主计处统计局编:《贵州省统计资料汇编》,1942年,第24页。

别是贵阳、息烽、安顺、平坝、普定、毕节、黔西、遵义、凤冈、铜仁、沿河、印江、思南、松桃等县,主要分布于黔东北、黔北、黔西等地区的核心地带;每平方公里低于30人的有10县,分别是大塘、平舟、罗甸、关岭、安南、荔波、都江、剑河、下江、施秉等县,主要位于黔东南、黔南、黔西南等地。总体而言,近代贵州人口呈东南少、西北多的分布格局。

表2-3 1937年贵州各县人口、面积及人口密度表

(单位:人/平方公里)

县别	面 积	人口数	人口密度	县别	面 积	人口数	人口密度
贵阳	1145.30	270 439	236.1	正安	5030.80	334 081	66.4
安顺	1175.93	244 061	207.5	炉山	1411.15	93 058	65.9
毕节	2474.55	335 585	135.6	麻江	1196.43	77 605	64.9
平坝	787.43	108 593	137.9	绥阳	2413.20	154 270	63.9
普定	1165.75	141 979	121.8	桐梓	3578.85	225 158	62.9
铜仁	961.25	112 304	116.8	开阳	1891.73	116 038	61.3
松桃	1810.60	213 400	117.9	刁水	2351.85	140 909	59.9
凤冈	1257.78	143 677	114.2	镇宁	1636.10	97 977	59.9
沿河	1155.58	123 536	106.9	水城	3835.60	229 192	59.8
息烽	766.93	78 113	101.9	独山	2658.60	153 679	57.8
印江	1707.67	173 635	101.7	岑巩	1104.40	63 521	57.5
遵义	6032.85	591 301	98.0	江口	1319.13	75 611	57.3
黔西	4499.10	421 626	93.7	后坪	763.98	43 713	57.2
思南	2147.35	194 360	90.5	德江	2117.35	122 059	57.6
湄潭	1922.40	167 523	87.1	省溪	746.53	42 161	56.5
永从	807.88	66 980	82.9	黄平	2474.55	139 352	56.3
赤水	1799.70	141 753	78.8	青溪	480.63	26 967	56.1
仁怀	3057.38	240 248	78.6	贵定	1799.70	99 391	55.2
兴仁	1411.15	109 287	77.4	都匀	2065.55	111 801	54.1
盘县	3169.85	245 261	77.4	郎岱	2597.25	138 503	53.3
天柱	1482.73	113 334	76.4	三穗	1227.10	61 080	49.8
贞丰	1707.68	122 478	71.7	余庆	1310.13	65 251	49.8
玉屏	511.35	36 474	71.3	三合	1002.15	49 308	49.2
清镇	2045.10	141 633	69.3	安龙	2638.15	122 007	46.2
修文	1165.75	79 386	68.1	定番	2985.35	136 426	45.7
石阡	2198.48	118 256	53.8	长寨	818.10	36 145	44.2
大定	6032.85	486 401	80.6	织金	5110.35	221 145	43.3

续 表

县别	面 积	人口数	人口密度	县别	面 积	人口数	人口密度
丹江	970.48	42 248	43.5	镇远	1216.88	39 331	32.3
兴义	3987.85	173 608	43.5	八寨	1227.10	38 182	31.1
黎平	3476.60	140 816	40.5	下江	1186.20	36 310	30.6
广顺	1554.30	66 281	42.6	罗甸	3568.63	100 052	28.0
婺川	2300.73	95 481	41.5	荔波	3926.50	107 175	27.3
瓮安	2372.30	97 521	41.1	榕江	3026.70	82 535	27.3
龙里	1687.23	68 347	40.5	施秉	1319.13	34 461	26.1
册亨	1738.35	64 703	37.2	剑河	2096.23	51 948	24.8
台拱	1175.98	41 776	35.5	关岭	3139.18	102 869	32.8
紫云	2822.20	98 356	34.9	平舟	2321.13	50 769	21.8
威宁	8323.25	286 437	34.4	安南	2812.20	54 660	19.4
平越	1942.85	66 155	34.1	都江	1196.43	19 066	15.9
普安	2219.60	76 243	34.3	大塘	2269.95	41 236	18.2
锦屏	1595.20	52 349	32.8	总计	176 438.30	10 526 946	59.7

说明：该表数据来源于国民政府主计处统计局编：《贵州省统计资料汇编》，1942年，第24页。

另据1939年的统计，贵州各行业人口占总人口比例分别为：农业46.5％、矿业0.22％、工业3.84％、商业3.14％、交通运输业0.37％、公务人口1.37％、自由职业0.96％、人事服务6.04％、无业35.53％、失业2.03％[1]。由此可见，农业为第一大产业，其次为人事服务业，再次为工矿商业。此外，无业、失业人口占比较大，大部分为抗战内迁难民。可见，当时贵州仍以农业人口为主，工业、商业和人事服务业人口亦占有一定的比例，表明当时贵州的工商业有一定程度的发展，当然这也是抗战内迁工厂、学校、机关等涌入贵州的结果。

二、近代贵州耕地数量变化及地域分布

道光年间，贵州册载耕地数量有所下降。《黔南识略》载贵州耕地约有25 400余顷[2]，已少于嘉庆年间册载耕地数量。同治《钦定户部则例》载，贵州省各项田地共26 854顷有奇，而原额为2 682 560亩[3]。据前文所知，晚清贵州经历了长时间的战乱，人口锐减。虽然光绪年间又有所恢复，但大量耕地因人口损失或逃亡而抛荒，短时期内无法恢复到战前水平。1915年，贵州上报农田、园圃面积，共计

---

[1] 据国民政府主计处统计局编《贵州省统计资料汇编》表14《人口职业分类》(第38页，1942年)统计而来。
[2] 据《黔南识略》所载各县级政区耕地面积统计而来,因该书在道光年间重编,其耕地面积可反映道光年间状况。但缺定番、罗斛、丹江、八寨、都江、台拱、清江、古州、下江、兴义、贞丰、仁怀及铜仁府亲辖地等十三个县级政区耕地面积。
[3] 《钦定户部则例》，田赋，直省田额，同治十三年校勘本。

1 471 038亩①,仅为清末的一半左右。当然,清代册载耕地的统计范围仅为缴纳赋税的民田,并非包括所有耕地,而1915年的统计亦由各县陈报,并非实际测量面积,这些数据均小于实际耕地数量。

民国初年,贵州陷入长时间的军阀混战之中,缺乏翔实的全省耕地统计数据。抗日战争以来,贵州耕地统计数据较多,但参差不齐。据张肖梅《贵州经济》所称,1936年,贵州全省土地总面积为176 470平方公里,已调查的八十个县有耕地53 232 000市亩②。1938年,据贵州农业改进所普查,贵州总面积256 644 635市亩,耕地29 330 385市亩;而据贵州省建设厅调查,贵州总面积234 720 615市亩,耕地31 223 109市亩③;二者垦殖率分别为11.43%和13.3%。民国三十年,贵州耕地有22 468 335市亩④。《贵州财经资料汇编》称:"关于耕地面积之资料,亦参差不齐。最高者为1939年出版之贵州省农业概况调查所载达31 223 187市亩,竟占总面积的11.79%,似过高。最低者为1945年贵州省政府统计年鉴所载及建设厅统计室资料均为17 398 381市亩,占总面积之8.8%,较为适中,而该项资料且系根据各地土地陈报重新估计所得,可供参考。"⑤即使以1945年贵州耕地17 398 381市亩而言,较民国初年已增长了10倍之多,较清末已增6倍有余。贵州是多山地区,短短三十余年间要开垦如此大量的耕地是不可想象的。耕地数量的巨大变化除了亩制变化之外,最大的原因应是统计范围的扩大。

除了耕地总量的变化之外,耕地的区域分布亦不平衡。据《贵州省统计资料汇编》所载1938年贵州农业改进所普查贵州各县面积及耕地数据,计算各县垦殖率如下表⑥:

表2-4 1938年贵州各县垦殖率表

县别	垦殖率	县别	垦殖率	县别	垦殖率
平坝	41.94%	郎岱	23.03%	修文	19.05%
清镇	40.61%	兴仁	22.73%	册亨	18.32%
思南	24.83%	印江	22.41%	安顺	18.32%
息烽	24.52%	凤冈	20.69%	贞丰	16.41%
毕节	24.09%	普定	20.06%	织金	15.02%
铜仁	23.21%	大定	19.50%	三穗	14.56%
天柱	23.10%	安龙	19.32%	贵阳	13.35%

---

① 《中华民国五年第五次农商统计表》。
② 张肖梅《贵州经济》人口及土地。
③ 《贵州省统计资料汇编》第五类农林,第一纲农业,表33耕地面积,第66页。
④ 《贵州省概况统计》,引自李德芳、林建曾主编:《贵州近代经济史资料选辑》(上)第1卷,四川社会科学院出版社,1987年2月,第151页。
⑤ 《贵州财经资料汇编》,第四编农林,第一节本省面积与耕地,引自李德芳、林建曾主编:《贵州近代经济史资料选辑》(上)第1卷,四川社会科学院出版社,1987年2月,第138页。
⑥ 国民政府主计处统计局编:《贵州省统计资料汇编》,第五类农林,第一纲农业,表33耕地面积,1942年1月版,第66页。

续 表

县别	垦殖率	县别	垦殖率	县别	垦殖率
玉屏	13.20%	麻江	10.03%	独山	7.67%
松桃	12.68%	长寨	9.93%	瓮安	7.56%
后坪	12.65%	湄潭	9.66%	省溪	7.50%
绥阳	12.27%	德江	9.52%	平舟	7.29%
水城	12.23%	赤水	9.13%	下江	7.22%
桐梓	12.23%	平越	9.03%	紫云	7.19%
关岭	11.90%	青溪	8.96%	锦屏	6.92%
石阡	11.89%	婺川	8.84%	八寨	6.35%
开阳	11.73%	镇远	8.79%	正安	6.28%
定番	11.70%	罗甸	8.61%	兴义	6.12%
镇宁	11.66%	龙里	8.44%	剑河	6.06%
广顺	11.34%	江口	8.40%	黎平	5.63%
威宁	11.20%	沿河	8.38%	施秉	5.45%
黔西	10.79%	贵定	8.24%	榕江	4.91%
炉山	10.59%	台拱	8.21%	丹江	4.70%
普安	10.48%	安南	8.05%	余庆	4.40%
三合	10.47%	盘县	8.03%	都江	4.36%
遵义	10.34%	黄平	7.92%	岑巩	3.54%
都匀	10.31%	荔波	7.89%	大塘	2.26%
仁怀	10.13%	永从	7.71%	平均	11.39%
习水	10.08%				

说明：该表据国民政府主计处统计局编：《贵州省统计资料汇编》，第五类农林，第一纲农业，表33耕地面积所载贵州农业改进所1938年普查各县面积、耕地数据而作。

虽然贵州农业改进所普查数据偏高，但用以反映贵州耕地区域分布仍有一定代表性。该表所示，垦殖率最高的10个县为平坝、清镇、思南、息烽、毕节、铜仁、天柱、郎岱、兴仁、印江，平均在20%以上，主要分布于今铜仁(3县)、贵阳(2县)、安顺(2县)三地市，黔东南、黔西南、黔西北有零星分布。垦殖率最低的10个县为大塘、岑巩、都江、余庆、丹江、榕江、施秉、黎平、剑河、兴义，都在6%以下，主要分布于今黔东南州(7县)，黔南、黔西南及遵义有零星分布。总体而言，黔西北垦殖率高于黔东南，这与人口分布基本一致。

三、近代贵州水利事业

1840年以后，因各省拖延协济银两，贵州财政逐渐穷迫，政府无力进行大规模水利兴修,但地方官绅主导下的水利建设仍在继续,并对原有堰塘闸坝进行修缮。如兴义府的招公堤,始筑于康熙三十三年,"道光二十九年,知府张镆又筑高五尺,咸丰四年又筑屋三楹"。① 咸同战乱之后,贵州各地水利兴修又重新开始。如遵义府桐梓县毛田堰,"自溱水经过之天猫孔起堰,达东门河止,约长七里,开渠一道,灌田四千余石,委绅毕炳南、江开亮承办,丈田摊派,集款三千余金,自辛丑年(1901)九月起工,壬寅年(1902)五月堰成,迄今廿余年,岁获有秋,人咸讼功于不衰"。②

民国之后,贵州水利兴修仍不时进行。如民国《兴义县志》载:"本邑多属天然水利,在民初,东乡阿尔寨筑有石坝,长十余丈,高八尺余,引水折行上达,可灌田二百余亩。"③《贵州省农业概况调查》称:"贵州省各地之农田水利,除一部分依赖自然之降水外,其他大部分均在山谷间作堰,以其溪流积水,作灌溉用。如都匀东南之大河、西南之摆坑河、南部之外套河,可灌地二十余万市亩,天柱县之清水江及其支流,亦可灌地七万余市亩。此外,其他各县之小溪流,亦能灌地数百至数千或数万市亩不等。"④

抗战以来,为建设大后方,发展农业生产,贵州省政府建设厅、农田贷款水利委员会(简称农贷会)积极开展农田水利建设。自1938年开始,分别勘测、设计、兴修了贵阳市中曹司、乌当水利工程,惠水县小龙区、三都区、老公坡、满管区、涟江灌溉工程及兴义县安龙陂塘海子疏浚工程。至1943年,农贷会已与各地签订水利兴修贷款合同1465万元⑤。但正如《贵州财经资料汇编》所言:"本省水利事业,虽早于1938年即已发轫,惟偏重示范设计及小规模工程,对于农事受益并无影响。贵州省政府时代虽曾修建惠水县小龙、三都老公坡、满管及连江北区灌溉工程,贵阳市乌当及中曹司灌溉工程与龙里县石板河灌溉工程等八处,有者全部或局部支渠,迄未完成,有者以修后未加妥善管理养护,渠道坍塌,效用已失。"⑥示范作用大于实际效果。

至于贵州旧时灌溉,仍多以沿河两岸为主,其他地区均听自然支配。沿河灌溉方式,有的修筑堰沟,有的用水车戽水。张肖梅《贵州经济》称:"本省农田灌溉,几全恃天然雨水。……滨河之乡,农民均利用筒车灌田。河水湍急者,力能推动车轮,仅装筒车一具,即可戽水,其河底倾斜度较小,水流和缓者,另在河中堆放乱石,或简单水堰,使流量增大。……此种筒车,每具价仅二三十元,灌田面积自五亩至十余亩,戽水高度自数尺至丈余。龙骨车,本省虽亦利用,然不及筒车之普遍。至

---

① 咸丰《兴义府志》卷十四,河渠志,津渡,堤附。
② 民国《桐梓县志》卷四,舆地志下,井堰。
③ 民国《兴义县志》,第七章第八节水利。
④ 经济部资源委员会编:《贵州省农业概况调查》,1939年,转引自李德芳、林建曾主编:《贵州近代经济史资料选辑》(上)第1卷,四川社会科学院出版社,1987年2月,第198页。
⑤ 《西南实业通讯》之《实业动态》,1943年第7卷。
⑥ 《贵州财政经济资料汇编》第四章农林第五章农田水利,转引自李德芳、林建曾主编:《贵州近代经济史资料选辑》(上)第1卷,四川社会科学院出版社,1987年2月,第199页。

新式抽水机,则尚付缺如。"①

第二节 主要粮食作物

近代贵州粮食作物种植分夏冬两季,亦称大春、小春作物,作物种类繁多。夏季粮食作物主要有水稻、玉蜀黍、马铃薯、高粱、豆类(如大豆、饭豆、绿豆、巴山豆)和春荞等,冬季粮食作物主要有小麦、大麦、燕麦、豆类(如豌豆、蚕豆)和冬荞等。兹以稻、玉蜀黍、麦、豆为主,论述近代贵州粮食作物的播种面积、总产量、亩产量及其变化状况。

一、清末贵州的粮食作物

米是贵州的主要粮食,稻是贵州最主要的夏季粮食作物,种植面积最广。贵州稻分籼粳稻和糯稻两大类,籼粳稻又分红白两种,各县均有种植,主供食用;糯稻随处皆有,但种植面积较少,主要作为酿酒和制作糕点的原料。道光《遵义府志》载:"五属种稻,高田下湿各因土宜,籼粳不下二三十名,皆清明前后种,八月收。"②咸丰《兴义府志》云:"府亲辖境产粘谷,有黄黑白三种,至北风粘、冷水粘、黏粘、黄瓜粘此四种产兴义县,羊毛粘、银粳粘此二种产安南县,米粒坚细,洁白如玉";"早稻产府亲辖境及贞丰,自播种以至成熟不过百日,晚稻产贞丰,必至九月方可收获,至旱稻无论高地山岭皆可种,全郡皆产"。③光绪年间,黎平府种植籼稻数十种,粳谷有大穗红、广白、广金钗、早黄、黄丝、黑芒等类④。清末,贵州稻类种植已遍及全省。

玉蜀黍,又名包谷、玉米,原产美洲,高产耐旱,是贵州旱田的主要粮食作物。道光《贵阳府志》载:"玉蜀黍,居人谓之包谷,有红、白、黄三色,……山农种以佐谷,……或煮或炒,或磨为糜,皆可食,用以济荒,故种之者广。"⑤咸丰《安顺府志》云:"玉粒,俗名包谷,山地遍种,民咸赖子,以济食。"⑥光绪《平越直隶州志》记:"山地俱可种玉蜀黍,俗呼为包谷,色红白,纯者粘,杂者糯,清明前后种,七八月收,岁视此为丰歉,此丰稻不大熟,亦无损,价视米贱而耐食,食之又省便,富人所唾弃,农家之性命也。"⑦对于田少地多的贵州而言,玉米成为清末贵州下层民众的主要口粮,其种植范围相当广泛。

小麦、大麦、燕麦也是贵州夏季主要粮食作物之一。道光《大定府志》云:"罗鬼国禾米亦佳,土人以燕麦为正粮,燕麦状如麦,外皆糠稞,内有芥子一粒,色黄可食,

---

① 张肖梅:《贵州经济》第七章,第49页。
② 道光《遵义府志》卷十七,物产,五谷。
③ 咸丰《兴义府志》卷四十三,物产志,土产。
④ 光绪《黎平府志》卷三下,食货志,物产。
⑤ 道光《贵阳府志》卷四十七,食货略,土物。
⑥ 咸丰《安顺府志》卷十七,物产。
⑦ 光绪《平越直隶州志》卷二十二,食货四,物产。

群苗以此为面。"①光绪《黎平府志》记载:"麦,曰酱麦,亦曰银丝麦,磨面最上;曰大麦,茎叶与小麦相似,但茎微粗,叶微大,色深青而外如白粉,芒长,壳与粒相粘,未易脱,止堪碾米作粥饭;曰小麦,磨面作饼饵,食曰香麦;曰老麦,皆上年秋月种,七年下月收。"②光绪《湄潭县志》言:"谷种不一,稻为首,其次莫如麦,麦供饼饵者为小麦,供饭食者为大麦,又有一种名老麦,供制酒,亦作饭,燕麦俗呼香麦,皆八月种四月收。"③

豆类在贵州种植亦较为普遍,黄豆可榨油、做豆腐,蚕豆可佐食。道光《遵义府志》言:"大豆,俗呼黄豆,清明后种,八月收;赤黑豆名钟子豆,种收同并,以磨豆腐作鼓及资粉;蚕豆俗呼胡豆,九月种四月收;豌豆白者名白豌,斑者名麻豌,种收同并,以和饭作粉缆;绿豆清明后种,八月收,以煮粥作缆,供燕食。"④

二、民国时期贵州的粮食作物

民国以来,贵州的粮食种植结构没有显著的变化。随着农业调查统计兴起,各类农作物播种面积和产量数据逐渐增多。据《第四次农商统计表》记载,1914年贵州种植籼粳稻293.4万亩、糯稻264.1万亩、大麦66.7万亩,分别占总播种面积的44.34%、39.12%、10.08%⑤。因为这次统计依据贵州各地上报,并未实地调查,故统计并不完整。即便如此,亦可见水稻播种面积所占比重很大。同时,糯稻和籼粳稻的播种面积相差无几,但糯稻除了部分食用之外,大部分用于酿酒和制作糕点等用途。

1936年所编《今日之贵州》一书中称:贵州"耕地面积仅二千三百万亩,不足总面积的十分之一,此二千三百万亩耕地之中,水田计九百五十一万三千亩,旱田计一千三百四十八万七千亩"。该书还引用了贵州主要粮食作物种植概况的统计,兹列表如下⑥:

表2-5 抗战前贵州各类粮食作物最高产量统计表

	种植面积 (万市亩)	所占耕地比例	产量 (万市担)	所占粮食比例	亩产 (市担/市亩)
籼粳稻	912.9	43.09%	3160	51.31%	3.46
糯 稻	279.5	13.19%	905	14.69%	3.24
小 麦	243.8	11.51%	545.8	8.86%	2.24

---

① 道光《大定府志》卷四十二,食货略第四下,土物。
② 光绪《黎平府志》卷三下,食货志,物产。
③ 光绪《湄潭县志》卷四,食货志,物产。
④ 道光《遵义府志》卷十七,物产,五谷。
⑤ 农商部总务厅统计科编:《第四次农商统计表》农业部分,1917年十二月。
⑥ 京滇公路周览团宣传部编:《今日之贵州·贵州农业概况》甲《农林产品概况》稻作,1936年。

续 表

	种植面积 （万市亩）	所占耕地比例	产量 （万市担）	所占粮食比例	亩产 （市担/市亩）
大 麦	177	8.35%	365.9	5.94%	2.07
玉蜀黍	292.7	13.82%	714.2	11.60%	2.44
大 豆	212.7	10.04%	468	7.60%	2.20
合 计	2118.6		6158.9		2.91

说明：该书所引各类粮食作物的种植面积和产量均指"平常年"，然张肖梅在《贵州经济》第七章《农业之产销与推广及其改进计划》第二节《普通作物》第一目《稻米之生长及其产销》言，是指抗战之前"十足丰年之产量而言，既非某年度之产量，亦非若干年产量之平均"。

就该表所引抗战前贵州丰年各类粮食作物统计而言，水稻（籼粳稻和糯稻）种植面积达1192.4万亩，占总播种面积的54.8%，除了所有水田之外，还应有部分旱地种植旱稻，总产量达4065万担，平均亩产3.4担。与1914年相比，籼粳稻种植面积增长了两倍多，平均亩产量有显著提高。糯稻种植面积变化不大，但已不及籼粳稻种植面积的三分之一。此外，玉米、小麦、大麦、大豆等旱地粮食作物种植面积均有所扩大，产量大幅度增加，在贵州粮食结构中占有一定比重。也就是说，夏季水田中基本全部种植水稻，而玉米、大麦、小麦等旱地作物急剧扩大，冬季作物亦有一定的发展，粮食作物种植结构趋于合理。

1936年，根据贵州省农业改进所编《贵州农业概况》调查材料，整理贵州主要粮食作物种植面积及产量如下[①]：

表2-6 1936年贵州各类粮油作物种植面积、总产量与亩产表

作 物	种植面积 （市亩）	占耕地百分比	总产量 （市担）	占粮食百分比	亩产 （市担/市亩）
稻	9 872 772	29.66%	28 729 767	36.48%	2.91
玉蜀黍	8 224 188	24.71%	15 214 743	19.32%	1.85
大豆	2 856 922	8.58%	2 828 353	3.59%	0.99
荞麦	1 293 844	3.89%	1 506 705	1.91%	1.16
甘薯	1 105 301	3.32%	10 021 943	12.73%	9.07
高粱	1 020 998	3.07%	1 000 573	1.27%	0.98
马铃薯	764 968	2.30%	9 034 871	11.47%	11.81
粟	680 666	2.04%	993 772	1.26%	1.46

① 据国民政府主计处统计局编《贵州省统计资料汇编》表36《主要作物种植面积及总产量》改制而来（第71页，1942年），原表中还有荻草、棉花和罂粟三种，因不属于粮食作物而去除。

续　表

作物	种植面积（市亩）	占耕地百分比	总产量（市担）	占粮食百分比	亩产（市担/市亩）
红稗	430 880	1.29%	1 034 112	1.31%	2.40
小麦	2 594 647	7.79%	3 736 292	4.74%	1.44
油菜	1 503 080	4.52%	935 171	1.19%	0.62
大麦	1 092 812	3.28%	1 682 930	2.14%	1.54
蚕豆	952 307	2.86%	999 922	1.27%	1.05
豌豆	892 983	2.68%	1 026 930	1.30%	1.15
合计	33 286 368	100.00%	78 746 084	100.00%	2.37

1936年的调查统计范围更加全面，几乎包括了贵州所有粮油作物。与抗战前相比，水稻种植面积及产量有所下降，玉米种植面积及产量急剧扩大，小麦的种植面积变化不大，但产量有所下降，豆类种植面积扩大，但产量并未有明显的增加，粮食作物种类增多，荞麦、甘薯、马铃薯等作物的种植面积亦有所扩大，这种变化使粮食种植结构更加多样化，水田和旱地、夏季和冬季作物的分布更加合理，有利于粮食总产量的稳定和增长。例如甘薯、马铃薯等高产作物的种植面积不大，但亩产量较高，这是充分利用旱地的结果。

根据贵州省政府公布的统计数据，1937年贵州粮油作物种植面积和产量如下[①]：

表2-7　1937年贵州粮油作物种植面积、总产量和亩产表

名　称	种植面积（千市亩）	占耕地百分比	产量（千市担）	占粮食百分比	亩产（市担/市亩）
高　粱	368	1.08%	711	1.16%	1.93
籼粳稻	15 096	44.13%	27 741	45.19%	1.84
糯　稻	1542	4.51%	4068	6.63%	2.64
玉　米	7058	20.63%	14 115	22.99%	2.00
大　豆	1142	3.34%	2259	3.68%	1.98
甘　薯	269	0.79%	1769	2.88%	6.58
花　生	501	1.46%	872	1.42%	1.74
小　米	236	0.69%	393	0.64%	1.67

---

① 据张肖梅《贵州经济》第七章《农业之产销与推广及其改进计划》第二节《普通作物》第一目《稻米之生长及其产销》的数据编制（第G3页）。

续 表

名 称	种植面积（千市亩）	占耕地百分比	产量（千市担）	占粮食百分比	亩产（市担/市亩）
芝 麻	154	0.45%	116	0.19%	0.75
小 麦	1736	5.08%	2433	3.96%	1.40
大 麦	1231	3.60%	1783	2.90%	1.45
豌 豆	1296	3.79%	1614	2.63%	1.25
蚕 豆	1220	3.57%	1665	2.71%	1.36
油 菜	2356	6.89%	1851	3.02%	0.79
合 计	34 205	100.00%	61 390	100.00%	1.79

上表统计显示，稻类种植面积扩大，达1663.8万亩，除了900多万亩水田之外，其他的都应是旱稻，糯稻种植面积进一步减少，稻类仍然是第一大粮食作物；玉米种植面积基本稳定，亩产有所提高，成为第二大粮食作物；大豆、油菜、花生等油料作物种植面积扩大。就粮食结构而言，米的比重上升，占粮食总产量的51.82%，玉米亩产提高，在粮食总产量中的比重增加，大麦、小麦的种植面积减少，而产量无明显变化，豆类种植面积减少的同时，油菜种植面积扩大，油料比重进一步增加。细粮增加、粗粮减少、油料补充是这一时期贵州粮食结构的主要特征。

许道夫在《中国近代农业生产及贸易统计资料》一书中对民国时期贵州历年各种粮食作物的种植面积、产量、亩产进行了统计[①]，但数据来源不一。兹将其历年各类作物种植面积、产量、亩产数据进行平均，制表如下：

表2-8 民国时期贵州农作物种植面积、产量与亩产表

	种植面积（千市亩）	占耕地百分比	产量（千市担）	占粮食百分比	亩产（市斤/市亩）
籼粳稻	7130	35.22	21 715	44.93	295
糯 稻	1545	7.63	4261	8.82	265
小 麦	3021	14.92	5472	11.32	167
玉 米	2343	11.57	5268	10.90	216
大 麦	2438	12.04	4116	8.52	169
燕 麦	187	0.92	146	0.30	78
高 粱	281	1.39	581	1.20	200
谷 子	251	1.24	457	0.95	184

① 许道夫：《中国近代农业生产及贸易统计资料》表17《贵州省》，上海人民出版社，1983年，第62—65页。

续表

	种植面积 (千市亩)	占耕地 百分比	产量 (千市担)	占粮食 百分比	亩产 (市斤/市亩)
糜子	113	0.56	159	0.33	151
甘薯	362	1.79	2964	6.13	837
豌豆	1238	6.12	1534	3.17	125
蚕豆	1335	6.59	1662	3.44	137

上表显示,稻类是民国时期贵州最主要的粮食作物,播种面积867.5万亩,占耕地总数的35.22%,占粮食总产量的53.75%,是贵州人民的主食,平均亩产280斤;麦类是贵州第二大粮食作物,播种面积占耕地总数的26.96%,占粮食总产量的19.84%,但平均亩产仅有168斤;玉米播种面积有限,仅占耕地总数的11.57%,但平均亩产较高,是贵州的主要辅食之一;豆类播种面积较大,占耕地总数的12.71%,是贵州主要的蔬菜和油料来源,这是贵州农作物种植的一大特征。

三、民国时期贵州粮食作物的地域分布

张肖梅在《贵州经济》中总结贵州粮食作物地域分布时说:"冬季作物方面:除西路罂粟缓禁县份外,大致均以大麦、小麦、油菜为主;息烽、修文之燕麦,亦占相当位置;余如豌豆、蚕豆,均属次要。""夏季作物方面:以水稻为主要者,有息烽、遵义、清镇、平坝等二十六县;以玉米为主要者,有开阳、修文、册亨等十九县;以大豆列为主要作物者,有西部清镇、平坝及南部安笼、平舟等六县。以马铃薯列为夏季主要作物者,有开阳、都匀、三穗等八县,此项作物,可充粮食,可制淀粉,值得注意。荞麦为救荒之重要作物,以此列入主要作物者,有西部兴仁、安南等六县。"①

《贵州省统计资料汇编》中记载了1939年贵州各县主要夏季、冬季作物播种面积和产量数据,兹将籼稻、糯稻、玉蜀黍、大豆、甘薯、马铃薯、小麦、大麦等主要粮食作物产量前十位的县数列举如下②:

表2-9 1939年贵州主要粮食作物产量前十位县份表

排名	籼稻	糯稻	玉蜀黍	大豆	小麦	大麦	甘薯	马铃薯	总产量
1	定番	关岭	大定	威宁	遵义	毕节	思南	威宁	大定
2	石阡	下江	威宁	毕节	印江	习水	遵义	毕节	威宁

---

① 张肖梅:《贵州经济》第七章《农业之产销与推广及其改进计划》第一节《农产分布与收获之进境》第一目《各县农产之主干及其分布》,第G1页。
② 据国民政府主计处统计局编《贵州省统计资料汇编》表37《各县主要夏季作物》和表38《各县主要冬季作物》(第72—83页,1942年1月)改制。

续表

排名	籼稻	糯稻	玉蜀黍	大豆	小麦	大麦	甘薯	马铃薯	总产量
3	独山	永从	毕节	清镇	思南	黔西	印江	黄平	思南
4	平坝	剑河	遵义	婺川	习水	思南	铜仁	广顺	毕节
5	织金	榕江	黔西	册亨	凤岗	八寨	湄潭	水城	遵义
6	黔西	安顺	正安	关岭	松桃	兴义	黔西	独山	黔西
7	开阳	思南	桐梓	思南	仁怀	印江	天柱	天柱	定番
8	毕节	德江	清镇	绥阳	正安	平舟	石阡	石阡	织金
9	思南	安龙	织金	湄潭	平舟	独山	正安	黔西	印江
10	松桃	盘县	郎岱	凤岗	安顺	凤岗	息烽	织金	桐梓

贵州省政府编《统计手册》中记载了1945年各县市主要农作物产量数据，兹将各类农作物产量前十位的县市列表如下[①]：

表2-10 1945年贵州主要粮食作物产量前十名县市表

排名	稻类	玉蜀黍	大豆	麦类	豆类	总产量
1	麻江	威宁	桐梓	兴义	龙里	桐梓
2	桐梓	水城	遵义	铜仁	德江	铜仁
3	铜仁	仁怀	黔西	安顺	望谟	威宁
4	遵义	都匀	威宁	石阡	平越	水城
5	清镇	修文	玉屏	仁怀	威宁	遵义
6	盘县	织金	石阡	桐梓	桐梓	龙里
7	天柱	绥阳	榕江	独山	晴隆	麻江
8	威宁	清镇	铜仁	望谟	铜仁	兴义
9	贵筑	惠水	天柱	水城	织金	清镇
10	余庆	桐梓	大定	湄潭	遵义	织金

综合以上三则史料，民国时期贵州农作物种植的地理分布大致如下：1. 稻作主要集中于黔北区的遵义、桐梓，黔中的清镇、平坝、织金、息烽、定番，黔南的麻江、独山三大区域以及黔东的铜仁等县；玉米种植的主要区域为黔西北的大定、威宁、毕节、黔西、水城，黔中的开阳、修文，以及遵义、仁怀、都匀、册亨等县；大小麦种植的主要区域为黔西北的遵义、仁怀、习水、毕节、黔西，黔东北的印江、思南、石阡、凤冈、铜仁，以及兴义、安顺等县；大豆大部分种植于黔西北的威宁、毕节、黔西、黔中

---

① 据李德芳、林建曾主编：《贵州近代经济史资料选辑》(上)第1卷《贵州各县市主要农作物产量》改制，四川社会科学院出版社，1987年，第178—183页。

的平坝、清镇,黔北的遵义、桐梓、婺川,以及安龙、平舟等县;马铃薯、甘薯等作物主要种植于黔西北的威宁、毕节、水城,黔东北的思南、印江、铜仁,以及开阳、都匀、遵义等县。

就粮食总产量而言,近代贵州形成了三大粮食生产中心,黔西北的大定、威宁、水城、毕节以玉米、大豆、马铃薯等为主,黔北的遵义、桐梓以水稻为主,黔东北思南、铜仁以小麦、甘薯为主。

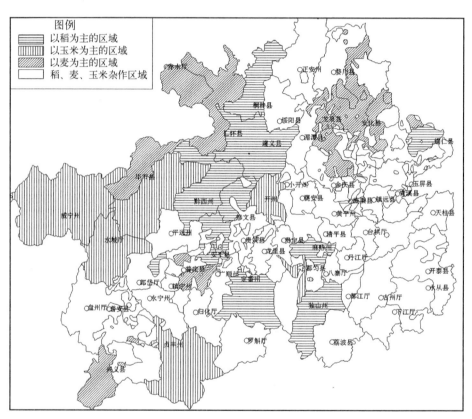

图2-1 民国时期贵州主要粮食作物分布示意图

说明:该图以《中国历史地理信息系统》中1911年图为底图,各主要粮食作物分布地域以前文研究结果为准。

第三节 主要经济作物

近代贵州经济作物种类较多,以其经济价值而言,当首推鸦片、棉花、烟叶,甘蔗的种植亦有一定的规模,兹分别论述如下:

一、鸦片种植

鸦片又称烟土,在贵州种植较早。道光十五年(1835)三月乙酉,御史袁文祥奏称："贵州风俗素为淳朴,近日渐有吸食鸦片烟之人及栽种烟草、开设烟馆之事。"①苗青认为贵州鸦片栽种始于1831—1835年之间②,此说可从。

贵州地方政府奉清政府明令施行禁烟。道光二十年(1840)正月,贵州巡抚贺长龄在《试种桑秧木棉教民纺织折》中称："十八年春间,先于省城附近隙地试种桑秧数万株,长至二三尺时听民移种,又于楚豫各省两次购回棉子二万六千一百余斤给各属,并委员携赴各乡,于查毁罂粟之便教民改种木棉。"③将罂粟铲除,改种木棉,发展纺织,同时,严惩栽种、贩运、吸食鸦片之人。该年五月,贺长龄又奏拿获兴贩、吸食鸦片并栽种罂粟人犯及烟膏、烟土、烟具等④。但鸦片种植迅速扩展,至道光末年,已充斥整个黔西。"黔人呼罂粟花为芙蓉,故鸦片一名清芙蓉,自清镇以西弥望皆是。"⑤

贵州鸦片种植始于何地？民国《桐梓县志》称："鸦片烟,道光间邑中吸食者十数人,闻初购于兴义,曾有因吸烟充军至湖南者。"⑥咸丰《兴义府志》载："至鸦片烟,昔时亦全郡皆产,载罂粟花,至结青苞时,针刺取汁制成,今恪遵功令,已久禁绝矣。"⑦该书历时十三年编成,咸丰四年初版,则该书所载事实的下限应为道光二十年前后,正是贵州厉行禁烟之际,距离贵州开始栽种鸦片仅五年,兴义府已"全郡皆产"鸦片,应为贵州最先栽种鸦片之地。兴义府南邻红水河与广西接界,顺流而下可直达粤东。苗青认为贵州鸦片种植源于"广土"输入,应有一定道理。

咸丰四年至同治十一年,贵州战事不断,地方政府疲于应付,禁烟一事形同空文,各地鸦片种植有增无减。咸丰六年,翁同书《通筹财用大源敬陈管见疏》称："云贵四川境内之田,连畦接畛,种植罂粟花,借以渔利。"⑧咸丰八年(1858)之后鸦片进口合法化,次年(1859)三月,惠亲王等奏："洋药(进口鸦片)一项业经立定科则,惟各省现办厘捐,此项洋药既准其贩运内地,且各省本地出产亦复不少,该地方官自必一律抽收厘捐,若不酌定征解章程,难免隐匿。"⑨于是制定章程,对土药(国产鸦片)抽税,这意味着道光朝以来的禁烟政策宣告失败。黔北桐梓县自"烟弛禁后,种者吸者逐渐加多,光绪初年几乎无地不种,无人不吸,本地商人之贩运出关与楚商之拥重资而来者,累累然相望于道,年纳厘金约数十万两"⑩。光绪十年六月,贵州巡抚李用清奏称："臣籍山右,深知光绪三、四年大荒之故,祸由鸦片,不料黔省有过之无不及。惟体察情形,山右之栽种鸦片虽时禁时驰,小民尚知为应禁之物,黔省

---

① 《大清宣宗皇帝实录》卷二百六十四,道光十五年三月乙酉,上谕内阁御史袁文祥《奏请饬申明鸦片烟例禁摺》。
② 苗青：《近代贵州鸦片流毒问题述论》,《许昌学院学报》2010年第3期。
③ 贺长龄：《耐庵奏议存稿》卷六《试种桑秧木棉教民纺织折》,道光二十年正月十九日,光绪八年刻本。
④ 《大清宣宗皇帝实录》卷三百三十四,道光二十年五月庚戌,贵州巡抚贺长龄奏。
⑤ 贝青乔《苗俗记》。
⑥ 民国《桐梓县志》卷十七,食货志,物产。
⑦ 咸丰《兴义府志》卷四十三,物产志,土产,烟叶。
⑧ 《皇朝经济文编》卷三十四,翁同书《通筹财用大源敬陈管见疏》。
⑨ 《大清文宗皇帝实录》卷二百七十九,咸丰九年三月丙申,惠亲王等奏。
⑩ 民国《桐梓县志》卷十七,食货志,物产。

则民间直不知栽种鸦片有干例禁,……又查上游鸦片弥山满谷,下游思南、平越、松桃二府一厅亦与上游无异,此外镇远、思州、石阡、都匀四府近来亦渐染此风,习气尚浅,惟黎平一府悉是苗疆,栽种最少。"①从鸦片种植区域看,安顺、兴义、大定三府种植最为集中,以安顺府为中心,思南、平越、松桃等地次之,黔东南最少。

鸦片种植几乎遍及全省,故李用清奏请禁种鸦片。② 但是,李用清于次年调离贵州,其禁烟政令没能继续执行。光绪十六年,户部奏设土药统捐总局,引用总税务司调查结果,称贵州年产鸦片四万担。③ 大量鸦片运销外省,鸦片税收成为贵州财政的最大来源。光绪十七(1891)四月,上谕令各省将所收土药厘金尽数解部。次年二月,贵州巡抚崧藩奏称:"查黔省土药厘金向归百货厘金局统收,并未另行设局,缘地瘠民贫,无甚出产,荒田尚多,考之近十数年赖种罂粟易银以补丁粮之不足,总计近年各厘金收数,十五六万不等,内土药厘金约有十分之四,其间滇黔两省举贡火牌夹带包揽甚多,现在仅将夹带包揽显而易查者照本省旧章抽收,并不能议及其余,仍须从权办理。"④鸦片种植也给农民带来丰厚的经济利益,故争相种植。如光绪二十年的开州,"约计所经州县,开垦之地半种洋烟。查种烟为近来民利大宗,积习已久,骤难禁革"。⑤

光绪新政开始后,清政府要求禁绝洋土药,限定十年。光绪三十三年二月,贵州设立戒烟局,厉行禁烟。宣统二年八月,度支部奏:"据监理官报告,黔省禁烟派员查勘劝谕,自元年春至二年春共三十次,以地多险峻,人民时有抗拒,官吏无法可施,观此情形,禁种尚难收效。"⑥宣统三年正月,新军标统袁汉仪奉令赴西路督铲烟苗,《贵州公报》称:"袁汉仪奉派出师赴黔西路铲烟,行至郎永界上扁担山一带,该处夷民集团抵抗,袁极感应付困难。"⑦禁烟效果并不理想。即便如此,贵州鸦片种植还是受到一定的影响。如安顺府,"道光时交易尤盛,民间贸易以买卖棉花为大宗。讫光绪初年鸦片通行,县城商业逐渐发达,两湖、两广之商人联翩而至,要皆以贩运鸦片为大宗。……迨光绪末年严禁鸦片,安顺商业便不免大受打击,纱布销场亦为之滞塞。然而民间存烟未尽,乡民窖藏者犹未告绝,外省商人尚可暗地输运,市面交易仍可勉强维持,然已大非昔比"。⑧ 即使如此,宣统元年,贵州抽收土药厘金高达 444 040 两,按每千斤抽厘 256 两计算⑨,该年流通鸦片高达 173 万余斤。

---

① 民国《贵州通志》,前事志四十,光绪十年六月贵州巡抚李用清奏,1948 年贵阳书局铅印本。
② 《大清德宗皇帝实录》卷一百八十三,光绪十年五月戊子,署贵州巡抚李用清奏陈黔省情形;《大清德宗皇帝实录》卷一百八十,光绪十年六月己亥,署贵州巡抚李用清奏。
③ 民国《贵州通志》,前事志四十一,光绪二十三年五月,户部奏,1948 年贵阳书局铅印本。
④ 民国《贵州通志》,前事志四十一,光绪十八年二月贵州巡抚崧藩奏,1948 年贵阳书局铅印本。
⑤ 陈惟彦:《宦游偶记》卷上《开州到任查勘地方情形禀牍》,光绪二十年,见徐建生编《疆本堂汇编》。
⑥ 民国《贵州通志》,前事志四十三,宣统二年八月度支部奏《遵旨查明黔省禁种土药情形》,1948 年贵阳书局铅印本。
⑦ 民国《贵州通志》,前事志四十三,宣统三年正月,1948 年贵阳书局铅印本。
⑧ 民国《续修安顺府志》卷十,商业志。
⑨ 经济学会编:《贵州省财政沿革利弊说明书》第二部《厘税》,财政部印刷局,1915 年。

民国改元以来,贵州军阀割据,战乱不断,鸦片税收成为贵州财政的主要来源,禁烟形同虚设。1919年黔军总司令王文华主张开禁,督军刘显世设置"筹饷局"、总支金库等机关,向农民征收"烟窝罚金",向烟商征收烟税和"保帮费"。① 1928年周西成主政贵州,又创设"禁烟罚金",按贫富等级摊派,种与不种都要缴纳②,实际上是变相鼓励鸦片种植。

《贵州省农业概况调查》称:"罂粟之种植曾遍及贵州全省,且盛极一时,占冬季作物中之主要地位。……故贵州种植罂粟最盛之时,各县种植面积总计达八百万亩以上,占耕地面积的26％,年产鸦片十余万担。"③民国《贵州通志》亦言:"按鸦片流入中国毒遍数百年,黔为西南产菸省份,盛时罂粟遍地,政府颁布禁烟法令多次督铲,近始渐告肃清,亦生民一浩劫也。"④所谓"肃清"恐怕不实,因"自民国二十四年以迄三十二年,此整整十年之间,或为中央最彻底定黔省之时期,或为抗战时期,一切皆以军事至上,政府须倾全力于征兵、征工、征粮、征税,无暇顾及于烟毒之彻底肃清"。据贵州省政府工作报告称,1945年发现烟苗者有二十二县,1946年有三十八县局种鸦片,"几乎占全省二分之一,分布于东南西北各路,所有六个行政区及直辖区无区不种鸦片"。⑤

二、烟草与棉花种植

清末以来,贵州烟草种植亦有一定的发展。民国《贵定县志稿》记载:"前清嘉道间,闽广人侨寓于此,倡种菸叶,辗转仿效,遂为出产大宗。……以菸制成丝烟,在道光季年系合十斤为一大包,货色粗丑,仅售下司古州等路,光绪初年逐渐改良,于是有半斤一包之白丝,有四两一包之奇品,仿条金兰各名目,光绪十四五年丝烟铺至三百余家,销售极远。"⑥民国以来,烟草种植区域逐渐扩大。如安顺县,"烟叶:多产于本县南乡,销行颇远"。⑦ 据抗战前调查,都匀县年产烟50万斤、大定县25万斤、兴仁县16万斤、镇宁县3万斤⑧。1936年,贵州烟草种植面积为543 283亩,占耕地面积的1.74％,总产量为619 343市担。⑨

据许道夫《中国近代农业生产及贸易统计资料》一书中统计,自1933年至1945年,贵州烟草年均种植面积556 615亩,年产烟叶1 132 000市担。⑩较之1936年,其亩产量大幅度提高,这与美烟的引种与推广密不可分。何辑五《十年来贵州经济

---

① 民国《兴义县志》第六章第十节《烟禁》。
② 民国《荔波县志资稿》第三编《社会资料》。
③ 《贵州省农业概况调查》第四章《农产》,引自李德芳、林建曾主编:《贵州近代经济史资料选辑》(上)第1卷,四川社会科学院出版社,1987年,第243页。
④ 民国《贵州通志》,风土志四,方物,1948年贵阳书局铅印本。
⑤ 参阅《贵州民意月刊》第4卷第4,5期合刊,1948年1月。
⑥ 民国《贵定县志稿》第3期,贵定出产,1919年钞呈本。
⑦ 民国《续修安顺府志》卷十,商业志,出口货,1941年稿本。
⑧ 《贵州各县物产调查》,《工商半月刊》第6卷第21号,1935年。
⑨ 国民政府主计处统计局编:《贵州省统计资料汇编》表36《主要作物种植面积及总产量》,1942年1月,第71页。
⑩ 许道夫编:《中国近代农业生产及贸易统计资料》,上海人民出版社,1981年,第218页。

建设》中说:"美烟,近年来美烟为吾黔最主要之经济作物,农民以利之所在,种者与日俱增,……吾黔烟草事业之发展,全赖美烟引种之成功,现今贵定、龙里、瓮安、平越等县美烟之生产已为各该地主要财源,其他各县亦尽量栽种,……本省美烟全年产量,现约五万市担以上。""本省引种美烟始于民国二十七年,……其产量甚高,较土烟增产在一倍以上。"①至 1943 年,美烟"种植县份由一县增至二十余县,种植面积由五百余亩增至数万亩,产量由二十九年之一万余斤,历三十年之八万余斤,三十一年之六十余万斤各级而至本年之数百余万斤"。②

棉花是近代贵州又一大经济作物。道光年间,贵州棉花种植已经较为普遍。据《黔南识略》记载,有十二州县产棉,主要分布于兴义、贵阳、都匀、黎平等府南部,大多为靠近广西之州县③。咸丰《遵义府志》载:"棉花:按今府亲辖之南境及兴义县、贞丰州、册亨之南境,沿红水江之地。"④光绪《黎平府志》记:"洞花即棉花:合郡皆产,而永从属尤多,有售于诸境内者。"⑤民国以来,棉花种植区域基本稳定。"贵州地处高原,虽气候温和,然降霜之日过多,颇影响于棉产,故农民之从事植棉者为数绝少,据历年之平均统计,全省植棉面积不过二十八万亩,生产总量不过皮棉六七万担,且植棉区域多偏于黔西南、黔东南一带,盖黔西南之贞丰、册亨、罗甸等县,黔东南之榕江、下江、荔波等县,皆与桂省毗连,其后皆较其他各县为暖和,适于植棉也。"⑥民国《册亨县乡土志略》载:"册亨全境土多田少,所产白米不过二十余万石,其他副产品,如棉花,年产约十五万斤";"棉花每年输出数约九万余斤,以贞丰、安龙、兴仁、普安等处为销场,以每斤售大洋五角计,约值大洋四万五千余元,其产量以落央、百弼、花陇、板街等处为最"。⑦ 1935 年,罗甸县产棉已达 30 余万斤⑧。抗战以来,由于美棉的引种和推广,棉花种植面积和产量均有所扩大。据统计,自 1931 年至 1945 年,贵州棉花种植面积从 21.2 万亩增至 56.1 万亩,皮棉年产量从 6.4 万担增至 14.7 万担。⑨

第四节　森林分布及其林产品

贵州地处云贵高原东部,高山峡谷密布,河流众多,加之亚热带气候,雨热同期,有利于植物生长,森林分布广泛,林产品众多,林业生产在近代贵州具有重要的地位。

---

① 何辑五编:《十年来贵州经济建设》四《农业》,1947 年,第 122—123 页。
② 《贵州企业季刊》第 1 卷第 4 期,第 88 页,1943 年。
③ 爱必达:《黔南识略》,该书在道光朝被重编。
④ 咸丰《兴义府志》卷四十三,物产志,土产。
⑤ 光绪《黎平府志》卷三下,物产。
⑥ 《今日之贵州》之《贵州农业概况》甲《农产品概况》。
⑦ 民国《册亨县乡土志略》第四章《物产》、第六章《经济》。
⑧ 《贵州各县物产调查》,《工商半月刊》第 6 卷第 21 号,1935 年。
⑨ 许道夫编:《中国近代农业生产及贸易统计资料》,上海人民出版社,1981 年,第 207 页。

一、森林分布及其演变

近代贵州森林主要分布于清水江、榕江、乌江、北盘江、赤水河流域,尤以清水江流域为盛。黔东南清水江流域是贵州森林分布的主要区域之一,以栽种杉树、松树为主,早在清代中期就因外销木材而闻名。乾隆《清江志》记载:"黔山多童,先年之苗不习松杉等利,山中之树听其长养,竟多不知其名者。今则种松载杉,森森郁剧,有繁昌象,而地又近河,每年伐木扎排,顺流而下,售于洪江、常德等处而生民之用舒矣。"① 道光年间,清江厅"树多松、杉,往时苗人未习种杉,近亦效为之,放木筏顺流而下,获利甚厚"。② 栽种松杉,伐木外售仍在继续,范围进一步扩展至下游的黎平府。《黔南识略》载黎平府"山多戴土,树宜杉,……郡内自清江以下至茅坪三百里,两岸翼云承日,无隙土,无漏阴,栋梁之材靡不匍俱,坎坎之声铿訇空谷,商贾络绎于道,编巨伐放之大江,转运于江淮间者,产于此也"。③ 光绪《黎平府志》亦言:"杉木:黎郡产木极多,若檀、梓、樟、楠之类,仅以供本境之用,惟杉木则遍行弧光及三江等省,远商来此购买,在数十年前每岁可卖二三百万金,今虽盗伐者多,亦可卖百余万,此皆产自境内,若境外则为杉条,不及郡内所产之长大也,黎平之大利在此。"④

然自清末以来,各地乱砍过多,森林出现不同程度减少。如榕江流域的台拱县:"台拱东区交汪寨、南区红寨一带,……多百年以上古木。同光以来,历经封禁,故能保存至今。民国四年江路开通,出口杉木,运往三江一带销售者,年约值银六万余千元,特斧斤日寻,渐成童山。"⑤ 上游的八寨县,"山多带土,多有天然森林,附近居民不特不加培养,且不时斩伐,野火焚而烧,牛羊纵而牧"。⑥ 清水江流域情形与之相似。如"施秉全县山岭蜿蜒,林木倩茂,就中南区小河马路哨一带,多松木,古杆参入,轮围合抱,县城居民柴薪之料多取给焉,西去杉木河江凯各处松杉柏梓所有皆是。同光以还,砍伐者众,不加培植,近日附郭十里,概属童山,间有本地木商办木,皆在二十里以外采买"。⑦ 而盘江流域的关岭县,"本县多大箐,近因砍伐日甚,童山遍野,所遗无多"。⑧

据抗战前《中国经济年鉴》记载,贵州森林面积约为2500万亩,占全省总面积的9%。依据对清水江、榕江、乌江等流域勘查结果,胸径一尺以上的大木,平均每亩三株,一尺以下之小树,平均每亩一百五十株,全省有大木7500万株。各流域情

---

① 乾隆《清江志》卷一,天文志。
② 爱必达:《黔南识略》卷十三,清江通判。
③ 爱必达:《黔南识略》卷二十一,黎平府。
④ 光绪《黎平府志》卷三下,物产。
⑤ 民国《台拱县文献纪要》林业,1919年修,抄本。
⑥ 民国《八寨县志》卷十七,农桑,1932年铅印本。
⑦ 民国《施秉县志》卷一,林业,1920年修,贵州省图书馆,1956年油印本。
⑧ 民国《关岭县志访册》卷三,食货志,林业,安顺县图书馆藏抄本。

况如下:(1)清水江流域。天柱、锦屏、黎平三县森林面积约5.26万亩,以杉木最多。(2)榕江流域。从江、黎平、榕江三县森林面积约2万亩,以松树、油桐居多。(3)乌江流域。下游梵净山区森林面积达400平方里,印江森林占全县面积的19%,其他各县均在10%至15%之间;中游贵筑县有天然林20万亩,以麻栎、马尾松为主,人工林5万亩;上游威宁森林占全县面积的28%,以栎皮桦为主,毕节森林占全县面积的13%,多天然之纯木,黔西森林占全县面积的12%,以麻栎纯林为主。(4)盘江流域。惟山区多混交林,以马尾松、杉为主。(5)赤水河流域。本区森林繁茂,以习水为最。① 贵州全省森林,其天然林多系杉、松、麻、栎等类混交林,以清水江、榕江两流域接壤之黎平、从江等县,乌江下游梵净山及上游威宁、毕节等县,赤水河流域的赤水、习水一带,以及北盘江流域的贞丰、册亨各县为盛;人工林则以杉木、油桐为主,以清水江下游的天柱、锦屏、剑河、榕江下游各县及习水河两岸为最盛。全省木材蓄积量,除盘江外,约为8.9亿立方市尺,其中以乌江林区最为重要,占总量的二分之一,清水江及榕江林区合占三分之一,赤水河林区最少,计2000万立方市尺。②

二、主要林产品

近代贵州森林分布广泛,林产品种类繁多。乾隆《贵州通志》载思南府,"茶出婺川,名高树茶,蛮夷司、鹦鹉溪出者曰晏茶,色味颇佳,白蜡、油桐是处栽种,结实如桃,取其子为油"。③《黔南识略》亦载:绥阳县"树惟枫、柏、白杨、青冈、桐、竹之属,土产蓝靛、皮纸、漆、茶、桐油、白蜡、五倍子之属"。④ 近代贵州林产品主要有桐油、木炭、生漆、茶油、茶叶、乌柏油、五倍子等。兹分别论述如下:

1. 桐油

桐油生产主要分布于乌江、清水江流域。道光《遵义府志》载:"桐油,《戊己编》:油桐树郡无处不有,……榨取油,灯烛皆资之,榨油之法各异。《田居蚕室录》:若农家岁收桐子五石,可获钱十二千,土家仅收二石,亦足供读书五灯也。"⑤ 松桃厅,"地产桐茶二树,除给用外,以其余运出辰常,而桐油为甚,炒子而榨者谓之明油,以之点灯,性耐久,其炒子至焦始入榨者谓之黑油"。⑥ 铜仁"江口境内无森林密箐,但各处桐、杉、茶、漆均有生长,每年由水路经铜仁销湖南,获利甚丰"。⑦ 清末以来,逐渐扩展至榕江、盘江流域。如光绪年间黎平府"桐油古州多"。⑧ 民国年间,

---

① 丁道谦:《贵州经济地理》第一章《自然地理》,1944年。
② 《贵州财经资料汇编》第四编《农林》第三章《林产概况》,第345页。
③ 乾隆《贵州通志》卷十五,食货,物产。
④ 爱必达:《黔南识略》卷三十一,绥阳县。
⑤ 道光《遵义府志》卷十七,物产。
⑥ 道光《松桃厅志》卷六,风俗。
⑦ 民国《江口县志略》卷五,经业志。
⑧ 光绪《黎平府志》卷三下,物产。

"桐油为榕江特产,每年可产五万余担"。① 盘江流域兴义县年产桐油亦达150万斤②,册亨县年产"桐油十余万斤"。③

丁道谦在《贵州经济地理》中说:"桐油,黔省桐油出产,据罗马国际农学会之统计,在民国初年,实占全国第一,民四起则逐渐低落,至民国十年后竟一蹶不振,反远落后川、湘、鄂、桂等省之后。"④

表 2-11 1936年贵州省五大林区重要林业副产年产估计表

(单位:担)

林 产	清水江流域	榕江流域	乌江流域	盘江流域	赤水流域
桐油	58 360	1110	71 860	29 680	1410
漆液	2920	76	72 210	2190	390
茶油	85 563	375	2850	640	40
栗	2935	245	24 230	6500	2230
核桃	1530	140	51 100	9330	850
木炭	284 350	67 310	632 380	323 500	314 200
白耳	60		660		10
木耳	820	30	330	370	20
五棓子	2000		180	210	370
白果			1060	420	70
香菇	10	100	70	190	
山丝			200		
备考	本区桐油,以铜仁所产最多,天柱、清溪次之。	本区木炭以黎平所产最多。	本区桐油,以大定所产最多。漆,以大定、威宁为多。木炭,以威宁为最多。	本区桐油,以贞丰、罗甸为多,木炭,则首推大塘。	本区所产桐油木炭,均以仁怀为多。

注:该表据1936年调查估计,引自张肖梅《贵州经济》第一章第三节第五目《林木材积与森林副产》(第A15页)。

1936年之后,因抗战军兴,桐油成为对外贸易的主要产品之一。贵州地方政府鼓励桐树种植,桐油产量迅速扩大。何辑五《十年来贵州经济建设》中言:"桐树在本省境内分布区域甚为普遍,惟限一定之气候与土壤环境,凡海拔一千公尺以下之中性土壤生长佳良。清水江、舞水、麻阳江流域栽培最多,榕江流域各县亦逐渐

---

① 民国《榕县乡土教材》第二章第四节《物产》。
② 民国《兴义县志》第七章第二节《农业》。
③ 民国《册亨县乡土志略》第四章《物产》。
④ 丁道谦:《贵州经济地理》第一章,商务印书馆,1944年。

推广,惟三都以东多为强酸性黄壤,不甚适宜,栽培数量不及清水江流域之多,乌江及赤水河流域亦甚,盘江流域次之。全省植桐面积约计二十余万亩,产油量计十六万余市担。"①张肖梅在《贵州经济》中所言产量更高:"黔省油漆产地遍全省,以桐油产量最丰,都匀一地年产十六万担以上,他如大定、铜仁等地,亦年产五万担余,印江、罗甸等地,年产一万余担,修文、郎岱、贵定、关岭、安龙、兴义、贞丰、册亨、黔西、大定、水城、遵义、正安、玉屏、江口、思南、石阡、凤岗、德江、沿河、镇远、三穗、清溪、天柱、炉山、岑巩、独山、麻江、锦屏等地,年产一千担或七八千担不等。"②抗战时期,由于政府的推广,桐树种植亦遍及全省,桐油产量不断扩大,其生产中心已由铜仁转移至都匀。

2. 茶叶

茶叶亦是近代贵州主要林产品之一。乾隆年间,龙里、贵定、婺川、平远等州县均产茶。③道光年间,贵州产茶区域进一步扩大,据《黔南识略》记载,产茶州县有26州县,遍及遵义、镇远、都匀、思州、贵阳等十余府。④道光《遵义府志》引《仁怀志》曰:"小溪、二郎、土城、吼滩、赤水产茶,树高数寻,额征茶课。"⑤咸丰《安顺府志》载:"茶:俗名丛茶,谷雨前采者名毛尖,色味俱佳,多出鸡场屯狗场屯,采时大小桥有茶市。"⑥清末,贵州产茶以石阡为最,年产达20余万斤。⑦

民国以来,贵州主要产茶区逐渐形成。黔南都匀县,"茶,四乡多产之,产水箐山者尤佳,以有密林防护也。民国四年巴拿马赛会曾得优奖,输销边粤各县,远近争购"。⑧黔东北石阡县"城南五十里包溪大地方一带产茶最富,岁约出十余万斤,东贩湖南长沙,北贩四川酉阳,间亦有运至贵州省城者"。⑨黔西安顺县茶叶"出产颇多,大别为粗细二种,俱运销本省各县","茶叶年产约十二万斤,输出约八万斤"。⑩黔北"遵义金鼎山产云雾茶、仁怀习水两岸高山多蓄茶树,地愈冷愈佳,年约出十万余斤,行销渝泸间,曰怀茶"。⑪

1938年,贵州茶区面积约13 278亩,年产茶6639市担。⑫张肖梅《贵州经济》称:"贵州产茶几遍全省,八十一县中产茶者占其大半,而以石阡茶产为全省冠。清末,该县年产二十余万斤,嗣后市场被占,出口减少,兼以兵灾频仍,茶树多被砍伐,产量大减,现仅产六七万斤,运销邻近各县,不复出口矣。他如都匀,减少二分之

---

① 何辑五:《十年来贵州经济建设》,第140页。
② 张肖梅:《贵州经济》,第L54—56页。
③ 乾隆《贵州通志》卷十五,食货,物产。
④ 爱必达:《黔南识略》。
⑤ 道光《遵义府志》卷十七,物产。
⑥ 咸丰《安顺府志》卷十七,地理志,物产。
⑦ 张肖梅:《贵州经济》第八章,第H11页。
⑧ 民国《都匀县志稿》卷六,农桑物产。
⑨ 民国《石阡县志》卷十一,经业志,商业。
⑩ 民国《续安顺府志》卷十,商业志。
⑪ 民国《续遵义府志》卷十二,物产。
⑫ 贵州省档案馆10宗全251卷。

一,安顺减少三分之一。"并罗列了当时主要产茶县的产量:安顺17.2万斤、平坝1.8万斤、普安1.4万斤、贵定0.2万斤、镇远2.1万斤、瓮安1.9万斤、平越0.9万斤、石阡6万斤、都匀3.4万斤,共计34.9万斤。①可见,贵州产茶区基本分布于中部交通线及附近,形成以安顺为中心的黔西产茶区和以石阡为中心的黔东产茶区。《贵州省农业概况调查》记载:"茶之种植甚为普遍,如都匀、镇远、石阡、瓮安、平越、贵定、贵阳、普安、安顺、平坝及开阳等县皆为产茶之区,总计全省每年约产茶叶五万担,而以安顺所产为最多。"②其产量明显偏大。1948年《西南茶产概况》调查统计黔中、黔东、黔北三地21县,年产茶共计2963担③,此数又有过低之嫌。

3. 生漆

生漆是贵州传统林产品之一,产地较多。《黔南识略》载,安化县"山头地角遍载桐、桊、杉、漆、冬青等树,桐桊榨子取油,冬青放虫取蜡,民稍蜡利,漆树倍于他产,夏秋之间商贾辐辏"。婺川县"四境丛山密青,鲜有平畴,多植青冈、桐茶、漆树,而漆之利更广,四乡所处岁不下数万金,农民全赖以资生"。④道光《遵义府志》引《田居蚕室录》曰:"漆,自生者名大木漆,随长随割,无已时,其汁厚,而泽栽者名小木漆,割五六年即白枯,其品阶稍下,山野间地立可多种,家有百株,不劳而获利可抵十倾田。"⑤大定府亦盛产漆,漆器远近闻名。⑥光绪《黎平府志》载:"黎平近来产漆最多,往往贩出邻境。"⑦

民国以来,贵州产漆区域进一步扩大。黔北桐梓县"大概贩蜀每年不止千担,值金三四万也"。⑧黔西郎岱县漆"产地遍于全县,割出之漆色泽精良"。⑨"安顺所出漆远销湘、汉、粤、港等处"。⑩据1935年贵州37县物产调查,其中9县有漆产量数据,大定8万斤、正安5万斤、凤冈3.2万斤、普定2万斤,思南、都匀、威宁、天柱四县产量均在数千斤左右,合计19.4万斤。⑪而据1936年调查,贵州五大林区年产漆液分别为:乌江流域72210担、清水江流域2920担、盘江流域2190担、赤水河流域390担、榕江流域76担,合计77786担。⑫可见,乌江流域为贵州产漆最主要区域。1939年《贵州省农业概况调查》载:"漆之产量,据贵州省建设厅农林指导员报告,年约七万担,而以西部威宁、大定、毕节、黔西、水城及织金等县为最多,约占总产量一半有余。"⑬张肖梅亦言:贵州"产漆地以大定、威宁之年产三万余担为最

---

① 张肖梅:《贵州经济》,第H11—12页。
② 《贵州省农业概况调查》,第38页,1939年。
③ 《西南实业通讯》1948年第17期,第12页。
④ 爱必达:《黔南识略》卷十六,安化县,婺川县。
⑤ 道光《遵义府志》卷十七,物产。
⑥ 道光《大定府志》卷四十二,食货志四下,物产。
⑦ 光绪《黎平府志》卷三下,物产。
⑧ 民国《桐梓县志》卷十七,食货志,物产。
⑨ 民国《郎岱县访册》卷二,风土志,物产。
⑩ 民国《续修安顺府志》卷九,工矿志,工业。
⑪ 《贵州各县物产调查》,《工商半月刊》第6卷第21号,1935年。
⑫ 参见本章《1936年贵州省五大林区重要林业副产年产估计表》。
⑬ 《贵州省农业概况调查》,1939年。

著名,毕节产八千余担,年产一千余担以上者,有德江、凤岗、黔西、水城、锦屏等各县"。① 除了乌江上游黔西北地区之外,下游黔东北地区产漆亦占一定地位。黔东北漆产区包括瓮安、余庆、凤冈、德江、婺川、湄潭六县,而以德江为最。1936 年六县生漆产量为 5940 市担,然 1942 年将至 1288 市担。② 何辑五《十年来贵州经济建设》言:"本省漆产久负盛名,大定县所出之漆皮器皿,与福建所出之漆器,早已同为国人所重视。产漆之区,清水江流域栽植不多,舞水及麻阳江流域漆树多栽于村寨附近或丘陵间,疏落成林,榕江流域栽漆最少。乌江流域栽漆最多,上游特广,为本省西北部之重要生产。盘江流域及赤水河流域亦多栽漆,综计每年所产漆液,约计有十二万六千余担。"③此应为近代贵州生漆最高年产量。

4. 乌桕油

乌桕油,又名桕油或木油,为乌桕树皮和籽所榨,可制蜡烛、肥皂,亦可作燃油、润滑油之用,近代贵州多有栽种。道光《仁怀直隶厅志》载:"乌桕,本草,叶可染皂,子压为油,涂头白可变黑,为灯极明,或用作烛,俗呼桕子油。"④民国以来,黔北各地皆有种植。如沿河县:"乌桕,俗名桕子,落叶亚乔木,夏开小花,秋末实熟,其子可制木油,子皮可制皮油,子仁可压清油。""柏油,各乡均有,以和平镇上坝区为多。"⑤石阡县:"桕油,城南六里龙底坝有榨房七座,所出桕油运销余庆、老黄平等处,其皮油运售常德汉口,以作机房之用,又城南一百二十里葛彰司产桕子甚多,其油由乌江出四川。"⑥而仁怀县每年输出柏油高达六千余担。⑦

黔北各县乌桕种植较为普遍,"尤以乌江下游各县如沿河、思南、德江三县为最多,它如凤冈、石阡、印江次之,湄潭、婺川、遵义最少,总计全面产量约五百万斤"。⑧何辑五称:乌桕油"在本省亦为森林副产品外销之一,以由铜仁、沿河输出者较多,近年来本省肥皂及洋蜡厂日益增加,乌桕油以作为原料,需求量甚巨,现时本省产量约计二万余担"。⑨

5. 五棓子

五棓子,又名五倍子,是一种昆虫的虫瘿,多寄生于盐肤木之上,以前作为中药材使用,近代皮革工业兴起之后,用作染料及鞣剂。《黔南识略》载,定番州"地产五倍子、天麻、紫草、白纸、黄果、梨、柑之属";绥阳县"土产蓝靛、皮纸、漆、茶、桐油、白蜡、五倍子之属"。⑩ 五棓子为清末遵义、松坎等厘金局所征收货物之一。⑪ 民国以

---

① 张肖梅:《贵州经济》,第 L54—56 页。
② 刘平衡:《黔东北六县漆液调查》,《贵州企业季刊》第 1 卷第 2 期。
③ 何辑五:《十年来贵州经济建设》,第 141 页。
④ 道光《仁怀直隶厅志》卷十五,物产志。
⑤ 民国《沿河县志》卷十三,风土志,方物。
⑥ 民国《石阡县志》卷十一,经业志,林业。
⑦ 贵州省档案馆档案 20 全宗 3 卷。
⑧ 《贵州企业季刊》第 2 卷第 1 期,1943 年。
⑨ 何辑五:《十年来贵州经济建设》,第 141—142 页。
⑩ 《黔南识略》卷三,定番州,卷三十一,绥阳县。
⑪ 民国《续遵义府志》卷九,赋税,厘金。

来,五棓子产区扩大。如黔东北石阡县,"茱萸、五倍子,运销湖南"。①黔西安顺县,"五倍子,系染色原料,又为制革药品之一,运销汉口、上海等处"。②黔南榕江县"年产约五万余斤"。③

据贵州建设厅调查报告,贵州五棓子产地遍及全省,多达六十县,年产量合计为79 542担,其中以榕江、开阳为最,分别为3.5万担和1万担,湄潭、罗甸、锦屏、炉山、瓮安、三都、江口、正安、贵筑、仁怀、凤冈次之,产量在千担以上。④何辑五称:"乡人已有举行人工造林,以繁殖五棓子者,以乌江中下游及舞水、麻阳江流域为最盛,西北部各县,生产颇丰。……估计全年产量,最低常在四万担以上,多数外销,为本省森林的产品外销之一也。"⑤

表2-12　1939年贵州主要林产品产量表⑥　　（单位:市担）

林产名	产量	林产名	产量	林产名	产量
桐油	243 636	五棓子	102 218	李子	62 733
漆汁	18 888	花红	111 571	核桃	154 944
茶油	42 152	梨	185 898	柑橘	125 930
茶叶	6639	桃	159 855		
乌桕籽	57 505	杏	29 572		

此外,近代贵州林产品还有很多,如茶油、木耳、白蜡、板栗等,因产量有限,兹不逐一论述。

第五节　近代贵州农业发展的基本特征及区域差异

近代贵州人口呈缓慢增长趋势,但其地域分布差异较大,西北多,东南少。除了大量无业人口外,全省以农业人口为主,工业、商业和人事服务业人口亦占有一定的比例。近代贵州耕地数量有显著的增长,垦殖率有所提高,其地域分布与人口分布大致相同,然人均耕地面积却呈下降趋势。近代水利设施在贵州亦有修筑,但仍以传统的沿河灌溉为主导,现代化水利设施的示范意义大于实际效果。

近代贵州粮食作物仍以水稻、小麦为主,但玉米、马铃薯、番薯的种植面积迅速扩大,杂粮在贵州的粮食结构中的比重快速上升。粮食作物在地域上有明显的差异,黔北的遵义、黔中的清镇、黔南的麻江等地以稻作为主,玉米、马铃薯、甘薯等种

---

① 民国《石阡县志》卷十一,经业志,商业。
② 民国《续修安顺府志》卷十,商业志,卷五,出口货。
③ 民国《榕江县乡土教材》第二章第四节,物产。
④ 丁道谦:《贵州经济地理》,转引自蒋德学编:《贵州近代经济史资料选辑(上)》第1卷,四川省社会科学出版社,1987年,第301页。
⑤ 何辑五:《十年来贵州经济建设》,第142页。
⑥ 国民政府主计处统计局编:《贵州省统计资料汇编》表49《林产品产量》,1942年,第89—91页。

植主要分布于黔西北的大定和黔中的开阳等地,黔西北的仁怀、黔东北的印江及安顺等地则主要种植麦作,豆类在黔西北、黔中、黔北等地都有广泛种植。就粮食产量而言,近代贵州形成了三大粮食生产中心,黔西北的大定、威宁、水城、毕节以玉米、大豆、马铃薯等为主,黔北的遵义、桐梓以水稻为主,黔东北思南、铜仁以小麦、甘薯为主。

近代贵州经济作物以鸦片最为重要,种植面积遍及全省,以黔西安顺、大定、兴义等地最为集中,产量巨大,形成了以安顺为主的鸦片集散地,远销湖广、江西、闽粤等地,鸦片税成为贵州财政的最大来源。烟草和棉花在贵州经济作物中亦占有一定比重。贵定、安顺、都匀等地的烟草种植面积较大,行销全省,民国时期引种美烟,更使烟草种植扩展到二十多个县。贵州在清代后期已经普遍种植棉花,主要分布于兴义、安顺、贵阳、都匀、黎平等南部区域,民国时期引种美棉,种植面积和产量进一步增加。

近代贵州森林主要分布于清水江、榕江、乌江、北盘江、赤水河流域,尤以清水江流域为盛,早在清代中期就以杉木外销闻名全国。但近代以来砍伐过度,森林面积逐渐减少,抗战前全省森林覆盖率已经降至10%左右。贵州林产品丰富,桐油、木炭、生漆、茶油、乌桕油、五棓子等都有一定规模的产量,桐油主要产于乌江、清水江流域,产量一度位居全国之首,以铜仁、都匀为生产中心,是贵州主要出口产品;茶叶生产遍及全省大部分地区,遵义、石阡、镇远、都匀等地所产质量尤佳,民国时期贵州产茶区基本分布于中部交通线及附近,形成以安顺为中心的黔西产茶区和以石阡为中心的黔东产茶区;生漆是贵州传统林产品之一,以遵义、大定所产最为著名,漆产地主要分布于乌江流域;乌桕油和五棓子也是近代贵州主要的林产品,是贵州外销的主要商品,产地以乌江流域为最,黔东南榕江流域亦有生产。

粮食、经济作物和林业分布格局和地域差异的形成与地域自然环境密切相关。黔西北地处云贵高原东部,原面平整,可耕地较多,但海拔较高,年降雨量较少,缺乏用于灌溉的河流,故耐旱、抗旱的美洲高产作物玉米、马铃薯等种植较多;但黔西北地区人口众多,土地贫瘠,种植杂粮收入有限,人口经济压力较大,这可能是本地区鸦片大面积种植的原因之一。黔北遵义、黔中贵阳和黔南独山等地处于云贵高原向川东、湘桂丘陵的过渡地带,海拔相对较低,而且有大量坝区和便于灌溉的河流,地区水热条件适中,农业开发历史悠久,成为水稻的主产区。黔东北虽海拔较低但不乏高山,如武陵山脉,地势崎岖不平,虽然乌江穿境而过,但缺乏灌溉之便,仍是以小麦、甘薯等旱地作物为主。黔西南和黔东南地区在粮食种植方面相对落后,黔西南石漠化自清代中期以来趋于严重,成为贵州水土流失最为严重的地区之一,缺乏发展粮食种植的耕地和人口资源,但利用本地水热同期的便利,棉花等经济作物的种植成为农业经济的有益补充;黔东南地区有大面积的森林分布,木材、桐油、茶叶、五棓子等林副产品的收益弥补了农业发展的缺陷。

总体而言,近代贵州农业发展仍以传统粮食种植业为主,稻麦种植面积增加,玉米、马铃薯、甘薯等高产作物迅速扩大,但因自然条件所限,发展程度有限,粮食不能完全自给。经济作物种植面积扩大,鸦片外销带来巨大收益,棉花、烟草、油料的产量亦有一定程度增加。虽然森林面积有所减少,但林产品种类众多,产量较大,桐油、生漆、茶叶、乌桕油、五棓子等成为贵州对外贸易的主要商品。可见,近代贵州农业经济发展形成了以粮食种植为主、经济作物和林产业为辅的农业结构,充分利用各地不同的自然地理环境,因地制宜发展多种经营成为近代贵州农业发展的主要特征。

第三章　近代工矿业地理

第一节　近代贵州工矿业发展进程及阶段性特征

一、清末贵州工矿业发展

清末贵州工矿发展以矿业为先导。1840年以后,清政府为了筹集战争赔款,鼓励各地开矿。道光二十四年,皇帝要求滇黔川桂各省督抚,"体察地方情形,相度山场,民间情愿开采者,准照现开各厂一律办理"。① 贵州巡抚贺长龄复奏:"查黔省各属,并无银砂,亦无银矿可采。"②道光二十八年,皇帝再次强调:"至开矿之举,以天地自然之利还之天下,仍是藏富于民。如果地方官办理得宜,何至借口于人众易聚难散,因噎而废食。……如有苗旺之区,酌量开采,断不准畏难苟安,托词观望,倪游移不办。"③次年,贵州巡抚罗绕典复奏:"黔省向有水银、朱、磺各厂,就厂抽课。现据定番、贵筑两州县报获金鳌山及白马洞等处矿苗甚旺,又据贵西道福连报有柞子厂附近清水站地方,矿苗丰厚,自上年七月起至本年正月止,增收新课银三千八百余两。"④贵州水银、朱砂、硝磺各矿早有开采,响应朝廷诏令,矿业开发规模有所扩大。道光三十年,给事中王东槐奏请封禁矿厂,上谕曰:"开采山矿,原期裕课便民,除贵州一省仍令开采外,其余各省著该督确切查明,如果于民未便,著即遵照前奉谕旨,奏明停止。"⑤即使扰民也要开采,可见,矿业对于贵州发展的重要性。

清代贵州矿业开发以铅锌矿为主,俗称黔铅。黔铅开发兴盛于乾隆年间,大部分被官府收购,供应中央及各省鼓铸,嘉庆以后,黔铅产量逐渐下降。道光二十九年,政府开放铅禁,允许商民贩卖黑铅⑥,以鼓励云贵地区矿业发展。咸丰三年以后,长江中下游战事不断,黔铅京运受阻,至咸丰十年,四川泸州、永宁一带积压黑白铅达3500余万斤。⑦ 外销不畅,黔铅生产难以为继,而主产区又遭战争破坏。"威宁苗贼掠至水城大布寨,武生杨芳翠击贼阵没,贼据福集厂(黔铅主要矿厂之一)。"⑧民国《威宁县志》亦言:"威宁为矿产丰富之区,当前清乾嘉时极为旺盛,咸同以来战乱频仍,物贵工昂,独办难支,集资匪易,迄于民国,未遑兴作,具毫无发展。

---

① 《大清宣宗皇帝实录》卷四百四,道光二十四年四月,上谕军机大臣等。
② 《大清宣宗皇帝实录》卷四百九,道光二十四年九月,贵州巡抚贺长龄奏。
③ 《大清宣宗皇帝实录》卷四百六十一,道光二十八年十一月乙酉,上谕内阁。
④ 《大清宣宗皇帝实录》卷四百六十五,道光二十九年三月,署贵州巡抚罗绕典复奏。
⑤ 《大清文宗皇帝实录》卷九,道光三十年五月,上谕内阁。
⑥ 《大清宣宗皇帝实录》卷四百六十六,道光二十九年四月,定郡王载铨等奏。
⑦ 《大清文宗皇帝实录》卷三百十一,咸丰十年三月,云贵总督张亮基等奏。
⑧ 罗文彬著,王秉恩点校:《平黔纪略》卷七,贵州人民出版社,1988年,第165页。

仍如故也。"①除了黔铅矿厂之外,其他各类矿厂也大多停滞。如光绪七年,"蠲免贵州贵筑县、兴义府、八寨同知、册亨州同经管水银等厂历年未征课项"。②咸同战乱期间,水银厂亦遭战乱影响,生产停滞,无法征收矿课。

同治末年,贵州基本平定,上谕称:"贵州现在全省肃清,民间经兵燹之余,疮痍未复,该省一切善后事宜,亟应妥为筹画,次第举行。"③贵州全省处于工矿业恢复时期。光绪十一年,贵州巡抚潘霨奏请:"黔省矿产极多,煤铁尤盛,如能开采合法,运销各省,可免购自外洋。"皇帝令"详细体察,认真筹办"。④次年,贵州巡抚潘霨上《开采贵州铜铅各矿章程折》六条:一、镰铅各矿宜规复旧制也;二、煤铁等项宜扩充开采也;三、硝磺二项宜变通办理也;四、开办之法,宜先集股分也;五、股分既集,宜预筹销路也;六、销路既通,宜明定课票也。⑤恢复旧矿,发展新矿,变通矿政管理,煤、铁、铅、锌、硝磺、水银、朱砂等矿全面开发,潘霨的设想可谓宏大。光绪十二年,潘霨在贵州设立矿务公商局,采办机器,开发矿业,在清溪县兴办铁厂,由其胞弟候选道潘露主持。⑥光绪十六年六月,由外洋购买的机器、聘任的矿师及借贷的洋款陆续到达,青溪铁厂开炉冶炼,但仅两月之后,因"督办无人,众商不敢承领洋款,暂行停工"。⑦中国第一座近代铁厂就此废置。光绪二十四年,又有道员陈明远呈请接办贵州矿务,实行官督商办,朝廷批准试办五年。⑧两年之后,陈明远为方便外销,请于湖南洪江设立转运局,但被认为"用心诡诈"而撤职。⑨

这一时期贵州铅矿由督办云南矿务唐炯负责。光绪十四年,唐炯称"贵州铅厂困敝",奏请减免矿课、增加通商比例,同时严禁陋规,以期恢复黔铅生产。⑩但贵州铅矿开采日久,且矿洞多遭毁坏,恢复不易。次年,唐炯奏称贵州威宁铅厂"必须深入四五百丈,始得连堂大矿,非八九个月不能见功"。⑪光绪十九年,唐炯奏称"贵州咸宁连年灾荒,厂民困苦,黑白铅课未能照例抽收,恳予展限四年"。⑫光绪三十四年,唐炯奏:"京铅免课加价限满,厂情困苦,恳展限三年,以恤厂商。"⑬可见,光绪朝黔铅开发亦步履维艰。虽然朝廷规定,自光绪十六年起,贵州每年京运白铅80万斤、黑铅20万斤,但至光绪二十年仅办六运,共计白铅300万斤、黑铅120万斤⑭,

---

① 民国《威宁县志》卷九,经业志,矿业。
② 《大清德宗皇帝实录》卷一百二十六,光绪七年正月壬辰。
③ 《大清穆宗皇帝实录》卷三百五十五,同治十二年七月癸酉,上谕军机大臣等。
④ 《大清德宗皇帝实录》卷二百二十,光绪十一年十一月壬子,署贵州巡抚潘霨奏。
⑤ 光绪十二年五月初九,贵州巡抚潘霨《开采贵州铜铅各矿章程折》,《近代史资料汇编·矿务档》,第2023条,3389—3393页。
⑥ 《大清德宗皇帝实录》卷二百三十二,光绪十二年七月甲午,署贵州巡抚潘霨奏;《大清德宗皇帝实录》卷二百三十七,光绪十二年十二月辛巳,云贵总督岑毓英、贵州巡抚潘霨奏。
⑦ 《大清德宗皇帝实录》卷二百六十,光绪十四年十月丙申,贵州巡抚潘霨奏;《大清德宗皇帝实录》卷二百八十六,光绪十六年六月甲子,贵州巡抚潘霨奏;《大清德宗皇帝实录》卷二百八十八,光绪十六年八月辛酉,贵州巡抚潘霨奏。
⑧ 《大清德宗皇帝实录》卷四百十四,光绪二十四年正月壬寅,总理各国事务衙门奏。
⑨ 《大清德宗皇帝实录》卷四百六十,光绪二十六年二月甲午,上谕军机大臣等。
⑩ 《大清德宗皇帝实录》卷二百五十四,光绪十四年四月辛亥,督办云南矿务唐炯奏。
⑪ 《大清德宗皇帝实录》卷二百六十六,光绪十五年二月辛卯,上谕军机大臣等。
⑫ 《大清德宗皇帝实录》卷三百二十七,光绪十九年八月甲寅,巡抚衔督办云南矿务唐炯奏。
⑬ 《大清德宗皇帝实录》卷五百二十九,光绪三十年四月丁卯,三品顶戴督办云南矿务唐炯奏。
⑭ 光绪二十年七月初四日,贵州巡抚松蕃《奏历年办运京铅收支工本等项银数折》,《光绪朝宫中档奏折》第8辑。

不但没能完成既定任务,更不能与清代中期相比。

清末"新政"实施以来,贵州地方官员亦力图发展实业。光绪二十二年,在贵州省城设立官书局,印刷经史子集等书籍。① 光绪三十年,贵州学政赵惟熙奏陈《治黔要政》中提及:"理财政之目,曰:运官盐、垦荒地、广种植、蕃畜牧、开矿产、兴工艺。"② 次年,巡抚林绍年奏请筹款购办机器,鼓铸铜圆,并开办蚕桑学堂,培养纺织人才。③ 光绪三十三年,贵州开办戒烟总局,并为烟民设工艺所;次年又开办农林学堂,设农业公司,分建筑、开垦两大业务。④ 宣统元年,为了安集流民,设立警务工厂,雇募匠师教习。⑤ 宣统三年,成立贵州劝工商品陈列所,鼓励民众从事工商业。⑥

但是,这些发展工矿业的措施及建议,大多未能施行,实际效果有限。据宣统三年清政府农商部统计,贵州共有工厂120家,雇用工人1578人,其中,织造类49家,工人654人;机械及器具类4家,工人57人;化学类43家,工人66人;食品类22家,工人207人;印染类2家,工人24人,其中用动力者仅一家。⑦ 这是按照"凡一户之制造品,有七人以上工作者,均得称工厂"的标准及分类法统计的结果,实际上绝大多数属于手工业工场。

二、抗战之前贵州工业发展

民国改元并未给贵州工矿业带来显著的变化,连年的军阀混战,使贵州工矿业举步维艰,手工业特征依然十分突出。1912年《第一次农商统计》载,贵州原动力工厂1家,其他119家,煤炭消费额802吨,分别占全国的0.275%、0.584%和0.144%。⑧ 从1912年到1916年,贵州工厂数量从120家下降至17家。⑨ 1928年,贵州省政府通令各县设立平民工厂,"而各县以经济之关系,多因陋就简,故不完善"。1930年,省政府组织贵州实业展览会,征集各地出品展览,以资鼓励,并令各县就土产原料分别设立各类工厂,每县至少设立一所,以资振兴,但至1932年,仅有21县呈报设立。⑩

据1930年部分市县工业调查,兹将遵义、赤水、清镇、大定、贵阳、镇宁、贞丰七市县工厂列表如下页。

---

① 《大清德宗皇帝实录》卷三百八十六,光绪二十二年二月壬午,贵州巡抚嵩昆奏。
② 《大清德宗皇帝实录》卷五百二十六,光绪三十年正月辛丑,贵州学政赵惟熙奏。
③ 《大清德宗皇帝实录》卷五百四十三,光绪三十一年三月己亥,贵州巡抚林绍年奏;《大清德宗皇帝实录》卷五百四十六,光绪三十一年六月癸卯,贵州巡抚林绍年奏。
④ 《大清德宗皇帝实录》卷五百七十六,光绪三十三年七月壬辰,贵州巡抚庞鸿书奏;《大清德宗皇帝实录》卷五百九十三,光绪三十四年六月癸酉,贵州巡抚庞鸿书奏。
⑤ 《大清宣统政纪》卷十三,宣统元年五月,贵州巡抚庞鸿书奏。
⑥ 《大清宣统政纪》卷五十七,宣统三年闰六月丁酉,贵州巡抚沈瑜庆奏。
⑦ 《中国工业史要》(上册),1913年,第15—19页。
⑧ 农商部统计科:《中华民国元年第一次农商统计》,1914年3月。
⑨ 《中国近代手工业资料》第2卷,附录,第448页。
⑩ 《贵州工商业》,第64页,引自李德芳、林建曾主编:《贵州近代经济史资料选辑》(上)第2卷,四川社会科学院出版社,1987年,第459—460页。

表 3-1 1930年贵州七市县工业调查表[①]

	工厂名	产品	资本(千元)	工人	动力	性质
遵义县	德泰火柴公司	火柴	1	30	人力	私办
	利昌火柴公司	火柴	6	50	人力	私办
	日新肥皂厂	肥皂	1		人力	私办
	美利制革厂	皮鞋	2	10	人力	私办
	定心厂	花布	1	10	人工铁机	独资
赤水县	福田织布厂	洋布	10	100	手工机械	集股
	民生制革厂	皮鞋	6	30	手工机械	集股
清镇县	玻璃厂	灯罩	2	18	人力	集资
	纸厂	钱纸	2.5	40	人力	私办
大定县	大兴铜厂	铜	无定	100	人力	公办
	泰丰玻璃厂	玻璃	3	20	人力	商办
	中和织厂	布匹	3	20	人力	商办
	三生瓷器厂	瓷器	5	50	人力	商办
贵阳市	贵州电气局	电		65	柴油	官办
	第一模范工厂	纺织	3	33	人力铁机	官办
镇宁县	恒丰祥	制面	1	2	人工铁机	私办
	应正亨	纺织	1	2	铁机	私办
贞丰县	玻璃厂	玻璃	1	10	人力	合资
	南丰碗厂	瓷器	1	100		集股
	利贞硝磺厂	硝磺	1	10		合资
	硝磺分局	硝磺	1	100		私办
	建业纸厂	白纸	1	100	人力机械	商办
	煤炭厂	煤炭	0.5	10		私办

上表虽仅调查七市县,但分布于黔北、黔中、黔西、黔南各地,亦不乏贵阳、遵义等工矿业重镇,故具有一定代表性。表中所示,平均每县工厂约3家,大多为纺织、造纸、制革、火柴等轻工业及矿业,资本规模很小,基本在万元以下,只有极少数工厂的工人数超过百人,大多以人力为主,极少使用机器,可见,这一时期贵州工矿业仍以手工业和家庭副业为主。

---

① 贵州省档案馆60全宗各卷,引自李德芳、林建曾主编:《贵州近代经济史资料选辑》(上)第2卷,第457—459页。

《今日之贵州》一书称:"贵州无著名工业,遵义之茧绸,毕节之葛布,独山之斜纹布,青岩之陶瓷,织金、普定、岑巩之石砚,玉屏之竹器,郎岱、印江、都匀等县之纸,虽负盛名,然均小规模之手工业,此外无足记述者。"①《西南中枢之贵州经济全貌》一文中亦言:"黔省已有之工业,因多为农家副业,而各地有各地之农产,工业性质亦因之而异。严格言之,机械工业,可谓绝无仅有,大致均属手工业,较为粗具规模者,计有火柴、纺织、造纸、酿酒、制革等业,然其间大部均属手工,并为农家之副业,其分布之地域,当以贵州为最盛,遵义、安顺、仁怀、清镇等次之。然事实上本省各项工业,合乎中央工厂法之组织者,尚未有所闻。"另据该文所言,贵州纺织业以贵阳市鲁丰布厂、协兴染织厂为最,共有手摇铁机21架,加之润记布厂木机29架,三厂全年营业额为7.5万元;火柴厂全省5家,以贵阳协昌厂为最,年营业额6万元;制革厂4家,以贵阳振华厂为最,年营业额5千元;酿酒业主要有仁怀县的成义、荣和及遵义县的集成三家;玻璃制造厂仅两家,一在贵阳,一在清镇;陶瓷业以贵阳青岩最为著名;造纸厂众多,而以都匀白纸最为著名。②

《贵州财经资料汇编》记载了1936年贵州工业统计,兹摘引如下表:

表3-2 抗日战争前贵州工业统计表③

种　　类	家数	地　　区	业　务　说　明
面粉工业	16	贵阳	将麦磨成麦面粉
酿造工业	160	贵阳60家,其他100家	制造包谷酒及茅酒
蛋类工业	5	贵阳	制蛋黄及蛋制品
糖类工业	9	贵阳	制造糖果、蛋糕及点心
纺织工业	123	贵阳	纺织土纱、制土布
丝织工业	16	贵阳	织土绸、罗纱
针织工业	25	贵阳、遵义、安顺、都匀、兴义	土纱袜子及毛巾
制鞋工业	83	贵阳	制皮、布鞋及靴
玻璃工业	6	贵阳3家,其他3家	粗制玻璃器皿
火柴工业	2	贵阳	硫化火柴
烛皂工业	16	贵阳	土制蜡烛、肥皂
炮竹工业	23	贵阳	鞭炮
印刷工业	15	贵阳	印刷书、报、表册
制革皮工业	12	贵阳	制生牛皮、药皮及皮件
金属品制造	127	贵阳	小五金制品

---

① 《今日之贵州》之《贵州经济概况》,1936年铅印本。
② 中国国民经济研究所《西南中枢之贵州经济全貌》(下),《西南实业通讯》第1卷第5期,1940年。
③ 贵州省人民政府财经委员会编:《贵州财经资料汇编》,第59页。

续表

种 类	家数	地 区	业 务 说 明
木器制造工业	88	贵阳	大小木器
砖瓦陶瓷	51	贵阳	土碗器皿、砖瓦
电灯工业	1	贵阳	供电
造纸工业	267	都匀、郎岱、遵义、关岭、惠水等	制造白纸、草纸
制棕工业	6	贵阳	制绳索、扇、垫等
总计	1051		

虽然上表统计工厂有1051家,酿酒、纺织、五金、造纸为主的家庭手工业和副业占绝大部分,但除了电灯、肥皂、火柴、玻璃等行业外,几乎没有一点近代工业的迹象。而符合国民政府《工厂法》"凡用发动机器之工厂,平时雇用30人以上者为工厂"的规定,仅有文通书局、贵阳电灯厂和永丰造纸厂3家,资本总额约为60万元。即便如此,其工厂大多集中于省城贵阳,少数分布于遵义、安顺、都匀、兴义等地。

另据贵州省政府秘书处统计室1937年底调查,全省规模较大的工厂仅十三家,兹将其基本信息摘录如下:

表3-3 1937年贵州省各类重要工业调查表[①]

地区	厂名	行业	产品	产额	资本额	职工	运销区域
贵阳	振华	制革	木器革制品	12 000元	8000元	50	本省
	文通书局	印刷	书报表章	60 000元	100 000元	180	本省
	文华印刷	印刷	表报	10 000元	5000元	20	本省
	协昌工厂	火柴	硫磺火柴	700箱	7000元	138	本省
	惠川工厂	火柴	硫磺火柴	500箱	5000元	78	本省
	鲁丰工厂	染织	布匹	1400匹	5000元	26	本省
	协兴工厂	染织	布匹	1300匹	4000元	24	本省
清镇	惠昌工厂	玻璃	玻璃灯器	4000元	1000元	20	本省
遵义	德泰厂	火柴	硫磺火柴	220箱			本省
	燧明厂	火柴	硫磺火柴	300箱			邻县
	集成	酿造	茅酒	5000斤	7000元	8	本省
仁怀	成义	酿造	茅酒	20 000斤	20 000元	16	黔川湘桂
	荣和	酿造	茅酒	10 000斤	10 000元	10	本省

① 参见张肖梅:《贵州经济》,第K25—26页。

可见,抗战前夕,贵州工业发展迟缓,仍以手工业为主。对此,张肖梅评论称:"黔省之制造业,几全部停滞于手工业时代。盖在农业经济,手工艺常为一般农民之副业。曾因某种手工艺品之销路一大,制造者可能作为其专营之业主,……但因其原料大部仰给于农村供给,经营者又多于农村子弟,而更为重要者,因其仅持手工与人力,故不能大量成产,是以虽独成一业,仍不能如农业在社会经济上占绝对重要之地位。故充其量,最多只能作农村工业而已。如今日贵州省内之所谓工业,十九皆属于此种形态。"①

三、抗战时期贵州工业发展

1937年全面抗战爆发以来,京、津、沪、宁等沿海地区相继沦陷,国民政府迁都重庆,西南成为抗战的战略大后方,大批工矿企业迁往西南地区。贵州地处西南中枢,因交通不便,长期以来工业发展滞后,但资源丰富,许多沿海工矿企业陆续迁往贵州。据统计,抗战期间迁往贵州的工厂有101家,占内迁工厂总数的14%。

表3-4 抗日战争时期迁黔工业调查表②

业别	共有家数	外省迁黔家数	主要迁入地点	主要工业名称	备注
机器卷烟厂	34	10	桂林	利亚、一中、同盟、德武、侨胞、鹤亭、精神、科学、两全、利群	内有公营一厂
印刷厂	53	7	衡阳、汉口、长沙、桂林	大丰(汉口)、西南(汉口长沙)、鸿志(汉口)、安利、民生、华城(衡阳桂林)	内有公营四家
橡胶厂	7	3	缅甸、衡阳	中南(缅甸)、民生、科达(衡阳)	
制革厂	86	72	南京、上海、汉口	和记皮厂、顺兴皮坊、华兴皮坊、中华皮坊等	
机器厂(含修理厂)	118	1	衡阳	德兴机器厂	内有公营一家
织布厂	377	1	衡阳	楚胜染织布厂	
被服厂	15	5	衡阳、桂林	民生实业工厂、力生被服厂、军西服工业厂、新华被服厂、强胜被服厂	
肥皂厂	20	2	江西、湖南	运光、永光	内有公营二厂
总计	711	101			

---

① 张肖梅:《贵州经济》,第K25页。
② 《贵州财经资料汇编》,第57页。

内迁工厂不但增强了贵州的工业实力,也给贵州带来了大量的技术人才和熟练工人。同时,随之内迁的还有大量的机关、学校和难民,致使贵州人口骤增,购买力增强。但由于日本的封锁,交通阻塞,外国商品难以进入,工业品供不应求。在这种情况下,贵州工矿业得到空前的发展。丁道谦《贵州经济研究》中称:"抗战以来,因为沿海工厂内迁和资金流动的关系,所以贵州工业的建设也就随之而蓬勃。"①而"当时设在本省之国营、民营大小机器工厂等已有三百余家之多,它如酒精、橡胶、面粉、卷烟、水泥、印刷、造纸、酿酒、陶瓷、化工等工厂亦不下数百家"。②

1940年贵州省建设厅对本省企业进行调查,兹按行业列表如下:

表3-5 1940年贵州工业调查统计表③

工业名称	厂数	工作人数	资本金额(元)	年产额	备考
机器制造业	3	591	5 900 000	2 212 005元	产额由估计而得
铸冶工业	26	335	88 950	生熟铁400 500斤,锅2000口	
化学工业	2	14	7500	肥皂600箱,樟脑12 000斤	
纺织工业	22	742	506 300	630 000元,布78 100匹,纱14 000斤	含土纱土布
印染工业	1	30	10 000	布4000匹,毛巾2000打,袜子2000打,卧单500床	
制革工业	15	85	33 000	皮件60 000箱,皮鞋2300双	
造纸业	10	144	135 000	10 000令,29 600刀	含草纸
火柴工业	10	337	148 000	10 140箱	
玻璃工业	5	139	47 800	85 000元,玻器25 000件,玻瓶2400打,玻灯12 000只,玻璃40 000斤	
陶瓷工业	7	399	213 800	80 000元,612 000件,1000挑	
砖瓦工业	2	32	6000	75 000元	
食品工业	3	125	30 000	酱油60 000元,酒10 000担,面100担	
其他	1	60	3000	37 300元	
总计	107	3033	7 129 350		

说明:未包括贵州企业公司所属工厂。

---

① 丁道谦:《贵州经济研究》,转引自李德芳、林建曾主编:《贵州近代经济史资料选辑》(上)第2卷,第464页。
② 何辑五:《十年来贵州的经济建设》,第55页。
③《贵州企业季刊》,引自李德芳、林建曾主编:《贵州近代经济史资料选辑》(上)第2卷,第472页。

贵州全省符合《工厂法》规定的工厂,1937年为55家,资本总额212.38万元;1942年为89家,资本总额3813.6万元;1943年为154家,资本总额1.41亿元,分别较1937年增长1.8倍和65.1倍。① 据经济部统计处编制的后方工业统计资料,1945年贵州共有工厂224家,资本总额超过2亿元,工人总数达9910人。② 其中化学工业有150家,占工厂总数的67%,主要生产酒精,以服务军事运输业为中心。

贵州工业,按性质可分为公营、公私合营及私营企业三种。据统计,1943年贵州公营及公私合营企业为30家,资本总额达8300万余元。其中,化工类11家,主要生产酒精、汽油、硫酸、盐酸、酸钾等,机械制造4家,生产汽车配件及修理汽车,油脂类3家,生产植物油、柴油和油墨,蓄电池厂1家和玻璃厂2家。③ 这20家工厂的产品都与汽车有关,如配件、燃料和修理,反映出当时贵州公营企业服务军事运输的基本特征。值得一提的是,当时贵州公营企业大多被贵州企业公司所控制,该公司成立于1939年,主要由贵州省、中国银行、交通银行、中国农民银行投资,总资本达3000万元,包括13家企业,1945年增至28家,涉及工矿、农林、金融、运输、商业等方面,是当时贵州最大的垄断企业集团。④ 这一时期,贵州民营工业也得到快速发展。1942年底,贵州新式民营工业已有94家,资本总计9 737 950元,工人总数2555人。其中,冶炼业3家、机器业7家、电器业1家、化学业37家、纺织业28家、金属业3家、土建9家、食品业2家、文化业2家。⑤

但是,抗战胜利后,国民政府还都南京,工矿企业、机关、学校陆续回迁,人口减少,购买力下降,加之对外贸易畅通,以服务军事运输为特征的贵州工业迅速衰落。如1946年1月,民营工厂有16家外迁,60家歇业,合计76家,占当时贵州工厂总数的45%。⑥

由此可见,近代贵州工矿业发展变化较大:清末民初,贵州工业以采矿业为主,随着黔铅的衰落,贵州工业徘徊不前,其他轻工业大多还属于手工业范畴,靠人力驱动,规模很小。抗战时期,大量沿海工厂内迁贵州,带来大量的技术人才和熟练工人,随之内迁的机关、学校和难民使贵州人口骤增,购买力增强,促进贵州工业蓬勃发展,具有明显地以服务军事运输为目的的特征。抗战胜利后,随着工矿企业、机关、学校的回迁,贵州工业迅速衰落。

第二节　近代贵州手工业

近代贵州工业以手工业为主,纺织、食品、造纸、烟草、制革、陶瓷、印刷、火柴等

---

① 参阅熊大宽:《贵州抗战时期经济史》,贵州人民出版社,1996年,第14页。
② 李德芳、林建曾主编:《贵州近代经济史资料选辑》(上)第2卷,第475页。
③ 见《贵州财经资料汇编》1943年《贵州省公营及公私合营工业概况表》,第63页。
④ 参阅熊大宽:《贵州抗战时期经济史》,第21—28页。
⑤ 《云贵高原上的民营工业》,《西南实业通讯》第9卷第1期。
⑥ 贵州省档案馆60全宗,7427卷第4—15页。

行业均有一定规模。兹分别论述之:

1. 手工纺织

近代贵州纺织业分为棉纺织业和丝织业两种,而以前者为主。道光年间,贵州棉纺织业已经较为兴盛。兴义府"女勤纺织,因郡少桑橡,故不事蚕,贞丰之下江、册享产棉花,粤商又多以粤布来市,故织纴颇多,虽富贵家妇亦亲主中馈,贫家妇多负儿子于背而勤女工"。"府亲辖之南境及兴义县、贞丰州、册享之南境,沿红水江之地,皆种棉化,会布于普安县之新城县丞,全郡男资以织,女资以纺,其利甚薄。"①"习安(今安顺)地方,素重纺织,民间妇女,自幼讲求。"所产顺布,又名家布,"各色俱全,全郡皆以此为业,城北犹盛"。② 安平县平坝场,"以申卯日为期,每逢申卯日天亮时,妇女俱执棉线赴黑神庙兑易棉花,至辰时而散,场将散时及次日早晨,以所织棉布交易,谓之布市"。③ 遵义县老蒲场,居民"多以织布为业",其所织"宽者名大土布,狭名土布"④。

1840年以后,由于大量外国棉纱输入,土纱逐渐被洋纱所取代。如兴义,"泉布始则来自外洋,俗呼为洋泉布,近郡人皆结织斜纹布,极工致,细而纫,特微厚,俗呼为土泉布"。⑤ 安顺,"惟自洋纱输入以后,土纱销路日滞,老弱妇女先后失业。光绪末年,四川工人纷纷来黔,各街成立织布业,聘请川人作技师,采用洋纱作原料,而妇女中之能织者亦多乐从,城内机房愈多,生意愈广,运销于平远、水城、大定等地,每年收益甚大,县人借以为生者亦最多"。⑥ 土布生产仍然兴盛,除了兴义、安顺、遵义等传统土布生产中心之外,其他地区亦有土布生产。如光绪年间,黎平"郡城外居民多织布,出八洞等处者布狭而粗,出栁构、口围等处者布宽而细,亦常以其余售诸境内"。⑦ 据1912年,贵州有纺织业工厂44家,职工总数573人,以兴业织布工厂最为著名,该厂设于1912年,以纱、茧为原料,资本总额6000元,职工人数100人,年产布3000匹,价值31 500元。⑧

民国改元以来,贵州土布生产依然兴盛。如安顺县,"织布一业较之辛亥革命以前反倍形发达,销行亦广。织出之布除供本地穿用外,多分销上游各县。织户、工厂合计,县城内共约千余家,四乡则不可胜数"。⑨ 兴仁县年产土布约72 000匹,销往贵阳、安顺等地。⑩ 石阡县所产后街布,以"官纱为经,土纱为纬,每逢场期,陈

---

① 咸丰《兴义府志》卷四十,风土志,风俗,卷四十三,物产志,土产。
② 咸丰《安顺府志》卷十七,物产。
③ 道光《安平县志》卷四,食货志,市场。
④ 道光《遵义府志》卷十七,物产。
⑤ 咸丰《兴义府志》卷四十三,物产志,土产。
⑥ 民国《续修安顺府志》卷九,工矿志,工业。
⑦ 光绪《黎平府志》卷三下,物产。
⑧ 《民国元年第一次农商统计》,1914年3月。
⑨ 民国《续修安顺府志》卷九,工矿志,工业。
⑩ 《兴仁县物产状况调查表》,《工商半月刊》第6卷第21号,1935年。

列城外后街贸易"。① 八寨县"妇女颇勤耕织"。② 据1930年国民政府铁道部滇黔桂区经济调查队之调查,贵州盘县、关岭、镇宁、安顺、平坝、贵阳、龙里、贵定、麻哈、平越、炉山、青溪、兴义、安龙、兴仁等十五县年产土布达872.6万匹。③ 虽然统计数据可能偏大,但对于贵州全省而言,土布产量应不会小于此数。

表3-6 1930年湘滇线、粤滇线贵州段棉纺织业统计表

市县	织机数（架）	工人数	年产量	
			棉布（万匹）	棉线（万斤）
盘县	5000		18	
关岭			30	
镇宁	1000		36	
安顺			720	
平坝		40	0.2	
贵阳		300	10.8	
龙里		30	1	
贵定			3	0.63
麻哈			0.1	0.08
平越			5	0.08
炉山			0.4	
青溪		100	0.1	0.4
兴义			10	
安龙	6000		30	
兴仁	4000		8	0.6
合计			872.6	1.79

抗战之前,贵州棉纺织业大多为家庭手工业,缺乏大型工厂。以贵阳市为例,该市战前有鲁丰布厂、协兴染织工厂和润记布厂3家,三厂合计,资本1.46万元,人力铁机21架、倒纱车15辆、轮机1架、人力木机29架,男女工90余人,最高月产量570匹,全年营业额4.5万元。④

值得一提的是,抗战前,由于外国及沿海地区布匹的大量输入,贵州纺织业一度萎缩。但抗战以来,交通阻塞,洋布供不应求,贵州土布纺织业又重新勃发。如

---

① 民国《石阡县志》卷十一,经业志,工业。
② 民国《八寨县志》卷二十一,风俗。
③ 《湘滇线云贵段经济调查总报告书》之《工业经济篇》,第108—112页;《粤滇线云贵段经济调查总报告书》之《工业经济篇》,第79—81页。
④ 张肖梅:《贵州经济》,第L50页。

开阳县,"本县产棉较少,但民十以前,纺织事业曾盛行一时,所出土布名本机布,虽粗而欠匀,但以质地较厚,服之耐久,与湖北省黄州布并驾齐驱,行销县境。后以帝国主义之经济侵略深入内地,棉麻制品价廉物美,人多乐用,土布成本较高,复欠工整,自不能与之竞争,因此一落千丈,向之土布市场遂为外货取而代之,即黄州布亦受不少打击,故近年来土布绝迹市面。抗战军兴,交通滞阻,纱布价值飞涨三倍以上,黄州布一匹价值八九元,地方人民为求自足计,乃逐渐讲求种棉,并取出昔日之工具,以便重理旧业"。① 民国《镇宁县志》亦载:"织布,此亦妇女专业,织机全部用本地制造,可织宽尺许长三丈七八之白布,除供本地人作衣料外,多数运销邻近各县,年约数十万疋,为本县出口大宗,抗战前数年因外来布疋畅销,价廉物美,曾一度萧条,近数年来疋头与土布价值悬殊,始转旺盛,业此者城乡约千余户。"② 作为纺织业中心的安顺县亦难独其身。民国《续修安顺府志》称:"惟近数年来外洋、外省之机器布纷纷涌入,本地之织布业大受淘汰。……据最近本局调查,城乡合计有棉织业约三千家,女工人共约一万人,年产各种小布不过三百六十万匹,较之民国十九年之统计,已减少二分之一。"③

抗战军兴,交通梗阻,外货输入困难,而布匹需求又不断增加,贵州纺织业又显繁荣之象。不但安顺、贵阳、兴义、遵义等传统纺织业中心逐渐恢复。如民国《遵义新志》称:"遵义至思南大道,棉花、纱布运输最紧,花纱原料仰外来,布匹成品则多自织。遵义城、鸭溪镇及湄潭县属之永兴场均为手工纺织业中心。所织土布分销黔北各地。"④ 而且纺织区域有所扩展。如定番县"各种土布每年产量约十二万匹,推销本县外,运输至贵阳、安顺、广顺、息烽、紫江、修文、龙里、贵定、大塘、罗甸、长寨等县"。⑤ 据统计,1942—1944 年,贵州全省有纺织工厂 5 家,织户 58 071 户,年纺纱 2 429 745 斤,年织布 3 163 434 匹。⑥

抗战胜利之后,大量工矿企业、机关、学校回迁,贵州手工纺织业亦随之衰落,加之国民政府两次币制改革,机户损失巨大,至新中国成立前,贵阳的机户仅有一百余家。⑦ 全省布匹产量亦逐渐下降,从 1946 年月产大布 5000 匹、小布 23 000 匹下降至 1949 年月产大布 3500 匹、小布 15 000 匹。⑧

除了棉纺织业之外,丝织业在近代贵州亦占重要地位。清代贵州丝织业,自乾隆七年遵义知府引山东橡蚕,教民饲养、缫丝、织绸,至道光年间,遵义丝绸已闻名省内外。道光《遵义府志》记载:"乾隆七年春,知府陈玉璧始以山东于遵义。……

---

① 民国《开阳县志》第四章,经济,工业。
② 民国《镇宁县志》卷二,民生志,经济状况。
③ 民国《续修安顺府志》卷九,工矿志,工业。
④ 民国《遵义新志》第九章,区域地理,交通与贸易。
⑤ 民国定番县乡土教材调查报告》第五章,工业。
⑥ 据 1947 年贵州省统计年鉴及贵州省政府建设厅统计科材料统计,引自李德芳、林建曾主编:《贵州近代经济史资料选辑》(上)第 2 卷,第 599 页。
⑦ 参阅《贵州财经资料汇编》,第 137—140 页。
⑧ 根据 1950 年贵州省人民政府经济委员会研究室调查资料统计。

迄今几百年矣,纺织之声相闻,橡林之阴迷道路,邻叟里妯相遇,惟絮话春丝几何,秋丝几何,子弟养织善否,而土著裨贩走都会,十十五五骈陛而立眙,遵绸之名竟与吴绫蜀锦争价于中州,远徼界绝不邻之区,秦晋之商、闽粤之贾又时以茧成来带鬻,捆在以去,与桑丝相挽,集为趋越纨缚之属,使遵义视全黔为独饶。"①遵义所产丝绸种类繁多,有府绸、鸡皮茧、毛绸、水绸等,而以府绸最为著名。《近泉居杂录》曰:"府绸行销最旺,远省无不乐售,以其质厚而经久也,湘豫滇省利市为销场,年入金钱三四十万,故人之津津言利不出此。"②民国《遵义新志》亦称:"柞蚕丝为遵义特产,清嘉道年间遵义柞蚕业鼎盛,所产府绸,远销秦晋闽粤诸省,岁值七八百万元,足以平衡盐布之输入而有余。"③

嘉道年间,遵义府所属各州县丝织业亦随之而起。嘉庆《正安州志》载:"乾隆十三年州吏徐阶平携蚕种教民饲织,至今咸业纫丝,商贾颇辐辏。"④道光年间,正安州所产桑蚕丝"色美质精,不下中州之产,而价昂于山丝,缫丝昔皆以手洴澼,故质粗而丝毛,今则遍张机杼,渐成花样,售丝绸远通商贾矣"。⑤"每岁春季,红男绿女揣筐筐而采桑者,触目皆是,黄丝之盛甲于各县,距州城三十里之安顺场与川界毗连,新丝上市时,川商络绎而来,每年交易款至十数万云。"⑥桐梓县,"道光初年邑织双丝,名曰桐绸,贩至汉口苏州,立局同兴号,每年不下十万疋,其河南四川运茧种来货绸而去,统计岁有数十万斤,……此槲茧绸也。其桑蚕各里皆养,约计成丝亦十数万斤,惟芦里、鸭塘所织之绸与正安黄绢不相上下"。⑦

但是,光绪以来,遵义地区丝织业逐渐萎缩。"自洋烟之利倍之,又东西洋之织值贱而色丽,而制者无巧思改进以争,(丝绸)市遂多废而不讲矣。有取最劣之品筑以粉或泥染作棕泽色,以行西蜀边夷,尝取倍蓗利。"⑧"光绪以还,(遵义)蚕业日衰,抗战以前,年产降至十万元左右。"⑨民国《贵州省遵义县经济调查》亦言:"黔中绸为一种野蚕丝所织,旧日均向山东购蚕种,放蚕于槲属树上养之,收茧制丝织绸,年值百万元以上,后以蚕种难购,又时局不安,养山蚕业,现已衰落,产值仅2万—3万元。"⑩桐梓县亦然,"咸丰初兵起茧息,前时之丝集如酒店哑、鸭塘等市,皆无远商交易,仅邻綦界之扶欢场,时有远贩至,然较盛时十之二三耳"。⑪

全面抗战爆发后,遵义地区丝织业又有所恢复和扩大。"抗战时,外国丝绸绝迹于市场,始渐具复苏之象,目下遵义柞蚕丝产以南乡之三岔河、苟江水一带,东乡

---

① 道光《遵义府志》卷十六,农桑。
② 民国《续遵义府志》卷十二,物产。
③ 民国《遵义新志》第九章,区域地理,交通与贸易。
④ 嘉庆《正安州志》卷二,风俗。
⑤ 道光《遵义府志》卷十六,农桑。
⑥ 民国《续遵义府志》卷十二,物产。
⑦ 民国《桐梓县志》卷十七,食货志,物产。
⑧ 民国《续遵义府志》卷十二,物产。
⑨ 民国《遵义新志》第九章,区域地理,交通与贸易。
⑩ 国民经济研究所:《贵州省遵义县经济调查》四,商业状况。
⑪ 民国《桐梓县志》卷十七,食货志,物产。

之老铺场附近为主,含湄潭绥阳各县所产集中于遵城,缫丝成绸,输出远方。"① 据张肖梅统计,1938年,贵阳市经营丝织业有20家,资本最多者仅八千元,且大多系贩卖生丝。② 至解放前夕,贵州丝织业仅存丝线制造一业,即使省会贵阳,丝线业亦只剩10家。③

2. 造纸

造纸是贵州传统手工业之一,产地较广。《黔南识略》记载,定番、广顺二州土产白纸,普安、绥阳二县出产皮纸。④ 道光年间,安顺府安平县草纸"出西堡上下纸厂及底岗各寨,居民业此者不下数百户"。⑤ 咸丰《兴义府志》载:"纸,今府亲辖之覃罐糕及册享之坡脚皆产。"⑥ 清末,黔南地区亦生产白纸。"都匀白纸光绪十年前由翁贵输入,质色均不佳,有章姓者迁匀,购料自造,始精美,城北关庙街营纸业者数十户,售独山、平舟、八寨、荔波、榕江诸县,省内外争来购取,供不应求。"⑦

民国以来,贵州造纸业规模不断扩大。安顺地区,"白纸出郎岱云盘与紫云板当,以及贞丰沙营、龙场等处,就中以贞丰沙营与紫云板当所出者为最优,每捆二十五刀,每刀八十张。草纸出郎岱岩脚、六枝、大弄、营盘等处,每挑六十斤,运至县城,用途甚广"。⑧ 郎岱县,"草纸系以棉竹制成,出距城四十里之地,上营盘者张贝较大,亦较厚,多销安顺、镇宁、普定、织金等县,每至秋季,商旅云集,年销约十万元以上"。"白纸出二区火坑者最佳,距城三十五里,其他各处亦有制造者,年销约万元以上"。⑨ 贵阳地区,定番县"白纸全县年产约三千悃,大部销在本县各乡场,亦有销至长寨广顺两县,草纸全县年产约六千刀(每刀值一角),除销本县外,也销至罗甸大塘平舟等县"。⑩ 开阳县,"总计全县纸厂约在四五十家,以五区为最多。全县年产草纸约在五六千万张,除供应本县外,尚有运销息烽修文等处者"。⑪ 黔北遵义县所产白纸"多行本属及四川川北一带,正安庐烟坪以金竹、水竹制者,可抵川纸之红批、毛边,仁怀制者与板桥同,今惟绥阳造者劣,将必谋制法,乃可畅行"。⑫

据1930年调查,桐梓、遵义、仁怀、湄潭、息烽、紫江、瓮安、贵阳、清镇、贵定、平越、麻哈、都匀、三合等十四市县,年产草纸1436.84万刀,贡纸200万刀,其中以息烽为最,湄潭、仁怀、瓮安次之⑬;安南、关岭、平坝、炉山、施秉、青溪六县年产白纸、

---

① 民国《遵义新志》第九章,区域地理,交通与贸易。
② 张肖梅:《贵州经济》,第L51—52页。
③ 《贵州财经资料汇编》,第141页。
④ 参阅《黔南识略》相关州县。
⑤ 咸丰《安顺府志》卷十七,物产。
⑥ 咸丰《兴义府志》卷四十三,物产志,土产。
⑦ 民国《都匀县志稿》卷六,农桑物产。
⑧ 民国《续修安顺府志》卷十,商业志。
⑨ 民国《郎岱县访册》卷二,风土志,物产。
⑩ 民国《定番县乡土教材调查报告》第五章,工业。
⑪ 民国《开阳县志》第四章,经济,工业。
⑫ 民国《续遵义府志》卷十二,物产。
⑬ 《渝柳线川黔段经济调查总报告书》之《工业经济篇》,1930年。

草纸共计 2331.9 万刀,以关岭、清镇为最。①

张肖梅总结抗战前贵州造纸业时说:"贵州所产之纸可分三种:即白纸、竹纸——俗称工厂纸,草纸是也。白纸多产于都匀、遵义、郎岱、关岭、印江、贞丰、定番等县,而以都匀为最著。……竹纸多产于遵义之北部、息烽之西南二山,……草纸则以定番出产为最多。"②都匀县为贵州主要产纸地,最盛时多达 50 家,纯手工制造,每家资本至多不过 500 元,全年总营业额 6 万元左右。定番县造纸业以高王寨的王源盛号、河口的简兴发号、城番的程兴盛号及明宗寨最为著名,然大多为家庭作坊,总资本仅 4520 元。广顺县,光绪初年造纸业达 80 家,但至抗战前仅剩 13 家,资本总额 750 元,工人 90 余人。③ 1938 年,定番、长寨、遵义、都匀、印江、郎岱、普安、关岭、贞丰、盘县等十县,年产白纸 326.2 万刀,价值 23.9 万余元,以都匀、贞丰为最。④

抗战军兴,贵州造纸业又显繁荣之象,除了都匀、安顺、遵义、贵阳等地外,大定、镇远、黎平等地亦有产纸。据 1947 年统计,23 县市年产草纸 6634 万刀、皮纸 1190.9 万刀、白报纸 7300 刀、磅纸 4000 刀,其中,瓮安草纸产量最高,达 1000 万刀,遵义、盘县、玉屏次之;印江县皮纸产量最高,达 435.6 万刀,都匀、镇宁次之。⑤

3. 酿酒与烟草

酿酒是贵州传统手工业之一,在近代工业中占重要的地位,尤以仁怀茅台酒最为著名。嘉庆《仁怀县草志》载:"茅台酒,城西茅台村制酒为全黔第一。"⑥《黔南识略》云"茅台村地滨河,善酿酒。"⑦道光年间陈熙晋《茅台村》诗云:"家惟储酒卖,船只载盐多。"⑧道光《遵义府志》载:"茅台酒,……一曰茅台烧,仁怀地瘠民贫,茅台烧房不下二十家,所费山粮不下二万石,青黄不接之时,米价昂贵,民困于食,职此故也。"⑨咸同年间因战乱而遭破坏。

同治八年,茅台镇成义烧房设立,年产三五千斤。十年后,荣太和烧房在茅台镇成立,年产二三千斤。1915 年,茅台酒获巴拿马世界博览会金奖,影响扩大,销量增加,茅台酒产量扩大至一万斤以上,周秉恒于 1929 年在茅台镇设立衡昌酒厂(后改名恒兴)。1931 年之后,川黔、川滇、黔桂等公路通车,茅台酒外销量增加。1939 年,成义产酒 3 万斤,1947 年 4.2 万斤,同年,恒兴产量 6.5 万斤,荣和产量亦有 1.4 万斤。⑩

---

① 《湘滇线云贵段经济调查总报告书》之《工业经济篇》,1930 年。
② 张肖梅:《贵州经济》,第 L76 页。
③ 张肖梅:《贵州经济》,第 L77—78 页。
④ 据贵州省政府秘书处供给之材料统计,引自《贵州省统计资料汇编》表 56《纸产量及价值》,第 104 页。
⑤ 何辑五《十年来贵州经济建设》,贵州各县产纸概况表,1947 年。
⑥ 嘉庆《仁怀县草志》之,物产。
⑦ 《黔南识略》卷三十一,仁怀县。
⑧ 道光《仁怀直隶厅志》卷二十,艺文志。
⑨ 道光《遵义府志》卷十七,物产。
⑩ 参阅《贵州茅台酒史》,《贵州文史资料选辑》第 3 辑。

除了茅台酒之外，包谷酒、糯米酒、黄酒酿造亦较为广泛。据1930年湘滇线、渝柳线贵州段沿线调查，23市县年产酒2450.1万斤，以湄潭为最，达2000万斤，贵阳、安顺、遵义次之。① 如贵阳市，1938年有酿酒业59家，然大多为家庭作坊，规模很小，资本多者千余元，少者仅二十余元。② 《十年来贵州经济建设》称："综计本省酒类，又可酿为高粱酒、防绍酒、青梅酒、烧酒、包谷酒、防茅酒、茅酒等，年产量约21 303 600斤（茅酒不在内）。"而高粱酒、包谷酒、烧酒还可以用于提制酒精，代替汽油，故抗战时期贵州酒精厂多达71家。③

烟草生产是近代贵州手工业之一。如贵定县，"前清嘉道间，闽广人侨寓于此，倡种蒸叶，辗转仿效，遂为出产大宗。……光绪十四五年丝烟铺至三百余家，销售极远"。④ 民国以来，土烟生产扩大。据1930年调查，贵定县年产烟丝36万斤，青溪、镇远两县各1万斤。⑤ 抗战前，安顺县年产烟叶约二十五万斤，用以制作卷烟和丝烟，卷烟"以土产烟叶制成卷烟，业此者多系小本经营，专销本境"。丝烟"以土产烟叶切成烟丝，虽不及福建条丝之香味，较之本省之贵定烟却有过之而无不及。……据本局调查，安顺在光宣时原有丝烟业多家，此业渐趋淘汰"。⑥ 抗战以来，因外烟难以进入，贵州烟草业快速发展，从1941—1944年，手工卷烟厂由17家增至45家，但大多资金少，规模小。至1949年，贵州手工卷烟业分布于都匀、独山一带的有二百余家，镇远、黄平一带的有百余家，黔北大定、安顺等地亦有百余家，贵阳也有百余家，总计全省不下六百余家，月产量在500—1000箱之间。⑦

4. 制革与陶瓷

制革是贵州传统手工业之一，主要产于大定、安顺、遵义等地。《黔南识略》载，大定府"货有马毡，而革器为独产"。⑧ 道光年间，安顺府"革器，有盘盂尊之属，累漆以成，故耐久，伪者布以灰，不足用，出普定下里下坝。皮鞍，彩绘光泽，柔韧耐久。皮靴，皮鞋，较他郡耐久"。⑨ 吴蓉塘《听松庐诗话》云："非陶非梓非裘，其涂附炉烙成凝脂，即以大定之制，亦光滑轻巧可玩，近（遵义）郡中所制兼以新法。"⑩

民国以来，各地制革厂纷纷出现。"安顺成立制革厂，采用西法，以药品泡制牛、马、骡、鹿等皮，去其缩性，使其柔软光滑，造成各种靴鞋器物，分销上游各县。"安顺制革业有顺时、崇新、惠安、同兴、利华等五家，工人63人。⑪ 张肖梅称："黔省畜牧业繁盛，故该制皮革业在社会经济上所居地位甚为重要。水城、桐梓、息烽、荔

---

① 《湘滇线川黔段经济调查总报告书》之《工业经济篇》；《渝柳线川黔段经济调查总报告书》之《工业经济篇》，1930年。
② 参阅张肖梅：《贵州经济》贵阳制酒业机器贩实业调查表，第L24—25页。
③ 何辑五：《十年来贵州经济建设》，引自李德芳、林建曾主编：《贵州近代经济史资料选辑》（上）第2卷，第680页。
④ 民国《贵定县志稿》第3期，贵定出产。
⑤ 《湘滇线川黔段经济调查总报告书》之《工业经济篇》，1930年。
⑥ 民国《续修安顺府志》卷九，工矿志，卷十，商业志。
⑦ 《贵州财经资料汇编》，引自李德芳、林建曾主编：《贵州近代经济史资料选辑》（上）第2卷，第698页。
⑧ 《黔南识略》卷二十四，大定府。
⑨ 咸丰《安顺府志》卷十七，物产。
⑩ 民国《续遵义府志》卷十二，物产。
⑪ 民国《续修安顺府志》卷九，工矿志，工业。

波、安龙、三穗、三合、石阡、威宁、省溪、平坝、永从、都匀、册亨、麻江、龙里、都江、罗甸、湄潭、炉山、榕江、独山、安顺、瓮安、大定、紫云、仁怀、毕节、江口、下江、松桃、兴义、后坪等县，每年皆有相当出口。安龙等县之狐皮，罗甸等县之獭皮，尤为闻名。牛皮、兽皮、猪毛则各县皆有，但规模较大之硝皮工厂与制革厂皆在贵阳，各产地虽亦有小规模硝皮作坊，但皆简陋至极。"当时贵阳有12家硝皮业工厂，资本总额20 400元，年营业额23 000元。①

陶瓷业亦为贵州传统手工业之一。道光《遵义府志》载："瓦、瓮、罂、钵之属出遵义班水者，曰班水窑，盘、碗、登、壶之属出绥阳石碓窝者，曰石碓窑。"②道光《安平县志》亦载："碗磁出埔龙，居民以此为业，中九、杨正、马场、中七、尤箐亦有之。磁盆、大磁缸出补止窑，居民百余户，专以此为业，而小瓦罐尤坚。"③

民国以来，陶瓷生产扩大。安顺全县从事陶瓷制作的有二十家，陶工百余人，年出陶器约一百万件。④"遵义之砂冈坡泥质坚腻，有窑，近百家皆制，大小盆罐等类，运销环数县，惟器形劣而不近大雅，人以为远逊青岩所产。绥阳能用细釉，红绿成彩，古朴可用。遵义泮水窑用煤与砂质烧成，鼎铛罐瓦，其制渐近精良，畏炎烹煎，隔夜不馊，八口之家常以之代汤，锅价廉而易制，争相购取。"⑤此外，陶瓷业分布范围有所扩大。如石阡县"陶器，邻境均有来购者"。⑥兴义县志亦有制陶业三十余户，资本1.5万元，年产量12 000担。⑦据1930年渝柳线、湘滇线、粤滇线贵州段沿线调查，桐梓、仁怀、湄潭、息烽、瓮安、独山等六县年出陶器117 000件，而贵阳青岩有陶瓷业三十余家，年产值8万元，贵定有陶器窑达60座。⑧

张肖梅称："本省至贵阳、遵义、开阳、黄平、台拱、八寨、丹江、平舟、郎岱、兴仁、大定、湄潭、仁怀、镇远、德江、赤水等县均出陶瓷器，以贵阳之黔陶、青岩，遵义之西乡为最著名。黔陶之瓷甲于全省，青岩陶产年约五万元，其余各地陶瓷产额较少，年产数千元至一二万元不等。各地原料品质尚良，然其所以未能发达，因由于人工制造，不能与机器争衡。"⑨黔陶镇原名青岩，1930年因陶瓷业兴盛而改名。抗战前，贵筑县黔陶镇著名陶瓷厂有四家：魏春林厂1917年设，资本300元，雇工8人；永丰厂1931年设，资本1000元，1934年后资本增至3000元；大同工厂1931年设，资本200元；恒升工厂1934年设，资本4000元。⑩1939年，该镇有陶瓷厂57家，窑15座，职工570人，全镇年产值约13万元，但"现尚在家庭手工业之中"。⑪

---

① 张肖梅：《贵州经济》，第L118页。
② 道光《遵义府志》卷十七，物产。
③ 道光《安平县志》卷四，食货志，土产。
④ 民国《续修安顺府志》卷九，工矿志，工业。
⑤ 民国《续遵义府志》卷十二，物产。
⑥ 民国《石阡县志》卷十一，经业志，工业。
⑦ 民国《兴义县志》第七章，经济，工业。
⑧ 《渝柳线川黔段经济调查总报告书》之《工业经济篇》，1930年。
⑨ 张肖梅：《贵州经济》，第L139页。
⑩ 张肖梅：《贵州经济》，第L143页。
⑪ 引自李德芳、林建曾主编：《贵州近代经济史资料选辑》（上）第2卷，第729—730页。

此外,近代贵州手工业还有很多,如制糖、磨面、碾米、榨油、制蜡等,因资料缺乏,不一一赘述。

第三节 近代贵州机器工业

近代贵州机器工业有一定的发展,尤其是抗战时期,化工、机械制造、电气、橡胶、玻璃、水泥等行业快速发展,纺织、造纸、烟草、印刷、制革等传统手工业也逐渐利用机器生产。兹分别论述之:

1. 化学工业

近代贵州化学工业包括酒精、炼油、酸碱、炸药、烛皂、制药等类别。贵州酒精工业大多设立于1942—1943年间,因抗战时期汽油燃料缺乏,大多由酒精替代。1943年,贵州经经济部核准登记的公营、私营酒精工厂共计32家,月产酒精达15万加仑,其中,资委会遵义酒精厂、盘县动力酒精厂、三一化学公司三家资本超过250万元,其余均在100万元以下,还有13家不及50万元。①

当时贵州主要酒精厂有:源源酒精厂1943年初设立于贵阳,主产动力酒精,内设蒸馏塔四座,月产酒精1万加仑。佩明酒精厂1943年设立于贵阳,资本额50万元,职工37人,月产动力酒精1500加仑。兴业酒精厂1943年初设立于贵阳,资本45万元,职工15人,月产动力酒精1000加仑。集诚酒精厂1943年初设立于贵阳,资本35万元,职工15人,月产动力酒精1500加仑。源通酒精厂1943年设立于贵阳,资本30万元,月产动力酒精三四千加仑。义和化工厂1943年设于清镇,资本20万元,职工18人,日产动力酒精4000斤。合兴工业研究社酒精厂1943年设于贵阳,资本20万元,职工8人,月产动力酒精300加仑。和兴酒精厂1943年设于贵阳,资本20万元,月出酒精1000加仑。福康酒精厂1943年设立于贵阳,职工25人,月产酒精1500加仑。裕源酒精厂1943年设立于贵阳,月产酒精2000加仑。中国四民酒精厂1939年设于贵阳,资本34万元,有整流器4具、发酵器、抽水机、锅炉、冷凝器等设备,月产酒精1万加仑。② 私营遵义酒精厂1942年成立,资本20万元,职工30人,第一长设于绥阳蒲老场,第二厂设于遵义鸭溪,月产酒精1万加仑。公营遵义酒精厂1939年资源委员会设立,1943年产量6.3万加仑。③

贵州制酸业始于抗战时期,计有中国植物油厂、新筑制酸厂及开源硫酸厂三家,以硫酸、硝酸、盐酸为主要产品,以中国植物油厂规模最大。中国植物油厂1939年设立于贵阳市,有职工12人,月产硫酸3000磅,盐酸、硝酸各2000磅。新筑制酸厂1941年设立于贵阳,主要设备有硫酸铅室、焚磺炉、蒸汽发生器、硫酸浓缩器共6部,月产硫酸5000斤,硝酸、盐酸各3000斤。开源硫酸厂1940年成立于贵阳,

---

① 《贵州省统计年鉴》,引自李德芳、林建曾主编:《贵州近代经济史资料选辑》(上)第2卷,第575—576页。
② 《贵阳市工商调查录》,1943年。
③ 《贵州财经资料汇编》,引自李德芳、林建曾主编:《贵州近代经济史资料选辑》(上)第2卷,第588页。

资本5万元,月产酸30担。① 青山矿业药品工厂设于贵阳市,制造黑炸药、茶褐炸药、雷管及引线等,有各类机械25部,日可产炸药1500公斤、雷管4000支、引线7000公斤,为当时国内唯一商办炸药厂。②

贵州制皂业始于抗战初期,设备简陋。据1938年统计,贵阳市有烛皂业16家,总资本2070元,全年营业额11 100元,还属于家庭作坊式手工业。③ 1938—1941年间,模范工厂、新兴公司、永丰肥皂厂、贵州企业公司化工厂等相继开业。除贵州企业公司化工厂资本雄厚,其他各厂资本最多3000元,雇工最多10人,年产10吨至50吨左右。④ 贵州企业公司化工厂成立于1940年,利用本省木油、漆蜡制造肥皂、蜡烛,最初资本10万元,后增至200万元,每年产肥皂1.5万箱,蜡烛1万包,年销售额六七百万元。⑤

贵州制药业因抗战时期药品奇缺而兴起,但大多为家庭式生产,略具规模者有四家:军医学校药品制造研究所,主要生产硝酸银、乳酸钙、活性炭等原料及葡萄糖、氯化钙等针剂;新洲制药厂生产酒精、口服和注射用葡萄糖等;一元化工厂生产氧化锌和硫酸镁;德昌祥制药厂生产中药。⑥

贵州炼油工业,1937年有2家,资本2万元,1943年增至11家,资本975万元,分别是公营的贵州油脂工业厂、贵州油脂工厂、中国植物油厂中曹司厂、军委会植物油厂和私营的中国星星工业社、遵义煤油厂、同华炼油厂、开源炼油厂、兴义化学工厂、华光炼油厂。经济部中国植物油料厂贵阳厂1938年设立,官商合办,内有炼油机等多种设备,职工420人,月产汽油、机油、柴油共1万加仑。开源炼油厂1943年创办,有锅炉11座,职工32人,月产汽油、煤油、柴油共6000加仑。建成炼油厂贵阳分厂设立于1943年,资本80万元,职工40人,月产汽油2000加仑。贵阳建中炼油厂设立于1943年,资本30万元,月产代汽油、煤油、柴油共1800加仑。贵州油厂1938年设于贵阳中曹司,资本20万元,日可产汽油1100加仑,1940年停产。贵州油脂工业厂1939年底设立,最初资本20万元,后增至200万元,设备有油漆、油墨、三滚机、熬油锅、电机马达、搅拌机等十余部,1944年因受"黔南事变"影响而结束。⑦

2. 机器与电气

贵州近代机器工业始于1938年新生实业公司,该公司下属新生铁厂和新生五金工厂,生产生铁、车床。其后,各种国营民营大小机器工厂、修配店达300余家。⑧

---

① 《贵州财经资料汇编》,第133页。
② 何辑五:《十年来贵州经济建设》,第108—111页。
③ 张肖梅:《贵州经济》,第L108—110页。
④ 周庆全:《贵阳肥皂业的变迁》,《贵阳文史资料选辑》第8辑。
⑤ 何辑五:《十年来贵州经济建设》,第71—75页。
⑥ 钱允中:《近七十年来贵州的医药卫生事业》,《贵州文史资料选辑》第12辑。
⑦ 何辑五:《十年来贵州经济建设》,第64—66页。
⑧ 何辑五:《十年来贵州经济建设》,引自李德芳、林建曾主编:《贵州近代经济史资料选辑》(上)第2卷,第506—507页。

1943年贵阳市有机械工业15家,除民生工厂之外,几乎全部从事于汽车零配件制造及煤气炉改装。此外虽有车床及切面机、工作机、抽水机、鼓风机等生产,但产量极少。① 据1943年统计,贵州全省机械工业有32家,以生产生铁、铁制品、汽车配件及小型机械为主,除了交通部黔中机械厂(资本2400万)、中国机械厂(资本400万)、民生工厂(资本200万)、瑞丰机械厂(资本200万)、中国机械厂贵阳分厂(资本100万)资本较大外,其余皆在50万以下。② 抗战胜利后,部分工厂回迁,贵州机械工业发展一度衰落,但由于本地需要,很快有所恢复。据1948年统计,贵州私营机械工业有85家,但多以修理为主,且规模较小,其中,规模最大的新生五金厂,有车床14部,月产抽水机、榨油机、碾米机各5部。③ 至解放前,贵州有机械工业117家,职工500人,各种机械设备112部,资本5.4亿元,规模较大者有中国机器厂、毅达机器厂、新生五金厂、合立机器厂4家,资本都在2000万以上。④

新生实业公司下设新生五金厂,1940年开工,从事机械修理和机器制造。1941年与贵州企业公司合作,与中国机械制造厂合并,新生五金厂作价100万元入股。⑤ 新成立的中国机械公司资本400万元,贵阳分厂生产汽车配件及各种机械,龙里分厂生产煤气炉和蓄电池,两厂职工500人,设备70余部,年产值达千万余元。抗战胜利之前,又以中国机械公司为基础,成立中国农业机械公司,资本5000万元,生产煤气发动机、抽水机及各种农业机械,有职工210人,月产值300余万元,其中,农业机械占40%,汽车配件占40%,煤气炉占12%,其他工程约8%。⑥

贵阳市民生工厂成立于1942年,资本400万元,有柴油、木炭引擎2部,车床、刨床、钻床7部,辅助机械26部,职工125人,生产切面机、工作机、零件及新式木器家具等。吴善兴机器制造厂贵阳分厂设立于1943年,资本200万元,有机床等设备及动力机械15部,职工24人,生产车床、刨床、钻床、铣床、手摇煤气鼓风机及各种配件,每月可出机床3部、鼓风机20部。中华配司登制造厂,资本7万元,有设备及动力机械8部,制造各种铝活塞及汽车配件,月产活塞300支。⑦

近代贵州电气工业以贵阳电厂为代表。1926年成立贵州电气局筹备处,购买75千万透平发电机组2座,次年发电,仅供政府机关用电,经费由政府拨发。1935年开始对外营业,改名贵州省政府建设厅贵阳电灯厂。⑧ 1938年,改组为资源委员会贵州省政府贵阳电厂,增加资本为100万元,购置160千瓦汽轮交流发电机2套

---

① 《贵阳市工商业调查录》,第22页。
② 《贵州省统计年鉴》,引自李德芳、林建曾主编:《贵州近代经济史资料选辑》(上)第2卷,第511—512页。
③ 何辑五:《十年来贵州经济建设》,引自李德芳、林建曾主编:《贵州近代经济史资料选辑》(上)第2卷,第513—518页。
④ 《贵州财经资料汇编》,引自李德芳、林建曾主编:《贵州近代经济史资料选辑》(上)第2卷,第519—528页。
⑤ 伍效高:《创办新生各厂的经过》,《贵阳文史资料选辑》第6辑。
⑥ 《中国机械厂股份有限公司》,《贵州企业季刊》第2卷第2期。
⑦ 《贵阳市工商业调查录》,引自李德芳、林建曾主编:《贵州近代经济史资料选辑》(上)第2卷,第536—538页。
⑧ 韩德举:《贵阳电气事业之回顾与展望》,《贵州企业季刊》第1卷第3期。

和 1000 瓦汽轮发电设备,1939 年发电。该年贵州企业公司成立,省政府将电厂转归其下,改名为贵阳电气公司贵阳电厂,资本 350 万元。后又增 260 千瓦汽轮发电设备 2 套,1942 年发电。1944 年资源委员会拨装该厂 200 千瓦汽轮发电机 1 套,至此,该厂全部装机容量达 1040 千瓦。抗战胜利后,又将资委会下属发电器材 200 余吨运抵贵阳,1947 年该厂装机容量达 2040 千瓦,改组为贵阳电气公司,资本 50 亿元,有职工 400 人。[1]

除了贵阳电气公司之外,抗战以来,为适应各地发展的需要,贵筑、惠水、遵义、息烽、兴义、镇远、铜仁、马场坪、贵定、清镇、安顺、普定等地均有小型电厂设立,大多利用木炭为燃料,改汽车引擎为动力,发电容量各约在 20 千万左右。[2] 桐梓电厂建于抗战前,仅有 1 部直流小发电机,可供 300 盏灯。镇远发电仅供 120 盏灯。遵义电机由浙江大学电机系发电机,供少数电灯用户;商办小发电机 2 部,火力发电;还有大型面厂自备发电机,供马达之用。安顺电灯厂为柴油发电机。修文猫跳河水力发电厂系资源委员会修建,装机 300 千瓦,但仍未发电。[3] 至新中国成立前,贵州电厂共 12 家,有发电机 19 部,可供 20 瓦电灯约 2000 盏[4]。

3. 火柴、玻璃、橡胶与水泥

贵州火柴工业起于清末。遵义"火柴:初系由川、广输入,至宣统年间始创设工厂,自行制造,……其数以七千二百盒为一箱,贩夫卖担购运四方,年可销千箱,值四五万元,此亦抵制外货之一也"。[5] 1912 年第一次农商统计时,贵州有火柴厂 1 家,职工 98 人。[6]

民国初年,在"洋火"巨额利润的刺激下,贵州相继出现了由商人集资创办的五个火柴厂:贵阳的惠川、协昌和遵义的德泰、义昌、燧明。然此五厂除少数生产过程使用机器外,均以手工生产为主。协昌的规模较大,资本约银 1 万两,雇工 200 余人,年产千箱左右,其余四厂的资本为一千至六千银元,分别雇工百人左右,年产三四百箱。[7] 惠川火柴厂由罗兆熊于 1915 年设于贵阳,资本银 3000 两,人工制造硫化火柴,工人 62 人,全年营业额 15 000 元。1938 年扩大生产,资本增至 1.5 万元,有机器 4 部,职工 104 人,全年营业额 5 万元,每月产安全火柴 350 件、硫化磷火柴 45 箱。[8] 1943 年惠川厂资本扩大至 70 万元,1949 年达 9255 万元,职工 130 人,每月生产能力 900 听[9]。协昌火柴厂,1918 年姚焕之在贵阳成立,资本银 1 万两,有职工 181 人,每年营业额银 1.2 万两。1935 年更名协昌兴

---

[1] 何辑五:《十年来贵州经济建设》,引自李德芳、林建曾主编:《贵州近代经济史资料选辑》(上)第 2 卷,第 493—495 页。
[2] 何辑五:《十年来贵州经济建设》,引自李德芳、林建曾主编:《贵州近代经济史资料选辑》(上)第 2 卷,第 499 页。
[3] 稼郢:《贵州电气事业之概况与展望》,《贵州建设》第 2 期。
[4] 《贵州财经资料汇编》,引自李德芳、林建曾主编:《贵州近代经济史资料选辑》(上)第 2 卷,第 503 页。
[5] 民国《续修遵义府志》卷十二,物产。
[6] 《民国元年第一次农商统计》之《工厂制造种类》,1914 年 3 月。
[7] 杨开宇、廖惟一:《贵州资本主义的生产与发展》,第 131 页。
[8] 张肖梅:《贵州经济》,第 L97—101 页。
[9] 《贵州财经资料汇编》,第 163 页。

记火柴厂,资本扩大至 3 万元,职工 160 人,每天生产安全火柴 24 件,年营业额 6 万元。①

抗战以来,由于"洋火"及外省火柴输入减少,贵州民营火柴业得到快速发展。五家老厂资本增加,生产规模扩大,年产量达 1000 箱,又新建了八家民营火柴厂,分别是贵阳大中华、盘县三民、臻新、顺利、同兴、思南德昌、独山利群和威宁炽昌。② 1940 年,贵州企业公司与协昌兴记火柴厂、大中华火柴厂合作组建贵州火柴公司,资本 30 万元,次年资本扩大至 100 万元,有职工 156 人,1941 年生产火柴 7.68 万箱,营业额 136.3 万元。③ 1942 年,贵州企业公司又组建中国火柴原料厂贵阳分厂,有职工 149 人,主要生产氯酸钾,月产量 5 吨。④ 1943 年,原遵义燧明火柴厂由贵州火柴公司与贵州企业公司改组为遵义火柴公司,有机器 6 部,1948 年产火柴 1007 箱。⑤

玻璃工业在贵州始于民国时期。抗战之前,贵州玻璃厂共计 6 家,贵阳有 3 家,黔西 1 家,清镇 2 家,但资本少,均用手工制造,亦无模具。贵阳义利厂前身为 1926 年周尚文设立的美华玻璃厂,资本 1000 元,有男工 15 人,专做烟灯罩,1936 年改组为同记玻璃厂,1938 年更名义利玻璃厂,全年营业额 1 万元。贵阳同利公厂前身为 1932 年开设的同福公玻璃厂,资本 1300 元,雇工 10 人,专做眼灯罩,1937 年改组为同利公玻璃厂,全年营业额 7500 元。⑥ 抗战以来,贵州化学工业兴起,华胜、合作、一蒿三家民营玻璃厂相继成立,资本均万元左右,生产日用器皿和化学、医学仪器。⑦ 1940 年,贵州企业公司设立贵州玻璃厂,最初资本 9 万元,1944 年增至 200 万元,有各类机械设备 9 部,职工 121 人,日产玻璃 1400 磅,年营业额 2863 万元。⑧

近代贵州橡胶工业始于 1940 年中南橡胶厂在贵阳设厂。1944 年,原湘桂橡胶企业纷纷迁至贵州,如利达、永生、越丰、民生、友联、西南等小厂多达八家,生产汽车刹车、轮胎、皮胶鞋等,职工达三四百人。⑨ 中南橡胶厂资本 100 万元,后增至 1000 万元,职工 39 人,主要业务为翻新轮胎、橡胶配件及胶鞋等,设备有锅炉、滚筒机、翻胎炉滚机、车室炉等 11 部,月可翻制 300 个。⑩

1941 年贵州企业公司在贵阳设立贵州水泥公司,最初资本 100 万元,1947 年增至 15 亿元,有各类机械、动力、辅助设备 16 部,最高月产量 17 万公斤。⑪

---

① 张肖梅,《贵州经济》,第 L105—106 页。
② 杨开宇、廖惟一:《贵州资本主义的生产与发展》,第 168—169 页。
③ 《贵州火柴公司》,《贵州企业季刊》第 2 卷第 2 期;《贵州财经资料汇编》,第 110 页。
④ 《中国火柴原料厂贵阳厂》,《贵州企业季刊》第 2 卷第 2 期。
⑤ 《贵州财经资料汇编》,第 112—113 页。
⑥ 张肖梅,《贵州经济》,第 L91—98 页。
⑦ 杨开宇、廖惟一:《贵州资本主义的生产与发展》,第 167—168 页。
⑧ 《贵州企业公司玻璃厂述略》,《贵州企业季刊》第 2 卷第 2 期。
⑨ 关启明:《贵阳橡胶发展简况》,《贵阳文史资料选辑》第 6 辑。
⑩ 《贵阳市工商业调查录》,引自李德芳、林建曾主编:《贵州近代经济史资料选辑》(上)第 2 卷,第 592 页。
⑪ 《贵州水泥公司》,《贵州企业季刊》第 2 卷第 2 期。

4. 纺织、卷烟、造纸与印刷

抗战时期,贵州亦设立机器纺织工厂,主要有群里染织厂、振兴染织厂、豫丰纺织公司贵州纱厂三家。群里厂于1940年开工,原设于贵州盘县,在贵阳设有分厂,资本30万元,主要设备有铁织机16部、木织机10部、合纱机3部、洋纱机1部,厂内有技术员、职工、工人、学徒、杂工共计53人,主要产品为各色咔叽、各色线叽、中山叽等,每月可生产布140—300匹,年销量1800匹。振兴厂于1942年成立于贵阳,资本300万元,主要股东为中国百货公司,主要生产布匹、毛巾、被单、袜子等,有脚踏铁木混合机30台、手拉木机20台、袜机35台、被单机10台、合纱机5台、整经机2台,技术员、职员、技工、杂工共约90余人,平均每月产布100匹、毛巾60打、袜子100打、被单30条。① 豫丰公司贵州纱厂于1949年设立,有马达14台、变压器2座,清花机、并条机、粗细纱机、车床等设备27部,原计划年产纱一万锭,但至贵阳解放时,仅开出细纱机5部,合2100锭。②

丝织业方面,1939年贵州企业公司在遵义设立贵州丝织公司,资本原为10万元,后扩展至500万元,以缫丝、织绸、制种为主要业务,有煤气内燃机、织机、经纬机、纱机、花机、车床等设备十余台,1943年营业额达3.7亿元。③ 民国《遵义新志》记载:"抗战期间,贵州企业公司来遵义设立丝织厂,有厂房两楹,设置新式木机数十台,丝机十余台,利用电力摩托,最盛时每月成品可达百匹,惟因本地蚕丝质量俱差,多用川丝为原料。"但"胜利以后,一切工业经营困难,遵义丝织厂亦渐紧缩,仅余织机数台维持工作耳"。④ 总体而言,近代贵州机器纺织业还很弱小,属于刚刚起步阶段。

近代贵州机器卷烟业始于抗战时期。1938年,由贵州烟草公司首倡,其后因抗战关系,又有两家外省烟厂迁黔,本省又增加了六家小型机器卷烟厂,1947年因交通受阻,外烟难以进入,本省烟叶及香烟销路扩展,1948年由小型卷烟机向大型卷烟机发展。⑤ 1940年至1945年,贵州有贵州烟草公司、贵州企业公司烟草厂、中国福黔烟厂、求精烟厂、南明烟厂、五福烟厂、大通烟厂、华湘烟草公司等八家,总资本1345万元,职工475人,年产香烟2670箱。⑥ 如贵州烟草公司,1939年由贵州企业公司和中国青年协记烟厂合建,该厂初设之时资本8万元,有卷烟机、压茎机、切丝机、磨刀机共5部,有职工208人,1942年资本增至300万元,设备及动力机械增至21部,生产卷烟3种,年销售额达1800万元⑦;贵定欧亚烟厂,1944年湖南湘盛

---

① 见《贵阳市工商业调查录》。
② 《贵州财经资料汇编》,第93—94页。
③ 《贵州省统计年鉴》第二回,1947年。
④ 民国《遵义新志》卷九八,产业与资源,工商业与市容。
⑤ 《贵州财经资料汇编》,引自李德芳、林建曾主编:《贵州近代经济史资料选辑》(上)第2卷,第699页。
⑥ 贵州省档案馆80全宗7437卷,《经济部核准登记贵州省工厂清册》。
⑦ 《贵州烟草公司》,《贵州企业季刊》第2卷第2期。

烟行迁往贵定,改组为欧亚烟厂,资本60 000万元,职工220余人,日产量960大箱①;南明烟厂,1946年设立于贵阳,资本100万元,后增至1000万元,机器6部,职工130余人,月产量200箱。②金筑烟厂,1942年设立于贵阳,资本80万元,有职工62人,月产卷烟40箱。③

近代贵州造纸业绝大部分为手工作坊生产,但亦有使用机器者。机器造纸当推黔元纸厂。1915年华之鸿创办永丰造纸厂,采购日本造纸机、蒸煮球锅、打浆机、漂浆机、切纸机、蒸汽引擎、锅炉、抽水机、车床、刨床等机械15部,进口漂白粉、烧碱、医药用品数十吨,1919年正式投产,以木料、稻草、枸皮、竹料、破布、废纸为原料,生产超贡、超光、庆霖、混同等各类型纸张。后因政局变乱,一度停工。1925年后又被当局征用为兵工厂,1935年收回,改名西南造纸厂,每日出产白报纸70—150令。1943年,重组为黔元造纸厂,生产黔元纸及白报纸,行销滇、黔、湘、桂等省,1949年下半年产纸1496令。④还有鸿盛造纸厂,该厂于1948年10月成立,资本额5亿元,设于桐梓县城,有造纸及动力机械24部,职工53人,生产道林纸、打字纸、牛皮纸、黄表古包装纸等,月产量约十吨。⑤

近代贵州印刷业始于宣统末年文通书局的成立,1926年以后,续有中华印刷所、华美印刷所和贵州企业公司印刷所三家稍具规模。据1938年调查,贵阳市印刷业有15家,然除文通外,资本多者三五千,少者几十元,全年营业额仅3万元左右。⑥抗战军兴,大量机关、学校内迁贵州,书籍、报纸、表册需求旺盛,促进了贵州印刷业的发展。1945年,贵阳市印刷业扩展至34家。⑦抗战胜利后,贵阳市印刷业继续发展,至1949年扩展至49家,资本总额5.37亿元,职工465人,各类机械设备193台,铅字195万多。⑧

文通书局是近代贵州印刷业的代表,1898年由华之鸿创办于贵阳,采购日本铅印、石印机器设备共24部,职工百余人,耗资20万两白银。1921年左右,年营业额达30万元。1929年书局遭火灾,次年恢复生产,添置铅印设备和动力机械多部,至抗战前职工增至400余人,1937年营业收入为9.38万元。⑨贵州企业公司印刷所的规模也不小,该所成立于1938年,资本60万元,职工170余人,有马达、对开机、四开机、圆盘机、石印机等设备31部,1943年营业额达165万元。⑩

---

① 顾隆刚:《欧亚烟厂与贵州烟业的发展》,《贵州社会科学》1983年第4期。
② 贵州档案馆45全宗733—738卷,《民国三十五年贵阳税局督导室对烟厂的调查》。
③ 见《贵阳市工商业调查》,引自李德芳、林建曾主编:《贵州近代经济史资料选辑》(上)第2卷,第707页。
④ 参阅华树人:《贵阳永丰纸厂的创办与发展》,《贵阳文史资料选辑》第9辑;《贵阳财经资料汇编》,第152页。
⑤《贵州财经资料汇编》,第154页。
⑥ 张肖梅:《贵州经济》,第L112页。
⑦ 贵州档案馆60全宗,《贵阳市印刷业同业公会会员表》。
⑧《贵州财经资料汇编》,第155—158页。
⑨ 华问渠:《贵阳文通书局的创办和经营》,《贵州文史资料选辑》第12辑;张肖梅:《贵州经济》,第L114页。
⑩《本公司业务介绍》,《贵州企业季刊》,引自李德芳、林建曾主编:《贵州近代经济史资料选辑》(上)第2卷,第677—679页。

5. 食品、制革与陶瓷

近代贵州机器食品制造始于抗战时期。大兴面粉厂1939年底由贵州企业公司成立于遵义,资本200万元,向上海厚仁机器厂和重庆华生电器厂订购面粉机、锅炉、发电机、马达等机器设备,职工85人,1941年产各种面粉3.2万袋,营业额673.6万元。① 全解放前有私营机器面粉厂四家,分别是贵阳的永大、黔丰和遵义的华昌、华材,四厂合计,资本额2.38亿元,各类机械设备12部,月产面粉4000余袋。② 贵州制糖厂于1938年由贵州企业公司设于安龙县,1943年资本达200万元,有汽车引擎、煤气发生炉、酒精蒸馏机、离心机等机械7部,月产白、黄糖360担,酒精10吨。③

近代贵州制革业亦有机器生产者,如振华、永丰、顺昌、日新、华中等厂。贵阳振华制革厂成立于1912年,资本5万元,全盛时期有工人233人,1928年停业。1936年,原陆军制革厂改组为振华制革厂,有机器6部,全年营业额5000元。贵阳永丰制革厂成立于1920年,资本400元,专用黄牛皮制造底皮,全年营业额2000元,1928年资本增至1300元,全年营业额5000元。贵阳顺昌制革厂,1927年由顺昌号改组,固定资本2000元,全年营业额8000元,有机器2部,每月最高生产1700元,以皮带、皮鞋为主。④ 中华制革厂1939年成立于贵阳市,资本12万元,每月制熟皮34张,生产底皮、带皮、黄黑皮、箱子匹等,以供军用及各种皮件之用。中国日新制革厂于1942年成立于贵阳,资本50万元,职工73人,主要生产皮革衣料、衣面、箱匹等,年产皮箱2040个、皮鞋4800双。⑤

近代贵州机器陶瓷制造首推贵州企业公司陶瓷厂,该厂1940年设于贵筑县黔陶镇,初期资本20万元,后增至100万元,分圆器、琢器、模型、辘轳及耐火物等五部,生产日用瓷器、电用瓷器、卫生用具、工业用具等各类瓷器,1944年营业额达9701万元。⑥ 还有贵州新生陶瓷厂,该厂1939年设于黔陶镇,有手辘轳、机辘轳、球磨机、大压机、铁制大水车共25部,职工百余人。⑦

第四节 近代贵州矿业

自清末以来,中央和贵州地方政府屡次提倡和鼓励矿业开发,但随着黔铅的衰落,矿业整体上并没有较大的发展,更多表现在矿产勘探方面。同时,为适应近代工业和对外贸易的需求,锑矿、水银等矿产开发日趋活跃。兹分煤铁、水银、锑矿和铜铅锌矿论述之。

---

① 《大兴面粉厂》,《贵州企业季刊》第2卷第2期。
② 《贵州财经资料汇编》,引自李德芳、林建曾主编:《贵州近代经济史资料选辑》(上)第2卷,第756—633页。
③ 《贵州制糖公司》,《贵州企业季刊》第2卷第2期。
④ 张肖梅:《贵州经济》,第L127—129页。
⑤ 《贵阳市工商业调查录》,引自李德芳、林建曾主编:《贵州近代经济史资料选辑》(上)第2卷,第756—758页。
⑥ 何廉五:《十年来贵州经济建设》,引自李德芳、林建曾主编:《贵州近代经济史资料选辑》(上)第2卷,第731页。
⑦ 伍效高:《创办新生各工厂经过》,《贵阳文史资料选辑》第6辑。

一、煤 铁 矿

贵州煤矿开发历史较早,清代中期就有用煤冶炼铅锌矿的记载。如乾隆四年贵州总督张广泗奏称:"遵义府属绥阳县月亮岩地方产有铅矿,铁星坪、版坪产有煤块,并无干碍田园庐墓,应请开采,照例纳课。"①水城"万福银矿在前清乾隆年间开采极盛,闻当时矿坑多至百余处,矿工数万人,取附近夹沟之煤从事冶炼"。② 光绪《水城厅采访册》曰:"煤洞山,离杜家店八里许,地名滥坝,所出煤无烟,旧开,洞陷。"③除了作为矿冶燃料之外,煤炭也是贵州民众的家庭生活燃料。道光年间,大定府知府黄宅中称:"郡地苦寒,御冬之计全资煤火,煤产山中,凿峒求之,取不尽而用不竭,土人谓之煤炭,爇炭与炉,谓之煤炉也。"④自光绪十四年至宣统二年,安顺设有凉水井、田坝洞、苗冲、新厂草纸湾、营盘、五翠、斗关、中所、冈考、羊头井等10家煤矿,年产煤共计2280万斤。⑤ 镇宁亦有黑石头、比共、反背梁山、毛家田等4家煤矿。⑥ 据1912年统计,贵阳、龙里、贵定、安顺、贞丰、黔西、毕节、遵义、正安、桐梓、仁怀、都匀、瓮安等13县有煤矿开采区84个,矿地2219亩,年产量33 728吨,而该年贵州工业用煤仅802吨,仅占煤炭总产量的2.38%⑦,其他绝大多数仍是作为生活燃料。

民国以来,贵州煤矿开发范围扩大,产量增加。如桐梓县,"东芦溱里产多糠煤,夜娄里多产油煤,炭尤光亮经久,土人煅弃其油,运川销售,谓之炭花,轮船、工厂获利较厚,近电灯公司亦于后箐开获油煤"。⑧ 平坝县煤矿产地有西区的小粪田、谷抱、山架,北区罗家苑、中寨和东区陈寨,日产煤达10万余斤。⑨ 镇宁县新设涂家坟、雷打坡、大干文、蜜蜂岩等4家煤矿,年产量达数万担。⑩ 据历次矿业纪要统计,贵州煤产量如下表:

表3-7 民国年间贵州煤产量表⑪ （单位：吨）

时 间	产 量	时 间	产 量	时 间	产 量
1919年	88 000	1933年	63 093	1938年	267 150
1928年	54 575	1934年	73 530	1939年	276 455
1930年	123 723	1935年	260 000	1940年	332 634
1931年	118 577	1936年	260 000	1941年	386 024
1932年	89 892	1937年	260 000	1942年	453 558

---

① 《大清高宗皇帝实录》卷九十五,乾隆四年六月,贵州总督张广泗奏。
② 《贵州矿产纪要》第五章,铅锌银矿。
③ 光绪《水城厅采访册》卷二,地理,山川。
④ 道光《大定府志》卷五十九,文征九,诗第十九下,黄宅中《挖煤洞》注。
⑤ 民国《续修安顺府志》卷九,工矿志,矿业。
⑥ 民国《镇宁县志》卷三,民生志,经济状况。
⑦ 《民国元年第一次农商统计》,1914年3月。
⑧ 民国《桐梓县志》卷十七,食货志,物产。
⑨ 民国《平坝县志》,地理志。
⑩ 民国《镇宁县志》卷三,民生志,经济状况。
⑪ 本表数据来源于第一、第三、第四、第五、第六、第七次《中国矿业纪要》。

上页表所示,民国时期贵州煤产量可分为三个阶段:1919—1934年产量基本在10万吨上下徘徊,此时贵州处于军阀战乱阶段,工业发展滞后,煤炭大多用于居民生活燃料;1935—1939年产量变化不大,基本为26万吨,可能抄袭已有数据,这一时期中央政府势力已进入贵州,工业有一定程度发展,工业用煤量增加;1940—1942年产量从33万吨增至45万吨,此时贵州已成为抗战大后方,许多工厂、机关、学校内迁贵州,工业快速发展,用煤量大增。

据1935年调查,贵州23县年产煤1.46亿斤,息烽、赤水、清镇、郎岱、大定五县为最,年产量均在1500万斤以上,遵义、都匀、修文、广顺、安龙、正安、盘县等七县次之,年产量在100万—500万斤之间。①

表3-8　1938年贵州各主要产煤县月产量表　　　（单位:担）

县份	月产量	县份	月产量	县份	月产量
贵阳	126 400	石阡	180 000	庐山	300
普定	3450	贵定	7	桐梓	2241
安顺	4255	贞丰	115	湄潭	900
德江	300	镇宁	15 000	息烽	81 500
广顺	5800	龙里	670	织金	660
大定	2700	瓮安	1225	正安	5742
合计	431 265				

说明:该表引自张肖梅《贵州经济》第A25页。

1939年,南桐煤矿筹备处产煤4355吨,筑东煤矿公司1000吨,桐梓桃子荡矿区45 000吨,贵阳65 000吨,大定90 000吨,息烽41 000吨,其他30 000吨,共计276 455吨。该年炼焦以桐梓桃子荡为主,达21 600吨,还有南桐煤矿筹备处炼焦773吨。②

1938年2月南桐煤矿筹备处成立,隶属于军政部兵工署与资源委员会合办之钢铁厂迁建委员会,资本100万元,1938年9月开办矿井,产煤全部炼焦,供冶铁之需。总厂设于新场,第一分厂设王家坝,有两直井,第二分厂设傅家嘴,有两直井及收购土井四口。矿厂机械设备大部来自大冶铁矿、汉阳铁厂及购自六河沟铁厂,总厂设锅炉6部,100千瓦汽动直流发电机4部,排水汽泵2部;第一分厂设锅炉4部,七五马力卷扬机1部;第二分厂三五马力卷扬机2部,锅炉4部,排水汽泵2部。洗炼设备仍用土法,炼焦炉采用萍乡式,有炼焦炉11座。1939年,月产煤约三千吨。③据王恒源调查,1939年桐梓县北部桃子荡区矿区"烟煤:煤田上之土窑以王

---

① 《贵州各县物产调查》,《工商半月刊》第六卷第二十一号,1935年。
② 《中国矿业纪要》(第六次),第12页。
③ 《中国矿业纪要》(第六次),第182—184页。

家坝、新厂两处为最发达,两处每日产量均为十五六吨,其他若枇杷树、张家湾、甘棠等处,每户所产不过六七吨而已。"老鹰崖区域的老鹰崖、煤炭沟两处均由土窑开采产半烟煤,每窑每日可产煤一吨左右。羊磴区域"由楠木坝北端向西,马家沟、中岗、小塘等处,均有土窑洞口散布各处",①合计日产量当不下50吨。

1939年,贵州省政府组织设立公私合营的筑东煤矿公司,在贵阳近郊进行煤炭开发,以满足城市燃料供应。同年,贵州企业公司成立,筑东煤矿公司公股部分划拨该公司。其后,该公司又与资源委员会合作,将筑东公司改组为贵州煤矿公司,资本600万元,扩充设备,增加产量,最高月产煤2500公吨。1942年为开办林东煤矿,再次增资至9000万元。其后,资委会、贵州企业公司又将贵阳小车河矿区、头桥矿区转让给贵州煤矿公司,至此公司共有筑东、林东、小车河、头桥四大矿区,均位于贵阳市周边。所产统煤、焦煤两种,统煤供贵阳电气公司。1942年该公司统、焦煤产量5965公吨,1944年增至31 319公吨。②

此外,安顺"采煤处以老洞、烟家洞、克蚂井三处为最盛,矿洞约三十座,每洞每日最多可产七千斤"。郎岱黑那孔"现有十家开采"。遵义"火石坝年产量多变,杨家湾现有煤窑六七家,年产共约六千吨"。大定产煤"计有二十二处,每年产煤一亿零二百二十一万斤,约合六万余吨"。③威宁妈姑煤产地有黄家山、何家冲子及小冲三处,以黄家山煤业较盛,日产煤约十五公吨,其他二处日产煤三、四公吨。三合八寨皆有土窑开采,产煤供烧石灰之用,年产一二千吨。贞丰西南亦有土法开采,日产煤十余担,供烧陶瓷之用。④

贵州铁矿开发历史悠久,分布广泛。光绪十二年,潘霨在贵州设立矿务公商局,在清溪县兴办铁厂,借款由外洋购买的机器、聘任的矿师,然青溪铁厂开炉冶炼仅两月之后便宣告失败。土法采冶铁矿在贵州较为普遍,清末已征收铁矿税课,据《贵州省财政沿革利弊说明书》载,宣统二年征收铁课银:都匀府亲辖地50两、遵义府温水经历20两,独山州"州属有铁厂十座,向例于年终缴纳银六十两";而安顺府"铁课历年未抽,光绪三十一年由税局兼抽"。⑤宣统《贵州地理志》载:"铁产开州木老山、三岔河等处,贵筑、修文亦有,又思南府安化县、石阡府、铜仁府大万山、思州府青溪县、兴义府、遵义府、黎平府均产。"⑥如安顺羊蹄关铁矿创办于光绪三十年,雇工30余人,年出生铁4万余斤;跳花坡铁矿创办于光绪三十四年,雇工20余人,年出生铁3万余斤;摆坝铁矿创办于宣统元年,雇工20余人,年出生铁3万余斤。⑦

---

① 王恒源:《桐梓县北部煤矿调查报告》,《矿冶半月刊》第2卷第5、6期,1939年。
② 熊大宽:《贵州抗战时期经济史》,第111—112页。
③ 《中国矿业纪要》(第三次),第168—175页。
④ 《中国矿业纪要》(第六次),第184—187页。
⑤ 《贵州省财政沿革利弊说明书》第二部《厘税》。
⑥ 宣统《贵州地理志》卷四,物产。
⑦ 民国《续修安顺府志》卷九,工矿志,矿业。

镇宁县跳花坡铁厂,光绪初年开办,年出生铁10万余斤。① 民国《三合县志略》追述,该县同治、光绪、宣统年间开办铁厂8家。②

民国以来,贵州铁矿采冶区域扩大。如镇宁县,自1912—1935年,关山、打铁关、张家坝、龙井铁厂相继兴办,年产生铁36万余斤。③ 三合县巴银、干沟、的刁河、羊冬上下铁厂亦相继开办。④ 桐梓县,"铁,各区皆有,惟六、七两区常有商人开采鼓铸,运川销售"。⑤ 开阳县,"本县铁厂现大小约十家,平均每厂约年产毛铁40 000斤,核计可产毛铁四十万斤"。⑥ 据1929年贵州省农矿厅矿业登记结果统计,贵州各县铁矿月产量如下:

表3-9　1930年贵州各县铁矿月产量表⑦　　（单位：万斤）

县别	月产量	县别	月产量	县别	月产量
广顺	0.1	湄潭	0.3	青溪	3
印江	1.3	罗甸	0.05	都匀	1.15
大定	1	兴义	1	龙里	7.25
水城	6	镇宁	3	仁怀	39.8
独山	8	沿河	8.4	德江	3
荔波	10.7	黔西	3	紫云	0.9
正安	0.3	瓮安	94.6	贵阳	10.3
绥阳	0.09	赤水	4.9	麻江	0.1
遵义	1.8	平越	9	合计	219.04

说明:该表不包括有铁矿采炼但无产量记载的息烽、黄平、安龙、永从四县。

按上表推算,1929年贵州全省每月产铁219.04万斤,则年产量超过2600万斤,其中,以瓮安、仁怀二县最为著名,瓮安县有铁矿产地6处,雇工125人;仁怀县有泰吕隆、同兴昌、相容、同罗、周泰臣、泰昌荣等6家铁厂,矿区232亩。⑧ 然1935年统计,贵州26县铁产量总计仅189.2万斤⑨,而另一份调查显示,贵州16县铁产量高达677万斤。⑩

抗战以来,铁矿需求旺盛,贵州私营铁厂纷纷建立。1937年至1943年,平越仁义、云梯、九一八、复兴、四维、农民、生活、新天顺等铁厂,贵定新亚铁厂、赤水仁和

---

① 民国《镇宁县志》卷三,民生志。
② 民国《三合县志略》卷二十四,厂务。
③ 民国《镇宁县志》卷三,民生志。
④ 民国《三合县志略》卷二十四,厂务。
⑤ 民国《桐梓县志》卷十七,食货志,物产。
⑥ 民国《开阳县志》,经济,商业。
⑦ 《贵州各县铁业统计表》,《贵州农矿公报》第3、4期,1939年6月。
⑧ 《贵州各县铁业统计表》,《贵州农矿公报》第3、4期,1939年6月。
⑨ 《贵州矿产分类调查》,《工商半月刊》第7卷第23号,1936年。
⑩ 《贵州各县物产调查》,《工商半月刊》第6卷第21号,1935年。

永锅铁厂、贵阳中运钛钢厂相继成立,总资本 233.5 万元,以生产生铁及铁制品为主,铁产量亦随之扩大。① 据历次矿业纪要统计,民国时期贵州土法炼铁产量如下表:

表 3-10 民国时期贵州土法炼铁产量表② （单位:吨）

时 间	产 量	时 间	产 量
1919 年	2500	1931 年	5800
1928 年	1712	1935 年	3000
1929 年	5660	1941 年	13 000
1930 年	5800	1942 年	13 000

说明:本表 1919、1928 两年不包括铁砂产量。

遵义团溪的锰矿开采亦颇具规模。1941 年,资源委员会钢铁厂建设委员会在洞上、金盆栏、黄泥堡、白羊坝、堂子寺、瓮岩等勘测矿区,私人厂家闻风而动,渝鑫钢铁厂、华新冶金公司、中国兴业公司等均开采,至 1943 年停工,计采毛砂 2000 余吨。其后,资源委员会委托资和钢铁冶炼公司筹备采运事宜,1943 年在青龙咀开始动工,露天采挖,至 1944 年停采,计采毛砂 4000 余吨。另有华新公司亦曾于 1943 年在团溪成立采运处,动工开采,采毛砂 300 余吨。据资源委员会钢铁厂綦江水道管理处统计,自 1943 年至 1945 年,计采毛砂 6500 余吨,净砂有 3000 余吨,运输至厂之净砂有 2300 余吨,矿山上初留千吨左右。③

二、水 银 矿

贵州是我国水银主产地,开发历史悠久。早在康熙初年,贵州每年额征开州、婺川、普安、黔西等州县水银矿课 2866 斤。④ 道光二十九年,署贵州巡抚罗绕典覆奏:"黔省向有水银、朱、磺各厂,就厂抽课。现据定番、贵筑两州县报获金鳌山及白马洞等处,矿苗甚旺。"⑤然光绪朝以来,原有水银各厂大多衰微。光绪七年,朝廷蠲免贵州贵筑县、兴义府、八寨同知、册亨州同经管水银等厂历年未征水银矿课。⑥ 而归化、罗斛二厅交界的马鞍、大宝、崖头、沙沟等处水银矿,自光绪五年至九年,官销及抽课共计朱砂 35 290 斤、水银 5010 斤,亦因矿砂稀少而停办。⑦ 光绪十二年,贵州巡抚潘霨奏称:"兴义府属之回龙湾、八寨厅属之羊五加河、修文县属之红白岩水

---

① 《贵州财经资料汇编》第 119—120 页。
② 本表数据来自第一、第三、第四、第六、第七次《中国矿业纪要》。
③ 民国《遵义新志》第一章,地质,团溪锰矿概要。
④ 《钦定大清会典》(康熙朝)卷三十五,户部十九,课程四,杂赋。
⑤ 《大清宣宗皇帝实录》卷四百六十五,道光二十九年三月,署贵州巡抚罗绕典覆奏。
⑥ 《大清德宗皇帝实录》卷一百二十六,光绪七年正月壬辰。
⑦ 光绪十年四月四日,革职贵州巡抚林肇元《奏报官塈解到各省朱砂及抽收商课朱砂银两及停止官塈情形》,《军机处档折件》,编号:000126917。

银各厂,均自雍乾间次第开采,至今早已荒废,其近年奏办之罗斛厅属宝丰厂,试办之铜仁府属万山厂,均产朱砂,而作辍无常。"①

近代贵州汞矿主要产于省溪、铜仁、三合、开州、八寨等地。第一次《中国矿业纪要》载:"四川之酉阳,湖南之凤凰,贵州之省溪、铜仁、紫江(即开州)、安南、南笼等县所产最多,皆全由土法小矿采炼,同一矿地采者汇集,多至数百或数千人,……省溪之万山场前清光绪年间经英法隆兴公司拟新法采炼,设有机炉山座,惟成绩殊失所望,至宣统三年完全停止。欧战期中出口汞额颇有增加,惟近以政治上之关系,产汞区域整理无人。"②民国初年,第一次世界大战爆发,各国争相囤积水银,贵州省溪、开阳、三合、八寨等地水银矿复趋兴旺。"自欧战起世界各国争用水银,在民国五六至二十三四年间,三合开采水银者如雨后春笋",有乌虾沟、羊冬、背扶厂、破槽厂、四红厂、摆坝坡、牛崽洞等水银厂,其中,破槽厂月产水银80斤,四红厂月产40斤。③开阳县,"民国初年,欧战既起,欧洲之实业停顿,所需之汞一部分购自中国。是时白马洞颇有转机,尝设厂十八家,有灶七十余座,日产水银平均在百六十斤左右"。④1919年,贵州水银产量达200吨。⑤然"及欧战告终,汞价惨跌,继以荒灾时局之变,厂家纷纷倒闭,工人相继解散,市面情形一落千丈"。⑥贵州汞矿业又陷入困境。如铜仁大硐喇汞矿厂,"厂在省溪属云场坪,距铜仁四十里,共有五硐,在大硐喇、气眼、岩壁喇、烟坑、天桥窿等处,现属省府官有,附近私厂尚有十余处。自民国八年地方不靖,匪徒滋扰,遂致停顿。"⑦

省溪、铜仁为近代贵州主要产汞地,省溪万山场矿区有老山坑、仙人洞、大小洞、大沱、张家湾、冲脚、滑石坡等处。据1936年王曰伦调查,老山坑有德镒和厂开采,该厂成立于1936年,工人百余人,设水银炼炉十二对,月产水银一千二百斤;张家湾大岩湾矿洞尚在开采,有矿工百余人,产量每月亦约一千二百斤;冷风硐为省溪官矿,有矿工五六十人,月产水银约六百余斤。铜仁县岩屋坪,昔汞矿多由私采,1937年省府收归官办,仅三月停顿,曾产朱砂5400斤,水银2160斤,后由县财务委员会承办,产出尚多;大硐喇,1936年仅官矿洞、田螺眼两处尚在开采,官矿洞有炼工数十人,每五日所产水银朱砂约值二三百元。九龙湾、凉水井之汞矿采炼无常,月产水银约五十斤。八寨、三合等地汞矿亦有采炼。八寨县水银厂又名大发洞,昔时矿业颇盛,设有乌泥、四象、天心、冷饭、大成、大发、鸿发、寨保、天元等厂,近均已停办,仅大发、大成、鸿发三厂尚有少数工人采取残余矿体。1936年水银厂月产一千数百斤,近月产仅三四十斤,年产约五百斤。三合县产汞产区有交梨之破槽厂、

---

① 光绪十二年五月初九,贵州巡抚潘霨《开采贵州铜铅各矿章程折》,《近代史资料汇编·矿务档》第2023条,第3389—3393页。
② 农商部地质调查所编:《中国矿产纪要》(第一次),1912—1919年,第43页,1921年6月。
③ 民国《三合县志》卷二十四,庶政略,厂务。
④ 民国《开阳县志稿》第四章,经济。
⑤ 《中国矿产纪要》(第一次),第43页。
⑥ 民国《开阳县志稿》第四章,经济。
⑦ 农矿部直辖地质调查所编:《中国矿业纪要》(第三次),1925—1928年,第169—170页,1929年12月。

王家寨之四合厂、启居厂,谭家寨及牛场杀叶等处,现王家寨西厂共有矿工十余人,交梨破槽厂有矿洞四,洞之大者月产矿砂三四千斤,采矿亦系土法,交梨之潘家厂及王家寨之殷家厂均设炼炉两座,每日烧炼,可产水银一斤至四斤。该年贵州产汞4.88 吨,其中以省溪万山场为最,为 2.3 吨,铜仁大硐喇产量为 1.66 吨。①

1938 年 1 月,贵州省政府与资源委员会合组贵州矿务局,资金 60 万元,局址及工务课设省溪县城(即万山场),着手整顿恢复,已整理者有万山场矿洞 21 处,岩屋坪 17 处,大硐喇 4 处,矿洞由商民承采者 24 处,自办者 4 处,均已先后产砂。② 1941 年,由贵州矿务局、湖南及四川汞业管理处合并改组为汞业管理处,总处设于湖南晃县,直接经营玉屏万山,铜仁岩屋坪、茉莉坪、大硐喇及湖南凤凰县猴子坪五处矿厂,另设开息、婺引工程处,三八、贞册、铜仁事务处。万山场,1939 年贵州矿务局于万山设厂开采,月可产二吨余,工人 750 名,添购柴油发电机及水泵。岩屋坪厂,1939 年由贵州矿务局接办,月产一吨余,工人 250 名。茉莉坪厂,每月产额约一公吨。大硐喇厂为汞业管理处主要矿厂,自 1940 年积极探采,每月产量已增至四吨余,工人约六百余名。开息工程处,此区产汞有开阳之白马洞,开采历史悠久,清乾嘉年间最盛,至咸同年间,因苗乱而矿业日衰,至第一次欧战时,该区工业渐有复兴之势,至欧战结束后又呈衰落之象,复因矿洞崩塞积水而停止,1931 年有福源公司筹备开采,购制抽水机械以排除积水,但成效寥寥,1934 年又全部停顿。直至汞业管理处在白马洞设立工程处,利用蒸汽水泵抽除积水,整理旧洞。三八事务所,汞业管理处于 1940 年 7 月在八寨县设立的三八厂,后改为三八办事所,筹备探采三合八寨两县境内汞矿,月可产砂二百公斤左右。贞册事务所,1940 年于册亨设厂,后移贞丰,筹备贞丰、册亨、关岭、兴仁等处探采事宜,有工人百余名。婺川事务所,婺川汞矿开采已久,至清末矿业甚盛,后因地方不靖,而使该区汞业一蹶不振,至 1938 年间,始有商人集资从事采炼,至 1942 年春,汞业管理处始设婺川事务所,负责统制收购及缉私,该年秋又设工务区于婺川,就地管理,有矿工 150 人,月可产毛汞二百斤及朱砂一二十公斤。贵州汞矿产量从 1939 年的 8005.47 吨增至 1942 年的 132 030.35 吨。③

三、锑 矿

近代贵州锑矿生产始于民国时期。民国《三合县志略》载:"自民国十年,有粤商来合办矿,发现锑苗,遂开采而运粤销行,初邑人弊见不审何物,亦不悉用途,故无人过问,至是多争办之。"④据调查,贵州东部产锑之地甚多,独山、三合、都江、榕

---

① 经济部中央地质调查所编:《中国矿业纪要》(第六次)西南区,1935—1940 年,第 187—191 页,1941 年 4 月。
② 《中国矿业纪要》(第六次)西南区,第 187—191 页。
③ 经济部中央地质调查所编:《中国矿业纪要》(第七次)西南区,1935—1942 年,第 478—495 页,1945 年。
④ 民国《三合县志略》卷二十四,庶政略,厂务。

江、八寨、镇远、下江、江口、丹江、麻江、黄平、永从、荔波、兴仁、领运、册亨、大塘、平越、广顺等县均有发现，但大多无大矿，且交通困阻。"民初欧战期间，少数产地从事开采，后锑价跌落，多相继停办，近数年仅三合、都江、榕江等县尚有采炼者，年产量甚微。"①铜仁县燕子阡、青龙洞、一碗水等处锑矿，"原由官矿局开采，民国四五年间停办，至今未复工，现只有商人零星开采。"独山县沿寨锑矿，"民国十三年曾有福利公司开采，半年中产矿八万余斤，以组织不善停工。"②三合县锑矿未能大量采炼，"其所经营之小企业家所集资本，过数不十元或数百元，最多者超不出五千元，惨淡经营，略沾微利。"自国民政府颁布矿业法后，"从前小资经营者因立案手续未备关系，多被封禁。"③榕江县八蒙地方出锑矿，但多土法开采，产量有限。④ 1928 年，贵州产锑 446.1 吨，其中，兴仁 50 吨、安南 75 吨、独山 280 吨、平越 40 吨。⑤

都江县火烧寨之五峰山，1936 年后，有民生、协和、黔昌、铭新四公司先后成立，资本自一万五千元至五万元不等，以民生公司规模较大，采矿均用旧法，矿工各公司有数十名或数百名，民生公司有炼炉五排，黔昌公司二排，仅半数可用以炼锑，燃料用木柴，各公司 1937 年产毛锑 305 吨，1938 年产毛锑 1226 吨、生锑 138 吨，1939 年上半年仅产毛锑 234 吨、生锑 12 吨，民生公司产量约占 95% 以上。榕江县八蒙锑矿，1936 年有镒源公司集资 2000 元开采，有矿工十余人，曾产矿砂数十公吨，1938 年，矿区由民生公司接办。江口县梵净山锑矿，清代采炼甚盛，时有黔兴、福原、中兴等公司采炼，设炼厂于铜仁，后收归省营，至 1917 年因锑价跌落停办。独山县苗林锑矿，民国初年有福利公司开采，曾产砂四十万斤停办。⑥ 三合县，1936 年安顺商人周秉衡集资开采第四区高同锑矿，名曰兴黔公司，湘人张铭西与黄汉江、梁楚林等集资开采第二区地名定呆锑矿，名曰民生公司，经济部核准颁给执照，并由本省建设厅登记给领，然多用旧法冶炼。⑦

1939 年 5 月锑业管理处为统制黔东锑产成立贵州分处，设都匀，并筹建炼厂于都江县，分批收购民生公司所存生锑百吨、花砂千吨及黔昌公司生锑四十吨、花砂十余吨，从事提炼纯锑。据《中国矿业纪要》统计，1937 年贵州产锑 263 吨，1938 年陡增至 955 吨，1939 年又回落至 250 吨。⑧

四、铜铅锌矿

贵州著名铜产地为威宁、毕节、水城、大定等县，清代中期亦有开采。《第五次

---

① 《中国矿业纪要》（第六次），第 191—192 页。
② 《中国矿业纪要》（第三次），第 169 页。
③ 民国《三合县志略》卷二十四，庶政略，厂务。
④ 民国《榕江县乡土教材》第二章，榕江地理。
⑤ 《中国矿业纪要》（第三次），第 170—175 页。
⑥ 《中国矿业纪要》（第六次），第 192—193 页。
⑦ 民国《三合县志略》卷二十四，庶政略，厂务。
⑧ 《中国矿业纪要》（第六次），第 52 页。

矿业纪要》称："威宁前有官矿，购置冶炼机器，大事开采，今久已停废。毕节水城亦有官矿局，民国以来陆续开采，近年亦因亏累或匪患停工。现开办者尚有大兴铜厂，设于大定县之大兔场附近，有铜山口、杨家河、郁娜河三区，共矿洞十余个，矿石为孔雀石，矿砂含铜约百分之十，设冶炉两座，每年九月至翌年六月为冶炼时间，燃料为木炭，二十年三月至六月产矿一万八千九百二十九斤。此外，盘县亦为著名铜产地，前开采颇盛，普安、安南、镇宁、平越、镇远等均有铜产，但不重要。"[①]1930年，威宁、大定等地铜产量为8吨，1931年增至23吨。[②]

黔西北铅锌矿在清代中期开采极盛，然嘉道以后逐渐衰落，清末以来，采矿基本停顿。如威宁"榨子厂开办于前清乾隆三年，采炼铅锌，盛极一时，当时至咸丰间，回苗相继作乱，厂务无法进行，卒告停歇。光绪初年，云贵矿务大臣唐鄂生，曾重事开采，终以无法治水，旋告停顿，治水机器尤留存在县政府。"[③]《贵州矿产纪要》亦称："威宁之妈姑地方产方铅矿及闪锌矿，从事开采颇盛，炼灶甚多，二十一年设毕威水矿务局，收归省营，因厂务不振，二十二年冬改为官督商办，二十四年因匪氛甚炽，且办理不善，将毕威水矿务局撤销，而此矿遂无形停顿。"[④]然民间铅锌冶炼并未停止。如威宁榨子厂，"咸丰以来，采矿之事虽则终止，而冶炼工作，仍然未曾间断，兹已八十余年，所用原料，都为前人遗弃之废锌与铅渣"，该厂年产铅10吨，锌5吨。[⑤] 唐八公调查威宁、水城一带铅锌矿之后亦言："至目前情况，绝少开掘新窟，现有者亦不过翻掘昔日煅冶未尽之矿渣，重加冶炼。"赫章县妈姑镇为黔西北铅锌矿产中心，每年收购铅锌"共约一千二百驮以上，合十万二三千斤（约51吨），但此数仅限于妈姑架子厂一带，实则新发厂至丫都诸炉，因往赫章较近，可直达毕节，易得高价。"[⑥]《中国矿业纪要》载，1919年贵州产铅5吨，产锌10吨，1929年产铅150吨。[⑦]

第五节　近代贵州工矿业发展的时空特征

近代贵州工矿业发展可分为三个阶段：清末，贵州为了筹集分摊赔款，借助资源优势，以矿业为先导，大力发展实业，铅、锌、铁、水银、朱砂、硝磺、锑等矿种均有不同程度的开发，但随着黔铅的衰落，矿业发展程度有限。伴随着"新政"的实施，纺织、印刷、建筑、食品等工厂次第出现，但绝大多数仍属于手工工场范畴。

自民国建立至抗战前，贵州战乱不断，工矿业在艰难中缓慢发展，主要以纺织、皮革、酿造、五金、造纸为主，除了电气、肥皂、火柴、玻璃等少数具有近代工业特征

---

① 《中国矿业纪要》（第五次），第567—570页。
② 《中国矿业纪要》（第四次），第153页。
③ 汪允庆：《叙昆路沿线矿产调查报告（二）》，《矿冶半月刊》第4卷第7—16期，1941年。
④ 《今日之贵州》之《贵州矿产纪要》第五章《铅锌银矿》，1936年。
⑤ 汪允庆：《叙昆路沿线矿产调查报告（二）》，《矿冶半月刊》第4卷第7—16期，1941年。
⑥ 唐八公：《贵州西部铅锌矿之调查》，《西南实业通讯》第6卷第2期，1942年8月。
⑦ 《中国矿业纪要》（第一次），第2页；《中国矿业纪要》（第四次），第2页。

的行业外,绝大多数仍属于手工业和家庭副业,主要集中于省城贵阳。

抗战时期,因大量东部工矿企业内迁贵州,随之而来的资金、技术、工人促进了贵州工矿业蓬勃发展,而人口激增及外贸中断为贵州工矿业发展提供了广阔的市场,与军事有关的化工、机械制造、电气、玻璃、矿冶等近代化工厂大量增加,纺织、五金、酿造、食品、建筑、日化等民营轻工业亦大量涌现,工业规模成倍增长。但战后随着工矿企业内迁,贵州工业迅速衰落。

总体而言,近代贵州工业仍以传统手工业为主,纺织、食品、造纸、烟草、制革、陶瓷、印刷、火柴等行业均有一定程度发展。同时,近代贵州机器工业有一定的发展,尤其是抗战时期,化工、机械制造、电气、橡胶、玻璃、水泥等行业快速发展,纺织、造纸、烟草、印刷、制革等传统手工业也逐渐利用机器生产。此外,随着黔铅的衰落,近代贵州矿业整体上没有较大的发展,更多表现在矿产勘探方面。同时,适应近代工业和对外贸易的需求,锑矿、水银等矿产开发日趋活跃。

近代贵州工矿业地域分布极不平衡,主要分布于东西向的湘黔、滇黔公路和渝黔、黔桂公路沿线,形成十字型工业带,而沿途的主要城市成为近代贵州著名的工业城市,如省城贵阳,近代贵州大部分工矿业集中于此,尤其是近代机器工业,遵义、安顺、盘县等地为区域性工矿业中心。

第四章　近代交通和邮电

近代贵州交通是在传统驿铺基础上发展起来的，公路、水路、铁路、航空等交通类型及邮电通讯均有不同程度的发展，但由于自然地理条件所限，近代贵州交通仍以陆路交通为主。

第一节　陆路交通

清末贵州交通以驿铺为主，贵州通往省外及省内府州县之间的驿铺四通八达，交通网络基本形成。民国时期由于军事运输的需要，在原有驿铺交通的基础上，公路交通兴起，通往四川、湖南、广西、云南的公路主干线已基本完成，汽车运输开始替代传统的牛马车及人力背运等运输方式。

一、驿道交通

贵州驿铺交通经过几百年的发展，至1840年之前，驿铺交通网就已形成。按清代规定，各省省会均有连接京师的驿道，贵州也不例外。贵州抵京驿道由省会贵阳府贵筑县皇华驿为起点，向东依次为龙里县驿、贵定县新增驿、平越县酉阳驿和杨老驿、清平县驿、黄平州重安江驿和兴隆驿、施秉县偏桥驿、镇远县驿、青溪县驿、玉屏县驿，与湖南芷江县晃州驿相连，全长645里，是为湘黔大道，再经湖南、湖北、河南、直隶以达京师，这是贵州通往京师的必经之路。同时，云南抵京驿道经过贵州，由平彝县多罗驿向东，经贵州普安厅亦资孔驿、刘官屯驿、上寨驿、普安县白沙关驿、安南县阿都田驿、永宁州郎岱驿和坡贡驿、镇宁州安庄驿、普定县普利驿、安平县平坝驿、清镇县威清驿达贵筑县皇华驿，与湘黔大道相连，是为滇黔大道，贵州境内全长660里，也是滇黔之间往来的主要干道。湘黔、滇黔大道横贯贵州中部，沿途设置23处驿站，每驿均配有马匹、马夫以及长夫，共计马1160匹、马夫580人、长夫2100人，负责往来接送和传递公文。此外，由贵州省城西北行，经由清镇县城、镇西卫、鸭池河、黔西州城、乾堰塘、大定府城、沙子哨、毕节县城、层台、白崖至四川赤水河，全长595里，为川黔之间的主要交通干道。①

贵州省内各府州县之间交通交错纵横，沿途设置了大量的铺，备有铺兵，构成了复杂的省内交通网。如贵阳府贵筑县设有15个铺，连接其周边州县的铺道共六条：1. 由省城南门铺向南经龙洞铺、毕铺至龙里县谷脚铺；2. 由省城南门铺西南

---

① 《钦定大清会典事例》(嘉庆朝)卷五百三十，兵部，邮政，置驿三；卷五百六十，兵部，邮政，驿程二。

经凤凰哨铺、乾堰塘铺至广顺州凤凰哨铺；3. 由省城南门铺西南经凤凰哨铺、乾堰塘铺，向西经大水沟铺、花革佬铺、桐木岭铺、青岩铺至定番州小山铺；4. 由省城北门铺向北经阿江铺、汤把哨铺至清镇县高树铺；5. 由北门铺西北经大关铺至修文县三脚山铺；6. 由省城北门铺西北经大关铺，向北经毛栗铺、斑竹园铺至广顺州石板哨铺。而石阡府龙泉县"额设在城、乾溪、峰崖、长林坝、桶口、塘头六铺，铺兵十二名，在城铺南二十二里至乾溪铺，五十里至峰崖铺，五十里至长林坝铺，四十五里至桐口铺，二十里至塘头铺，十五里至石阡府板桥铺。"据统计，嘉庆时期，贵州各府厅州县共置铺474处，铺兵1408人。①

咸同战乱期间，贵州主要干道大多阻塞。如咸丰五年贵州巡抚蒋蔚远奏称："上年八月内，逆匪杨泷喜在遵义桐梓地方滋事，迨后扰及八府一州两厅，……远方商贾，裹足不前。本地商民，皆迁徙失业。"而"（本年）七八月至今，因上下游夷苗滋事，道路梗阻，……各省因路多阻隔，既无货物运至，本省所产水银药材蓝靛，又不能运往销售，商民交困"。② 与此同时，交战双方为了便于军事调度，大力发展县乡交通。据统计，1854—1873年间，增辟、扩宽、联通的大小县乡道共有235条。③ 光绪年间，贵州驿铺交通逐渐恢复通畅，但驿铺交通格局并未出现明显的变化。

二、公 路 建 设

贵州公路建设始于1927年，时贵州省政府主席周西成设立路政局，负责修筑贵阳市马路。同年，路政局改设公路局，沿路各县设公路分局，负责贵阳市马路及各县公路建设事宜。④ 首先修筑的是省政府门前光明路、中华路、中山路以及至三桥和兵工厂道路。次年，省政府发动全省修筑公路，黔滇路贵安段（贵阳—安顺）、黔川路贵桐段（贵阳—桐梓），以及黔桂、清毕（清镇—毕节）、贵番（贵阳—定番）、陆下（陆家桥—下司）、都三（都匀—三合）、平遵（平越—遵义）、赤仁（赤水—仁怀）等相继动工，但因县政府号召无力，结果仅贵安、贵桐两段于1928年冬完成通车。1929年，改公路局为公路处，隶属建设厅，各县仍设分处，采用征工制度，1931年又改回公路局，隶属省政府。1929—1934年共完成公路800余公里，包括1929年春竣工的黔桂路贵阳至甘粑哨段、1934年初竣工的黔桂路甘粑哨至六寨段，以及清毕路、贵番路和黔川路桐梓至崇溪河段。⑤

至1935年，贵州已修成公路干线有五条：1. 湘黔线贵东路，此路自贵阳起经龙里、贵定、马场坪、炉山、重安江、黄平、施秉、镇远、三穗、青溪至玉屏鲇鱼堡，与湖

---

① 《钦定大清会典事例》（嘉庆朝）卷五百五十六，兵部，邮政，设铺二十五。
② 咸丰五年十月二十八日，贵州巡抚蒋蔚远奏，《中国近代手工业史资料》第一卷，第599页。
③ 林辛著：《贵州近代交通史略》，贵州人民出版社，1985年，第2—11页。
④ 《今日之贵州》之《贵州公路交通状况及前途展望》，1936年铅印本。
⑤ 贵州省交通局：《抗战四年来之贵州公路》，1941年，第1页。

南晃县相连,全线共长372.42公里,路宽9公尺,自贵阳至甘粑哨一段长121.50公里,系周西成主政时开始修筑,1929年竣工;甘粑哨至鲇鱼堡段长250.92公里,由湘黔线贵东路工程及督查处组织,1935年3月至8月间修筑,用款55万元。但此两段路均不合格,坡度、弯度过大,行车危险,后多经整理。2. 黔桂线贵南路,自贵阳至甘粑哨一段与贵东路同,甘粑哨向南经陆家桥、都匀、麻江、独山至广西六寨,全线共长312公里,路宽9公尺,自甘粑哨至独山段于1933年10月完成通车,独山至六寨段1934年1月完成。3. 黔滇线贵西路,此路自贵阳起经清镇、平坝、安顺、镇宁、关岭、安南、普安、盘县至云南平彝,共长412.32公里,路宽9公尺。自贵阳至黄果树段约140.60公里,系周西成主政时修,于1928年1月完工通车;自黄果树至盘县203公里,由公路处修筑于1935年11月至1936年9月,用款109万元;自盘县至胜境关段约68.72公里,由云南代修。4. 黔川线贵北路,此路自贵阳起经息烽、扎佐、修文、遵义、桐梓、松坎至四川崇溪河与四川公路衔接,全线长约306.55公里,路宽9公尺。贵阳至桐梓段由周西成于1928年筑成,桐梓至崇溪河段1935年6月竣工通车。5. 西北线清毕路,此路自清镇起经卫城、烂泥沟、黔西、大定至毕节,全段共长287公里,路宽8公尺,于1928年开始修筑,1934年12月完成通车。支线五条:1. 贵番支路,自贵阳至定番县,长50公里,路宽8公尺,1934年7月完成。2. 陆下支路,自贵南路陆家桥起,经麻江县至下司,与清水江水陆衔接,长40公里,1928年12月完成通车。3. 都三支路,由贵南路都匀县起,经八寨至三合,长90公里,1931年开工修筑,仍未通车。4. 开修支路,自开阳县城起,经贵北路的狗场至修文县城,仅修成修文至狗场段。5. 清镇平远哨线,此线自清镇的东山起,至平远哨飞机场,长约4.5公里,1936年8月完成。干线、支线共计约1890公里。①

1937年全面抗战爆发以来,贵州公路交通受到国民政府重视,由中央拨款修筑贵州境内重安江、施秉、盘江三处公路桥梁,改善湘黔、黔滇、川黔、黔桂四条公路干道的通行条件,同时,不断修筑支线公路,优化贵州省内交通。1937年至1945年,贵州省内又新修了多条支线公路:1. 南龙支路,自安南县沙子岭与黔滇路相接,南经兴仁至安龙县城,全长133.82公里,路宽5公尺,1936年7月设立南龙公路工程处,用款约40万元,1938年4月竣工通车。2. 安八路,自安龙县城起,经册亨至黔桂边境的八渡,长130.28公里,1938年11月至1940年10月修筑。3. 兴江路,自兴仁经兴义至黔滇交界之江底,长109.40公里,1928年7月兴修,1940年竣工通车。4. 铜玉路,自玉平县鲇鱼堡经省溪县至铜仁,长63.63公里,1940年6月竣工通车。5. 遵思路,自遵义经湄潭、凤冈、德江至思南,长210公里,1941年四月通车。6. 穗靖路,自三穗县城外黔湘公路起,经天柱、锦屏至

---

① 《今日之贵州》之《贵州公路交通状况及前途展望》,1936年铅印本,第4—11页。

星子界与湖南段连接,长136公里,1941年全段通车。7. 铜松路,即铜仁至松桃,南接铜玉路,北连秀松路,长79.39公里。8. 陆三路,自麻江县陆家桥起,经八寨至三合,长105公里,1940年3月通车。9. 川滇路赤杉段,自赤水河经威宁至杉木箐,长364.46公里,1939年7月竣工。① 至1945年,贵州有干线公路5条,即黔湘、黔川、黔滇、黔桂、赤杉路,共长1648.89公里;支线公路23条,1820.5公里,合计3469.39公里。②

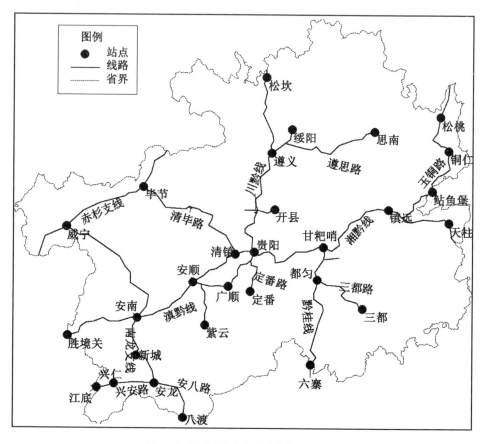

图 4-1 近代贵州省主要公路分布示意图

说明:此图以中国历史地理信息系统1911年数字图为底图,根据文献记载增入近代公路线和站点。

抗战胜利后,贵州公路修筑仍继续进行。1946年,紫云至望谟、贵阳至广顺、陆家桥至谷洞、开阳至修文公路修成,共计242公里。③ 截至1949年,贵州省公路国道、省道通车里程达4082公里。

---

① 参阅张肖梅:《贵州经济》第五章,第E6页;《抗战四年来之贵州公路》,第11—21页;何辑五:《十年来贵州经济建设》,第17—18页;《贵州省财经资料汇编》第九编,第671—672页。
② 贵州省政府编:《统计手册》(二),贵州省档案馆全宗1,第5—7页。
③ 《贵州财经资料汇编》,第669页。

表 4-1 1949年贵州省公路通车里程统计表①　（单位：公路）

类型	路名	起　至	里程	类型	路名	起　至	里程
国道	川黔路	贵阳-崇溪河	310	省道	威昭路	威宁-沙子坡	61
	滇黔路	贵阳-小街子	412		兴贞路	兴仁-贞丰	60
	湘黔路	贵阳-鲇鱼铺	371		修清路	修文-狗场	15
	黔桂路	甘杷哨-六寨	179		马瓮路	马场坪-猴场	72
	川滇东路	赤水河-杉木箐	359		镇岑路	镇远-岑巩	40
	沙穗路	三穗-星子界	136		遵团路	遵义-团溪	45
	沙八路	沙子岭-八渡	264		遵金路	遵义-金沙	23
省道	罗安路	江底-安龙	118		德煎路	德江-煎茶溪	20
	兴顶支路	兴仁-顶效	44		黄旧路	黄平-旧州	27
	玉秀路	玉屏-松桃	143		义新路	兴义-泥㘭	55
	清毕路	清镇-毕节	213		紫望路	紫云-望谟	125
	陆三路	陆家桥-三都	105		贵广路	贵阳-广顺	55
	遵铜路	遵义-思南	210		广安路	广顺-安顺	50
	贵穗路	贵阳-三都	68		温泉支路	养龙站-热水	18
	遵绥路	遵义-绥阳	40		陆谷路	陆家桥-谷洞	20
	郎黄路	郎岱-黄果树	45		贵修路	三桥-修文	45
	贵开路	马龙坝-开阳	90		开修路	开阳-修文	42
	安紫路	安顺-紫云	90		惠长路	惠水-长顺	32
	安普路	安顺-普定	25		清平路	清镇-平远哨	5
	关姊路	关岭-姊得	30		贞者路	贞丰-者相	20

三、公　路　运　输

　　随着公路的修建,汽车也出现在贵州。1927年贵州省政府主席周西成购买了第一辆福特牌小汽车。② 1928年,一些商人开始自购汽车,在贵阳进行运输业务。据贵州省建设厅运输处1929年底调查,省内有客货车共12辆。③ 1930年,贵州省政府制定《管理民办车运条例》,允许人民自由购车营运,政府监督,收取月捐,十余家民营汽车公司先后成立。④ 如1928年成立的先导车运公司有汽车7辆,总部设

---

① 此表数据来源于《贵州财经资料汇编》,第633页。
② 钟大亨:《贵阳的汽车运输业》,《贵阳文史资料选辑》第6辑。
③ 贵州省档案馆档案,第60全宗,卷2937号。
④ 张肖梅:《贵州经济》,第E41页。

于贵阳,于安顺、遵义、桐梓、独山设分站,进行客货运营。① 还有通康车运公司、福利长途汽车行、三民车行、义和车运公司、大昌车运公司、元和长途汽车行、永安车行、益黔车行、民生车行、和记长途车行、利黔车行等十余家。1932年,贵州省内车辆已达50多辆。② 同年,各私营车行组织贵州汽车联运处,将商用车辆集中调度,统一运价,轮班运营,避免恶性竞争③,贵州汽车运输管理逐渐步入正轨。

1935年,贵州省公路局改组为公路管理局,隶属建设厅,除了继续负责公路建设之外,开始从事公路营运业务。先后两次从重庆、香港等地购买客货车26辆,于息烽、遵义、桐梓、松坎、安顺、马场坪分设车站,进行客货运输,又与四川公路局商定两省联运,公营车辆可直达重庆。④ 1936年7月,公路管理局改为贵北车务段,将川黔路收归公营,进行客货运输,月营业收入3万余元,客运占70%,货运占21%,邮运占9%。同年12月,黔湘、黔滇两路修成,贵北车务段添购客车16辆,进行通车营业。贵北车务段因扩大运营,改为车务总段,添设车站及修理厂,月营业收入达6万余元。⑤

至抗战前,贵州省建设厅车务总段运营黔湘、黔滇、黔川三条公路干线,营运里程1107公里,有客货车94辆,设有贵阳、黄平两个汽车修理厂及永宁、遵义、黔西、独山四个修理所,1936年12月16日至1937年6月底,车务总段营业收入439 772元,盈利81 133元。⑥ 同时,私营汽车运输企业已扩展至50余家,客货车99辆,加上自用客货车25辆,贵州已有各类车辆217辆。⑦

1937年7月,贵州将全省公路全部收归省营,同时将车务总段改组为公路局,营运范围包括黔湘路、黔川路、黔滇路、黔桂路、清毕路、南龙路、兴兴路和贵番路,里程共计1760公里。1941年又新增铜玉路和遵松路,营运里程达2044公里。⑧ 1938年4月,交通部组织西南公路运输管理局,将黔川、黔滇、黔桂、黔湘四大干线跨省营运权划归管理局,贵州公路局仅从事省内区间运输业务。⑨ 至1940年,贵州公路局拥有客货车166辆,乘车人数167 346人,客运里程21 407.483公里,运货重量441 203吨,货运里程76 029.392公里,邮运重量50 772公斤,邮运里程4316.588公里,营业收入2 482 386元。⑩ 西南公路运输管理局成立后,接收原西南联运委旧车70余辆,至1939年底,共有客货车1084辆,可用者880辆,主要在晃平段、渝筑段、筑柳段三条线路运营,1938年4月至1939年12月共运送旅客969 600

---

① 贵州省档案馆档案,第60全宗,卷4546号。
② 参见林辛著:《贵州近代交通史略》,贵州人民出版社,1985年,第104页。
③ 张肖梅:《贵州经济》,第E41页。
④ 《十年来之中国经济建设》第十二章,第6页。
⑤ 张肖梅:《贵州经济》,第E41—42页。
⑥ 张肖梅:《贵州经济》,第E42—46页。
⑦ 张肖梅:《贵州经济》,第E50页。
⑧ 《抗战四年来之贵州公路》第六章,第3页。
⑨ 张肖梅:《贵州经济》,第E49页。
⑩ 《抗战四年来之贵州公路》第六章,第10—19页。

人次,行李包裹 4 564 749 公斤,货运总额达 23 417 277 公吨。①

商车运输方面,据西南公路运输局调查,1944 年底贵州有商车 2179 辆,另有 951 辆待修。② 贵州商车运输行有 22 家,资本额多者 20 万元,少者仅几万元,代管、自管车辆均在 10 辆以下。③

第二节 水路、铁路与航空交通

贵州河流众多,水路交通在近代贵州占有一定地位。黔北乌江、赤水河,黔东南清水江、都柳江、铜仁河、舞阳河等,在历史上均有修凿、通航记载。如清水江、都柳江为黔东南主要河流,水运可达湖南、广西,清乾隆初年曾进行过疏浚。④ 近代以来,各条主要河道均进行过不同程度的整治和修凿,通航能力有所增强。如赤水河是黔西北的主要水运河道,清乾隆时期曾开赤水河道运输黔铅。光绪四年,四川总督丁宝桢、川盐总办运官唐炯引销黔川盐运输而奏请开凿赤水河,历时三年竣工,每年经赤水河向贵州运输川盐 1300 多万斤。⑤ 乌江为黔北主要水道,1911 年贵州财政司长华之鸿为解决川盐入黔问题,倡议修凿乌江部分河段及其支流,历时三年,完成 80% 的工程量,后因护国战争而停工。⑥

表 4-2 1932 年贵州省内河航运情况调查表⑦ （单位：吨）

码头	船数	载重	航线	所属河道
榕江	1000	2.2	都江、三合、下江、丙妹、三江至长安	都柳江
麻江下司	600	0.75	经施洞、剑河、锦屏等县达洪江	清水江
黄平重安	300	3	经平浪、岩门司、施秉、施洞达洪江	清水江
黄平旧州	250	7	经草鞋坪、南岳庙、老里坝达湘黔阳	舞阳河
施秉	5—6	1	经镇远、晃县至洪江	舞阳河
青溪	12		施秉至龙市、洪江	舞阳河
铜仁	197	17	达麻阳、常德	锦江
江口	70	2.5	闵家场、坝王、江口	锦江
贞丰	93	170	蔗香、板城、罗关至百层	北盘江
沿河	50		经淇滩、夹石达新滩、龚滩	乌江

1932 年之前,贵州水路交通范围遍及都柳江、清水江、舞阳河、锦江、北盘江、

---

① 《三年来之西南公路》第 47、57 页。
② 贵州省档案馆档案,第 12 全宗,第 4182 卷。
③ 贵州省档案馆档案,第 12 全宗,第 8024 卷。
④ 《大清高宗皇帝实录》卷七十四,乾隆三年八月,工部议准贵州总督张广泗奏。
⑤ 《赤水河航道开发史略》,《贵州文史丛刊》1982 年第 9 期。
⑥ 贵州省档案馆档案,第 60 全宗,第 5768 卷。
⑦ 本表据贵州省档案馆档案《贵州省江海内河商轮民船调查表》(全宗 60,卷 5810)改编。

乌江等主要河道,客船、货船、客货混用船只共计 2500 余艘,虽有载重 170 吨的商用轮船,但大部分民船载重不足 1 吨,水运航线可达湖南、广西、四川等省。全面抗战以来,贵州对水运更加重视,整理、修凿河道,提高水运能力。如 1941 年至 1945 年,导淮委员会对赤水河道的治理,每年由川盐入黔达 32 万担。① 据 1944 年调查,贵州内河航道总里程达 1268 公里。②

近代贵州铁路交通主要为黔桂线。1940 年黔桂铁路工程局成立,1943 年 5 月广西南丹县泗亭至贵州独山通车,1944 年 2 月独山至都匀县清泰坡通车,两段合成黔桂铁路都丹段,沿线共设 18 站,全长 163.10 公里,日运送旅客 500 人,行李 200 公斤,包裹 5000 公斤。③ 然同年秋,由于日军入侵黔南,都丹段全遭破坏,1945 年 8 月重新修复通车。

近代贵州航空交通始于 1932 年清镇平远哨机场的修建。其后,施秉、都匀、独山、铜仁、毕节、榕江等处机场相继修建,抗战时期贵州又新增 12 处机场,然仅清镇平远哨为民用机场。自 1932 年起,渝筑、筑柳、京筑、渝昆、京滇等航线相继开通,但营运量很小。如中国航空公司经营的渝筑航线,每周仅有两班,每次四十余人,货物不到三公斤。④

第三节 邮电

贵州近代邮政始于清末。光绪二十二年,清政府在全国开设邮政,以各通商口岸为准,将全国划分为三十五个邮界。然贵州境内并无口岸,故黔西划归云南蒙自关、黔北划归四川重庆关、黔东南划归湖南岳州关管辖。光绪二十八年,邮传部蒙自邮局按六站设邮局,自云南平彝邮局六站至贵州郎岱,设郎岱邮局,下设普安、安顺两个代办所,统辖黔西邮政。⑤ 光绪三十年,以安顺为贵州西部中心,将郎岱局移设安顺府城。⑥ 与此同时,重庆邮界在遵义开设邮寄代办所,岳州邮界在贵阳、镇远开设邮局。

光绪三十三年,邮传部将贵州境内邮政合并,统称贵阳邮务区,隶属岳州大邮界。自光绪三十一年至光绪三十三年,贵州有邮局由 2 个增至 5 个,邮寄代办所由 1 个增至 12 个,并设有旱汇局 1 个。光绪三十三年贵阳邮区收发转邮件 167 562 件,本地投送 336 件,汇兑关平银 4000 两,寄送包裹 8283 件,重 17 481 公斤。⑦ 宣统二年,清政府重新划定邮区,贵州成为一个独立的邮政区域,设立贵州邮务管理

---

① 《赤水河航道开发史略》,《贵州文史丛刊》1982 年第 9 期。
② 贵州省档案馆档案,全宗 60,卷 2806 号。
③ 贵州省档案馆档案,全宗 60,卷 6137 号。
④ 林加忠:《解放前贵州航空业概述》,《贵州社科通讯》1983 年第 12 期。
⑤ 民国《郎岱县访册》卷四,新政志,邮政。
⑥ 民国《续修安顺府志》卷十一,交通志,邮政。
⑦ 《邮传部邮政统计表》,光绪三十三年。

局,下辖邮局,12处,代办所66处,邮路5490公里。①

中华民国成立后,贵州邮政归交通部管理。据统计,1918年贵州有邮局43处,代办所53处。②1936年,贵州有邮局60处,邮政代办所207处,村镇信柜、邮站、代售处共209处,邮路14 178公里,其中,航空线两条,贵阳至重庆和贵阳至昆明,长788公里,汽车邮路1540公里,邮差邮路11 850公里,邮政职工578人,该年收发函件6 733 500件。③张肖梅在谈及贵州邮政日程时说:"自贵阳出发,最久之到达目的,须八日之久,该由于交通运输之不便所致,幸须八日,仅后坪一县而已。须七日者计有:赤水、下江、沿河等三县,需六日者计有:永从、婺川、册亨等三县。需五日邮程者计有:岑巩、兴义、榕江、江口、剑河、锦屏、黎平、嗣水、松桃、思南、天柱、威宁、印江等十三县。需四日邮程者计有:都江、德江、台拱、水城、石阡、省溪、罗甸、荔波、正安、安龙等十县。需三日邮程者计有:织金、凤岗、兴仁、仁怀、郎岱、湄潭、三合、丹江、大塘、铜仁、青溪、紫云、瓮安及余庆等十四县。需二日邮程者计有:玉屏、大定、绥阳、施秉、三穗、普定、普安、平越、平舟、毕节、八寨、麻江、关岭、广顺、开阳、镇远、长寨及安南等十九县,其余安顺、镇宁、黄平、黔西、贵定、龙里、炉山、平霸、息烽、修文、定番、清镇、遵义、独山、洞梓、都匀等十六县,均当日可达。"④

全面抗战爆发以后,贵州邮政业务快速发展。1939年,贵州邮区自办邮车,运行于筑渝、筑昆、筑独三线,全长1385公里,每年载运邮件约980万公斤。1941年贵州有邮局,104处,代办所302处,村镇信柜、邮站、代售处294处,职工1749人,邮路19 240公里,全年收发函件31 247 700件,包裹约2600件。⑤

近代贵州电信事业兴起于清末。光绪十三年,为了连接川滇电报线,清政府兴修云南宣威经贵州威宁、毕节至四川叙永的电报线,于毕节设立电报分局⑥,同时,架设由毕节经大定、黔西、清镇至贵阳的电报线,于贵州巡抚署内设立贵州省电报局,每年经费银28 000余两,由东海关道从协济黔饷中划拨。⑦威宁经毕节至贵阳线长967里,叙永至毕节线长150里,毕节局辖285里,贵阳局辖716里,隶云南总局管辖。其后又增设威宁、黔西两电报局。有了电报之后,邮政总局于1905年给贵州发来五十门电话总机1部,电话机24部,要求在贵阳安设电话。次年,省城各衙门间电话线路修成,长约数十里,设总机于巡警局。⑧

宣统元年五月,贵州巡抚庞鸿书又奏请架设由湖南洪江、晃州经贵州玉屏、青溪、镇远、施秉、黄平、重安江、贵定、龙里至省城贵阳的电报线,长685里,增设镇

---

① 民国《贵州通志》,建置志第五卷,第38页。
② 民国《贵州通志》,建置志第五卷,第38页。
③ 贵州邮政管理局报告资料,《贵州财经资料汇编》,第742—745页。
④ 张肖梅:《贵州经济》,第E83页。
⑤ 贵州邮政管理局报告资料,《贵州财经资料汇编》,第742—745页。
⑥ 《大清德宗皇帝实录》卷二百四十一,光绪十三年四月癸未,云贵总督岑毓英奏。
⑦ 《大清德宗皇帝实录》卷二百四十一,光绪十三年四月甲申,贵州巡抚潘霨奏;《大清德宗皇帝实录》卷二百四十九,光绪十三年十一月丁巳,上谕潘霨奏黔省电线分局经费。
⑧ 民国《贵州通志》,建置志第五卷,第53页。

远、重安江两个电报局。① 同年,贵州又架设省坝长途电报线,由贵阳经清镇、平坝、安顺、镇宁、关岭、巴林、安龙至黄草坝,长 821 里,增设安顺、安龙、黄草坝三个电报局。宣统三年,又架设湖南晃州至铜仁电报线,增设铜仁电报局。② 至此,贵州共架设电报线 2900 里,设电报局,10 处,有电话 24 部,电话线几十里。

民国建立后不久,贵州即陷入军阀混战,但由于军事需求,贵州电信事业仍在缓慢发展。1914 年,贵州电信从云南总局分离,设立贵州省电政监督处,由交通部电政总局资助和管辖。同年,增设大定电报局。次年,架设贵渝干线,由贵阳经息烽、遵义、桐梓、松坎至九盘子,长 605 里,设遵义、桐梓、松坎、赤水四个电报局。1920 年,架设镇锦支线,从镇远经天柱至锦屏,长 365 里。1921 年,架设贵独支线,由贵阳经龙里、贵定、都匀至独山、荔波,长 566 里,设独山、荔波两个电报局。同年架设赤遵支线,从赤水经茅台、长干山至遵义,长 540 里。1923 年,增设榕江、锦屏两个电报局。1925 年,架设龙旧支线,从安龙经坡脚至广西旧州,设茅台电报局。1926 年,架设镇铜支线,从镇远至铜仁,长 280 里。1927 年,架设遵黔支线,从遵义经白蜡坎、泮水、新厂至黔西,长 240 里,设新场电报局;又架设正遵支线,从正安经绥阳至遵义,长 270 里;又架设关盘支线,从关岭经花江、普安至盘县胜境关,长 435 里;又拓展省坝干线,从黄草坝至江底,接云南罗平,长 30 公里;新增都匀、贵定、三合三个电报局。1928 年,架设镇沿支线,从镇远经石阡、思南至沿河,长 627 里,设思南、沿河、正安三个电报局。1929 年,奉令将贵州电政监督处改为贵州电政管理局,统辖全省电信。同年,架设巴贞支线,从巴林至贞丰,长 80 里;架设巴兴支线,由龙旧支线旧料新修,设巴林、关岭、盘县三个电报局。1930 年又设贞丰、黎平两个电报局。1931 年,架设荔南支线,从荔波至南寨,长 165 里,并接通至广西六寨,增设瓮洞电报局。

截至 1932 年,贵州全省有电报局 33 处,线路 7800 里。③ 各电报局业务量大小不一。大者如贵阳电报局,有莫尔斯机 40 部,电报线路有四,分别直通盘县、毕节、遵义、贵定,然后由各县转达邻县或邻省,1928 年共收官电 6541 件、商电 4629 件,发官电 6908 件、商电 3684 件。小者如独山电报局,直通贵阳、贵定、都匀、三合等处,1929 年共收官电 186 件、商电 470 件、发官电 165 件、商电 453 件。④ 1934 年,贵州各电报局发报总计,华文 945 509 次、华密及洋文 21 542 次。⑤

自贵州电政监督处成立后,电话管理并入该处,更名为贵阳电话总局,同时,交通部发来一百门总机 1 部。1926 年,又从交通部购买一百零五门总机 1 部,扩充电

---

① 《大清宣统政纪》卷十四,宣统元年五月,贵州巡抚庞鸿书等奏。
② 民国《贵州通志》,建置志第五卷,第 53 页。
③ 民国《贵州通志》,建置志第五卷,第 48—51 页。
④ 《渝柳线川黔段经济调查总报告书》交通,第 138—152 页。
⑤ 《中国经济年鉴》第 3 编,1936 年,第 33 页。

话线路。1929年,改装三百门市内通话总机1部,并扩充外线,在个别县城安置电话。① 至1935年,贵州有电话机98部,"各县电话现已完成者,有贵阳等三十余县"。②

1927年,二十五军军部从广西运来150瓦短波无线电机1部,安装于贵阳,开始于国内各大城市进行无线通讯。1930年,二十五军又从上海购买了15瓦无线电报机5部,分别安装于安顺、遵义、赤水等县。1932年,贵州电政管理局呈请交通部设立无线电台,有250瓦无线电报机1部,一切官商电讯均由此发出。③

1935—1945年,随着国民党中央势力入黔及抗战全面爆发,贵州电信事业获得较快发展。

电报方面,1938年,贵州电报局由原来的33处增至40处,通电报的县占全省一半以上。④ 1943年,贵州电政管理局改为贵州电信局,次年贵州有线电报发报总计华文17 295次、华密及洋文343次。⑤

电话方面。1935年,架设贵阳至重庆、昆明、柳州、晃县四条长途电话线,属于军用。⑥ 当时贵州省内仅有公路行车电话,"至黔川、黔滇、黔湘三线公路行车电话,亦已一律完成"。⑦ 总部设于建设厅,有西门子五十门总机1部,设分机34部。1937年,省内各路车用长途电话改为行车专用线,计有贵阳经息烽至遵义线、贵阳经龙里至甘粑哨线、甘粑哨经都匀至独山线、贵阳至定番线、定番经大塘至罗甸线,全长1608里。⑧ 据建设厅统计,1941年贵州城乡电话线路总长9428公里,话机729门,至1944年线路总长增至11 454公里,话机970门。⑨

无线电方面。1938年1月至1939年7月,贵州先后成立电台21处,至1939年底,共有通报电台22座。⑩ 至抗战胜利,贵州无线电总台下属共有电台31座。⑪ 贵州公路电台为无线电方面另一系统,1938年电力总计为120瓦特,1945年增至430瓦特,设置电台地点有贵阳等十五县市,平均每年收发154 969件。⑫

抗战胜利后,贵州省电信机构分为三个独立指挥局,隶属昆明第五区管理局。原贵州电信管理局改为贵阳电信局,辖贵定、马场坪、玉屏等11局,遵义局指挥息烽、桐梓、松坎、湄潭、思南等5局,安顺局指挥晴隆、盘县、兴仁、兴义、安龙等局。⑬ 至新中国成立前,贵州有电信局,24处,办理国内、国际电报及长途、市内电话;营

---

① 林辛:《贵州近代交通史略》,贵州人民出版社,1985年,第89页。
② 《今日之贵州·两年来之贵州施政概况》戊,建设,电政。
③ 民国《贵州通志》,建置志第五卷,第53页。
④ 张肖梅:《贵州经济》,第E82页。
⑤ 《中国经济年鉴》第3编,1936年,第28—29页。
⑥ 《抗战四年来之贵州公路·电讯》。
⑦ 《今日之贵州·两年来之贵州施政概况》戊,建设,电政。
⑧ 张肖梅:《贵州经济》,第E81页。
⑨ 《贵州财经资料汇编》,第751页。
⑩ 《三年来之西南公路》,第169—172页。
⑪ 贵州省政府:《统计手册》,1948年。
⑫ 丁道谦:《贵州交通概述》,《贵州企业季刊》第2卷第2期,1940年。
⑬ 《贵州财经资料汇编》,第752页。

业所 10 处,办理国内电报;代办处 8 处,办理国内、国际电报及长途电话。职员 499 人,工人 559 人,电信线路里程 2527 公里。①

第四节 近代贵州交通与邮电发展的区域特征

近代贵州交通由传统驿铺基础上发展而来,仍以陆路交通为主。以滇黔、湘黔驿道和贯穿各府州县的铺路组成的交通网路在清末已基本恢复,民国时期的公路基本沿驿道建设,以省会贵阳为中心向东、西、南、北四个方向延伸的湘黔、滇黔、黔桂、川黔线构成了十字形的国道格局,在此基础上,清毕、南龙、安八、兴江、铜玉、遵思、惠靖等路及贵番、陆下、都三、赤杉等支线将在贵州省内延伸,省道干线网络基本形成。至 1949 年,贵州全省公路通车里程达 4000 余公里,形成近似"卅"字形结构。同时,国道、省道公路运输亦随之兴起,分别由西南公路运输管理局和贵州省公路局经营。

水路、铁路、航空交通在近代贵州亦有一定发展。乌江、赤水河、清水江、都柳江、舞阳河在清代就有通航的记载,近代以来,为了川盐入黔,再次开凿、疏浚赤水河、乌江航道,内河通航路程达 1200 余公里。1940—1943 年建成的黔桂铁路广西南丹至贵州独山段 160 余公里,后因日军迁入黔南而破坏。1932 年以后,贵阳、都匀、铜仁、毕节、遵义等地均建有机场,渝筑、筑柳、京筑、渝昆、京滇等航线相继开通,但营运量很小。

近代贵州邮政始于清末的郎岱邮政局,抗战前,贵州邮局增至 60 余处,邮路覆盖全省,达 1.9 万余公里,大部分地区可 5 日内到达。电信始于清末的毕节电报分局,其后,又增设毕节至贵阳、湖南洪江至贵阳、贵阳至黄草坝、贵阳至松坎、贵阳至荔波等线路,抗战前,贵州有电报局 33 处,线路 7800 里。此外,电话、无线电业务也从无到有,缓慢发展。

总体而言,近代贵州交通与邮电事业虽有一定程度发展,但远远落后于东部沿海地区,交通以公路为主,邮政、电讯等事业的分布基本与交通网路格局一致,即以省会贵阳为中心连接遵义、安顺、镇远、都匀四点的十字形分布格局,与四川、云南、湖南、广西四省相衔接。

---

① 《贵州财经资料汇编》,第 754—756 页。

第五章　近代商业、贸易和金融

第一节　口岸与商路

近代贵州商业贸易在清代前中期的基础上继续缓慢发展。道光《大定府志》载："今贵州行省者，为郡十又四。遵、仁有檿茧之利，种橡饲蚕于山，缲之胨之，织之染之，北以卖蜀，东以市楚，遵绸之所衣被几半天下；而自赤水开凿以来，仁怀又为蜀盐灌入之要途，亦大收其利焉。兴、普有木棉，安顺擅蜡种，镇远、思南为楚蜀通黔水陆之凑会，百货萃焉。桐、松有油漆之饶，黎、都有木竹之利，皆东近楚，埗辰沅诸州，舟楫可挽；而至都、黎，沿周水又可下柳、象，故商贾辐辏，地尚殷实。贵阳、平、石宅乎贵州之中，虽亡他利，而贵阳为省会，平、石近之，要亦百货之所集也，地咸近遵，亦时仿效而饲山蚕。"①近代贵州与蜀、鄂、湘、桂、滇等周边省区之间的商贸往来和贸易格局并未发生显著的变化。如民国《续修安顺府志》载安顺商路："其来路有六：东由湖南常德经本省镇远；东北由四川重庆经本省遵义；东南由广西梧州经本省独山；南由广西百色经本省兴义；西由云南昆明经本省盘县；北由四川泸州经本省毕节。"②此虽言安顺，实则为贵州全省之贸易格局。

近代贵州虽未设立通商口岸，但随着邻省口岸的设立，贵州对外贸易亦逐步发展。如1861年湖北汉口关设立，1873年即有英国原色布、标布、斜纹布等棉纺织品通过子口单运往贵州铜仁。③其后，随着长江流域的重庆、宜昌、沙市、岳州、长沙，珠江流域的北海、梧州、南宁，以及龙州、蒙自、思茅、腾越等沿边口岸的设立，贵州土货通过四川、湖北、湖南、广西、云南等省的口岸销往国外及其他各省，而外国商品和上海、广州等地的土货通过这些口岸，分销至贵州各地。

近代贵州省际贸易及对外贸易，按对象可分为四大区域：即黔东与两湖贸易，以铜仁、镇远为中心；黔北与四川贸易，以遵义、仁怀为中心；黔西与云南贸易，以安顺、盘县为中心；黔南与两广贸易，以独山、兴义为中心。兹将不同区域贸易主要商路论述如下：

1. 湘黔商路

贵州与湖南之间的湘黔驿道是其东出的主要路线，可通往湖南及长江中下游各地。自贵州省会贵阳东经龙里、贵定、平越、黄平、施秉至镇远，此段主要为陆路，依靠人背马驮。自镇远下船，沿舞阳河经玉屏，东出湖南晃州，至洪江转入沅江，经

---

① 道光《大定府志》卷四十二，经政志第四，食货志四下。
② 民国《续修安顺府志》卷十，商业志。
③ 《Returns of Trade at the Treaty Ports in China for the Year 1873: Hankow》，第5册，第490—491页。

沅州至常德,或经洞庭湖至湖北汉口,或转入湘江南下长沙。如施秉县杉木"出县属西北山中,运销洪江、常德等处,年约值银数千元"。① 黔东商路还有两条支线:一自铜仁下船,沿锦江东出湖南,至辰溪县转入沅江。如石阡县"所出桕油运销余庆、老黄平等处,其皮油运售常德、汉口"。②"江口境内无山林密箐,但各处桐、杉、茶、漆均有生长,每年由水路经铜仁运销湖南,获利甚丰。"③一自黔东南各县沿清水江而下,水运经天柱至湖南洪江入沅江。如光绪《黎平府志》载:"蓝靛,染草也,雇船运至洪江、常德等处售卖,亦山农之利也。"④

2. 川黔商路

贵州与四川重庆之间的川黔驿道可通往长江中下游及西北各地,在川黔商路中最为重要。自省会贵阳起,经修文、遵义至桐梓县松坎,地段为陆路;自松坎下船,沿綦江河入长江,或顺流而下重庆,或逆流而上岷江至成都。清末在遵义、松坎均设有厘金局,每局每年定额征收厘金银二万四千两。⑤ 川黔商路还有两条水路:一是赤水河道,自贵州仁怀茅台镇下船,经仁怀厅至合川县入长江。如"仁怀、习水两岸高山多蓄茶树,地愈冷愈佳,年约出十万余斤,行销渝、泸间,曰怀茶。"⑥ 另一条是乌江道,自贵州思南以下,水运经沿河至四川涪州入长江。如石阡县"城南一百二十里葛彰司产桕子甚多,其油由乌江出四川"。⑦ 此外,自贵州毕节陆路经永宁,沿永宁河水运至四川泸州入长江。如威宁县所产铁器"销行安顺、毕节,及云南之昭通,四川之永宁、叙府"。⑧ 近代四川涪、仁、永、綦四岸食盐即沿此四条路线进入贵州。

3. 滇黔商路

云贵贸易商路有三条,以滇黔驿道最为重要。自贵阳西行,经安顺、盘县入云南平彝胜境关,可达曲靖、昆明、大理等地。黔西南兴义府可经云南罗平至昆明,亦可经云南广南至蒙自。黔西北大定府可经威宁北上云南昭通,西至云南宣威、曲靖。如1892年,贵州普安厅、大定府从云南蒙自关请领子口税单,进口印度棉纱、广东烟丝等洋土货⑨。

4. 黔桂商路

贵州与广西之间贸易道路以都柳江水道最为重要。自独山沿都柳江顺流而下,经榕江、从江、广西融县、柳州至梧州,可以直达广州。民国《榕江县乡土教材》载:"由榕江南行,可自三江汇流处乘舟顺流而下,经下江、丙妹至广西三江县入广

---

① 民国《施秉县志》,物产。
② 民国《石阡县志》卷十一,经业志,林业。
③ 民国《江口县志略》卷五,经业志。
④ 光绪《黎平府志》卷三下,物产。
⑤ 民国《续遵义府志》卷九,赋税,厘金。
⑥ 民国《续遵义府志》卷十二,物产。
⑦ 民国《石阡县志》卷十一,经业志,林业。
⑧ 民国《威宁县志》卷九,经业志。
⑨ 《Returns of trade at the treaty ports in china for the year 1892:Mengtsz》,第19册,第137—146页。

西之柳州,至老虎口与古宜河汇合,至融县之长安镇,经武宣村、平南、苍梧西江而入广东之南海。"① 南宁开关之后,经南宁关入贵州之货物则沿西江而上,至百色上岸,陆运经安龙县坡脚至兴义。"查往贵州安顺府之运道由水路(南宁)至百色起旱,经八度、坡脚、兴义府等处,运抵安顺,共计旱路十八站。"②

至于贵州中部贵阳、平越等地,对外贸易路线可选择的较多。如开阳县,食盐"由遵义批发入境";黄州布则由黄平旧州"经瓮安属牛场或猴场而至平越属之中坪"转运;"砖糖为广西产,白糖有川广之分,川白糖来自遵义,广白糖来自贵阳,砖糖除贵阳外,亦有自贵定、独山、下司贩来者"。而外销土货中,药材"除杜仲多运往广西外,其余均销四川重庆各地"。③ 因为地处交通要道,可选择较多,故贸易路线并不固定,因市场和价格而变。

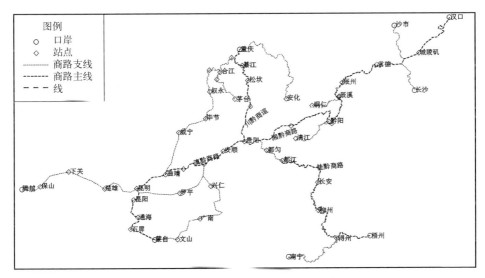

图5-1 近代贵州对外贸易商路、口岸示意图
说明:此图以中国历史地理信息系统1911年图为底图,根据本书研究,增加相关商路和口岸而成。

全面抗战爆发之后,东南沿海相继沦陷,贵州经湖北、湖南、广西等地的对外商路相继中断,贵州对外贸易道路仅剩云南一道。自贵阳经安顺、盘县运抵昆明,再转运蒙自等口岸。如1938年蒙自关出口猪鬃、桐油量激增,"究其激增之故,川、黔二省前来者繁众"。④ 日本占领越南后,滇越商路亦被截断,自贵州而来的货物不得不沿滇缅公路转运。不久,滇西沦陷,滇缅公路中断,对外贸易通道几乎完全堵塞,贵州贸易仅限于云南和四川两地。

---

① 民国《榕江县乡土教材》第五章,经济,第七节交通。
② 《光绪三十三年通商各关华洋贸易总册·南宁口华洋贸易情形论略》,第46册,第408页。
③ 民国《开阳县志》第四章,经济,商业。
④ 《民国二十七年海关贸易统计年刊》卷一(上册)《贸易报告·蒙自》。

第二节 国内贸易

1840年之后,当沿海地区陆续设立通商口岸,商品贸易快速发展之际,贵州却经历了长达近20年的战乱,社会经济遭受重创,商贸活动陷于停滞。至光绪初年,贵州社会秩序稳定之后,商贸活动又开始逐渐恢复。如安顺,"讫光绪初年鸦片通行,县城商业逐渐发达,两湖、两广之商人联翩而至,要皆以贩运鸦片为大宗。……其后风气渐开,交通愈广,湘粤鄂蜀诸省之巨商先后荟萃于此,环顾市面,不惟外省之货纷至沓来,即东西两洋外货亦莫不渐输而至。……商货辐辏,沙罗绸缎,光怪陆离,洋货匹头,争奇斗异,商业之盛,甲于全省。"①《近泉居杂录》云:"(遵义)府绸行销最旺,远省无不乐售,以其质厚而经久也,湘豫滇省利市为销场,年入金钱三四十万,故人之津津言利不出此。"②黎平府,"黎郡产木极多,若檀、梓、樟、楠之类,仅以供本境之用,惟杉木则遍行弧光及三江等省,远商来此购买,在数十年前每岁可卖二三百万金,今虽盗伐者多,亦可卖百余万,此皆产自境内,若境外则为杉条,不及郡内所产之长大也,黎平之大利在此。"③

清末贵州并无详细贸易统计数据。兹据光宣年间厘金资料,分别考察贵州省际贸易状况。光绪十九年,贵州年征厘金银126 612两;光绪二十九年、三十年,贵州年征厘金银约三十六七万两④;宣统二年贵州抽收百货厘银205 610两,土药厘银444 040两,合计649 650两⑤。按宣统年间土药每千斤抽厘税银256两,推算土药年流通额约1 734 531斤。据1910年海关报告称:南宁关"本年(贵州)土药价值每担由关平银七百六十三两涨至一千一百八十三两"。而"本年贵州土药经龙州运往东京,其数尚属加增,共计三百七十二担,值关平银五十九万四千五百九十二两。"⑥每担平均售价为1390.685两,除以黔桂厘税银、运费及商人利润,估计产地成本价约为每担670两左右,则贵州土药年贸易额约为银1162万余两。百货厘金大多值百抽五,推算百货货值年约411万两。此外,贵州"黎平一府行销粤盐,其余各府州县行销川盐,每岁销黔盐引约万余张,历由四川綦、涪、仁、永四岸分局代收。"⑦按"川省产盐之区每引一张配盐四五十包,约值价银一百一二十两,运至黔中照每斤八分之价约略计之,即值银四百两上下"⑧,则川盐输入年约值银400万两。以上百货、土药、川盐三项合计,清末贵州省际贸易额约银近2000万两。"以黔省言,输出大宗首称土药,竹木皮革次之,土药瞬将禁绝,竹木皮革尚须大加整顿。输入以日

---

① 民国《续修安顺府志》卷十,商业志。
② 民国《续遵义府志》卷十二,物产。
③ 光绪《黎平府志》卷三下,物产。
④ 罗玉东:《中国厘金史》第2册,1936年初版,第432页。
⑤ 《贵州省财政利弊说明书》第二部第一编第二章《厘金征收之比较》,经济学会1914年刊印。
⑥ 《宣统二年南宁口华洋贸易情形论略》、《宣统二年龙州口华洋贸易情形论略》,第54册,第469、484页。
⑦ 《贵州省财政利弊说明书》第二部第一编第一章《厘金之沿革》。
⑧ 民国《续遵义府志》卷九,赋税,盐税。

用必要品为最多,消费品次之,修饰品次之,奢侈品又次之"。① 可见,贵州输出商品以鸦片、竹木、皮革为主,而输入贵州商品以食盐、布疋(匹)为主。

《贵州省财政利弊说明书》言:"百货均仰给于外省,课税仅施于贩卖。"而"黔省税捐约分三种:曰税、曰课、曰捐,税有杂税、税契之别,杂税征于货物之运售。"可见,杂税可用于考察贵州省内货物运销状况。据该书调查统计,宣统二年贵州各府州县征收杂税银共计53 818两。按"各项百货税(亦称杂税)约值百抽二、三不等"估算②,贵州省内贸易额年约值银215万余两。民国初年,贵州政局动荡,战乱不断,交通运输工具多被军队征用,社会治安状况下降,加之银根吃紧,商业贸易发展受到一定的影响。③ 然因缺乏史料,具体情形无法确知。

据1929年国民政府铁道部滇黔桂区经济调查队之调查,贵阳市经营盐、布疋(匹)、绸缎、苏广杂货、金银首饰、药材、糖蔗茶、瓷器、米粮、棉花、京果海味、纸、菜油、汇兑、典当等各业商店共计696家,资本总额1891万元,全年营业额高达3639万元。其中,盐来自四川,棉花布疋均运自汉口,绸缎呢绒来自京津沪汉川广,棉织品各种化妆品来自沪汉,药材来自川广淮浙,瓷器来自江西,棉花以来自常德为多,京果海味来自汉口广州,纸张来自京津沪汉,仅有菜油、米粮来自各乡各县;安顺县有各业商店291家,全年进口洋纱50 000箱、布100 000疋、绸缎400 000疋、硝矿1 000 000斤、洋广杂货10 000驮,出口猪毛4 000 000斤、牛毛300 000担、生铜100 000担、茶叶50 000 000斤、生漆1 500 000斤、土靛8 000 000斤、杂货8 000 000斤;镇远县商业以办庄为多,有江西、湖南、四川等帮,所办货品均以贵州土产为大宗,当年各帮营业量为茶1 600 000斤、桐油1 100 000斤、黄豆60 000石、葵花120 000石、五棓子400 000斤、棉花90 000斤、生漆100 000斤。④ 兴义县每年进口洋纱60 000股、洋油1200箱、布30 000疋、杂货6000驮、盐600驮,出口猪毛60驮、山货60驮、红袍柑3000驮,全县洋纱、烟土、盐、烟酒、杂货、苏杭绸缎、疋(匹)头各商店共计120余家,全年营业额290余万元;安龙县每年进口片糖180 000斤、洋纱5300捆、疋头线布360疋、线呢180疋、广水烟1600斤、洋货1500斤,出口疋(匹)头次布820疋、茶油6000斤、特货120 000两、硝磺1500斤、粉条50 000斤、棉花820斤、黄牛皮1100斤、水牛皮4000斤、牛干粑11 100斤。⑤

贵州百货省税"即从前之厘金",1931年征收总额为126万余元。⑥ 按当时贵州厘金"税率依物而异,约至多为从价百分之十五,至少为从价百分之五"⑦,兹以

---

① 《贵州省财政利弊说明书》第二部第一编第一章《厘金之利弊》。
② 《贵州省财政利弊说明书》第二部第二编第二章《税捐之征收》。
③ 参见林文勋、马琦:《近代云南省际贸易研究》,《中国边疆史地研究》2011年第4期。
④ 铁道部财务司调查科编:《湘滇云贵段经济调查总报告书》第九《商业经济篇》,第157—165页。
⑤ 铁道部财务司调查科编:《粤滇线云贵段经济调查总报告书》第九《商业经济篇》,《近代中国史料丛刊三编》第87辑,第89—93页。
⑥ 张肖梅:《贵州经济》,第N64页。
⑦ 王振先:《中国厘金问题》,商务印书馆,1927年,第53页。

10%税率推算,贵州百货省际贸易额约为1260余万元。然百货省税并不包含川盐和黔土的运销。自1928年起,川盐销黔"实行招商认岸办法,计黔省仁、綦、涪、水四岸,年定税额为一百五十万元";而鸦片运销开征特货省税,自1918—1934年,特货省税每年由50余万元增至300余万元。"① 可见,至20世纪三十年代,贵州商业贸易不但已经恢复,而且有进一步的发展。

据统计,1937年贵州各县重要输出商品估值约865万余元。② 然贵州僻处西南,经济相对落后,其商业贸易无法与东南沿海地区相比,故《今日之贵州》一书称:"全黔商务首推省会,次安顺、遵义、独山,然均非通商口岸,大规模之商号厂家甚为寥寥,资本最多不上数十万元,其他各县更无足述,偏僻之县且无资本额在五百元以上之商店,大都肩挑贸易,临时赶集,过时即散,并无商号及一定营业普遍,贸易商品输出以特货(即鸦片)为最巨额,次为桴子、桐油、竹木、药材、银耳、水银、朱砂、茅台酒暨少数之农产品,输入以盐为最巨额,次为纱布、汽油、火油、洋广货、菸叶、卷菸,及其他现代生活必需品,每年贸易状况常呈入超现象。"③据1936年初调查,贵阳市各业店铺有308家,资本额220.7万元,全年营业额估计为1480万元,其中以特货、纱布和盐业最为发达。"贵阳境内虽亦种植鸦片,而产量不大,所产者仅供土人之消耗,故贵阳仅一集中烟土之总站。其烟土来源,以在西路设庄收集者为最多,北路亦少,派人四乡贩运者次之,一俟货物集中后,必须运集贵阳总号成帮,再转他省求售,每年滇货亦有从贵阳经过者,是以特货营业实居商业之首位。"贵阳进口棉纱,"共计每年销数为二千四五百箱,销场遍于全省,然以西路安顺为最。近年该业亦因上述经济之不景气,营业额只及从前十分之四"。输入棉布以主要为黄州布和阳选布两种,由汉口运经洪江入黔,"总计全年销数两万一二千筒(二十至二十四疋(匹)),分销贵阳附县各近如龙里、贵定、织金、黔西、遵义、安顺、息烽、修文等县,但以安顺销场最大"。贵阳全食川盐,由遵义购进,"以该地岁入计,贵阳附近之食盐,每年均需六千小包(每包重九六斤)之数,除供贵阳食用外,余均运往龙里、贵定、定番、广顺出售"。④

全面抗战爆发后,众多工矿企业、机关、学校内迁贵州,市场需求增加,贵州商业贸易呈现出繁荣景象。如安顺,其出口货以鸦片、牛皮、猪毛等为最大宗。安顺为贵州鸦片集散中心,"安顺人民嗜者日众,除自食外,以其所余南由贞丰、南笼运销两广,东由镇远、洪江运销两湖,北由毕节或遵义运销四川",每年总输出额共约一百万斤,售卖之后"转购洋纱、食盐、绸缎、布匹、洋广杂货等输入内地以资生利者,所获亦巨。"牛皮"多运销云南、广东、汉口等处,商人贩运,络绎不绝"。猪毛"自光绪初年外人在香港、汉口等地大量收购以来,安地商人纷纷运往上述二地售卖"。

---

① 张肖梅:《贵州经济》,第N63页。
② 张肖梅:《贵州经济》,第K1—K3页。
③ 《今日之贵州·贵州经济概况》,1936年。
④ 王石卿:《贵州贵阳经济概况》,《国民经济月刊》1937年第1期。

安顺土白布,在民国成立以后多改用洋纱织布,出货较前更多,年产约五十万匹,输出约二十万匹。安顺进口货以洋纱、食盐二者为最大宗。"洋纱一项,年输入约二千箱,每箱价值约五六百元,总值约一百余万元;食盐一项每年输入约一万包,每包价值二十七八元,较之前清时增加七倍。……绸缎布匹每年输入共约一十万匹。洋广杂货年入约值三百万元。糖类年入共约五十万斤,总值约二十五万元。……书籍文具较之前清增加百倍,年入约值一百万元。瓷器年入约百余万件,总值约五十万元。"①再如遵义,输入货物:"重要者为食盐及衣着原料。贵州不产盐,赖四川输入供应,为量甚巨,每年在一百二十万担以上,其数量价值均居贵州入口货之第一位。由仁岸綦岸之盐均经本区域,遵义城及鸭溪镇均为其重要集中转运地点。……贵州几不产棉,十八赖湘鄂二省输入。盐之运输路线作南北走向,棉之运输路线作东西走向。遵义至思南大道,棉花纱布运输最紧,花纱原料仰外来,布疋成品则多自织。遵义城、鸭溪镇及湄潭县属之永兴场均为手工纺织业中心。所织土布分销黔北各地。较高级之棉织物则由渝筑两地循公路运来,惟为量不多,贩纱布者多为小商。"输出货物:"本区域输出之物品有柞蚕丝绸、银耳、锰矿、桐油、茅台酒等,惟为量殊少,不能与输入之货品相平衡。柞蚕丝为遵义特产,……抗战时,外国丝绸绝迹于市场,始渐具复苏之象,目下遵义柞蚕丝产以南乡之三岔河、苟江水一带,东乡之老铺场附近为主,含湄潭绥阳各县所产集中于遵城,缫丝成绸,输出远方。银耳事业之兴不过二十载,遵义东南之团溪附近为银耳栽培最早最发达之区域,遵义县境所产年不足一千斤,邻县集中于遵义输出者常二万斤以上,按战前价值逾一百万元,泰半循筑渝公路北输重庆。团溪附近更有锰矿发现,抗战时重庆钢铁厂所需之锰,均就近仰给于此,一时在区域贸易上跃居重要地位。仁怀县茅台村所产之茅台酒驰名于世,多先运遵义,再输筑渝。桐油、五棓子等林产品四乡均有生产,亦集中遵义输出。"②

贵州粮食基本能够自给,但因粮食种植分布不平衡,部分地区需要与邻省之间调剂余缺。兹将全面抗战爆发后贵州各区粮食供求调查数据列表如下③:

表 5-1 贵州省米粮不敷各县由外省输入数量及来源表

(单位:市担)

县　　别	全年输入数	来　　源
赤水	430 000	四川省
毕节	45 000	滇省镇雄

---

① 民国《续修安顺府志》卷十,商业志。
② 民国《续遵义府志》第九章,区域地理,交通与贸易。
③ 以下二表引自张肖梅《贵州经济》(第 G5 页)。该书称依据农矿工商调查委员会之调查结果,虽无法确定具体年代,但该书成于1938 年,此项调查数据应为 1938 年之前数据。

续表

县　别	全年输入数	来　　源
罗甸	27 057	广西省
盘县	5000	云南省
威宁	140	滇省昭通
共计	507 197	

上表所示，贵州粮食输入区主要是黔西北地区，尤以赤水、毕节两县输入最多。黔西北地处乌蒙山腹地，大部分为高寒山区，粮食种植面积有限。但此次调查数据偏高，"乃由于当时赶筑赤威段公路，工人集聚，需要骤增所致"。据张肖梅估计，贵州每年由外省输入粮食约在 15 万市担左右。① 粮食来自与其相邻的云南昭通、镇雄及四川永宁等地。

表 5-2　贵州省米粮过剩各县运销省外数量及去路表

（单位：市担）

县　别	全省输出数	占输出额%	输往地点
都匀	64 000	24.25	湘西各县
天柱	20 000	7.58	湘西各县
三穗	10 235	3.88	湘西各县
岑巩	19 680	7.45	湘西各县
剑河	60 000	22.74	湖南各县
兴义	50 000	18.95	四川长江
仁怀	21 305	8.10	四川合江
鳛水	2941	1.11	四川省
独山	5000	1.89	广西省
荔波	8150	2.07	桂省南丹宜山
榕江	2510	0.95	广西省
共计	263 821		

上表所示，贵州粮食输出区主要为黔东南、黔南及黔西南地区，以都匀、剑河、兴义为最。这些地区多处于河流中下游，河谷平原和山间盆地较多，且雨热同季，适宜农作物生长，同时，人口密度相对较低。余粮主要输往与其交界的湖南、广西等地。

---

① 张肖梅：《贵州经济》，第 G5 页。

贵州其他各县市所需粮食大多就近调剂,可根据各区主要粮食生产与消费数据分析其短途运销情形。兹将贵州各区稻米、麦、包谷等主要粮食生产与消费数据列表如下:

表5-3　贵州各区主要粮食产销情况表　　（单位：市担）

区别	米		麦		包谷		合计
	有余	不敷	有余	不敷	有余	不敷	
省辖区	37 603		43 680		26 739		108 022
第一区		221 625	4244		35 297		261 166
第二区		86 333	6449		33 040		125 822
第三区	125 260		51 313		21 680		198 253
第四区	15 762			64 800		598 000	678 562
第五区		1 580 841	61 172		83 046		1 725 059
总计	178 625	1 888 799	166 858	64 800	199 802	598 000	3 096 884

说明：此表据张肖梅《贵州经济》一书中《贵州省各区食米产销概况表》（第G5页）、《贵州省各区麦类产销情况表》（第G12页）、《贵州省各区包谷产销概况表》（第G18页）合并编制。

据上表所示贵州各区之间米、麦、包谷的供求数据,全省各区之间粮食调剂总量高达309万余市担。分区看,省辖区(今黔中贵阳及周边地区)自给有余,第一区(今铜仁及黔东南州北部地区)、第二区(今都匀及黔东南州南部地区)、第三区(今安顺、黔西南州及六盘水地区)基本能够满足需求,第四(今黔西北地区)、第五区(今遵义地区)的粮食缺口最大。第四区粮食供给状况前文已有论述,主要因自然环境所限,所需粮食大多由邻省输入;而第五区本产粮较丰,其粮食不敷主要源于抗战时期内地工矿企业、机关、学校大量迁入,人口激增,故而出现供应紧张。

自豫湘桂战役之后,贵州成为抗战前沿,与鄂、湘、桂等省贸易几乎断绝,而贵州省内商品匮乏,物价飞涨,商业贸易大受影响。抗战胜利后,国民政府还都南京,工矿企业、机关、学校大部分回迁,贵州商业贸易逐渐衰落。

第三节　国际贸易

一、国际贸易发展过程

受政治、军事形势的影响,近代贵州国际贸易呈现出阶段性特征。道光二十年(1840)之后,当沿海地区陆续设立通商口岸,外国商品大量涌入,国际贸易快速发展之际,贵州却经历了长达20余年的战乱,社会经济遭受重创,商贸活动陷于停滞。最迟至同治末,贵州已经开始国际贸易。1873年,有商人与汉口关请领子口税单,将该关进口的英国原色布、标布、斜纹布等商品转销贵州铜仁地区,商品估值关平银 2776 两。① 虽然货值微乎其微,但却标志着近代贵州国际贸易的开端。十年之后的 1881 年,贵州转销汉口关进口洋货的地区已扩展至镇远、遵义和贵阳,货值总计达关平银 332 564 两,而铜仁地区洋货销售占贵州洋货进口总值的 92.25%。② 随着对外贸易的发展,贵州转销汉口洋货的比例也在上升,从 1872 年的 0.14% 增至 1881 年的 4.85%。

随着长江、珠江沿线及沿边口岸的开放,贵州对外贸易转运口岸也不断扩大。1890 年北海关报告称:"查本口货物多系恃往广西南宁府,转运云、贵两省销售,虽路远费繁,而贸易仍逐见畅旺者,诚因本口向来所有厘捐消耗等项较于别口稍轻故耳。"而北海关出口"土药皆系由云贵两省而来,先到广西南宁府属改包,转到本省属地"。③ 1891 年重庆报告称:"窃查本口贸易情形,四川固素称富庶,而重庆尤川省首善之区,南接牂牁,东连荆楚,商民辐辏,水陆冲衢,即滇、黔各省之货亦大半假道其间,籍资转运。"④ 1892 年,贵州普安厅转销蒙自关进口印度棉纱 32.64 担。⑤ 1899 年岳州关报告称:"木料系贵州洎沅江两旁山岭出产,运至常德河洑码头,报完厘金,由河洑分排,绕道至湘阴之林子口,再成大排过洞庭湖,出大江,每年价值可六百万两。"⑥ 同时,贵州对外贸易额也快速增加。例如 1901 年,贵州自梧州关转运洋货估值关平银 1 399 088 两,占该关洋货入内地总值的 32.96%;自汉口关转运洋货估值关平银 674 575 两,占该关洋货入内地总值的 10.11%;自蒙自关转运洋货估值关平银 274 296 两,占该关洋货入内地总值的 9.04%;自重庆关转运洋货估值关平银 1759 两;自思茅关转运洋货估值关平银 60 两,合计关平银 2 349 778 两。⑦ 1903 年,贵州由重庆、沙市、岳州、汉口、梧州、蒙自、思茅、腾越八关转运洋货总值增至关平银 4 444 349 两,至 1913 年已达关平银 6 413 388 两。⑧

表 5-4 所示,在 1873—1919 年的 46 年之中,贵州通过重庆、沙市、岳州、长沙、汉口、梧州、南宁、北海、蒙自、思茅、腾越十一个口岸,进口洋货总值从关平银 2776 两增至关平银 89 115 241 两,年均 1 937 287 两。但是,这 46 年之中,贵州对外贸易发展并非一帆风顺,其中,自 1880—1895 年的 16 年间,始终徘徊于每年二三十万余两之间,而自 1896—1904 年的 9 年间,从 25 万余两猛增至 637 万余两,此后稍为回落,1907 年之后又再次快速增加,1913 年达到 641 万余两,而后快速回落,1917 年仅有 88 万余两。可以看出,近代贵州对外贸易两起两落,其高峰时期为 1904—1905 年和 1912—1915 年,以 1913 年的 641 万余两为峰值。

---

① 《Returns of Trade at the Treaty Ports in China for the Year 1873:Hankow》,第 5 册,第 490—491 页。
② 《Returns of Trade at the Treaty Ports in China for the Year 1881:Hankow》,第 9 册,第 127—135 页。
③ 《光绪十六年通商各关华洋贸易总册·北海口华洋贸易情形略论》,第 16 册,第 217、221 页。
④ 《光绪十七年通商各关华洋贸易总册·重庆口华洋贸易情形略论》,第 18 册,第 109 页。
⑤ 《Returns of Trade at the Treaty Ports in China for the Year 1892:Mengtsz》,第 19 册,第 139 页。
⑥ 《光绪二十五年通商各关华洋贸易总册·岳州口华洋贸易情形略论》,第 30 册,第 150 页。
⑦ 《Returns of Trade at the Treaty Ports in China for the Year 1901:Chungking、Hankow、Wuchow、Mengtsz、Szemao》,第 33、34 册。
⑧ 《Returns of Trade at the Treaty Ports in China for the Year 1901》,第 37、38 册;《Returns of Trade at the Treaty Ports in China for the Year 1913》,第 61、62 册。

表 5-4 1873—1919 年贵州进口洋货货值分关统计表

(单位：关平两)

年份	重庆	沙市	长沙	岳州	汉口	梧州	南宁	北海	蒙自	思茅	腾越	总计
1873					2776							2776
1877					4389							4389
1879					62 059							62 059
1880					223 131							223 131
1881					332 564							332 564
1882					284 784							284 784
1883					274 998							274 998
1884					199 150							199 150
1885					166 929							166 929
1886					161 449							161 449
1887					193 832							193 832
1888					152 988							152 988
1889					160 355							160 355
1890					204 603							204 603
1891					263 490							263 490
1892					299 947				794			300 741
1893					199 132				460			199 592
1894					209 061				0			209 061
1895					249 020				210			249 230
1896					426 229				11 001			437 230
1897	1132	102			715 293	73 600			59 340	608		850 075
1898	170				659 320	98 140		4281	149 084			910 995

第五章 近代商业、贸易和金融 475

续 表

年份	重庆	沙市	长沙	岳州	汉口	梧州	南宁	北海	蒙自	思茅	腾越	总计
1899	350				570 774	63 361		3514	248 445	20		886 464
1900	454	467			498 801	838 915		844	167 526	474		1 507 481
1901	1759				674 575	1 399 088			274 296	60		2 349 778
1902	4749				1 118 918	699 696			411 478	105	3745	2 238 691
1903	90 954	12 804		1800	2 196 746	1 697 521			415 700	630	28 194	4 444 349
1904	52 360				1 193 552	4 313 484		1368	765 539	103	44 203	6 370 609
1905	99 051		9070		835 277	4 632 722			598 432	325	30 636	6 205 513
1906	169 433		2584	4673	439 628	3 438 962		3012	709 400	569	29 603	4 797 864
1907	130 035		1167	4877	555 634	3 181 303	41 929	0	698 201	3	28 129	4 641 278
1908	30 950		112	1182	528 094	3 584 837	146 794	389	510 558	349	35 769	4 839 034
1909	60 545			199	759 672	3 550 947	276 134	395	400 003	890	30 871	5 079 656
1910	71 433		240	30 952	489 865	4 098 007	447 248	193	586 768	432	30 824	5 755 962
1911	41 118		4460	115 340	369 260	3 351 462	25 293	157	562 309	4	47 350	4 516 753
1912	12 439		251		174 926	4 295 788	33 737		1 477 797	136	32 153	6 027 227
1913	9071			119	227 857	4 901 236	61 604		1 160 910	316	52 275	6 413 388
1914	5604		1167		209 338	4 944 382	23 859		912 526	95	27 152	6 124 123
1915	340			9064	202 234	4 505 594	9516		711 245	800	28 895	5 467 688
1916	4159			42 073	151 212	978 527	101 293		359 927	923	26 430	1 664 544
1917	8057		176	125 785	257 143	99 545	22 119		350 779	2381	20 990	886 975
1918	3472			139 585	237 146	252 666	8708		569 382	150	9285	1 220 394
1919	2409			191 529	257 943	232 080	1801		1 133 180	119	13 988	1 833 049
合计	800 044	13 373	19 227	667 178	17 394 094	55 231 863	1 200 035	14 153	13 245 290	9492	520 492	89 115 241

说明：该数据来源于《中国旧海关史料》中历年分关贸易报告中"Inland Transit"和"出入内地之货"部分，而1919年之后的贸易报告中不再统计内地子口贸易数据。

1919年之前,贵州对外贸易之所以大起大落,是多种因素综合的结果。首先,贵州进口洋货所需资金皆来自土货出口或向周边省份售卖,以鸦片最为重要。然道光朝后期至咸丰八年之间,清政府一直厉行禁烟,贩卖土药(国产鸦片)面临极大的风险。同时,这一时期正值贵州战乱,故对外贸易不见于记载。咸丰九年(1859),土药出口及贩卖亦开始照章纳税,贵州的鸦片种植和贩卖迅速发展。1882—1891年重庆关十年报告中称,贵州土出口主要来自与重庆距离较近的大定府和黄草坝,一般被认为不如云南土,但却被很多四川人认为是首选商品,质量最好的被称为锅背子。每1200两(75斤)鸦片须支付厘金8两白银,在重庆每百两鸦片售价约为11两白银。[①] 1890年汉口关报告称:"土药销行之多,以四川为最,贵州、陕西、河南等省稍次,……价值惟云贵货稍昂,每百两约值银二十两外。"[②]同年,北海关报告称:"土药皆系由云贵两省而来,先到广西南宁府属改包,转到本省属地,其云南土计每担价银在二百五六十两上下,贵州土每担价银在二百二三十两左右,所来之确数难知,第约由广西一路到廉钦等属者总不下三四百担。"[③]1897年梧州关报告称:"土药由四川、云南、贵州而来,每年约有六千担之多,……以云南土为上,每担价值银三百五十两,其次则四川贵州之土,每担价值比云南土少五十两。"[④]大量贵州鸦片贩运至四川、湖北、湖南、广东、广西各省,或就地售卖,或由各关出口,商人又以所获资金购买各关进口洋货,运销贵州各地。光绪新政重新厉行禁烟,1907年贵州亦设立禁烟总局,鸦片外销受到一定的影响,购销洋货亦随之下降。如1909年梧州关报告称:"印度棉纱去年有十二万五千七百九十六担,今年缩至十万一千七百六十九担,推原其故,闻因贵州减种土药所致,盖棉纱多与土药互换也。"[⑤]然两三年之后,贵州对外贸易又有所恢复,实因贵州鸦片库存较多,且禁烟并不彻底。如宣统元年,贵州抽收土约厘金仍高达444 040两白银,按每千斤抽厘256两计算[⑥],该年运销鸦片高达173万余斤。讫至清末,政权更迭,各省自治,贵州鸦片外销又急剧扩大,而洋货亦大量进入贵州。民国建立之后,四川、湖北、湖南、广西、云南等省响应中央政府号召施行禁烟,并禁止他省鸦片进入。因此,贵州鸦片外销大受影响,只能通过走私运销邻省。如1914年梧州关报告称:"土药在贵州种植依然繁盛,因广东价值奇昂,故由贵州私运来广西,转往广东发售者为数不鲜。"[⑦]随着禁烟法规的完善,贵州鸦片走私贸易愈发艰难,销售量快速下降,而用以购买洋货的资金则越来越少。

---

① 《China imperial maritime customs decennial reports:1882—1891》,第152册,第99页。
② 《光绪十六年通商各关华洋贸易总册·汉口华洋贸易情形论略》,第16册,第120页。
③ 《光绪十六年通商各关华洋贸易总册·北海口华洋贸易情形论略》,第16册,第221页。
④ 《光绪二十三年通商各关华洋贸易总册·梧州口华洋贸易情形论略》,第26册,第226页。
⑤ 《宣统元年通商各关华洋贸易总册·梧州口华洋贸易情形论略》,第50册,第434页。
⑥ 经济学会编:《贵州省财政沿革利弊说明书》第2部《厘税》,财政部印刷局,1915年。
⑦ 《中华民国二年梧州口华洋贸易情形论略》,第62册,第673页。

民国《续修安顺府志》对于贵州鸦片运销与对外贸易之关系论述尤为详细,兹摘引如下:

> 道光时交易尤盛,民间贸易以买卖棉花为大宗。迄光绪初年鸦片通行,县城商业逐渐发达,两湖、两广之商人联翩而至,要皆以贩运鸦片为大宗。但是时销场尚狭,来贩运者皆系行商、小贩,未闻有专运鸦片而开设行号者。及鸦片出产愈多,湘鄂赣诸省销路愈广,于是设行号者渐多,且有日益增加之势。计两广开行号者十余家,两湖则系短局。是时,一般零星小贩肩挑背负者仍络绎不绝。
>
> 初,贩烟诸商交易皆用生银,继因汇款困难,乃改贩洋纱入黔以易鸦片。织染家见其根线均匀,颜色洁白,较土纱为精良,且便于织染,乐于采购。从此土纱不克与之竞争,交易一落千丈,而洋纱则蒸蒸日上,销行益广,每月市面买卖竟达五百余箱,为全省销场之冠。织金、大定、水城等地亦多由此转贩,县城商业至是愈为扩展。
>
> 其后风气渐开,交通愈广,湘粤鄂蜀诸省之巨商先后荟萃于此,环顾市面,不惟外省之货纷至沓来,即东西两洋外货亦莫不渐输而至。其来路有六:东由湖南常德经本省镇远;东北由四川重庆经本省遵义;东南由广西梧州经本省独山;南由广西百色经本省兴义;西由云南昆明经本省盘县;北由四川泸州经本省毕节。四通八达,商货辐辏,沙罗绸缎,光怪陆离,洋货匹头,争奇斗异,商业之盛,甲于全省。推原其故,要皆由鸦片产量剧增而又价值最优有以致之。盖乡村农民仅以少许之辛勤即获巨大之厚利,经济充裕,日用即奢,前此俭朴之风遂一变为奢靡,是为安顺商业最繁盛之时。
>
> 迨光绪末年严禁鸦片,安顺商业便不免大受打击,纱布销场亦为之滞塞。然而民间存烟未尽,乡民窖藏者犹未告绝,外省商人尚可暗地输运,市面交易仍可勉强维持,然已大非昔比。①

清末安顺的商业发展,以本地鸦片和洋纱贸易为主,运鸦片至湘、粤、鄂、蜀等省售卖之后,以所获资金在各关就近购买洋货,尤其是洋纱,转运安顺销售。鸦片贸易的兴衰直接影响本地对外贸易的发展,安顺的情形可作为清末贵州商业贸易的代表。

其次,省内外政治、军事形势对贵州对外贸易的影响也较为明显。虽然贵州道光朝就开始种植鸦片,但因咸同战乱的影响,贵州鸦片外销并不明显,对外贸易亦无相关记载。同治末年,贵州战乱基本平定,光绪朝前期,贵州社会经济得到恢复

---

① 民国《续修安顺府志》卷十,商业志。

和发展,加之鸦片外销合法化,贵州对外贸易从无到有,快速发展,至光绪朝末年掀起第一次高潮。民国改元并未对贵州社会经济产生显著的影响,这在对外贸易方面已有所反映。但1915年底护国运动开始,云南出兵贵州、四川、广西、湖南等地,贵州对外贸易大受影响。1915年贵州洋货进口总值关平银5 467 688两,而1916年仅为1 664 544两,减少了69.56%。尤以梧州关最为剧烈,1915年该关洋货入贵州估值关平银4 505 594两,1916年锐减978 527两,1917年则仅有99 545两。据1916年梧州关报告称:"窃查本口贸易情形,本年开始即迭见不佳之预兆,盖去岁十二月二十五日,云南省之革命发起,斯时本省态度尚未明了,一切举动仍似拥护中央政府,乃不意于本年三月十五日,轰然一声,宣布独立,然边境各地并无战事,至龙觐光由广州带来进攻云南东鄙之军,亦已完全缴械,不致有流血之惨剧,计此次乱事由三月起直至九月止,地方始渐安谧,而商务则大受影响,最甚者为进口货物几至全行停止。"①

再次,民国以来贵州由各关转运的商品中,上海、广州、汉口等地的国产土货的比例不断增加。事实上,清末贵州由各关进口的所谓洋货之中已有国产土货混杂其中。1880年,贵州铜仁、思南、镇远、贵阳四地由汉口关进口货物之中,有檀香木、苏木、海带、鱿鱼、墨鱼、海带、虾干等货物。② 不难看出这些物品应该不属于洋货,而是东南沿海地区通过转口贸易运抵汉口,再运销贵州。1892年,贵州大定府自蒙自关进口广东烟丝2担,价值关平银55两。③ 1901年,贵州自梧州关进口洋货中,有南京土布356担,值银17 808两。④ 自1911年开始,各关贸易报告中有专门对"有机器仿制货之运照"的统计。何谓机器仿制货?1914年岳州关报告称:"洋货入内地,本年本关共发出入内地子口税单四百九十四张,即系上海机制货物,共值关平银九万九千三百五十三两,均系运往贵州省。"而在英文报告中将此类货物归为"有机器仿制货之运照"类。⑤ 1917年岳州关报告又言:"本年本关共发出机制货物运单五千一百五十五张,以棉纱、棉布为最多,估值关平银一百十三万一千二百七十五两,几全系运往贵州省。"⑥可见,所谓机器仿制货是指中国上海、南京、汉口、广州等地工厂所仿制的洋货,以棉纱、棉布为主,实系国产土货。兹将1909—1919年贵州由各关进口机器仿制货货值统计如表5-5。

---

① 《中华民国五年梧州关华洋贸易情形论略》,第74册,第98页。
② *Returns of Trade at the Treaty Ports in China for the Year 1880: Hankow*,第8册,第89—97页。
③ *Returns of Trade at the Treaty Ports in China for the Year 1892: Mengtsz*,第19册,第507页。
④ *Returns of Trade at the Treaty Ports in China for the Year 1901: Wuchow*,第34册,第673页。
⑤ 《中华民国三年岳州口华贸易论略》和《中华民国三年岳州关贸易册》,第64册,第467、478页。
⑥ 《中华民国六年岳州口华洋贸易论略》,第77册,第567页。

表 5-5　1909—1919 年贵州由各关进口机器仿制货货值统计表

（单位：关平两）

年代	汉口关	岳州关	梧州关	南宁关	合　计
1909		23 336			23 336
1910	150 778				150 778
1911	64 460	135 340			199 800
1912	137 833	43 342			181 175
1913	199 828	62 292			262 120
1914	126 176	99 353			225 529
1915	122 114	395 981			518 095
1916	58 120	472 797			530 917
1917	44 918	1 120 003	11 204		1 176 125
1918	9334	1 069 657	22 465	1299	1 102 755
1919	37 259	1 804 386	52 069		1 893 714
合计	950 820	5 226 487	85 738	1299	6 264 344

说明：该数据来源于《中国旧海关史料》中分关贸易报告的"Under special transit pass"和"有机器仿制货之运照"部分，自 1909 年开始，而 1919 年之后的贸易报告中不再统计分关内地贸易数据。

自上表可见，自 1909—1919 年的 11 年间，贵州由各关进口的国产棉纱、棉布不断增加，从每年 23 336 两增至 1 893 714 两，尤以岳州关转运最多。上海等国内所产棉纱和棉布逐渐取代印度棉纱和洋布，成为贵州对外贸易的主要商品。

就贸易区域而言，1873—1891 年之间，贵州对外贸易主要依赖汉口关；1892—1899 年，重庆、沙市、梧州、北海、蒙自、思茅六关亦加入贵州对外贸易之列，但仍以汉口关为最，蒙自、梧州两关次之；1900 之后，岳州、长沙、腾越三关也成为贵州对外贸易口岸，梧州关已超越汉口关，成为贵州对外贸易最重要的口岸，汉口、蒙自两关次之，尤其是 1901 年之后，贵州自梧州关进口洋货估值已占贵州进口总值的一半以上。该关 1897 年设立，1899 年即有贵州安顺、兴义两地自梧州关进口洋货。

表 5-6　1899—1901 年梧州关洋货入贵州列表[①]

	单位	普　安　州			兴　　义			安　　顺		
		1899	1900	1901	1899	1900	1901	1899	1900	1901
原布	疋				1566	480		8385	22 737	62 730
标布	疋				30	150	4	960	4023	7944

① 《China imperial maritime customs decennial reports：1892—1901》，第 154 册，第 350—353 页。

续表

单位	普 安 州			兴 义			安 顺		
	1899	1900	1901	1899	1900	1901	1899	1900	1901
棉纱	担		1170	186	2901	2500	1946	9240	29 281	43 625
哔叽	疋				105	20		375	3653	4972
铁条	担								6	364
钢	担							17	29	136
驼织品	罗							900	2720	4689
染料	值							132	184	181
纸扇	件									
玻璃窗	平方							100	1700	1000
灯	件							216	98	474
美国煤油	加仑					500		3500	57 790	205 535
苏门答腊煤油	加仑							2500	54 420	214 250
未列表棉织品	疋							6330	12 907	16 877

1900年梧州关进口洋货入内地总计300万余两,而运往贵州则有838 915两。① 至1910年,梧州关进口洋货估值关平银8 854 682两,入内地4 473 510两,而运往贵州则有4 098 007两②,占洋货入内地总值的91.61%,占该关洋货进口值的46.28%。梧州关之所以能够成为贵州对外贸易最主要的依托口岸,应与黔桂之间便捷的水路交通有密切关系。

因为无法看到1919年之后的分关贸易报告,各关内地贸易数据无从得知,难以考察贵州对外贸易详请。张肖梅《贵州经济》中论述"各地原料之出口概况"时引用1937年的调查,称全省各县重要产品之输出总值达10 275 320元。然其接着说,"惟此项调查既不完全(贵阳即不在内),且限于若干重要商品。且即此种商品之出口值亦未必能尽数包括计入"。③ 也就是说,当时贵州出口商品总值应远高于此数。1939年,陈养浩发表《贵州省棉纺织业的建设》一文称:"现在的贵州依然是地瘠民贫,可以输出的物品,过去以鸦片为大宗,今日已经全省厉禁种植了,其他可以输出品的估计,木材五百万元,桐油三百万元,漆二百万元,矿产百万元,猪毛百万元,兽皮四十万元,五棓子二十万元,合计不满一千三百万元。"④ 两组数据相差不大,可见抗战初期,贵州对外贸易出口货值每年约为1000万元以上。抗战后期,由于对外

---

① 《Returns of Trade at the Treaty Ports in China for the Year 1900: Wuchow》,第32册,第514—515页。
② 《Returns of Trade at the Treaty Ports in China for the Year 1910: Wuchow》,第53册,第729页。
③ 张肖梅:《贵州经济》第十一章,工商业概况,第K1页。
④ 陈养浩:《贵州省棉纺织业的建设》,《现代读物》1939年第4期。

贸易陆路被切断,重要出口货物由政府统制,仅限于空运,数量有限,贵州对外贸易亦无法独善其身。

二、大宗进口商品

近代贵州进口商品种类众多,其大宗商品可通过不同时期各关进口的商品货值来分析。1873—1899 年的 27 年间,贵州进口商品依赖汉口、重庆、沙市、梧州、北海、蒙自、思茅六关,就进口货值而论,以汉口关为最,蒙自、梧州二关次之。

1879 年,贵州自汉口关进口货物主要有原色布 16 950 疋、标布 2395 疋及斜纹布 5070 疋[①],合计 35 578 两,占贵州由该关进口货物总值的 57.33%。1881 年,贵州自汉口关进口货物主要有原色布、原白布、标布、粗斜纹布、被单布、羽纱及中厚毛织品,估值关平银 278 572 两[②],占贵州由该关进口货物总值的 83.76%。可见,这一时期,棉布进口占据绝对优势。

1897 年,贵州自汉口进口的主要货物有原色布 60 165 疋、原白布 24 820 疋、英国羽纱 1658 疋,估值关平银 227 235 两;英国棉纱 966 担、印度棉纱 6392 担、日本棉纱 3036 担,估值关平银 262 680 两;美国煤油 179 486 加仑、俄罗斯煤油 396 560 加仑,估值 69 908 两[③],三者合计,占贵州自该关进口总货值的 78.26%。值得注意的是,棉纱进口异军突起,货值已占进口量的三分之一以上,煤油进口亦占一定地位,而棉布进口比重则下降到不足三成。同年,贵州从梧州关进口货物全部为印度棉纱,计 3200 担,估值关平银 73 600 两[④];从蒙自进口印度棉纱 1922 担,估值 57 747 两[⑤],占贵州从该关进口货值的 97.32%;从重庆关亦全为棉纱,分别是印度棉纱 24 担和中国棉纱 18 担,估值关平银 1132 两[⑥]。综合各关数据,1897 年贵州进口棉纱达 15 558 担,估值关平银 395 159 两,占贵州进口货值的 46.49%,尤以印度棉纱为最,达 11 538 担。

1900 年之后,岳州、长沙、腾越三关也成为贵州对外贸易口岸,贵州对外贸易依托口岸达 11 处,而贵州自梧州关进口货值猛增,已超越汉口关,成为对外贸易最重要的口岸,汉口、蒙自两关次之。1904 年,贵州自梧州关进口货值关平银 4 313 484 两,兹将其主要商品(货值在关平银 10 万两以上者)列入表 5-7。

---

① 《Returns of Trade at the Treaty Ports in China for the Year 1879: Hanchow》,第 8 册,第 88—93 页。
② 《Returns of Trade at the Treaty Ports in China for the Year 1881: Hanchow》,第 9 册,第 89—97 页。
③ 《Returns of Trade at the Treaty Ports in China for the Year 1897: Hanchow》,第 25 册,第 143—147 页。
④ 《Returns of Trade at the Treaty Ports in China for the Year 1897: Wuchow》,第 26 册,第 500—502 页。
⑤ 《Returns of Trade at the Treaty Ports in China for the Year 1897: Mengtsz》,第 26 册,第 650—651 页。
⑥ 《Returns of Trade at the Treaty Ports in China for the Year 1897: Chungking》,第 25 册,第 82—83 页。

表 5-7 1904 年贵州自梧州关进口主要商品货值表①

(单位：关平两)

货物种类	单位	数 量	货 值	货物种类	单位	数 量	货 值
英国原色布	疋	40 991	125 022	南京土布	担	5855	416 583
英国白色布	疋	55 191	215 244	日本自来火	罗	655 716	165 241
英国染色布	疋	34 957	139 828	美国煤油	加仑	696 230	137 238
香港染色布	疋	54 025	162 075	苏门答腊煤油	加仑	1 400 825	234 919
印度棉纱	担	58 953	1 497 418	上等纸	担	4758	136 554

同年，贵州自汉口关进口货值关平银 1 193 552 两，其中，印度棉纱 13 012 担，估值 330 505 两；日本棉纱 7189 担，估值 176 849 两；英国原色布 49 420 疋，估值 122 763 两；英国原白布 24 245 疋，估值 94 556 两；厚实斜纹提花布 20 409 疋，估值 67 350 两；俄罗斯煤油 320 460 加仑，估值 54 094 两；苏门答腊煤油 196 380 加仑，估值 32 822 两，染料估值 32 731 两。② 该年，贵州自蒙自关进口货值关平银 765 539 两，其中，印度棉纱 18 045 担，估值 662 041 两；日本棉纱 450 担，估值 18 545 两；东京棉纱 1271 担，估值 46 422 两；原色布、斜纹提花布、绒布共 2168 疋，估值 13 603 两；土布 100 担，估值 7616 两；烟丝 196 担，估值 5936 两。③ 同年，贵州从重庆关进口货值关平银 52 360 两，其中印度棉纱 1713 担，估值 43 510 两。④

综合 1904 年各关数据，贵州进口大宗商品首推棉纱，产自英国、印度、日本、东京及中国，总计达 100 633 担，估值 2 775 290 两，占该年贵州进口总值的 43.56%，其中以印度棉纱为最，占进口棉纱总量的 91.15%；棉绒布次之，包括英国原色布、原白布、斜纹提花布、绒布、香港染色布等 28 万余疋和南京土布 5955 担，估值 1 364 640 两，占该年贵州进口总值的 21.42%；煤油、自来火、染料、纸张、烟丝等杂货更次之，煤油产自美国、俄罗斯和苏门答腊，自来火产自日本，染料来自德国，纸张、烟丝由广东输入，共计估值 799 535 两，占该年贵州进口货值的 12.55%。

1904 年之后，海关报告不再开列各关内地贸易的商品种类和货值，无法得知贵州进口商品的详细信息，然从各关贸易概况中仍可窥视一二。1907 年重庆关报告称：洋货入内地"本年货值短少，税银减收，可归咎于贵州落地厘金征收过重之故，只棉纱一种每百斤征收落地厘金，重至本关所完之子口半税四倍，如此重厘，实碍内地贸易，洋棉纱之销场变为土棉纱之代替矣"。⑤ 可见重庆关进口的洋纱仍转销贵州。次年，南宁关报告称："运洋货入内地之票，本年共发出一万三千八百六十

---

① 《Returns of Trade at the Treaty Ports in China for the Year 1904: Wuchow》，第 40 册，第 891—894 页。
② 《Returns of Trade at the Treaty Ports in China for the Year 1904: Hanchow》，第 39 册，第 300—307 页。
③ 《Returns of Trade at the Treaty Ports in China for the Year 1904: Mengtsz》，第 40 册，第 971—972 页。
④ 《Returns of Trade at the Treaty Ports in China for the Year 1904: Chungking》，第 39 册，第 174—175 页。
⑤ 《光绪三十三年重庆口华洋贸易情形论略》，第 46 册，第 241 页。

九张,每票平均关平银二十五两,运往内地之货以洋纱、哔叽、港染布、标布、上纸为大宗。"而运往贵州货值达 146 794 两,占该关洋货入内地总值的四成多①,故洋纱、棉绒布、纸张亦为贵州进口之大宗商品。1911 年蒙自关报告称:"丝绸、棉纱、煤油、纸烟、丝等为子口大宗之货,云南省属云南府估值七十六万四千八百七十二两,……贵州省属普安估值四十七万九千二百十七两,兴义估值七万六千六百十九两。"②则贵州普安、兴义两地自蒙自关进口的商品当以棉纱、煤油、纸张和烟丝为大宗。1914 年南宁关报告称:洋货进口"惟棉纱一种大为兴旺,共有五万一千五百八十四担,比去年三万五千二百三十八担,为向来所无,此种货物多销于云南、贵州。"③1919 年岳州关报告称:"领运子口单之洋货,本年本关共发出入内地子口税单三千七十七张,全系煤油及糖,内有二千六百六十张运往贵州省。"④由此可见,贵州进口商品仍以棉纱、棉绒布、煤油、纸张、烟丝、糖等为大宗。

据 1938 年调查,贵州全年由外省输入机纺纱 17 580 大件,每大件计四十小包。⑤ 1939 年,陈养浩发表《贵州省棉纺织业的建设》一文称:"民生问题在贵州,衣的问题最为重要,全省男女人口一千零四十四万七千三百三十人的衣料,虽然是很单纯的土布,可是都仰给于省外的供给,自织的土布用纱也是倚赖外省的。布疋输入,最近记录,二百十四万八千三百九十六疋,总值九百八十九万八千二百五十四元;棉纱输入,一万七千五百八十件,总值差不多也有千余万元。"⑥两者所引应同为 1938 年的贸易统计数据。然据前论,自 1909 年以来,上海、汉口等地所产"机器纺织货"大量输入贵州,洋纱、洋布逐渐被国产土货所代替。因此,1938 年贵州两千万元的棉纱、棉布输入中,洋纱与洋布的比重应低于国产棉纱和棉布。

此外,抗战时期,贵州地处西南交通枢纽,公路运输繁忙,汽油消耗量巨大。据统计,1943—1949 年 7 月,贵州中央系运输机构消耗汽油 2 716 623 加仑⑦,年均 36 万余加仑,如再加地方系运输机构和公营运输机构,贵州汽油的消耗量更大,当时的汽油几乎全部由国外进口。

三、大宗出口商品

近代贵州仍以农业经济为主,对外贸易出口商品多为农林副业初级产品,以鸦片、桐油、木材、漆、牛羊皮毛、猪鬃、木耳等为大宗。兹分别论述如下:

1. 鸦片

1859 年鸦片贸易合法化后,贵州鸦片外销快速发展。如 1890 年汉口关报告

---

① 《光绪三十四年南宁口华洋贸易情形论略》,第 48 册,第 415 页。
② 《宣统三年蒙自口华洋贸易情形论略》,第 57 册,第 452 页。
③ 《中华民国三年南宁口华洋贸易情形论略》,第 66 册,第 1209 页。
④ 《中华民国八年岳州口华洋贸易情形论略》,第 84 册,第 498 页。
⑤ 张肖梅:《贵州经济》第十二章,工商业调查,L38—41 页。
⑥ 陈养浩:《贵州省棉纺织业的建设》,《现代读物》1939 年第 4 期。
⑦ 《贵州财经资料汇编》第九编,第 658 页。

称："土药销行之多，以四川为最，贵州、陕西、河南等省稍次，……按近数年间，食洋药者大都改食云贵土药，食云贵土药者亦多改食川陕等处土药，价值极便宜，货亦平妥，食者日众，销路愈开。"①1890年，梧州关报告称："土药皆系由云贵两省而来，先到广西南宁府属改包，转到本省属地"。②1897年梧州关亦称："土药由四川、云南、贵州而来，每年约有六千担之多，然本地销流甚多，多办往广东与别处"。③1899年，梧州关又称："土药由内地到此之数实难知确，所以到各土药庄询问之数亦得算为近谱焉，在各庄所查得之数，每年约二万二千箱，计重八千二百五十担，其中六成系云南土，四成系贵州土，俱是运往粤东销售，在本地销场甚少，计算亦不过十分之一，其价值每担通扯约关平银二百五十两以上。"④按此计算，该年通过梧州关运往广东、广西的贵州鸦片达3300担，估值关平银82.5万两。

随着贵州鸦片外销的拓展，部分鸦片亦通过海关出口。1882—1891年重庆关十年报告中称，贵州土出口主要来自与重庆距离较近的大定府和黄草坝。⑤1898年，重庆关出口贵州鸦片23担。⑥1899年龙州关报告称："土药本年并无报出口者，查龙州所销之土均属云南贵州两处所产，由百色、南宁运至，……贵土即普安土，每百斤市价自三百二十两至四百十六两。闻进口之数，云土六百二十五担，贵土九百三十五担，据土人云，云土全是本地所销，贵土则一半销于安南，但不知从何处运去。"⑦则该年通过龙州出口安南的贵州鸦片估值关平银约17.2万两。1903年岳州关报告称："土药一类向无来本关报运出口，今年则有贵州土四担五十斤，川土四担六十二斤，报关完税，由轮船转运出口。"⑧

民国建立之后，四川、湖北、湖南、广西、云南等省响应中央政府号召施行禁烟，并禁止他省鸦片进入。因此，贵州鸦片外销大受影响，只能通过走私运销邻省。如1914年梧州关报告称："土药在贵州种植依然繁盛，因广东价值奇昂，故由贵州私运来广西，转往广东发售者为数不鲜。"⑨随着禁烟法规的完善，贵州鸦片走私贸易愈发艰难，销售量下降，其地位逐渐被其他商品所取代。

2. 桐油、五棓子与生漆

桐油在近代出口商品中占有重要的地位。1896年沙市关报告称："土船自川省来者系以食盐为首屈一指，次则糖、蔴、药材、土药、白蜡、五棓子、纸、油、漆等货，湖南、贵州来者则有米、蔴、桐油、茶油、皮油、药材、木料等货。"⑩光绪《黎平府志》

---

① 《光绪十六年汉口华洋贸易情形论略》，第16册，第120页。
② 《光绪十六年北海关华洋贸易情形论略》，第16册，第221页。
③ 《光绪二十三年梧州口华洋贸易情形论略》，第27册，第226页。
④ 《光绪二十五年梧州口华洋贸易情形论略》，第31册，第241页。
⑤ 《China Imperial Maritime Customs Decennial Reports: 1882—1891》，第152册，第99页。
⑥ 《光绪二十四年重庆口华洋贸易情形论略》，第29册，第122页。
⑦ 《光绪二十五年龙州口华洋贸易情形论略》，第31册，第288页。
⑧ 《光绪二十九年岳州口华洋贸易情形论略》，第38册，第173页。
⑨ 《中华民国二年梧州口华洋贸易情形论略》，第62册，第673页。
⑩ 《光绪二十二年沙市关华洋贸易情形论略》，第24册，第126—127页。

载:"桐油古州多。"①民国以来,贵州桐油产销呈下降趋势。"据罗马国际农会之统计,民国初年黔桐产量实为全国桐产之冠,民四起又递减之势,民十以后,遂一蹶不振,较川湘鄂桂,大有逊色。"②

据1936年调查估计,贵州桐油生产遍及全省,清水江、榕江、乌江、北盘江、赤水河等五大流域年产约在16万担以上。③如民国《桐梓县志》载:"桐油:乡场多桐瓣市,东、芦、夜、娄种植极多,售子榨油,获利甚厚。"④贵州桐油除部分为当地农村照明燃料之外,绝大部分用于出口。如册亨,"桐油每年输出数约五百余担(每担六十斤,运至广西后,每担可售大洋三十元左右),约值大洋一万五千余元"。⑤镇宁县,"近数年来因桐油菜油运销出国,资本家投资经营,高价收买,供不应求"。⑥"本(开阳)县运销出口之油有菜油、桐油、乌臼油三项,菜油最多,……其次为桐油,销遵义贵阳,年800担,每担以五十元计算,年可入洋四万元。"⑦"江口境内无三林密箐,担各处桐杉茶漆均有生长,每年由水路经铜仁运销湖南,获利甚丰。"⑧"桐油为榕江特产,每年可产五万余担,近更由政府提倡,遇山造桐,将来的产量正有可观。"⑨

全面抗战爆发后,桐油成为国民政府统制出口商品。叶元鼎称:"过去市场未加管理,商人自由买卖,黔东所产,多取道湖南常德,经汉口运至江苏、上海。现在为政府统制物品之一,价格依据生产成本运缴费用及国际市况拟定,由国营复兴公司收购,运输路线,大都集中贵阳,转昆明出口。"⑩1938年,贵州省桐油购销委员会收购桐油180 722.375斤,自8月17日至11月8日止,由贵阳运赴广州的桐油共八批,计24 021斤;自11月4日起至12月25日止,向昆明运输桐油六批,计47 907斤⑪。同年,蒙自关报告称:"出口桐油运往香港者为数亦巨,计客岁不过一万八千九百四十二公担,本年升为三万六千六百八十六公担,乃因黔、蜀两省产品,昔由长江及粤省外运者,今皆改由滇越铁路运输,取道海防出口所致也。本年所有运往香港桐油,均由贸易委员会管理,其中百分之八十,转运美国。"⑫陈养浩《贵州省棉纺织业的建设》一文中称,贵州每年桐油输出价值约为三百万元。⑬该文发表于1939年,可视为1938年贵州桐油出口总值。"复兴公司廿九年在黔收油计为一千八百

---

① 光绪《黎平府志》卷三下,物产。
② 叶元鼎:《贵州省外销特产贸易概况及其问题》,《贸易月刊》1942年第1期。
③ 张肖梅:《贵州经济》第一章第三节第五目《林木材积与森林副产》,第A15页。
④ 民国《桐梓县志》卷十七,食货志,物产。
⑤ 民国《册亨县乡土志略》第六章,经济。
⑥ 民国《镇宁县志》卷三,民生志。
⑦ 民国《开阳县志》第四章第三十二节,商业。
⑧ 民国《江口县志略》卷五,经业志。
⑨ 民国《榕江县乡土教材》第二章第四节,物产。
⑩ 叶元鼎:《贵州省外销特产贸易概况及其问题》,《贸易月刊》1942年第1期。
⑪ 张肖梅:《贵州经济》,第L71—72页。
⑫ 《海关中外贸易统计年刊》卷一,贸易报告,第131,135页。
⑬ 陈养浩:《贵州省棉纺织业的建设》,《现代读物》1939年第4期。

八十余吨,本年预计尚可收四千吨。"①

五倍子为近代工业重要原料之一,属蚜虫科昆虫,营造于盐肤木上之一种虫卵,其有用成分为鞣酸,主要工业用途为作染料、药用及制革等。1897年重庆关报告称:"五倍子(出口)比上年多八千八百余担,查此货产自贵州,年来收成丰旺,存货甚多,运往上海,获利又易,故贩运者愈形踊跃。"②《守拙斋日记》亦云:"郡人之商于粤蜀者,以山货为大宗,然所贩运者向为漆与五倍子之类"。③ 民国《石阡县志》载:"茱萸、五倍子,运销湖南。"④榕江县"出品货物均为土产,稻谷、棉花、五倍子、杉木、水牛、猪仔、牛皮等项",而五倍子"年产约五万余斤"。⑤ 民国《续修安顺府志》载:"五倍子,系染色原料,又为制革药品之一,运销汉口、上海等处。"⑥

叶元鼎称:"五倍子为盐肤木所生,全省年产约三千担,为收敛药物,工业用为黑色颜料,种类甚多,产地以舞水及麻阳江一带为最。"⑦1939年贵州农业普查所载,全省年产五倍子102 218担,而贵州物产陈列馆资料称,相传十年前贵州全省年产十倍于现产,约为百余万担,但自抗战以来,随着五倍子产量下降,国内制革业的兴起,大部分销往经济部制革厂。⑧

贵州特产生漆也是近代主要出口商品之一。如光绪《黎平府志》载:"黎平近来产漆最多,往往贩出邻境。"⑨《守拙斋日记》亦云:"郡人之商于粤蜀者,以山货为大宗,然所贩运者向为漆与五倍子之类"。⑩ 民国《桐梓县志》载:"漆,大概贩蜀每年不止千担,值金三四万也。"⑪黔西北是贵州生漆的主产地。1919年蒙自关报告称:"漆为本年初次出口货,在日本甚得价,每担可值关平银八十余两,本省之价只四十至五十两。民国七年日本由中国购去者,价值百万余两,此货产于贵州、四川,有重九百八十斤之漆自贵州大定府,取道由距蒙自千余里外多山多盗之昭通地方,经由本口。"⑫民国《续修安顺府志》亦载:"安顺所出漆远销湘汉粤港等处。据最近调查,安顺年出生漆八千五百斤。"⑬

3. 猪鬃与牛皮

猪鬃为近代主要出口商品之一,主要用于制造牙刷及各种毛刷。贵州猪鬃出口始于清末,《守拙斋日记》云:"近年来与洋商交易,始知各种兽毛皆可持以易钱,且能获厚利,吾在渝中见乡人有专贩猪毛而来者,多获三倍之偿也。按猪毛即猪

---

① 叶元鼎:《贵州省外销特产贸易概况及其问题》,《贸易月刊》1942年第1期。
② 《光绪二十三年重庆口华洋贸易情形论略》,第27册,第113—114页。
③ 民国《续遵义府志》卷十二,物产。
④ 民国《石阡县志》卷十一,经业志,商业。
⑤ 民国《桐梓县志》卷十七,食货志,物产。
⑥ 民国《续修安顺府志》卷十,商业志,出口货。
⑦ 叶元鼎:《贵州省外销特产贸易概况及其问题》,《贸易月刊》1942年第1期。
⑧ 寿宇:《贵州之五倍子》,《中农月刊》1945年第5期。
⑨ 光绪《黎平府志》卷三下,物产。
⑩ 民国《续遵义府志》卷十二,物产。
⑪ 民国《桐梓县志》卷十七,食货志,物产。
⑫ 《中华民国八年蒙自口华洋贸易情形论略》,第86册,第1344页。
⑬ 民国《续修安顺府志》卷九,工矿志,工业。

鬃，以长五寸而光泽者良。"①民国初年禁烟以后，猪鬃出口快速扩大。如民国《续修安顺府志》载："商界中人群相研究，另辟利源，以资抵补。于是外查商情，内征出产，试运猪毛至粤销售，颇获厚利。设庄采办者于是争先恐后而来，每年出口竟达七八万斤。"②虽然贵州各地均产猪鬃，但总量并不大。据中农所 1937 年估计，贵州全省年产为 2923 市担，贵州建设厅 1941 年估计为年产 2844 市担，而刘驿甫 1941 年 3 月估计则年产仅 1000 市担。③

牛皮亦为近代贵州主要出口商品。《守拙斋日记》云："牛皮亦山货之大宗，尝于渝中询贩之者，言有水皮、黄皮之分，又有熟皮、血皮之别，血皮难得而价甚昂，及近日家居，闻乡间盗牛之案层见叠出，甚有活剥其皮而去者，致使牛欲生不得，欲死不能，以贪利而残忍至是，宜有严厉之刑以禁之也。"④1894 年北海关报告称："（本年）生牛皮短七百余担，而价值反增二千余两，是因销流甚畅之故，此货多系云、贵两省运经南宁而来。"⑤民国《续修安顺府志》载："牛皮一宗，从前只供本省制作靴鞋之用，今亦称出口之大宗，比之猪毛更多数倍"，"多运销云南、广东、汉口等处，商人贩运，络绎不绝"。⑥ 1942 年，叶元鼎称："牛皮出产，年约六千二百余公担。"⑦

4. 水银与锑

矿产在近代贵州对外贸易中亦占有重要地位，以水银和锑的出口最为重要。1900 年 4 月，"德商瑞记洋行设一分行在沙市，承办贵州开矿需用各物，各物到沙以后，装用民船由本口入太平口，至常德入沅江，至晃州青溪二县处，然后雇用夫役，将该物盘运上岸，转赴矿所"。⑧ 1903 年沙市关报告：出口土货"朱砂一百九十担，去年仅四十二担，水银三百十担，去年仅一百四十九担，此二项皆系贵州所产，而大半出于黔省矿务局，运经此处，报运汉口"。⑨《中国矿产志略》称：黔东北省溪、铜仁为贵州最主要水银产地，"前清光绪年间有法人组织之英法公司，设有炼厂，计机炉三座，其成绩殊失所望，宣统三年完全停业"。⑩

第一次世界大战期间，国际市场水银价格高涨。1915 年岳州关报告称："生锑、水银则因欧战销场甚广，因之此种矿产颇形发达，贵州省未开之矿，现亦渐次开采。"⑪开阳县，"民国初年，欧战既起，欧洲之实业停顿，所需之汞一部分购自中国。是时白马洞颇有转机，尝设厂十八家，有灶七十余座，日产水银平均在百六十斤左

---

① 民国《续遵义府志》卷十二，物产。
② 民国《续修安顺府志》卷十，商业志。
③ 朱超俊：《猪鬃及贵州之猪鬃业》，《贵州企业季刊》1942 年第 1 期。
④ 民国《续遵义府志》卷十二，物产。
⑤ 《光绪二十年北海口华洋贸易情形论略》，第 23 册，第 227 页。
⑥ 民国《续修安顺府志》卷十，商业志。
⑦ 叶元鼎：《贵州省外销特产贸易概况及其问题》，《贸易月刊》1942 年第 1 期。
⑧ 《光绪二十六年沙市口华洋贸易情形论略》，第 32 册，第 138 页。
⑨ 《光绪二十九年沙市口华洋贸易情形论略》，第 38 册，第 168 页。
⑩ 翁文灏：《中国矿产志略》，农商部地质调查所 1919 年 10 月印行，第 202—203 页。
⑪ 《中华民国四年岳州口华洋贸易情形论略》，第 68 册，第 516 页。

右"。① 三合县,"自欧战起,世界各国争用水银,在民国五六年至二十三四年间,三合开采水银者如雨后春笋,摘其大者如左:乌虾沟水银厂、羊冬水银厂、措伕厂、破槽厂(每月约出八十斤)、四红厂(每月约出四十斤)、摆龙坡水银厂、牛仔硐水银厂"。② 1918年梧州关报告称:"水银去年有二十三担,近年增至三百三十四担,此货多产自贵州,因转运不便,是以来货有限。"③然"及欧战告终,汞价惨跌,继以荒灾时局之变,厂家纷纷倒闭,工人相继解散,市面情形一落千丈"。④ 贵州汞矿业又陷入困境。开阳"白马洞产(水银)之大部分,其主要销路一为重庆,一为广东,又或经黄平、沅江及洞庭湖,运销于长江方面";黔东北水产水银"以铜仁为集散中心点,且为麻阳江、沅江及扬子江各路之枢纽焉,此等水银多经汉口商人之手,一部分供国内各地家事之用,又一部分则运往香港"。黔南"八寨之产品则由陆路经贵阳而入重庆,其大部分多为内地消费"。⑤

贵州锑矿出口始于清末。1899年汉口关报告称:"土货出内地者,有贵州运来之生锑一千三百四十四担,估值价银二千八百八十两,由关发给税单二纸,转运出洋。"⑥第一次世界大战对锑的争购导致贵州锑矿开发规模扩大。民国《三合县志略》载:"自民国十年,有粤商来合办矿,发现锑苗,遂开采而运粤销行,初邑人弊见不审何物,亦不悉用途,故无人过问,至是多争办之。"⑦后因锑价跌落而逐渐衰落。

第四节　金融业

1840年之后,贵州流通货币主要有银、钱两类。光绪朝以来,各省所铸银元、铜元及外国银元相继流入贵州,当时主要金融机构为钱庄、典当铺,负责货币兑换和存贷业务。据1912年《第一次农商统计表》所载,贵阳有票号1家,资本额50 000元;清镇、贞丰、毕节、遵义、正安、印江等地钱业中共有钱庄19家,资本总额286 300元,各家存款额3000元,尤以遵义为最;贵阳、安顺、毕节、遵义、黎平、独山、思南、印江、铜仁、赤水等县共有典当铺25家,资本总额137 769元,一年间当出金总额364 846元,收入金总额239 527元,各家存款总额99 182元,而以贵阳为最。与此同时,新式银行亦落户贵州。1911年9月,贵州银行设立于贵阳,资本金总额为142 638元,各户存款总额为1 091 782元,纸币发行额为1 258 501元,公积金额为6944元。⑧

民国以来,贵州流通货币较为混乱,除了原有的银、钱、票之外,又有贵州银行

---

① 民国《开阳县志稿》第四章,经济。
② 民国《三合县志略》卷二十四,厂务。
③ 《中华民国七年梧州口华洋贸易情形论略》,第82册,第1339页。
④ 民国《开阳县志稿》第四章,经济。
⑤ 《贵州水银矿产之概况》,《中外经济周刊》1924年。
⑥ 《光绪二十五年汉口华洋贸易情形论略》,第30册,第158页。
⑦ 民国《三合县志略》卷二十四,庶政略,厂务。
⑧ 农商部总务厅统计科编纂:《(中华民国元年)第一次农商统计表》(上卷),上海中华书局,1914年刊行,第247、267页。

发行的各种纸币。"清末民初,(贵州)市面通用银两为官钱局发行十两及一两之官钱票两种,行使市面。至唐继尧治黔之时,始发行花票一百余万元;刘世显督黔,发行有利券一万万元;彭汉章时,发行定期兑换券十万元;周西成为省主席时,贵州中国银行发行钞票十七万元;毛光翔与王家烈之任内,又有金库券、兑换券、流通纳税券、五角兑换券、一元素券,皆无定数。此外尚有袁祖铭任内,贵州地方银行发行之钞票约有二三十万元。以上各类纸币,每于政府变动一次之时,即收回者,有四折收回者,有七折通用,后至无效者,不下一千余万元。"①据国民政府中央银行经济研究处1934年之前调查,贵州省通用货币以硬币为多,纸币甚少。"贵州各地通用之银圆共有数种,以袁像币通行最广,其次为总理像币,复次为四川汉板,复次为各省杂洋及大清币与北洋币,本省所铸造之汽车板使用范围较小,此外尚有少数县份使用由云南流入之法国银币。""贵州所用银角以五角及双角为限,单角仅有赤水一县使用。五角币全为云南所铸造,称云南中圆或龙圆,流入贵州之数量大约不少,计有二十二县使用"。"黔省使用双角之县份共有十七县,以广东所铸者为最多。""黔省所用铜圆共有五种,即当十文、当二十文、当五十文、当百文、当二百文五种,以当五十文铜圆通用最广,计有三十六县通用",皆由四川流入。贵州流通纸币有银元票、银角票、铜圆票三种,但数量甚少。② 如册亨县,"本县市面多用滇造小洋,小洋有新板、老板之分,此外,大洋如中山、龙板、袁头、搬椿、汽车、飞鹰、北洋、湖北、旗子(滇造)、站搬椿等银币,均可折合使用(大洋每元约换小洋二元)。惟各种纸币尚未通行"。③

《贵州金融货币史论》一书称:"民国四年,中国银行贵州分行开行。民国十三年一月滇军再次入黔,地方军阀连年混战,贵州银行因滥发不兑现的纸币,时而停业,时而恢复。中国银行亦因垫支地方军政费用过巨,库存兑换准备金又被当地政府强提一空,被迫停业清理,地方金融遭受严重摧残。到了民国十九年贵阳共有合顺永等钱庄18家,元盛当等典当行9家,但资金微薄,规模不大。"④这一时期贵州金融机构仍以钱庄和典当行为主。"民初以后,烟禁大开,黔省产烟富,外省入黔贩卖烟土者亦逐渐增加,且有滇货入黔转运,因此百业厂旺,市面金融极为活跃,于是除邮局担任少数汇兑外,大宗出款入款,以及多数和少数借款均由钱庄负责,营业一经扩大,开设正式钱庄者日多。民九以后,虽以内乱频仍,钱庄界稍受挫折,但不如民十五年周西成主政后之衰落,其主要原因,系商人农民历受政府巧立捐税名目,重重剥削市面,将现金吸收殆尽之故。至近年来,钱庄先后倒闭者极多。"⑤

1935年中央势力入黔,中央、农民、中国、交通等银行纷纷在贵州设立分行,并

---

① 王石卿:《贵州贵阳经济概况》,《国民经济月刊》1937年第1期。
② 《贵州省通用货币概况》,《中央银行月报》1934年第6期。
③ 民国《册亨县乡土志略》第六章,经济。
④ 贵州中国人民银行金融研究所编:《贵州金融货币史论》,《银行与经济》编辑部发行,1989年,第68页。
⑤ 王石卿:《贵州贵阳经济概况》,《国民经济月刊》1937年第1期。

在交通要道及主要城镇建立分支机构,从事存贷款及汇兑业务。其后,湖南、广西、广东等省地方银行,四川、云南两省商业银行,以及上海商业储蓄银行、金城银行、中国国货银行等陆续来贵阳、安顺、遵义等地分设机构,贵州商人亦创办聚康银行、怡兴昌银号。1943 至 1945 年贵州省内共有银行 100 多家。中央、中国、交通、中国农民四大行成为发行货币、融通资金和票据结算的中心①。而自法币通行之后,贵州市场上原有现洋逐渐绝迹。钱庄与典当铺的汇兑和存贷业务逐渐被银行所取代,逐渐趋于衰落。如 1936 年贵阳市仅有钱庄 6 家、典当行 10 家,合计资本额 29.4 万元。"据一般商业者云,现有之估计,只及民九以前营业兴旺时全额百分之四十至四十五。"②

抗战胜利之后,随着工矿企业、机关、学校的内迁,部分银行撤销在黔机构,贵州金融业逐渐衰落。尤其是国民政府大量发行钞票,通货膨胀,物价高涨,金融极为混乱。

---

① 参阅贵州中国人民银行金融研究所编:《贵州金融货币史论》,《银行与经济》编辑部发行,第 68—69 页。
② 王石卿:《贵州贵阳经济概况》,《国民经济月刊》1937 年第 1 期。

第六章 城乡市场

第一节 经济中心

近代贵州省会贵阳为全省政治、交通、文化中心,亦为全省经济中心。安顺鸦片贸易带动商贸兴盛,促进经济发展,代表近代贵州经济的一种特殊形态。近代遵义人口众多、物产丰富,是黔北区域性经济中心。兹分别论述之:

一、全省经济中心贵阳

自明代建省以来,贵阳即作为贵州省会。民国时期,又于贵阳县城区设立贵阳市,作为贵州省政府所在地。近代公路交通兴起之后,滇黔、湘黔、黔桂、黔川公路交汇于贵阳,成为全省交通枢纽。

据调查,贵阳县面积1145平方里,市区人口123 018人,县境人口147 421人,每平方里平均128.72人,为全省人口最为集中的区域之一。但是,全县耕地仅为47万亩,占可耕地面积的42.61%,垦殖率偏低。据1936年调查,该县年产稻80万担,玉蜀黍19万担,小麦1.2万担,其他杂粮、豆类3.6万担。因此,粮食无法自给,需要依赖邻县接济。

贵阳的工业主要涉及纺织、火柴、印刷、制革、造纸等行业,有一定规模的有九家。兹将其主要数据列表如下:

表6-1 贵阳较有规模的工业

名 称	行业	资 本	用工量	产 品	产 量	营业额
鲁丰	纺织	5000元	26人	布疋	1400疋	
协兴	纺织	4000元	24人	布疋	1300疋	
协昌	火柴	7000元	138人	火柴	700箱	
惠川	火柴	5000元	78人	火柴	470箱	
文通书局	印刷	100 000元	180人	书籍		90 000元
文华书局	印刷	5000元	20人	书籍		10 000元
振华	制革	8000元	50人	皮革、木器		13 000元
二四工厂	综合			器材、金属		
西南造纸厂	造纸	50 000元	80人			

贵阳市内手工业较为普遍。据调查,在市内具有正式而固定的工作场所、使用劳动力在三人以上的手工制造业作坊有64家,包括纺织、金属、皮革、陶器、玻璃、

日用化工、烟草、教育用品、酿造、饮食、编织等行业,以纺织、成衣、鞋帽类最多。

贵阳商业机构繁杂,数量庞大,总计达1300多家,包括饮食、日用、药品、金融及化学、金属制品等,以饮食业最为庞大,达633家,其中又包括油盐、粮食、南北货、酒菜、卷烟、面、糖、茶、蛋等类。但是,银行、典当类仅有7家,反映出金融业较为滞后,限制了工商业的发展。虽然上述商业机构有千余家,但大多皆行商走贩,并无固定店铺和门面。

贵阳市场的重要商品主要有纺织品、纱布、华洋杂货、盐、米、油、烟及鸦片,其产销情形不尽相同。纺织品中绸缎类商品主要为棉、麻、丝、毛及疋头,成衣主要来自上海、杭州、天津等地,每年入口价值约在200万元以上。其中,棉织品占半数,以阴丹士林布、爱国布等货甚为畅销;麻织品约占十分之三;毛织品占十分之一强,多数为国产货;丝织品不及十分之一,丝绸商号四十余家,以恒兴益最大,每日营业额数百元。华洋杂货中,日用必需品与化妆品各占一半,每年入口价值在百万元以上,反映出贵阳当时的畸形消费,与时局格格不入。纱布中的棉纱布多来自上海之新生、南星等厂,入口统计年值200余万元。1936年入口棉纱约八千箱,多销于贵阳及西路。布疋则黄州布,每年输入八十余筒,每筒价值约五十五元;阳罗布每年约输入七千余筒,每筒价值四十六元;葛仙布每年约输入三千余筒。华洋杂货中,日用必需品与化妆品各占一半,每年入口价值在百万元以上,反映贵阳当时的畸形消费,与时局格格不入。

贵州所用食盐均仰给外省,西南边区所食者为滇盐与粤盐,中部及东北各县均食川盐。川盐由仁怀、綦江、永宁、涪州四路入黔,贵阳为仁綦两岸合销之区,平均每年可销8万包,每包九十六斤,约值160万元。贵阳为全省政治中心,人口密集,食米平均每天约一百五十担,四乡所产不敷食用,多赖龙里、广顺、定番、贵定、修文、开阳等附近十县。贵阳所售卷烟多为南洋兄弟烟草公司产品,年值一百余万元。鸦片为贵州最大宗出产,年可输出2万余担,约值一千万元,自1937年禁烟后,该业已绝迹。

此外,输入品中还有中西药品、江西瓷器、海味杂糖、颜料、皮货、叶菸、白蜡等,合计年值125万元,其中以海味杂糖和中西药品货值较大。出口货中,大木在400万元,白耳约在100万元以上,丝、牛皮、五棓子、猪毛、漆各几万至几十万元不等。总体而言,抗战时期贵阳经济可概括为:"市区之工商业比较发达,而郊外仍属农业社会。"[1]

二、黔西商品集散地安顺

安顺为贵州西部政治中心,其经济发展较为特殊。据调查,全县面积4020平

---

[1] 参见张肖梅:《贵州经济》第十六章,县地方经济之雏形,传记文学出版社影印,1949年,第807—809页。

方里,已耕水旱田43万亩,可耕荒地11.27万亩,垦殖率较高,但无法耕种面积占全县总面积的四分之三。1937年,全县稻谷产量为105.4万担,玉蜀黍39.5万担,小麦9万担。1938年,全县共计6.5万户,385 463人,人口密度为每平方里95.89人,人均耕地仅为0.9亩。因此,全县所产粮食不敷食用,每年由定番、广顺、平坝等地输入稻米2万石,从紫云、罗甸及湖北等地输入包谷约1万石,小麦亦有一定数量输入。①

工业虽称发达,但大部分仍属手工业范畴。据调查,全县工业有6000余户,工人2.3万人,有染织、编织、毛革、缝纫、烟酒、食品、漆蜡、烧窑、建筑、五金、化学、印刷、装潢、家具等行业。安顺素重纺织,咸同时期富有之家手纺机已较为普遍,老年妇人以纺纱为业,中少年妇女则从事织布,其棉花来自归化、贞丰、罗斛等地,土布物美价廉,品种较多,行销全省。自洋纱输入后,土纱一蹶不振。光绪末年,川人来此,以洋纱为织布业原料,聘请技师,雇募女工生产,织户、工厂合计,县城内约千余家,四乡更多,运销于黔西各地。据1930年调查,安顺土布年产量达720万匹。其后,抗战以来,因外洋、外省机器布大量输入,安顺土布业大受影响。1941年左右,全县有棉织业三千家,女工万余人,年产土布360万匹。

编织业是安顺的传统手工业,箴篮、箴箩、箴筐、箴篓、竹筛、簸箕、撮箕等家常日用器具以竹子为原料,以箴帽最为出名,行销本省及云南,为安顺出口大宗;安顺城西花山的蒲草席和羊场坝、三堡两处的水草席在草织业中最为著名。所有竹织业、草织业、马尾织业、线织业共计85家,工人300余人。安顺皮革业较为出名,每年出草狐皮、狗皮、虎豹皮约1.2万斤;以牛、马、骡、鹿皮制成之鞍鞘、包肚、皮靴、皮包、皮箱等产品,行销川、滇、粤及汉口,是出口大宗。民国以来,安顺成立制革厂,采用西法,以药品泡制牛、马、骡、鹿等皮,制造靴鞋器物,有顺时、崇新、惠安、同兴、利华等五家。猪鬃亦为出口大宗,安顺城内有梳检猪毛工约80人。

食品行业多为家庭作坊,但较为出名。如面粉畅销本省及云南,年产30万斤;鸡蛋面及盐水挂面闻名在外,年产5万斤;荸荠粉是安顺特产,畅销本省及滇川湘桂粤等省,年达20万斤;鸡枞酱油者,行销滇川桂粤诸省,称为调味妙品。铁器制造以剪刀、菜刀闻名,行销本省及云南,全县有铁工约480人,年出铁器约50万斤。印刷业亦较为发达,以至宝堂规模较大,所出书籍运销云南及本省,年销售额达13万余元。

安顺地处黔西腹地,滇黔大道由此经过,为交通要冲,但并无舟楫之利,咸同以前,所谓商业仅为食盐、土布及棉花,食盐购自四川,棉花来自邻县,所产土布为本地所用。然光绪初年,黔西鸦片盛行,外省商人来安顺开设商号,贩卖鸦片于湘鄂赣诸省。其后,商人贩入洋纱贸易鸦片,洋纱逐渐替代土纱成为安顺纺织业的主要

---

① 参见张肖梅:《贵州经济》第十六章,县地方经济之雏形,传记文学出版社影印,1949年,第810—811页。

原料,每月销售竟达500余箱,织布业迅速扩大。为了弥补鸦片贸易的巨额逆差,外洋、外省货币源源不断流入安顺:东由湖南常德经本省镇远、东北由四川重庆经本省遵义、东南由广西梧州经本省独山、南由广西百色经本省兴义、西由云南昆明经本省盘县、北由四川泸州经本省毕节。至此,安顺"四通八达,商货辐辏,沙罗绸缎,光怪陆离,洋货足头,争奇斗异,商业之盛,甲于全省"。[①] 可见,安顺商业勃兴,主要是因为鸦片贸易所致。光绪末年禁烟运动使安顺商业备受打击,为了挽回商利,猪鬃、牛皮、五棓子等又成为安顺新的主要出口商品。1919年鸦片开禁,安顺商业又复活跃。

据1930年调查,安顺全县有洋纱、京果、绸缎、土布、杂货、山货、盐、药材、米、油、钱等店铺共计302家,每年贸易总额为全省之冠。然经商者多为外省人,如洋纱多为两粤人所经营,布匹多为江西人所经营,绸缎多为四川人所经营,盐店多为四川人所经营,京果海味多为两广人所经营,瓷器铺多系安徽人,钟表铺多系广东人,洋杂货、山杂货多为湖北人所经营,苏广杂货店多为湖南人所经营,特货商专营鸦片,有两广、两湖、四川、江西、安徽人,而以川、湘、两广之人为最多。

安顺出口货以鸦片、牛皮、猪毛等为最大宗。鸦片俗名洋烟,道光以后国内种者渐多,安顺逐渐成为烟土产量最大的地区。除自食外,鸦片多由贞丰、南笼运销两广,东由镇远、洪江运销两湖,北由毕节或遵义运销四川,获利极厚。商人所售货款汇存港、沪、汉、渝等埠,又转购洋纱、食盐、绸缎、布匹、洋广杂货等输入安顺。牛皮多运销云南、广东、汉口等处,猪毛多售卖于香港、汉口等地。此外还有其他特产,如蜡虫贩运湖南沅州,五棓子运销汉口、上海等处,斗笠销行本省及云南,荸荠粉畅销本省及滇川湘桂粤诸省,剪刀与铁刀销行本省及云南,月琴销行本省及滇川湘桂诸邻省,麂皮包肚销行本省及四川、云南等地。安顺出口货,据1937年调查,鸦片每年输出100万斤、茶叶8万斤、烟叶10万斤、荸荠粉30万斤、植物油10万斤、剪刀铁刀3万把、土白布20万匹、各种水果30万斤、药材2.5万斤、面条5万斤、烧酒10万斤。

安顺进口货以洋纱、食盐二者为最大宗。安顺洋纱销量较大,其来路有四:一由湖南经镇远,一由四川经遵义,一由云南经兴义,一由广西经白层河,皆集中于县城。食盐系仁、永两岸所进,仁岸白盐由烂泥沟方面运入,永岸青盐由瓢儿井方面运入。绸缎布匹种类甚多,有由四川运入者,有由苏杭运入者,有由两广与两湖运入者,亦有由云南运入者。洋广杂货或来自川、湘,或来自粤、桂,或来自东洋。黄白丝在安顺销售颇多,有由湖南运入者,有由四川运入者,有由云南昭通运入者,亦有由赤水、遵义、正安等地运入者。糖类由云南方面运入者有洋冰糖、洋白糖及昭通瓦耳糖,由广西方面运入者有冰糖、南宁尖、田州尖、归罗尖、双尖白等,由四川方

[①] 民国《续修安顺府志》卷十,商业志。

面运入者曰川尖白,由本省兴义运入者曰府糖。外地烟叶输入安顺者首推两广之金兰烟,次则广生切烟、四川金堂烟、广西之黑老虎及本省荔波烟、贵定烟等。火柴输入安顺分两广制造和贵阳制造。安顺外省纸以毛边纸与色纸为最多,洋纸种类甚繁,大多由四川、湖南两路运入。煤油侵入安顺始于光绪初年,多由两广与上海等地运入。中小学课本如国文、修身、历史、地理等,皆须从沪运来,文具如铅笔、钢笔、石笔、粉笔、橡皮、墨水、石板、三角板、米突尺等,亦多来自上海。火腿多由云南运来,以宣威火腿为最佳。西药大多来自香港与上海两处。据1937年调查,洋纱年输入2000箱,价值100余万元;食盐年输入1万包,价值28万余元;绸缎布匹每年输入共约一十万匹。其他货物价值:洋广杂货300万元、糖类35万元、烟类60万元、煤油5.6万元、书籍文具100万元、瓷器50万元。[①]

三、黔北首富遵义

近代遵义人口稠密,物产富饶,为黔北首富。全县面积8000平方里,人口变化较大。从1911年的26万增至1925年33.7万,尤其是抗日战争开始后,内地人口涌入,至1940年达到61万,平均每平方公里101.7人。[②] 据调查,1935年耕地面积407 931亩,年产稻米61万担,包谷、小麦、豆类、高粱、荞麦等杂粮约46万担。[③] 1941年全县编查耕地面积851 476亩,1948年调查为970 467亩,垦殖指数为10.34,八项夏作占耕地百分比为92.66%,冬作占耕地百分比为9.27%,粮食年产量为稻米81.8万石,玉蜀黍64.6万石,小麦3.7万石,大豆2.1万石。然遵义人口众多,粮食贸易均为入超,每年入超米28 207石、玉蜀黍3800石、大豆580石,遵义入超粮食大多来自湄潭、绥阳、思南等县。[④]

遵义交通以公路为主,地当筑渝公路要冲,又有遵松可至黔东、湘西,东北至绥阳、东南至团溪、西南至鸭溪均有公路可达,贸易便捷。输入货物主要为食盐和衣料。食盐来自四川,每年在120万担以上,其数量价值均居贵州入口货之第一位。贵州几不产棉,赖湘、鄂二省输入,棉之运输路线作东西走向,遵义至思南大道,棉花纱布运输最紧,花纱原料仰给外来,布定成品则多自织,遵义城、鸭溪镇及湄潭县属之永兴场均为手工纺织业中心,所织土布分销黔北各地。

输出货物有柞蚕丝绸、银耳、锰矿、桐油、茅台酒等,但数量较少,不能与输入之货品相平衡。柞蚕丝为遵义特产,清嘉道年间遵义柞蚕业鼎盛,所产府绸,远销秦晋闽粤诸省,岁值七八百万元。光绪以还,蚕业日衰。抗战以前,年产降至十万元左右。抗战时,外国丝绸绝迹于市场,始渐具复苏之象,主要以南乡之三岔河、苟江

---

① 参见民国《续修安顺府志》卷十,商业志。
② 民国《遵义新志》第十章,产业与资源。
③ 《贵州遵义县经济调查》五,物产状况。
④ 民国《遵义新志》第十章,产业与资源。

水一带,东乡之老铺场附近为主。贵州企业公司在遵义设立丝织厂,设置新式木机数十台,丝机十余台,利用电力摩托,最盛时每月成品可达百匹,但因本地蚕丝质量俱差,多用川丝为原料。遵义东南之团溪附近为银耳栽培最早最发达之区域,遵义县境所产不多,邻县集中遵义输出者常二万斤以上。抗战后期,在团溪附近发现锰矿,开采供应重庆钢铁厂。仁怀县茅台村所产之茅台酒驰名于世,多先运遵义,再输筑渝。桐油、五棓子等林产品四乡均有生产,亦集中遵义输出[①]。

第二节 城乡经济

限于地理环境、资源、交通等因素,近代贵州城乡经济发展极不均衡。都匀与镇远同为区域性政治中心,但经济发展水平相差甚远;而作为普通县城的开阳和安南,其经济状况却迥然有别,兹选取此四地作为城乡经济的代表论述之。

一、黔南重镇都匀

都匀地处黔南要冲,是全省农业大县之一。全县面积2065平方里,可耕地面积1 986 000亩,耕地1 921 000亩,垦殖指数位居全省第一。全县居民30 336户,111 801人,每平方公里54人,低于全省平均值,人均耕地面积17.2亩,为全省最高。虽土地贫瘠,农作物产量较低,但因人口耕地较多,粮食自足有余。1938年,全县产米33.6万担,小麦3.5万担,玉蜀黍0.45万担。本县大米消费每年约27万担,剩余6万余担大多由水路运销湖南榕江一带。林产以茶叶、桐油和水果为主,该县之团山、黄河、碗厂、黑山、箐山、骨狮岩、坝固、青塘皆为主要茶产地,全县年产量3.4万余斤;桐油年产量在5万斤左右;水果以橘、桃、李最为著名,1938年产橘2.13万担,桃6千担,李子5千担。

工业方面以造纸业闻名全省,有白纸、二夹纸、四夹纸、六夹纸。生铁及特制品亦较有名,支字号、十字号、福字号、和字号铁厂的原铁供应全省。该县商业模式大多仍为赶场,交易量较大的商品有粮食、蔬果、纱线、布疋、纸张、桐油、茶叶、铁器等,城内固定商店寥寥无几,且资本微弱。其对外贸易,输出者以桐油、茶叶、牛皮、铁材、纸张为大宗,输入者以纱线、布疋及其他日用品为主[②]。

二、黔东门户镇远

镇远东临湖南,战略地位突出,交通便捷,为黔东门户,亦为区域性政治中心所在,但其经济发展却较为滞后。该县面积1217平方里,耕地面积3.9万亩,可耕荒地达5.1万亩,垦殖率较为低下。全县居民7314户,仅39 331口,

---

① 民国《遵义新志》第十章,产业与资源;民国《续修遵义府志》卷十二.物产。
② 参见张肖梅:《贵州经济》第十六章,县地方经济之雏形,传记文学出版社影印,1949年,第820—821页。

平均每平方公里仅32.32人,且人均耕地不足6亩。1936年,全县共产稻谷66 400担、大小麦1500担、玉蜀黍6400担、甘薯1700担,因人口稀少,粮食尚能自给,桐油有部分输出。工商业方面比农业更为落后,几乎没有值得一提之工业品或手工业品,缺乏商业市场,仅有几家粮食店而已。可见,镇远之闻名不在于经济,而在于地理位置。[①]

三、黔中开阳县

开阳县即清末之开州,西南于贵阳相接,属于贵州内地大县之一。全县面积12 100平方里,耕地面积293 410亩,其中水田占83.40%。全县居民25 415户,129 108人,人均耕地2.3亩。土地肥沃,农作物产量较高。1938年全县产稻米69.72万担、大小麦10.7万担、玉蜀黍10.1万担、马铃薯1万担、甘薯0.6万担、豆类1.78万担,粮食自给有余。

该县工业大多仍属于手工业生产。可分为农林产品加工、传统手工生产、机器工业生产三类。农林副产品加工如酿酒,以玉蜀黍为原料,多达300余家;以农林副产油菜籽、桐籽、乌桕籽、芝麻等为原料,生产菜油、桐油、柏油等,全县榨房在300家以上,年产油900挑,每挑72斤,菜油产量最大;用于碾米的碾坊600余家。传统手工生产如造纸,有草纸、白纸两种,全县纸厂达四五十家,年产草纸5000余万张;斗笠编织以马场最为有名,年产值约2万元以上;虽产量较少,但纺织曾一度盛行,所产本机布与黄州布并驾齐驱,后因洋布积压而衰落;染坊亦因织布业而兴盛一时,全县染坊约10家,其燃料大多进口;以松树为原料制造松烟是开阳一大特产,全县有松烟厂五家,年产烟4万斤。机器面粉原由遵义输入,三十年代以来该县开始购置机器从事生产,有机器面粉厂四家,机器四套,日产面粉1100斤。

该县原为鸦片产区,清末时期,年外销200万两左右,价值在百万元以上。禁烟之后,该县进口以盐布两项为主,占入口最大宗。开阳食盐来自四川,由遵义批发入境,其主要来路有二,一为遵义县城经尚溪至三区马场、马江山而入县城,一为由遵义属鸭溪经刀把水入五区之羊场及一区各地,全县统计每月食盐一千担,全年计输出294 450元。销布以湖北黄州大布为大宗,城市中人则兼服各项宽布,黄州布在销场中约占五分之四,过去黄州布之总批发处为黄平旧州,由该地运经瓮安属牛场或猴场而至平越属之中坪,再由中坪分运二区羊场及县城两路,再分销全县,但自湘黔公路通车以后,大率由黄平新州运至省垣,再运县销售。黄州大布以二十五疋为一卷,名曰一筒,年需五千二百卷,宽布销量约为15 000疋,价值合计179 000元。其他如棉花多来自余庆、罗斜,每年460担;杂货如火柴、针、线、锁、电

---

① 参见张肖梅:《贵州经济》第十六章,县地方经济之雏形,传记文学出版社影印,1949年,第821页。

池、面盆、毛巾、梳子、香皂、牙刷、牙粉、笔、墨、玻璃器、革器等,由贵阳贩来者最多,遵义次之;丝菸来自贵定,绵菸来自遵义,香菸、卷菸则由贵阳输入;除草纸外,白纸多来自遵义及都匀、印江等处,水纸来自息烽、遵义、桐梓;入口药材名目繁多,以遵义输入者较多,贵阳次之;糖以白糖、砖糖最为普遍,砖糖为广西产,白糖有川广之分,川白糖来自遵义,广白糖来自贵阳;煤油全年销量不过三四十箱,以美孚及鹰牌为主。以上八项共约价值2 665 100元。

输出以米粮、油类、牲畜、木材、白木耳、洋芋粉为主。米粮输出以米及包谷为大宗,1938年输出贵阳、息烽、遵义等处米约40 000石,包谷输出贵阳、息烽约40 320石,两者合计价值164 480元。运销出口的油有菜油、桐油、乌白油三项,菜油最多,全销贵阳,年约3000担,其次为桐油,销遵义贵阳,年800担,再次为乌白油,亦销贵阳遵义,每年约500担,三项共计价值175 000元。输出牲畜有马、牛、猪、鸡及副产物毛皮鸡卵等,马牛多销西路各县,牛则兼销平越、瓮安、息烽、贵阳等县,猪鸡鸭卵毛皮则纯销省垣,鸭亦有运至下司转销南路各县及广西者,每年出口马400匹、牛1000头、猪5000只。木材输出尚多,以省垣为主要销场,有棺料及枋板之分。白耳为该县特产,每年生产数量约三千余斤,除本地消耗极少数外,运销出口约为二千五百斤,输出地以贵阳为最多,遵义次之。洋芋粉为大宗出产,每年输出约在四十万斤以上,分销贵阳、安顺、黔西、修文、独山、广西等地。其他还有茶,但惜量不丰,每年输出贵阳约五千斤;花生年输出1500担,恒运销贵阳;铁平均年产40万斤,除本县消费10万斤外,输出可30万斤,主要销场为省垣,其次为遵义;输出药材以泡参、桔梗、杜仲、天麻、门冬为较大宗,除杜仲多运往广西外,其余均销四川、重庆各地;菸叶年产2160担,三成出口,运销息烽、修文、黔西、安顺、大定一带。输出合计共2 260 400,每年入超约为143 700元。①

可见,开阳经济以农业为主,粮食自足有余,经济作物和林业副产外销颇多;酿酒、榨油、造纸、烟草等行业颇具规模,借助地处黔中的便利交通条件,商贸发达,交易额可观,堪胜黔中较为富裕之地。

四、黔西南安南县

安南县地处黔西南,1941年更名为晴隆县,全县面积2822.2平方公里。据宣统《安南县乡土志》所引当时调查,全县人口约18 261户,91 305人,"本境居民无职业者占最大多数,大概百人之中,士居其一,农居二十,工居其三,商居其六,足矣,无怪贫瘠如此"。②虽然调查结果可能有夸大之嫌,但大量无业人口存在应符合史实,而在业人口中以农业人口比重最大,说明安南属于传统

---

① 参见民国《开阳县志》卷一,地理,卷四,经济。
② 宣统《安南县乡土志》第一编,乡土历史。

的农业经济。

1929—1930年,国民政府铁道部财务司调查科对湘滇线云贵段经济状况进行调查,贯穿湘黔、滇黔大道沿线共26县市(其中,贵州19县,云南7县)。据此次调查结果,安南县1926年人口约为70991人,耕地18万亩,仅占全县总面积的5.3%,"湘滇线云贵段二十六县中,以本县土壤最为瘠薄",水旱田地的低价均在沿线各县均价以下。该调查还对各县农作物产量和价值进行了统计和比较,安南县谷类、麦类、包谷等粮食年产量181000担,人均粮食2.5担,在26县中排名分别为第20、21位。[1] 安南人均粮食排名虽然高于镇远、炉山、麻哈、清镇、平彝等县,但在豆类杂粮和茶叶、木材等林副产品的产量方面却远不及它们。另据1935年的调查,安南县农、林、水、矿、畜等物产中,除了少数金属矿产运销云南外,其他物产基本上自产自销[2],商业贸易微乎其微。

1937年,安南全县居民11193户,54669人,每平方公里平均仅19.37人。全县土地均为山地,有旱田8.1万亩、水田9万亩、山地330万亩、荒地270万亩,且土壤贫瘠,粘土仅占一成,沙土多达七成。全县年产米27万担、包谷27万担、大豆15万担、大小麦1800担、荞麦8000担、甘薯400担、马铃薯250担。家庭副业均为手工制造,有纺织、榨油、制糖、酿酒、造纸、烧炭等,仅能供给当地需要,其每年生产价值分别为布25500元、酒800元、纸1000元、糖2800元、桐油6800元、茶油1200元、炭1700元,合计3.98万元。该县商业仅三四家杂货店而已,其余全靠赶场贸易,以粮食、衣料及日用品为主。该县输出货物以农林副产为主,如黄果、红米、白纸、草纸等,销往周边各县,合计价值年约13100万元;输入货物以洋布、烟、煤油、杂货为主,主要来自安顺或贵阳,合计价值年约8720元。[3]

由此可见,安南县属于典型的自给自足农业经济,工商业发展滞后,贸易额微弱。安南县在湘滇线云贵段沿线及贵州全省处于经济发展滞后地区。

第三节　市场网络与结构

虽然近代贵州市场网络与结构是在清代的基础上发展而来的,但是,近代经济发展毕竟不同于传统时代的农业经济,而且贵州地处内陆,与沿海、沿边省份有别,近代贵州市场网略与结构又有自身的特点。

贵州建省以来,通过几百年的内部整合,至清代已经形成了较为完善的市场网络与结构,由区域性中心市场、商业城镇和农村集市组成,省会贵阳为全省区域性中心市场,各府州县城及较大的集镇属于中等商业城镇,遍布全省各地场、街则属

---

[1] 铁道部财务司调查科编:《湘滇线云贵段经济调查》人口篇、物产篇,出版时间不详,第31、44页。
[2]《安南县物产状况调查表》,《工商半月刊》第七卷第四号,1935年,第49—50页。
[3] 参见张肖梅:《贵州经济》第十六章,县地方经济之雏形,传记文学出版社影印,1949年,第821—830页。

于农村集市。[①] 近代贵州市场结构与此相似,亦可就此分为三类,即区域性中心市场、商业城镇及农村集市,但其数量和分布却有所变化。

清末民初,周边各省相继开埠通商,虽然贵州并无口岸,但通过邻省贩运入黔的洋货不断增多,贵州对外贸易逐渐发展。东北方向湖北汉口、宜昌等关货物沿沅江、清水江水运,经常德转运思南、铜仁、镇远等地;东南方面广东拱北、广西梧州等关货物沿都柳江水运,经洪江转运镇远、都匀、三都等地;西南方面云南蒙自关货物经罗平等地转运兴义、安顺等地;北面四川重庆关货物经松坎转运遵义等地;南面广西龙州关货物经百色转运都匀等地。而这些路线也是贵州省际贸易的传统道路,黔北之府绸、银耳,黔西之牛皮、猪鬃,黔东之桐油、五棓子,黔南之粮食等特产亦通过这些路线运销外省或国外,遵义、镇远、安顺、兴义、都匀等地均因地处交通要冲,成为对外贸易和省际贸易集散地。

不可忽略的是,这一时期贵州鸦片种植遍及全省,鸦片贸易尤为兴盛。各省烟商或携现银,或组织洋货入黔,购买黔土运销外省。鸦片贸易是支撑贵州对外贸易、省际贸易快速发展的根本原因。黔西是近代贵州鸦片的主产区,地处黔西要冲的安顺成为鸦片集散地,各省商人齐聚于此,洋纱、洋布随之而来,商业贸易异常兴盛,一度超越省会贵阳。遵义在清末就为黔北首富,物产丰富、人口众多,以依托重庆关之对外贸易优势,其市场规模和地位堪比贵阳。其他三处,镇远为黔东门户,其战略意义大于经济意义,县城市场甚至不如一般集镇;都匀虽为黔南农业大县,但距离口岸较远,其商品大多来自贵阳或洪江,市场规模有限;兴义地处黔西南,地广人稀,购买力低,农业薄弱,且无大宗出产,市场发育水平滞后。可见,除了贵阳之外,区域性中心市场又增加了两个,即遵义和安顺。

全面抗战爆发后,大量工厂、企业、学校内迁,贵阳、遵义等地人口剧增,促进了近代贵州工业发展。同时,借助内迁的资金、技术和机器,部分商人在贵州各地投资近代工业,绝大多数集中于贵阳,遵义、安顺亦有零星分布。随着东部、中部、南部国土失陷,对外贸易通道堵塞,贵州本省所产工业品不敷需求,传统手工业再次活跃。贵州市场网络与结构再次发生变化,贵阳已超越区域性中心市场,成为全省性中心市场,遵义、安顺继续作为区域性中心市场存在。

民国改元,贵州原有府厅州虽全部改为县,但其治所依然作为各政区的商业城镇存在。不同的是,商业城镇的规模已经出现明显的分化。那些地处交通要冲、人口密集、物产丰富的内地县城,固定店铺众多,商品种类繁多,交易量较大,如前文所言之开阳;而那些地处偏僻、人口稀少、物产寥寥的边疆县城,其市场规模甚至不如一大集市,如前文所言之安南县城。

近代贵州农村集市的变化主要表现在数量上,随着经济发展和工业品的普及,

[①] 何伟福:《清代贵州市场初探》,《贵州财经学院学报》2005年第5期。

即使穷乡僻壤亦难免商品流通。虽然公路的修筑加快了商品流通的速度,弱化了公路沿线农村集市的分布密度,但其他地区农村集市的分布有增无减,以满足民众日用必需品的供给。如定番县,全县农村市场共计31处,仍以干支分排赶场日期,各场覆盖范围约五六十华里,每期交易商品,不仅有粮食、布疋、食盐、农具等生活必需品,亦有一定舶来品,如橄榄、香皂、黑人牙膏等。①

---

① 民国《定番县乡土教材调查报告》第七章,商业。

1908年西藏地图（据谭图第八册清时期1908年全国图西藏部分改绘）

第一章 地理环境与自然经济条件

第一节 历史沿革与地理环境

今西藏地区地处我国西南部,北以昆仑山、唐古拉山,与新疆和青海毗邻;南界喜马拉雅山脉,与南亚次大陆印度等诸国接壤;东及东南以金沙江、横断山脉与四川和云南为界;西与克什米尔地区相接。该区地域辽阔,东西长约1900公里,横跨约21个经度;南北宽约1000公里,纵贯约11个纬度;土地总面积为120多万平方公里。[①]

作为地理概念和行政区域名称,"西藏"一词是在清代才逐渐被专称起来,至清末时已形成为一个固定的专用名词。康熙时期"西藏"所专指的区域,与青海和硕特部蒙古控制下的其他唐古忒藏族地区有别。[②] 雍正四年(1726)清廷议定设立驻藏大臣,"议准西藏设驻扎大臣二员,办理前后藏一切事务"。[③] 五年(1727)正式派驻,是为驻藏大臣设置之始。[④] 而在康熙五十年(1711)时藏区之巴塘、里塘归属四川,中甸隶云南;雍正九年(1731)分青海、西藏交界处"七十九族",近藏北之三十九族归驻藏大臣管辖,后又在十三年(1735)等时组织川藏青等边地勘界活动,逐步明确西藏辖区。清代西藏的行政区域大致可以分作以下十个地区:达赖辖地(达赖喇嘛、西藏办事大臣驻拉萨)、班禅辖地(班禅额尔德尼驻日喀则)、三十九族地区(属驻藏大臣管辖)、察木多呼图克图辖地(绛巴林寺帕巴拉及锡拉轮流执掌政教大权,驻今昌都,宣统三年裁呼图克图,置理事官,往属四川)、类乌齐呼图克图辖地(类乌齐帕曲、济促、仔巴三大轮流执掌政教大权,驻今类乌齐县,宣统二年往属四川)、察雅呼图克图辖地(在今察雅县,宣统三年裁呼图克图,置理事官,往属四川)、济隆呼图克图辖地(在今八宿县西北,宣统三年往属四川)、萨加呼图克图辖地(在今萨迦县)、拉甲日法王辖地(在今曲松县)、达木蒙古八旗(在今当雄县,由驻藏大臣直辖)。[⑤] 民国时期西藏地方政府辖区因部分归属四川和西康,其范围要小于以往。在西康省成立之前,有称西藏:

> 今其地东界四川,东南界云南、野人、廓尔喀。西南界印度。西界雪

---

① 中国自然资源丛书编撰委员会编著:《中国自然资源丛书·西藏卷》,中国环境科学出版社,1995年,第1页。
② 柳升祺:《西藏名义辨析》,《中国藏学》1988年第2期。
③ 光绪《大清会典事例》卷九七七,理藩院。
④ 参阅萧金松:《清代驻藏大臣》,(台北)蒙藏委员会1996年编印,第11—32页。
⑤ 参阅房建昌:《清代西藏的行政区划及历史地图》,《中国边疆史地研究》1993年第2期;《藏北三十九族述略》,《中国边疆史地研究》1992年第1期。傅林祥等:《中国行政区划通史·清代卷》,复旦大学出版社,2013年,第680—688页。陈庆英等主编:《西藏通史》,中州古籍出版社,2003年,第2—4页。

山。西北界新疆和阗。北界新疆、青海。西北界河、湟。中分三部：曰康，即四川打箭炉外巴塘、察木多之地，为前藏，亦曰喀木；曰卫，即布达拉大召寺，唐时吐番建牙之所，今达赖居之，为中藏；曰藏，即扎什伦布，本拉藏所治，今班禅居之，为后藏；后藏西有阿里属之。为四部。①

广袤的西藏，习惯上又依据历史传统和地理方位名卫（前藏、中藏）、藏（后藏）、康（喀木）、阿里四部分组成，而早在乾隆时期就有"卫藏"这一统称名，"卫藏，今以布达拉为前藏，扎什伦布为后藏，统名曰'卫藏'"。② 光绪三十一年（1905）清廷派赵尔巽经营川边，次年赵出任川滇边务大臣，在川藏边区部分地区实行改土归流。1912年民国政府成立，清驻藏大臣系统瓦解。1929年国民政府在南京设立蒙藏委员会，班禅九世在南京设立办事处。1939年西康正式建省。1951年西藏地区宣告和平解放。③

民国时期陈观浔《西藏名山考》称"西藏诸山分系，统系于喜马拉雅及喀喇昆仑二山"，又引述日人山县初男编的《西藏通览》所言喜马拉雅山脉"巅之白雪，深锁六百五十万万里之高原"，亦认为《通览》所称喀喇昆仑为"亚洲大陆之脊背，而新疆、西藏之分界山"，是"良非虚语"。在其搜罗史籍等资料所列《西藏支山表》中前、中、后藏三地尚有"支山"160座之多。④ 第三纪地质时代以来，受地壳强烈隆升作用，青藏高原成为世界上海拔最高、面积最大和年代最新的高原，形成东西长约2500公里，南北宽约1500公里，地势从西向东北、东南逐渐下降的巨大高原面，号为"世界屋脊"。西藏高原是青藏高原的主体部分，在西藏120多万平方公里的土地总面积里，海拔4000米以上的地域占至土地总面积的86%以上，⑤地势高耸、气候寒冷，是其自然环境的主要特点。西藏高原还是亚洲多条大河的发源地，长江、澜沧江（湄公河）、怒江（萨尔温江）、雅鲁藏布江（布拉马普特拉河）、恒河、印度河等外流河均由此出。据统计，西藏境内河川的流域面积约占西藏土地总面积的49%。其中以雅鲁藏布江为最大河流，境内总长达2057公里，自西向东几乎横贯西藏南部地区，流域面积达24万平方公里。西藏地区绝大多数河流主要依靠雨水补给，其次靠冰川融水和地下水补给，而后者是多数河流上游段及藏北内流河的重要补给来源。受地形和气候影响，西藏地表径流空间分布和年内分配量都不均匀。高原内部内流河较多，但大多短小，流域面积和流量有限；7—9月雨季汛期径流量可占全年总径流量的一半以上，而11月至次年3月为枯水期，许多小河流一般都会出现断流现象，春旱农业用水紧张。西藏湖泊众多，特别是藏北内流区最为密集。全地区大小湖泊数量可达1500个以上，湖泊总面积达到2.4万平方公里，约占全国湖

---

① （民国）陈观浔编：《西藏志》之《总论》，巴蜀书社，1986年。
② 乾隆《卫藏通志》卷三，山川。
③ 参阅段克兴等编：《西藏历史年表》，西北民族学院研究室1980刊本。
④ （民国）陈观浔编：《西藏志》之《西藏名山考》、《支山名义附表》，巴蜀书社，1986年。
⑤ 中国科学院青藏高原综合科学考察队：《西藏农业地理》，科学出版社，1984年，第16页。

泊总面积的 1/3 以上;其中面积在 100 平方公里以上者,有 47 个之多,面积为 1920 平方公里的咸水湖纳木错为最大。不过,长期以来受地壳抬升、气候趋干等影响,许多湖泊水域面积有所缩减或出现干涸现象。此外,蒸发及补给不济等又使湖泊矿化度高,形成颇具特色的盐类矿产资源。①

青藏高原的核心区域位于冈底斯山、念唐古拉山与昆仑山之间的藏北及青海西部高原地区,其间河谷湖盆的平均海拔高度一般也在 4400—4600 米之间,山势大抵平缓,相对高差较小。核心部分外缘的广大地区,虽然河谷逐渐下切,相对高差随之增大,但大部分河谷地带的海拔都在 3000 米以上,仍是青藏高原的重要组成部分,与核心部分共同构成青藏高原的主体。与上述高原主体相连接的东部和南部地区,主要山岭的高度也达到 4000 米以上,不过一些谷地的海拔高度则因河流切割作用急剧下降,境内怒江、澜沧江、金沙江等谷地最低处多在 1500—2000 米左右,而在雅鲁藏布江出境处仅约 150 米,形成复杂的地理环境。地形高耸和高差复杂,使得西藏高原气候寒冷和多变,区域内气候和植被构成也较为复杂。清人称"西藏地远不一,寒暖各异,平坦之地则暖,高阜之处则寒。有十里不同天之别,其雨晴无常,冷热莫定"。②民国时亦云:"因地势过高,气候大率凝寒干燥,且同纬度亦以高下异,其气候是以'十里不同天'之谚语也。要之高处寒冻,低处温和,深谷之中则多瘴疠。"③高原绝大部分地区以高寒为主,年平均气温低和活动积温小;霜期长,霜冻也较为普遍;受高差影响,生物气候垂直带谱以高寒带占绝对优势,但区域分异现象明显,变化复杂,从高原边缘至内部,随着海拔增高、地势起伏和缓,垂直自然带结构由繁及简,分带数目由多到少。④山地高寒和深谷峻岭,亦为西藏交通最大障碍,"西藏交通甚形困难。其间高峰插云,积雪不消;大河横空,清流见底。可以置足者,惟迷径而已。故险峻崎岖,运输全赖兽力"。⑤在至西藏的"到高原之路"中,犁牛、牦牛等成为青海、四川商队进出西藏主要运输畜力,但耗时巨大,同时"虽然中国和印度是邻国,但中印间几乎完全被这些不能越过的高山所隔绝了。就中国和印度已有的接触来说,那完全是经过新疆和帕米尔的迂回道路而非穿行这高山带的"⑥。

第二节 自然经济条件

现代调查资料显示,西藏土地资源中牧草地和未利用的土地占土地总面积的 84.5%,林地和水域面积占 15.15%,耕地、园地及交通城建和工矿用地仅占

---

① 中国自然资源丛书编撰委员会编著:《中国自然资源丛书·西藏卷》,中国环境科学出版社,1995 年,第 9—10 页。
② 乾隆《西藏志考》之《天时寒暑》,见于李德龙主编:《中国边疆民族地区抄稿本方志丛刊》,中央民族大学出版社,2010 年。
③ (民国)邵钦权:《卫藏揽要》卷二,山川。
④ 中国科学院地理研究所经济地理研究室编著:《中国农业地理总论》,科学出版社,1980 年,第 414 页。中国科学院《中国自然地理》编委会:《中国自然地理·总论》,科学出版社,1985 年,第 400 页。
⑤ (民国)陈观浔编:《西藏志》之《西藏道路交通考》,巴蜀书社,1986 年。
⑥ (美)葛勒石(G. B. Gressey):《中国区域地理》,湛亚达译,正中书局,1947 年,第 234—235 页。

0.35%。其中,草场辽阔,面积近 21 亿亩,占高原土地面积的 53%,分布有草甸草场、草原草场、沼泽草场、荒漠草场、灌丛草场、森林草场等多种类型,而牧业以草甸草场、草原草场和沼泽草场利用为主,灌丛和森林草场为辅,牧业发展条件优良。①西藏高原复杂的地形和独特的生物气候条件,产生了与之相应的种类繁多的土地覆被和土壤类型,大致形成喜马拉雅南缘、藏东昌都等地区森林及森林土分布区,部分森林土壤可垦殖为农田,种植小麦、玉米等农作物,这一区域的砖红壤、红壤地带亦可发育为水稻土;藏东北怒江上游至纳木错——安多一线高山草甸及草甸土分布区;藏南芒雄拉以西喜马拉雅山北侧、高原湖盆和雅鲁藏布江以及象泉河谷地带山地灌丛草原及其土壤分布区,由于地处温暖半干旱气候带,区域内一些海拔较低的地区气候植被条件较优,山地灌丛草原土可辟为农田,但大部分地区仍为西藏牧业主要分布区域之一;藏北冈底斯山——念唐古拉山以北、昆仑山以南的广大区域,即羌塘高原主体部分,是西藏高山草原及草原土分布最广泛的地区,除去高山草原以上寒漠地带以外,绝大多数地区利于牧业;羌塘高原北缘的昆仑山地和阿里北部等藏西北高山荒漠地区,气候寒冷和干旱,荒漠草原等植被和荒漠土占据优势,在部分地带虽然发育有高山草原土、草甸土或山地灌丛草原土等,但干旱化现象较多,农业条件较差,牧业仍为主要。②

西藏高原生物资源丰富,据现代调查,地方栽培种、野生种、近缘野生植物标本可达 11 900 份,其中不乏生长于海拔 4700 米地带的作物③,不少动植物在史籍中也多有记载。据 1783—1784 年间英人塞缪尔·特纳的游记,当时即便与邻近的不丹等相比,西藏动植物资源的繁多也是十分明显的:

> 那些拥有肥沃的土地、茂密的森林和丰富水果的地方,同时又拥有大批的牲畜和价值连城的宝藏,……在西藏,野生动物品种和数量之多令人惊讶,有野禽、天鹅、猛兽、羊群、马匹和牛群等。而在不丹,除了驯化的动物家禽外,我从未见过任何其他种类的动物。④

在 19 世纪末,外人也称"西藏利用它的动物财富作为缺乏肥沃土地的补偿,……它们(按指草原支撑了的庞大数量的野生动物)是作为牧民的西藏人的必需品,也是西藏人在突厥斯坦中部、中国西部和印度北部之间的商业地区从事贸易的承载者","无论野生还是家养额,马匹和山羊数量都很丰富。他们还有公牛、骡子和绵羊","羊是当地人的主要收入来源。羊毛是主要的出口品"。⑤ 清代西藏丰富的地方畜种和矿产等,其出产还成为赋税上纳商上,"西藏赋税,随其出产,或牛

---

① 参阅中国自然资源丛书编撰委员会编著:《中国自然资源丛书·西藏卷》,中国环境科学出版社,1995 年,第 27—29 页。陈崇凯:《西藏地方经济史》,甘肃人民出版社,2008 年,第 10—11 页。
② 参阅中国自然资源丛书编撰委员会编著:《中国自然资源丛书·西藏卷》,中国环境科学出版社,1995 年,第 5—17 页。
③ 徐华鑫:《西藏自治区地理》,西藏人民出版社,1986 年,第 214 页。
④ (英)塞缪尔·特纳:《西藏扎什伦布寺访问记》,苏发祥等译,西藏人民出版社,2004 年,第 157 页。
⑤ (印)艾哈默德·辛哈:《入藏四年》,周翔翼译,兰州大学出版社,2010 年,第 51—52 页。

羊、紫草、青稞、氆氇等物,或马牛、酥油、牲畜、金银、铜铁诸物,皆随所产上纳"。①不过,由于多处高寒,开发利用还属有限。葛勒石《中国区域地理》称"西藏大部分地方是一片荒凉与冻结的沙漠地,居民极少,这稀少人口的大部分,都集中于南方拉萨周围的山谷中,和东方较近内地的地方。这些山岩的地势,高达一万尺以上,所以在人类活动上加上了很严酷的限制"。② 清代乾隆《西藏志考》载"西藏蛮荒之地,产物有限",记有西藏四境出产和民食情况:"拉撒中谷食产青稞、麦子、胡豆、菀豆、菜子,……牲畜产马、小骡、小驴、毛牛、黄牛、羊……服物产毡子、氆氇、毛毡、锡铁栽毛"。自拉萨东行"禄马岭、工布、江达"等地"食物同藏地"。"至宁多濯拉山、阿雄山一带,……人民以牧放为生,牛羊为食",再至康巴、昌都一带"较藏稍寒,人物风俗衣制土产纺绋"。拉萨之南"至春结一带……其土产风俗同藏内"。"阿里、噶尔妥地方……,其地产稻米、粟米、藏枣"等。而拉萨西行至"浪子转北行,此一带风俗土产同藏地","至拉藏杨八景一带",出产多种野生动物和药材;"由杨八景桑驼落海至吉扎布"等一带,"多温泉、海子,遍地产白盐,藏民资之以食"。拉萨东北"全达木一带皆蒙古与霍耳人相参居住","食马乳、酒乳、渣茶,亦以牧放为生,牛羊为食,入寒不产物食"。③嘉庆《西藏赋》载"谷则青稞、大麦,糌粑俱以青稞面为之,故多种。籼稻、香秔,稻米产布鲁克巴,山南亦有种。麻乌、米扁,芝麻多黑色者,山南种之;扁米出廓尔喀。蚕绿豌颓。"④意指藏地出产有青稞、大麦、籼稻、粳稻、芝麻、扁米、蚕豆、豌豆等作物。民国时称"西藏概属高原,全境海拔平均一万三千五百尺。是以终岁寒冻,至一月尤甚,温度降至华氏寒暖计冰点下四十度。因此对于稻谷出产甚微,惟麦和青稞出产较多,在康属(即前藏)地区有部分产谷,但亦不多。"⑤1935年巡员呈报称西康"河流甚多,土地肥沃,多系灰黑色之砂质壤土,农作物之收获亦丰","所种禾稼,大都为青稞,甘孜兼产豌豆,瞻化兼产胡豆,雅江兼产玉麦,道孚兼产小麦",只不过因善畜牧,"故无甚农业兴趣,即有耕种,小听其自然,禾草并长,不事溉刈"而已。⑥ 不过,有些地区自然条件相对较好,种植业兴盛,如乾嘉时期班禅所属的拉孜地区"产粮较广",而前藏所属之山南、琼结一带至工布、达克布"所产青稞,素称充裕"。⑦ 在藏西南的济咙,"飞瀑聚,田肥稞麦良"。⑧ 前藏察木多至拉里间三坝桥一带"两山环抱,一水中流,天气暄和,地土饶美"。⑨

根据现代农业调查,西藏地区耕作制度类型比较单一,绝大多数地区以一年一

---

① 光绪《西藏图考》卷六,藏事续考,人事类。
② (美)葛勒石(G. B. Gressey):《中国区域地理》,谌亚达译,正中书局,1947年,第237—238页。
③ 乾隆《西藏志考》之《土地蓄产》,见于李德龙主编:《中国边疆民族地区抄稿本方志丛刊》,中央民族大学出版社,2010年。
④ (嘉庆)和宁:《西藏赋》。
⑤ (民国)陈观浔编:《西藏志》之《西藏土宜考》,巴蜀书社,1986年。
⑥ 《巡员张懋昭关于西康概况呈文》(1935年7月13日),见中国藏学研究中心、中国第二历史档案馆合编:《民国时期西藏及藏区经济开发建设档案选编》,中国藏学出版社,2005年,第400页。
⑦ (清)松筠:《西招图略》之《善始》。
⑧ (清)松筠:《西招纪行图诗》,见光绪《西藏图考》卷三,西藏程站考附诗。
⑨ 光绪《西藏图考》卷三,西藏程站考附诗。

熟的春麦连作休闲或换茬耕作制占主要地位,仅在藏南边境、喜马拉雅南坡、墨脱、察隅等地及昌都南部县份的低纬度和低海拔河谷地带稍有复种,但所占比重也很小。总体上看,西藏高原主要耕作制度以下列三种为主,主要受限于自然因素和地方社会经济条件:在海拔4000—4300米以上区域是各地作物种植分布的上限区,以旱大麦、芫菁、马铃薯、燕麦、豌豆、油菜等早熟、耐寒力强的作物和撂荒或休闲制为主,休闲2—3年至10—20年不等;3500—4000米地带为青稞大麦或春小麦为主的春麦休闲制;在3000—4000米地带,分布有春麦连作或换茬型耕作制度。① 当然,对于拥有广阔、丰富草场资源和动物资源的西藏而言,牧业发展条件相对更为优越。据现代调查统计,西藏地区野生的蹄类藏野驴数量在5万—6万头,牛科中的野牦牛在8000头以上,各类羚羊和麝、鹿等数量也较大;而青藏高原是牦牛的原产地,是高原地区最为有力的役畜,从生产性能上看,实超黄牛的经济价值。此外,由牦牛和黄牛杂交的犏牛在藏区分布也较广,生产性能和经济价值也较高。② 乾嘉时期吴省钦在其《藏氆氇诗》中称"边城出鱼通,乌斯藏联属。水草健移帐,羊牛富量谷。岂惟驰骋便,寝食利皮肉。一毛积万毛,氆氇细盈掬"。③ 从物产及贸易输出来看,光绪三十三年(1907)《传谕藏众善后问题二十四条》中称藏地"其出口货以羊毛、牛皮、大黄、麝香为大宗,并宜设法推广以辟地源"。④ 在民国《西藏志》之《西藏土宜表》中,按其所辑录的史料,前藏地区出产青稞、梨干、葡萄、核桃、犏牛、绵羊,中藏地区出产青稞、麦、小麦、荞麦、豆类及藏红花等药材、犏牛、牦牛、绵羊等,后藏地区出产青稞、大麦、莞豆、萱豆等。⑤ 又据《西藏贸易》所载,西藏输出品约有十二种,羊毛为其重要物产,行销印度;麝香,"销中国内地,为要药";另有砂金、藏红花、橄榄实(藏青果)、鹿茸、紫草、藏香、氆氇、金属佛像、硼砂、食盐等出销。⑥ 畜牧产品、药材等是近代西藏出口的重要物资。

矿产方面,西藏和平解放前,有过民间采掘金、铜、铅、铁等矿产的历史,但规模都较小。清乾隆驻藏大臣和宁在其《西藏赋》中称:

> 其物产则天藏女池,盐晶泻卤。藏西北阿里地方有盐池,达木蒙古地方亦有盐池。仙山宝矿,金屑流华,金矿在阿里;色拉山亦有之,今封闭。……铜铁铅锡,有自云南来,有自甲噶尔来者。硫磺硇砂,工布产硫磺,巴勒布产硇砂,以色赤者为佳。⑦

19世纪末期,外人游记称:"西藏还蕴藏着丰富的矿产,知名的有金、铜和硼

---

① 刘巽浩、牟正国等主编:《中国耕作制度》,农业出版社,1993年,第332—335页。
② 参阅中国自然资源丛书撰委员会著:《中国自然资源丛书·西藏卷》,中国环境科学出版社,1995年,第294页。谢成侠编著:《中国养牛羊史(附养鹿简史)》,农业出版社,1985年,第121—123页。
③ 光绪《西藏图考》卷三,西藏程站考附词。
④ 光绪《使藏纪事》卷二,查办,见国家图书馆分馆:《清代边疆史料抄稿本汇编》第26册,线装书局,2003年。
⑤ (民国)陈观浔编:《西藏志》之《西藏土宜考》,巴蜀书社,1986年。
⑥ (民国)陈观浔编:《西藏志》之《西藏贸易》,巴蜀书社,1986年。
⑦ (嘉庆)和宁:《西藏赋》。

砂。最后一种是出口商品,它通过自然蒸发从湖中采得。盐矿位于湖边的地壳之中。它们被收集起来,洗刷干净,在太阳下晒干。"[1]光绪《西藏纪略》载"西藏地广人稀",但"土产金、银、铜、铁、珠玉、水银"等。[2] 民国时称"西藏产金尽人皆知",其著名金矿产地有四:索克珠拉克巴金矿、索克札兰金矿、唐佳金矿和萨尔加西金矿,部分金矿有公营性质,实施税收。此外,喀木出产有银、铜、铅矿、硼砂、玛瑙、琥珀则以"穆达赖池左右为最佳",石青"各地皆产","盐则产于各地盐池。若公喀擦那木池及鄂岳尔擦噶池所产为紫盐,其余悉为白盐。又后藏札野兑登擦噶地方所产之盐又非出自盐池,多自沙土中刨出。其产额甚丰,土人即以之交易食物、杂货"。[3]

表 1-1 光绪《西藏图考》所载土产情况

地　　方	土　　产
乍丫	松蕊石、梨干、葡萄、核桃、犏牛、绵羊、青稞
察木多	波里凹、牛绒、牦牛、山羊、青稞、大麦、圆根、豌豆、松蕊石、梨干、杏干、核桃
类乌齐	铁、骡、马、鹿、马鸡、牦牛、绵羊、酥油、牛绒
洛隆宗	牦牛、山羊、青稞
硕般多	青稞、荞麦、牛、羊、酥油
达隆宗(边坝)	麸金、银矿、梨干、核桃、马骡、牦牛、青稞、酥油
拉里	犏牛、绵羊
江达	毛毡、青金石、大面氆氇、大面偏单、大面羊绒、竹片弓、竹箭杆、菜子
西藏	青稞、麦、豌豆、菀豆、小麦、荞麦、牦牛、猪、犬、天鼠、羱羊、犏牛、青羊、绵羊、羚羊、细鳞鱼、黄鸭、马骡、天鹅蛋、金、银、铜、锡、铅、石青、硼砂、盐、青盐、松蕊石、青金石、玛瑙石、蜜蜡、琥珀、硇砂、阿魏、黄连、胡连、茜草、紫草茸、柱皮、诃梨勒、藏杏、藏红花、藏核桃、藏枣、白牡丹、虞美人、梅花、椰子、偏单、藏茧、藏绸、花绸、花布、藏氆氇、紫檀、藏纸、藏弓矢、藏香
阿里	石青、硼砂、氆氇、盐、马、牦牛、羱羊、天鼠、青稞、大麦、菀豆、豌豆、粟米

(资料来源:光绪《西藏图考》卷五,土产汇考,西藏贡赋。)

---

[1] (印)艾哈默德·辛哈:《入藏四年》,周翔翼译,兰州大学出版社,2010年,第52页。
[2] (光绪)龚柴:《西藏纪略》。
[3] (民国)陈观浔编:《西藏志》之《西藏矿产》,巴蜀书社,1986年。

第二章 农牧业

直至和平解放时,西藏地方经济结构中农牧业结合十分突出,甚至"很难估计农业和牧业经济的相对重要性"。[①] 陈崇凯认为,西藏在和平解放前,地方农牧业空间分布情况如下:牧区主要分布于藏北、藏西和藏南的高原上,主要饲养牦牛、绵羊和山羊。其中藏西、藏东海拔4500米及4300米以下地区大量种植青稞,"大部分劳动力从事饲养牦牛、绵羊等牲畜,畜牧业产值约占农牧业总产值的70%"。农区主要分布于藏南雅鲁藏布江等河谷地带以及藏东怒江、澜沧江、金沙江等流域峡谷地区,"是西藏农业最发达的地区。这里耕地占西藏耕地面积的65%,粮食产量占西藏粮食产量的70%。主要种植青稞、小麦、菜籽和玉米,饲养的牲畜有黄牛、绵羊、山羊、牦牛和猪等"。此外是半农半牧区,大都分布于重要河流的中上游和农区的边缘地带,海拔高的地区以牧业为主,相反则以农业偏重。他还指出"西藏没有纯农区,一些农区的高山地带,也有自己的牧场"。[②] 张保见研究也认为,在民国时期西藏地方农耕区"大致分布在昌都-硕般多(边坝)向西沿念青唐古拉山—冈底斯山一线以东、以南,海拔在2000—4200米的沿河地带,尤其以雅鲁藏布江流域为集中"。[③] 这些农牧业分布格局与西藏区域自然地理特点是相吻合的。

农牧业尤其是农业的地域分异现象明显,是历史以来西藏地区经济地理分布的主要特点之一,其分异的基本原因在于高度(包括绝对高度和相对高度),同时水利和垦殖等条件上的差异也使得农业区域差异明显。事实上西藏大多数地区在历史上经济发展模式基本上是一种农牧混合型经济,纯农业经济分布有限,各地依照所处的地理环境,发展出"侧重于这种混合经济的某一方面"的经济生产方式,即或山谷农业区(rong),或山区牧场(brog),或山峦(sgang)和由山峦环绕的耕地平原以及高原(thang)。[④] 旧时西藏庄园经济占有十分突出的地位,是农业生产最主要的经营形态,以政府庄园、贵族庄园和寺庙庄园三类为主,各类庄园均在主要农业区占据有生产条件较好的土地,同时也在主要农业区周边及其他半农半牧和牧区山地或草场拥有数量庞大的牧场,发展着畜牧业。

第一节 人口、耕地与农业区

根据清乾隆二年(1737)理藩院造册,在乾隆初年西藏地方户口数为:达赖喇

[①] (美)皮德罗·卡拉斯科:《西藏的土地与政体》,陈永国译,周秋有校,西藏社会科学院西藏学汉文文献编辑室编印,1985年,第3页。
[②] 陈崇凯:《西藏地方经济史》,甘肃人民出版社,2008年,第23页。
[③] 张保见:《民国时期青藏高原经济地理研究》,四川大学出版社,2011年,第60页。
[④] (美)皮德罗·卡拉斯科:《西藏的土地与政体》,陈永国译,周秋有校,西藏社会科学院西藏学汉文文献编辑室编印,1985年,第6页。

嘛和班禅所辖喇嘛约有31.6万人,百姓约12.8万户。① 黄奋生按百姓每户5口计,将此理藩院造册西藏户口数换算为总人口95.7万多人,"其中喇嘛人数三十一万六千多,百姓人数六十四万多。喇嘛人数相对百姓人数的二分之一。"② 考虑到造册系西藏地方贵族集团上报,可能失之"非差役人口未被计入"而导致喇嘛人数所占比重偏高③和对整个地区人口数统计不足,经曹树基估计,乾隆初年西藏人口可能超过100万人,且至乾隆四十一年(1776)地区人口(西藏和昌都)合计为114万左右,嘉庆二十五年(1820)则约为119万左右。④ 宣统年间按照1912年调查汇造的数据,卫藏和阿里户数为24.4多万、约116万口。⑤ 虽然这一人口数实际上仍是估计,并非普查数,但已是比较确切的估计数。而侯杨方在比较王士达、陈长蘅等关于西藏人口估算数后,认为"宣统年间西藏人口当在100万人左右"。⑥ 民国时期的统计对西藏人口数一度估高,但实际上到1952年底据统计也就在115万人左右。⑦ 由此可见,清代至民国年间,西藏地区人口规模大约在100万—115万人之间。但对于面积广大、地貌和气候特殊的西藏地区而言,人口密度小和分布极不平衡,即便至现代时期雅鲁藏布江中游及其主要支流拉萨河、年楚河等流域,仍是人口最为稠密的地区,每平方公里平均在10人以上,其中拉萨谷地、年楚河中下游谷地、江孜、泽当等平坦地区每平方公里在50人以上;雅鲁藏布江中游的上段、拉萨河上游及藏东横断山脉东北部等地区,人口密度在3—10人/平方公里;藏西阿里、藏北高原西部、雅鲁藏布江上游及喜马拉雅山东段等地区人口稀少,"百里不见人烟",而在黑阿公路以北的羌塘高原,甚至还是"无人区"。据1980年代的统计,西藏东南部的昌都、拉萨、山南、日喀则四个地区,土地面积占全藏的42%,但人口数量却占到全藏人口的85%。⑧ 旧时西藏地区人口增长及社会结构存在的问题,也严重制约了地区经济生产的发展。有研究认为,13—18世纪初叶西藏人口从56万增长到94万,但在18世纪后期全和平解放时仅从94万增长到105万,增长率极低,几乎处于停滞状态;此外,由于"寄生"性质的僧侣集团人口的扩大(1951年和平解放时寺庙人口占全藏人口的10%左右),使得地区经济发展迟缓。⑨

西藏高原山高地远,气候恶劣,但由于全藏地势自西北向东南倾斜,境内东西

---

① (清)魏源:《西藏后记》,见《小方壶斋舆地丛钞》第3帙。
② 黄奋生:《西藏史略》,民族出版社,1995年,第264页。
③ 钱特拉·达斯以1880年"拉萨的官方注册员"清点藏区各派寺庙数量来估算西藏人口,"总共有2500多座寺庙,760 000名喇嘛","若每三个男人中就有一个成为喇嘛,那么,男性人口的总数大约为250 000到300 000万"(见(美)皮德罗·卡拉斯科:《西藏的土地与政体》,陈永国译,周秋木校,西藏社会科学院西藏学汉文文献编辑室编印,1985年,第127页),这一人口数量显然又太过于高估了。
④ 曹树基:《中国人口史》第5卷《清时期》,复旦大学出版社,2001年,第449页。
⑤ 梁方仲:《中国历代户口、田地、田赋统计》,甲表86《清宣统年间调查(公元1912年汇造)之户口数的修正》,上海人民出版社,1980年。
⑥ 侯杨方:《中国人口史》第6卷《1910—1953年》,复旦大学出版社,2001年,第223页。
⑦ 如1931年内政部估计数为372.2万多人,见民国内政部统计司《民国十七年户口调查统计报告》。1952年底统计数见刘瑞:《中国人口·西藏分册》,中国财政经济出版社,1989年,第61页。另据徐华鑫《西藏自治区地理》指"解放前夕,西藏人口约95.7万"(西藏人民出版社,1986年,第2页)。
⑧ 徐华鑫:《西藏自治区地理》,西藏人民出版社,1986年,第2页。
⑨ 许广智主编:《西藏民族地区近(现代)化发展历程》,西藏人民出版社,2008年,第26—27页。

走向的山脉能够阻挡北方寒潮,而藏东南峡谷地形有利于印度洋暖流从南向北进入到高原内部,其热带北界可达到北纬28°左右,为冬小麦等作物越冬提供了良好条件,还具有发展热带、亚热带作物的条件。① 所以历史以来人口分布以自然条件较好的南部、东南部低海拔河谷、湖盆和低山等地带为集中,这些地区多数具备相对良好的农耕条件,"根据区域,牧区占地较广,但根据人口,则有六分之五的西藏人口从事农业。此外,所有的文化和政治中心都位于农业区"。② 这也就使得西藏地区农耕在藏南雅鲁藏布江及其支流等河谷以及藏东怒江、澜沧江、金沙江等流域宽谷地带分布最为集中。

清代至民国时期西藏地方的耕地统计数据缺乏,但据1952年不完全统计,时西藏耕地面积为2.45万顷,垦殖率低下。③ 按照张保见的估算,民国时期西藏地方耕地总量在2.4万—2.5万顷之间波动。④ 旧时西藏土地基本由政府、贵族、寺院三大实体所占有,民国朱少逸《拉萨见闻记》载:

> 西藏多山,土人生活以畜牧为主,亦有农田,惟面积不及全境十分之一,且集中寺庙及世家手中;其土地制度,与欧洲中古时代之农奴制,类相近似。全境土地,概属藏王所有,其属于寺庙或世家者,乃出于藏王(按藏王即达赖之政治上的资格)之捐赠或赐予耳。政府高级官吏,例有庄田之赏,如噶伦一职,年薪仅藏银二十四平(每平五十两),不足养廉,必给庄田一二处,供其享用。⑤

"岗"(亦作冈)是领主庄田"支差地的单位",⑥又被看作是"庄田的单位",⑦可做土地数量统计。如在农耕条件较好的拉萨西北东噶宗地区,有"差岗"和"玛岗"两种耕地类型,前者为领主支分差役地,授给一个单位面积的土地为"差岗";后者系西藏地方政府支分的兵差地,授给一个单位面积的土地即叫作"玛岗"。而藏族一般是以藏克种子播种来计算土地面积的,以东噶宗乌拉差岗看,每岗约合7—8藏克种子,"据说最早规定每岗为30克藏克种子,但是今天(按:指1950年代)东噶宗的政府差岗每岗是50—60藏克种子",有大有小。玛岗的地要比差岗大,一般约是20—25藏克种子。由于土地情况不一和不同性质的岗地历久发生混杂,每岗地的具体藏克种子及耕地面积常常难以确定。根据1950年代的社会调查,东噶宗政府经营的土地共有近10岗之多;而1956年的调查表明,作为哲蚌吉索直接管辖的在岗根布辖区最大的寺院庄园之一的桑通曲豁拥有17.5差岗数和264克的耕地数,

---

① 徐华鑫:《西藏自治区地理》,西藏人民出版社,1986年,第215—216页。
② (美)皮德罗·卡拉斯科:《西藏的土地与政体》,陈永国译,周秋有校,中国社会科学院西藏学汉文文献编辑室编印,1985年,第3页。
③ 中国科学院青藏高原综合科学考察队:《西藏农业地理》,科学出版社,1984年,第33页。
④ 张保见:《民国时期青藏高原经济地理研究》,四川大学出版社,2011年,第62页。
⑤ (民国)朱少逸:《拉萨见闻记》。
⑥ 西藏社会历史调查资料丛刊编辑组:《西藏社会历史调查》(一),民族出版社,2009年,第9页。
⑦ (民国)吴忠信:《西藏纪要》,见《西藏学汉文文献丛书》(第2辑),全国图书馆文献缩微复制中心,1991年。

占全部谿卡耕地的 30.56% 左右。① 在昌都地区,旧时"差巴"是耕种差岗的农奴,地方政府规定"种 40 克左右的政府土地为一差岗"。差巴耕种的差岗份地各户数量不一,多的有两三差岗,少者有四分之一差岗地或甚至仅得八分之一的差岗地。就整个昌都地区而言,按富裕程度划分,不同等级的差巴户所拥有的差岗地数量也不一:较富裕的上等差巴(约占整个地区差巴总人数的 10%),领有的土地较多,在丁青平均每人约有 50 克耕地,昌都直属地区在 30 克左右,他们耕作的土地条件相对是最好的;中等差巴户人口约占差巴总人数的 20%,一般每人平均拥有 15—20 克耕作条件较好的差地;下等差巴户人数约占差巴总人数的 70%,人均土地量极低,有 1.5、0.9 克甚至是 0.5 克不等。② 由于缺乏资料,难以得出西藏地区在旧时拥有多少规模的"岗",民国时曾任蒙藏委员会委员长的吴忠信曾通过粮食产量推算出西藏地区拥有 440 万岗,并认为"'冈'为一牛一日可能耕种之地区。以藏地耕种方法之拙劣,每冈亦不过相当于内地一亩强。是西藏之耕地面积,当在五百万亩上下也。"③ 今且不论所推算的"五百万亩上下"耕地总量明显失当,就上述社会调查所示其对"冈"的理解也有误,故不可信。④ 对于岗的数量,据乾隆《卫藏通志》所载清前期曾告示西藏"所需各外营官庄头"年例下籽种的数量情况,总计卜籽种 23 192 克。⑤ 以此,若以 1950 年代调查早期东噶宗差岗每岗为 30 藏克的标准来计(这一标准在笔者看来仍是过高),则乾隆末期西藏地方官家庄园("商上"所属⑥)或开垦有 773 岗左右的土地,十分有限。当然,这种推算危险性极大,不能确然。有研究以"一克土地约为一市亩",指在民主改革前西藏寺庙占有土地约为 118.5 万亩,"占西藏实有耕地的 39%"。⑦ 依此,时全藏地区拥有耕地约为 3 万顷,这要高出 1952 年时不完全统计的 2.45 万顷规模。

按照岗是"租借地",且西藏中部地区"在近代,税收制度则以农民所占土地的不同面积为依据(确切地说以下种数为依据)",出于税收稳定的需要"农民家庭与土地紧密相关,借助不许户内细分土地的制度,保证了家庭作为税收单位的继续",以及据在近代西藏西部阿里及今中印边区一带的调查,"大部分耕地都含有差巴耕种的土地","租借地的数量和面积的稳定性是惊人的。这是由于土地的不可分性

---

① 西藏社会历史调查资料丛刊编辑组:《西藏社会历史调查》(一),民族出版社,2009 年,第 9、16—18 页。
② 李光文等主编:《西藏昌都:历史·传统·现代化》,重庆出版社,2000 年,第 243—244 页。
③ (民国)吴忠信:《西藏纪要》,见《西藏学汉文文献丛书》(第 2 辑),全国图书馆文献缩微复制中心,1991 年。
④ 在 19、20 世纪之交的西人调查中,"岗"有被看作是"一种播十克青稞或一牝牛驮青稞所种的一块田地"。在对"克"量的理解上,估算所依据的作物和品种以及地域上均有差异,故播种的种子数和岗地的大小也有很大的不同,如据 1920 年代的调查各地情况不一,"每岗的种子数量根据庄园和地区的不同而不同。江孜地区每岗土地所需种子为帕里地区所需种子的 4 或 5 倍,平均每岗土地需 40 克种子。一克相当于 33 磅青稞、豌豆或 17 磅青稞面粉"。也有认为每岗土地用 60 克种子,每克含有 27 磅豌豆或青稞和 17 磅面粉;或者一克大约为 28 磅,一英亩土地用 6 克种子,一岗地在 8—12 英亩之间者。以上所引参阅(美)皮德罗·卡拉斯科:《西藏的土地与政体》,陈永国译,周秋有校,西藏社会科学院西藏学汉文文献编辑室编印,1985 年,第 255—256 页。
⑤ 乾隆《卫藏通志》卷十四下,抚旬下。
⑥ (嘉庆)和宁:《西藏赋》:"其officers官也,商上统僧众之宗,布达拉一切收纳、度支、办事之公所名曰商上。"
⑦ 许广智主编:《西藏民族地区近(现代)化发展历程》,西藏人民出版社,2008 年,第 27 页。

和农民没有出卖土地的权力而决定的。"① 可以看出,以差巴等户口及岗地推算应能对西藏政府耕地等土地面积情况作出梳理的,不过这一工作需要更多和全面的资料发掘与调查。当然,由于历史和区域差异复杂,西藏地区土地类型并不仅限于岗差地。一般而言,这些岗地相对农耕条件较好,是地方垦殖农作的主要区域。

清代西藏农垦活动已有一定发展。17 世纪中叶,羊卓雍湖河畔已有相当规模的土地开垦。② 乾隆六十年(1795),针对"藏地赋纳既烦,差徭又重,民多逃散,皆营官、第巴剥削重征所致"情形,官府曾"严明立禁,革除重赋,裁减科徭,招集流亡,俾纾耕作"。③ 光绪二十五年(1899)十三世达赖喇嘛发布告示,鼓励藏民开垦土地和发展农业生产,对于推动西藏地区农业发展起到重要作用。④ 整体上看,清代西藏农业主要分布于雅鲁藏布江中游及其支流河谷地带,这些地区不仅具有悠久的农业开发历史,而且也是清代西藏政治和经济中心区域,如江孜河谷、拉萨谷地等便是西藏官府、贵族等领主庄园聚集之地,"成为清代全西藏垦殖率最高、农业生产最发达的地区"。⑤ 无论是清乾隆《西藏志考》,还是民国陈观浔之《西藏志》,均对这一地区粮食等农产情况有比之其他地区更丰富的记述。⑥ 其次是藏东昌都、江卡等"三江"河谷地区,依赖于相对良好的自然条件及更接近内地,农业发展水平也较高。可以说,清代上述两个区域是西藏农业主要的分布区域,也是人口相对集中的地区,这一分布格局至民国时期亦无大的变动。

第二节 农业生产

据 1952 年的不完全统计,西藏地区粮食产量在 3.1 亿多斤左右,平均亩产仅约 160 斤,人均粮食 250 多斤;菜油总产量为 365.3 万斤,单产为 50 斤左右。⑦ 因无法得见旧时西藏粮产统计数字,暂难作比较讨论,但鉴于民国时期和解放初期人口、耕地和主要粮食作物变化不大的情况,旧时全藏的粮食生产大抵估计也就接近年产 3 亿斤左右,处于较低的水平。西藏各地粮食产量也有较大的差异,据西人调查和估算,在 20 世纪初年西藏中部土地平常产量为种子的 4—10 倍,各地情形不一。⑧

在农业和经济作物种植方面,清代乾隆《西藏志考》载拉萨一带产有青稞、小

---

① (美)皮德罗·卡拉斯科:《西藏的土地与政体》,陈永国译,周秋有校,西藏社会科学院西藏学汉文文献编辑室编印,1985 年,第 42、25—26 页。
② 张世明:《清代西藏社会经济的产业结构》,《西藏研究》1991 年第 1 期。
③ (嘉庆)和宁:《西藏赋》。
④ 马汝珩、成崇德主编:《清代边疆开发》(上册),山西人民出版社,1998 年,第 211—212 页。
⑤ 马汝珩、成崇德主编:《清代边疆开发》(上册),山西人民出版社,1998 年,第 220 页。
⑥ 乾隆《西藏志考》之《土地蓄产》,见于李德龙主编:《中国边疆民族地区抄稿本方志丛刊》,中央民族大学出版社,2010 年。(民国)陈观浔撰:《西藏志》之《西藏土宜表》,巴蜀书社,1986 年。
⑦ 安七一主编:《中国西部概览——西藏》,民族出版社,2000 年,第 28 页。
⑧ (美)皮德罗·卡拉斯科:《西藏的土地与政体》,陈永国译,周秋有校,西藏社会科学院西藏学汉文文献编辑室编印,1985 年,第 5 页。

麦、胡豆、豌豆、菜子等,以及由汉人从内地引种来的白菜、莴苣、菠菜等蔬属类农产。① 嘉庆《西藏赋》则载藏地出产青稞、大麦、籼稻、粳稻、芝麻、扁米、蚕豆、豌豆等作物。② 民国年间拉萨及其附近区域所产,"以大麦为大宗,菀豆次之,也有小麦与芥子、洋芋之类","蔬菜则有青菜、白菜、萝卜、蔓菁、莴苣、莞薏、芹菜、胡萝卜等,韭菜、茴香也间或有之",不少菜蔬类作物由迁入的汉人栽种。③ 据现代调查资料显示,西藏高原特殊的气候环境造就了多种农作物和经济作物能在高海拔地带生长,如青稞种植上限海拔高度可达4759米,出现在申扎县文部乡、吉隆县孔木乡;春小麦种植上限高度可达4460米,出现在浪卡子县温果乡;冬小麦最高种植上限可在4260米,分布于仁布县然巴乡;而油菜、豌豆、蚕豆、荞麦、马铃薯、甜菜、玉米等作物的种植上限高度可在3800—4600米间。④ 青稞在西藏农作物中占有十分重要的地位,具有悠久的种植历史,在长期自然选择和人工栽培下,形成了60多个地方品种;其生长周期短,适应范围广,故种植地域广泛,从藏东南湿润、半湿润地带到藏西半干旱、干旱地带均有种植。据现代统计,西藏自治区青稞种植面积占农作物或粮食作物总播种面积均在一半以上,其总产量也在粮食总产量的一半以上。"西藏的主要农作物乃是几种大麦,这是在高寒地带唯一能生长的庄稼(最高达一万四千英尺)。经烘炒的青稞面,则构成了西藏人民的主要食物"⑤。但是,在民主改革前青稞栽培技术改进有限,单产只有几十斤到百余斤而已。⑥ 西藏原为春小麦种植区,冬小麦仅在海拔3000米以下地区种植,一般单产100多斤,解放后推广种植冬小麦才使之播种面积和产量迅速增大,春小麦种植比例下降。玉米、水稻、油菜、马铃薯等适应面不及青稞等,在以往播种面积也相应有限。⑦ "其次是荞麦和小麦,后者只能生长于高度为一万一千英尺左右的地带,在许多重要的文化区域里不能生存。其他农作物还有豌豆、萝卜、芥菜。西藏大部分地区不能种植水稻。"⑧

在气候条件相对较好的西藏雅鲁藏布江中游及其支流、山南河谷低地及藏东河谷等主要农业区,历史上青稞、小麦、谷子和水稻等农作物可以一年两收。如江孜至大竹卡、贡嘎至桑日、拉萨河和年楚河谷中下游谷地,均分布有长100公里以上,宽3—10公里的宽谷平原,海拔多在4000米以下,土地肥沃,引水灌溉便利,年均温在6—8℃,高原光照充足,对农作物生长有利,历史以来便是西藏农业的精华区域所在。⑨ 藏东一些低海拔沿河地区分布有冲积土,"质地细密,地位低,气候温

---

① 乾隆《西藏志考》之《土地蓄产》,见于李德龙主编:《中国边疆民族地区抄稿本方志丛刊》,中央民族大学出版社,2010年。
② (嘉庆)和宁:《西藏赋》。
③ (民国)法尊:《现代西藏》第5章《物产经济及其交通》。
④ 徐华鑫:《西藏自治区地理》,西藏人民出版社,1986年,第215页。
⑤ (美)皮德罗·卡拉斯科:《西藏的土地与政体》,陈永国译,周秋有校,西藏社会科学院西藏学汉文文献编辑室印,1985年,第3页。
⑥ 徐华鑫:《西藏自治区地理》,西藏人民出版社,1986年,第219页。
⑦ 徐华鑫:《西藏自治区地理》,西藏人民出版社,1986年,第220—223页。
⑧ (美)皮德罗·卡拉斯科:《西藏的土地与政体》,陈永国译,周秋有校,西藏社会科学院西藏学汉文文献编辑室印,1985年,第3页。
⑨ 徐华鑫:《西藏自治区地理》,西藏人民出版社,1986年,第224页。

暖。又多可引水灌溉，不虑天旱。每年可收二次，以小麦、玉蜀黍为主要农产。小麦秋季播种，初夏收获。麦秋前预播玉蜀黍于行间；刈麦后，苗适出土，仲秋穗熟，再播小麦，以为恒"。① 从整个高原农作物生长周期上看，"农忙季节的长短则随着高度的不同而变化，播种于秋天或春天冰雪融化之后。高度越低，春播和秋收就越早。在某些最高的区域，庄稼生长期太短，大麦不得成熟，因此只能用作饲料。"②

西藏农业生长和生产在区域分布上较为集中，是典型的因地制宜施行"灌溉、施肥和某些轮作使最好的土地连续丰产"③的局地开发模式，从这个角度上讲，这些历史以来全藏农业精华所在地区的生产是集约型的。和宁《西藏赋》言拉萨河"其水澄澈紫碧，南入藏布江"，"拉萨田苗资其灌溉"。④ 有研究表明，清代雅鲁藏布江流经的前、后藏之雅隆河谷、江孜等地的水渠灌溉技术最为完善，驻藏大臣历来重视农田灌溉，在光绪末年张荫堂查办藏事期间还出台了一系列劝农措施，其中就有讲求灌溉之法和在山地开沟洫以资保灌的举措。而在光绪三十四年（1908）江孜年楚河一带"田亩纵横，土性黏固，空气干燥，故番农皆开渠引水，以收灌溉之利。……各田庄又均有界沟，旱溉潦泄，有裨农功"。⑤ 尽管旧时西藏农业不甚发达，但部分山地农田水利工程中渠灌系统的修筑和利用已有较高水平，民国初年时人称：

> 至于灌溉之水道，其制造颇为精巧，能拔涧水，穿数百英尺之险阻岩壁，令其廻绕山肩而连续之，以资灌溉。自远望之，水色□绿，蜿蜒若带。光掘地于山之腹，筑造之困难可知，乃规模宏大如是。宜过客之叹赏不已也。⑥

在西藏，"许多灌溉区域都是引用流向大河的小河之水，灌溉土地只局限于小河流经的地方，在平坦的盆地或靠近大河的台地，修成更大规模的回转水渠是可能的"，"山坡上的田地修成了梯田，小山之间筑成堤坝，拦截山洪以蓄灌溉之水。长长的渠道将河水输入田地，逢涧之处则用木管道使河水流过"。灌溉条件较好的地区，其田地"几乎连续耕种"，而条件较差的土地"则允许每隔两三年休耕一次，休耕时将田地深翻。作物换种包括大麦、豌豆，而且还试种了小麦"。⑦ 在肥料方面，牲畜粪多的地方会使用畜粪施肥，但因畜粪作为燃料利用更为广泛，故在许多地区"将人粪与灰土相搅拌，是最普遍的改良土壤的办法"；此外，河泥、腐叶等也在一些

---

① （民国）《西康视察报告》第3号，见任乃强：《民国川边游踪之〈西康札记〉》，中国藏学出版社，2010年，第82—83页。
② （美）皮德罗·卡拉斯科：《西藏的土地与政体》，陈永国译，周秋有校，西藏社会科学院西藏汉文文献编辑室编印，1985年，第3页。
③ （美）皮德罗·卡拉斯科：《西藏的土地与政体》，陈永国译，周秋有校，西藏社会科学院西藏汉文文献编辑室编印，1985年，第3页。
④ （嘉庆）和宁：《西藏赋》。
⑤ 引文出自《炉霍屯田志略》，及此水利灌溉情况均参自陈崇凯：《西藏地方经济史》，甘肃人民出版社，2008年，第356—357页。
⑥ （民国）邵钦权：《卫藏揽要》卷三，风俗。
⑦ （美）皮德罗·卡拉斯科：《西藏的土地与政体》，陈永国译，周秋有校，西藏社会科学院西藏汉文文献编辑室编印，1985年，第4页。

地方当作肥料来使用。① 不同的土地使用肥料的情形和办法不一,在墨竹一带"这里的肥料是用混合肥,即马粪、羊粪和人粪混在一起。据这里的经验,湿地以人粪好,中等地用混合肥。土质坏地用羊粪好。羊粪好处,可以少用种子,一藏克地如用15驮紫羊粪,只要撒10赤种子就可以,可省一半种子,一藏克地一般施肥20口袋(即10个驮子,装3克的口袋)。这里只施一次肥,一般不追肥"。② 由于地寒和土质条件好的区域较少,除主要农作区外西藏广泛分布着的半农半牧地区,其农肥使用则多用羊粪,如在藏北霍尔措三十九族部落地区的,"黑土壤地里多施羊肥,因为羊粪性热,能促使作物早熟,坡地和沙地多半施圈肥,不致在庄稼未熟就枯黄。人粪尿浸泡的草木灰肥,多施于房舍附近青稞地,据说能抗倒伏"。③

尽管近代西藏在农耕条件较好的一些地区种植业等生产有所发展,但生产技术、生产工具等仍较为落后,多数地区种植业发展局限性大。比如土地轮休制广泛存在,这一方面与水土热条件有关,另一方面是人力、肥料等缺乏所致,不少地区使用土地轮休便是为了解决肥料不足的问题。耕作技术上,西藏地区"二牛抬杠"、"烧荒肥田"、"刀耕火种"等方式较为普遍。犁头等多数农具以木制品为主,深耕细作不足。以藏东昌都为例,旧时由于生产工具原始落后,田间管理粗放,种植结构简单,经济作物少,绝大多数地区靠天吃饭,农作物的产量很低,"一般亩产不超过140斤,引水条件较好的农田亩产也不超过200斤"。④ 而地方官员亦称西康地区:

> 康民犁地系用双牛并肩而行,且无铁质犁尖,犁土不深,石子满地。
> 虽草粪骨等肥料随处多有,康民不知应用,地常间年耕种一次。
> 使农器进步,人口加多,收获当亦丰稔。⑤

值得一说的是,西藏农业建设在清末民初时期几次较大的"新政"活动中获得重视,如1907年始张荫棠、联豫在西藏设立农务局,十三世达赖喇嘛在民国初年推进的鼓励垦荒,以及赵尔丰等及民国对川康藏边区屯务的经营等,对西藏农业发展起到一定的推动作用。其中,十三世达赖喇嘛在1913年颁布的《关于西藏全体僧俗民众今后取舍条例》鼓励垦荒,是继光绪二十五年(1899)西藏地方政府改善和促进农业生产之后的又一重要举措,对于藏区农垦的发展起到积极作用,条例称:

> 今后凡在共有山野川开荒造地,种植杨柳蕀刺,谋求福利的勤劳门户,政府、贵族、寺庙三方不得阻拦,并免征三年差税。三年过后按土地面

---

① (美)皮德罗·卡拉斯科:《西藏的土地与政体》,陈永国译,周秋有校,西藏社会科学院西藏学汉文文献编辑室编印,1985年,第4页。
② 西藏社会历史调查资料丛刊编辑组:《西藏社会历史调查》(一),民族出版社,2009年,第42页。
③ 那曲地区政协文史组:《比如和索县两地农牧业生产概况》,见《西藏文史资料选辑》第8辑,西藏自治区政协文史资料研究委员会编,1986年内部本,第12—13页。
④ 引言见李文光等主编:《西藏昌都:历史·传统·现代化》,重庆出版社,2000年,第511页。本段内容参阅该书及西藏社会历史调查资料丛刊编辑组:《西藏社会历史调查》(一),民族出版社,2009年等。
⑤ 《巡员张懋昭关于西康概况呈文》(1935年7月13日),见中国藏学研究中心、中国第二历史档案馆合编:《民国时期西藏及藏区经济开发建设档案选编》,中国藏学出版社,2005年,第400—401页。

积和收获多寡,或征税,或租贷。①

在光绪三十三年(1907)为推行新政,建设西藏,对"农务局应办事宜"就有"凡西藏除有主各庄田外,凡荒山废坡各地,招民领耕",头两年"不收地租,第三年以后,按其收获之物十分取一","凡领官地,种草养牛羊,种果木柳松树及蔬菜各种者,亦照以上办法";"山坡各地,宜多掘土坑沟渠以贮水","多种树木,则雨水必多";以及"皆宜专差往各地购运种子数百包,在拉萨植物园试种,发生后将种子颁发民间种植"等章程。②尽管新政实效大多甚微,但亦是近代西藏农业发展的一新动向,对地区经济和社会革新起到一定的推动作用。

第三节 畜牧业

西藏是我国重要的高寒牧区,历史上畜牧业一直是地区主要的经济生产部门。清代乾隆《西藏志考》载西藏牲畜产马、小骡、小驴、毛牛、黄牛、羊等,许多地方人民以放牧为生,以牛羊为食。③嘉庆《西藏赋》亦称藏地"兽则獂羊猁犬,蕃马牦牛"。④光绪末年"养牧牛羊骡马,为西藏天生大利"。⑤民国时人称"西藏游牧人家,多过农民数倍或数十倍,其出产品为酥酪、奶渣、羊、牛、皮、毛等,又以毛为大宗,每年运出印度约在百万斤以外。皮酥之类,则仅销于西藏境内,牛尾也多出口"。⑥晚清至民国时期,羊毛是西藏出口贸易的大宗,在对外贸易中占有重要地位,1908—1909年贸易年度经亚东商路出口至印度的西藏羊毛数量达4万蒙德(Maund,即"扪",是印度的一种重量单位,折合82.28英磅,37.35千克)。1914—1915年贸易年度羊毛占西藏出口商品货值总数的80%。在1916—1917年贸易年度里,经亚东关出口至印度的西藏牦牛尾达1268蒙德,价值66 718卢比。⑦羊毛、牦牛尾出口在西藏对外贸易中的地位,充分表明西藏地区畜牧及畜产业在旧时有着一定的发展。

18世纪后期,西人在其游记中也称"西藏所有值钱和有用的动物中,最珍贵的当是绵羊。羊的数量很大,是藏族人主要的生活来源和过冬的食物。有一种羊似乎专是为适应当地气候而生的品种,它们的头部和四肢几乎无一例外都是黑色。个头不大,身上的毛很柔软,它们的肉几乎是西藏人唯一食用的动物肉,在我看来,它们是世界上最好的羊肉","偶尔还看到这种动物被用来驮运东西,我曾经见过一

---

① 何宗英:《第十三世达赖喇嘛年谱》,见西藏自治区政协文史资料研究委员会编:《西藏文史资料选辑》第11辑,民族出版社,1989年,第128页。
② 《咨外务部为西藏议设交涉等九局并附抄办事草章》(光绪三十三年三月初十日),见光绪《使藏纪事》卷三,查办,见国家图书馆分馆:《清代边疆史料抄稿本汇编》第26册,线装书局,2003年。
③ 乾隆《西藏志考》之《土地蓄产》,见于李德龙主编:《中国边疆民族地区抄稿本方志丛刊》,中央民族大学出版社,2010年。
④ (嘉庆)和宁:《西藏赋》。
⑤ 《咨外务部为西藏议设交涉等九局并附抄办事草章》(光绪三十三年三月初十日),见光绪《使藏纪事》卷三,查办,见国家图书馆分馆:《清代边疆史料抄稿本汇编》第26册,线装书局,2003年。
⑥ (民国)法尊:《现代西藏》第5章《物产经济及其交通》。
⑦ 《1908—1947年亚东商路西藏羊毛出口印度数量统计表》及分析,见周伟洲主编:《英国、俄国与中国西藏》,中国藏学出版社,2000年版,第449—450、451页。

大群缓缓移动的羊群,背上驮着盐和粮食,每只羊能背12到20英磅重的东西。它们驮着自己身上的皮毛前往最好的市场,在那里它们身上的毛通常被编织成一块细长的布,类似起绒粗呢布,或者编织成厚厚的粗地毯",而"小羊的羊皮也带毛加工,是一种非常有价值的外贸产品"。① 皮德罗·卡拉斯科称:

> 西藏最主要的家畜是牛和羊。通常饲养的有普通牛和牦牛,以及二者杂交的犏牛。各种普通牛用于田间耕作和驮载货物,还作为食肉、奶制品和皮货的来源。……牦牛除了上述用途外,还生产牛毛和牛尾,后者还出口到印度,用作苍蝇甩。……居于草原的西藏人的主要牲畜是羊,羊可为人类提供肉类、乳制品、皮和毛,也用于运输。②

西藏贵族庄园中分布有不少牧场,拥有大量牲畜,根据达斯的记载,约在1880年左右,帕拉家族在格隅的牧场就拥有1万只绵羊和山羊;而据贝尔的记录,在1920年代帕拉家族班觉伦布庄园拥有13个牧场,"每个牧场供养十五到二十户牧民家庭,每个牧场平均生产价值12英镑的酥油和1英镑的奶酪",当时帕拉家族在汀孜一带拥有大约2万只羊,一个普通牧场可以牧羊500—1000只,条件较好的牧场甚至可放牧到2000只。③ 1929—1930年间西康地区康定、道孚、甘孜、瞻化等地牧场分布广泛,畜牧从业人员在地方上占有较大比重。④ 据西人所记,1940年代在青海湖西部地区重要的大部落头人拥有3万头羊(分三个牧群)、4500头牦牛和88匹马,富裕之家一般有5000只羊、400头牦牛和70匹马,数量庞大。⑤ 据西藏贸易总公司的估计,在民主改革前西藏羊毛的产量高达1454万多斤,羊皮5万多张,牛皮2.5万张,牛尾2.5万根,酥油720万斤。⑥ 近代西藏大商号"邦达昌"每年收购的羊毛,从阿里收购1.8万—2万包,藏北约收3.5万包,日喀则约2万包,昌都约0.8万包,共约8.3万多包,计480万斤。⑦ 1952年西藏地区拥有牲畜总数约为1000万头,但在1980年代之前,西藏畜牧业发展最为迅速的阶段是在民主改革到1965年自治区成立期间,1965年牲畜总数比1958年增长了54.1%;而到1981年则上升至2500多万头。长期以来西藏牲畜以牦牛、绵羊、山羊和黄牛为主,1981年统计资料显示以牦牛和绵羊的数量最多,山羊和黄牛次之,而其他牲畜较少。⑧

现代农牧业调查表明,西藏各地区地理位置、海拔高度和地貌类型的不同所形

---

① (英)塞缪尔·特纳:《西藏扎什伦布寺访问记》,苏发祥等译,西藏人民出版社,2004年,第217—218页。
② (美)皮德罗·卡拉斯科:《西藏的土地与政体》,陈永国译,周秋有校,西藏社会科学院西藏学汉文文献编辑室编印,1985年,第5页。
③ (美)皮德罗·卡拉斯科:《西藏的土地与政体》,陈永国译,周秋有校,西藏社会科学院西藏学汉文文献编辑室编印,1985年,第103—104页。
④ (民国)《西康视察报告》,见任乃强:《民国川边游踪之〈西康札记〉》,中国藏学出版社,2010年。
⑤ 马休斯·赫曼:《西藏游牧》,见(美)皮德罗·卡拉斯科:《西藏的土地与政体》,陈永国译,周秋有校,西藏社会科学院西藏学汉文文献编辑室编印,1985年,第74页。
⑥ 引自陈崇凯:《西藏地方经济史》,甘肃人民出版社,2008年,第496页。
⑦ 美朗宗贞:《近代西藏巨商"邦达昌"之邦达·多吉的政治生涯与商业历程》,西藏人民出版社,2008年,第83页。
⑧ 徐华鑫:《西藏自治区地理》,西藏人民出版社,1986年,第201—202页。

成的水热条件差异性,导致了草场类型与农牧经济结构在不同地区发生变化。以纬度地带性分布来看,大致形成如下 4 种分异区域:藏北畜牧业区(在聂荣—那曲—当雄—萨嘎一线以西及藏北地区),此区草地分布广泛,是纯牧业主要的分布区域;藏南畜牧业区(大致在雅鲁藏布江、年楚河、拉萨河、尼洋河流域),此区是农业分布主要地带,畜牧业间于其间或农区周边山地与草场;藏东和藏南畜牧业区(大致范围在索县—比如—嘉黎一线以东和藏南部分地区);藏东南畜牧业区(错那—朗县—工布江卡—波密—察隅一线以南地区)。后两个畜牧业区普遍存在农牧复合型经济形态,其牧业生产类似于赵松乔等对川滇农牧交错带调查所见的形态,即高山、高原地带有块状分布的半农半牧或牧;同时,受垂直地带性地理环境的影响,藏东、藏南及藏东南牧业区畜牧业生产在空间上也呈现出强烈的差异性。[①] 西藏地区草场面积大,类型多样,成为畜牧业发展的优良条件,各畜牧业区均分布有数量和面积不等的草场。当然,由于缺乏历史统计资料,暂不能对这些畜牧业历史时期牧场分布、牲畜数量和畜产品情况加以梳理,但以西藏地区历史以来所形成的生产方式、畜种与畜群结构和特有畜产等来看,各区畜牧业均在西藏畜牧业经济中占有重要地位。各区牧养业和畜养业占比不同,畜牧业经营方式也存在着一定差异,但都是地区畜牧业的重要组成。

由于牦牛、藏绵羊、藏山羊等对高原环境的适应性强,故成为高原牧区主要的畜种,藏北高原型藏绵羊、雅鲁藏布江中游河谷型藏绵羊、樟木绵羊、嘉黎牦牛、查吾拉牦牛、帕里牦牛等都是历史以来形成的优良畜种,经济价值极高。[②] 在纯牧业区,以往牧区经济建立在部落制形式上,牧奴"牲畜为伴、逐水草而居"。在藏北霍尔措三十九部族半农半牧地区,虽然草场和放牧条件不及藏北广大纯牧业区,但境内仍分布有一些纯牧业区,草场大部分布于山坡上,传统以来夏秋两季仍是这些地区畜牧业生产的重要季节,牧民都很注意放牧、配种和收藏制作畜产品三大环节。[③] 在安多一带,据 1940 年代的调查,农耕地区也存在着有限的牧场,饲养耕畜和少量其他牲畜,晚间人们将牲畜从牧场赶进农场,冬季则实行圈养。而西藏中部、东北部多数地区"在集约农业、农牧混合和纯粹的牧业经济之间有变迁",拥有大片牧场的地区,整个夏季牲畜都在牧场度过,由少数居于帐篷的放牧人照料;冬季牲畜则在村落附近草原或田地里放养。在一些地区,一个家庭内部可能同时有牧民和农民存在,从事农牧业并重的生产形式。当然,在海拔高的牧场也有纯粹的牧民,他

---

① 参阅中国科学院青藏高原综合科学考察队:《西藏农业地理》,科学出版社,1984 年;多杰才旦等主编:《西藏经济简史》(上),中国藏学出版社,2002 年;赵松乔等:《川滇农牧交错地区农牧业地理调查资料》,科学出版社,1959 年。中国科学院青藏高原综合科学考察队:《西藏农业地理》,科学出版社,1984 年。
② 多杰才旦等主编:《西藏经济简史》(上),中国藏学出版社,2002 年,第 207 页。
③ 那曲地区政协文史组:《比如和索县两地农牧业生产概况》,见《西藏文史资料选辑》第 8 辑,西藏自治区政协文史资料研究委员会编,1986 年内部本,第 12—13 页。

们与低地农民互相交换产品。① 1920 年代末期的调查表明,康属藏区的甘孜、炉霍、道孚、康定等地也拥有一定的纯牧业区,畜牧业生产分布广泛,如甘孜大唐坝"尤为纯粹之牧场区域",全县牧场面积占到全县土地面积的 70%;炉霍罗科马为最大牧场,而分布于高地的草原地带面积约占全县土地面积的 60%;道孚牧场面积也约占全县面积的 60%,鱼科及与康定接壤的格西麻地区是纯粹的牧业区,"牧畜以牛为主,马次之,羊又次之,牛有黄牛、牦牛二种","羊以绵羊为主,供肉用及皮毛用";在康定,"草原牧场,十倍于可耕地面,地概高寒,适于牲畜健康,而草茂水甜,又远甚于新疆、蒙古等处。且地近内省与大城,牛羊皮毛、乳酪、良马之属,销售最便,此本国最佳之牧场也。现全县营畜牧者,约占全民十分之四"。康属藏区在一些农业分布地带,家畜业也多有分布,如丹巴"重农轻牧,虽有草原,不能利用。全县唯丹东有牛厂 200 户,余皆农民。无专营畜产者,唯亦颇重家畜,每户必有牲口(番俗谓牛、马、骡、驴为牲口)一至数头。牛、马并有良种,因常支乌拉差,习于驰骋故也。饲猪尤普遍,无论番汉人户,必有猪数头"。②

可以看出,在旧时虽然分布有较多和面积广泛的纯牧业区,但由于人口分布和地方经济中以庄园经济生产为主,故"西藏各地几乎都是农牧紧密相联的地区。山谷地区用于农业,附近的大山则为牛羊提供了牧场",③农牧经济混杂的成分比较大。当然,这不说明西藏地方经济中畜牧业的地位不重要;相反,在纯农业、半农半牧、纯牧业三者间无论是在分布范围还是因自然环境所孕育的区域经济结构中,畜牧业在西藏一直处于一个重要和不可或缺的位置,在地方经济发展中发挥着鲜明的作用,尤其是在近代西藏对内地和对外贸易中,畜牧产品始终是输出的大宗。

第四节 庄园

近代西藏地方经济中,庄园制经济依然扮演着重要角色,每个庄园构成为一个相对自给自足独立的生产单位,实行封建领主经济制度,可以说庄园(即"谿卡")经济是西藏封建农奴社会最基本的经济形式。"较大寺庙及公、噶伦等大官贵族之顿差百姓、棒地等,皆乃奉天承运大皇帝和遍知遍观大佑主胜王之庶民与领地,仅归其使用,并非各自背负而来。直到现今,依然允其使用。"④

庄园"或为寺庙占有,或为贵族占有,或为西藏地方政府某些具体机构所直接占有。谿卡土地有多有少,颇不一致。就连经营谿卡的方式也各不相同。从大的方面来分,有自营谿卡和佃出谿卡两种"。⑤ 西藏政府的庄园分配给各个机关,军队

---

① 马休斯·赫曼:《西藏游牧》,见(美)皮德罗·卡拉斯科:《西藏的土地与政体》,陈永国译,周秋有校,西藏社会科学院西藏学汉文文献编辑室编印,1985 年,第 7 页。
② (民国)《西康视察报告》,见任乃强:《民国川边游踪之〈西康札记〉》,中国藏学出版社,2010 年。
③ (美)皮德罗·卡拉斯科:《西藏的土地与政体》,陈永国译,周秋有校,西藏社会科学院西藏学汉文文献编辑室编印,1985 年,第 72 页。
④ 出自《铁虎清册》,转引自陈崇凯:《西藏地方经济史》,甘肃人民出版社,2008 年,第 335 页。
⑤ 西藏社会历史调查资料丛刊编辑组:《西藏社会历史调查》(一),民族出版社,2009 年,第 59 页。

也分得一些庄园,一些大臣庄园也会分给下属,1792年政府庄园数量有191个,分布于西藏54个地区或宗。① 贵族庄园和寺庙庄园不经西藏政府直接管理,但这些庄园须向政府缴纳税赋,并且"除一些寺院庄园之外,运输劳役一般从受封者中征召"。②

表2-1　1792年西藏政府庄园数量分布　　（单位：个）

地点	庄园数量	地点	庄园数量	地点	庄园数量
协噶尔	6	林	9	拉康	1
丹吉	3	多仲	14	觉木	5
日喀则	13	乃东	3	（工布）则拉	1
江孜	32	穷结	4	（工布）雪卡	10
拉布	1	贡咔	6	江达	7
察措	1	尼木	1	泽不灵	1
南木林	1	沃卡	4	朗往	1
仁布	3	拉索	1	察西	2
白朗	6	吉如朗	3	拉木	1
旺丹	1	金东	1	里乌	1
杜冲	1	桑冲	10	朗结康	1
浪卡子	7	隆子	1	康	1
曲隆	1	隆	1	达孜	8
朗东	1	西冲	1	林周宗	1
聂当	1	察里	1	墨竹工卡	1
布蒂	1	隆赞	1	泽杜德	5
萨拉	1	赞巴	1	总计	191
察西泽	1	工布	1		

（资料来源：《1792年的国库庄园》,见(美)皮德罗·卡拉斯科:《西藏的土地与政体》附录三,陈永国译,周秋有校,西藏社会科学院西藏学汉文文献编辑室编印,1985年,第123—125页。）

在西藏,大部分庄园都位于人口相对集中的农业区,"后藏、卫区、达布和工布,尤其是年楚河和拉萨河谷。如在江孜地区,18世纪末这里是国库庄园的群集之地。……在近代,江孜则是一些贵族的庄园领地,主要有多仁、吉布、乃堆、帕里、彭康、车仁、赤门、达蔡和宇妥"。一般说来,农业条件较好的区域是庄园密集之地,但"有时也把牧区封赐给寺庙或贵族",如藏东南和藏北草原牧区在20世纪初期就分

---

① (美)皮德罗·卡拉斯科:《西藏的土地与政体》,陈永国译,周秋有校,西藏社会科学院西藏学汉文文献编辑室编印,1985年,第100,96页。
② (美)皮德罗·卡拉斯科:《西藏的土地与政体》,陈永国译,周秋有校,西藏社会科学院西藏学汉文文献编辑室编印,1985年,第101页。按,庄园数按表2-1统计之总数191个计,此处原书做190个。

布有大臣或寺庙的庄园。① 以1957年对拉萨以东墨竹墨曲河谷沿岸的庄园调查来看,作为墨竹工卡较有影响的贵族大庄园黑丁谿卡,处于全宗腹心,还由西雷卡谿卡、格日孙克囊赛谿卡、牙吾谿卡、纳古谿卡和黑丁谿卡五个庄园组成,实际上在地方是一个庄园群,为黑丁拉旺家族所有。黑丁庄园自营地800藏克,加上其他四个庄园整个庄园群约有2000多藏克土地(见表2-3)。除了表2-3所列黑丁、拍绕塔巴、哈龙书季、劳顿、道布、卡尔东等谿卡以外,分布于墨竹墨曲沿岸的庄园还有康吉、扎西岗、强中、伽拉多、多宗、给中、涅当、额鲁、旁梅卡、公锅、东岗、急巴、拉木出巴、洛马、仁庆林卡尔岗、米洛等十多个大小不一分属寺庙、贵族或政府所领的庄园,分布较为密集,庄园经济一直是这一地区最为主要和基本的农业经济生产形式。② 在墨竹工卡东北属于半农半牧的直贡地区,直贡噶举教派寺庙庄园数达12个,拥有土地、农奴、牧场和牲畜,其中牧场在领地中占有相当大的比重,如俄珠庄园有名为斯锐绒的牧场,牧民13户,山羊、绵羊3000只,牧民要向寺庙交酥油、肉及奶渣等。绒读谿卡所在绒读曲谿后分布有牧场数处,"皆为直贡所占有,牧民和牲畜很多,是墨竹工卡宗内最为广阔的牧场草地"。③ 寺院庄园及寺院经济在旧时西藏地方社会经济中具有很大影响,所占有的资源十分庞大,以三大寺情况来看,每寺占有土地都在3万克以上,而哲蚌寺一处就占有谿卡185处以上,计耕地5.1万余克,牧场300处,牲畜3万头以上,农牧民2万余人。④

表2-2 1880年代至1950年间的西藏贵族和寺庙庄园(不完全统计)

庄园名称(地点)	庄园主	庄园性质	备注
吉布庄园(江孜)	吉布家族	拉萨贵族	
詹东庄园(日喀则)	詹东家族	拉萨贵族	
考噶庄园(曲水)	贡嘎俄布嘉措家族	拉萨贵族	
扎赤彭绕巴庄园(山南)	扎赤彭绕巴家族	拉萨贵族	
朗顿庄园(达布朗宗)	朗顿家族	拉萨贵族	
阿沛庄园(工布江达东南)	阿沛家族	拉萨贵族	
江热庄园(江孜)	江热家族	拉萨贵族	
江乐金日喀则庄园	江乐金家族	拉萨贵族	
尼木朵噶庄园	尼木朵噶家族	拉萨贵族	地点不详
达蔡洽隅庄园(洽隅)	达蔡家族	拉萨贵族	
达蔡重孜庄园(江孜)	达蔡家族	拉萨贵族	

---

① (美)皮德罗·卡拉斯科:《西藏的土地与政体》,陈永国译,周秋有校,西藏社会科学院西藏学汉文文献编辑室编印,1985年,第106—107页。
② 西藏社会历史调查资料丛刊编辑组:《西藏社会历史调查》(一),民族出版社,2009年,第191—202页。
③ 西藏社会历史调查资料丛刊编辑组:《西藏社会历史调查》(一),民族出版社,2009年,第203,209页。
④ 中国社会科学院民族研究所西藏少数民族历史调查组编:《西藏简史》,西藏人民出版社,1985年。

续表

庄园名称（地点）	庄园主	庄园性质	备注
车仁岗巴庄园（岗巴）	车仁家族	拉萨贵族	
车仁协噶尔庄园（协噶尔）	车仁家族	拉萨贵族	
吞米庄园（帕错）	吞巴家族	拉萨贵族	
多仁拉萨庄园（拉萨附近）	多仁家族	拉萨贵族	
多仁日喀则庄园			日喀则有多仁村名，具体不详
噶豁庄园（江孜）	多仁家族	拉萨贵族	
纳热基松巴堆隆庄园（堆隆）	纳热基松巴家族	拉萨贵族	
乃堆庄园（江孜）	乃堆家族	拉萨贵族	
帕拉江孜庄园群	帕拉家族	拉萨贵族	有重孜、半部郭豁、萨鲁、格隅草原、强喀、帕拉等庄园或城堡
彭康江孜庄园	彭康家族	拉萨贵族	原为江乐金家族庄园
穷结彭绕巴庄园（藏南穷结宗）	穷结彭绕巴家族	拉萨贵族	
车仁江孜庄园	车仁家族	拉萨贵族	
车仁多扎庄园（多扎）	车仁家族	拉萨贵族	
车仁春丕庄园（春丕）	车仁家族	拉萨贵族	
本冲索巴庄园	本冲索巴家族	拉萨贵族	地点不详，原为班禅喇嘛之庄园
觉结庄园（年楚河谷）	觉结家族	拉萨贵族	
蒙仲庄园（翁河谷一带）	蒙仲家族	拉萨贵族	
蒙仲草原庄园（纳姆如）	蒙仲家族	拉萨贵族	
擦绒庄园（康区）	擦绒家族	拉萨贵族	
擦绒达布庄园（达布）	擦绒家族	拉萨贵族	
擦绒庄园（藏西地区）	擦绒家族	拉萨贵族	
擦绒曲水庄园	擦绒家族	拉萨贵族	在曲水地方拥有房屋
宇妥巴江孜庄园	宇妥巴家族	拉萨贵族	江孜附近有宇妥巴家族名地区
薰东噶庄园（拉萨附近）	惹噶厦家族	拉萨贵族	惹噶厦在1920年代为西藏四大庄园主之一
觉庄园（东噶宗以北）	惹噶厦家族	拉萨贵族	
然巴普莫江塘牧场（普莫江塘湖）	然巴家族	拉萨贵族	拥有大批牧民

续 表

庄园名称（地点）	庄 园 主	庄园性质	备 注
达纳庄园（达纳）	然巴家族	拉萨贵族	
然庄园	然巴家族	拉萨贵族	在距拉萨4—5天路程然地名处有庄园
欧荣庄园（工布则拉宗）	夏扎家族	拉萨贵族	夏扎为西藏四大庄园主之一
松布豁卡庄园（隆子西部）	夏扎家族	拉萨贵族	
协巴色穷巴庄园（拉萨附近）	色穷巴家族	拉萨贵族	
基松庄园（基松）	桑珠颇章家族	拉萨贵族	
马格庄园（马格）	桑珠颇章家族	拉萨贵族	
敏达庄园（隆子以南）	桑珠颇章家族	拉萨贵族	
拉丁庄园（雅隆附近）	拉丁家族	拉萨贵族	拉丁系贵族名，也是地名
噶察庄园（工布则拉宗）	拉鲁家族	拉萨贵族	
罗灵日喀则庄园	罗灵家族	拉萨贵族	村庄名
岗巴庄园（帕里）	罗灵家族	拉萨贵族	
喀拉德洞庄园（日喀则以南）	无名氏贵族	贵族庄园	其头人是解职了的代本（将军）（1902年）
措则庄园（白朗东南）	无名氏贵族	拉萨贵族	以前是几个著名将军的居住地，后为拉萨一地方官所有（1902年）
罗本岗与曲米岗庄园（拉萨河谷）	无名氏贵族	拉萨贵族	拉萨一民官财产（1902年）
达布东巴庄园（达布地区）	无名氏贵族	贵族庄园	在拉萨一贵族官员管辖之内
西奥庄园（洽隅）	无名氏贵族	贵族庄园	1914年
曲考庄园（那曲卡以西）	色拉寺	寺庙庄园	
当扎庄园（那曲卡）	色拉寺	寺庙庄园	
达木庄园（达木）	色拉寺	寺庙庄园	以前系驻藏大臣所有
纳姆庄园（拉萨河谷）	色拉寺	寺庙庄园	
桑珠岗庄园（那曲霍尔）	哲蚌寺	寺庙庄园	
工布庄园（工布）	拉萨四大林	寺庙庄园	
喀鲁庄园（喀鲁）	公德林活佛	寺庙庄园	
贝索庄园（贝索）	公德林活佛	寺庙庄园	
工布摄政王庄园（工布）	某一前摄政王	寺庙庄园	1902年
觉拉庄园（罗落河谷）	丹吉林	寺庙庄园	被没收（1914年）
吉姆卡庄园（曲水附近）	朗杰扎仓	寺庙庄园	属达赖喇嘛在布达拉宫内的寺庙
白浪宗庄园（白浪宗）	汉当康村	寺庙庄园	属扎什伦布寺喇嘛

（资料来源：《拉萨的贵族庄园》、《某些宗教实体的财产》，见(美)皮德罗·卡拉斯科：《西藏的土地与政体》附录一、二，陈永国译，周秋有校，西藏社会科学院西藏学汉文文献编辑室编印，1985年，第111—122页。）

表 2-3　1950 年代墨竹工卡宗庄园

庄园名称	庄园性质	土地数量（藏克）	民居户数
黑丁豁卡（有 5 个）	贵族庄园	2319.25	155
甲马豁卡（有 5 个）	贵族庄园	1932.5	223
哈龙书季豁卡	贵族庄园	241	17
格霍豁卡	政府庄园	310	61
伦布豁卡	政府庄园	443	32
给布豁卡	宗本（当地政府）庄园	530	25
劳顿豁卡	宗本庄园	773	32
拍绕塔巴豁卡	寺庙庄园	1648	82
塔吉豁卡	寺庙庄园	约 180	96
墨竹工豁宗雪	宗本庄园	133	114
道布豁卡	寺庙庄园	489.5	49
扎布西豁卡	宗本庄园	650	21
卡尔东豁卡	贵族庄园	365	15

（资料来源：西藏社会历史调查资料丛刊编辑组：《西藏社会历史调查》（一），民族出版社，2009 年，第 95—96 页。）

庄园制经济对于维护和巩固西藏封建领主制起到重要作用，但至近代由于领主对土地等生产资料的垄断和对农奴人身等的占有，以及其近乎封闭型的自给自足生产形式，自然经济体系的特征十分突出，其对经济生产的束缚愈发明显，严重制约了地方社会的发展。

第三章　工矿业

近代时期西藏工矿业以传统的毛纺织、金属加工和金矿等开采和利用为主,依赖其丰富的牧业和矿产资源而生,但其规模都不大,基本以家庭手工作坊和土法散漫的开采为主,工匠等生产者社会地位低下,发展能力不足。在手工业方面,拉萨、江孜等重要的政教中心城镇或农业经济较发达地区成为主要的生产中心,矿业生产则以矿产所出的开采区为集中地带。总体上看,近代时期西藏的工矿业生产停留于传统模式,生产部门也多为传统自然经济形成的、为宗教和权贵阶层服务的产业,自身发展受限严重。而新式的近代工业在西藏起步晚,直到1914年方建立第一座机器厂,[1]1924年经十三世达赖喇嘛批准在拉萨北郊引水开建夺底水电站(1928年竣工发电,其后还在坚色颇章围墙外为达赖喇嘛照明用专门修建了一座小型水电站),紧接着仍在拉萨北郊建起造币厂、印刷厂等,[2]而且新式工厂、行业等数量极少。据有关资料和研究显示,西藏地区在解放前曾有过近代工业的萌芽,但基本为噶厦政府所控制和经营,有限的发电厂、造币厂、纺织厂等规模都很小,机器设备严重不足,从业工人也极少,这些近代工业最终均因管理不善而倒闭。从这个角度上讲,近代时期西藏工矿业仍是传统农业自然经济体系下的一种经济发展或补充,并未成为主要。[3]

第一节　手工业

近代西藏手工业,以传统的毛纺织、金银铜铁等金属加工等最为发达和普及,有的已经产生专业化的生产活动。据西人考察,在19—20世纪之交时西藏"工艺品并非仅仅产生于职业艺人手中。某些工艺品产自各家各户的家庭工业。诸如生产纺织品等比较专业化的活动皆由政府负责,或者由贵族人管理,他们至少利用部分农业属民的劳力从事这种生产。其他艺人负有沉重的义务负担,为政府提供产品,而价格却极其低廉"。[4] 近代西藏手工业经济相当大程度上仍为政府、贵族和寺院领主所控制,手工业发展深受宗教影响,"凡是与藏传佛教有关或与藏传佛教教义相吻合的手工业往往受到扶持,发展迅速,反之则受到打击和限制"。[5] 故在民国初年时人感慨道:"藏民既溺于宗教,故经营工业,大都献媚与神佛者为多。以有用

---

[1] 参见张可云:《青藏高原产业布局》,中国藏学出版社,1997年,第19—20页。
[2] 强维多·多吉欧珠:《先父点燃了西藏第一盏电灯》,见《西藏文史资料选辑》第8辑,西藏自治区政协文史资料研究委员会编,1986年内部本,第62—63页。
[3] 参阅张艳红:《西藏经济现代化研究》,民族出版社,2011年,第35页。
[4] 据钱特拉·达斯(1902)、费南德·格雷纳德(1904),见(美)皮德罗·卡拉斯科:《西藏的土地与政体》附录一、二,陈永国译,周秋有校,西藏社会科学院西藏学汉文文献编辑室印,1985年,第224—225页。
[5] 马如珩、成崇德主编:《清代边疆开发》(上册),山西人民出版社,1998年,第211—212页。

之光阴,学成年裨实用之工业,可慨也。"① 这一特点在农业生产缺乏铁制工具中亦有反映,同时也决定了西藏近代手工业在空间分布上集中于寺院、庄园和主要政教中心城镇。

而一些重要的手工业,如金属加工等行业,西藏地方政府亦成立有专门组织或制度加以管理。早在五世达赖喇嘛执政期间,为解决修缮和塑造大昭寺、布达拉宫等处殿堂和佛像所需工匠人员等问题,就将惹玛岗地方的铜匠公夏大师傅为首的一部分手工业者集中起来,并成立"多白"组织来管理,这即是后来西藏地方政府管理手工业、五金业的机构手工业局的前身。这一组织有人事编制,甚至还可设监狱处罚手工业违禁从业者,有权从前藏、后藏、康区三大地区征调工匠至拉萨负担差役。② 清代西藏手工业各行也设有"来苏朵当巴"职官负责本行业的派差、征调和税收事宜,政府差役繁多,民间手工业发展受到极大限制。③ 当然,从手工业技术和工艺水平上看,近代西藏一些行业制品具有极高的水准,尤其是寺院所掌控的行业,"拥有自己的木匠、铁匠和其他工匠的喇嘛寺院进一步得到发展,他们的作品显示出更加高超的技巧、更好的品味和设计","银制的转经筒、雕刻着金子的号角、权杖、香炉和塑像都需要更加精巧的制作,而且比其他地方所见的东西有着更好的磨光"。④

西藏地区传统毛纺手工业历史悠久,虽然难以有资料统计这一产业规模情况,但据部分史料所反映出藏人服饰等用料多与毛料及其制品有关,使用较为普遍。"其制出品,织工则有氆氇、绸绒、毛布之属,而氆氇为特著",⑤ 尤以江孜产的氆氇为毛纺上品,远近闻名。江孜氆氇一般长为80尺,宽约18尺,染有绿、黄或暗红等颜色,而暗红最受欢迎。由于西藏毛纺品生产普遍,质量远优于不丹等国,故出口远销至不丹、尼泊尔和印度等地。⑥ 在清代江孜优越的自然条件和地理区位,使之成为远近闻名的毛纺织加工业的中心。1783年左右英人路过江孜称:

> 江孜山谷以羊毛制品的加工而闻名,这种羊毛制品的需求量很大。羊毛制品的颜色只有两种,一种是石榴红,一种是白色,宽幅很少有超过半码的,一般织得很厚也很紧,就像我们的起绒粗呢,摸上去手感很好,感觉非常柔软,因为当地所产的山羊毛看上去质量很好,供应的原材料也就相当优质,………

---

① (民国) 邵钦权:《卫藏揽要》卷三,风俗。
② 扎西次仁:《西藏地方政府手工业局的建立及其编制》,见西藏自治区政协文史资料研究委员会编:《西藏文史资料选辑》第15辑,民族出版社,1998年。
③ 马汝珩、成崇德主编:《清代边疆开发》(上册),山西人民出版社,1998年,第215页。
④ (印)艾哈默德·辛哈:《入藏四年》,周翔翼译,兰州大学出版社,2010年,第60—61页。
⑤ (民国) 邵钦权:《卫藏揽要》卷三,风俗。
⑥ 参见马汝珩、成崇德主编:《清代边疆开发》(上册),山西人民出版社,1998年,第212—213页。

至于说到羊毛织品的加工制造,从地理位置看,由于江孜山谷处于中心地带,非常便于收购原材料和将成品运送到扎什伦布、拉萨和不丹。其结果是此地成为羊毛加工者主要的聚集地,而该山谷的确也拥有了一切自然和必需的条件,如地域开阔、气温温和、土质肥沃等。①

在藏地地区的昌都,纺织业"最主要的形式是妇女在家搓羊线,用以纺织。除少量留作自用外,其余均出卖或换取其他日用品。芒康、左贡的氆氇,丁青色扎、昌都镇的地毯十分有名"。②氆氇、羊绒,在西藏是衣帽制品的主要原材料,民国初年《卫藏揽要》载达赖喇嘛和班禅额尔德尼的冬帽,"均以氆氇羊绒制成",而藏民"衣服有内衣、外衣之分。内衣为氆氇所制成,状似半臂;外衣系紫色羊绒所做之单衫",并称氆氇为"南藏织"。③"自嘎隆下至蕃民,平时皆衣褚巴,不拘颜色,氆氇、缎、布,听其自便,头戴之帽亦同。"④吴忠信《西藏纪要》也称藏人"衣料用毛织物,如氆氇、氇子等类,其次则用布匹,如着无面羊皮袍,则终年在身"。⑤据1956—1957年对拉萨西北东噶宗作坊手工业的调查,桑通曲豀的氆氇匠拉巴便来自山南,其父亲、祖父都是织氆氇的匠工,而在东噶宗岗根布共有30个左右的氆氇匠工,有些还是专业性的。这些匠工可以流动中乡,招揽生意,不受谿卡的限制。氆氇匠工具自备,其他原料由织户提供,"大都由织户管饭(两顿),并给酥油茶、藏酒饮用。工资每日藏银7.5两",除藏历十、十一月寒冷季外,其他月均可以纺织,每日可织三四庹不等。⑥

传统上藏东地区居民纺织的毛料品质和花式普遍要好于藏西地区,⑦但以氆氇等毯织为代表的西藏毛纺织业在近代后期陷入了衰败的境地,"山南一带原是西藏毛纺织品手工业最发达的地方,仅泽当一地最盛时有100多家纺织户,后来只剩下20多户,勉强维持着生产。江孜和拉萨的织毯业原来都很有声望,到后来也是奄奄一息,作为主要商品的卡垫,在市场上已不多见"。⑧造成这一局面的原因,一方面与西藏毛纺织业绝大多数停留于作坊制的家庭副业生产水平有关,在满足领主、僧侣集团所需而持用外,民间受用极为有限;另一方面是近代外来资本主义商品的冲击和对毛纺原材料资源的掠夺等,也使得传统手工业生产和经营难以得到大的发展。

金银铜等珍贵金属加工在近代西藏依然保持有相当高的工艺水准,因宗教艺术发展和政教权贵奢侈生活所需,历史上拉萨一直是这些金属加工业的中心,而其

---

① (英)塞缪尔·特纳:《西藏扎什伦布寺访问记》,苏发祥等译,西藏人民出版社,2004年,第163—164页。
② 李光文等主编:《西藏昌都:历史·传统·现代化》,重庆出版社,2000年,第558页。
③ (民国)邵钦权:《卫藏揽要》卷三,风俗。
④ (乾隆)萧腾麟:《西藏见闻录》卷下,服制。
⑤ (民国)吴忠信:《西藏纪要》,见《西藏学汉文文献丛书》(第2辑),全国图书馆文献缩微复制中心,1991年。
⑥ 西藏社会历史调查资料丛刊编辑组:《西藏社会历史调查》(一),民族出版社,2009年,第33—34页。
⑦ 参见马如珊、成崇德主编:《清代边疆开发》(上册),山西人民出版社,1998年,第214—215页。
⑧ 俞充贵等:《西藏产业论》,中国藏学出版社,1994年,第21页。

他一些主要城镇亦是金属加工发达之地。

  旧时西藏珍贵金属加工业正如前文所述,因涉及宗教和领主所需,故深受地方政府和寺院重视,他们对珍贵金属加工的投入和控制十分明显。印人在考察记中对19世纪末期西藏金属加工业情况作了描述,尽管有些内容未必反映西藏实际,但仍能看出珍贵金属加工这一行当在西藏主要用于非生产性制作,受到寺院的重视程度,"珍贵金属方面的工匠需求量比任何那些刚刚提到的工匠(按指木匠、石匠、铁匠等)都要大。……西藏人民像印度人民一样,把他们所有的收入都投资到了装饰品中;他们完全厌恶任何虚假和不真实的东西。寺院里的金属品工匠在其作品的质量和花样上,都远远超过了世俗的工匠"。① 在清代管理此行业及工匠的组织也早已产生,金属加工从业者大致由汉、藏民及邻国尼泊尔、不丹等移民组成,并形成一定的集中生产地。民国初年时人称,西藏"雕塑木偶,铸五金为神佛,绘五色为菩萨,系藏人长技,藏民之业此者,实繁有徒。因其争奇斗巧,故可观者甚众","铸造梵钟,乃西藏工业之一";拉萨一带成为尼泊尔、不丹等地工匠聚集区,所制五金装饰品等工艺精致,畅销全藏,"自尼泊尔、不丹地方移居于西藏者,稍其有移民性质,察知西藏人民多嗜好珍奇无用之品物,故大半在拉萨各处专为铜、银、锡、玉石之细工者,金、银、铜、锡、珠玉、缝箔及妇女各种首饰等,一切制作物,无不极尽精致者。于人物、花卉、山水之雕镂、判刻亦惟妙惟肖,与内地同一,故甚得西藏土人之欢迎而广为畅销"。② 民国三十年代末吴忠信进藏,对汉民在藏地从事金属加工业的情况有过记录:"藏地亦有金工、铜工、铁工等等,大抵多为流落之汉人为之。金、铜工人多从事制造佛像、佛塔及男女装饰品,铁工则从事制造茶锅、茶壶等。近年藏人中亦有习为之者"。③ 在昌都,虽然"本区工业相当落后,完全为手工业,且种类亦不甚多,仅有缝工、靴、织花、织裁绒、银、铜铁、木等工而已",但"其中以制镌佛像业最为著名,操此业者凡百余户,康藏各地来购者甚多,几有供不应求之势"。④ 昌都、察雅等城镇是解放前藏东地区铸造金、银、铜佛像的主要集中地,"过去各地的佛像,很多靠昌都供给。有的年份为了给佛像镀金,年销赤金达千余两。铁匠也较为普遍,能制犁尖、砍刀及小型农具。昌都、察雅等地的银器加工业也比较发达"。⑤ 除拉萨、昌都外,芒康、布工、日喀则、萨迦、拉孜、昂仁等也是金属加工制造的集中地。⑥

  与金铜银加工行业一样,能生产农具的铁匠在西藏也为政府和寺院所控制。据解放初期的调查,在拉萨罗布林卡专门设有一员管理全藏铁匠的僧官,西藏的铁

---

① (印)艾哈默德·辛哈:《入藏四年》,周翔翼译,兰州大学出版社,2010年,第61页。
② (民国)邵钦权:《卫藏揽要》卷三,风俗。
③ (民国)吴忠信:《西藏纪要》,见《西藏学汉文文献丛书》(第2辑),全国图书馆文献缩微复制中心,1991年。
④ 《昌都调查报告》(蒙藏委员会调查室1942年编印),见王晓莉等主编:《中国边疆社会调查报告集成》第1辑第8册,广西师范大学出版社,2010年。
⑤ 李光文等主编:《西藏昌都:历史·传统·现代化》,重庆出版社,2000年,第557—558页。
⑥ 参见陈崇凯:《西藏地方经济史》,甘肃人民出版社,2008年,第371页。

匠都要参加这个组织,以 50—100 编为一组,各组选出两名头人"切磨"(大组长)、"吾穷"(小组长),负责管理和摊派差役。铁匠除了支差外,可以外出招揽生意(如墨竹工卡全宗有 30 户铁匠,20 多户就是四处流动,走乡串村的),但须要领主缴纳人头税并且外出必须告知切磨、吾穷(以便派差时征调)。铁匠的身份是固定的,不许转入其他金属加工行业。① 在东噶宗的滴及豁卡、甲拉豁卡共有 4 户铁匠,操打铁行业均是世传,与前文提及的该宗氆氇匠不同的是,铁匠户有的支有差地,纳税和差役负担较重,但也有不事农业专做打铁者,各家生计和负担情形不同。如甲拉豁卡嘎马铁匠,因每年要为豁卡无偿打制犁铧农具两次(每次需时约一周),故其家能支得一岗土地数较多的乌拉差地,农业反而成为其主要生产活动,不过每年赋税也较重;而该豁卡另一户铁匠格桑慈仁,没有差地,负担多是人头税和差役,"是以专业铁匠的身份出现的,每年除在本豁卡出卖铁器、包打手工外,还要到拉萨去打铁两个多月,赚些钱,买些原铁返回。每年的生计没有什么困难,有时并稍有剩余"。② 在墨竹工卡宗,铁匠数量更多,共有 30 户,除 1 户为尼泊尔人外,其余都是藏族。不过,整体上看,旧时西藏生产工具手工业并未得到像宗教权贵阶层对金银铜加工生产的重视,受宗教教义等影响,民间也对铁匠抱有成见,打造的铁匠等从业人员地位较低,如在墨竹工卡"铁匠在人们心目中是贱民,认为他们的血液不干净。一般农户不愿和他们联姻结婚,也不愿和他们往来,甚至不愿和他们同桌吃饭",③影响了行业生产的发展。

除了毛纺织、金属加工外,近代西藏制陶、皮革等手工业也有发展,但大多生产规模不大。近代墨竹工卡宗是西藏制陶业生产的中心之一,境内塔巴庄园以制陶业出名,"是前藏的一个有名的制陶村"。塔巴庄园制陶业历史悠久,解放初期全庄共有 20 多户农家,大多数兼事制陶,每年除了从事农活外,"每户只要有一人有制陶技术而又从事制陶的,便要向其主人塔巴拉让按寺庙需要交 18 件陶器。这个庄园和道布豁卡间隔一年轮流要向藏政府交花盆 1000 个。这是他们交纳的两种陶器差。"制陶户从商人、农户、牧民手中换取货币和青稞、酥油、皮毛、茶叶、盐巴等。以塔巴庄园制陶户看,"工具、原料、燃料等,都属于制陶人多有,生产的规模较小"。④ 从转盘、胚子模具、刀刷等生产工具和制作方法上看,西藏制陶技术远落后于内地,均较为简单。⑤ 解放初期的调查表明,西藏地方负责管理鞋匠生产的组织有三种,均设在拉萨。"鄂素季巴"是西藏地方政府管理全藏鞋匠的行会组织;此外还设有叫"孙古热巴"的组织,专门制作喇嘛鞋子,专做红花氆氇鞋子的"孙巴季

---

① 西藏社会历史调查资料丛刊编辑组:《西藏社会历史调查》(一),民族出版社,2009 年,第 46—47 页。
② 西藏社会历史调查资料丛刊编辑组:《西藏社会历史调查》(一),民族出版社,2009 年,第 32—33 页。
③ 西藏社会历史调查资料丛刊编辑组:《西藏社会历史调查》(一),民族出版社,2009 年,第 47 页。
④ 西藏社会历史调查资料丛刊编辑组:《西藏社会历史调查》(一),民族出版社,2009 年,第 47—49 页。
⑤ 西藏社会历史调查资料丛刊编辑组:《西藏社会历史调查》(一),民族出版社,2009 年,第 48 页。

巴"。① 在一些城镇,如藏东的昌都、察雅、芒康、左贡等,皮革手工业者分布也较多,制品有藏袍、衣、裤、靴、口袋、马具、皮绳等。②

第二节 矿业

现代地质学和成矿学研究表明,西藏高原地壳运动强烈,岩浆活动频繁和成矿作用多样,拥有十分丰富的矿产资源,在雅鲁藏布江以南的喜马拉雅地区、冈底斯—念青唐古拉、羌南—左贡、羌北—昌都及可可西里等区域形成了几条较为集中的多种矿产资源成矿区,有色金属和冶金、化工、建筑原材料等矿产丰富。③ 历史上西藏地区采掘金、铜、铅、铁、盐等矿的活动时有记载,其中又以金矿等开采为多,但规模都不大,开发较为有限,整体上看矿业并非地区重要的产业部门。

金矿采掘和利用在西藏具有悠久的历史,在清至民国时期文献中仍有西藏产金的较多史料记载。吴忠信《西藏纪要》称:

> 西藏东西北三部,金矿甚多。东部之金,量多质良;西北金场,多在扎什伦布以西雅江右岸一带,质以阿里产者最优。采法分两种:杂于沙中者,以羚羊角"披沙拣金";含于石内者,碎石为细末,包入囊中,沉于水后,末浮而金沉矣。税额系按矿夫名额征税,税为实物,每年可得黄金千两。④

据任新建研究表明,在清代至民国时期西藏金矿大致有几个产区:一是索克珠拉克巴金矿区,大致位于今那曲尼玛县中仓一带;一是索克扎兰、唐佳和萨尔加西亚等金矿区,位于今阿里地区扎达、噶尔两县象泉河流域一带(任氏在比较日人山县初男《西藏通览》和陈观浔《西藏志》记述情况后,认为索克扎兰金矿位于今扎达县境、唐佳金矿位于今噶尔县境、萨尔加西亚金矿位于今噶尔县境),阿里地区金矿在乾隆时期为西藏主要的产金地;一是位于拉萨北部色拉山一带的色拉金矿;一是位于今洛隆县川藏通道沿线一带的硕般多金矿区;此外,还有位于硕般多以西嘉黎附近的拉里金矿,日喀则一带也产金。而在川滇藏和川青甘藏等边区,历史上也有不少产金点,其中川藏边区在民国时期金矿开采活动较多。⑤

硕般多金矿在清代较为有名,光绪《西藏图考》称该地"山后有金",⑥不仅金矿丰富,"有硕般多至中义沟,漫山松柏成林,渐渐金矿发现。由是过漫山,又上大漫山,至峨博岭,约二十里山坡全系金矿。……又由洛隆宗顺川西向,约二十里许过大漫颇,势折南,此处金矿发现最多",且多数地点便于开采,"坡底有小沟,水带绕

---

① 西藏社会历史调查资料丛刊编辑组:《西藏社会历史调查》(一),民族出版社,2009年,第49页。
② 李光文等主编:《西藏昌都:历史·传统·现代化》,重庆出版社,2000年,第558页。
③ 中国自然资源丛书编撰委员会编著:《中国自然资源丛书·西藏卷》,中国环境科学出版社,1995年,第173—175页。
④ (民国)吴忠信:《西藏纪要》,见《西藏学汉文文献丛书》(第2辑),全国图书馆文献缩微复制中心,1991年。
⑤ 任建新:《雪域黄金:西藏黄金的历史与地理》,巴蜀书社,2003年,第84—94页等。
⑥ 光绪《西藏图考》卷六,藏事续考,物产类。

之,滩坡上亦有数流,叠绕方面四周,可万人工作,气候不甚冷,食用亦近,洵采金矿佳地"。① 陈观浔《西藏志》载阿里地区的金矿在清代,"凡属矿工,均应缴纳金税,其数虽不大,仅一沙尔林格",其中索克扎兰及那曲的索克珠拉克巴二金矿还系政府经营,"半属公营性质,为噶布伦所管理,由其监督指挥。噶布伦每年必须巡视金矿一次,并附带收税"。② 而据19世纪中期至20世纪初年的西人记述,"阿里的金矿每隔三年由政府承包出去一次","政府有一次曾将金矿承包给当地的一个地区长官。农民们被迫无报酬采矿"。③ 西藏地方政府曾制定《大宝库赋税册》登记各宗及部落产金数量,并设立有"黄金官"收取金税,如自阿里和藏北:

> 每年皆有富裕大户及农牧民前往采金,拉章(按属寺院集团)从每名采金人那里收取一"古尔钱"的金沙作税赋。收金人被称为"黄金官"。黄金官于每年春季从采金者处收取契约,待其秋季返回时收取沙金,并分别上缴于班禅大师、扎萨喇嘛司库。黄金官的薪俸为每年二百克粮食。黄金官还可以把粮食、茶叶交给采金人,为其代换成黄金,借以谋利。黄金官主要从产金地附近的拉章属民的较富裕者中委派。

黄金官也可以由商人出任。在民主改革前,西藏地方政府管理收支的机构"彻德列空"每年在阿里的扎仁、达旦、布让、日土等征收黄金税可达千余两。④ 清代日喀则地区产金,桑德斯在其《不丹和西藏的矿产与植物略述》考察记中对1783年时所见记述称:"比企业和勘察更重要的是在西藏已经发现了许多有价值的矿石和矿产资源。其中首要的理所当然是金子。他们已经发现金子的贮藏量相当大,而且质地很纯。金子主要是沙金,在河床中发现,集中在河道的迂回、转弯的地方,一般附在小石片上,是一大块石头的一部分。当地人有时会发现一大堆、一大团,甚至一条不规则的矿脉。"⑤ 而当时扎什伦布寺所管拉子、昂忍、彭错岭等处一年"收金税金子一百两"。⑥

清末民初西藏金矿业有过一段快速发展时期,在新政和招商开矿等激励政策下,主要以川藏边区和川青甘藏边区等地区的开采为主。据不完全统计,至1911年川边地区申报建立的金厂数目有近40家,其中官办金厂3家,商办金厂30多家,这些金厂或多或少都有开采活动。有些地区采金厂密集,如康区理塘共开办有金厂26家,其中25家为本地矿商兴办,而藏商开办有19家,53棚。⑦

---

① 丁跃奎:《卫藏矿山记略》,引自任建新:《雪域黄金:西藏黄金的历史与地理》,巴蜀书社,2003年,第93页。
② (民国)陈观浔编:《西藏志》之《西藏矿产》,巴蜀书社,1986年。
③ 据斯特拉奇(1848年)、贝尔(1902年),见(美)皮德罗·卡拉斯科:《西藏的土地与政体》,陈永国译,周秋有校,西藏社会科学院西藏学汉文文献编辑室编印,1985年,第225页。
④ 据《西藏文史资料选辑》第13辑《原西藏地方政府组织机构》、《原扎什伦布寺拉章坚参吾波组织机构》等,引自任建新:《雪域黄金:西藏黄金的历史与地理》,巴蜀书社,2003年,第90页。
⑤ (英)塞缪尔·特纳:《西藏扎什伦布寺访问记》,苏发祥等译,西藏人民出版社,2004年,第291页。
⑥ 乾隆《卫藏通志》卷十四下,抚卹下。
⑦ 任建新:《雪域黄金:西藏黄金的历史与地理》,巴蜀书社,2003年,第179、181页。

表 3-1　清末民初藏区兴办的金厂(不完全统计)

金厂名称	厂　址	创办时间	厂矿性质	经　营　情　况
噶大克金矿	阿里噶尔	清代	官营等	原已有开采,清末张荫棠要求"设局专办,局收什一之税"。
北大公司金厂	三十九族卫楚河上游	1908年	商办	产量颇丰,后因人事纠纷停办
河垭(泰宁)金厂	泰宁	1905年	官办	受到当地寺院等抵制,规模小
康定三道桥金厂	康定	清末	官办	前身是灯盏窝金厂,在川边金厂中效益最好,宣统元年三月至二年十二月间纯收入2858金两。
德格金厂	德格柯鹿洞	1909年	官办	极盛时有工人200余人
烨记金厂	康区木里、稻城等地	清末	商办	刘光烨兴办,前后办有三个厂,规模都不大
兴记金厂	理塘	1910—1911年	商办	理塘商人范长兴兴办,有长兴、大兴二厂
纳利石金厂	理塘	1910年	商办	陕商开办
阿加曲采金厂	理塘	1910年	商办	毛丫、墨洼头人兴办
角母洞金厂	理塘	1910年	商办	产金颇旺
撒马厂	理塘	1911年	商办	毛丫头人兴办
格沙大洼厂	理塘	1910年	商办	
洼里金矿	盐源	1899年	官商合办	设有金矿局,隶属四川劝业道,1905年得金课1458两许,年产金在2万两以上
下麻康金矿	中甸	清初		同治时最旺,至民国时期仍有开采
聚宝金厂	中甸	清初	丽江木府开办	清末最旺时有矿工数百人,民国仍较旺
拍怒金矿	中甸	清初	丽江木府开办	民国时期成立利民公司开采
岩里金矿	中甸	光绪年间		民国时荒废
那贺薄金矿	中甸	光绪年间		1917年曾采得一重6公斤金块
老山红溜口金矿	中甸	光绪年间		民国时停办
大塘口金矿	中甸	光绪末年		
格咱金矿	中甸	咸同年间		
铺上金矿	中甸	清末		民国时停办

续 表

金厂名称	厂　址	创办时间	厂矿性质	经　营　情　况
洛吉河金矿	中甸	清初		同治时极盛,民国时有商办
沿江金矿	中甸	清末		
扎马尔图金矿	青甘地区	光绪末年重新开办	商办	
玛沁雪山金矿	果洛玛沁	清代		
科沿沟金矿	化隆	清末		产金量较大,1910年课金400两
柴达木金矿	柴达木地区	清末		1909年课金320余两

（资料来源：采自任建新:《雪域黄金：西藏黄金的历史与地理》,巴蜀书社,2003年,第172—186页。）

民国时期对川青藏等边区金矿有过较大规模的地质、矿产资源调查和开采活动,地方军阀或国民政府亦在一些较大矿区设立公司来开采经营,不过在西藏本境内的开采活动却不多见,已不是藏区主要的金矿业生产地。

相对于金矿的开采,近代西藏其他金属矿产业的情况因资料记载上的不足,难以作全面的呈现,但铁、铅、银等矿产民间亦在各地早有不同程度的开采,以乾隆年间英人桑德斯《不丹和西藏的矿产与植物略述》中对日喀则地区的考察看,当地人对铅、银、朱砂、水银和铁矿均已有开采;同时该考察记还记录了煤、岩盐、硼砂等非金属矿产的利用情况。[1] 而诸如盐等重要矿产的开发利用,也是近代西藏矿业发展的主要成就之一。光绪《西藏图考》称在藏北"桑驼洛海、吉札布、生根物角一带,俱名昂独,无人烟,地多温泉,海子产白盐,民咸资以食"。[2] 陈观浔《西藏志》称:"盐海:后藏盐海甚伙,故得是名,即盐池也。"[3]民国《现代西藏》还对西藏产盐产有过描述,基本勾勒出了西藏盐产业的分布情况,其称:

> 西藏又多盐湖,拿墟以北之盐湖最负胜名。拉萨等处所吃的盐,多属北路运来。廓罗地方也出盐,甘孜等处所用,皆属之。昌都附近也出一种红盐,较拉萨所用的味淡质劣。岷江等处,盐井、盐湖尚多,此等也只能自用,不能供给外人。[4]

当时西藏主要盐场有汪东测格、比罗测格、布青、布穷等:

> 西藏各湖泊多产盐。藏北蒋南孟曹一带,盐池最饶。汪东测格、比罗测格、布青、布穷等地为主要盐场。法皆晒盐,土人采取后多以运往尼泊

---

[1] （英）塞缪尔·特纳:《西藏扎什伦布寺访问记》,苏发祥等译,西藏人民出版社,2004年,第291—292页。
[2] 光绪《西藏图考》卷六,藏事续考,物类。
[3] （民国）陈观浔编:《西藏志》之《西藏海子考》,巴蜀书社,1986年。
[4] （民国）法尊:《现代西藏》第5章《物产经济及其交通》。

尔、不丹、锡金等国,易来米麦。政府除对出口之盐征关税外,并就场征税,每驮征藏银一两,年入约七八千秤。①

可见民国时期西藏北路盐产主要集中在羌塘高原湖泊一带,布青、布穷等地为主要盐场。该地产的盐巴,主要销售至后藏及阿里地区,也有出口印度、不丹、尼泊尔等地者(前述西人考察记中亦有见藏民用羊驮盐贸易的情形)。游牧民中兼有制盐者,与低地农民或商人换取粮食和日用品等,这种盐粮交换是羌塘牧区的主要副业之一。以当时的盐业生产和运输能力开看,有时规模巨大,20世纪三十年代就有记载称每年输入印度的盐即达2200吨至3000吨。而民国时期工布江达附近的鹿马岭有盐井7处,主要售往拉萨等西藏中部地区。今藏东南盐井县则是藏东南产盐中心,在清末民初时澜沧江沿岸有盐井30多口,至民国二十年代则增至55口,年产1000吨以上。②

---

① (民国)吴忠信:《西藏纪要》,见《西藏学汉文文献丛书》(第2辑),全国图书馆文献缩微复制中心,1991年。
② 参阅张保见:《民国时期青藏高原经济地理研究》,四川大学出版社,2011年,第195页。

第四章 商业贸易

第一节 城市商业

近代西藏集市及其活动以城镇为盛,"西藏人民居于都市者,其产业似在工商;近于都市者,其产业似在耕稼;余皆在游牧产业"。①清代时期就有西藏辖"六十七城"之说,其中卫地三十,藏地十六,喀木九,阿里十二城,"所谓城者,非有城垣,官居民舍,崭山建碉而已",②这些城镇(堡)或为政教中心,或为军事要隘和交通枢纽,或是乡村经济中心,大多成为地区集市、商贸的汇聚地。在清代中后期,西藏与内地和邻国商贸有了较大发展,在传统城镇布局基础上,在交通沿线上兴起了一批新的城镇或使部分本系跨省区交通枢纽的城镇商贸地位提升,如定日、亚东、昌都、打箭炉等的崛起,形成以拉萨为最大中心城市和以日喀则、昌都等为主要次中心城市,以康定、噶大克为代表的商贸城市和以亚东、江孜等为代表的边贸城市的分布格局。至民国时期,西藏地区依其不断完善的地方行政建置体系还促进了"基巧"(总管,解放后大致改为地区行政公署或市)—"宗谿"(解放后"宗"陆续改设为县,谿的辖区要小些)—"谿卡"(城乡联结点,今乡镇的前身)等三级地方行政和驻地所在城市体系的初步形成,总计有拉萨等9个重要的基巧、120多个大小不等的宗和数量更为庞大的谿卡,由此形成了"以首府拉萨为区域一级中心城市,以日喀则、昌都、江孜等基巧所在地为二级中心城市,以大、中宗谿为三级中心城市的城市等级体系,从而为20世纪下半叶西藏城市的发展奠定了基础"。③

作为西藏地区最大的城市,拉萨城市商业交易活动繁盛。据乾隆《西藏志考》之《市肆》所载,早在康乾时期:

> 西藏习俗,贸易经营,男女皆为。一切缝纫,专属男子。通用皆银钱,每个重一钱五分,上铸番字花纹,其名曰白丈,以银易钱而用。若易贸碎小之物,以蒙之哈达、茶叶、酥油易换。至市中货物商贾,有缠头回民贩卖珠宝,其布匹、绸缎、绫锦等项,皆贩自内地。有白布回民贩卖氆氇、藏锦、卡契缎、布等类,皆贩自布鲁克、巴勒布、天竺等处。有歪物子专卖牛黄、阿魏等物。其他藏茧、藏绸、毡子、氆氇、藏布以及食用诸项,藏番男女皆卖,俱不设铺面桌柜,均以就地摆设而货。④

---

① (民国)邵钦权:《卫藏揽要》卷三,风俗。
② (民国)陈观浔编:《西藏志》之《西藏海子考》,巴蜀书社,1986年。
③ 何一民等:《世界屋脊上的城市:西藏城市发展与社会变迁研究(17世纪中叶至20世纪中叶)》,社会科学文献出版社,2014年,第109,140—146页。
④ 乾隆《西藏志考》之《市肆》,见于李德龙主编:《中国边疆民族地区抄稿本方志丛刊》,中央民族大学出版社,2010年。

当时西藏市集中可谓五方杂处,市面上流通着藏、回、蒙及域外手工业和日常食用等商品。清末民初时:

> 西藏全境贸易以拉萨为中心地,买卖亦颇繁盛。其余境内凡属人烟稠集之地,即有市场贸易,官吏、僧侣亦杂为之。男子从事贸易者甚属少数,多使妇女掌之。其周到绵密,巧于买卖之处,实非男子所可及。买卖不设店铺,所有货物皆称席于地。①

拉萨"东西约七八里,南北三四里,市廛杂列其间。商贾辐辏,街市繁盛,人口约五万余"。②民国时期"西藏商业以拉萨为中枢",该地买卖活动仍"亦颇繁盛",而在居民集中之地,"有土人作小营业","市场必设理事一人,借以平其物价,调停争论。所买卖交换之场所,不设店铺,皆陈席于地",交易的商品以西藏本地、内地及印度货物为主,经营者"大半皆藏、汉、印度之人也。"③拉萨城内"有北平商店七家,各具资本数十万元,经营绸缎及磁器等物。尼泊尔商店约一百五十家,多属小资本,经营杂货业",此外还有来自各地的流动商人及本地小商贩,"类于路旁临时设摊交易,数亦可观"。每年十二月至次年二三月,是拉萨商品交易最活跃的时期。市面上来自各地的商品货物繁多,朱少逸《拉萨见闻记》:

> 绸缎、地毯、磁器、砖茶、马具、哈达等,来自内地;皮革、马、羊,来自蒙古;珊瑚、琥珀、小金刚钻石,来自欧洲;米、糖块、麝香、纸烟,来自锡金及不丹;布疋、蓝靛、铜器、珊瑚、洋糖、珍珠、香料、药材及若干印度工业品,均以拉萨为其集中、分散、消费之中心。④

当然,拉萨及藏地商业也受到自然、交通和生产条件的制约,"卖买虽盛,然区域仅及于内地之新疆、蒙古、四川、云南,其他近邻印度之诸邦而已,未能远达于四方也",境内"人民聚落之地,所至皆竞为小贸易"。⑤不过,拉萨为全藏最大商业中心的地位是其他城镇无法企及的,据统计在20世纪三四十年代,西藏地区商户总数才约3000余家,而拉萨仅在大昭寺一带除去摊贩外,就有近千家之多的商户。拉萨还是西藏本地主要商帮、商号的聚集地,1959年有41家资本较大的藏族批发商。⑥

后藏地区的日喀则历史上一直是仅次于拉萨的西藏政教、经济中心,而后藏因处于西藏与邻国不丹等交通要路,清代以来兴起一批重要商镇,萨迦、聂拉木、济咙、定日、亚东等商贸活动兴盛。清末民初时,"若后藏之首府,则扎什伦布也","依

---

① (民国)陈观浔编:《西藏志》之《西藏贸易》,巴蜀书社,1986年。
② (民国)陈观浔编:《西藏志》之《西藏都邑考》,巴蜀书社,1986年。
③ (民国)邵钦权:《卫藏撮要》卷三,风俗。
④ (民国)朱少逸:《拉萨见闻记》。
⑤ (民国)尹扶一:《西藏纪要》第7章《贸易》。
⑥ 张保见:《民国时期青藏高原经济地理研究》,四川大学出版社,2011年,第240页。

山面江,最称形胜。人口约二万。有法王班禅喇嘛宫殿,颇称壮丽"。① 而据1931年的调查,集市时设摊售货者数以百计,布匹、粮食、菜蔬、器具等应有尽有,"盛时城区人口近万人,城内仅尼泊尔人店铺大小即达数十家,锡金、不丹及英印商人、手工艺匠、传教士等约数百人"。② 在日喀则西南的萨迦,清末民初时也是"后藏之一都府也。有大喇嘛庙,为呼图克图所住。市街之大,约扎什伦布之半,圜闠林立,货物辐辏,其商贾半系尼泊尔之尼瓦尔族"。聂拉木、济咙则在萨迦之外极边之地,但聂拉木仍是一个"有三百余户之市镇","由尼泊尔通西藏,以此为第一要冲,且系边境咽喉,军事重地",该城商客"以尼泊尔之落巴勒部一都人为最多。"济咙,"气候和暖,土地肥沃,一年收获两次。所产青稞、麦等极伙,为输出品之大宗。户数约四百余户,为后藏南部一都府。"而在定日和亚东,集市和边贸也为兴盛,定日"约二百五十户。平时虽觉寂寥,然至开市及有事时,则附近人民辐辏而至,帐幕云连,市街雾护,荒凉之乡,俄变为繁华之境"。亚东则在光绪年间"以此地为互市场,自后日兴月盛,遂成西藏惟一之商埠。由印度和广东方面所来之输出入品,皆须经过此地"。③ 据1949年时人记述,由于商贸繁盛,亚东城区居民约有500多户,房屋200多所,还修建有邦达昌、三多昌等大藏商的货物站所,内地商人至此开办的商户也有11家。④ 而附近的帕克里为印度等至前后藏的中心枢纽之一,"一般商人也多在那里换骡帮。此处的居民有百余户,多以招待商人,专卖草料为生活"。⑤ 而同属开埠通商的口岸,藏南的江孜地理位置优越,农业经济发达,是英印商品进入西藏和西藏商品输出的一个主要集散。噶大克虽处藏西北,但系西藏通往新疆和域外印度、尼泊尔、阿富汗等要冲,光绪开埠通商后一举跃为西藏西部最大的商贸中心。

在藏东地区,则以昌都的商业地位最为重要。作为藏东门户,自清代开始,昌都等川藏交通沿线城镇一直是内地商帮汇集地,乾隆时期称:

> 巴塘产粟米,桑阿曲宗产谷米,打箭炉、里塘、巴塘、察木多(通)西藏,俱有汉民寄居贸易,西藏各货汇集,如氆氇、藏绸、藏毡、藏枣、藏杏、藏红花、藏核桃、葡萄、石青,阿魏则来自布鲁克巴;藏佛、藏香,扎什萨布为最;金石产于桑阿曲宗;绿松石惟有旧器,出处究无可考,并非本地所产。⑥

不少大商号在昌都设立分号,"皆数十万成本购诸川绸缎、粮、糖、布,以及各种杂货运此分销,类伍齐、三十九族、波密以及野人地方换掉土产,输至康定县出口,行以为常"。⑦ 据民国蒙藏委员会的调查,"昌都地处全康中心,四通八达,为青康、

---

① (民国)陈观浔编:《西藏志》之《西藏都邑考》,巴蜀书社,1986年。
② (民国)柯羽操:《游藏记》,引自张保见:《民国时期青藏高原经济地理研究》,四川大学出版社,2011年,第241—242页。
③ (民国)陈观浔编:《西藏志》之《西藏都邑考》,巴蜀书社,1986年。
④ 藏新三:《藏印纪行》,《康藏研究》1949年第25期。
⑤ (民国)法尊:《现代西藏》附录二《我去过的西藏》。
⑥ (乾隆)张海:《西藏记述》。
⑦ 《昌都县志·商情》,引自何一民等:《世界屋脊上的城市:西藏城市发展与社会变迁研究(17世纪中叶至20世纪中叶)》,社会科学文献出版社,2014年,第107页。

康滇藏交通之枢纽。当汉人势力最盛时,有陕商大字号十四家,滇商七八家。凡茶叶、香茸、药材及其他各项商品,皆以此为聚散之点",据称1934年云南巨商仁和昌号首在昌都设立分号,"以后汉商相率而来者日见增多。同时又有退入昌都之大金寺喇嘛,亦从事经商,且因在藏方获得支用乌拉与免税之特殊待遇,扩展□□,资本日益雄厚,而昌都、拉萨间现有之商务,亦□为其所独占。此外复有藏官亦纷纷经商,从商谋利。此等藏官各派管家,分赴康区各县,贱卖收买山货,运回昌都,分由大金僧或滇商承销转□。如此,昌都之市场遂为滇商、大金僧、藏官三大势力所垄断矣"。① 1930年代左右,昌都最大的商号有5家,分别是:大金寺香于饶登,拥有资本3万秤(合藏银150万两);大金寺香于噶马吉,拥有资本2万秤;大金寺香于罗结,拥有资本1.5万秤;滇商仁和昌,拥有资本1.5万秤;滇商裕恒号,拥有资本1万秤。这五家商号往来于康定、拉萨、印度、丽江等地,以茶叶、布匹、香茸、药材、皮货、羊毛等商品贸易为主,还兼营汇兑业务。此外,昌都还有喇嘛寺八大扎仓、波密哇(波村)、阿旺银巴、铁宝星、徐兴开等僧、藏、汉等较大商号,而"至拥有资本千百秤者尚多,不及枚举"。② 1950年前昌都城区有大商家13户,中等商家41户,小商贩70户;拥有固定经营场所或开设铺面的商户达100多家,还有走村串户的游商20余家;估计当时昌都商业的流通资金约120万银元,大金寺、昌都寺(强巴林寺)、藏官和少数富商巨贾基本处于"四分天下,各有其一"的局面。③ 昌都城市商贸业在近代的崛起,得益于其十分重要的交通要冲地位,也是内地与西藏的联系不断在加强的必然。宣统年间虬一《西藏杂俎》便称昌都交通若有更大的改善(如修建铁路等),"必当成一巨镇",④ 此言是矣。

当然,需要指出的是,尽管近代西藏城市商业活动有着不断的发展,还因其地处边疆及地理区位的优势,在对内对外贸易带动下形成一批重要交通与商贸城镇。但是,西藏地区商业发展仍然不足,与内地相比差距甚大。即便至民国时期"西藏大宗商业多以货换货,例如甲有茶,乙有布,先将茶价和布价讲妥,然后互相交货"。⑤ "康藏之贸易大体言之,仍保持着物物交换与货币购物之两种形态。大凡城市地方多用货币购物,部落区域则用原始之物交换"。⑥ 即便在被认为"西康最繁盛之区域、粮米最富裕之所在"的道孚至甘孜一些农业区,商业发展水平依然较为低下,故时人有"这种大名鼎鼎之繁盛县区,较之内地稍大一点的集镇尚且不如,况诸县市省垣呢"的感慨。⑦

---

① 《昌都调查报告》(蒙藏委员会调查室1942年编印),见王晓莉等主编:《中国边疆社会调查报告集成》第1辑第8册,广西师范大学出版社,2010年。
② 《昌都调查报告》(蒙藏委员会调查室1942年编印),见王晓莉等主编:《中国边疆社会调查报告集成》第1辑第8册,广西师范大学出版社,2010年。
③ 李光文等主编:《西藏昌都:历史·传统·现代化》,重庆出版社,2000年,第602页。
④ (宣统)虬一:《西藏杂俎》,见国家图书馆分馆编:《清代边疆史料抄稿本汇编》第29册,线装书局,2003年。
⑤ (民国)法尊:《现代西藏》附录二《我去过的西藏》。
⑥ 民国《蒙藏新志》第14章《经济》。
⑦ (民国)法尊:《现代西藏》附录二《我去过的西藏》。

第二节　省际交通与贸易

近代西藏与内地及周边省区发生的省际贸易活动,主要通过数条沟通川康、青海、云南、新疆等省区的交通线路进行,"与内地之交通凡四路:一由西康,一由青海,一由云南,一由新疆",这四个方向的通道又各有细分,线路不一;这些线路走向基本上都沿袭历史上形成的驿道。①

西藏通往川康、云南的商路以昌都为交通中枢。自昌都经巴塘、里塘、河口(今雅江)到打箭炉和成都,是明代以来形成的川康藏交通之"正驿"和官道,其中昌都到打箭炉共22站、计程2090里,②此条线路亦是康藏通道的南路;北路则从昌都经德格、左勒、甘孜、炉霍、道孚,再抵打箭炉。通云南交通线路,主路为昌都—巴塘—里塘—中甸—丽江,亦有从巴塘之西直下云南的通道。拉萨至昌都交通线路分南北两路,南路经工布出昌都;北路则是正驿、官道,走墨竹工卡—江达—拉里—边坝—硕般多—线至昌都。而据民国时期法尊的旅行考察,还有一条自拉萨向北经今蓬多—当雄—那曲—索县至三十九族地区,再绕昌都北边至德格、甘孜或直下乍丫至里塘的商路,此线路实际上已与青藏通道联通,而且这条道路还是自康区通西藏的"由道孚、炉霍、甘孜向西北奔结谷垛的一条大路。再由结谷直奔拏墟喀,由拏墟转南赴拉萨。这路极平坦,饶水草,所以商人都走它",此道"结谷垛东通四川,南通云南,西通拏墟,北通青海,四面八方的商人都在那里结合,所以它在西康的路线中,要算是最重要的枢纽"。③从拏墟(那曲)南下经桑雄、蓬多至拉萨,是西藏北南向大路之一,不过按照法尊的描述,在此路"也有稍为偏东奔止公的,贩盐的北路商人多半走那条路,因为东路行人少,草比较大路丰美"。④这里所提到的此"东路"所奔地"止公"疑是今拉萨东南措美县哲古错一带(即清代的直谷)。法尊还称"又有由拿墟直往后藏的大路",但也说道"我没有走过,不知其详"。⑤不过,从拉萨经那曲,穿越羌塘高原,西抵阿里之噶大克,再由此北上经日土,可至新疆和阗,是新藏线古道之一。

拉萨往西通道,以拉萨向西南行经曲水宗—拉嘎宗(今浪卡子)—江孜—巴浪宗(今白朗)一线至日喀则,再西行经彭错岭折西南至拉孜,为前藏通后藏之正路。而自日喀则西南向亦有一条同萨迦、定结、帕克里、亚东的商路,可通不丹。自日喀则东南行,又有经江孜至亚东的商路。拉孜又西南行经甲错山、协噶尔至定日,通聂拉木、济咙等后藏极边之地。聂拉木和济咙均为通尼泊尔商路之地,但商人以走聂拉木出入,较济咙为近。通往阿里的线路自拉孜西北行,过雅鲁藏布江至僧格隆

---

① (民国)陈观浔编:《西藏志》之《西藏道路交通考》,巴蜀书社,1986年。
② 光绪《西藏图考》卷二,内地程站附考。
③ (民国)法尊:《现代西藏》第5章《物产经济及其交通》。
④ (民国)法尊:《现代西藏》第5章《物产经济及其交通》。
⑤ (民国)法尊:《现代西藏》第5章《物产经济及其交通》。

(今申格龙寺一带），再西北经今昂仁县桑桑镇，又西南入宗喀宗（今吉隆一带），宗喀西北行，可入阿里；而宗喀西北行，又可通萨喀（今萨嘎），再西北行可"至盐池，产盐甚多，藏地及外夷皆食此盐，贩运不绝于途。"而阿里城西北行，抵噶尔（噶大克），北行或经日土，或经拉达克部，可通新疆，此也是新藏传统交通线路之一。

西藏往青海方向，则以拉萨往北经蓬多、当雄至那曲大路，再由那曲北上经今聂荣一带，越下曲卡曲河至巴木汉入青海，又东北经多蓝巴兔、巴彦哈拉等，东北至西宁。此道在清之前为正驿，"逮清代始以过四川打箭炉为正驿"。该路附近水域众多，雨时涨溢，道路泞泥，行迄不便。通青海者，尚有"自前藏出防玉树卡伦路程"38站，"共计程二千二百七十里"，为藏东北所出。①

上述西藏内外通道是传统以来形成的藏区商业贸易线路，由于地理环境特殊和历遭地方反对，汽车运输及公路建设极少，故至民国时期畜力、人力运输货物仍是主要。以1940年代康藏贸易公司的报告的情况看，当时康藏间有商道三条，均以驿运为主，该公司运输的特点是："本公司总公司在康定，而印度加尔各答及西藏拉萨，均有分公司，印藏康全线均有办事处、运输站。自有骡马，拉萨、甘孜各一百匹，类乌齐、黑水各有驮牛一百头。各办事处、各站主管人员，皆本公司股东，原皆康藏各地土司头人，或为各寺喇嘛，随时可调用私有牛马两千头，故贷无停滞。又有自卫武力，故可保安全。"所运营的三条驿运商路是：拉萨"北上高原，渡黑水"至青海玉树—西康石渠—德格—甘孜—康定，"此线牧民牲畜最多，以往边茶由康定入藏，多出此道，每年至多可发三十万驮。但牧民不以运输为业，且受时令影响，迁移无常，未能大量利用"；拉萨"北渡黑水，由所宗经三十九族牧地"，东至类乌齐—西康德格—甘孜—康定，"此线气候适中，四季通行，本公司运输即取此道"；以上两条驿运路线均以拉萨为中心。第三条不通过拉萨，由印度塞地亚—察隅—盐井—巴安，东南至丽江，西北至康定，是一条国际通道，虽然路程短，但地形复杂，甚至须用人力来运，"商旅极少"。②

就贸易而言，乾隆时称"卫藏地方为外番往来贸易人等荟萃之所，南通布噜克巴，东南通云南属之番子，东通四川属之打箭炉以外各土司，北通青海、蒙古、直达西宁"，因涉及内外"番民"较多，故在乾隆末期"酌议稽查约束章程，统归驻藏大臣经理"，拟作有效管理。③这实际上也反映了西藏贸易的特殊性，即涉及边地和域外诸多部族。18世纪后期据英人记录，西藏输入内地沙金、钻石、珍珠、珊瑚、少量麝香、西藏产羊毛制品、羊绒和来自孟加拉的水獭皮，内地输入西藏锦缎、丝绸、缎、黑茶、烟草、银条、朱砂、水银、瓷器、乐器、皮类和各种干果等。在同期西藏向周边国

---

① 以上参阅光绪《西藏图考》、（民国）陈观浔编《西藏志》、（民国）法尊《现代西藏》及谭图第8册等。
② 《财政部视察员李如霖视察西川及西康地区致财政部贸易委员会报告》，见中国藏学研究中心、中国第二历史档案馆合编：《民国时期西藏及藏区经济开发建设档案选编》，中国藏学出版社，2005年，第324页。
③ 乾隆《卫藏通志》卷十一，贸易。

家和地区输出的商品基本上是岩盐、沙金、硼砂和羊毛制品等。不过上述与内地贸易商品名录是以西宁一地的市场交易情况来记载的。① 光绪末年至民国初期,据陈观浔《西藏志》所载,自四川输入西藏的商品为砖茶、哈达、针线、靴鞋、帽子、白木棉、烟草等,自云南输入者为茶和米,自甘肃、新疆输入者有茶、宝石、兽皮、马鞍、羊、马等;②邵钦权《卫藏揽要》载西藏输往内地的重要商品有羊毛、麝香、金砂、红花、橄榄、鹿茸、紫草、黑白香、肉桂、氆氇、佛像、硼砂、盐等13类,并称"绫绸,由四川、浙江购","洋布,由印度、四川购","棉布,由四川购";且上述贸易以砖茶和棉布等为大宗。③

民国初年西藏与内地贸易情况,日本驻卡尔卡达领事关于西藏和中国内地贸易情况的报告称:

> 西藏与中国内地之贸易以打箭炉为中心点,……西藏与中国本部贸易,大半由驻在打箭炉之华商,与每年自西藏及其边界而来之藏人行之,间亦有藏人及华人在中国地域开设店铺之零星交易,及抽取仲银票行商。④

内地输入西藏的货物以砖茶为大宗,每年仅由四川省发放的茶叶贸易许可证数量就达十万八千张之多,"年经打箭炉输出砖茶之额为五十四万捆,重量约一千一百五十二万镑,值一百十三万四千两,合英币十四万一千七百五十镑";输入西藏商品占第二位的是内地产及外国产之棉制品,"大抵由上海装运,1913年销额为二十万两,合英币二万五千镑";再次者为绸类,"以四川制及由上海装运者为多,每年之额约值英金一万五千镑";其他输入品有"四川烟、外国纸烟、钟表及各种杂货,值一万三千七百五十镑"。而自西藏输往内地的货物,则以麝香为大宗,1913年总额达7.5万镑,"全运往上海";其次是生金,1913年输入内地额值24.5万两等。由于与内地商贸陆路主要通过打箭炉,故报告还称在1910年以来打箭炉的繁盛"已可谓达于最高之点"。⑤

1936年西康建省委员会称:

> 惟考汉藏商业,自唐、宋以还,胥以茶为中心。藏族之视雅茶,无异第二生命,每年销额,为数甚巨。汉商运茶出关者,回程每载皮毛、香茸、药材之属,转输于内地各省,交易既盛,供应浸繁,于是布帛、杂货之输出,遂随茶以俱进,驯至藏族衣食日用必需商品等,无一不仰给于内地,

---

① (英)塞缪尔·特纳:《西藏扎什伦布寺访问记》,苏发祥等译,西藏人民出版社,2004年,第274页。
② (民国)陈观浔编:《西藏志》之《西藏贸易》,巴蜀书社,1986年。
③ (民国)邵钦权:《卫藏揽要》卷三,风俗。
④ 《农商公报》第2卷第1册第13期(1915年8月15日)、《西藏与中国内地贸易之情形》,见卢秀璋主编:《清末民初藏事资料选编(1877—1919)》,中国藏学出版社,2005年,第197页。
⑤ 《农商公报》第2卷第1册第13期(1915年8月15日)、《西藏与中国内地贸易之情形》,见卢秀璋主编:《清末民初藏事资料选编(1877—1919)》,中国藏学出版社,2005年,第197—199页。

经济之依倚既深,政治之连系乃固。……计往时出关,雅茶每年七十余万包……①

茶叶在内地与西藏的经济贸易关系中占据十分重要的地位。这种重要性在清末中英之间就西藏通商谈判中亦有体现,当时就是否允许印茶入藏一事中英及英印见过激烈争论。鉴于川藏茶叶贸易的重要性,清政府坚持不允许印茶入藏,在1892年清政府海关总税务司赫德致其弟赫政(升泰在西藏的翻译和代表)的电报中,连英方也不得不知会英印"希印度能了解中国不肯轻许之充分理由",英方称:

> 四川每年运藏茶叶二千万磅,值银百万两,可收茶税十五万两,并可为川省货物开辟市场,为无数运茶边民取得生业。再者,提供驻藏大臣之饷项,向以收受川茶抵账。川茶贸易不仅是一种官方专利,实系兴利便民的要务,维持边地安宁,亦赖于此。如许印茶竞争,必将影响川藏商运,使运茶边民失业,地方不宁,因此中国不肯轻许印茶运藏。印茶运藏获利既微,又损及中国利益。茶叶市场甚广,尽可运至藏外他处行销获利。②

输入西藏的砖茶以四川和云南所产为主,砖茶进藏后也有一部分会输出至印度等国。据有关资料统计,在1931年以前,每年从康定运往康藏地区的茶叶,有2/3运往拉萨等西藏地区,1/3在康区销售,总计约有11万引、60万包,总价值为国币2000万元以上。③ 不过,据1940年蒙藏委员会派员调查报告所称,辛亥革命后川省每年经打箭炉输往西藏的内地茶叶仅为3万余驮,近200万公斤,这一规模仅是清末时期总量的60%左右,总体上看民国时期川藏茶叶贸易数量不及清季。④ 民国时期云南商帮批发经营输往西藏的沱茶等,每年最多时可达1.8万多担。⑤ 而云南茶叶也有经缅印输往西藏者,1940年民国政府驻加尔各答总领事报告称"佛海茶销西藏已历千年,昔时皆由陆路经西康入藏转销拉萨各地,最近廿余年因海道交通便利,方改线假道缅印转运西藏销售","查云南佛海茶砖假道缅印运销西藏者,每年统计约在三万五千包至四万包之间,总值以到本埠成本计算,共值印币六十万元上下"。⑥ 1930—1940年代中国茶叶贸易公司甚至在云南建立康藏茶厂、新康藏茶厂和下关转运站等,主要供应康藏地区茶叶所需。⑦ 而在民国三四十年代,

---

① 《西康建省委员会关于筹组康藏贸易公司事复蒙藏委员会咨》(1936年5月30日),见中国藏学研究中心、中国第二历史档案馆合编:《民国时期西藏及藏区经济开发建设档案选编》,中国藏学出版社,2005年,第286—287页。
② 《赫德为告印茶运藏损及中国利益希印度不必再坚持等事致赫政电》(1892年8月6日第166号),见中国第二历史档案馆、中国藏学研究中心合编:《西藏亚东关档案选编》(上册),中国藏学出版社,1996年,第221页。
③ (英)麦唐纳:《西藏之写真》,引自何一民等:《世界屋脊上的城市:西藏城市发展与社会变迁研究(17世纪中叶至20世纪中叶)》,社会科学文献出版社,2014年,第358页。
④ 陈崇凯:《西藏地方经济史》,甘肃人民出版社,2008年,第577页。
⑤ 陈崇凯:《西藏地方经济史》,甘肃人民出版社,2008年,第574页。
⑥ 《外交部为驻加总领事馆与印交涉免抽过境茶税事致蒙藏委员会公函》(1940年5月9日),见中国藏学研究中心、中国第二历史档案馆合编:《民国时期西藏及藏区经济开发建设档案选编》,中国藏学出版社,2005年,第294页。
⑦ 朱定时:《抗战时期的云南中国茶叶贸易公司》,见中国人民政治协商会议西南地区文史资料协作会议编:《抗战时期内迁西南的工商企业》,云南人民出版社,1998年。

四川雅属的雅安、荥经等地也有专为康藏地区制茶的茶厂、茶店和工场约16家以上。①

以茶叶等为代表的川滇两省与西藏之间的省际贸易向来发达,据西藏商业厅1954年的档案统计,云南驮帮进藏马骡匹数在1940年代数量庞大,1945年曾多达6000匹,最少的年份也有2000—3000匹左右。解放前川藏之间的贸易,仅打箭炉一地每年商业贸易价值就约为300万两,其中200万两为内地输入品贸易值,茶叶、丝绸、绸缎、布匹、药材等均是主要的省际贸易商品。② 据1946年的有关统计,时康藏地区销往内地的商品及其数量主要有下:

羊毛:20 000公担,外销可制地毯等,内销可织军装;

麝香:3000斤(天平),外销可制药品及化妆品;

虫草:300驮,内销上海、广东一带;

贝母:400驮,内外通销;

鹿茸:200架,内销;其余尚有砂金、硼砂、野生皮毛等无法统计。

以上输入内地货物,"其总值约计40亿元"。③

西藏与内地的商品贸易,由本地和其他省区商帮、商号主要经营,藏商在其中也起到十分重要的作用,甚至在近代产生了"邦达昌"等著名商帮。民国时称:

> 西藏各大官家也多兼营商业以增收入,并且有在印度、上海、北平等处设立分号,内地的人也有知道的。尤其是邦达仓家,代表西藏当局做生意,内地各处都设有分号,其推销内地的为毛皮、药材等类,运入西藏的以丝织品为大宗,……

甚至垄断一些货物的买卖:

> 他在西藏常行捆商法,就是包买全藏的某一种货物,不许别家买,有偷窃买的如被查出,必被抄家。④

清末时期自康巴一带起家的邦达·尼江家族就已具有较强的经济实力,至民国初年为十三世达赖喇嘛看重,封邦达·尼江为商上,代表达赖喇嘛和西藏政府经营商贸,获得免税、统购进出口货物和独家经营全藏羊毛和贵重药品等特权,同时其商队所需的柴草等也由百姓供给,使邦达昌商帮很快发展成为藏商巨贾,在内地和国际上均为知名,民间有"天是邦达的天,地是邦达的地"说法,极为显赫。解放前夕,邦达昌的商业资本达100万银元。邦达昌因有西藏官方的背景和对西藏商

---

① 《经济部部长王云五就邵力子函送徐世度所著〈发展康藏贸易略论〉转致蒙藏委员会公函》(1946年9月26日),见中国藏学研究中心、中国第二历史档案馆合编:《民国时期西藏及藏区经济开发建设档案选编》,中国藏学出版社,2005年,第368页。
② 陈崇凯:《西藏地方经济史》,甘肃人民出版社,2008年,第574、577页。
③ 《经济部部长王云五就邵力子函送徐世度所著〈发展康藏贸易略论〉转致蒙藏委员会公函》(1946年9月26日),见中国藏学研究中心、中国第二历史档案馆合编:《民国时期西藏及藏区经济开发建设档案选编》,中国藏学出版社,2005年,第366—367页。
④ (民国)法尊:《现代西藏》第5章《物产经济及其交通》。

贸的垄断地位,在内地事业发展迅猛,至 20 世纪三四十年代已在西宁、上海、成都、南京、康定、北京、兰州等地设立有分号或商行,而在藏区的帕里、那曲、昌都、亚东及邻国加尔各答、噶伦堡等地也设有商号或商房,经营的商品范围十分广泛。① 除邦达昌外,清末至民国时期比较大的藏商商号还有桑多昌、擦绒昌、热振昌、德尼昌、珠结昌、功德林、大昭寺、索康、洞波、拉鲁、阿沛、尧西彭错、桑颇等,基本都由西藏地方贵族、寺院和官员经办。由于昌都在近代西藏对内贸易的重要交通中枢地位,使之成为仅次于拉萨之外的藏商汇集之地。②

新式的股份制贸易公司在西藏与内地等商贸活动中也发挥了积极作用,成立于1942 年的康藏贸易股份有限公司,"系由康藏人士所组织之股份有限公司",资本总额600 万,经营茶、毛、药材等和由印度购入洋货、机器等物资贸易。公司总部设在康定,在印度加尔各答、拉萨两地设有分公司,印、藏、康沿路各地,均设有办事处和运输站。③

民国时期北京和云南商帮在西藏与内地商贸活动中扮演着重要角色。据研究,在拉萨等地的北京商帮主要经营绸缎、瓷器、玉器、铜器、丝绒和杂货等贸易,以天津海运或康定、玉树陆运华北、华东等地商货入藏,从藏区购买药材、皮毛等销往内地。民国至解放初期,在西藏设有商号的北京商帮较为有名者有文发隆、兴记、义生昌、裕盛永等 10 多家。据不完全统计云南商帮仅在拉萨设号者就有 16 家,主要经营茶叶、山货、药材、羊毛等商品的贸易活动。④ 在青藏贸易方面,清代山陕商帮通过西宁与西藏进行商贸活动,而民国时期马家军阀也在西宁设立"德顺昌"、"德兴"、"德兴海"等商号和"青藏商务联合办事处"等机构,从事青藏、内地与西藏商业贸易。青海方面输入西藏银元、骡马和各种土特、杂货,以换取英印和西藏的物资。此外,"在拉萨和蒙古间,每年有两支骆驼商队经过青海,来往各一次",蒙古输入西藏的商货有中原生银、生金及大量丝绸等,自西藏运销蒙古的货物有毛布、炷香和佛经等。⑤

从上述省际贸易及商帮情况看,旧时西藏与内地贸易倚重于川康滇地区等商品,亦以对这些地区的交通为对内贸易的主要通道,尤其是在民国时期。同时,内地汉商对西藏商业贸易的影响也是最大的,"康藏之商人,多为山、陕、川、滇等省之人。其当地各喇嘛寺院,亦多自营商业,俗称喇嘛商。西康之土司,亦大都经营商业,销售货品于民间。康藏社会对于汉商颇为歧视,而汉商久之亦多置家于其地焉"。⑥ 在贸易的商品构成上看,茶叶的输入和羊毛等的输出无疑又是西藏在与内

---

① 参阅美朗宗贞:《近代西藏巨商"邦达昌"之邦达·多吉的政治生涯与商贸历程》,西藏人民出版社,2008 年,第 13、80—82 页。
② 参阅陈崇凯《西藏地方经济史》(甘肃人民出版社,2008 年)、美朗宗贞《近代西藏巨商"邦达昌"之邦达·多吉的政治生涯与商业历程》(西藏人民出版社,2008 年)、张保见《民国时期青藏高原经济地理研究》(四川大学出版社,2011 年)等。
③ 《财政部视察员李如霖视察西川及西藏地区致财政部贸易委员会报告》(1943 年 11 月 9 日),见中国藏学研究中心、中国第二历史档案馆合编:《民国时期西藏及藏区经济开发建设档案选编》,中国藏学出版社,2005 年,第 311 页。
④ 参阅李坚尚:《西藏的商业与贸易》,见中国社会科学院民族研究所、中国藏学研究中心社会经济研究所编著:《西藏的商业与手工业调查研究》,中国藏学出版社,2000 年;陈崇凯:《云南商人在拉萨投资设号经营状况表》,见氏著《西藏地方经济史》,甘肃人民出版社,2008 年,第 575 页。
⑤ 参见陈崇凯:《西藏地方经济史》,甘肃人民出版社,2008 年,第 577—578 页。
⑥ 民国《蒙藏新志》第 14 章《经济》。

地省区贸易经营的最主要商品。从藏商构成及性质来看,他们实际上是地方寺院、政府和贵族的代理者,所以看似"西藏的所有人口皆从事于贸易:政府、寺庙、个体官员、喇嘛和农民。有些作家甚至把西藏描绘为贸易的民族",但是,"在许多地区,有些最大的贸易项目,诸如茶、毛和稻谷等,皆由政府垄断。政府或者拥有自己的代理商,或者授予、转让寺庙、贵族和个体贸易商以贸易特权。官员们以最有利的条件从政府获得资本,从中获得较多的利润"。① 巨大的商贸资源和利益为上层和统治阶层所占有,并未给西藏社会经济面貌带来大的变化。另外,由于地理环境和经济社会发展的滞后,近代西藏发生的省际贸易完全依靠畜力,耗时费力,效率低下,长途贸易的局限性也很明显。虽然含有政治因素在内,但仅从内地通往西藏的几条主要商路变迁来看,清代尤其是在晚清民国时期传统的青藏线交通地位逐渐为康藏线取代,以及之后出现的经天津、香港转缅印的北京商帮对藏贸易和云南经缅印入藏贸易(在亚东关贸易资料里也有自广东转口来入藏的商货)等,海运也在内地与西藏贸易中起到一定作用,据亚东关税务司孟国美统计,在1899年取道海运进藏的内地货物总价值曾达4.65万多两白银,占当年进出口总值的10.6%。② 这说明在近代时期西藏与内地贸易格局已经发生了深刻变化。

第三节 对外贸易

因地缘、经济和宗教文化关系,清代西藏地区与邻近的尼泊尔、不丹、印度及克什米尔等地区有着较为密切的商业贸易关系。据塞缪尔·特纳的记载,在18世纪后期西藏与尼泊尔、孟加拉(英印)、不丹及拉达克等地区就有多类商品的交易活动(见表4-1),其中西藏出口盐、金沙、硼砂等矿产和羊毛制品等,进口粮食、棉布及各类杂货等。乾隆末年曾查在藏贸易有巴勒布(即尼泊尔地)商民40名,商头3名,克什米尔商民197名,商头3名,"向俱任其常川兴贩,往来不绝",为便于管理,"应请查明贸易番回,造具名册,交驻藏大臣衙门存案。每年巴勒布止准贸易三次,克什米尔止准贸易一次",并对巴勒布商民买卖活动征收商税,如运米至边界售卖者,"每米一包抽取一木椀,每年约收税米一百数十石,俱运交大昭寺",等等。③ 19世纪末期,据外人考察所见,在拉萨、日喀则、噶大克、日土以及"突厥斯坦中部、中国西部和印度北部",由骡子、小马、驴子、牦牛、绵羊及男人和女人承担的"大篷车"商队从事着运输活动,"贸易以一种物物交换的方式进行,以至于买家和卖家都不得不带着'大篷车'队伍以支付对方"。④ 民国初年据时人记载,当时自克什米尔及罗多克方面输入西藏的商品有砂糖、葡萄干、桃干、枣子、珍珠、银等,自尼泊尔输入

---

① (美)皮德罗·卡拉斯科:《西藏的土地与政体》,陈永国译,周秋有校,西藏社会科学院西藏学汉文文献编辑室编印,1985年,第224页。
② 西藏自治区地方志编纂委员会编:《西藏自治区志·海关志》,中国海关出版社、中国藏学出版社,2007年,第161页注释①。
③ 乾隆《卫藏通志》卷十一,贸易。
④ (印)艾哈默德·辛哈:《入藏四年》,周翔翼译,兰州大学出版社,2010年,第59—60页。

米、铁、珊瑚、玉石,自不丹方面输入香料、木材、绢布、棉布,自锡金输入西洋杂货、毛织物、日本杂货、砂糖、蜜汁、珊瑚、珍珠、烟草等。① 在1930年代,据黄慕松了解的情况,西藏大致每年出口商品大宗是羊毛,约100万卢比;其次是麝香与皮张,各约值50万卢比;再次是牛毛,约值5万卢比;共约200余万卢比。② 而吴忠信亦称:"西藏之出口商品,多为毛皮革及药材等,每年运销印度之羊皮等,约值一百二十万卢比。入口商品多为茶叶、米面、绸缎及一切日用品。茶叶、绸缎多来自内地,每年输入量亦国币三千万元上下。日用品多来自印度,每年输入量约值十余万卢比。"③

表4-1　18世纪后期西藏的对外贸易商品情况

西藏输出的主要商品	输入西藏的主要商品
尼泊尔	
岩盐、沙金、粗硼砂	硬币、粗棉布制品、稻米、铜
孟加拉(主要通过尼泊尔)	
沙金、麝香、粗硼砂	英国及孟加拉产商品:宽幅棉布、小首饰、丁香、肉豆蔻、檀香木、珍珠、绿宝石、蓝宝石、天青石、珊瑚、黑色大理石、琥珀、贝壳、绒波尔皮革、烟草、靛蓝、水獭皮等
不丹	
沙金、茶、羊毛制品、盐	英国造宽幅布匹、烟、粗棉布、纸张、稻米、檀香木、靛蓝等
拉达克(为克什米尔与扎什伦布之间商品交换中心)	
山羊绒	藤黄、披肩、干果类(杏、葡萄干、红醋栗、枣、橘色粉、杏仁等)
库姆巴	
山羊绒	马、骆驼、皮革等

(资料来源:(英)塞缪尔·特纳:《西藏扎什伦布寺访问记》,苏发祥等译,西藏人民出版社,2004年,第275—276页。)

近代西藏对外通商大门被打开,是以光绪二十年(1894)亚东海关正式开关为标志的。1893年签订的《中英藏印续约》规定:"藏内亚东订于光绪二十年三月二十六日开关通商,任听英国诸色商民前往贸易,由印度国家随意派员驻寓亚东,查看此处英商贸易事宜","英商在亚东贸易,自交界至亚东而止听凭随意来往,不须阻拦,并可在亚东地方租赁住房、栈房",以及给予英商贸易免税五年及领事裁判等

---

① (民国)邵钦权:《卫藏揽要》卷三,风俗。
② (民国)黄慕松:《使藏纪程》,见《西藏学汉文文献丛书》(第2辑),全国图书馆文献缩微复制中心,1991年。
③ (民国)吴忠信:《西藏纪要》,见《西藏学汉文文献丛书》(第2辑),全国图书馆文献缩微复制中心,1991年。

特权。① 亚东开埠,为英国扩大对西藏经济的侵略和掠夺创造了条件,英印和西藏间贸易发展迅速。亚东开关仅三个月,西藏进口的棉货、食品、粮食、牲畜、金器、绸缎、杂货、绒货总价值就达到 75 273 卢比,出口食物、牲畜、杂货、羊毛大宗、绒货总价值亦有 78 381 卢比。② 之后在亚东关带动下,西藏进出口贸易量不断增长,据英国官方不完全统计,在 1890—1891 贸易年度,印藏贸易总额为 1 178 868 卢比;至五年后的 1894—1895 贸易年度,印藏贸易总额上升至 2 105 015 卢比;再五年后的 1899—1900 贸易年度则增至 2 897 272 卢比。十年间增长了 240%。其中又以锡金—亚东商路所进行的印藏贸易增长最快,增长了近 600%。而英印向西藏出口的货值也一路飙升,从 1890—1891 贸易年度的 401 740 卢比激增至 1899—1900 贸易年度的 1 278 856 卢比,增长了 318%;而同期西藏出口英印货值增长了 208%。③ 不过,在亚东关开关后至民国期间较长一段时间内,尽管进口货值增长迅速,但西藏一直保持着较大幅度的出超地位。据英印政府统计,在 1890—1925 年间仅在 1912—1913 年、1922—1923 年和 1924—1925 年三个贸易年度西藏对外贸易有入超情况,并且入超量不是很大(未含缺失数据的 1918—1920、1923—1924 年几个贸易年度)。全 1924—1925 贸易年度,经亚东关西藏出口货值达 2 793 681 卢比,进口货值 2 528 579 卢比,藏印商品贸易总价值达到史无前例的 726 万卢比以上。④

为何西藏商品一直处于出超地位? 究其原因可能有:一是西藏市场需求有限且长期由内地商品销售占据主要,如藏区大宗需求的茶叶输入实际上在较长一段时期内以内地为主,至辛亥革命方逐渐被印茶挤占其地位;一是如正税务司好博逊所称的那样,洋人商界对西藏市场需求存在着一定的"漠不关心和因循守旧"心态⑤;还有便是西藏在政治地缘方面于我国的重要性,使得晚清和民国政府在藏区通商问题上处理也格外小心。当然,这还与内外商品价格有关,比如羊毛在国际市场的价格在辛亥革命后大幅上涨,至 1930—1940 年代,每年仅经营西藏羊毛出口印度的商业总利润就达百万卢比以上。不过,海关贸易报告上的出超并不一定代表实际利益为西藏所得,1926 年英国驻江孜商务委员会在给英国政府的报告中就称:"羊毛贸易在很大程度上掌握在西藏和尼泊尔商人手中,但是相当多的利润却归噶伦堡的马瓦里(按指印度一工商业和高利贷者阶层)所有,因为马瓦里向这些商人提供了经商资金。"⑥

---

① 王铁崖:《中外旧约章汇编》第 1 册,三联书店,1957 年,第 566—568 页。
② 《藏乐尔为报亚东开关三个月进出口货物价值事致奎焕申呈》(1894 年 7 月 19 日),见中国第二历史档案馆、中国藏学研究中心合编:《西藏亚东关档案选编》(上册),中国藏学出版社,1996 年,第 321 页。
③ 周伟洲主编:《英国、俄国与中国西藏》,中国藏学出版社,2000 年,第 130—131 页。
④ 周伟洲主编:《英国、俄国与中国西藏》,中国藏学出版社,2000 年,第 133、447—448 页。
⑤ 《好博逊乘光绪二十二年亚东口华洋贸易情形论略及统计报表》,见中国第二历史档案馆、中国藏学研究中心合编:《西藏亚东关档案选编》(下册),中国藏学出版社,1996 年,第 560 页。
⑥ 周伟洲主编:《英国、俄国与中国西藏》,中国藏学出版社,2000 年,第 462 页。

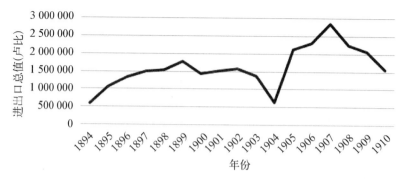

图 4-1 亚东关(1894—1910年间)进出口总货值变化①

说明：1894年统计时段为8个月(5月1日开关至12月31日)。

(资料来源：西藏自治区地方志编纂委员会编：《西藏自治区志·海关志》，中国海关出版社、中国藏学出版社，2007年，第174页。)

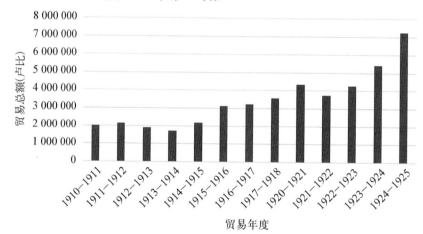

图 4-2 亚东关(1910—1925年间)进出口贸易总值变化

说明：未含统计缺失的1918—1919、1919—1920年两个贸易年度。

(资料来源：据英印统计档案等，见周伟洲主编：《英国、俄国与中国西藏》，中国藏学出版社，2000年，第447—448页。)

从贸易的商品结构上看，据亚东关统计，1895年西藏出口的大宗货物有床毡、干酪、绒布、药材、马骡、羊毛及内地产绸缎等，而进口大宗者有棉织品、绒布、五金、粮食、绸缎、火柴等，尤以棉织品为多(见表4-2)。时税务司人员分析认为，在进口方面"可以断定，几乎一切杂货都有需求，而且有新商品进入市场，尤其是食品"，西藏出口方面"除主产品羊毛为大宗外，其他项目无足轻重。本地手工织的藏绒布过去甚受欢迎，销路亦好。但受到羊毛价格上涨及外国原材料竞争的干扰，相比之下外国货比土制纤维经久耐用"。② 1910年亚东关进口以布匹、五金类为大宗；出口则

---

① 同是亚东关贸易货值统计，但比较海关志与周伟洲利用英印档案的统计还是有一定出入，周氏统计的亚东关贸易值尽管包含有商人携带金银进出的价值额，但从货物总值上看普遍要高于海关志中的统计数额。

② 《好博逊乘光绪二十二年亚东口华洋贸易情形论略及统计报表》，见中国第二历史档案馆、中国藏学研究中心合编：《西藏亚东关档案选编》(下册)，中国藏学出版社，1996年，第562页。

以皮货为盛,羊毛较之 1909 年的 35 862 扪有较大下降,为 23 063 扪,但绸子出口数量增加(见表 4-3)。1953 年西藏地区经亚东进出口总值为 1845 万元,不过出口量较少,出口总值仅为 140 万元;出口的西藏地区货物从重量上看,单一性十分明显,即以羊毛等为大宗,一枝独秀,高达 310 万多斤;而皮张出口约 1.96 万斤、猪鬃 8400 斤、藏毯 1938 斤、药材 1800 斤、麝香 1320 斤、杂货 8.18 多万斤,均远远不及羊毛。而进口则以日用百货类、粮食、食品、棉毛丝织品、石油类、五金器材类、交电建筑类等为主,分别约有 284 万斤、236 万斤、160 万斤、141 万斤、124 万斤、124 万斤和 38 万斤,进口物资重量分布上也较为多元(以上不含无明确货类所指的其他类)。①

表 4-2　1895 年亚东关进出口大宗货物

出口		进口	
商　品	数　量	商　品	数　量
床毡	1004 条	棉织品	812 526 码
干酪	37 扪	绒布	28 315 码
藏绒布	21 803 码	五金	1364 扪
药材	7 扪	钟表	125 件
骡子	303 匹	珊瑚	333 多拉
麝香	5023 多拉	儿茶	292 扪
马	444 匹	颜料	292.28 扪
中国绸缎	170 码	面粉	97 扪
紫胶	10 扪	干鲜果	984 扪
羊毛	30 994 扪	土靛	228 扪
牦牛尾	738 扪	磁器	317 扪
		玉米	7756 扪
		火柴	1438 们
		火油	312 箱
		油漆	100 扪
		米	318 扪
		绸缎	3452 扪
		糖	144 扪
		烟叶	1731 扪
		雨伞	1943 把

(资料来源:《好博逊乘光绪二十二年亚东口华洋贸易情形论略及统计报表》,见中国第二历史档案馆、中国藏学研究中心合编:《西藏亚东关档案选编》(下册),中国藏学出版社,1996 年,第 560—561 页。)

---

① 统计数据参见西藏自治区地方志编纂委员会编:《西藏自治区志·海关志》,中国海关出版社、中国藏学出版社,2007 年,第 178 页。

表4-3　1910年亚东关进出口大宗货物

出　口		进　口	
商　品	数　量	商　品	数　量
狐狸皮	比上年多1193张	绒棉布	25 599码
小绵羊皮	比上年多24 185张	绒布	54 000码
羊毛	23 063扪（上年35 862扪）	烟丝	3983扪
麝香	少于上年1379拖拉	珊瑚	多于上年5697拖拉
绸子	3270码	其他有煤油、伞、洋靛等	
骡子	少于上年42头		
马	少于上年257匹		
其他有毛毯、牦牛尾等			

（资料来源：《张玉堂呈宣统二年亚东口岸华洋贸易情形论略》，见中国第二历史档案馆、中国藏学研究中心合编：《西藏亚东关档案选编》（下册），中国藏学出版社，1996年，第1162页。）

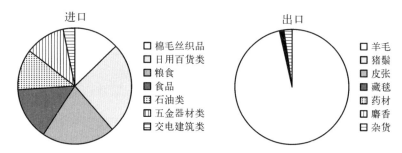

图4-3　1953年亚东关进出口货物重量分布

（资料来源：西藏自治区地方志编纂委员会编：《西藏自治区志·海关志》，中国海关出版社、中国藏学出版社，2007年，第178页。）

光绪三十年（1904）《拉萨条约》签订，约开江孜和噶大克为通商关市，英国派出商务代办驻噶大克，使之成为西藏西部最大的贸易市场。后又经英国政府强迫清政府于1906年签订的《中英续订藏印条约》（《拉萨条约》为其附约）明确了"西藏允订江孜、噶大克及亚东，即行开作商埠，以便英藏商民任便往来贸易"，江孜正式开埠。[①] 英国资本主义对西藏的侵略进一步扩大和加强。

据英国官方情报资料统计，在1913年时英印孟加拉省与西藏之间的贸易额约为13.4万英镑，经打箭炉的汉藏贸易额约为26.5万英镑，"这一数字大致反映了西藏东部和中部地区每年对外商品需求价值额和产品输出价值额之和"，而在1924—1925贸易年度亚东关印藏贸易额已经达到532万卢比，"这一数字表明，在

---

① 王铁崖：《中外旧约章汇编》第2册，三联书店，1959年，第345—346页。

1924年前后,传统的汉藏直接贸易已基本停止,英印商品已几乎完全占领了西藏东部和中部地区市场。"①尽管这一研究未必全部准确,因为正如前文所述在1930年以前西藏与内地的茶叶贸易及商帮活动依然活跃,而且有不少内地货物有改走海路经亚东进入西藏的情形;且内地茶叶因受商路、价格等因素变化时有入藏困难的不利局面,并非完全失去市场(见下文),但英印商品逐渐占据西藏大部分市场的趋势和西藏经济对英印的依赖性增强是明显的。

民国初年外人亦称:"自古以来,有拉萨通往四川、云南、甘肃、青海等处的队商大道,渐渐失去了重要性。商品的流通主要通过江孜、亚东和帕里至噶伦堡的一条路和由拉萨经日喀则至拉达克的一条路。"②在20世纪四十年代,英商对西藏羊毛的收购、印茶入藏等已给内地与西藏商贸及民国政府带来很大压力,西藏经济对英国资本势力的依赖愈来愈大。1944年康藏贸易公司称"西藏出产羊毛为大宗出口,平均三千吨,均由英商全数收买,当地经济实权操于英人掌握"。③为应对这一局面,康藏贸易公司总经理格桑悦希认为"收购储销西藏羊毛之主旨,在运用经济力量,以加强中央与西藏政治之关系,挽救外人把持操纵之危机",除提出须加强与西藏当局、牧区、运输商等联络关系外,在具体经营方式上认为以管委商办、官商合办以及加大金融投入等来支持对西藏羊毛的收购业务,同时建议官办的复兴公司在印度设立办事处,"坐地收购",直接同英商竞争。需要注意的是,康藏贸易公司还注意到藏羊毛出口也有一部分是通过内地转口外贸的,"单就其出口印度者,近十年来恒为五万担至七万担。除印度出口以外,尚有由西康康定、青海西宁集中转运出口者,其数字虽不及印度出口之巨,当亦颇有可观"。这同时也反映了在近代西藏羊毛出口渠道的一个格局。④而在印茶入藏方面,1944年格桑悦希在致蒙藏委员会吴忠信委员长的信函中称"印茶销藏数量,在过去数年,印造沱茶每年约四千包,虽销路欠旺,但每年均经售罄。近则因滇产佛海茶每支(十八统)现价已增至二百二十盾,且为缺货,印度沱茶遂大量增产,并改进品质,销路亦因畅旺",内地茶叶销藏遇到很大压力。当时印茶销旺还与内地茶叶进藏陆路受阻、海路时受英人抵阻及"印茶改良仿造,以资适合藏人口味"等也有关系。⑤

除了上述主要口岸外,在20世纪初年西藏地区还存在着三类传统的进出口商贸口岸,即属噶厦管理的措那(在今错那县)、帕里(在今亚东县)、定结口岸,属宗管

---

① 周伟洲主编:《英国、俄国与中国西藏》,中国藏学出版社,2000年,第456页。
② (苏)列昂诺夫:《外国在中国的扩张》,转引自张保见:《民国时期青藏高原经济地理研究》,四川大学出版社,2011年,第217页。
③ 《蒋介石就收购储备西藏羊毛办法事致孔祥熙电》(1944年3月5日),见中国藏学研究中心、中国第二历史档案馆合编:《民国时期西藏及藏区经济开发建设档案选编》,中国藏学出版社,2005年,第325页。
④ 《康藏贸易公司为拟具收购销售西藏羊毛办法事致贸易委员会函》(1944年5月16日),见中国藏学研究中心、中国第二历史档案馆合编:《民国时期西藏及藏区经济开发建设档案选编》,中国藏学出版社,2005年,第329—331页。
⑤ 《格桑悦希为印茶销藏事致吴忠信函》(1944年7月4日),见中国藏学研究中心、中国第二历史档案馆合编:《民国时期西藏及藏区经济开发建设档案选编》,中国藏学出版社,2005年,第335—336页。

的山南拉康(在今乃东县)、聂拉木口岸和吉隆、普兰、戈里亚萨、波林三多、日土等百姓可自由交换口岸。这些口岸基本为传统的边民互市贸易市场类型,经营土特产及英、美等产品日用品、布料和手表等货物买卖,贸易量有限,不允许私人与国外进行盐粮等重要物资的交换。①

整体上看,近代西藏对外贸易格局有着这样的变化过程,即与周边邻国和地区传统的贸易通过藏南和藏西几条商路,较小规模地开展着;亚东开埠后,英印商品的流入增长迅速,不仅使得传统的西藏与邻国等民间贸易难觅踪影,更对内地对西藏的贸易产生较大冲击。不过对西藏羊毛等原材料的需求和内地茶叶于西藏的影响,使得西藏对外贸易在数据上看并未在开埠后出现我国其他地区常见的入超现象,尽管这些入超所带来的利益并非完全流向西藏地方。从这个角度上讲,近代西藏对外贸易存在着非常特殊的现象,这或许与西藏特殊的地理、政治和经济环境有着密不可分的关系,需要进一步细致研究。

---

① 西藏自治区地方志编纂委员会编:《西藏自治区志·海关志》,中国海关出版社、中国藏学出版社,2007年,第4—6页。

图表总目

四川篇：

表1-1　四川盆地与康藏山地植物带分布

表1-2　20世纪初年成都县的出产行销情况

表2-1　抗战前四川农业人口调查

表2-2　1937年四川农业人口分布

表2-3　1937年四川省各区耕地数量及水田比重分布

表2-4　《西康省各县统计调查表》所载耕地数

表2-5　近代四川主要农作物结构及比例

表2-6　1934—1938年四川水稻播种面积与产量

表2-7　1936—1940年四川小麦播种面积与产量

表2-8　1934—1938年四川玉米播种面积与产量

表2-9　1934—1938年四川油菜播种面积与产量

表2-10　1892—1901年重庆关出口四川土产鸦片数量

表2-11　1938年调查的西康地区药材年产销情况

表2-12　民国时期四川省苎麻种类及出产分布

表2-13　1938年重庆市场桐油输入来源

表2-14　1950年代川西地区牧业类型分布

表2-15　1928—1932年四川省主要畜产价值情况

表2-16　民国时期四川省畜产主要分布与集散

表2-17　西康省康属牧场分布情况

表3-1　1917—1935年万县口岸土纸出口数量价值

表3-2　1930年代末至1940年代四川传统织布厂、户、机情形

表3-3　1922—1932年四川夏布出口数量价值

表3-4　1891—1935年重庆、万县口岸夏布出口数量价值汇总

表3-5　民国时期叙永县城厢机织概况

表3-6　1940年代中期四川各地棉布产量情况

表3-7　1934年川茧丝产量各类调查估算

表3-8　蒋君章《西南经济地理》载1932年四川丝厂概况

表3-9　1929年前后南充县丝织厂概况

表3-10　南溪、内江、江津、金堂等县糖户数量

表3-11　1937年左右四川省盐场、井眼、产量分布

表 3-12　1905 年四川机器局所、厂设置情况
表 3-13　宣统《成都通览》所载清末成都新式机器工厂
表 3-14　清末民初四川兴办的火柴业
表 3-15　抗战前夕(1912—1938 年)四川工厂分布
表 3-16　内迁四川民营厂矿分布
表 3-17　1943 年四川、西康两省各行业工厂数量
表 3-18　1945 年资源委员会登记经办的川康两省重要厂矿
表 3-19　1939 年川康两省煤矿及产量分布
表 3-20　1935—1939 年间第六次矿业纪要统计四川主要钢铁厂
表 4-1　民国《巴县志》载 1939 年前后商业情况
表 4-2　抗战时期四川、重庆商业组织情况
表 4-3　近代西康地区的商帮
表 4-4　清末四川各地出产及市场行销情况
表 4-5　民国时期乐山县场市情况
表 4-6　1949 年四川茶叶省际外销
表 4-7　近代时期四川主要省际贸易对口省区及行销情况
表 4-8　四川航运和通邮地区各流域发生的省际贸易情况
表 5-1　晚清民国时期川康地区票号分布
表 5-2　清末重庆、成都两地钱庄
表 5-3　1937 年前后四川省钱庄分布
表 5-4　清末民元四川地区的银行分布
表 5-5　抗战前四川地区银行分布
表 5-6　抗战前夕四川地区各银行总分支行分布情况
表 5-7　1941 年四大银行在川渝康设总分支行处数量
表 5-8　1942—1945 年间历年川渝康银行数量分布
表 5-9　1930 年代中期川渝地区主要城市典当数量分布
表 5-10　1936 年四川省保险业公司分布
表 5-11　战时川康两省保险机构数量分布(部分)
表 6-1　近代四川主要陆路交通线
表 6-2　抗战前四川地区建成的主要公路
表 6-3　抗战期间(1942—1944 年)四川省公路运量
表 6-4　近代四川地区建成铁路分布
表 6-5　近代四川地区民船主要通航河道一览
表 6-6　近代四川较大木船情况一览
表 6-7　晚清民国时期四川创办的轮船公司一览

表7-1　晚清四川各地邮政局设置时间(不完全统计)
表7-2　1907年四川邮政事业统计
表7-3　截至1935年6月四川地区有线电报铺设情况
图4-1　1891—1935年四川省对外贸易历年总值变化
图4-2　1917—1935年四川省桐油出口贸易历年情况
图4-3　1891—1935年四川省棉纱、生丝进出口数量比较

云南篇：

表1-1　昆明、河口、腾冲各月平均降水量
表1-2　1753—1820年间云南省在册耕地面积情况表
表2-1　1840—1911年间云南主要水利工程分府统计
表2-2　1840—1911年间云南兴建、整修的主要水利工程一览
表2-3　1935年云南全省主要农产统计表
表2-4　1936—1941年云南全省水稻种植面积与产量
表2-5　1936年西南各省稻田面积及产量表
表2-6　1936—1941年云南全省小麦种植面积与产量
表2-7　1937年、1939年西南各省小麦产量表
表2-8　1931—1946年云南全省玉米种植面积与产量
表2-9　民国年间云南棉花种植面积、产量及产额
表3-1　20世纪前半期云南历年政府创办的主要矿业企业一览表
表3-2　抗战时期云南新兴矿业团体一览表
表4-1　铁路公路未兴前云南通省大道略表
表4-2　云南公路累计通车里程变化表
表4-3　抗战前云南省运营汽车数量
表4-4　1935年8月调查云南省电话用户按职业分类比较表
表5-1　1902—1929年直接对外贸易占各关总贸易比重表
表5-2　1889—1930年中国进出口贸易物价指数表
表5-3　1890—1930年云南口岸贸易额及其增长趋势表
表5-4　1890—1930年蒙自贸易额及其增长趋势表
表5-5　1890—1930年思茅贸易额及其增长趋势表
表5-6　1903—1930年腾越贸易额及其增长趋势表
表5-7　1928—1931年蒙自进出口地区表
表5-8　1937年蒙自关进出口货物来源
表5-9　1937年蒙自出口地区表
表5-10　1897—1919年思茅贸易对象占思茅进、出口贸易比重表

表 5-11　1937 年腾越关进口货物来源地区

表 5-12　1889—1904、1910—1937 年蒙自部分大宗进口商品货值占总进口额百分比表

表 5-13　1889—1904、1910—1937 年蒙自部分大宗出口商品货值占总进口额百分比表

表 5-14　1897—1937 年棉花、茶叶占思茅进口、出口贸易百分比表

表 5-15　1902—1937 年棉纱、棉花占腾越进口贸易百分比表

表 5-16　1902—1937 年生丝占腾越出口贸易百分比表

表 5-17　1927—1930 年滇港贸易占云南对外贸易比重表

表 5-18　1889—1909 年机制产品与土产货物占云南进口货值比重表

表 5-19　1889—1931 年云南对外贸易进出口货值一览表

表 5-20　云南进出口货价占全国进出口货价比（1912—1923）

图 4-1　近代云南驿路交通示意图

图 4-2　1940 年前后云南省内公路分布示意图

图 5-1　1890—1930 年蒙自进口、出口贸易占总贸易比重图

图 5-2　1897—1930 年思茅进口、出口贸易占总贸易比重图

图 5-3　1903—1930 年腾越进口、出口贸易占总贸易比重图

图 5-4　1902—1937 年棉纱和棉花占腾越进口总值比重变化趋势图

贵州篇：

表 1-1　嘉庆《重修大清一统志》载贵州各府人口、耕地、丁银、田赋表

表 2-1　咸同间贵州遵义府人口数量变化表

表 2-2　民国时期贵州人口数据及修正表

表 2-3　1937 年贵州各县人口、面积及人口密度表

表 2-4　1938 年贵州各县垦殖率表

表 2-5　抗战前贵州各类粮食作物最高产量统计表

表 2-6　1936 年贵州各类粮油作物种植面积、总产量与亩产表

表 2-7　1937 年贵州粮油作物种植面积、总产量和亩产表

表 2-8　民国时期贵州农作物种植面积、产量与亩产表

表 2-9　1939 年贵州主要粮食作物产量前十位县份表

表 2-10　1945 年贵州主要粮食作物产量前十名县市表

表 2-11　1936 年贵州省五大林区重要林业副产年产估计表

表 2-12　1939 年贵州主要林产品产量表

表 3-1　1930 年贵州七市县工业调查表

表 3-2　抗日战争前贵州工业统计表

表 3-3　1937 年贵州省各类重要工业调查表

表 3-4　抗日战争时期迁黔工业调查表

表 3-5　1940 年贵州工业调查统计表

表 3-6　1930 年湘滇线、粤滇线贵州段棉纺织业统计表

表 3-7　民国年间贵州煤产量表

表 3-8　1938 年贵州各主要产煤县月产量表

表 3-9　1930 年贵州各县铁矿月产量表

表 3-10　民国时期贵州土法炼铁产量表

表 4-1　1949 年贵州省公路通车里程统计表

表 4-2　1932 年贵州省内河航运情况调查表

表 5-1　贵州省米粮不敷各县由外省输入数量及来源表

表 5-2　贵州省米粮过剩各县运销省外数量及去路表

表 5-3　贵州各区主要粮食产销情况表

表 5-4　1873—1919 年贵州进口洋货货值分关统计表

表 5-5　1909—1919 年贵州由各关进口机器仿制货货值统计表

表 5-6　1899—1901 年梧州关洋货入贵州列表

表 5-7　1904 年贵州自梧州关进口主要商品货值表

表 6-1　贵阳较有规模的工业

图 1-1　近代以前贵州政区与交通示意图

图 2-1　民国时期贵州主要粮食作物分布示意图

图 4-1　近代贵州省主要公路分布示意图

图 5-1　近代贵州对外贸易商路、口岸示意图

西藏篇：

表 1-1　光绪《西藏图考》所载土产情况

表 2-1　1792 年西藏政府庄园数量分布

表 2-2　1880 年代至 1950 年间的西藏贵族和寺庙庄园（不完全统计）

表 2-3　1950 年代墨竹工卡宗庄园

表 3-1　清末民初藏区兴办的金厂（不完全统计）

表 4-1　18 世纪后期西藏的对外贸易商品情况

表 4-2　1895 年亚东关进出口大宗货物

表 4-3　1910 年亚东关进出口大宗货物

图 4-1　亚东关(1894—1910 年间)进出口总货值变化

图 4-2　亚东关(1910—1925 年间)进出口贸易总值变化

图 4-3　1953 年亚东关进出口货物重量分布

全卷参考征引文献目录[①]

一、地方志、乡土调查

嘉靖《思南府志》
康熙《贵州通志》
乾隆《府厅州县图志》
乾隆《巴县志》
《滇黔志略》
乾隆《贵州通志》
乾隆《清江厅志》
乾隆《清江志》
乾隆《卫藏通志》
《黔南识略》
《黔南职方纪略》
嘉庆《重修一统志》
嘉庆《四川通志》
嘉庆《巴县志》
嘉庆《夹江县志》
嘉庆《仁怀县志》
嘉庆《正安州志》
嘉庆《仁怀县草志》
《西招图略》
道光《蓬溪县志》
道光《贵阳府志》
道光《遵义府志》
道光《松桃厅志》
道光《思南府续志》
道光《大定府志》
道光《仁怀直隶厅志》
道光《安平县志》
咸丰《兴义府志》

[①] 期刊论文、文史资料及未出版档案等,本处不再罗列。

咸丰《安顺府志》
同治《增修万县志》
同治《富顺县志》
同治《直隶绵州志》
光绪《广安州新志》
光绪《岳池县志》
光绪《井研志》
光绪《富顺县乡土志》
光绪《大宁县志》
光绪《太平县志》
光绪《崇庆州志》
光绪《射洪县志》
光绪《雷波厅志》
光绪《崇庆州志》
光绪《宁羌州乡土志》
光绪《重修彭县志》
光绪《雅州府志》
光绪《秀山县志》
光绪《滇南志略》
光绪《云南地志》
光绪《腾越厅志》
光绪《腾越州志》
光绪《永昌府志》
光绪《顺宁府志》
光绪《黎平府志》
光绪《普安直隶厅志》
光绪《平越直隶州志》
光绪《湄潭县志》
光绪《古州厅志》
光绪《水城厅采访册》
光绪《西藏图考》
宣统《成都通览》
宣统《广安州新志》
宣统《续蒙自县志》
宣统《贵州地理志》
民国《四川新地志》
民国《泸县志》

民国《巴县志》
民国《双流县志》
民国《郫县志》
民国《乐山县志》
民国《合江县志》
民国《云阳县志》
民国《双流县志》
民国《眉山县志》
民国《大竹县志》
民国《重修彭山县志》
民国《温江县志》
民国《金堂县续志》
民国《中江县志》
民国《遂宁县志》
民国《南充县志》
民国《富顺县志》
民国《名山县新志》
民国《德阳县志》
民国《金堂县续志》
民国《长寿县志》
民国《重修长寿县志》
民国《涪州志》
民国《绵阳县志》
民国《合川县志》
民国《华阳县志》
民国《大竹县志》
民国《江津县志》
民国《安县志》
民国《安县续志》
民国《重修宣汉县志》
民国《重修合川县志》
民国《松潘县志》
民国《西昌县志》
民国《渠县志》
民国《万源县志》
民国《续修筠连县志》
民国《重修酆都县志》

民国《绵竹县志》
民国《崇庆县志》
民国《灌县志》
民国《叙永县志》
民国《邛崃县志》
民国《犍为县志》
民国《江津县志》
民国《遂宁县志》
民国《乐至县志又续》
民国《剑阁县续志》
民国《汉源县志》
民国《西昌县志》
民国《新都县志》
民国《新纂云南通志》
民国《续云南通志长编》
民国《元江志稿》
民国《昆明市志》
民国《大理县志稿》
民国《云南省地志·宣威县》
民国《巧家县志》
民国《蒙化县志稿》
民国《昭通县志稿》
民国《建水县志》
民国《宣威县志稿》
民国《贵州通志》
民国《遵义新志》
民国《续遵义府志》
民国《续修安顺府志》
民国《独山县志》
民国《桐梓县志》
民国《兴义县志》
民国《贵定县志稿》
民国《荔波县志资料稿》
民国《册亨县乡土志略》
民国《八寨县志》
民国《关岭县志访册》
民国《江口县志略》

民国《榕县乡土教材》
民国《都匀县志稿》
民国《石阡县志》
民国《郎岱县访册》
民国《沿河县志》
民国《威宁县志》
民国《开阳县志》
民国《开阳县志稿》
民国《镇宁县志》
民国《施秉县志》
民国《平坝县志》
民国《三合县志略》
民国《定番县乡土教材调查报告》
民国《台拱县文献纪要》
民国《蒙藏新志》
民国《西藏志》
民国《卫藏揽要》
民国《现代西藏》
东亚同文会：《新修支那别省全志》，支那别省全志刊行会，1941年。
西康省财政厅编：《西康通志稿·财赋志》，1947年。
魏谋城主编：《云南省茶叶进出口公司志》，云南人民出版社，1993年。
云南省铁道志编写委员会：《云南省志》卷三十四，铁道志，云南人民出版社，1994年。
上海通志编纂委员会：《上海通志》第25卷《金融》，上海社会科学院出版社，2005年。
西藏自治区地方志编纂委员会编：《西藏自治区志·海关志》，中国海关出版社、中国藏学出版社，2007年。

二、清代官方文书、清人文存

《清圣祖实录》
《清世宗实录》
《清高宗实录》
《清宣宗实录》
《清文宗实录》
《清穆宗实录》
《清德宗实录》
《大清宣统政纪》
《光绪朝东华录》

《明清档案》
《内阁大库档案》
《宫中档乾隆朝奏折》
《宫中档雍正朝奏折》
《世宗宪皇帝朱批谕旨》
《光绪朝宫中档奏折》
《雍正朝汉文朱批奏折汇编》
《皇朝经世文编》
《清朝文献通考》
《清朝续文献通考》
康熙《钦定大清会典》
嘉庆《钦定大清会典》
光绪《钦定大清会典事例》
同治《钦定户部则例》
《邮传部第一次邮政统计表》(光绪三十三年)
《岑襄勤公(毓英)遗集》
张海：《西藏记述》
吴大勋：《滇南闻见录》
和宁：《西藏赋》
檀萃：《滇海虞衡志》
贺长龄：《耐庵奏议存稿》
陈惟彦：《宦游偶记》
罗文彬：《平黔纪略》
魏源：《西藏后记》
光绪《使藏纪事》
黄英：《筹蜀篇》
吴焘：《游蜀日记》
《蜀都矿务备览》

三、海关、经济、外交、边疆史料汇编

海关副税务司班思德编：《最近百年中国对外贸易史》，海关税务司署统计科译印，1933年。

甘祠森：《最近四十五年来四川省进出口贸易统计》，民生实业公司经济研究室，1936年。

郑友揆、韩启桐编：《中国埠际贸易统计(1936—1940)》，中国科学院，1951年。

姚贤镐编：《中国近代对外贸易史资料》，中华书局，1962年。

中国第二历史档案馆、中国藏学研究中心合编：《西藏亚东关档案选编》，中国藏学

出版社,1996年。

中国第二历史档案馆、中国海关总署办公厅编:《中国旧海关史料(1859—1948)》,京华出版社,2001年。

四川官报书局编印的《四川全省出产行销货物表》,光绪甲辰年(1904)编印。

《云南清理财政局调查全省财政说明书初稿》,云南清理财政局编宣统庚戌年(1910)。

经济学会编:《贵州省财政沿革利弊说明书》,财政部印刷局,1915年。

林振翰编著:《川盐纪要》,商务印书馆,1919年。

《农商统计表》,民国农商部,1922年。

四川省政府编:《四川省概况》,四川省政府,1939年。

民国政府主计处统计局编:《中华民国统计提要》,1940年。

国民政府主计处统计局编:《贵州省统计资料汇编》,1942年。

《四川省统计提要》,四川省政府统计处编印民国三十四年(1945)辑。

孙毓棠编:《中国近代工业史资料》,科学出版社,1957年。

李文治:《中国近代农业史资料》,三联书店,1957年。

王铁崖:《中外旧约章汇编》,三联书店,1957年。

陈真:《中国近代工业史资料》,三联书店,1961年。

梁方仲编著:《中国历代户口、田地、田赋统计》,上海人民出版社,1980年。

许道夫编:《中国近代农业生产及贸易统计资料》,上海人民出版社,1983年。

邓少琴等主编:《四川省内河航运史志资料》(江河部分),四川交通厅地方交通史志编纂委员会,1984年编印本。

自贡市档案馆等合编:《自贡盐业契约档案选辑(1732—1949)》,中国社会科学出版社,1985年。

云南省档案馆、云南省经济研究所编:《云南近代矿业档案史料选编》,1987年。

云南省档案馆编:《近代云南人口史料(1909—1982)》,1987年。

李德芳、林建曾主编:《贵州近代经济史资料选辑》,四川社会科学院出版社,1987年。

鲁子健:《清代四川财政史料》,四川省社会科学出版社,1988年。

云南省人口普查办公室编:《云南省人口统计资料汇编(1949—1988年)》,云南人民出版社,1990年。

四川省档案馆、四川民族研究所合编:《近代康区档案资料选编》,四川大学出版社,1990年。

中国第一历史档案馆编:《鸦片战争档案史料》,天津古籍出版社,1992年。

云南省档案馆、云南省经济研究所合编:《云南近代金融档案史料选编》,1992年。

重庆市档案馆、重庆人民银行金融研究所合编:《四联总处史料》,档案出版社,1993年。

张振鹍:《中法战争》(中国近代史资料丛刊续编),中华书局,1995年。

李春龙主编:《云南史料选编》,云南民族出版社,1997年。
方国瑜主编:《云南史料丛刊》,云南大学出版社,1999年。
聂宝璋、朱荫贵编:《中国近代航运史资料》,中国社会科学出版社,2002年。
国家图书馆分馆编:《清代边疆史料抄稿本汇编》,线装书局,2003年。
卢秀璋主编:《清末民初藏事资料选编(1877—1919)》,中国藏学出版社,2005年。
中国藏学研究中心、中国第二历史档案馆合编:《民国时期西藏及藏区经济开发建设档案选编》,中国藏学出版社,2005年。
《清末民国财政史料辑刊》,北京图书馆出版社,2007年。
严中平:《中国近代经济史统计资料选辑》,中国社会科学出版社,2012年。
陈廷湘等主编:《民国珍稀文献丛书·中国盐政实录》,巴蜀书社,2012年。

四、经济、地理、社会调查与统计

铁道部财务司调查科编:《粤滇线云贵段经济调查总报告书》、《渝柳线川黔段经济调查总报告书》、《湘滇线云贵段经济调查总报告书》、《湘滇线川黔段经济调查总报告书》
根岸佶:《清国商业综览》,东亚同文会,1906年。
苏曾贻:《滇越铁路纪要》,1919年。
《川产生药调查》,1933年四川重庆西部科学院编印。
行政院农村复兴委员会编:《云南省农村调查》,商务印书馆,1935年。
吕登平:《四川农村经济》,商务印书馆,1936年等。
中国国民经济研究所编辑:《四川省之桐油》,商务印书馆,1937年。
张肖梅主编:《四川经济参考资料》,中国国民经济研究所,1939年。
张肖梅主编:《贵州经济》,中国国民经济研究所,1939年。
民国边政设计委员会:《川康边政资料辑要》,1940年。
钟崇敏:《四川蔗糖产销调查》,中国农民银行经济研究处,1941年印行本。
经济部中央地质调查所、国立北平研究院地质学研究所:《中国矿业纪要》,1941年。
卜凯主编:《中国土地利用》,金陵大学农学院农业经济系,1941年。
张肖梅主编:《云南经济》,中国国民经济研究所,1942年。
《战时西南经济问题》,正中书局,1943年。
张印堂:《滇西经济地理》,国立云南大学西南文化研究室,1943年印行。
钟崇敏、朱寿仁编:《四川蚕丝产销调查报告》,中国农民银行经济研究处,1944年。
丁道谦:《贵州经济地理》,商务印书馆,1946年。
周立三等编的《四川经济地图集说明及统计》,中国地理研究所,1946年编印。
万湘澄:《云南对外贸易概观》,新云南丛书社,1946年。
葛勒石(G. B. Gressey):《中国区域地理》,谌亚达译,正中书局,1947年。
蒋君章:《西南经济地理》,商务印书馆,1947年。
谭熙鸿、吴宗汾主编:《全国主要都市工业初步报告提要》,经济部全国经济调查委员会,1948年。

赵松乔等:《川滇农牧交错地区农牧业地理调查资料》,科学出版社,1959年。

孙敬之主编:《西南地区经济地理》,中国科学院中华地理志经济地理丛书,科学出版社,1960年。

中国科学院西部地区南水北调综合考察队、林业土壤研究所编:《川西滇北地区的森林》,科学出版社,1966年。

任美锷、杨纫章、包浩生编著:《中国自然地理纲要》,商务印书馆,1979年。

中国科学院地理研究所经济地理研究室编著:《中国农业地理总论》,科学出版社,1980年。

西南师范学院地理系四川地理研究室编:《四川地理》,1982年。

《民族问题五种丛书》云南省编辑委员会编《白族社会历史调查》(一),云南人民出版社,1983年。

中国科学院青藏高原综合科学考察队:《西藏农业地理》,科学出版社,1984年。

中国科学院《中国自然地理》编委会:《中国自然地理·总论》,科学出版社,1985年。

中国社会科学院民族研究所西藏少数民族历史调查组编:《西藏简史》,西藏人民出版社,1985年。

徐华鑫:《西藏自治区地理》,西藏人民出版社,1986年。

张怀渝主编:《云南省经济地理》,新华出版社,1988年。

中国自然资源丛书编撰委员会编著:《中国自然资源丛书·西藏卷》,中国环境科学出版社,1995年。

王声跃主编:《云南地理》,云南民族出版社,2002年。

西藏社会历史调查资料丛刊编辑组:《西藏社会历史调查》(一),民族出版社,2009年。

王晓莉等主编:《中国边疆社会调查报告集成》,广西师范大学出版社,2010年。

唐润明主编:《抗战时期大后方经济开发文献资料选编》,重庆出版社,2012年。

五、外人及民国时人文存

(英)李敦著、黄文浩译:英国蓝皮书第三册《考察云南全省报告》,湖北洋务译书局刊,时间不详。

Henry Yule, Sir; Colesworthey Grant; Linnaeus Tripe; Arthur Purves Phayre, Sir., A narrative of the mission to the court of Ava in 1855.

(英)阿奇博尔德·约翰·立德:《扁舟过三峡》,黄立思译,云南人民出版社,2001年。

(英)塞缪尔·特纳:《西藏扎什伦布寺访问记》,苏发祥等译,西藏人民出版社,2004年。

(日)中野孤山:《横跨中国大陆——游蜀杂俎》,郭举昆译,中华书局,2007年。

(日)竹添进一郎:《栈云峡雨日记》,张明杰整理,中华书局,2007年。

(法) La Mission Lyonnaise: D'exploration commerciale en chine,1895—1897. 见法国里昂商会 1898 年编著、里沃执笔,徐枫等译注:《晚清余晖下的西南一隅——法国里昂商会中国西南考察纪实(1895—1897)》,据杜克洛叙述,云南美术出版社,2008 年。

(印) 艾哈默德·辛哈:《入藏四年》,周翔翼译,兰州大学出版社,2010 年。

任乃强:《民国川边游踪之〈西康札记〉》,中国藏学出版社,2010 年。

丁文江:《丁文江文集》,湖南教育出版社,2008 年。

凌惕安:《咸同军事史》

黄慕松:《使藏纪程》

吴忠信:《西藏纪要》

戴新三:《藏印纪行》

楼云林:《四川》

周询:《蜀海丛谈》

朱少逸:《拉萨见闻记》

尹扶一:《西藏纪要》

虮一:《西藏杂俎》

谢彬:《云南游记》

六、研究著作及其他

束世澂:《中法外交史》,商务印书馆,1929 年。

陈其田:《山西票庄考略》,商务印书馆,1937 年。

高叔康:《中国的手工业》,商务印书馆,1940 年。

窦季良:《同乡组织之研究》,中正书局,1946 年。

王洸:《中国水运志》,中华大典编印会,1966 年。

G. W. Skinner, Cities and the Hierarchy of Local Systems, in The City in Late Imperial China. Stanford: Stanford University Press. 1977.

冯和法:《中国农村经济资料》,台北华世出版社,1978 年。

段克兴等编:《西藏历史年表》,西北民族学院研究室,1980 年刊本。

邓少琴:《近代川江航运简史》,重庆地方史资料组,1982 年编印本。

张淑芬:《近代四川盆地对外贸易与工商业变迁(1873—1919)》,台湾师范大学历史研究所,1982 年。

珀金斯:《中国农业的发展(1368—1968 年)》,上海译文出版社,1984 年。

张学君、冉光荣:《明清四川井盐史稿》,四川人民出版社,1984 年。

皮德罗·卡拉斯科:《西藏的土地与政体》,陈永国译,周秋有校,西藏社会科学院西藏学汉文文献编辑室,1985 年编印。

周勇主编:《重庆:一个内陆城市的崛起》,重庆出版社,1997 年。

周勇、刘景修:《近代重庆经济与社会发展(1876—1949)》,四川大学出版社,

1987年。

李世平:《四川人口史》,四川大学出版社,1987年。

周天豹等主编:《抗日战争时期西南经济发展概述》,西南师范大学出版社,1988年。

蓝勇:《四川古代交通路线史》,西南师范大学出版社,1989年。

刘瑞:《中国人口·西藏分册》,中国财政经济出版社,1989年。

彭泽益主编:《中国社会经济变迁》,中国财政经济出版社,1990年。

马汝珩、马大正主编:《清代边疆开发研究》,中国社会科学出版社,1990年。

张学君、张莉红:《四川近代工业史》,四川人民出版社,1990年。

游时敏:《四川近代贸易史料》,四川大学出版社,1990年。

中国公路交通史编审委员会编:《中国古代道路交通史》,人民交通出版社,1990年。

隗瀛涛:《近代重庆城市史》,四川大学出版社,1991年。

孙果达:《民族工业大迁徙——抗日战争时期民营工厂的内迁》,中国文史出版社,1991年。

王纲:《清代四川史》,成都科技大学出版社,1991年。

蓝勇:《历史时期西南经济开发与生态变迁》,云南教育出版社,1992年。

费正清、肖赖尔著,陈仲丹等译:《中国:传统与变革》,江苏人民出版社,1992年。

中国畜牧畜医学会编:《中国近代畜牧兽医史料集》,农业出版社,1992年。

四川省畜牧局编:《四川省畜禽疫病志》,1992年。

郭声波:《四川历史农业地理》,四川人民出版社,1993年。

王笛:《跨出封闭的世界——长江上游区域社会研究(1644—1911)》,中华书局,1993年。

谢本书等:《云南近代史》,云南人民出版社,1993年。

刘巽浩、牟正国等主编:《中国耕作制度》,农业出版社,1993年。

李世平、程贤敏主编:《近代四川人口》,成都出版社,1993年。

朱茂林主编:《川江航道整治史》,中国文史出版社,1993年。

黎小龙等:《交通贸易与西南开发》,西南师范大学出版社,1994年。

中国公路交通史编审委员会编:《中国公路运输史》,人民交通出版社,1994年。

俞充贵等:《西藏产业论》,中国藏学出版社,1994年。

黄恒蛟主编:《云南公路运输史》,人民交通出版社,1995年。

李珪主编:《云南近代经济史》,云南民族出版社,1995年。

孙代兴、吴宝璋:《云南抗日战争史》,云南大学出版社,1995年。

黄奋生:《西藏史略》,民族出版社,1995年。

萧金松:《清代驻藏大臣》,(台北)蒙藏委员会,1996年编印。

李明珠:《中国近代蚕丝业及外销(1842—1937)》,徐秀丽译,上海社会科学院出版社,1996年。

刘云明:《清代云南市场研究》,云南大学出版社,1996年。

常梦渠等主编:《近代中国典当业》,中国文史出版社,1996年。

熊大宽:《贵州抗战时期经济史》,贵州人民出版社,1996年。
隗瀛涛、周勇:《重庆开埠史》,重庆出版社,1997年。
张可云:《青藏高原产业布局》,中国藏学出版社,1997年。
蓝勇:《西南历史文化地理》,西南师范大学出版社,1997年。
陆韧:《云南对外交通史》,云南民族出版,1997年。
谢本书、李江主编:《近代昆明城市史》,云南大学出版社,1997年。
戴鞍钢:《港口·城市·腹地——上海与长江流域经济关系的历史考察(1843—1913)》,复旦大学出版社,1998年。
马汝珩、成崇德主编:《清代边疆开发》,山西人民出版社,1998年。
李振纲、史继忠、范同寿主编:《贵州六百年经济史》,贵州人民出版社,1998年。
郑维宽:《清代民国时期四川城乡市场研究》,西南师范大学硕士学位论文,1998年。
施坚雅著,史建云、徐秀丽译:《中国农村的市场和社会结构》,中国社会科学出版社,1998年。
秦和平:《云南鸦片问题与禁烟运动(1840—1940)》,四川民族出版社,1998年。
中国人民政治协商会议西南地区文史资料协作会议编:《抗战时期内迁西南的工商企业》,云南人民出版社,1998年。
施坚雅主编:《中华帝国晚期的城市》,叶光庭等译,中华书局,2000年。
周伟洲主编:《英国、俄国与中国西藏》,中国藏学出版社,2000年。
彭通湖主编:《四川近代经济史》,西南财经大学出版社,2000年。
李光文等主编:《西藏昌都:历史·传统·现代化》,重庆出版社,2000年。
安七一主编:《中国西部概览——西藏》,民族出版社,2000年。
吴承明《中国的现代化:市场与社会》,三联书店,2001年。
曹树基:《中国人口史》第5卷《清时期》,复旦大学出版社,2001年。
侯杨方:《中国人口史》第6卷《1910—1953年》,复旦大学出版社,2001年。
费维凯著,虞和平译:《中国早期工业化——盛宣怀(1844—1916)和官督商办企业》,中国社会科学出版社,2002年。
陈征平:《云南早期工业化进程研究:1840—1949》,民族出版社,2002年。
黄鉴晖:《山西票号史料》(增订本),山西经济出版社,2002年。
吴兴南:《云南对外贸易史》,云南大学出版社,2002年。
周勇主编:《重庆通史》,重庆出版社,2002年。
杰才旦等主编:《西藏经济简史》,中国藏学出版社,2002年。
陈庆英等主编:《西藏通史》,中州古籍出版社,2003年。
任建新:《雪域黄金:西藏黄金的历史与地理》,巴蜀书社,2003年。
复旦大学历史地理研究中心主编《港口-腹地和中国现代化进程》,齐鲁书社,2005年。
云南省档案馆编:《清末民初的云南社会》,云南人民出版社,2005年。
滨下武志:《中国近代经济史研究:清末海关财政与通商口岸市场圈》,高淑娟等译,江苏人民出版社,2006年。

吴松弟主编:《中国百年经济拼图——港口城市及其腹地与中国现代化》,山东画报出版社,2006年。

戴鞍钢《发展与落差——近代中国东西部经济发展进程研究(1840—1949)》,复旦大学出版社,2006年。

唐巧天:《上海外贸埠际转运研究(1864—1930年)》,复旦大学博士学位论文,2006年。

周智生:《商人与近代西南边疆社会——以滇西北为中心》,中国社会科学出版社,2006年。

朱圣钟:《历史时期凉山彝族地区经济开发与环境变迁》,重庆出版社,2007年。

肖良武:《云贵区域市场研究(1889—1945)》,中国时代经济出版社,2007年。

佳宏伟:《区域分析与口岸贸易——以天津为中心(1867—1931)》,厦门大学博士论文,2007年。

陈崇凯:《西藏地方经济史》,甘肃人民出版社,2008年。

许广智主编:《西藏民族地区近(现代)化发展历程》,西藏人民出版社,2008年。

美朗宗贞:《近代西藏巨商"邦达昌"之邦达·多吉的政治生涯与商业历程》,西藏人民出版社,2008年。

朱荫贵:《中国近代轮船航运业研究》,中国社会科学出版社,2008年。

杨伟兵:《云贵高原的土地利用与生态变迁(1659—1912)》,上海人民出版社,2008年。

徐刚:《云南的这点事》,云南人民出版社,2008年。

杨志玲:《近代云南茶叶经济研究》,人民出版社,2009年。

廖声丰:《清代常关与区域经济研究》,人民出版社,2010年。

石俊杰:《近代云南红河区域经济地理研究(1889—1949)》,云南大学硕士论文,2010年。

方显廷:《中国之棉纺织业》商务印书馆,2011年。

张保见:《民国时期青藏高原经济地理研究》,四川大学出版社,2011年。

张永帅:《近代云南的开埠与口岸贸易研究(1889—1937)》,复旦大学,2011年博士学位论文。

盛美真《近代云南社会风尚变迁研究》,中国社会科学出版社,2011年。

张艳红:《西藏经济现代化研究》,民族出版社,2011年。

韩茂莉:《中国历史农业地理》,北京大学出版社,2012年。

张轲风:《民国时期西南大区区划演进研究》,人民出版社,2012年。

李中清著,林文勋、秦树才译:《中国西南边疆的社会经济:1250—1850》,人民出版社,2012年。

傅林祥等:《中国行政区划通史·清代卷》,复旦大学出版社,2013年。

马琦:《国家资源:清代滇铜黔铅开发研究》,人民出版社版,2013年。

段金生:《南京国民政府对西南边疆的治理研究》,社会科学文献出版社,2013年。
吴松弟、樊如森主编:《近代中国北方经济地理格局的演变》,人民出版社,2013年。
何一民等:《世界屋脊上的城市:西藏城市发展与社会变迁研究(17世纪中叶至20世纪中叶)》,社会科学文献出版社,2014年。

后　记

　　本卷的研写得到了丛书主编吴松弟教授及其研究团队的关心和帮助。感谢两位外审专家陆韧教授、郭声波教授认真和精到的评议。感谢华东师范大学出版社的扶持和编辑庞坚先生的认真负责。研究生赖锐、颜燕燕、沈斌同学对本卷文稿作了部分校对工作。

　　本卷亦是复旦大学人文社会科学青年创新团队发展计划"西南研究"项目成果之一。

杨伟兵
2015 年 4 月 30 日

全卷索引词

一、地　名

阿坝　14,15,30,34,44,56,58,59

甘孜　14,15,30,37,44,59,63,111,173,509,521,523,537,542—544

凉山　6,14,30,41,42,44,63,227,258,370

巴县　18,20,23,31,35,39,43,56,63,70—72,86,88,92—95,98,100,103,105,107,109,139,146,162,166,169,170,174,175,180,182,183,189,197,203,204,206—208,210

成都　5,13,15,18,20—25,29,30,32—35,39,40,54,55,61,67,71,73,74,84—88,90,92—95,98,99,107,108,110—117,120,121,128,134—141,143,145,146,149,157—177,179—189,192,200,201,203—211,235,263,287,302,347,348,351,466,543,548

奉节　14,50,57,61,80,81,97,100,112,129,134,137,138,171,180,184,187,190,192,208,210,211

达县　15,26,34,53,66,100,135,140,170,179,185,208,534

合川　15,16,23,34,50,51,61,66,73,75,88,90,98—103,106,112,116,137—139,170—172,179,184,185,187—189,194,197—199,206,208—210,466

隆昌　15,21,45,53,58,61,67—69,77,81,98,99,125,137—139,143,171,180,182,184,186,187,208

万县　5,9,23,24,26,27,30,34,35,42,48,50,56,58,61,65,66,68—71,75,77,80,88,92,95,97,98,108,112,131,132,134,137—142,146—150,152—155,157,158,162,163,165,166,169—172,174—177,179,180,184—187,189,190,192,195,196,198—201,204—211,288,359

宜昌　14,18,24,25,28,130,133,138,139,141,142,144,145,147,150,165,184,188,190,195,197—201,204—207,209,465,501

内江　21,24,27,34,45,47,53,61,65,67,68,77—79,81,88,90,94,98,99,112,119,127—129,137—139,170—172,177,179,184,186,187,196,208,210,211

资中　31,42,44,47,61,77,78,80,81,88,94,112,137,138,171,177,184,186,196,208

富顺　21,31,47,48,73,77,79,82,89,99,124,128,137—139,165,166,169—171,186,187,193,208

自流井　21,80,82,95,127,128,157,159,161,163 167,169—171,186,187,208

南充　34,35,40,42,44,45,47,48,57,67,73—76,83,87,88,106,112,122,135,138,143,170,171,179,184—187,194—196,203,204,208

叙永　14,26,53,66,71,83,88,99,126,137,138,141,143,179,180,184,187,191,207,291,292,382,461

松潘　36,51,53—56,58,61,62,103,106,114,116,117,122,137—139,142,169,179,185,187

康定　31,37,51,54,58,62,63,95,110,111,133,137—139,157,159,169,173,182,185,187,188,208,211,318,521,

523,536,539,541,542,544,546,548,555

打箭炉　14,120,121,133,140—142,180, 181,207,312,318,506,539,541,543—547,554

灌县　24,40,49—56,61,71,89,95,104, 114,116—118,134,135,137—139,142, 179,181,182,185,188,204,208

犍为　35,40,56,77,79—81,89,92,94,95, 97—100,113,119,136—138,158,162, 166,174,187,195,199,204,208

乐山　15,16,23,24,30,34,35,61,66,67, 75,80,81,86—88,90,92—94,97,99, 103,118,134—138,142,162,164—166, 170,171,174,175,179,181,182,185, 186,189,192,193,197,199,201,207, 208,211

涪陵　31,34,35,42,43,49,53,57,58,61, 88,100—102,137,138,143,162,164—166,170,171,173—175,177,184,190, 192,194,196—200,203,208,382

宜宾　15,18,24,34,39,46,50,51,67,77, 88,90,92,94,95,112,124,134,137—139,141,142,157,160,162—165,170—172,174,175,177,179,185,187,189—192,196,197,199,201,206—208,210, 211,235,263,291,292,300—302,315, 316,350,351

泸县　18,20,30,39,45,47,61,74,86,88, 92,94,95,99,137—139,164,165,170, 171,184,186,187,190,196,199,203, 204,206—208,211,291,292

江津　18,31,34,35,39,53,65,67,68,78, 88,97,98,100,118,128,132,134,137, 138,143,166,167,169—171,177,190, 198,199,204—208,382

綦江　18,24,26,39,53,58,92,94,98—102,128,137,139,171,179,182,184, 186,189—191,195—197,206,208,210, 211,447,466,493

广元　14,24,26,30,34,40,58,60,89,92, 100,112,116,122,123,129,132,134, 138,139,171,179,180,183—187,194, 196,208,211

雅安　14,24,30,34,35,50,57,99,110, 114,119,135,137—141,145,157,159, 171,173,177,179,180,182,183,185, 187,189,193,208,546

石渠　15,37,58,59,62,63,544

三台　24,31,35,42—45,48,70,75,80,81, 88,112,122,137,138,170,185,187, 208,274

理塘　15,111,120,141,157,159,173,207, 535,536

江北　13,18,39,53,61,67,88,90,92,98—101,128,140,170,175,188,189,196, 210,396

忠县　18,30,37,39,53,57,80,81,89,98, 137,171,190,208,210

长宁　18,35,39,66,97,124,125,137,191

江安　18,39,53,66,80,126,138,171, 190,191

南溪　18,39,78,103,125,134,137,138, 171,190,199,206,208,295

合江　18,23,24,39,42,45,53,55,57,61, 65,88,99,100,106,124,127,137,141, 143,147,170,171,190,191,199,204—206,208,382,472

泸州　21,24,26,34,45,46,55,77,86,87, 93,98,112,114,125—128,134,139,141, 143,158,162,166,172,179,180,187, 189,193,201,207,255,306,418,465, 466,478,495

大邑　18,39,40,56,99,114,122,187

洪雅　18,35,39,55,66,89,118,121,135,

138,185

夹江 18,20,39,40,65,66,108,118,121,135,138,187,211

眉山 18,34,35,38－40,48,88,187,204,205,208

彭山 18,30,39,46,61,89,97,121,144,187

青神 18,39,121,134,208

保宁 20,24,26,27,112,117,123,124,139,180,377

顺庆 20,24,26,27,61,108,122,203,208,347

绥定 24,26,61,130－133,138,140,171,198

潼川 20,24,27,47,73,107,112,116,122,123,129

眉州 20,24,73,121

绵州 20,24,25,27,47,79,105,112,116,117,142,146,180

雅州 20,24,26,51,97,118－120,135,140－142,179－181,207

嘉定 16,20,22,24,25,27,47,51,73,86,108,110,112,113,115,118－121,127,137,138,141,146,149,158,198,200,206,208

崇庆 20,40,49,52,53,70,89,99,106,115,121,187

中江 21,30,46,48,52,53,67,68,70,77,123,137,185,187

金堂 15,21,35,37,39,46,49,61,67,70,73,77－79,89,114,116,123,124,134,137,138,167,169,171,184,187,189,196,198,204,205,315,496

乐至 21,44,61,70,77,79－81,123,184,186,205

简州 21,24,27,47,48,61,77,179

资阳 21,34,35,47,61,77,78,127,137－139,179,184,186,196

荣昌 21,24,53,58,61,67,68,77,88,98－102,128,137,138,169,171,180,184,186,208,210,310

安岳 31,61,123,129,137,138,182,187,195

察雅 31,505,532,534

巴安 31,37,63,133,173,291,293,544

德格 31,37,54,58,63,111,536,543,544

泸定 31,37,42,51,52,54,62,103,185

长寿 34,42,43,49,53,57,73,89,90,95,97,98,128,137,171,180,184,190,199,208,210,211

垫江 34,132,167,169,171,180,184,185,208

西昌 15,34,42,44,54,58,95,107,120,139,173,182,183,185,206,208,210,211,235,291,292,350,355

绵阳 30,34,35,42,43,52,73,80,81,105,112,139,170,179,182,185－189,193,196,197,204,205,208,210

巴中 35,42,45,48,53,58,60,138,170,187,194,208

石柱 35,43,57,137

简阳 31,35,42,44,47,48,61,68,70,77,78,80,81,88,94,134,137－139,182,184,186,188,189,196,203,204,208

荣县 35,48,79,89,98,99,119,137,138,143,186,208

荥经 89,99－101,104,110,120,140,141,180,185,208,546

昭化 35,42,60,103,124,180,185,188,194

遂宁 24,27,31,34,35,40,42,44－46,48,61,68,70,88,112,123,129,137,138,170,182,184,186,187,198,199,205,208

巴塘 14,31,157,159,173,180,207,233,

291,353,505,506,541,543
稻城 15,37,63,180,536
都江堰 15,35
资州 20,21,24,27,47,77,79,119,127,132,179
江油 50,57,117,134,137,139,185,187,189
蓬溪 21,31,44,68,70,79—81,123,137,138,182,184,186
广安 23,24,34,35,49,50,60,61,65,66,68,86,88,108,122,138,170,185,186,208,457
郫县 23,39,40,49,52,53,114,115,129,179,182,185,188,196,205
双流 23,40,52,61,113,114,124,185,187
华阳 23,35,61,71,73,84—86,90,107,113,166,179,198,210
新都 18,23,39,40,49,61,73,114,124,170,179,187,188,209,210
夔州 16,23,24,26,129,130,133,140,145,180,199,207
云阳 23,48,57,79—81,89,98,100,130,132,134,137,138,141,171,180,184,187,190,192,195,198,208,210
合州 24,97,112,117,122,123,125,129,134,139
茂县 24,36,43,53,58,89,103,137,179,185,188,208
巫溪 35,56,184,187,208,210
汉州 18,24,37,39,139,179,196
新都 18,23,39,40,49,61,73,114,124,170,179,187,188,209,210
阆中 24,26,75,122,123,138,139,171,184,187,194—196,208
梁山 26,34,35,42,57,61,66,88,132,138,140,171,180,184,186,187,207,208,443

会理 35,41,54,94,98—100,104,120,141,179,185,208,263,292,355
峨眉 35,37,43,56,66,73,118,121,135,136,138,171,185,211
白玉 37,63
理化 37,54,63,103,173
瞻化 37,63,102,103,509,521
炉霍 37,63,102,518,523,543
道孚 37,63,100,102,103,509,521,523,542,543
新繁 40,61,73,114,188
崇宁 40,52,115,137,188
璧山 40,66,71,88,90,98—100,129,137,143,171,180,184,186,187,208,210
大足 40,65,80,81,88,97,101,102,129,138,171,187,210
彭县 39,40,65,66,89,98,104,115,137,188
新津 40,61,114,115,121,130,134,141,179,185,187,193,208,211
射洪 21,23,41,43—45,48,70,80—82,89,123,137,138,170,185,187
南部 14—17,30,34,35,39,40,42—45,48,58,59,63,74,103,112,122,123,138,139,143,158,182,184,187,215,216,222—224,235,242,252,257,260—262,369,370,396,402,408,416,473,501,505—507,510,514,522,541
屏山 42,43,56,58,66,78,99,103,104,126,138,180,187,190,218
南江 42,43,54,58,60,124,193,194
秀山 41,43,56—58,133,138,141,143,144,184,186,198,219
剑阁 15,26,41,43,45,139,179,205,208
酉阳 30,43,58,132—134,138,182,184,186,381,412,448,453
万源 43,50,54,140,179,185,205,208

邻水　43,53,57,68,88,100,122,138,171,185,208

邛崃　43,56,61,78,99,110,179,185,187

安县　43,54,56,66,68,88,89,102,137,188,205,210,220,377,379,380,386,427,446,453

丹巴　54,61,62,523

岳池　26,34,40,60,70,89,122,138,139,185—187

太平　26,35,70,71,118,131,135—137,140,150,172,176,201,207,223,261,488

大竹　26,38,53,64—66,69,97,131,140,179,184,186,187,204,208,517

城口　26,35,56,131,140,179,185,210

叙州　24,27,112,114,124—126,141,180,311,315

西充　45,68,80,81,88,122,137,138,143,187

自贡　45,72,79,80,82,87,95,99,112,119,137,170,177

简阳　31,35,42,44,47,48,61,68,70,77,78,80,81,88,94,134,137—139,182,184,186,188,189,196,203,204,208

温江　40,46,49,52,53,61,114,137,182,187,506

名山　48,56,60,110,119,121,137,139—141,180,185,187,206,207,227,506

德阳　37,48,49,61,77,88,116,179,180,185,186,196,206,210

盐亭　48,80,81,123,138,143,187

威远　48,77,89,94,98—102,119,137,187,193,220,228,287,385

仁寿　30,48,61,70,127,137

仪陇　48,122,185,187

绵竹　35,37,49,65,66,88,99,116,135,188,193,196,210

什邡　37,39,49,61,66,77,99,116,137,138,188

鄪都　37,43,50,53,57,68,89,98,132,135—137,141,171,190,192,199,208

东乡　26,50,131,140,185,396,430,471,497

奉节　14,50,57,61,80,81,97,100,112,129,134,137,138,171,180,184,187,190,192,208,210,211

理番　53,55,58,103,104,118

汶川　36,53,55,58,89,117,137,180,185,188

汉源　51,54,99,110,112,182,185,206,208

峨边　54,55,103,104,135,182,204

天全　54,55,60,97,99—102,110,119,135,140,173,185

宝兴　54,127

理化　37,54,63,103,173

雷波　30,54,58,102—104,126,138,180,190

马边　54,56,58,103,104,121,126,136—138,193,199

盐源　30,54,58,80,81,98,99,102,103,120,536

通江　54,55,58,60,124,135

冕宁　54,97,100—103,120,141

越巂　26,54,104,120,179,180,182,185,208

马边　54,56,58,103,104,121,126,136—138,193,199

北川　56,79,99,137,188

平武　55,56,103,117,137,185—187

筠连　53,56,80,124,125,137,138,142,171,206,208,210

巫山　26,55,57,61,129,130,138,140,180,184,187,190,192,199,207,208,210

井研　38,44,57,73,79,89,121,127

彭水　24,30,41,43,53,58,80,81,100,133,138,184,186,194,211

黔江　26,30,37,58,133,138,141,179,183,184,186,194,195,209,211

懋功　36,58,97,103,118

通江　54,55,58,60,124,135

南川　39,53,56,58,92,97—99,128,186,208

营山　58,60,122,138

建昌　26,60,61,97,179,263,380,505

永川　40,65,89,98,100—102,125,128,137,139,171,180,184,186,208,210

铜梁　65,66,68,89,92,99,100,108,129,138,171,187,208,210

兴文　66,97,125,137,347,350

开江　66,89,208,554

渠县　53,77,88,97,134,135,137,138,179,182,184—187,189,194,203—205,208,210

乐至　21,44,61,70,77,79—81,123,184,186,205

河边　80,81

北碚　14,51,90,93—95,167,169,170,206

大宁　26,56,80,81,97,105,130,138,140,192

古蔺　43,100,106,138

芦山　97,102,120

漳腊　103

靖化　103

纳溪　40,65,94,126,137,141,143,180,184,187,190,191,206,311

高县　53,89,137,138,171,191

珙县　53,99,137,138,191

安宁　41,125,191,218,235,276,279,296,299,300,546

坝子　15,216,222,223,227,236,249,254,260,263,362,370

保山　216,219,222,224,235,247,253,258,261,291,292,298,299,303,306,347,349—351,353

澄江　218,225,235,236,245—247,299,300,350,362

楚雄　218,224,235,236,240,244—246,248,259,291,292,296,303—305,315,349,350,362

大理　120,141,216,217,219,224,228,230,232,235,236,244—248,261,263,270,271,273—275,284,289,299,300,304—306,309,311—314,318,347,353—356,362,466,550

邓川　219,274,299,300,350

东川　120,137,141,143,185,205,208,224,225,229,233,236,245,246,252,272,277,288,290,304,315,340,347,350,351,354,362

个旧　141,219,225,255,270,273,275,277—279,289,290,295,296,301,304,305,319,347—351,356,357

广南　187,219,233,234,236,245,246,261,265,293,304,306,311,317,350,362,466

广西　100,103,143,144,146,150,215,232—236,245,246,250,251,255,261,270,301,306,308,312,317,354—356,358,362,364,369,372,374,381,384,405,408,453,455,459,460,462—467,472,474,477—479,485,486,491,495,496,499,501,532,542

河口　13,132,185,191—194,196,199,209,222—224,231,232,256,261,282,283,295,304,306,307,350,351,365,382,432,543

鹤庆　220,228,235,247,271,273,289,304,306,318,365

会泽 187,218,272,279,291,292,300,303,315,349—351

建水 219,231,247,259,270,293,295,296,300,301,305,349—351

景东 220,228,235,236,245,246,253,259,260,262,263,350,362

景谷 220,225,260,262,263

开化 219,228,231,233,235,236,245,246,259,304,362

昆明 172,181,184,185,187,188,199—202,206,207,211,217,221,222,224,228,231,232,235,241,242,244,247,248,252,254,262—264,270,271,273—279,281—293,295,296,298—300,302—308,310—312,314,315,317,319,342,347—352,354—358,365,461,463,465—467,478,486,495

澜沧 216,220,221,223,260—262,301,318

丽江 220,224,228,230,231,236,245,246,258,261,270,272,291,293,304,306,312—314,318,319,349—351,353,356,362,536,542—544

临安 219,226,235,236,244—246,303,362

泸西 219,226,270,271,279,303,306

马关 112,219,271

蛮耗 291,301,304,306,308,312

蒙化 220,236,245,246,255,257,272—274,301,304,362

蒙自 1,8,141,142,146,150,155,217,218,223,227,232,235,238,254,255,257,262,265,268,271,273,275,278,279,282,283,288,290,291,293,295,300,301,303—317,319,320,323,325,329—331,333—335,339,341—345,347—357,359—361,363,364,379,460,465—467,474,479,480,482—484,486,487,501

弥勒 219,233,235,253,265,270,279,306,347,350

弥渡 219,247,265,274,296

缅宁 220,228,253,260—263,270,272,273

牟定 218,247,271,273

普洱 217,219,224,225,234,236,245,246,259,263,293,304,354,362

曲靖 184,211,218,224,235,236,244—246,275,279,283,284,287,291,292,304—306,315,319,347,349,350,354,356,362,466

双江 192,193,219,243,260,262,263,272

石屏 219,221,228,259,270,295,296,300,303,350,351

顺宁 220,226,231,236,245,246,260—263,272,287,301,309,350,362

思茅 8,141,155,219,220,223,238,260,262,263,265,271,273,291,293,303,304,306—310,312—315,318—320,325,327,329,331,333,336,337,341—343,345,347,352—354,356,357,359,361,364,465,474,480,482

绥江 218,261,300,354

腾冲 216,217,219,222,258,270—275,283,289,291,292,299,304,306,332,333,349—351,355,357,365

腾越 8,141,142,146,155,217,236,238,254,271,273,303,304,307,309,310,312—314,319,320,327—329,332,333,338—343,345,352—356,359,361,362,364,365,465,474,480,482

文山 219,224,277,278,293,301,305,306,349—351

武定 14,120,141,185,218,236,245—

247,291,292,350,362

巫家坝 302

下关 217,219,222,258,260—263,272, 274,283,284,291—293,298,304,312, 314,315,318,319,349—351,355—357,546

宣威 124,184,218,226,228,233,244, 247,249,270,272,273,279,285,289, 291,292,300,304,306,316,344,349, 351,461,466,496

永北 220,236,245—247,253,265,300, 304,315,362

永昌 219,236,245,246,258,263,272, 304,309,353,356,365

元江 220,222—224,226,228,240,245, 246,248,259—261,265,273,291,293, 306,370

云县 216,219,220,258,260—263,296, 301

昭通 137,143,185,218,224,226,227, 232,233,236,245,246,249,272,274, 282—284,291,292,303,305,315,316, 319,347,349—351,353—357,466,472, 487,495

镇康 217,219,260—262,302

镇沅 220,245,246,259,260,384

贵阳 160,181—184,188,200,201,206, 208,210,211,235,274,288,291,302, 306,315,347,351,370—375,381,382, 384—388,391,392,394—397,406—408, 412,413,416,420—423,427—429,431—447,452—458,460—467,469,470,473, 474,479,481,486,489—493,496, 498—501

安顺 118,274,291,304,370,371,375, 380—382,384—388,392,394,395,397, 403,406,407,409,412,413,415,416,
422,423,427—434,438,443—445,450, 452,454,455,457,458,460—471,473, 478,480,487—489,491—496,499—501

遵义 25,26,146,179,184,206,210,211, 370—372,374—376,379—390,392, 395—398,402—404,408,410,412—416, 420—423,427,429—436,438—440, 442—447,452,454,455,457,458,460—468,470,471,473,474,478,486—489, 491,492,495—499,501

镇远 255,375,378,381,382,384,386—388,390,393,395,406,412,413,416, 432—434,438,450,451,453,454,457, 459—462,464,465,469,470,474,478, 479,495,497,498,500,501

大定 14,316,372,375,378,380—382, 384—387,392,394,397,402—404,406, 407,411—414,416,420,421,427,432—434,443—446,450,451,453,455,461, 462,465,466,477—479,485,487,499

兴义 165,274,275,304,316,372,378—380,386,387,390,393,395—397,403, 405—408,410,412,416,419,422,423, 427—429,431,434,436,438,445—447, 455,457,461,463,465—467,469,472, 478,480,484,495,496,501

思南 194,200,372,375,379,381,382, 384,385,387,390,392,394,395,402—404,406,410,412—414,416,429,439, 445,455,457,461—463,465,466,471, 479,489,496,501

思州 375,382,387,406,412,445

石阡 382,384,385,387,392,395,402, 403,406,412—414,416,427,434,444, 445,454,461,462,466,487

铜仁 371,375,381,382,384,387,392—395,403,404,410—412,414,416,438,

445,448—450,455,456,459—462,464—466,473,474,479,486,488,489,501

都匀 371,372,375,381,382,385—387,390,392,395,396,402—404,406—408,412,413,416,422,423,431—434,443—446,450,454,455,460—464,472,473,497,499,501

黎平 372,374,375,382,383,385,387,390,393,395,397,398,406,408—411,413,416,427,432,445,461,462,466,468,485,487,489

平越 363,375,381,385,387,389,390,393,395,397,403,406,408,413,428,431,446,450,451,453,454,461,465,467,498,499

松桃 375,380,385,387,392,395,403,406,410,434,456,457,461

普安 131,291,304,316,371,373,377,379—382,384—387,389,393,395,408,413,427,431,432,447,451,453,455,460—462,466,474,484,485

盘县 275,306,316,392,395,403,428,432,435,439,440,444,451,452,455,462,463,465—467,472,478,495

仁怀 124,373,375,380—382,384—387,390,392,393,395,403,411,412,414—416,422,423,431,432,434,443,446,454,461,465,466,471,472,493,497

桐梓 137,184,206,381,386,389,392,395,396,403—405,413,416,430,431,433,434,438,441,443—446,454,455,457,458,462,463,466,486,487,499

清镇 371,384,392,394,395,402—405,415,420—423,431,435,438,439,444,453—455,457,460—462,489,500

平坝 53,131,216,226,236,247,254,362,370,380,385,386,392,394,395,402,403,413,427,428,431,434,443,453,455,462,494

织金 371,392,394,403,413,422,431,444,461,470,478

息烽 184,206,392,394,395,402,403,429,431—434,438,444,446,455,458,461—463,470,499

定番 380,386,392,393,395,402,403,414,418,429,431,432,447,454,455,461,463,470,493,494,502

麻江 301,392,395,403,412,415,434,446,450,455,456,459,461

独山 371,382,385,390,392,395,403,412,416,422,431,433,434,439,445,446,449,450,455,457,458,460—467,470,472,478,489,495,499

威宁 184,187,316,370,371,375,376,378,380—382,384,385,393,395,402—404,410,411,413,416,418,419,434,439,445,450,451,456,457,461,466,472

毕节 14,184,291,292,306,370,381,382,384,385,392,394,395,402—404,410,413,416,422,434,443,450,451,453—455,457,460—462,464—466,470—472,478,489,495

黔西 141,316,370,371,377,382,384,385,387,388,392,395,403—406,408,410,412—416,421,439,443,446,447,451,453,455,458—462,465,466,470,472,473,487,493,494,499,501

水城 316,371,378,385,392,395,403,404,412,413,416,418,427,433,443,446,450,451,461,478

开阳 371,392,395,402—404,413,415,416,428,429,431,434,446,448,449,455—457,461,467,486,488,489,493,497—499,501

修文　371,377,384,392,394,402,403,412,429,431,438,444,445,447,454—457,461,466,470,493,499

印江　385,392,394,395,402—404,410,412,414,416,422,432,446,461,489,499

沿河　36,48,184,194,244,301,392,395,396,412,414,415,446,459,461,462,466,512,517

榕江　393,395,403,408—411,413—416,431,434,449,450,459—462,466,467,472,486,487,497

贞丰　316,380,386,392—394,397,408,410—412,420,421,427,431,432,443—445,449,457,459,462,470,489,494,495

省溪　384,392,395,434,448,449,455,461,488

阿里　506,508—511,513,515,521,534—536,538,539,543,544

拉萨　51,52,111,314,505,509,513,514,516—518,520,525—527,529—534,537—540,542—544,546,548,549,554,555

日喀则　505,513,521,524—527,532,534,535,537,539—541,543,549,555

扎什伦布　52,506,508,521,527,531,534,535,537,540,541,544,550

墨竹工卡　524,525,528,533,543

工布江达　525,538

昌都　505,508—510,512,513,515,516,519,521,531,532,534,537,539,541—543,548

那曲　519,522,527,534,535,543,544,548

萨迦　505,532,540,541,543

济咙　509,540,541,543

定日　539—541,543

帕克里　541,543

帕里　515,522,524,527,548,555

蓬多　543,544

当雄　505,522,544

拉孜　509,532,543

亚东　1,520,539—541,543,546,548—556

拉达克　544,549,550,555

察木多　120,141,180,505,506,509,511,541

噶大克　536,539,541,543,544,549,554

江孜　513,515—518,521,524—526,529—531,539,541,543,551,554,555

日土　535,543,544,549,556

布青　537,538

布穷　537,538

琼结　509

聂拉木　540,541,543,556

山南　304,509,513,517,525,531,555

四川　1—9,11,13—113,133—137,139—158,160—184,186,188—190,194—210,215,220,232,233,235,237,238,250,251,253—255,260—263,268,270,273,291,295,300,301,306,310—312,314—317,319,339,355,358,359,369,372,374,375,377,381,382,384,385,394,396,403,405,407,412,414,415,418,420,427,430,431,448,449,453,455,459—461,464—472,474,477—479,485,487,490,491,494—496,498,499,501,505—507,512,514,536,538,540,541,543—546,548,555

重庆　1,5,6,9,13,14,19—27,30,32—34,39,41,47,48,50,51,55,57,58,61—63,67—72,74,75,77,79,80,83,85—88,90—96,98—101,103,104,106—114,116—120,122,124—126,128,129,131,132,134,136—155,157—186,188—190,194—201,203—211,235,238,263,288,302,347,350,359,381,382,424,442,

458,460,461,463,465—467,471,474,477,478,480,482,483,485,487,489,495,497,499,501,515,519,531,532,534,542

云南 1—5,7—9,13,14,18,26,36,53,96,97,100,119,120,124—126,128,137,140—144,146,150,155,157,160,179,181—183,185,187,196,207,213,215—217,220—291,293—319,321,322,330—334,336—366,369,370,373,375,379,381,419,453,455,460—462,464—467,469,470,472,477—479,484,485,488,490,491,494—496,500,501,505,510,540,542—549,555

贵州 1,3,5,7—9,14,18,25,26,53,57,97,119,121,124,126—129,137,140—144,146,160,179,183,186,191,215,232,233,237,250,251,254,255,268,274,275,291,304,306,310—312,315—317,319,358,359,361,367,369—382,384—474,477—494,496—498,500,501

西藏 1,3,4,6—8,14,31,51,52,110,112,119,120,137,139—142,180,215,261,313,314,318,319,359,503,505—535,537—556

西康 5,12,14,29—31,33,35—37,41,42,50—52,58—63,80,93—95,98—104,110,111,137—140,144,172,173,180,207—210,250,251,505,506,509,518,519,521,523,542—546,548,555

康藏 5,17,110,139—141,143,179,180,263,318,319,356,519,532,541—549,555

前藏 506,509,510,530,532,533,543,544

后藏 505,506,510,511,518,524,530,537,538,540,541,543

卫藏 506,507,513,515,518,529—532,535,539,540,544,545,549,550

玉树 51,182,544,548

三十九族部落 519

汉口 24,26,56,57,123,128,130—133,138,140—147,150,157,158,160—162,176,181,200,201,206,235,242,263,284,288,311,312,340,341,347,348,377,378,414,415,424,430,465,466,469,470,473,474,477,479,480,482—489,494,495,501

上海 25,29,46,62,73,74,77,91,92,110,112,116,122,123,128,138—144,146,149,158,160—162,165—167,171,176,178,181,200,201,207,215,233,235,242,243,251,253,263,269,276,288,295,312,313,317,319,340,341,347,349,350,356,361,363,401,407,408,415,424,442,463,465,479,480,484,486,487,489,491,493,495,496,506,513,545,547,548

宜昌 14,18,24,25,28,130,133,138,139,141,142,144,145,147,150,165,184,188,190,195,197—201,204—207,209,465,501

沙市 128,138,158,160,165,200,201,209,233,316,465,474,480,482,485,488

梧州 146,150,155,201,359,465,466,474,477—483,485,489,495,501

南宁 97,155,233,235,288,311,317,350,359,465,467,468,474,477,480,483—485,488,495

甘肃 7,14,26,47,65,117,123,137—139,144,186,194,206,251,310,508,512,518,521,523,532,545—548,555

青海 137,139,144,187,188,206,310,505—507,521,543,544,548,555

陕西 9,14,26,65,106—108,110,114,

116,125,131,134,137—140,143,144,174,179,185,206,232,251,288,310,358,361,377,477,485

山西 7,9,106,110,125,128,139,143,144,157—161,173,242,251,288,310,347,377,516,529—531

西宁 14,544,548,555

新疆 47,49,62,143,144,201,206,310,363,372,374,505—507,523,540,541,543—545

广西 100,103,143,144,146,150,215,232—236,245,246,250,251,255,261,270,301,306,308,312,317,354—356,358,362,364,369,372,374,381,384,405,408,453,455,459,460,462—467,472,474,477—479,485,486,491,495,496,499,501,532,542

湖北 14,18,23,26,49,57,65,122,124,127—134,137—141,143,144,172,186,188,206,232,234,242,251,255,315,316,377,429,453,465—467,477,485,490,494,495,498,501

湖南 24,74,128,132,133,137,140,141,143—145,182,183,186,206,211,232,234,251,255,288,310,311,316,369,372,374,375,377,381,382,384,405,410,412,414,419,424,440,448,449,453,454,456,459—462,464—467,469,472,477—479,485—487,491,495—497

香港 144,200,201,207,209,211,260,285,286,302,312,313,317,320,329—332,335,341—343,347,348,350,361,363,458,470,483,486,489,495,496,549

克什米尔 505,549,550

越南 215,232,234,235,256,260,261,294,295,301,306—308,312,317,329—332,342,351,363,467

缅甸 87,215,232,234,235,253,261,262,265,271—273,275,284,295,296,298,303,304,306,308—310,312,314,318,331—333,336,338,339,342,353—355,363,424

印度 24,25,145,149,182,223,234,272,295,303,314,318,330—332,338,339,342,343,466,474,477,480,482,483,505—508,510,514,520,521,530,532,538,540—542,544—551,555

锡金 538,540,541,550

不丹 508,530—532,535,537,538,540,541,543,549,550

尼泊尔 530,532,533,537,538,540,541,543,549—551

加尔各答 201,207,209,302,304,314,318,544,546,548

云贵高原 8,142,216,235,245,257,408,416,426

云南高原 221,222

贵州高原 369,370,388

青藏高原 6,8,14,15,506,507,510,512,514,522,529,538,540,541,548,555

西藏高原 8,506—508,510,513,517,534

羌塘高原 508,513,538,543

横断山脉 221,222,505,513

四川盆地 1,4,14,15,17,18,24,27,31,34,36,42,43,47,111,112,147,157,158,184,369

长江上游 6,7,14,16,20,23—25,29,41,56,57,64,85,87,103,105,107,111,134,136,142,144—146,157,160,164,166,167,174,179,189,200,203,237,311

川西平原 15,22,23,35,52,112,137,138,185

成都平原 15,17,20,27,32,34,40,42,45,46,49,51,56,61

长江　1,4,9,15,16,18,24—28,47,57,61,72,83,87,98,103,112,113,134,137,139—142,144—147,150,155,158,172,179,189,190,192,195—197,199,200,235,237,255,313,316,353,359,369,377,418,465,466,472,474,486,489,506

澜沧江　223,259—261,300,301,308,314,506,507,512,514,538

金沙江　14,15,26,54,102,103,144,179,190,191,197,199,223,224,247,253,261,300,301,505,507,512,514

川江　8,9,25,27,47,134,179,189,190,196—200,222

怒江　53,222—224,261,298,506—508,512,514

岷江　15,16,27,35,36,39,47—49,53—55,80,83,87,95,96,98,99,103,135,142,144,185,189,195,199,207,235,466,537

沱江　15,16,27,35,39,42,46—48,61,67,77,96,98,99,103,144,189,193,195,196

涪江　15,16,27,42,48,67,83,103,138,139,142,144,189,194—197,206

嘉陵江　13,15,16,24,27,34,46,48,50,57,80,82,83,96,98,99,103,137—139,142,144,189,194—196,206

乌江　26,57,138,144,179,189,194,196,197,199,200,369—371,381,409—416,459,464,466,486

雅砻江　15,16,54,102,189

青衣江　15,54,55,142,193

大渡河　15,16,54,102,103,185,189,193

渠江　15,16,47,67,100,139,142,144,189,194,195,206,208

赤水河　23,26,53,61,179,180,187,189,191,370,371,381,382,409,410,412—414,416,453,456,457,459,460,464,466,486

清水江　369,371,374,376,381,382,396,409—414,416,455,459,464,466,486,501

雅鲁藏布江　506—508,512—514,516—518,522,534,543

象泉河　508,534

拉萨河　513,517,518,522,524,527

墨竹墨曲河　525

迤东　228,232,250,274,275,284,291,319,355,356

迤南　232,250,260,270,275,284,291,319,356

迤西　227,228,232,250,274,275,284,291,299,319,356

娄山　14,369

大巴山　14,15,17,55

藏东　508,512—514,516,517,519,522,531,534,541,544

藏西　508—510,512,513,517,526,531,541,556

藏北　505—508,512,513,519,521,522,524,535,537

藏东南　513,514,517,522,524,538

苗岭　369

苗疆　372,374,381,385,406

滇南　217,221,222,226—232,258,296,308,337,355,363,376

滇东　26,179,184,187,226,232,364,457

滇西　5,26,179,183,185,217,224—226,228,232,240,275,277,278,312,342,354—356,467

滇东北　26,141,179,224,226,227,249,252,261,272,316,355,356

滇中　26,179,187,217,226,228,229,231,235,248,252,253,262,264,342,355

滇西北　224,258,261,272,356

滇西南 240,312,342

滇东南 222,226,228,248,262,342

滇池 248,282,289,299,300,302,355,365

洱海 227,248,289,299,365

抚仙湖 247,299,300

太和镇 23,117,121,137,138,170,185,194,196,197

簸桥场 23,113

兴场 23,114,127,131,193,206,210,429,471,496

赵家渡 39,114,122,123,127,134,137,189,193,196

先市 106,127,205

五通桥 166,171,204,208

彭家场 23,113

龚滩 24,145,182,194,459

中坝 26,50,52,117,123,134,137,139,194,208

三汇镇 134,203,208

夔关 20,129,130,134,141,145

粤海关 24,145

北海关 363,474,477,485,488

二、物产、商品

米 13—15,17,18,20,23,26,39—42,44,54,106,108,109,112,134—137,139,141,143,179,181,182,189,190,195,197,222—224,228,229,232,234,248,250,252,257,258,261,262,268,280,281,295,296,299,369,370,372,374,382,386—388,397—401,408,432,433,435,437,469,471—473,485,493—500,506—512,517,525—527,538,540—542,545,549,550,553

稻 17,18,33,35,36,38—42,44,46,49,51,65—67,226,229,234,248—252,254,257,267,370,371,374,397—404,415—417,441,473,487,492,494,496,498,508,509,517,549,550

井盐 18,20,21,64,79,81—83,87,278,300

生丝 1,25,72—74,112,138,142,143,145—150,156,215,315,339,340,431

桐油 17,18,23,26,56,57,96,108,113,117,119,122—133,138,140—144,147—150,156,163,371,380,384,410—412,414—417,467,469—471,481,484—486,496—501

药材 5,18,22,26,49—52,96,106,108,110,112—132,134,139—142,144,147,148,151,190,195,230,232,234,315,317,318,334—336,339,353,354,371,414,454,467,469,470,485,495,499,509,510,540,542,545,547,548,550,552,553

鸦片 1,20,35,50,112,142,147,149,166,191,231,233,234,236—238,244,253—259,268,269,284,300,307,316,344,360,363,365,404—407,416,417,468—470,477—479,481,484,485,492—495,498,501

烟叶 49,96,148,149,253,404,405,407,433,440,495,496,553

烟草 19,39,49,92,112,147,253,370,379,404,407,408,416,417,426,432,433,435,440,452,493,499,544,545,550

烟丝 227,269,331,333,334,433,466,479,483,484,554

茶 16—19,22,26,55,56,58,73,110,111,113—122,124—128,130,131,136,137,140—143,148,180,181,186,190,228—230,232—234,253,254,259—263,268,270—272,287,300,313—315,317,318,331,334—337,342,354,370,371,375,

379,380,384,410,412—417,436,457,466,469,486,493,495,497,499,500,509,531—533,535,539,540,542,544—551,553,555,556

玉米 18,36,38,39,42,43,46,137,226,249,251—253,257,267,268,370,397,399—404,415—417,508,512,517,553

小麦 17,35,38,41,42,45,137,216,226,248—252,257,370,397—404,415,416,492,494,496—498,500,508—512,514,516—518

苎麻 39,49,52,53,67,68,124,125,253,271,370,371

油菜 18,38,45,46,268,370,400—402,498,510,517

材木 53—55

木材 18,26,53—55,66,88,89,93,94,114,115,179,230,290,374,382,409—411,416,481,484,486,499,500,550

粮食 2,3,18—20,23,27,38,39,41—45,49,113,137,143,195,226,248—250,252,257,258,267,268,300,358,370,397—404,415—417,471—473,492—494,496—502,512,515—517,521,535,538,541,549,551—553

夏布 22,52,53,64,67—69,96,113,123,125,130,138,139,142,143,147,148,253

洋纱 70,115—119,121—132,135,151,232,271,316,345,353,356,427,440,469—471,478,483,484,494—496,501

洋布 64,110,115,117,119—123,126—129,151,858,421,428,480,484,498,500,501,545

土纱 271,422,425,427,478,494

土产 23,38,44,48,50,52,56,65,71,73,110—134,146—148,228,254,343,344,355,380,397,405,408,410,414,420,427,431,433,434,469,487,495,509,511,541

土货 25,26,58,66,70,72,77,79,122,127,128,130,131,140,141,145—155,161,313,317,320,335,341,356,363,364,465—467,477,479,484,488,489

洋货 24,25,66,108,110,112,114,115,125,126,131,145,148,150—152,154,155,162,232,255,285,288,317,320,335,341,346,355—357,363,364,468,469,474,477—481,483,484,495,501,548

棉花 23,24,34,45,48,70,106,109,113—115,117—132,134,138,140,142,143,145,151,152,154,196,215,227,232,234,253,265,266,271,284,333,334,336—339,345,354,370,379,380,384,386,399,404,406—408,416,417,427,429,469,471,478,487,494,496,498

棉纱 24,25,106,108,114,117,118,120,125,135,142,145,151—153,156,231,284,285,317,333,334,336,338,339,345,427,466,470,474,477,479—484,493

糖 22,23,39,47,48,77—79,93,94,96,98,106,108,109,112—132,136—139,142,144,147—149,228,271,286,318,331,354,422,436,442,467,469,471,484,485,493,495,496,499,500,540,541,553

猪鬃 60,61,96,108,138,139,142,144,147—150,317,334—336,344,371,467,484,487,488,494,495,501,553

火柴 67,83,85—91,96,128,274,280,283,290,353,421—423,425,426,438,439,451,452,492,496,498,552,553

煤 16,18,21,91,94,96—100,102,108,

112,115,118—120,124—130,132,136,
188,192,200,225,277—281,288,289,
371,419—421,434,437,440,442—
445,537

铁 18,25,54,55,76,87,90,93—102,108,
112—120,122,123,125—131,134,139,
167,169,188,192,223,225,228,230,
232,234,242,262,269,270,272,277—
281,286,288,289,294,296,299,308,
309,316,331,363,376,419,425,428,
436,437,440,442—447,451,466,469,
481,494,495,497,499,500,508—511,
519,523,529,530,532—534,537,542,
549,550,554

金 2,3,8,16,18,21,23,25,26,28—30,
32,33,36,39,46,49,52,55,56,72,73,
75,82,93,95—98,102—104,110,113,
114,120,122,124,127,129,134—136,
140,146,151,157,158,161—180,188,
193,195,207—210,217,220,224,225,
228—230,232,239,243,244,249,254,
256—258,261,269—271,274,275,279,
281,282,285,286,288,295—299,304,
307,316,318,330—334,344,347—352,
357,371,374,375,378,379,383,384,
396,397,405—407,409,412—414,418,
422,425,426,430—433,441,447,449,
452,457,465,466,468,469,474,477,
478,483,487,489—493,496,500,501,
505,508,510,511,524—526,529—537,
540—542,544,545,548—552,555

砂金 510,547

铜 18,26,72,84,95—99,104,113—116,
118,120,124,134—136,141,144,162,
179,181,185,190,193,225,229,230,
232—234,270,279—281,288,289,300,
301,315,363,372,375,381,382,384,

385,419—421,442,448,450,451,455—
458,462,464,469,489,490,508,510,
511,529—534,540,548,550

铅 18,26,74,95,104,108,120,128,132,
141,179,224—226,229,232,249,255,
277—279,288,289,305,316,334,354,
363,371,372,375—378,381,382,384,
406,407,409,418,419,422,426,435,
441—443,448,450—452,454,455,459,
496,510,511,534,537

锌 18,95,104,224,225,232,277—279,
288,334,371,375,376,418,419,436,
442,443,450,451

锑 144,277,278,290,371,442,449—452,
488,489

川丝 20,74,75,77,108,142,146,149,
265,271,440,497

棉布 20,70—72,125,127,130,138,143,
151,152,154,227,232,233,284,345,
353,380,386,427,428,470,479,480,
482,484,545,549,550,554

纸 21,22,26,55,64—67,83,86—89,91,
96,106,108,109,113—122,124—132,
134,138,140,148—151,153,154,166,
192,227,232,234,269,270,283,286,
290,315,316,318,333,334,352,379,
380,386,410,414,421—423,425,426,
431,432,435,440,441,443,451,452,
469,481,483—485,489,490,492,496—
500,511,540,545,550

漆树 17,57,58,375,413,414

牛 18,21,22,36,39,52,58—63,78,81,
108,111,113—115,117—120,122,124,
127—131,135,136,147,148,174,182,
193,226,229—231,234,244,247,255,
257,272,281,286,291,295,300,301,
316,318,339,371,382,384,409,433,

448,449,453,467,469,484,487—489,494,498,499,507—512,515,519—521,523,539,544,550,553

羊　17,21,26,58—62,90,96,108,113,114,117,118,120,122,124,125,127—131,134,135,140,144,147—149,194,220,229,230,260,272,295,303,316,318,335,336,339,371,377,378,380,384,409,443,445—448,484,489,494,498,508—512,516,519—523,525,531,534,538,540,544,545,549—551,554

猪　18,22,58—61,112,113,118,119,124—128,130,131,135,228,260,316,344,353,354,371,384,434,469,470,481,487,488,493—495,499,511,512,523

兔　60,61,116,139,451,544

高粱　18,38,43,45,249,267,397,399,433,496

天然气　18,82

甘蔗　18,19,34,35,39,45,47,48,66,77,79,127,253,370,371,404

棉纱　24,25,106,108,114,117,118,120,125,135,142,145,151—153,156,231,284,285,317,333,334,336,338,339,345,427,466,470,474,477,479—484,493

白蜡　17,25,36,58,115,118—121,123—125,127,143,145,147,148,189,375,378,410,414,415,462,485,493

水银　25,132,377,378,418,419,442,447—449,451,452,454,470,488,489,511,537,544

红薯　38,39,43,44

花椒　26,51,117,118,120,131,140

毛皮　26,117,140,499,547,550

烧酒　21,26,113—116,118,119,121—132,140,433,495

纱布　26,131,140,284,406,429,470,471,478,493,496

灯草　26,118,122,124,132,135,139,140

花生　38,45,46,113,124—126,401,499

砂糖　47,125,549,550

大麻　45,49,52,120,271

铁机　64,71,108,281,421,422,428

木机　71,72,271,422,428,440,497

缫丝　64,73,74,76,77,86,87,90,91,264,339,429,430,440,471

蚕丝　16,18,19,21,22,26,72—74,77,113,114,118—121,124—127,129,131,132,140—142,146,149,264,430,440,471,496,497

蚕桑　72,73,233,264,265,271,370,420

五金　82,91,92,96,108,109,227,229,230,232,269,280,281,290,422,423,436,451,452,494,530,532,552,553

五金矿石　151,153

煤油　25,109,151,153,154,232,281,333,334,336,356,436,481—484,496,499,500,554

大锡　141,232,273,289,317,330,335

黄丝　25,77,117,142,146,149,189,232,234,271,339,381,397,430

马铃薯　17,38,39,43,44,226,249,252,253,370,397,399,400,402—404,415—417,498,500,510,517

普洱茶　229,233,259,315,318,337,348

罂粟　38,39,49,50,234,253—255,257,399,402,405　407

玉蜀黍　17,226,248—250,397,399,402,403,492,494,496—498,518

电灯　83—87,90,282,290,423,437,438,443,529

肥皂　85,96,232,274,283,414,421—423,

425,436,451

罐头 285,286

火柴 67,83,85—91,96,128,274,280,283,290,353,421—423,425,426,438,439,451,452,492,496,498,552,553

火腿 228,285,286,289,315,316,334,496

机器 2,49,64—67,71,72,74,77,81—87,90—95,142,153,210,227,264,269,272,274—277,279—281,283—290,340,341,360,419—421,423—426,429,433—442,445,451,452,479,480,484,494,498,501,529,548

酒精 88,89,93,283,286,425,426,433,435,436,442

面粉 91,96,257,286,287,422,425,442,494,498,515,553

甘薯 18,34,43,44,267,370,399,400,402—404,415—417,498,500

大豆 38,148,268,397—399,401—404,416,496,500

饭豆 397

绿豆 374,397,398

蚕豆 35,38,43—45,216,257,397,398,400,402,509,517

巴山豆 397

春荞 397

大麦 17,38,42,226,248,249,397—403,509—511,517,518

燕麦 226,248,249,374,397,398,402,510

豌豆 38,43—45,216,397,398,400,402,509—511,515—518

冬荞 397

芝麻 35,39,45,374,498,509,517

杉木 55,118,221,224,234,371,374,375,383,409,410,416,456,457,466,468,487

竹子 127,228,273,494

木炭 54,410,411,416,437,438,451

生漆 57,58,116,118,124,126,127,142,143,149,371,375,384,410,413,414,416,417,469,485,487

茶油 124—127,132,410,411,415,416,469,485,500

乌桕油 410,414,416,417

五棓子 144,148,371,411,414—417,469,471,481,485,487,493,495,497,501

白耳 411,493,499

白蜡 17,25,36,58,115,118—121,123—125,127,143,145,147,148,189,375,378,410,414,415,462,485,493

硃砂 377

硝磺 229,418,419,421,451,469

锰 447,471,496,497

羊毛 25,58,61,62,108,112,114,117,120,138,142,145,272,316,318,380,397,508,510,520,521,530,531,542,544,545,547—556

氆氇 508—511,530,531,533,539,541,545

皮革 64,83,85,227,230,232,269,272,273,318,334,414,433,442,451,468,469,492,494,533,534,540,550

药材 5,18,22,26,49—52,96,106,108,110,112—132,134,139—142,144,147,148,151,190,195,230,232,234,315,317,318,334—336,339,353,354,371,414,454,467,469,470,485,495,499,509,510,540,542,545,547,548,550,552,553

牦牛 59—61,507,510—512,515,520—523,549

盐 18,21,26,30,39,54,55,75,79—83,89,90,96—98,105—108,112,120,127,128,134—137,141—143,167,168,170,173,179,185,191,192,195,218,220,

225,231—234,245—247,259,261,270,288,291,292,297,299—301,304,305,315—318,348,351—353,376,382,384,387,414,420,426,430,432,435,459,460,464—471,485,487,493—496,498,502,507,509—511,521,533,534,537,538,543—545,549,550,556

青稞 36,42,508—512,515—517,519,533,541

牦牛尾 520,554

硼砂 120,510,511,537,544,545,547,549,550

杂货 22,25,106,108,110,111,113—132,147,190,232,300,339,354,356,469—471,483,493,495,496,498,500,511,540,541,545,548—553

印茶 546,551,555

遵绸 379,383,430

府绸 315,383,384,430,468,496,501

棉布 20,70—72,125,127,130,138,143,151,152,154,227,232,233,284,345,353,380,386,427,428,470,479,480,482,484,545,549,550,554

泉布 380,427

灰渣布 380

土布 70,71,107,108,118—123,126,127,129—131,138,316,336,339,380,422,425,427—429,471,479,483,484,494—496

高车布 380

五色扣布 380

乳漆器 380

革器 380,433,499

皮鞍 273,380,433

马毡 380,433

茅台酒 380,432,433,470,471,496,497

绒布 483,484,552—554

牛皮 60,73,114—117,119,122—124,130,144,148,149,234,335,336,422,434,441,442,469,470,487,488,493,495,497,501,510,521

麝香 51,110,114,117,118,120,148,318,510,540,544,545,547,550,553,554

羊毛 25,58,61,62,108,112,114,117,120,138,142,145,272,316,318,380,397,508,510,520,521,530,531,542,544,545,547—556

藏毯 553

三、农工商交金融、行业、组织

豁卡 514,523,525,527,528,531,533,539

四川机器局 84

兵工厂 91,92,98,276,441,454

民营厂矿 92

票号 157—162,165,173,347,348,489

钱庄 157,158,161—165,167,169,170,173,174,177,178,232,347,348,354,489—491

钱铺 161,162

银行 47,55,80,91,107,136,144,146,149,150,157,158,160—163,165—174,176—178,305,347—352,426,489—491,493

大清银行 166,348,352,356

濬川源银行 165,166

聚兴诚银行 167,168,170,176

四川省银行 167,168,170,172,173,177,178

四联总处 172,173

典当 173—175,347,469,489—491,493

公质店 174,175

利川保险公司 175

兴华保险公司 176

重庆证券交易所　178
麻乡约　181,204
北川铁路　98,99,188,189
川江轮船公司　197,198
民生轮船公司　197,198
民生公司　5,194,197,199,450
大清邮政　203,205,303
邮政　172,180,200,203—208,303—305,
　　352,453,454,460,461,464
邮界　204,205,460
邮区　303,304,460,461
东川邮政管理局　203,205,206
西川邮政管理局　203,205,207
松泰公司　55
富川制纸公司　67
嘉乐纸厂　67
冠生园重庆糖厂　79
富荣厂　79
培根火柴厂　85
四川实业机械厂　85
金星玻璃厂　86
光华玻璃厂　86
恒星电厂　90
龙兴电机绸厂　90
四川丝业公司　90,150
资源委员会　53,93—96,102,279,283,
　　396,435,437,438,444,445,447,449
酒精厂　93,94,283,433,435
大华铸造厂　93
犍为焦油厂　93,94
资渝钢铁厂　94
动力油料厂　93,94
重庆电力炼铁钢厂　101
彭县铜矿　104
白果湾铅厂　104
天宝山炼锌厂　104
通安铜矿　104

牙行　105,110,354
八省会馆　106,107
汉商　110,542,545,548
康藏商　110
藏商　314,535,541,545—549,554
日升昌　157,158,160
邦达昌　521,541,547,548
天顺祥　160,161
康藏贸易股份有限公司　548
川汉铁路公司　166
成渝公路　182—184,186
成灌汽车公司　182
四川公路局　183,458
重庆市商营公共汽车公司　183
木船　16,27,189,190,195—197,199,200,
　　301
汽轮　8,190,197,199,437,438
铁路　8,16,96,146,188,189,258,279,
　　281,290,291,294—296,301—304,310,
　　311,313,317,335,342,351,352,355—
　　358,362,364,365,453,459,460,464,
　　486,542
航空　200—202,206,207,294,302—304,
　　453,459—461,464
汽车　3,8,180,182—184,206,287,296,
　　297,304,314,318,426,437—439,442,
　　453,457,458,461,490,544
电报　151,154,204,207—209,306,461—
　　464,546
电话　151,154,207—211,305,306,461—
　　464
重庆电报局　207
川藏官电总局　207
川藏电政管理局　208
木船业航业公会　196
川江造船厂　197
中国航空公司　200,201,302,303,460

欧亚航空公司 200,201,302

瓷器 22,87,109,113,232,234,274,275,279,283,317,318,333,421,434,442,469,471,493,495,496,544,548

电力 3,88—90,93,95—97,101,277,278,280,282,283,285,290,440,463,497

纺织 18,20,24,25,52,64,67,69—72,83,86—90,92,93,142,145,151,177,227,253,269,271,272,281—286,290,373,379,380,383,405,420—423,425—430,435,440,451,452,465,471,481,484,486,492—494,496,498,500,529—531,533

化工 3,54,85—89,92,93,95,283,290,425,426,435,436,452,493,534

矿业 2,6,9,21,64,83,90,91,94—104,227,229,270,277—279,288—290,315,316,340,346,351,361,362,375,393,418—421,425,426,436,442—452,489,529,534,535,537

矿务 95—97,102,277—279,289,290,340,419,445,448,449,451,488

煤矿 92,94,96—100,136,200,225,277—279,282,290,443—445

针织 274,275,422

制糖 18,20,21,47,48,64,77—79,83,286,379,435,442,500

马帮 232,291,294,313

驮帮 110,547

公路 8,181—188,242,287,291,294,296—299,303,304,314,318,364,365,398,432,452—459,463,464,467,471,472,484,492,496,498,502,513,544

铁路 8,16,96,146,188,189,258,279,281,290,291,294—296,301—304,310,311,313,317,335,342,351,352,355—358,362,364,365,453,459,460,464,486,542

驼峰 303

驿路 181,291—294,304

驿站 180,293,294,381,453

台站 180

信托 172,175—177

铅锌厂 376

铜厂 229,277,278,281,376,421,451

水银厂 377,419,448,489

金厂 103,378,379,535—537

硝磺厂 421

铁厂 84,94,100—102,277,278,281,419,436,444—447,471,497

煤厂 99,100

织布厂 67,86,284,421,424

被服厂 424

染织厂 422,440

面粉厂 286,287,442,498

火柴厂 85,274,283,422,438,439

肥皂厂 421,424,436

制革厂 272,283,421,422,424,433,434,442,487,494

玻璃厂 283,421,426,439

造纸厂 66,87,422,423,441,492

印刷厂 86,424,529

卷烟厂 424,433,440

橡胶厂 424,439

水泥厂 283

机械厂 77,94,280,437

五金厂 437

电厂 90,95,278,282,283,371,437,438,529

酒精厂 93,94,283,433,435

炼油厂 94,283,286,436

制药厂 436

周善培 85,197

翁文灏 2,96,488

宋仔凤　97
雷履泰　157
岑毓英　240,244,275,276,306,340,360,
　　419,461
杜文秀　240
林绍年　264,316,420
刘沛泉　302
刘岳昭　275
唐继尧　256,302,490
龙云　247,256
贺长龄　378,405,418
罗尧典　418
潘霨　419,445,447,448,461
唐炯　419,459
李用清　405,406

林绍年　264,316,420
王文华　407
刘显世　407
周西成　191,407,454,455,457,490
何辑五　407,408,411,412,414,415,425,
　　432,433,436—438,442,456
伍效高　437,442
华之鸿　441,459
达赖喇嘛　233,505,512,516,519,527,
　　529—531,547
班禅额尔德尼　505,531
张荫棠　519,536
联豫　519
赵尔巽　180,506,519
邦达·尼江　547